Thomas Greuel
Das musikpädagogische Schaffen
Michael Alts

Perspektiven zur Musikpädagogik und Musikwissenschaft

herausgegeben von
Siegmund Helms und
Reinhard Schneider

Band 25   Thomas Greuel

Das musikpädagogische Schaffen
Michael Alts

1999
Gustav Bosse Verlag,
Kassel

Das musikpädagogische Schaffen Michael Alts

von Thomas Greuel

1999
Gustav Bosse Verlag,
Kassel

© 1999 by Gustav Bosse GmbH & Co. KG, Kassel
Alle Rechte vorbehalten – Printed in Germany
Nachdruck bedarf der Genehmigung des Verlages
ISBN 3-7649-2493-4

Inhaltsverzeichnis

Vorwort 4

1. Einleitung 5
2. Zum persönlichen Werdegang Michael Alts 8
3. Das musikpädagogische Schaffen Michael Alts in der Zeit der Weimarer Republik 14
4. Das musikpädagogische Schaffen Michael Alts in der Zeit der nationalsozialistischen Gewaltherrschaft 35
   - 4.1. Einleitung 35
   - 4.2. Überblick 38
   - 4.3. Einzeldarstellungen 40
   - 4.4. Grundzüge des musikpädagogischen Denkens Michael Alts 146
   - 4.5. Persönliches Schlusswort 159
5. Das musikpädagogische Schaffen Michael Alts nach 1945 162
   - 5.1. Überblick 162
   - 5.2. Schulbücher 165
   - 5.3. Schallplattenreihen für den Musikunterricht 190
   - 5.4. Diareihen für den Musikunterricht 202
   - 5.5. Aufsätze, Vorträge, Artikel 203
   - 5.6. Gründung und Leitung des „Musischen Seminars" in Essen 263
   - 5.7. Vorschlag zur Gründung eines Instituts für musikpädagogische Grundlagenforschung an der Pädagogischen Hochschule Dortmund ... 264
   - 5.8. Arbeitskreis „Forschung in der Musikerziehung" 265
   - 5.9. „Didaktik der Musik" 270
   - 5.10. Lehrplankommission Grundschule 297
6. Zusammenfassung und Schluss 302

Anhang 309

1. Dokumentation 309
2. Chronologisches Verzeichnis der Veröffentlichungen Michael Alts ... 427
3. Verzeichnis der übrigen verwendeten Literatur 437

Vorwort

Diese Arbeit, die an der Hochschule für Musik Köln als Dissertation angenommen wurde, ist unter der Betreuung von Herrn Prof. Dr. Siegmund Helms entstanden. Für seine engagierte fachliche und persönliche Unterstützung in allen Entstehungsphasen der Arbeit möchte ich ihm an dieser Stelle meinen herzlichen Dank aussprechen. Danken möchte ich auch Herrn Prof. Dr. Wilfried Fischer für seine sorgfältige Begutachtung dieser Arbeit.

Mein Dank gilt auch den Teilnehmerinnen und Teilnehmern der Doktoranden-Kolloquien, die mir durch kritische Anmerkungen und Diskussionen weiterhalfen, sowie meiner Frau, Anne Ackers-Greuel, die mir oft den Rücken für die wissenschaftliche Arbeit freihielt.

Verbunden fühle ich mich auch Frau Margarethe Alt, der Witwe Michael Alts, die mir wertvolle Dokumente aus dem Nachlass Ihres Mannes für diese Arbeit zur Verfügung stellte. Bis zu ihrem Tod hat sie die Fortschritte der Arbeit mit größter Aufmerksamkeit verfolgt.

Thomas Greuel

1. Einleitung

Michael Alt (1905-1973) gilt heute als der Hauptvertreter eines (veralteten) kunstwerkorientierten Musikunterrichts an allgemeinbildenden Schulen (insbesondere Gymnasien), der im Sinne einer materialen Bildungstheorie einen Kanon an „klassischen" Musikwerken vermittelt und demgegenüber das Musikmachen ebenso vernachlässigt wie all jene „modernen" Unterrichtsprinzipien, die einen als zeitgemäß betrachteten Musikunterricht ausmachen: „Schülerorientierung", „Handlungsorientierung", „Projektorientierung", „Erfahrungsorientierung", „Lebensweltorientierung", „fächerübergreifender Unterricht" usw. Bei näherem Hinsehen erweist sich ein solches Bild von Michael Alt und seinen musikpädagogischen Schriften jedoch als einseitig.[1] Schon seine Aussage, dem Jugendlichen müsse es erlaubt sein, „das Total an musikalischen Erfahrungsmöglichkeiten" abzutasten, um auf diese Weise ein individuelles Verhältnis zur Musik zu gewinnen[2], passt nicht ins Klischee einer einseitigen „Kunstwerkorientierung". Auch seine Forderung, der Musiklehrer solle sich in bestimmten Situationen „mehr als Anwalt des Kindes, Jugendlichen und des Laien fühlen denn als Sachwalter der Wissenschaft und der Fachlehre"[3], fügt sich nicht in das Bild eines ausschließlich an der Musik als „Bildungsgut" ausgerichteten Musikpädagogen. Und wenn gerade Alt gegen die Abwertung des distanzlosen Musikerlebens argumentiert[4], die Bedeutung des „quellhaften Eindruckserlebnisses" hervorhebt[5] und sich dafür einsetzt, sich in (sic!) die Musik einzulassen und ihr gegenüber nicht als Betrachtender zu verharren[6], wird deutlich, dass seine Position mehr enthalten muss als verstaubtes musikpädagogisches Denken. Dieses Mehr in einer differenzierten Gesamtdarstellung der Schriften Alts aufzuzeigen, ist das wichtigste Ziel der vorliegenden Arbeit. Dazu gehört auch, das Buch „Didaktik der Musik" in seiner revidierten Fassung von 1973 in den Blick zu nehmen, die auffallend selten zur Grundlage der Kritik gemacht wird. Es irritiert, wenn Alt nachhaltig für eine Konzeption „Orientierung am Kunstwerk" in Anspruch genommen wird[7], obwohl er selbst diese Formulierung später ausdrücklich zurückgenommen hat.

---

[1] Abel-Struth, S.: Grundriß der Musikpädagogik, Mainz (1985), S. 545 f.
[2] Alt, M.: Didaktik der Musik, Düsseldorf (Schwann)) ⁴1977, S. 246
[3] Alt, M., a.a.O., S. 104
[4] Alt, M., a.a.O., S. 118
[5] Alt, M., a.a.O., S. 119
[6] Alt, M., a.a.O., S. 120
[7] Gruhn, W.: Geschichte der Musikerziehung, Hofheim (Wolke) 1993, S. 296 ff., Helmholz, B.: Musikdidaktische Konzeptionen nach 1945, in: Helms, S./Schneider, R./Weber, R. (Hrsg.): Kompendium der Musikpädagogik, Kassel (Bosse) 1995, S. 42 f. sowie Lugert, W.: „Klassische„ Musik – ein didaktisches Problem?, in: MuB 6/1995, S. 8

Zu einer Gesamtdarstellung des musikpädagogischen Schaffens Michael Alts gehört auch der Blick auf seine früheren Arbeiten. Insbesondere gilt es, die in der Fachgeschichte seit Jahren anstehende Frage nach der ideologischen Verstrickung Michael Alts in der Zeit des Nationalsozialismus zu klären.[8] Dazu können hier erstmals aufschlussreiche Dokumente aus dem Nachlass Michael Alts veröffentlicht werden.

Die Gesamtdarstellung des musikpädagogischen Schaffens Michael Alts vollziehe ich in mehreren Schritten. Nach einer kurzen Darstellung des persönlichen Werdegangs Michael Alts wende ich mich zunächst seinen frühen Arbeiten aus der Zeit der Weimarer Republik zu, bevor ich mich ausführlich mit seinen Veröffentlichungen aus der NS-Zeit befasse. Anschließend geht es dann um das umfangreiche musikpädagogische Schaffen Alts nach dem Zweiten Weltkrieg. Dabei werde ich versuchen, den „roten Faden" sichtbar werden zu lassen, der seine vielfältigen Bemühungen um eine wissenschaftliche Grundlegung des Musikunterrichts durchzieht. Die Gesamtdarstellung findet ihren Abschluss in dem Versuch, einige Grundlinien der Altschen Musikpädagogik zu formulieren und auf ihre Relevanz für die künftige Musikpädagogik hin zu überprüfen.

Im Hinblick auf die Methoden der Arbeit erweist sich vor allem der um Verstehen bemühte Umgang mit den Quellen aus der Zeit des Nationalsozialismus als problematisch. Hervorzuheben sind zwei hermeneutische Probleme, die sich aus der spezifischen Eigenart des NS-Regimes als totalitärem System ergeben. Erstens setzt der Verstehensakt die Entsprechung von Ausdruck und Ausgedrücktem voraus, d.h. ein Autor kann nur dann „verstanden" werden, wenn er sich authentisch ausdrückt und den Leser nicht bewußt oder unbewußt täuscht.[9] Weil das Nazi-Regime aber ein menschenverachtendes Terror-Regime war, das ideologiekritische oder gar –feindliche Äußerungen mit großer Brutalität bekämpfte, es also infolgedessen Angst erzeugte, kann diese Entsprechung von Geschriebenem und Gemeintem nicht grundsätzlich vorausgesetzt werden. Ideologiefreundliche Aussagen innerhalb eines totalitären Zwangssystems lassen also nicht per se den Schluss auf eine ideologiefreundliche Gesinnung des Autors zu. Gleichzeitig kann das Ausbleiben

---

[8] vgl. den Opportunismusverdacht Günthers, in: Günther, U.: Opportunisten? Zur Biographie führender Musikpädagogen in Zeiten politischer Umbrüche, in: Musik in der Schule 4/1994, S. 190 f.
[9] Auf die Möglichkeit, dass die Beziehung zwischen Ausdruck und ausgedrücktem Geistigen durch

ideologiekonformer Aussagen durchaus ein Hinweis sein auf die kritische oder gar ablehnende Haltung des Autors dem Regime gegenüber. Andererseits kann aber auch der Zwangscharakter des politischen Systems kein Vorwand sein, einen Autor aus der Verantwortung für seine eigenen Aussagen zu entlassen. Bei der vorliegenden Gesamtdarstellung bot das zugrundeliegende Material eine gewisse Hilfe im Umgang mit dieser schwierigen Problematik. Im Falle des 1941 von Alt herausgegebenen Liederbuchs „Klingendes Leben" beispielsweise erlauben die Quellen – darunter Korrekturanweisungen des Reichsministeriums für Wissenschaft, Erziehung und Volksbildung - einen verhältnismäßig genauen Einblick in den Entstehungsprozess der Veröffentlichung und lassen ihre Beeinflussung durch nationalsozialistische Behörden erkennen, was zugleich die Verantwortung Alts für die unter seinem Namen erschienene Veröffentlichung relativiert. Für die Bearbeitung von Texten aus der NS-Zeit ergibt sich daraus die generelle Schwierigkeit, dass die Entschlüsselung des Gemeinten, das „Verstehen", also sowohl durch die grundsätzlich einzuräumende Möglichkeit der Verstellung des Autors als auch durch die ebenfalls grundsätzlich einzuräumende Möglichkeit der Fremdbeeinflussung des Textes durch nationalsozialistische Behörden eingeschränkt ist. Auf diese beiden hermeneutischen Schwierigkeiten kann m.E. nur mit äußerster Zurückhaltung in der Interpretation und Bewertung der Vorgänge reagiert werden. Deshalb fühle ich mich gerade in der Bearbeitung dieser Schaffensphase Michael Alts einer Darstellung verpflichtet, die jede Einseitigkeit auszuschließen bemüht ist und die sich eigener Beurteilungen weitgehend enthält.

Verstellung, Lüge und Täuschung durchbrochen werden kann, hat bereits W. Dilthey hingewiesen. Vgl. Dilthey, W.: Der Aufbau der geschichtlichen Welt in den Geisteswissenschaften (hg. v. M. Riedel), Frankfurt/Main (Suhrkamp) 1981, S. 254

2. Zum persönlichen Werdegang Michael Alts

Michael Alt wurde am 15.2.1905 geboren. Sein Vater war Eisenbahnzugführer. Nach achtjährigem Besuch der Volksschule in Aachen (1911-18) und „privater Vorbereitung" (1918-21) wurde er in die Obertertia des Staatlichen Gymnasiums in Coesfeld (Westf.) aufgenommen. Die Reifeprüfung bestand er 1925. Nach eigenen Angaben studierte er anschließend an der Universität zu Köln Musikwissenschaft, Philosophie, Pädagogik, Germanistik und Soziologie.[10]

Seit 1926 studierte er gleichzeitig Schulmusik an der neu eingerichteten Abteilung für Schulmusik, die der am 1.Oktober 1925 gegründeten Hochschule für Musik in Köln „angegliedert" worden war.[11] Damit war er einer der ersten, die im Zuge der sog. Kestenberg-Reform in Köln für das „künstlerische Lehramt an höheren Lehranstalten"[12] ausgebildet wurden. Die „Studienstiftung des deutschen Volkes" förderte sein Studium durch ein Stipendium. Im Juni 1929 bestand er vor dem Künstlerischen Prüfungsamt in Berlin mit den Hauptfächern Gesang und Klavier die künstlerische Prüfung für das Lehramt an höheren Lehranstalten.[13] Im gleichen Jahr gründete er den „Fachverband der Musikphilologen", den er bis 1933 leitete. Das Referendariat absolvierte er zunächst an der Königin-Luise-Schule in Köln, im zweiten Jahr dann am Realgymnasium in Aachen. 1931 bestand er die wissenschaftliche Prüfung für das Lehramt an höheren Schulen in Deutsch als Nebenfach.[14] Im gleichen Jahr unterzog er sich vor dem Staatlichen Pädagogischen Prüfungsamt in Bonn der pädagogischen Prüfung.[15] Anschließend unterrichtete er als Studienassessor an verschiedenen höheren Schulen in Aachen (Viktoriaschule), Monschau (Gymnasium), Alsdorf (Aufbauschule) und Trier (Wilhelmgymnasium). Außerdem wird Alt als Leiter von Seminaren an dem von P. Schnitzler 1930 gegründeten Konservatorium in Aachen aufgeführt.[16]

---

[10] Alt, Michael: Art. Alt, in: Fellerer, Karl Gustav (Hrsg.): Rheinische Musiker, Köln (Volk) 1967, S. 1
[11] Helms, Siegmund: Musikpädagogik zwischen den Weltkriegen. Edmund Joseph Müller, Wolfenbüttel (Möseler) 1988, S. 39
[12] Braun, Gerhard: Die Schulmusikerziehung in Preussen, Kassel (Bärenreiter) 1957, S. 141
[13] DOKUMENT 1 im Dokumentarteil dieser Arbeit
[14] DOKUMENT 2 im Dokumentarteil dieser Arbeit. Irrtümlich datierte er selbst das Staatsexamen in Germanistik auf das Jahr 1930, in: Alt, Michael: Art. Alt, in: Fellerer, Karl Gustav (Hrsg.): Rheinische Musiker, Köln (Volk) 1967, S. 1
[15] DOKUMENT 3 im Dokumentarteil dieser Arbeit
[16] Brendt, Norbert: Entwicklung der musikalischen Ausbildungsstätten im Raume Aachen seit dem 19. Jahrhundert, in: Münstermann, H.J. (Hg.): Beiträge zur Musikgeschichte der Stadt Aachen II, Köln (Volk) 1979, S. 58. Alt selbst gab an, in den Jahren 1931-1934 dort tätig gewesen zu sein, in: Alt, Michael: Art. Alt, in: Fellerer, Karl Gustav (Hrsg.): Rheinische Musiker, Köln (Volk) 1967, S. 1

Nach der Machtübernahme der Nazis trat Alt, der von Ende 1931 bis Anfang 1933 der Zentrumspartei angehört hatte,[17] am 1.5.1933 in die NSDAP ein. Dazu äußerte er sich nach dem Krieg wie folgt: „Ich trat 1933 zum letzten Anmeldetermin in die Partei ein, weil ich von der Gauleitung Köln mit dem gesamten Vorstand des von mir 1929 begründeten und von mir bis zur Gleichschaltung geleiteten 'Fachverbands der Musikphilologen' dazu aufgefordert wurde, andernfalls der Verband sofort aufgelöst werde."[18] Im September 1933 kam er zum Gymnasium nach Linz/Rhein. Er wurde Mitglied des Nationalsozialistischen Lehrerbundes (N.S.L.B.) und übernahm darin verschiedene Ämter (Fachschaftsleiter, Ortsschulungsleiter). Außerdem wurde er „politischer Vertrauensmann" des Gymnasiums, „Kreisschulungsleiter für Musikerziehung", engagierte sich als Kulturwart und Ortsleiter in der Organisation „Kraft durch Freude" (K.D.F.) und leitete zwischen Winter 1934 und Juli 1935 eine „Arbeitsgemeinschaft zur nationalpolitischen Erziehung".

1935 wurde er promoviert.[19] Seine Dissertation „Die Typen des musikalischen Genießens und Wertens beim Jugendlichen und ihre pädagogische Bedeutung" erschien unter dem Titel „Erziehung zum Musikhören" in einer von Georg Schünemann, dem 1933 fristlos entlassenen Direktor der Berliner Musikhochschule, herausgegebenen Buchreihe.

1935 heiratete er die Privatmusiklehrerin Margarethe Müller, Tochter des Musikpädagogen Edmund Joseph Müller, und verlegte seinen Wohnsitz von Linz nach Unkel. Der Stadtrat von Linz versuchte daraufhin, ihm durch die Behörden die Rückübersiedlung nach Linz zur Pflicht zu machen.[20] Offenbar hatte er sich in Linz mit dem Obmann des N.S.L.B. überworfen. In einem von Alt selbst verfassten Bericht über seine Tätigkeit in der NSDAP und deren Gliederungen heißt es, er habe „aus sachlichen Gründen" Einwendungen gegen Vorschläge des Obmannes machen müssen.[21] Im gleichen Bericht ist außerdem von einer „sachlich geringfügigen Meinungsverschiedenheit organisatorischer Art" sowie von „ungünstiger Einwirkung von dritter Seite" die Rede.

---

[17] DOKUMENT 21, S. 352
[18] DOKUMENT 34, S. 378
[19] DOKUMENT 9, S. 323
[20] DOKUMENT 12, S. 327; Die Protokollblätter des Stadtrates sind nicht erhalten.
[21] DOKUMENT 12, S. 328

1936 musste er sich wegen des Eindrucks „völliger Interesselosigkeit am Parteileben"[22] verantworten. Außerdem wurde ihm vorgeworfen, das „Nationalblatt" nicht bestellt zu haben. Vorausgegangen war offenbar ein Streit mit dem Ortsgruppenleiter. In dem Bericht Alts über seine politische Tätigkeit in der Ortsgruppe Unkel heißt es dazu: „Ich habe aber versucht, mit dem Ortsgruppenleiter in persönliche Berührung zu kommen, um womöglich auf diesem Wege in die enge Parteiarbeit einbezogen zu werden. Da das aber ohne jede Veranlassung mit einer meine Ehre schwer verletzenden Absage beantwortet wurde, war mir auch diese letzte Möglichkeit unterbunden."[23]

Am staatlichen Gymnasium in Linz wurde er 1936 in eine Oberschullehrerstelle eingewiesen.[24] 1937 wurde er zum „Studienrat im preussischen Landesdienst" ernannt[25] und 1938 als Dozent für Musikerziehung an die Hochschule für Lehrerbildung in Oldenburg berufen. Nach dem Krieg gab Alt an, sowohl die Ernennung zum Studienrat als auch die „seit 1935 schwebende Berufung" an eine Hochschule für Lehrerbildung sei „mehrmals am Einspruch von Parteistellen gescheitert".[26] Diese Einsprüche haben den beruflichen Aufstieg Alts jedoch allenfalls verzögert, nicht aber verhindert. Obwohl der Oberpräsident in Koblenz Alt für „nicht abkömmlich" erklärte[27], wurde er zum 1.4.1938 an die Hochschule für Lehrerbildung in Oldenburg berufen und dort - nach politischer Überprüfung[28] - 1939 zum Professor ernannt.[29]

Vor seiner Ernennung zum Professor hatte es offenbar Bemühungen gegeben, Alt von der Lehrerbildung abzuwerben und für die Studienratsstelle an der Königin-Luise-Schule in Köln zu gewinnen. Jedenfalls unterbreitete der Kölner Oberbürgermeister im August 1938 Alt ein entsprechendes Angebot (DOKUMENT 19). Auch im Umfeld der Kölner Musikhochschule war das berufliche Fortkommen Michael Alts im Gespräch. Der damalige Leiter des Instituts für Schulmusik, Prof. Dietrich Stoverock, äußerte sich in einem Brief vom August 1938 an seinen - 1936 gekündigten - Vorgänger E.J.Müller über die Berufsperspektiven M. Alts. Dort heißt es: „Es ist sicherlich für Herrn Dr. Alt ein sehr schwerer Entschluß, von einer Hochschule für

---

[22] DOKUMENT 13, S. 329
[23] DOKUMENT 13, S. 330
[24] DOKUMENT 11, S. 325
[25] DOKUMENT 15, S. 334
[26] DOKUMENT 34, S. 378
[27] DOKUMENT 16, S. 335
[28] DOKUMENT 21, S. 352
[29] DOKUMENT 22, S. 353

Lehrerbildung fortzugehen. Dort ist die Möglichkeit, recht bald weiterzukommen. Ob eine Studienratsstelle in Köln diese gibt, ist schwer zu sagen. Jedenfalls kann ich Herrn Dr. Alt keinerlei Versprechungen machen, da ich selbst noch nicht weiß, wie sich die Dinge weiter entwickeln werden."[30]

Nach der Schließung der Hochschule für Lehrerbildung in Oldenburg wurde Alt mit Wirkung vom 1.11.1939 an die Hochschule für Lehrerinnenbildung in Hannover abgeordnet.[31] Ab Mai 1940 wurde er an der Hochschule für Lehrerbildung in Lauenburg zur Ausbildung von Schulhelfern eingesetzt.[32] Mit Wirkung vom 1.4.1942 wurde er an die Lehrerbildungsanstalt in Trier versetzt, dem Versetzungsbescheid zufolge jedoch mit gewissen Vorbehalten.[33] Zwar war darin von „gleicher Diensteigenschaft" die Rede, doch läßt sich den Unterlagen entnehmen, dass es sich in Trier um eine Studienratsstelle gehandelt haben muss. Nach dem Krieg gab er an, aus „weltanschaulichen Gründen" darum gebeten zu haben, nicht an einer Lehrerbildungsanstalt, sondern als Studienrat an einer höheren Schule beschäftigt zu werden.[34]

Am 5.5.1940 wurde er zum Militärdienst einberufen. Er wurde zunächst in Lüneburg ausgebildet und war später Schreiber beim Stellv. Generalkommando X in Hamburg. 1942 wurde er zum Wehrmachtbeamten für Lazarettverwaltung ausgebildet und wurde zunächst Kriegsverwaltungsinspektor (DOKUMENT 30), dann Zahlmeister, schließlich Oberzahlmeister in einer Kriegslazarettabteilung. 1945 geriet er in russische Kriegsgefangenschaft, aus der er erst am 18.4.1949 zurückkehrte.

Seine privaten Briefe aus der Gefangenschaft, die zensiert wurden, enthielten auffallend positive Nachrichten, wahrscheinlich, um einen günstigen Eindruck von einem zufriedenen und arbeitsamen Kriegsgefangenen zu machen. So schrieb er im Dezember 1948: „In der Gefangenschaft habe ich endlich meine besondere Form der Tätigkeit gefunden. Zu wissenschaftlicher Arbeit wird der Schreibtisch mich nicht mehr festhalten können. Ich kann nur noch in breitem sozialen kunsterzieherischen Wirken und in tätigem Umgang mit Menschen glücklich leben. So bin ich von innen heraus ganz auf die Linie unseres Vaters

---

[30] DOKUMENT 20, S. 351
[31] DOKUMENT 23, S. 354
[32] DOKUMENT 26, S. 360
[33] DOKUMENT 32, S. 374
[34] DOKUMENT 34, S. 378

gekommen [gemeint ist E.J. Müller, der Verf.] und werde dabei auch seine Tätigkeit der letzten Jahre miteinbeziehen."[35] In einem weiteren Brief aus der Gefangenschaft, geschrieben im März 1949, heißt es: „In der letzten Zeit arbeite ich besonders intensiv auf kulturellem Gebiet, so daß ich kaum mehr zur Besinnung komme und durch die reiche musische Tätigkeit seelisch beweglich und spannungskräftig bleibe."[36] Tatsächlich jedoch zog er sich aufgrund der Mangelernährung im Gefangenenlager einen schweren, bleibenden Leberschaden zu. Seine Frau berichtete, Alt sei insgesamt mit dem Gefühl „tiefer Enttäuschung und Verbitterung" aus der Gefangenschaft zurückgekehrt.

Im Entnazifizierungsverfahren gab er 1949 u.a. an, als ständiger Musikreferent „der als oppositionell geltenden 'Zeitschrift für Deutsche Geisteswissenschaft'" unter „Nichtbeachtung der offiziösen nazistischen Veröffentlichungen" Bücher „politisch verfolgter Wissenschaftler" besprochen zu haben. In einem Gutachten über Alt bezeugte Prof. Rieckhoff, ein ehemaliger Kollege aus der Hochschule für Lehrerbildung in Oldenburg, dass Alt nur „nominelles Parteimitglied" gewesen sei. Alt habe zu dem Kreis der Dozentenschaft gehört, der seit Herbst 1938 (Sudeteneinmarsch) „mit grosser Sorge und unverhohlener Skepsis" die weitere Entwicklung verfolgte.[37] 1949 wurde Alt vom Entnazifizierungs-Hauptausschuss der Stadt Oldenburg entlastet.[38]

1950 wurde er Studienrat an der Goethe-Schule in Essen-Bredeney (DOKUMENT 37), wo man ihn 1957 zum Oberstudienrat beförderte (DOKUMENT 45). Während der Essener Zeit übernahm er nebenamtlich einen Lehrauftrag für Musikerziehung an der Folkwangschule in Essen (DOKUMENT 43) und war dort 1955 an der Gründung des „Seminars für Musik, Gymnastik, Sprechen und Kunst" beteiligt. Außerdem hatte er einen Lehrauftrag für Musikgeschichte an der Musikakademie Detmold. 1959 wurde er als Professor für Musikerziehung an die Pädagogische Hochschule Ruhr, Abteilung Dortmund, berufen (DOKUMENT 48). 1965 teilte man ihm mit, er habe künftig aufgrund des 3. Besoldungsänderungsgesetzes die Amtsbezeichnung „Außerordentlicher Professor" zu führen. Dies empfand er als Minderung seines Dienstranges und erklärte deshalb, sich auch künftig der bisherigen Amtsbezeichnung zu bedienen.[39] Im gleichen Jahr begründete er den

---

[35] Brief vom 3.12.1948 (Nachlass)
[36] Brief vom 21.3.1949 (Nachlass)
[37] DOKUMENT 35, S. 379
[38] DOKUMENT 36, S. 380-381
[39] vgl. Brief an den Dekan der Päd. Hochschule Ruhr, Abtlg. Dortmund, v. 15.8.1965 (Nachlass)

Arbeitskreis „Forschung in der Musikerziehung", der 1971 in den „Arbeitskreis Musikpädagogische Forschung" (AMPF) umgewandelt wurde. 1967 erfolgte seine Ernennung zum ordentlichen Professor (DOKUMENT 55). Nach Erreichen der Altersgrenze wurde er mit Ablauf des Monats März 1973 von seinen amtlichen Verpflichtungen entbunden.

Michael Alt starb am 20.12.1973 in Dortmund.

3. Das musikpädagogische Schaffen Michael Alts in der Zeit der Weimarer Republik

ÜBERBLICK

Die frühesten nachweisbaren Veröffentlichungen M. Alts stammen aus seiner Studienzeit an der Staatlichen Hochschule für Musik in Köln. 1926 verfasste er zwei „musikkritische" Zeitungsartikel zu den Händelfesten in Göttingen und Münster. Ein weiterer Zeitungsartikel zu dem Thema „Sozialisierung der Musik" erschien 1928. Zu Beginn des Sommersemesters 1929 hielt Alt bei der Aufnahme der Studierenden der Schulmusik einen Vortrag zum Verhältnis von Schulmusik und Pädagogik. In den Jahren 1931 und 1932 erschienen zwei Aufsätze zur geistesgeschichtlichen Aufgabe des Musikunterrichts bzw. zur „Stoffauswahl" in der Oberstufe der höheren Schule. Für die Praxis gab Alt vier Hefte mit Instrumentalmusik für Schulorchester heraus (1928 f.). Bekannt wurde er auch durch die Gründung des Fachverbandes der Musikphilologen (1929).[40] Als Vertreter einer neuen Generation von Schulmusikern („künstlerisches Lehramt") ist er in seiner Zeit als Studienreferendar auch als Dirigent des Schulchors hervorgetreten (DOKUMENTE 6-7).

DIE HÄNDELFESTE IN GÖTTINGEN UND MÜNSTER

Eine „kunstbegeisterte Dilettantenvereinigung" unter der Leitung von O. Hagen hatte Anfang der 20er Jahre eine neue Händel-Bewegung ausgelöst, die sich bei der Aufführung von Händel-Opern um eine möglichst große Annäherung an die Opernverhältnisse der Gegenwart bemühte.[41] Dazu wurden zahlreiche Bearbeitungen und tänzerische Inszenierungen vorgenommen, die im krassen Gegensatz zu den Bemühungen von Musikwissenschaftlern standen, Wissen über die historischen Aufführungspraktiken zusammenzutragen (Haas 1931, Schering 1931), um dadurch eine „historische Aufführungspraxis" zu ermöglichen.

---

[40] Die Datierung der Gründung dieses Fachverbandes stützt sich auf eine Notiz in einem maschinenschriftlichen Lebenslauf, der sich im Nachlass Alts befindet.
[41] Haas, Robert: Aufführungspraxis der Musik, Potsdam (Athenaion) 1931, S. 194 f.

M. Alt stellte sich in diesem Streit unzweideutig auf die Seite der Musikwissenschaft. In dem Artikel „Musikdrama oder Arienoper" (Alt 1926a), erschienen im Juli 1926 in der „Rheinischen Volkswacht", äußerte er sich zu dem damals schon im sechsten Jahr stattfindenden Händelfest in Göttingen und vertrat die Auffassung, dass jede Kunst als Ausdruck ihrer Zeit eine Eigenberechtigung besitze und nicht an einem scheinbar absoluten Maßstab gemessen werden dürfe. Deshalb sei auch die Händelsche Barockoper nicht an romantischen Opernidealen (Arienoper, Musikdrama) zu messen, sondern nur aus der geistigen Haltung des Barockzeitalters heraus zu verstehen, deren Eigenart Alt mit „rationalistischer Denkart", „Willen zu monumentaler Architektonik" und „Willen zu statischer Form" umschrieb. Alt versuchte, die Musik Händels in dieses geistige Umfeld zu rücken und beschrieb sie als eine „auf absolutem Formwillen basierte Musik scharf umgrenzter Emotionen". Noch deutlicher wurde er in dem Bericht über das erste Händelfest in Münster (Alt 1926b), der im Dezember 1926 ebenfalls in der „Rheinischen Volkswacht" erschien. Die Bearbeitung eines Händel-Oratoriums zu einer „Jephta-Kantate" hielt er für ein „unmögliches Unternehmen", über das nur die meisterliche Ausführung hätte „einigermaßen hinwegtäuschen" können. Auch die tänzerische Inszenierung des szenischen Oratoriums „Alexander Baladur" lehnte er als „stilwidrig" ab. Im Mittelpunkt der Überlegungen M. Alts stand also schon in seinen frühesten Veröffentlichungen das musikalische Kunstwerk in seinem jeweiligen historisch-geistigen Umfeld. Das „Eigenrecht" des musikalischen Kunstwerks erhob Alt zu einer Norm, an der er selbst solche Aufführungen glaubte messen zu können, die offensichtlich auf anderen Wertvorstellungen beruhten.

SOZIALISIERUNG DER MUSIK

„Sozialisierung der Musik" ist der zunächst irritierende Titel eines Zeitungsartikels, der im Februar 1928 in einer Beilage zum Kölner Lokal-Anzeiger erschien (Alt 1928a). Irritierend ist dieser Titel deshalb, weil unter dem Begriff der „Sozialisation" heute üblicherweise der Prozess verstanden wird, bei dem ein Individuum über das Lernen der jeweiligen Werte und Normen in eine Gesellschaft eingegliedert wird. Alt ging es in diesem Artikel jedoch nicht um die Frage, wie die Integration heranwachsender Menschen in die Gesellschaft mit musikalischen Mitteln gefördert werden könnte (im Sinne einer „Sozialisierung *durch* Musik"), sondern um die eher musiksoziologische Frage nach dem gesellschaftlichen Stellenwert von Kunst und dessen Sicherung oder Vergrößerung.

Mit dem Blick auf die Gesamtheit des öffentlichen Musiklebens kritisierte er erstens die Idee der „*Volksbildung*". Die Bemühungen, durch die Einrichtung von „Volkskonzerten" oder ähnlichen Veranstaltungen dem „breiten Volke" eine Teilhabe am Musikleben zu ermöglichen, seien ohne allgemein-musikpädagogische Vorarbeit in der Schule „falsch": „Woher sollte das breite Volk die Möglichkeit haben, Musik in der Form hochkultivierter Kunst Verständnis entgegenzubringen, wenn es bestenfalls ein Verhältnis zur Musik als primitiver Ausdruckskunst aus der Schule mitbrachte?" Auch aus einem anderen Grund seien die Bemühungen um eine musikalische Volksbildung zum Scheitern verurteilt: „Man wollte das Volk an eine Musik heranbringen, die wesentlich aristokratischer Geisteshaltung entsprang, die sich durchweg als hochkultivierte Ideenmusik darstellte." Der „ganze Ballast der philosophisch-psychologischen Problematik jener Geisteshaltung" sei in die musikalische Sphäre projiziert und „zum Austrag gebracht" worden. Die Kunst sei sogar zur Religion „hinaufgesteigert" worden. „Daß unter diesen Umständen eine Fühlungnahme mit dem Volke unmöglich war, konnte nur der Kunstenthusiast nicht einsehen, der von der Allmacht der göttlichen Kunst alles erwartete."

Ebenso kritisch blickte er zweitens auf die *Jugendbewegung*. Mit ihrem Ansatz, durch den Rückgriff auf das Volkslied eine Reorganisation des Musiklebens zu versuchen, habe sie sich gerade in der Zeit an die Öffentlichkeit gewandt, in der der „Schlager" als „Exponent einer neuen Musikanschauung" seinen „Siegeszug durch die Welt" angetreten habe. Außerdem hielt Alt der Jugendbewegung vor, sich von der Fachmusik sektiererhaft abgeschlossen zu haben, einem unfruchtbaren Dilettantismus verfallen zu sein und keine positive Einstellung zur Moderne finden zu können.

„Die hohe Kunst von gestern findet keine produktive Resonanz mehr in einer Gemeinschaft", schrieb er. „Nehmt die Konzertinstitute, nehmt die Opern weg, und 90 v.H. der Menschen sind ebenso lebensfähig." Weder Volksbildungsidee noch Jugendbewegung boten nach seiner Auffassung die richtigen Ansatzpunkte, um den gesellschaftlichen Stellenwert von Kunst zu sichern. „Sozialisierung der Musik" solle nicht mehr als ein „ethisches soziales Zugeständnis einer hochkultivierten Gesellschaft an das Volk" begriffen werden. Und er lehnte es ab, in „überspannter Kunstideologie" bei der „hohen Kunst von gestern" anzusetzen. Statt dessen gelte es, „das Gebot der Stunde zu erfassen", „diesen Massen eine ihnen adäquate Kunst zu geben", „dem konjunktursüchtigen Pfuschertum in der Unterhaltungs- und Gebrauchsmusik endlich das Wasser abzugraben und sie mit der nötigen pädagogischen Vorsicht künstlerisch zu heben."[42] Alt vertrat einen Standpunkt, den er selbst als „sachlich" bezeichnete. Er schrieb: „Man erkennt allmählich die vielfältigen Spielarten der Kunst als eigenständig an, mißt sie an ihren Funktionen und nicht mehr am absoluten Maßstabe einer Höhenkunst. So hält man die Gebiete der Ausdrucks-, Gebrauchs- und Kunstmusik getrennt und sieht die Sinnlosigkeit eines frisch-fröhlichen Kampfes gegen die 'Schundmusik' ein. Das hat mit verwaschener Wertrelativität nichts zu tun; es bleibt immer noch der Maßstab der Funktionserfüllung innerhalb der Gattungen." Alt ging es also darum, die unterschiedlichen Funktionen von Musik anzuerkennen, in allen Funktionsbereichen jedoch das jeweilige künstlerische Niveau zu heben. Deshalb stellte dieser Ansatz auch keinen Widerspruch, sondern eine Ergänzung dar zu den 1926 vorgetragenen Forderungen nach einer historisch-stilgerechten Werkwiedergabe.

Als Verantwortliche für den gesellschaftlichen Stellenwert der Musik sah er in erster Linie die Musiker. Sie forderte er auf, sich nicht mehr als Künstler aus Gottes Gnaden zu verstehen, sondern die „Sozialisierung der Musik" als soziale Aufgabe zu begreifen und „Verantwortung für alle Spielarten der Musik dem Volke gegenüber" zu übernehmen. Musikdirektor, Komponist und Kaffeehausmusiker müssten sich „eins fühlen in ihrer sozialen Aufgabe."

Als inhaltliche Ansatzpunkte für die künstlerische Durchdringung der Unterhaltungs- und Gebrauchsmusik nannte er den „Rhythmus von faszinierender Vitalität" und die „unverwüstliche 'Brutalität'". Er dachte dabei an die Blas-Harmoniemusik, die modernem Empfinden nicht so fremd sei, die Tee- und Tanzmusik, die schon einiges Brauchbare aufzuweisen habe, und an die Filmbegleitmusik als „bestes Absatzgebiet für die mechanische Musik". Außerdem müsse die „Musikselbstversorgung" durch Radio, Grammophon und mechanische Musik „in Rechnung gestellt werden".

Festzuhalten ist: Mit dem Artikel „Sozialisierung der Musik" appellierte Alt in erster Linie an die Musiker, d.h. an die Vertreter des öffentlichen Musiklebens, ihre „soziale Aufgabe" stärker als bisher wahrzunehmen.

---

[42] Alt 1928a

SCHULMUSIK UND PÄDAGOGIK

In den bisherigen Veröffentlichungen hatte Alt die Rolle desjenigen eingenommen, der das öffentliche Musikleben beobachtete, analysierte, kritisierte sowie an die Musiker appellierte, sich ihrer sozialen Aufgabe bewußt zu werden. Dass sich Alt nach seinem Selbstverständnis dabei durchaus als „Musikpädagoge" verstehen konnte, ergibt sich aus den kulturkritischen Wurzeln der frühen wissenschaftlichen Musikpädagogik, vor allem aus den kulturkritischen Quellen H. Kretzschmars (A.J. Langbehn, A. Lichtwark).[43]

Mit seinem Kölner Vortrag „Schulmusik und Pädagogik" (Alt 1929) plädierte er insofern für einen Wandel im Grundverständnis des Faches, als er der Musikpädagogik nun eine „selbständige kulturelle Mission" zuschrieb und sie damit stärker als bisher vom Konzertleben gelöst wissen wollte. „Wir stehen zu ihm [dem Konzertleben der Gegenwart, der Verf.] in keinem ideellen oder ökonomischen Dienstverhältnis der Nachfragesteigerung"[44], sagte er unzweideutig vor den Studierenden der Hochschule. Inhaltlich sollte sich diese Abgrenzung vom Konzertleben durch größere Offenheit der Musikpädagogik gegenüber den musikalischen Erscheinungsformen auswirken: „Wir bejahen *jede* Musikäußerung, unter welcher Form sie sich auch bietet und brechen damit die Monopolstellung des Konzertlebens, reduzieren es auf eine sinngemäße Funktion im Musikleben."[45] Die Aufgabe der Musikpädagogik lag also nach seiner Auffassung nicht mehr nur darin, in Dienstleistungsfunktion für das Konzertleben die „romantische Musikrepräsentation" psychologisch-pädagogisch zu unterbauen und zu „verlebendigen". Vielmehr gehe es darum, die „Aktivität des Erlebens und eigenen Musizierens zu werten und in diesem Rahmen neue Musikformen zu schaffen."[46]

---

[43] Abel-Struth, Sigrid: Grundriß der Musikpädagogik, Mainz (Schott) 1985, S. 536 f.
[44] Alt 1929, S. 59
[45] Alt 1929, S. 59, Hervorhebung im Original
[46] Alt 1929, S. 59

> **ZUR STELLUNG DER MUSIKPÄDAGOGIK IM ALLGEMEINEN PÄDAGOGISCHEN SYSTEM**
>
> (NACH ALT 1929)
>
> 1. Aufgabe: Förderung der Gesamtentwicklung der Persönlichkeit von der ästhetischen, speziell musikalischen Seite aus.
>
>   Bezugsdisziplinen:
>   - Psychologie
>   - Ästhetik
>   - Methodik und Didaktik
>   - allgemeine und Musikpädagogik
>
> 2. Aufgabe: Erweiterung des Kulturunterrichts von der ästhetischen, speziell musikalischen Seite aus.
>
>   Bezugsdisziplinen:
>   - allgemeine Geistesgeschichte
>   - Musikgeschichte
>   - allgemeine Kunstwissenschaft
>   - Musiksoziologie
>   - Musikökonomik
>   - Musikpolitik

Mit dieser Abgrenzung der Musikpädagogik vom Konzertleben war zugleich eine stärkere Profilierung der Musikpädagogik als eigenständige wissenschaftliche Disziplin - „Musikpädagogik als angewandte Wissenschaft"[47] - verbunden. Innerhalb des allgemeinen pädagogischen Systems habe die Musikpädagogik nicht nur die psychologisch-pädagogische Aufgabe, speziell von der musikalischen Seite die Gesamtentwicklung der Persönlichkeit zu fördern, sondern auch eine geistesgeschichtliche Aufgabe, den Kulturunterricht zu erweitern. Als Bezugswissenschaften nannte er im Hinblick auf die psychologisch-pädagogische Aufgabe die Psychologie, Ästhetik, Methodik und Didaktik sowie allgemeine und Musikpädagogik. Im Bezug auf die geistesgeschichtliche Aufgabe wollte er die Musikpädagogik auf die allgemeine Geistesgeschichte, Musikgeschichte, allgemeine Kunstwissenschaft, Musiksoziologie, Musikökonomik und Musikpolitik bezogen wissen. Für die Lehrerausbildung lehnte er konsequenterweise musikalisch-technisches Spezialistentum ab und sah gerade darin die „größte Gefahr" bei der Verbindung der Schulmusikabteilung mit der Musikhochschule.[48] Trotz der Gefahr der Überforderung begrüßte er die 1928 eingeführte[49] Verpflichtung auf ein zweites wissenschaftliches Lehrfach in der Hoffnung auf eine Intensivierung der Unterrichtstätigkeit, vor allem aber auch mit Blick auf die „geschichtliche Aufgabe" seiner Generation, nämlich den Ausbau der Musikpädagogik als eigenständige Wissenschaft voranzutreiben und die Musikpädagogik als angewandte Wissenschaft zu etablieren.[50]

DER FACHVERBAND DER MUSIKPHILOLOGEN

Schon 1928 hatte Alt das Fehlen einer Organisation beklagt, die die verschiedenen Interessenverbände zu einem Gesamtverband mit „verpflichtender Autorität" zusammenbinde.[51] Dabei hatte er wahrscheinlich noch an einen Zusammenschluß aller Musikverbände gedacht. Nach seiner Abgrenzung der Musikpädagogik von der Musik als künstlerischer Praxis tauchte 1929 der Wunsch nach einem Zusammenschluß wieder auf, nun aber bezogen auf die Gruppe der Schulmusiker: „Die Eigenart unserer Aufgaben, unsere noch ungeklärte Stellung in der Schule, die kriselnde Übergangssituation in der Musikpädagogik selbst verlangt dringend nach einem allgemeinen fachlichen Zusammenschluß der Schulmusiker."[52] Unter der Leitung von Michael Alt kam es 1929 zur Gründung des Fachverbandes der Musikphilologen, der sich als Zusammenschluß der nach der neuen Ausbildungsordnung ausgebildeten Schulmusiker verstand. Die Stoßrichtung dieses Verbandes geht aus einem Dokument, das sich im Nachlaß Alts befindet und im Dokumentationsteil dieser Arbeit wiedergegeben wird (DOKUMENT 4), eindeutig hervor: „Eine der wichtigsten neuen Aufgaben sieht der Verband in der wissenschaftlichen Durchdringung der Musikpädagogik." Begrifflich wurde die praktische von der wissenschaftlichen Musikpädagogik deutlich geschieden:

„Vor allen Dingen muss zur Klarstellung der Unterschied zwischen Musikpädagogik als Wissenschaft und der Musikpädagogie, der praktischen Musikerziehung herausgestellt

---

[47] Alt 1929, S. 62
[48] Alt 1929, S. 61
[49] Gruhn, Wilfried: Geschichte der Musikerziehung, Hofheim (Wolke) 1993, S. 243
[50] Alt 1929, S. 61f. Nach einem verbesserten Exemplar dieses Vortrags aus dem Nachlass Alts ist folgender Druckfehler zu korrigieren: Auf S. 62 heißt es: „Es gilt, den Vorsprung, den die Wissensfächer durch die Jahrhundertarbeit der pädagogischen Psychologie in der wissenschaftlichen Fundierung ihrer Unterrichtsweise [...] gewonnen haben, in kürzester Zeit nachzuholen; um so auch durch die Möglichkeit der Interessengemeinschaft in der Unterrichtstätigkeit den Mangel an Stundenzahl [...] auszugleichen." Die Worte „Interessengemeinschaft in" sind durch das Wort „Intensivierung" zu ersetzen.
[51] Alt 1928a
[52] Alt 1929, S. 62

werden. Die Musikpädagogie is[t] ein Ausfluss der einmaligen schöpferischen Lehrerpersönlichkeit, wenn man so will, eine Kunst. Wer kann aber behaupten, dass etwa in der Medizin das wissenschaftliche Studium die alte Arzneikunst verdrängt oder auch nur ungünstig beeinflusst habe? Wie beim Arzt das wissenschaftliche Studium der theoretischen Kunst vorauszugehen und sie fortwährend zu begleiten hat, so muss die Musikpädagogie [durch] die wissenschaftliche Musikpädagogik unterbaut, auf ihre Bedingungen und Möglichkeiten hin untersucht werden. Erst dann wird eine überlegene, sichere Art der Durchführung gewährleistet...Es muss erst der Abstand zu diesen Dingen gewonnen werden, erst dann ist der Raum für eine schöpferische Lehrerpersönlichkeit frei, erst dann kommen wir aus der unfruchtbaren Stagnation der Kunst-Unterrichtsmethodik, die in der Solmisation scheinbar immer noch ihren Anfang und ihr Ende sieht, heraus."[53]

Auch hier trat wieder die Frage auf, auf welche Wissenschaftsdisziplinen sich die Musikpädagogik bezieht. Er nannte die Psychologie, die Philosophie, die Soziologie und allgemeine Pädagogik, nicht aber diejenigen Wissenschaften, auf die er 1929 die geistesgeschichtliche Aufgabe des Musikunterrichtes bezogen hatte, also allgemeine Geistesgeschichte, Musikgeschichte, Kunstwissenschaft und Musikpolitik.

Aus einem Antwortschreiben Leo Kestenbergs an Michael Alt vom 31.5.1930 (DOKUMENT 5), geht hervor, dass Alt Kestenberg über den Zusammenschluss zu einer Interessengemeinschaft der Musikphilologen informiert hat. Kestenberg antwortete, dass ihn diese Mitteilung „lebhaft interessiert" habe und fügte hinzu: „Freilich würde ich es für bedauerlich halten, wenn durch diese neue Organisation sich die ohnehin vorhandenen Spannungen zwischen den vollakademisch ausgebildeten Kräften und den nach der alten Ordnung Vorgebildeten, zu offenen Gegensätzen verdichten würden. Aus Ihren Mitteilungen entnehme ich aber, dass Sie diese Gefahr auch sehen, und zu vermeiden wünschen." Kestenberg bat Alt, ihn über seine Tätigkeit weiter auf dem Laufenden zu halten.[54]

---

[53] DOKUMENT 4, S. 317
[54] DOKUMENT 5, S. 319

DIE GEISTESGESCHICHTLICHE AUFGABE DES MUSIKUNTERRICHTS

Der Aufsatz „Die geistesgeschichtliche Aufgabe des Musikunterrichtes" (Alt 1931) verstand sich ausdrücklich als „Niederschlag einer gemeinsamen Arbeit des Fachverbandes der Musikphilologen". Mit Berufung auf die 1924 erschienene und dem damaligen Ministerialrat im preußischen Kultusministerium H. Richert zugeschriebene und auch in der Tendenz mit dessen Buch „Die deutsche Nationalerziehung" (1920) übereinstimmende[55] Denkschrift über die „Neuordnung des preußischen höheren Schulwesens" (1924), die der Kunst die „Befähigung 'zum vertieften Musikverständnis der großen Epochen der Menschheitsgeschichte'" zugesprochen hatte, und gegen die von dieser Denkschrift „abhängigen" Richtlinien,[56] die lediglich „brauchbare Stoffe ohne Angabe einer bestimmten Betrachtungsart zur freien Auswahl" stellen würden,[57] schrieb er dem Musikunterricht die Aufgabe zu, das „geistige Gesicht eines Kulturkreises von der klassischen musikalischen Leistung [...] her mitzuformen."[58] Dabei hob er die Eigenständigkeit der einzelnen Schulfächer hervor: „Wenn man größere Stoffkreise, ganze Kulturepochen von allen Kulturfächern her konzentrisch erarbeitet in dem Sinne, daß jedes Fach die repräsentative, epochale Leistung auf ihrem Kulturgebiet stofflich erarbeitet und ihren Geistgehalt zum Verstehen" bringe, könne jedes Fach den ihm eigenen Beitrag zum Verständnis des Zeitgeistes „in der idealsten, erkenntnisreichsten Form herausarbeiten."[59] Im Zentrum dieses von Alt angestrebten geistesgeschichtlich orientierten Musikunterrichtes stand also das „klassische Werk" als die repräsentative, vorbildhafte und normierende künstlerische Objektivation des Gesamtgeistes einer historischen Epoche (siehe Begriffsanalyse auf der folgenden Seite).

---

[55] Hammel, Heide: Die Schulmusik in der Weimarer Republik. Politische und gesellschaftliche Aspekte der Reformdiskussion in den 20er Jahren, Stuttgart (Metzler) 1990, S. 186
[56] Alt 1931, S. 4
[57] Alt 1931, S. 10
[58] Alt 1931, S. 9
[59] Alt 1931, S. 9

BEGRIFFSANALYSE: „KLASSISCHES WERK"

Ein „klassisches Werk" war für Alt „die letzthin gültige Formulierung des Geistes einer Epoche".[60] Dieser Bestimmung lag ein Geist-Begriff zugrunde, der allen Individuen einer Kulturgemeinschaft einen „Gesamtgeist" unterstellt, der sich auch in musikalischen Werken vergegenständlicht, also „objektiviert". Doch nicht jede künstlerische Objektivation eines epochalen Gesamtgeistes einer Kulturgemeinschaft war im Sinne Alts „klassisch". Vielmehr traf diese Bezeichnung nur auf solche Werke zu, die sich „aus dem Vielerlei der Stile und Richtungen" herausgeschält hätten und nicht mehr von den „vielfältigen, zum Teil konträren Tendenzen eines Zeitabschnitts" und von dem „wechselnden Kampf um die Gewinnung eines Zeitstiles" gekennzeichnet seien.[61] So sei beispielsweise ein Werk der Dichtungsgeschichte im Unterschied zu einem Werk der Literaturgeschichte „die letzte, einfache, ein Zeitalter stellvertretende Form", die [...] das Fühlen einer Generation „zum symbolhaften Ausdruck" bringe.[62] Ein solches symbolisches Kunstwerk setze das Zeitliche „in Beziehung zum Bleibenden, Absoluten", und gebe ihm „letzthin gültige 'klassische' Form". Damit aber rage es in das „überzeitliche Reich der Werte" und gehöre nicht mehr der Ebene der Geschichte an.[63] Die Vorstellung, dass ein klassisches Werk eine für die jeweilige Epoche repräsentative Objektivation des Geistes ist, war für Alt also auch verbunden mit der Idee des Absoluten, womit er den Geistbegriff Hegels aufnahm, der den „objektiven Geist" als „Ausfluß des Absoluten" verstanden hatte.[64] Dieses Absolute war für Alt das „überzeitliche Reich der Werte", womit er die Möglichkeit und Existenz „absoluter" und „überzeitlicher" Werte stillschweigend voraussetzte. Widersprüchlicherweise unterlag das Klassische nach der Vorstellung Alts gleichzeitig auch einer historischen Relativität: „Jede Epoche, die geistige Schöpferkraft jeder neuen Gegenwart schafft sich ihre Klassiker neu; jede Zeit formt sich ein ganz eigenes Bild, einen eigenen Mythos ihrer Vorzeit mit ganz einmaligen Wertakzenten. So kommen und gehen die Klassiker, so nehmen die Klassiker fortwährend ein neues Gewand, einen neuen 'Sinn' an [...]".[65] Nach dieser Formulierung sind in einer Kulturgemeinschaft auch Werteverschiebungen denkbar, die ihrerseits zu Verschiebungen ihrer Klassizitäten führen können. Das Klassische war demnach keine historisch starre Größe, sondern nur das aktuelle künstlerische Idealbild einer Kulturgemeinschaft von einer historischen Epoche. Pädagogische Relevanz erhielt der Begriff des Klassischen erst durch die Auffassung, die klassischen Werke müssten jeder neuen Zeit „Vorbild, Ansporn und Richtmaß" sein, womit dem Klassischen nicht nur Vorbildcharakter, sondern zugleich auch der Charakter einer pädagogischen Norm für die Menschen der Gegenwart zugeschrieben wurde.

---

[60] Alt 1931, S. 6 f.
[61] Alt 1931, S. 6
[62] Alt 1931, S. 6
[63] Alt 1931, S. 6
[64] Brugger, Walter: Art. „Geistiges Sein", in: ders.: Philosophisches Wörterbuch, Freiburg (Herder) [19]1988.
[65] Alt 1931, S. 7

Der Musikwissenschaftlicher H.J. Moser schrieb im August 1931 eine - im Ton durchaus spitze, teilweise sogar polemische - Entgegnung auf den Aufsatz Alts.[66] Darin unterstützte er zwar Alts Forderung nach Konzentration und Querverbindungen zwischen Musik und den übrigen Kulturfächern, doch hielt er die Anwendung des Ausdrucks „Geistesgeschichte" für verfrüht und überzogen, weil das wissenschaftliche Fundament geistesgeschichtlicher Deutungen nicht hinreichend gesichert sei.[67] Bei einem geistesgeschichtlichen Aufsatz verlagere man die Untersuchungen „aus dem Gebiet der hohen 'Wissenschaft' in dasjenige bloßer 'Deutenschaft'" und nehme dem Begriff der Geistesgeschichte „das beste Teil an Exaktheit und Verläßlichkeit".[68] Moser fragte: „Ist nicht das ganze Gebiet der 'Geistesgeschichte' noch allzusehr im Fluß der Methodengewinnung, als daß man nun schon den Sekundaner und Primaner auf dieses unsichere Geröll treiben soll?"[69] Alt verteidigte 1932 („Die Stoffauswahl in der Oberstufe") die Geisteswissenschaften und betrachtete sie als notwendiges Pendant zu dem naturwissenschaftlichen Wissenschaftsideal. Allerdings begründete er dies nicht - wie es nahegelegen hätte - mit verstehenstheoretischen oder wissenschaftstheoretischen Überlegungen, sondern - in deutlicher Nähe zu dem Ansatz H. Richerts - mit dem Hinweis auf die nationale Denktradition: „In Ergänzung des einseitig positivistisch-naturwissenschaftlichen Wissenschaftsideals greift die Geisteswissenschaft auf das Erbe wertvollsten deutschen Denkens, auf die deutsche romantische Philosophie zurück. Sie ist darum mehr als 'Moderne': eine zukunftsweisende Erneuerung spezifisch deutschen Denkens."[70]

DIE FRAGE NACH DER WISSENSCHAFTLICHEN BEZUGSDISZIPLIN DER MUSIKPÄDAGOGIK
Die Unterscheidung von musikgeschichtlicher und geistesgeschichtlicher Bedeutsamkeit eines musikalischen Werks floss auch zunehmend in seine Überlegungen zu der musikwissenschaftlichen Bezugsdisziplin des Musikunterrichts ein, blieb aber ebenfalls nicht unwidersprochen. 1929 hatte Alt die Musikgeschichte noch zu den Bezugsdisziplinen des Musikunterrichts gerechnet. Demgegenüber formulierte er 1931: „Die Frage nach der Hilfswissenschaft des Musikunterrichtes der Oberstufe kann nun nicht mehr mit der Musikgeschichte beantwortet werden; denn sie betrachtet nur das Ringen einer Zeit um ihren

---

[66] Moser, Hans Joachim: Geistesgeschichte oder Kulturkunde? In: Die Musikpflege, Jg. 2, H. 5, August 1931, S. 205-208
[67] Moser 1931, S. 206
[68] Moser 1931, S. 206
[69] Moser 1931, S. 207 f.

idealen Ausdruck; sie zeigt nur das Heranreifen einer Epoche zum repräsentativen klassischen Werk. Aber nicht dessen Wesen."[71] Moser erwiderte: „Es ist mir nicht überzeugend, daß nun ein Keil zwischen 'Musikgeschichte' und 'Geistesgeschichte der Musik' getrieben wird, weil erstere nur das Ringen und das Heranreifen, letztere aber das klassische Werk einer Epoche zum Gegenstand habe - weder die eine noch die andere Behauptung erscheint mir zwingend."[72] 1932 äußerte sich Alt erneut zu dieser Frage:

„Wissenschaftstheoretisch besteht ein großer Unterschied zwischen den beiden musikwissenschaftlichen Disziplinen: Musikgeschichte und Musikpädagogik. Man kann die Musikwissenschaft nach zwei grundsätzlichen Verfahrensweisen in zwei Hauptgebiete aufteilen: in die Musiksystematik, soweit sie systematisch-philosophisch verfährt, und in die Musikgeschichte, soweit sie sich historisch-pragmatisch einstellt. Die Musiksystematik hat dann das Ziel, eine Ästhetik der Musik im weitesten Sinne als Lehre vom musikalischen Wert und eine musikalische Elementenlehre zu geben. Das ist dann die Grundlegung für die weiteren davon abhängigen Gebiete: einmal die 'Musikkritik' als angewandte Musikästhetik. Davon leitet sich die Musikpädagogik ab, mit der besonderen Aufgabe einer weiteren Anwendung der Musikkritik: nämlich der Sozialisierung ihrer Erkenntnisse. Als Zweig der Musiksystematik ist also die Musikpädagogik auf das Gleichbleibende, auf die gesetzmäßigen und typischen Gegebenheiten in den musikalischen Werken gerichtet, mit dem letzten Ziele einer einheitlichen systematischen Anordnung ihres Arbeitsstoffes. Ihr steht nun die Musikgeschichte als historische Wissenschaft gegenüber. Hier gelten die speziellen geschichtlichen Kategorien: Ursache und Wirkung, Entstehen und Vergehen, Wirksamkeit und Kontinuität der Entwicklung usw. Ihr letztes Ziel ist das Aufzeigen der Wirksamkeit einer individuellen historischen Größe im musikgeschichtlichen Entwicklungsprozeß, während die Musikpädagogik auf dem ästhetischen Begriff des überzeitlichen künstlerischen Wertes aufbaut."[73]

Diesem Wortlaut zufolge läßt sich die Unterteilung der Musikwissenschaft so veranschaulichen:

---

[70] Alt 1932, S. 462
[71] Alt 1931, S. 7
[72] Moser 1931, S. 206
[73] Alt 1932, S. 460 f.

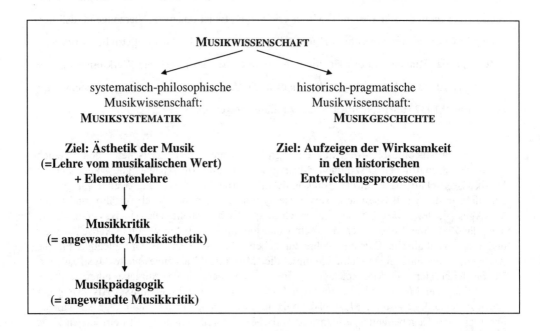

Unabhängig von der Frage, wie stichhaltig diese Systematisierung ist - die Abhängigkeit der „Musikpädagogik" von der „Musikkritik" erscheint beispielsweise wenig plausibel -, bleibt festzuhalten, dass Musikpädagogik von Alt nicht als Gegenbegriff zur Musikwissenschaft, sondern als eine ihrer Teildisziplinen verstanden wurde. Ähnlich wie die Musikkritik sollte die Musikpädagogik in der Musikästhetik ihre Wertebasis finden, wonach Musikpädagogik letztlich als eine Art Vermittlungsdisziplin der in der Musikästhetik erstellten Lehre vom musikalischen Wert verstanden wurde.

DIE STOFFAUSWAHL IN DER OBERSTUFE

Während 1931 die geistesgeschichtliche Zielsetzung des Musikunterrichts und die Frage nach der wissenschaftlichen Bezugsdisziplin des Musikunterrichts im Vordergrund stand, rückte mit dem Aufsatz von 1932 („Die Stoffauswahl in der Oberstufe") erstmals die Person des Schülers in differenzierter Weise in das Blickfeld. Denn als wichtigstes Kriterium für die Auswahl der Stoffe nannte Alt die „psychische Resonanz" des einzelnen Musikwerks: „Jedes einzelne Werk, das zur Darbietung ausgewählt werden soll, [...] muß die Wahrscheinlichkeit in sich tragen, daß es im Menschen der Gegenwart, in der Seele des Schülers insbesondere seine Resonanz findet."[74] Die Durchnahme von Unterrichtsgegenständen, die wegen der besonderen „Fremdheit des Eindrucks" kein Fluidum aufkommen lassen (Alt nannte als Beispiel den Minnesang von Neidhart), sei dementsprechend abzulehnen. Zugleich sei die „Bildung der Erlebnisfähigkeit" eine der Hauptaufgaben des Musikunterrichts. Die Erlebnisfähigkeit des Schülers ging also nicht nur als Kriterium für die Stoffauswahl in das musikpädagogische Denken Alts ein, sondern ergänzte auch die Zielsetzung des Musikunterrichts. Dabei befand sich Alt zumindest in der Zielsetzung sowohl im Einklang mit Preußner (1929), der die Bildung der Erlebnisfähigkeit zur Vermeidung von Lebenskatastrophen gefordert hatte,[75] als auch mit den zwischen 1924 und 1927 erschienenen Richtlinien, die vom Musikunterricht eine „Erziehung zu innerem Erleben"[76] bzw. eine „Einführung in Wesen und Wirken des musikalischen Erlebens" erwarteten.[77] Auf die Nähe Alts zu dem pädagogisch-psychologischen Gedankenkreis Eduard Sprangers hat Karl Rehberg bereits hingewiesen.[78] Für Alt war dies die zentrale Problemstellung der Musikpädagogik:

---

[74] In der unterschiedlichen Gewichtung des Erlebensbegriffes sieht Alt einen entscheidenden Unterschied zwischen Musikwissenschaft und Musikpädagogik: „Hier ist der entscheidende Punkt, wo der Kunstpädagoge und der Kunstwissenschaftler notwendig verschiedene Wege gehen. Das Erleben ist dem Kunstwissenschaftler nur eine (sic!), wenn auch wünschenswerte (sic!), Akzidenz, dem Kunstpädagogen ist es unumgänglich notwendige Voraussetzung alles pädagogischen Tuns." (Alt 1932, S. 457)

[75] Preußner, Eberhard: Allgemeine Pädagogik und Musikpädagogik, Leipzig 1929, S. 63

[76] Richtlinien für Lehrpläne der höheren Schulen Preußens. Ministerialerlaß vom 6.April 1925, zit. n. Nolte, Eckhard: Lehrpläne und Richtlinien für den schulischen Musikunterricht in Deutschland vom Beginn des 19. Jahrhunderts bis in die Gegenwart, Mainz (Schott) 1975 [= Nolte 1975], S. 123, ebenso die „Bestimmungen über den Religions- und den Musikunterricht an Mittelschulen" vom 1. Dezember 1925, in: Nolte 1975, S. 137 sowie die „Richtlinien für den Musikunterricht an Volksschulen" vom 26. März 1927, in: Nolte 1975, S. 148

[77] Musik und Schule. Denkschrift über die gesamte Musikpflege in Volk und Staat (14. April 1924), zit. n. Nolte 1975, S. 115

[78] Rehberg, Karl: Erleben und Verstehen - Der pädagogisch-psychologische Gedankenkreis Eduard Sprangers und das Problem der musikalischen Werkbetrachtung. Eine Untersuchung zur Musikpädagogik in der Zeit der Weimarer Republik, posthum herausgegeben von Ursula Eckart-Bäcker, Köln (Zentralstelle für musikpädagogische Dokumentation der Hochschule für Musik Köln), [=MPZ Quellen-Schriften 21], o.J., S. 66-69

„Diese Bildung der Erlebnisfähigkeit zwar über das Denken, aber im arationalen Sinne ist meines Erachtens der kritische Punkt in der Musikpädagogik."[79] Dabei legte er einen Erlebensbegriff zugrunde, der sich als ein Zusammenhang mehrerer geistiger und seelischer Vorgänge darstellt:

BEGRIFFSANALYSE: „KÜNSTLERISCHES ERLEBEN"

Das „Künstlerische Erleben" verstand Alt als einen Zusammenhang von „geistigen" und „seelischen" Vorgängen. Dabei unterschied er vier geistige Einzelakte, die jeweils von der emotionalen Seite „eingehüllt" würden:
„Der ästhetische Akt hat - von der Psychologie her gesehen - einmal eine geistige Seite. Diese deckt sich aber nicht mit der intellektuellen Funktion der Seele, sondern begreift auch jene vorrationalen Bezirke in sich, die unter der dünnen Oberschicht des hellen Bewußtseins und diskursiven Denkens fluktuieren: der Ton als sinntragender Klang, der Rhythmus als Urelement der Form. Zu dieser sensomotorischen Seite, die noch die größte Nähe zum Körperlichen hat, tritt das Spiel der Phantasie, das diese sinnlich gebundenen Elemente in freien Assoziationen überformt. Hier wird der Ton zur freien Phantasievorstellung. Kurth führt nur die an die Musik 'gebundensten' Assoziationszentren an, wenn er die Begriffe Energie, Raum, Materie und die Musikpsychologie einführt. Daneben läuft noch die unübersehbare Reihe rein individueller Assoziationsbilder, die für den Einzelnen von noch weitaus stärkerer Wirkung sein können. Erst jenseits der Phantasie tritt der Intellekt seine Aufgabe an. Einmal in der Art des „naturwissenschaftlichen 'Erkennens': er entdeckt stilistische Tatsachen, sucht sie über die bloße Anschauung hinaus begrifflich zu sondern und zu bestimmen. Aber in der Kunst ist esse gleich percipi: es drängt den künstlerischen Menschen, dies noch tote Material zu beleben, seine sinnvollen Zusammenhänge zu entdecken, es in seinem Eigengesetz zu verstehen, von seinem totalen geistigen Mittelpunkt aus das Einzelne, im Erkennen Definierte als Funktion eines größeren Zusammenhanges zu deuten. Das kann er nur, indem er diesen durch das Begriffsnetz atomisierten Kunstleib, der ja so nur ein Surrogat der Kunst ist, aus der Summe seiner Lebenserfahrungen und seelischen Erlebnisse belebt, von sich [454] aus mit 'Sinn' erfüllt, ihm seine 'Seele leiht', seinem seelisch-geistigen Gesetz im geisteswissenschaftlichen 'Verstehen' nachspürt."

Hierin kann man eine vierstufige und hierarchisch aufgebaute Typisierung von musikalischen Erlebensvorgängen sehen. Die unterste Stufe bildet das sensomotorische Erleben, dem große Nähe zum Körperlichen unterstellt wird. Darüber steht das assoziative Erleben, das sowohl die musikgebundenen als auch die individuellen Assoziationen umfaßt. Das intellektuelle Erkennen ist die dritte Stufe, auf der Stilmerkmale aufgefaßt werden und das Wahrgenommene begrifflich geordnet wird. Als höchste Form des Erlebens sah Alt das „Verstehen". Dieser Begriff stand für die sinnerfassende Entdeckung größerer Zusammenhänge und für das Auffassen der Eigengesetzlichkeiten des Kunstwerks. Der Verstehensvorgang ist im Sinne Alts subjektiv, weil der Verstehende „die Summe seiner Lebenserfahrungen und seelischen Erlebnisse" einbringt. Im Gegensatz zu dem eher analytisch-intellektuellen Erkennen ist er zugleich synthetisch, indem er den „durch das Begriffsnetz atomisierten Kunstleib" zu einem sinnhaften Ganzen zusammenfügt. Weil dieses Verstehen das im intellektuellen Erkennen atomisierte Einzelne zusammenfügt, setzt es das intellektuelle Erkennen voraus. Schließlich ist das Verstehen in diesem Sinne zugleich induktiv und deduktiv. Denn das Einzelne wird von seinem „totalen geistigen Mittelpunkt aus" gedeutet, und zugleich wird das „im Erkennen Definierte", als das Einzelne, als „Funktion eines größeren

---

[79] Alt 1932, S. 455

Zusammenhanges gedeutet". Hier ist der Prozeß der Wechselwirkung von induktivem und deduktivem Verfahren angedeutet, der in der Verstehenstheorie „hermeneutischer Zirkel" genannt wird.

Zur Anordnung der geistigen Einzelakte meint Alt, sie sei „nach dem Grade der Bewußtheit und des Denkvolumens" erfolgt. Über die Reihenfolge ihres Auftretens im „künstlerischen Aufnahmeprozeß" sowie über ihre jeweilige Intensität trifft Alt bewußt keine Aussage.[80]

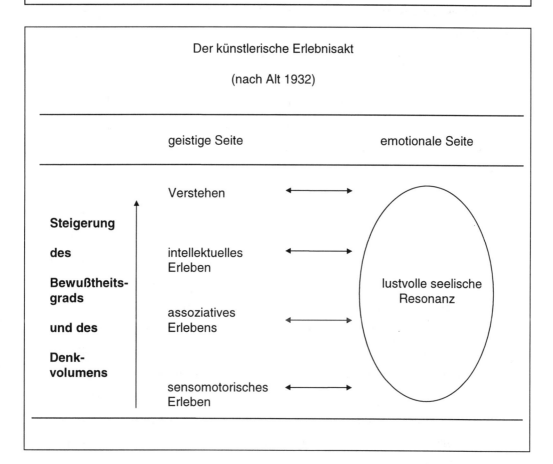

Besondere Betonung erfuhr 1932 der Gedanke, dass im Musikunterricht das Erleben ausgewogen sein müsse. Weil „man nicht einzelne Seiten von der kunstpädagogischen Bildung ausschließen" könne, bedeute dies für den Musikunterricht eine quantitative Reduzierung des Bildungsstoffes. „Es ist klar, daß bei Berücksichtigung der ganzen Breite der musikpädagogischen Aufgabe der Stoff auf ein Mindestmaß herabgedrückt werden muß."[81]

---

[80] Alt 1932, S. 454
[81] Alt 1932, S. 458

Deshalb sei der musikpädagogische Arbeitsprozeß auch „immer zeitraubender und umfangreicher als der wissenschaftliche."[82] Offensichtlich schwebte Alt vor, den Musikunterricht inhaltlich auf wenige ausgewählte „klassische" Werke zu beschränken, um dann allen geistigen Einzelakten, die er im Aufbau des ästhetischen Aktes unterschied, Raum zu geben. Vor diesem Hintergrund erscheint es berechtigt, in der Unterscheidung mehrerer Ebenen innerhalb des ästhetischen Aktes zugleich Phasen des Musikunterrichts zu erkennen, der sich um den Aufbau eines ästhetischen Aktes bemühen sollte. Demnach gab es nach der Vorstellung Alts innerhalb des Musikunterrichts eine Phase des „ersten Erlebens", von dem er sagte, daß es „hoffnungslos verschüttet" werde, wenn man dabei „vom kalten Tatsachenurteil" ausgehe. Gerade in diesem Zusammenhang warnte er vor einer Überbetonung des Intellektuellen: eine solche 'Verschulung' sei „nicht scharf genug" abzulehnen.[83] Von dieser Phase der Erstbegegnung mit einem musikalischen Kunstwerk läßt sich eine andere Phase des Musikunterrichts unterscheiden, in der nach Alt die „pädagogische Einwirkung" auf das „Bewußtmachen aller seelischen unterbewußten Vorgänge" gerichtet sein sollte. Allerdings sei dies nur ein „Durchgangsstadium", denn alles, was an der Oberfläche des Bewußtseins aus dem künstlerischen Gesamterleben vorübergehend auftauche, müsse „nachher 'gereinigt' wieder ins Unterbewußtsein absinken". Dabei sei das Denken „nur Mittel der Einwirkung, nur Reflexion über ein stattgehabtes und noch weiterklingendes eigenes Erleben."[84] Die letztgenannte Phase soll, wie man annehmen darf, den Abschluß der unterrichtlichen Behandlung eines Musikwerks darstellen. Dazwischen gibt es eine weitere Phase, in der die Schülerinnen und Schüler analytisch-intellektuell mit dem Kunstwerk umgehen sollen. Hier geht es nicht nur darum, Themen, Motive, Variationen, Umkehrungen usw. zu erkennen und begrifflich abzugrenzen, sondern auch darum, ein „totales in sich gesetzmäßiges Bild" aufzubauen, „in dem dann der Organismus, die 'Entelechie' des Kunstwerks, erscheint".[85] Weiterhin gibt es nach Alt eine Phase, die dem „Ineinanderweben von Einzelerkenntnissen" gewidmet ist. Hier geht es um einen „geistigen Generalnenner" und um das „wechselseitige Her- und Hinüber zu den Nachbarkünsten, zu den Kulturtatsachen anderer Gebiete..."[86] Auch für die Auswahl solcher fachübergreifender „Querverbindungen" sei das „Erleben" wichtigstes Kriterium: „Es bedeutet hier die bloß stoffliche Möglichkeit noch gar nichts; Querverbindungen müssen auf musikalischem Gebiet von innen her, von der Evidenz des

---

[82] Alt 1932, S. 457
[83] Alt 1932, S. 455
[84] Alt 1932, S. 455
[85] Alt 1932, S. 454
[86] Alt 1932, S. 455

Erlebens entstehen [...]. Ist ein Erleben nicht zu erreichen, so sollte jede Querverbindung grundsätzlich außerhalb des Musikunterrichtes bleiben, sie ist in diesem Rahmen nur störender Fremdkörper."[87] Auch hier relativierte Alt die Bedeutung des Intellekts: „Diese In-nuce-Erkenntnisse, die dem musikalischen Erlebnis entspringen, sind wertvoller und schlagender als das ganze Aufgebot rationaler Mittel."[88] Nimmt man hinzu, dass Alt nur solche Stoffe ausgewählt wissen wollte, die gemeinschaftlich musiziert werden konnten, ist als weitere Phase die des musizierenden Nacherlebens anzusetzen: „Man soll sich nicht mit dem bloßen rezeptiven Hören begnügen, man soll, soweit es angängig ist, gerade die Werke besonders bevorzugen, die ganz oder teilweise gemeinschaftlich musiziert oder gesanglich ausgeführt werden können."[89] Die Einschränkung „soweit es angängig ist" deutet darauf hin, daß diese Phase nicht immer Bestandteil des Musikunterrichtes sein kann.

Zusammenfassend lassen sich also nach den Ausführungen Alts folgende sechs Phasen des Musikunterrichts unterscheiden:

Phasen des Musikunterrichts

(nach Alt 1932)

- Phase der Erstbegegnung
- Phase der spontanen Schüleräußerungen
- Phase der Analyse
- Phase der Querverbindungen
- Phase des gemeinschaftlichen Musizierens
- Phase des „Absinkens"

Die Reihenfolge der Phasen ergibt sich weitgehend aus ihrem Selbstverständnis. Nur die Musizierphase kann nach dem Wortlaut des Textes nicht eindeutig eingeordnet werden und war nach den Vorstellungen Alts möglicherweise variabel. Mit dieser Einschränkung wird man dieses „Phasenmodell" als idealtypische Beschreibung des Musikunterrichts im Sinne Alts ansehen dürfen.

---

[87] Alt 1932, S. 459
[88] Alt 1932, S. 459
[89] Alt 1932, S. 457

Dieses Konzept des Musikuntericht, dessen Struktur auf der Analyse des ästhetischen Akts basiert, bindet die beiden Kernbegriffe des „klassischen Werks" und des „künstlerischen Erlebens" untrennbar aneinander. Die Forderung, die Erlebnisfähigkeit der Schüler bei der Auswahl der Stoffe zu berücksichtigen, sowie die Zielsetzung, die Erlebnisfähigkeit der Schüler zu bilden, paart sich also mit der geistesgeschichtlichen Aufgabe des Musikunterrichts, nach der das „geistige Gesicht eines Kulturkreises von der klassischen musikalischen Leistung [...] her mitzuformen sei.[90] Es seien eben die „klassischen" Werke, die „noch am ehesten ein Erleben wahrscheinlich machen."[91]

Die Nähe dieser Synthese aus geistesgeschichtlichem Auftrag und jugendpsychologischem Denken zur geisteswissenschaftlichen Pädagogik ist unverkennbar. So hat beispielsweise Theodor Litt in seiner dialektischen Auseinandersetzung mit den Begriffen „Führen" und „Wachsenlassen" (1927) den „guten Sinn des Führens" gerade darin gesehen, die „werdenden Seelen" in die Welt des lebendigen Geistes, also in die Welt der kulturellen Gemeinsamkeiten „einzuführen", indem der Erzieher die Begegnung mit den zeitüberlegenen Gestalten des objektiven Geistes vermittelt. Gerade wegen der „bildenden Energien"[92], die er den klassischen, d.h. zeitlosen Werken des lebendigen Geistes zuschrieb, hatte das „Klassische" für Litt einen solch zentralen Stellenwert in der Erziehung, dass jedes Erleben im pädagogischen Zusammenhang an das Klassische gebunden sein sollte: „[...] ein persönliches Erleben [...] gewinnt erst in dem Augenblick eine *pädagogische* Relevanz, da es entweder von seinem Träger selbst oder von dem für ihn erzieherisch Verantwortlichen in eine Beziehung gesetzt wird zu irgendeinem der *idealen Prinzipien*, denen gemäß die Welt des objektiven Geistes sich ausgliedert."[93] Ein Erleben ohne diesen Bezug zu der Welt des objektiven Geistes war für ihn kein Element der professionellen Erziehung: „Ein inneres Geschehen, das jeder Bezogenheit dieser Art ermangelt, erhebt sich nicht bis in die Höhenlage der Erziehung, sondern verharrt in der Schicht der Aufzucht, der Pflege, der Fürsorge oder auch der Abrichtung [...]."[94]

---

[90] Alt 1931, S. 9
[91] Alt 1932, S. 464
[92] Litt, Theodor: Führen oder Wachsenlassen, Stuttgart (Klett) 1965, S. 55
[93] Litt, a.a.O., S. 76
[94] Litt, a.a.O., S. 76

ZUSAMMENFASSUNG

Im Zentrum des *musikalischen* Denkens Michael Alts stand schon in seinen ersten Veröffentlichungen das musikalische Kunstwerk mit seinem historisch-geistigen Umfeld. Dem Kunstwerk in seiner „klassischen" Ausprägung schrieb er eine Beziehung zu einem überzeitlichen Absoluten zu, das er als „Reich der Werte" bezeichnete (1931). Gleichzeitig war das Klassische nach seinem Verständnis das Idealbild einer Kulturgemeinschaft vom künstlerischen Schaffen einer historischen Epoche und unterlag deshalb selbst historischen Wandlungsprozessen.

Dieser Begriff des Klassischen floss als Norm in sein *musikpädagogisches* Denken ein, das sich zunächst (1926-28) kulturkritisch darstellte und erst nach dem Kölner Vortrag von 1929 auf den Musikunterricht konzentrierte. Als wichtigstes Ziel des Musikunterrichts betrachtete er es, „das geistige Gesicht eines Kulturkreises von der klassischen Leistung her mitzuformen". Dem Musiklehrer schrieb er dabei die Aufgabe zu, nach den Kriterien der geistesgeschichtlichen Bedeutsamkeit und der „Wirkungswahrscheinlichkeit"[95] über die Auswahl des zu behandelnden „Unterrichtsstoffs" zu entscheiden. Damit trat neben den Begriff des Klassischen ein zweiter Begriff in das Zentrum des musikpädagogischen Denkens M. Alts: das „künstlerische Erleben", verstanden als ein geistig-seelischer und emotionaler Vorgang. Er unterschied vier Stufen des musikalischen Erlebens („sensomotorisches Erleben", „assoziatives Erleben", „intellektuelles Erleben", „Verstehen"), die musikpädagogisch eine Taxonomie von Unterrichtszielen darstellen.

Alt schwebte ein Musikunterricht vor, der sich auf wenige Werke konzentriert, diese aber umfassend, d.h. unter Berücksichtigung aller „Einzelfaktoren im ästhetischen Akt" behandelt.[96] Nach diesem Konzept sollte der Musikunterricht eine Phase der intellektuell unvorbereiteten Erstbegegnung mit dem Musikwerk umfassen, eine Phase des „Bewußtmachens aller seelischen unbewußten Vorgänge"[97], eine Phase der Vernetzung mit den Kulturtatsachen anderer Gebiete[98], eine Phase des gemeinschaftlichen Musizierens sowie eine Phase, in der die Schüler das Gelernte wieder ins Unterbewußte absinken lassen können (1932).

---

[95] Alt 1932, S. 454
[96] Alt 1932, S. 457
[97] Alt 1932, S. 455
[98] Alt 1932, S. 455 f.

In seiner Zielsetzung konnte sich Alt auf die offizielle, von Hans Richert verfasste „Denkschrift des Preußischen Ministeriums für Wissenschaft, Kunst und Volksbildung" über die Neuordnung des preußischen höheren Schulwesens (1924) berufen. Die methodischen Anregungen der Richtlinien Leo Kestenbergs, die als „sicherstes Mittel der Erziehung zu innerem Erleben musikalischer Ausdruckswerte" die Anregung der Phantasie zu eigenem musikalischen Erfinden bezeichnet hatten, blieben demgegenüber in der Konzeption Alts unberücksichtigt. Zum Teil stützte sich Alt auch auf die in den Richertschen Richtlinien stark vertretene nationale Argumentation (1932).

Durch die Anbindung des Erlebensbegriffes an das Klassische stand Alt unverkennbar auf dem Boden geisteswissenschaftlicher Pädagogik. In der Verpflichtung auf das Geistige im klassischen Werk, in der Ablehnung eines einseitigen Erlebensbegriffes und in der Befürwortung eines ausgewogenen Musikerlebens, das sowohl emotionale als auch rationale Elemente umfasst, letztere aber nicht übergewichtig werden lässt, ist sich Alt mit Eduard Spranger (1924) und Eberhard Preußner (1929) bzw. mit Theodor Litt (1927) einig.

Wie verschiedene andere Musikpädagogen (z.B. W. Kühn, F. Reuter, G. Schünemann, R. Wicke)[99] setzte sich Alt für eine wissenschaftliche Durchdringung des Musikunterrichts ein. Diesem Anliegen widmete sich auch der von ihm gegründete und geleitete Fachverband der Musikphilologen. Den wissenschaftstheoretischen Überlegungen Alts, insbesondere dem Versuch, die Musikpädagogik von der Musikgeschichte als Bezugsdisziplin zu lösen, wurde von musikwissenschaftlicher Seite aus heftig widersprochen.

---

[99] Martin, Wolfgang: Studien zur Musikpädagogik der Weimarer Republik, Mainz (Schott) 1982, S. 263 f.

4. Das musikpädagogische Schaffen Michael Alts in der Zeit der nationalsozialistischen Gewaltherrschaft[100]

4.1. Einleitung

Im bisherigen Wissen über das musikpädagogische Schaffen Michael Alts in der Zeit der nationalsozialistischen Gewaltherrschaft klaffte eine erhebliche Lücke. Alt selbst hat sich zu diesem Thema nie umfassend öffentlich geäußert.

Werfen wir zunächst einen Blick auf das, was nach dem Zweiten Weltkrieg an die Öffentlichkeit gedrungen ist:

Noch zu Lebzeiten Alts zog Ulrich Günther 1967 u.a. einige Zitate Alts heran, um die „zunehmende ideologische Ausrichtung und Anpassung" der Schulmusikerziehung[101] oder die Bedeutung der Feier in der Schul- und Jugenderziehung des Dritten Reiches zu belegen.[102] Günther wies auch eine gewisse Widersprüchlichkeit in den Formulierungen Alts nach („Eigengesetzlichkeit der Musik im nat.-soz. Sinn").[103]

Alt selbst führte in seiner 1968 erstmals erschienenen „Didaktik der Musik" nur zwei seiner Schriften aus der NS-Zeit an: die Dissertation von 1935 und den Aufsatz „Deutsches Schrifttum über Musikerziehung" von 1939. Alle übrigen Veröffentlichungen ließ er unerwähnt.

In einer ursprünglich zum 70. Geburtstag Alts gedachten Textsammlung veröffentlichte Gregor Vedder 1975 eine Bibliographie der Schriften Alts.[104] Darin tauchte eine Vielzahl von Veröffentlichungen Alts aus der NS-Zeit auf: zwei selbständige Veröffentlichungen

---

[100] Das mit der Formulierung „Gewaltherrschaft" verbundene Werturteil halte ich aus verstehenstheoretischen Überlegungen heraus (siehe Einleitung) auch in einer wissenschaftlichen Arbeit für unverzichtbar.
[101] Günther, Ulrich: Die Schulmusikerziehung von der Kestenberg-Reform bis zum Ende des Dritten Reiches, Neuwied (Luchterhand) 1967 [=Günther 1967], S. 44
[102] Günther 1967, S. 188
[103] Günther 1967, S. 399
[104] Vedder, Gregor: Bibliographie der Schriften Michael Alts, in: Antholz, H., Gundlach, W. (Hrsg.): Musikpädagogik heute, Düsseldorf (Schwann) 1975, S. 255-259

("Erziehung zum Musikhören", "Deutsche Art in der Musik"), mehrere Schulbücher, 15 Aufsätze sowie zahlreiche Literatur- bzw. Forschungsjahresberichte und eine Notenausgabe.

In dem 1984 erschienenen „Lexikon der Musikpädagogik" wies S. Vogelsänger auf diese Bibliographie hin, doch fand nur Alts Dissertation ausdrückliche Erwähnung.[105] Außerdem wurde auf Alts Lehrtätigkeit an der Hochschule für Lehrerbildung in Oldenburg, auf seine Ernennung zum Professor sowie auf seine Kriegsgefangenschaft hingewiesen.

1986 gab R. Schmitt-Thomas Alts Dissertation von 1935 als Reprint heraus. In der Einleitung würdigte G. Distler-Brendel die Arbeit als „für seine Zeit progressiv".[106]

Im gleichen Jahr erschien das von H. Chr. Schmidt herausgegebene „Handbuch der Musikpädagogik" mit dem Kapitel „Musikerziehung im Dritten Reich - Ursachen und Folgen" von U. Günther (1986).[107] Darin wurde hervorgehoben, Alt habe von der „nationalsozialistischen Auffassung" der „Musikerziehung in der Schule" gesprochen und damit zu einem neuen, d.h. der Weltanschauung des NS-Staates entsprechenden Selbstverständnis der Schulmusik gefunden.[108] Außerdem wurde er mit einigen Sätzen aus seinem Aufsatz „Musikerziehung in der deutschen Schule" zitiert, in denen er die Bedeutung des Volksliedsingens für die nationalsozialistische Volksgemeinschaft hervorgehoben hatte.[109] Schließlich habe er 1939 die „Schulfeier in der nationalsozialistischen Charakterschule" als einen „aufrüttelnden, richtunggebenden Höhepunkt in der schulischen Erziehung" bezeichnet.[110]

1989 schrieb Joseph Wulf fälschlicherweise Michael Alt die Autorschaft zu dem Aufsatz „Richard Wagner nationalsozialistisch gesehen" zu.[111] (Der Aufsatz stammt in Wirklichkeit von dem Gauamtsleiter D. Moll.[112])

---

[105] Vogelsänger, Siegfried: Art. Alt, in: Hopf, H., Heise, W., Helms, S. (Hrsg.): Lexikon der Musikpädagogik, Regensburg (Bosse) 1984, S. 16 f.
[106] Distler-Brendel, Gisela: Einleitung zu: Michael Alt: Die Erziehung zum Musikhören, Reprint 1986, hgg. von R. Schmitt-Thomas, Frankfurt/Main (MPZ Zentralstelle für musikpädagogische Dokumentation), S. VII
[107] Günther, U.: Musikerziehung im Dritten Reich - Ursachen und Folgen, in: Schmidt, Hans-Christian (Hg.): Geschichte der Musikpädagogik [=Handbuch der Musikpädagogik, Bd. 1], Kassel (Bärenreiter) 1986 [=Günther 1986], S. 85-173
[108] Günther 1986, S. 107
[109] Günther 1986, S. 108
[110] Günther 1986, S. 117
[111] Wulf, Joseph: Musik im Dritten Reich [=Kultur im Dritten Reich, Bd. 5], Frankfurt/M. (Ullstein) 1989, S. 318
[112] Moll, D.: Richard Wagner - nationalsozialistisch gesehen, in: Die Musik, 8/1936, S. 844 f.

1991 hielt Ulrich Günther auf der AMPF-Tagung in Hamburg einen Vortrag „Opportunisten? Zur Biographie führender Musikpädagogen in Zeiten politischer Umbrüche".[113] Darin befasste er sich auch mit Michael Alt, dem er 1933 eine „ideologische Wende zur 'neuen Zeit'" zuschrieb, die sich nicht in seiner Dissertation, aber in „immer stärkerem Maße in seinen Veröffentlichungen" finde.[114] Damit wagte er eine Aussage über die ideologische Entwicklung Alts während der 12jährigen NS-Diktatur, ohne dies durch entsprechende Nachweise in der Primärliteratur zu belegen.

Die Neuauflage des Buches von Ulrich Günther („Die Schulmusikerziehung von der Kestenberg-Reform bis zum Ende des Dritten Reiches") von 1992 blieb hinsichtlich Michael Alts unverändert.[115]

In dem Kapitel „Musikerziehung im Dritten Reich" in der 1993 erschienenen „Geschichte der Musikerziehung" von Wilfried Gruhn spielt der Name Alt keine Rolle.[116]

Heinz Antholz erwähnt in seiner autobiographischen Schrift „Zur (Musik-)Erziehung im Dritten Reich" (1993) Michael Alt als Herausgeber des „Singebuchs für Mädchen".[117]

In dem 1994 erschienenen „Neuen Lexikon der Musikpädagogik"[118] blieben die Aussagen zu Alts NS-Zeit gegenüber dem Lexikon der Musikpädagogik (1984) inhaltlich unverändert. 1995 erinnerte daraufhin Th. Phlebs an die Vielzahl der Veröffentlichungen Michael Alts in der NS-Zeit und schrieb ihm - ohne fundierten Nachweis - eine „abrupte ideologische Kehrtwendung" zum Nationalsozialismus zu.[119]

---

[113] Günther, Ulrich: Opportunisten? Zur Biographie führender Musikpädagogen in Zeiten politischer Umbrüche, in: Kaiser, Hermann J. (Hrsg.): Musikalische Erfahrung, Essen (Die Blaue Eule) 1992 [=Günther 1992a], S. 267-285, in überarbeiteter Fassung abgedruckt auch in: Musik in der Schule 4/1994, S. 187-192 u. S. 201. Die überarbeitete Fassung enthielt hinsichtlich der Darstellung Michael Alts keine Änderungen von Belang.
[114] Günther 1992a, S. 279
[115] Günther, Ulrich: Die Schulmusikerziehung von der Kestenberg-Reform bis zum Ende des Dritten Reiches [=Forum Musikpädagogik, Bd. 5], Augsburg (Wissner) ²1992
[116] Gruhn, Wilfried: Musikerziehung im Dritten Reich, in: ders.: Geschichte der Musikerziehung, Hofheim (Wolke) 1993, S. 253-278
[117] Antholz, Heinz: Zur (Musik-) Erziehung im Dritten Reich. Erinnerungen, Erfahrungen und Erkenntnisse eines Betroffenen [=Forum Musikpädagogik, Bd. 8], S. 86, Anm. 46
[118] Helms, S., Schneider, R., Weber, R. (Hrsg.): Neues Lexikon der Musikpädagogik, Regensburg (Bosse) 1994
[119] Phlebs, Thomas: „Es geht eine helle Flöte..." Einiges zur Aufarbeitung der Vergangenheit in der Musikpädagogik heute, in: Musik und Bildung 6/1995, S. 67

Bei diesem lückenhaften Wissensstand erscheint es angemessen, im folgenden zunächst sämtliche Veröffentlichungen Michael Alts aus dieser Zeit einzeln in den Blick zu nehmen, um dann in einem zweiten Schritt zu versuchen, auf dieser Basis „Grundzüge des musikpädagogischen Denkens" Michael Alts in der NS-Zeit zu formulieren und die Frage nach der Haltung Alts gegenüber der nationalsozialistischen Ideologie einer Klärung näherzubringen.

4.2. Überblick

Die Folge von Veröffentlichungen M. Alts aus der Zeit der nationalsozialistischen Gewaltherrschaft begann 1933 mit einer Reihe von Zeitungsartikeln. Im Kulturspiegel der „Kölnischen Zeitung" bzw. in einer Kölner Kirchenzeitung erschienen im Februar 1933 die Artikel „Die Musik in der Erziehung" (6.2.1933) und „Wie hältst du es mit dem Rundfunk?" (12.2.1933). Nach einer Konzertkritik im „Kölner Lokal-Anzeiger" (20.3.1933) folgten ein zweiteiliger Literaturbericht im „Deutschen Philologen-Blatt" (5. und 12.4.1933) sowie ein weiterer Zeitungsartikel zu dem Musikschriftsteller und -kritker Karl Storck (23.4.1933). Im Juni 1933 wurde der Aufsatz „Die Schulmusik im Wandel der Gegenwart" veröffentlicht, in dem sich Alt unmissverständlich zu einer deutsch-nationalen Musikerziehung bekannte.

1934 erschien in der Zeitschrift „Völkische Musikerziehung" der Aufsatz „Die Musikgeschichte in der Schule". Im August des gleichen Jahres wurde ein zweiteiliger Bericht über musikwissenschaftliche und musikpädagogische Literatur (8. und 15.8.1934) veröffentlicht. Als Studienassessor in Linz/Rh. wurde Alt außerdem an der Neugestaltung des von Paul Manderscheid herausgegebenen Musikbuchs für höhere und mittlere Mädchenschulen beteiligt.

1935 wurde die Schrift „Die Erziehung zum Musikhören" veröffentlicht, mit der er im gleichen Jahr promoviert wurde.

1936 veröffentlichte Alt die Schrift „Deutsche Art in der Musik". Im gleichen Jahr erschienen die Aufsätze „Neue Ziele des Musikunterrichtes" und „Vom neuen Musikunterricht" sowie der Artikel „Was ist deutsch in der Musik?".

1937 erschienen in der Zeitschrift „Völkische Musikerziehung" Alts zweiteiliger Aufsatz „Die Biographie in der musikalischen Werkerklärung" und der Artikel „Noten in der Schülerbücherei". In das gleiche Jahr fällt der Aufsatz „Die Behandlung der altgermanischen Tonkunst im Unterricht".

1938 trat Alt mit einem Forschungsjahresbericht „Musikwissenschaft" sowie mit den Aufsätzen „Die deutsche Musikbegabung", „Altklassische Polyphonie mit Instrumentalbegleitung?", „Zur Gestaltung der Schulfeier" und „Das musikalische Schrifttum im Musikunterricht an die Öffentlichkeit. Unveröffentlicht blieb bisher seine Oldenburger Antrittsvorlesung (siehe Dokumentationsteil).

In dem Sonderheft „Musikerziehung" der „Internationalen Zeitschrift für Erziehung" erschienen 1939 die Aufsätze „Die Musikerziehung in der deutschen Schule" und „Deutsches Schrifttum über Musikerziehung".

1940 folgten der Aufsatz „Schulmusik und Privatmusikunterricht", eine Zeitungsnotiz anlässlich des 100. Geburtstages von Peter Tschaikowsky, eine Konzertkritik in der „Frankfurter Zeitung" sowie die Aufsätze „Grundsätzliches zur Volksliedpflege" und „Das Liedgut in der Mädchenerziehung". Außerdem gab er zwei Hefte Instrumentalmusik für die Schule heraus.

1941 erschien das von Michael Alt herausgegebene dreibändige Musikbuch „Klingendes Leben" für die Mädchenoberschulen.

Außerdem erschienen weitere fünf Forschungsjahresberichte in der „Zeitschrift für Deutsche Geisteswissenschaften" (1939/40, 1940/41, 1941/42, 1942/43, 1943/44).

4.3. Einzeldarstellungen

DIE MUSIK IN DER ERZIEHUNG (1933)

Am 6.2.1933, wenige Tage nach der Machtergreifung der Nationalsozialisten, erschien im Kulturspiegel der „Kölnischen Zeitung" der Artikel „Die Musik in der Erziehung"[120]. Alt sah darin die musikpädagogische Reformbewegung der 20er Jahre dem Vorwurf „weltanschaulich einseitiger Prägung" ausgesetzt. Demgegenüber verteidigte er die Reformideen, indem er darauf hinwies, dass sie von „weltanschaulich so unverdächtigen Männern" wie H. Kretzschmar oder K.G. Storck aus der Zeit vor dem Weltkrieg stammten. Nur der Krieg habe damals die Ausführung der Reformpläne verhindert. Alt referierte die wichtigsten Elemente der Reformpläne (Zielsetzung, Ausbildungsordnung) und stellte ihnen die Schulwirklichkeit (Stundenzahl, Klassenstärke, Sperre der Musikstudienratslaufbahn) entgegen, die noch immer im Zeichen einseitiger Verstandesbildung stünde. Deshalb war für Alt die Machtergreifung der Nazis mit der Hoffnung verknüpft, dass nun endlich die Reformideen der Vorkriegszeit umgesetzt würden: „Nur der Gedanke, dass die neue autoritäre Kulturpolitik den Blick für das kulturelle Ganze behält und nicht die Linie des geringsten Widerstands verfolgt, gibt noch Hoffnung auf die notwendige schnelle Abhilfe."

WIE HÄLTST DU ES MIT DEM RUNDFUNK? (1933)

In der Kirchenzeitung der katholischen Gemeinde St. Peter in Köln-Ehrenfeld plädierte Alt für einen maßvollen, wählerischen und konzentrierten Umgang mit der Musik im Rundfunk.[121] Der Massenkonsum von Musik, den er als „erste und größte Sünde gegen die Kunst" bezeichnete, stumpfe den Hörer ab, mache ihn gefühllos und roh. Im Sinne Platos warnte Alt außerdem vor „niedriger und gemeiner Musik", denn sie mache den Hörer auch niedrig und gemein. Alt forderte das konzentrierte Anhören „guter Musik", um sie auf sich wirken zu lassen und um ihre Werte wirklich auszuschöpfen. Man könne schließlich nicht beim Hausputz oder Strümpfestopfen die Neunte Sinfonie von Beethoven anhören.

Er schlug vor, in der Kirchenzeitung künftig einige Sendungen musikalischer Darbietungen zu besprechen, um den Lesern auf diese Weise die „richtige Einstellung" gegenüber dem Rundfunk nahezubringen.

---

[120] Alt 1933a

Karl Storck und die Schulmusik (1933)

Mit einem Zeitungsartikel machte Alt am 23.4.1933 auf den Musikschriftsteller und -kritker Karl Storck (1873-1920) aufmerksam, der an diesem Tag 60 Jahre alt geworden wäre.[122] Für ihn sei charakteristisch, dass er die Schulmusik in dem „urtümlichen Volksleben und der bodenständigen Musikkultur" zu verankern suche. Storck habe es schon um die Jahrhundertwende als Aufgabe der Schulmusik angesehen, die „zu den höheren Lebensstellungen Berufenen" auf ihre Aufgabe vorzubereiten, „Kunsterzieher zu sein für das Volk." Storck wisse, dass das Volk „nach oben" schaue und die Lebensart und Haltung seiner Führer „unwillkürlich nachzuahmen" suche. In den Führerschichten seiner Zeit finde er aber „nichts von einer Hochachtung für die Kunst, für die Musik insbesondere. Die Volksführer seien musikfremd geworden. Sie also müsse man erst einmal wieder an die Musik heranführen, sie wieder für künstlerische und musikalische Werte empfänglich machen, „damit das Volk von seinen Führern diese hohe Wertschätzung der Musik übernimmt." Deshalb entscheide sich das Schicksal der deutschen Volksmusik in der höheren Schule.

Nahtlos verband sich hier der Volksbildungsgedanke mit dem Führerprinzip. Dabei wurde von Alt weder die Indoktrination der Schüler in der höheren Schule noch die Heranbildung einer Eliteschicht oder die Übernahme von Führerwerten durch das Volk in irgendeiner Weise problematisiert oder gar als gefährlich erkannt.

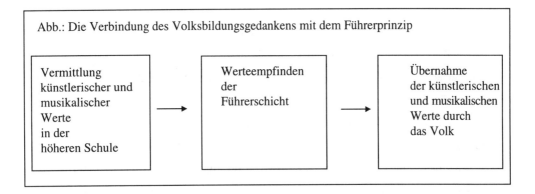

---

[121] Alt 1933b
[122] Alt 1933f.

Gleichzeitig versuchte Alt im Zusammenhang mit der Rivalität der Kölner Musikhochschule zu der in Berlin eine Lanze für die westdeutsche Musikpädagogik zu brechen: „In sattsam bekannter Schwarz-Weiß-Manier versucht man heute, die gesamte Schulmusikbewegung der Nachkriegszeit in Bausch und Bogen zu verunglimpfen und als 'marxistisch' zu brandmarken. Demgegenüber muß hier mit allem Nachdruck betont werden, dass trotz aller zentralistischen Bestrebungen der Kulturpolitik der Nachkriegszeit Westdeutschland, vorab das Rheinland, diesem echt deutschvolkhaften Gedankengut Storcks treugeblieben ist. Hier war es die Schulmusikabteilung der Kölner Musikhochschule, die diese Tradition immer aufrechterhalten hat. Hier ist die Verbindung mit dem heute so aktuellen Gedankenguts Storcks niemals unterbrochen worden. Und wenn heute die Schulmusik von innen her neu begründet werden soll, dann kann es nur in dieser echt deutschen und das heißt volkhaften Ideenwelt Storcks sein." Außerdem wird in dem Text wiederum die Hoffnung deutlich, die Alt mit der N.S.D.A.P.-Regierung verband: „Schon einmal ist eine weitdisponierende Schulmusikreform in ihren Anfängen steckengeblieben. [...] Die neue Volksbewegung muß hier ihre aufbauende Kraft beweisen und endlich eine wirklich tragfähige Basis für den Aufbau einer Volksmusikkultur schaffen." Dabei ist mit dem Begriff „Volksmusik" das „wahrhaft Kulturelle und Volkhafte" verbunden. Dies also war Alts Programm: der Aufbau einer „Volksmusikkultur" durch die musikalische Bildung der künftigen Führerschicht in der höheren Schule.

DIE SCHULMUSIK IM WANDEL DER GEGENWART (1933)

Im Juni 1933 wurde in der Zeitschrift „Die Musikpflege" ein Aufsatz von Michael Alt zu dem Thema „Die Schulmusik im Wandel der Gegenwart" veröffentlicht.[123] Darin heißt es unmissverständlich: „Wir stehen in einer neuen Geburtsstunde der Geschichte. Sie verlangt von jedem verantwortungsbewußten Volksführer Mitarbeit, nein mehr: vollen persönlichen Einsatz, um die neue Ideenwelt in aller Reinheit und Geistigkeit entstehen zu lassen, sie vor vorzeitiger Entwertung durch die 'Allzuvielen' zu bewahren."[124] Es kann kein Zweifel daran bestehen, dass mit der „neuen Ideenwelt", für die sich Alt hier einsetzte, die nationalsozialistische Weltanschauung gemeint war, der Alt mit erkennbarer Begeisterung begegnete. Sein Versuch, die Notwendigkeit zu einer grundlegenden Umgestaltung auch der Musikpädagogik darzustellen, fußte aber nicht nur auf irrationalem Enthusiasmus, sondern

---

[123] Alt 1933g
[124] Alt 1933g, S. 84

auch auf der rationalen Kritik zweier geistiger „Schichten", die er der Pädagogik des letzten Jahrhunderts zuschrieb: gemeint ist die „Pädagogik vom Kinde her" und das „polyhistorische Ideal". Die „Pädagogik vom Kinde her" sei von J.J.Rousseau angeregt worden und habe zu einer „weitgehenden psychologschen Relativierung des Kulturgutes und der tragenden, kulturschaffenden Ideen" geführt.[125] Erziehung sei ein privater Akt zwischen Lehrer und Schüler geworden, und damit seien die geistigen und künstlerischen Leistungen der Voksgemeinschaft zu „'Bildungsmitteln' des Individuums" degradiert worden.[126] Mit dieser liberalen Pädagogik sei das „polyhistorische Ideal" verknüpft, dessen geistiger Unterbau von Hegel stamme. Alt schrieb: „Die Auflösung der verbindlichen kulturellen Lebensordnung durch den relativierenden Liberalismus, der Mangel eines volksentsprungenen Leitbildes und die damit entfallene Möglichkeit einer wertenden Akzentuierung der Geschichte mußte schließlich in jedem geschichtlich Gewordenen eine 'Emanation des objektiven Geistes' sehen. Da kein verpflichtender Gesichtspunkt für eine wertabstufende Auswahl der Kulturgüter mehr existierte, mußte in der 'Allgemeinbildung' das gesamte geistige Gut in einer möglichst umfassenden Form an die Schüler herangetragen werden. Dieser Mangel einer Grundidee, der die Massen der Geistes- und Ideengeschichte nach ihrer kulturellen Lebenswichtigkeit sinnvoll organisieren konnte, wurde schließlich von der Wissenschaft noch als ein Plus herausgestellt: in der Fiktion der 'Wertfreien Wissenschaft'."[127] Diesen beiden geistigen Strömungen stellte er ein „programmatisches Leitbild" einer „neuen Erziehung" entgegen, das er bewusst „extrem formulierte":[128] „Nicht frei werden soll der Mensch, sondern gebunden werden an die Formen und Institutionen dieses natürlichen Lebenskreises. [...] Die individuelle Freiheit muß der dienenden Gliedschaft im Volke weichen. Das Wesen der Persönlichkeit, die Freiheit des Einzelnen, sein geistiges Wachstum besteht nunmehr darin, im Volke, aus dem Volk und für das Volk zu leben; [...] Das Bildungsgut muß deshalb dem Schüler wieder verpflichtend und fordernd begegnen. [...] Nicht mehr das Wollen des Schülers oder auch nur die Möglichkeit eines adäquaten Verstehens durch den Schüler darf Richtschnur der Erziehung sein. [...] Lehrziel kann nun nicht mehr sein, dem Schüler einen kurzen Überblick über die Musikgeschichte oder nach Gutdünken des Lehrers oder Entgegenkommen der Schüler eine willkürliche Auswahl aus ihr zu geben. Aus der musikalischen Vergangenheit sind vielmehr die Werke, Persönlichkeiten und Zeiten zu wählen, die das Bild der deutschen Musik und damit der deutschen Volksgemeinschaft

---

[125] Alt 1933g, S. 84
[126] Alt 1933g, S. 84
[127] Alt 1933g, S. 84 f.

entscheidend geprägt haben und somit vorbildhaft für den deutschen Menschen geworden sind. Hier liegen die natürlichen Grenzen der Lehrerfreiheit und der Beachtung der Schülerpsyche. Denn es gibt keine Autonomie der Pädagogik mehr: Erziehung ist Dienerin der Volksgemeinschaft. Nur an den großen ehrfurchtsgebietenden Leistungen der deutschen Vergangenheit entzündet sich das ethische Wollen des Schülers."[129] Alt wandte sich hier mit starken Worten gegen individualistisch-liberale Tendenzen in der Pädagogik und gegen eine willkürliche Auswahl der Bildungsgüter. Statt dessen setzte er auf die verbindliche Auswahl von Unterrichtsinhalten, von denen er behauptete, dass sie das „Bild der deutschen Musik und damit der deutschen Volksgemeinschaft" geprägt und sich damit als „vorbildhaft für den deutschen Menschen" erwiesen hätten. Diese Argumentation Alts lässt sich als eine Verbindung von sozialdarwinistischem mit lerntheoretischem Denken interpretieren - etwa so: Was sich in der Geschichte durchgesetzt hat, hat sich damit als lebenstüchtig erwiesen. Damit die Jugend selbst lebenstüchtig wird, muss sie aus dem lernen, was sich in der Vergangenheit als lebenstüchtig erwiesen hat. Dies geschieht dadurch, dass die Jugend sich an dem bewährten Alten orientiert, es als Vorbild begreift und es nachzuahmen versucht.

Alts Position war allerdings nicht so extrem, wie sie hier erscheint. Ausdrücklich betonte er, dies solle kein Aufbruch aus dem Nichts, kein „Wieder-Neu-Beginnen ohne Tradition" sein. Die Pädagogik vom Kinde her verstehe sich für den „echten Pädagogen" von selbst und sei ein „Grundcharakteristikum seines Wirkens". Nur dürfe man aus dieser „Selbstverständlichkeit" kein einseitiges Prinzip machen, „das den kultur- und volksverpflichtenden Charakter des pädagogischen Aktes aufhebt."[130]

LITERATURBERICHTE 1933-34

Im „Deutschen Philologen-Blatt" erschienen in den Jahren 1933 und 1934 zwei Literaturberichte, in denen Alt die nachfolgend aufgeführten Schriften erfasste.

Die kurzen Rezensionen lassen teilweise auch musikpädagogisch bedeutsame Grundeinstellungen Alts erkennbar werden. So begrüßte er die Ansätze zu einer systematischen Musikwissenschaft, die musikalische Erscheinungen „nicht mehr nach den

---

[128] Alt 1933g, S. 86
[129] Alt 1933g, S. 85 f.
[130] Alt 1933g, S. 85

historischen Kategorien: Ursache-Wirkung, Wirksamkeit, Kontinuität der Entwicklung usw.", sondern nach „überzeitlichen Gesetzmäßigkeiten mit dem letzten Ziel einer systematischen Anordnung aller musikalischer Gegebenheiten" untersuchten.[131] In diesem Sinne würdigte er den Ansatz von Siegfried Nadel („Der duale Sinn der Musik"), musikalische „Wesensforschung" auf den „alten Typendualismus: Gehalt-Form" zu gründen. Nagel stellte sich damit nach Alts Darstellung in einen „strikten Gegensatz" zu dem „erlebnismonistischen Ansatz" der „Dilthey-Nohl-Sievers-Rutz-Schulen". Allerdings, so wandte er ein, lasse sich dieser Dualismus nur in der Beziehung Schöpfer-Kunstwerk nachweisen, könne aber nicht einfach auf musikalische Rezeption übertragen werden. „Denn hier wird die Musik nicht nur als ästhetische Form oder Ausdruckssymbol erlebt, sondern ebenso als Reiz, als „Rausch" in reiner Funktionslust."[132]

Die Musikgeschichte von H.J. Moser würdigte er als eine „Fundgrube für geisteswissenschaftliche Querverbindungen von der Musik her und zur Musik hin".[133]

Gegen die Schrift „Musik und Rasse" von R. Eichenauer, die er zu den „wichtigsten Neuerscheinungen auf musikalischem Gebiet" rechnete, erhob er lediglich methodologische Einwände. Er schrieb:

„Verf. unternimmt als erster den kühnen Versuch, gestützt auf vereinzelten, oft unkritischen und widerspruchsvollen Vorarbeiten, ein solches neues Bild der gesamten Musikentwicklung zu zeichnen. Was vorliegt, ist vorerst nur eine Skizze. Man findet hier mehr Hypothesen als endgültige Lösungen, mehr Anregungen als wissenschaftliche Ergebnisse. Aber kein neuer Versuch wird an dieser ersten vorbeigehen können. Auf der sicheren Grundlage einer feinsinnigen methodologischen Einleitung sucht Verf. das übergroße Tatsachengebiet nach dem rassischen Gesichtspunkt zu deuten. Sympathisch berührt dabei das feine und vorsichtige Abwägen der Einzelerscheinungen, das voreilige Schlußfolgerungen zu vermeiden sucht. Aber immer zwingt Verf. die auseinanderstrebenden Einzellinien zu einem einheitlichen Bild zusammen. Nicht alles konnte dabei sicher unterbaut werden, mancher Einzelzug wird von den nachsetzenden Spezialarbeiten verändert oder eingeschränkt werden müssen. Aber die großen Linien werden bleiben."[134]

---

[131] Alt 1933d, S. 167
[132] Alt 1933d, S. 167
[133] Alt 1933d, S. 168

Auch in den anderen Rezensionen wird Alts wissenschaftsorientierte Grundhaltung deutlich: Gegen die Beethoven-Schrift von A. Heuß wandte er z.B. ein, dass der Autor „als echter Hermeneutiker" „oft allzuviel in Beethovens Musik hineingeheimnist".[135] Den ersten Teil der Schrift „Musikerziehung als nationale Aufgabe" von S. Günther kritisierte er wegen „zu weitmaschiger und teilweise verschwommener Begriffsbildung" und wegen seiner „allzu abstrakten Ausdrucksweise".[136] Und die Beweisführung B. Nennstiels in der Arbeit „Arbeit am Volkslied" hielt er für „mehr temperamentvoll als wissenschaftlich stichhaltig".[137]

Die folgenden Übersichten enthalten die in den Literaturberichten erfassten Veröffentlichungen:

Literaturbericht 1933[138]

Benz, Josef	Kinderlied und Kinderseele	Kassel (Bärenreiter)	o.J.
Dahlke, E.	Das Arbeitsprinzip im Gesangunterricht	Essen (Baedecker)	1921
Danckert, Werner	Ursymbole melodischer Gestaltung	Kassel (Bärenreiter)	1932
Erpf, Hermann	Harmonielehre in der Schule	Leipzig (Quelle & Meyer)	1930
Fischer, Hans	Die Sonatenform in der Schule	Lahr (Schauenburg)	1932
Geiringer, Karl	Josef Haydn	Potsdam (Athenaion)	1932
Gerigk, Hans	Verdi	Potsdam (Athenaion)	1932
Günther, Siegfried	Die musikalische Form in der Erziehung, 1. Teil: 1931 2. Teil: 1932	Lahr (Schauenburg)	1931 f.
Moser, Hans Joachim	Das Volkslied in der Schule	Leipzig (Quelle & Meyer)	o.J. (1928)
	Epochen der Musikgeschichte	Stuttgart (Cotta)	1930
Nadel, Siegfried	Der duale Sinn der Musik	Regensburg (Bosse)	1931
Oberborbeck, Felix	Deutsch und Musikunterricht	Leipzig (Quelle & Meyer)	1929
Schering, Arnold	Aufführungspraxis alter Musik	Leipzig (Quelle & Meyer)	1931

---

[134] Alt 1934a, S. 352
[135] Alt 1934a, S. 352
[136] Alt 1934a, S. 364
[137] Alt 1934a, S. 364
[138] Alt 1933d, S. 167-168; Alt 1933e, S. 183-184

Stoverock, Dietrich	Die Erfindungsübung als organischer Bestandteil des Schulmusikunterrichts	Lahr (Baden)	1930
Wolf, Johannes	Geschichte der Musik in gemeinverständlicher Form 1. Teil: 1925 2. Teil: 1929 3. Teil: 1929	Leipzig (Quelle & Meyer)	1925 ff.

Literaturbericht 1934[139]

Bücken, Ernst	R. Wagner	Potsdam (Athenaion)	1934
Brümmer, Eugen	Beethoven im Spiegel der zeitgenössischen rheinischen Presse	Würzburg (Triltsch)	1933
Deutsch, Leonhard	Individualpsychologie im Musikunterricht und in der Musikerziehung. Ein Beitrag zur Grundkultur musikalischer Gemeinkultur	Steingräber (Leipzig)	1931
Eichenauer, Richard	Musik und Rasse	München (Lehmanns)	1932
Gerstberger, Karl	Kleines Handbuch der Musik	Kassel (Bärenreiter)	1932
Gerstenberg, Heinrich	Deutschland über alles. Vom Sinn und Werden der deutschen Volkshymne	München (Reinhardt)	1933
Göllerich, August und Auer, Max	Anton Bruckner	Regensburg (Bosse)	1924
Grüger, Heribert	Kinderinstrumente	Dresden (Limpert)	o.J.
Günther, Siegfried	Musikerziehung als nationale Aufgabe	Heidelberg (Bündischer)	1933
Hasse, Karl	Vom deutschen Musikleben	Regensburg (Bosse)	1933
Herold, Hugo	Zur Praxis der Musikerziehung für alle Schularten	Leipzig (Kistner&Siegel)	1932
Heuß, Alfred	Beethoven. Eine Charakteristik	Braunschweig (Litolff)	²1933
Kayser, Hans	Der hörende Mensch	Berlin (Schneider)	1932
Krumbach, Karl Julius / Balzer, Wolfgang	Sprechübungen	Leipzig (Teubner)	1928
Moser, Hans Joachim	Corydon. Geschichte des mehrstimmigen Generalbassliedes und des Quodlibets im deutschen Barock, 2 Bd.	Braunschweig (Litolff)	1933
Müller-Blattau, Joseph	Einführung in die Musikgeschichte	Berlin (Vieweg)	1932

---

[139] Alt 1934a, S. 352; Alt 1934b, S. 363-364

Nennstiel, Berthold	Arbeit am Volkslied. Eine erste Einführung in die musikalische Volksliedforschung und ihre musikpädagogische Auswertung	Berlin (Vieweg)	1931
Nüll, Edwin v.d.	Moderne Harmonik	Leipzig (Kistner&Siegel)	1932
Rasch, Hugo	Richard Wagner. Eine Lebensbeschreibung	Langensalza (Beltz)	o.J.
Roy, Otto	Neue Musik im Unterricht	Lahr (Schauenburg)	1932
Schäfke, Rudolf	Schulmusikerziehung und deutsche Erziehung	Leipzig (Kistner&Siegel)	o.J.
Sitte, Heinrich	Johann Sebastian Bach, als „Legende" erzählt	Berlin (Reiß)	1925
Stöhr, Richard; Gál, Hans; Orel, Alfred	Formenlehre der Musik	Leipzig (Kistner&Siegel)	1933
Szendrei, Alfred	Rundfunk und Musikpflege	Leipzig (Kistner&Siegel)	1931
Tröbes, Otto	Richard Wagner und die deutsche Gegenwart	Frankfurt/Main (Diesterweg	1934
Volbach, Fritz	Der Chormeister	Mainz (Schott)	1931
Pulikowsky, Julian v.	Geschichte des Begriffs Volkslied im musikalischen Schrifttum	Heidelberg (Winter)	1933
Thausing, Albrecht	Lage und Aufgaben der Gesangspädagogik	Wolfenbüttel / Berlin (Kallmeyer)	1930

DIE MUSIKGESCHICHTE IN DER SCHULE (1933/34)

In diesem Text (Alt 1933/34) behandelte Alt in sehr verdichteter Form alle aus seiner Sicht zentralen Fragen der Musikpädagogik. Seine wichtigsten Thesen zur Abgrenzung der Musikpädagogik von der Musikwissenschaft, zur Sonderstellung des Musikunterrichts in Bezug auf das völkische Prinzip, zum Erziehungsbegriff und zu den Zielen und Inhalten des Musikuterrichts sollen hier in Form einer Übersicht zusammengefasst werden:

Michael Alt: „Die Musikgeschichte in der Schule"
- Kernthesen -

- Kritik der Stoffpläne von 1925:
  1. Überbetonung der „Querverbindungen";
  2. kein Erlebniswert manchen alten Singgutes;
  3. Verzicht auf wertabstufende Rangordnung der Stoffe;
- notwendige Sonderstellung des Musikunterrichts:

Der Musikunterricht muss erst als autonomes Fach auftreten, bevor er sich unter das Gesetz der Volkheit stellen darf.

- Erziehungsbegriff

„Erziehung" ist die „Angleichung des Einzelmenschen an sein Volk, indem in ihm die Kulturgüter seines Volkes zum Erleben gebracht werden sollen."[140]

- Zum Verhältnis von Musikerziehung und Musikgeschichte:

Die Musikgeschichte hat für den Musikunterricht nur eine „untergeordnete Rolle", weil sie vor allem den „Entwicklungswert" und nicht den „Kunstwert" der Werke in den Blick nimmt.

- Ziele des Musikunterrichts
  1. „Die vornehmste Aufgabe des Musikunterrichtes ist [...] die geistig-sittliche 'Deutschwerdung' des Schülers durch das Erlebnis der deutschen Musik."[141]
  2. „Denn die Musikgeschichte drängt ihn [den Musikunterricht; d.V.] nur von seinem pädagogisch tiefsten Sinn ab, nämlich: die überzeitlichen, großen Werke der deutschen Vergangenheit im Schüler lebendig werden zu lassen, damit er sich nach ihrem Geiste formen kann."[142]
- Reihenfolge der Stoffe / Ausbildungsstufen

Oberstufe	zuerst Klassik und Romantik, dann Barockmusik Bachs und Händels, schließlich altklassische Polyphonie und Moderne	MUSIK ALS FORM UND AUSDRUCK
Mittelstufe	Grundlagen der klassischen und romantischen, später der barocken Musik	
Unterstufe	„Eindrucksschulung"	MUSIK ALS REIZ

- Die Biographie als „bestimmender Bestandteil des Musikunterrichtes";[143]

Das Kunstwerk muss im Sinne „geistigen Führertums" als Ausdruck eines „vorbildhaften deutschen Menschen" erscheinen.

- Ausbildung des Schulmusikers: weniger Musikgeschichte, mehr Musikästhetik

---

[140] Alt 1933/34, S. 217
[141] Alt 1933/34, S. 218
[142] Alt 1933/34, S. 219
[143] Alt 1933/34, S. 221

MUSIKBUCH FÜR MÄDCHENSCHULEN (1934)

Als Studienassessor wurde Alt an dem von Paul Manderscheid herausgegebenen Musikbuch für höhere und mittlere Mädchenschulen beteiligt. Dazu heißt es im Vorwort: „Damit das Musikbuch den Geist der Jugend von heute atme, gewann der Herausgeber für die Vorbereitung der Neuauflage einen Vertreter der jungen Schulmusikergeneration, den Herrn Studienassessor Michael Alt (z.Z. am Gymnasium in Linz), zur Mitarbeit. Durch ihn ist mittelbar die Jugend selbst an der Neugestaltung des Buches beteiligt."[144]

Neben Liedern mit und ohne Instrumentalbegleitung enthält das Musikbuch auch einige Instrumentalstücke, darunter einige Bearbeitungen (z.B. „Marsch der Priester" aus der „Zauberflöte" von Mozart in einer Bearbeitung für Klavier). Mit dem Namenszug Alts ist die Geigenstimme zu dem schlesischen Volkslied „Ich hab´mein Kindlein fein schlafen gelegt" gekennzeichnet.[145]

DIE ERZIEHUNG ZUM MUSIKHÖREN (1935)

Die Dissertation Alts trug den Titel „Eine Darstellung der Typen des musikalischen Genießens und Wertens beim Jugendlichen und ihrer pädagogischen Bedeutung". Diese Arbeit wurde 1935 unter dem Obertitel „Erziehung zum Musikhören" in der von Georg Schünemann herausgegebenen Reihe „Handbücher der Musikerziehung" veröffentlicht. Alt unterschied darin mehrere - „typische" - Grundformen des Musikhörens sowie - ebenfalls „typische" - Grundformen des Musikwertens und versuchte, aus diesen Typologien musikpädagogische Folgerungen abzuleiten. Grundlage für seine Überlegungen war das Material, das er aus einem jeweils 45minütigen Versuch mit 14 Schulklassen der Stufen Obertertia bis Oberprima (Jahrgangsstufen 9-13) gewonnen hatte. Es bestand aus den schriftlichen Äußerungen zu vier ausgewählten Klavierstücken, die „möglichst viele Musikarten irgendwie typisch vertreten" und den Jugendlichen „keine Auffassungsschwierigkeiten" bereiten sollten.[146] Deshalb griff Alt zu vier kurzen Klavierstücken aus der musikalischen Romantik. Als Beispiel für eine „betont motorische Spielmusik" wählte Alt die „Humoreske" op. 10, Nr. 2 von P. Tschaikowsky. „Melodische

---

[144] Manderscheid, Paul (Hrsg.): Musikbuch für höhere und mittlere Mädchenschulen, 1. Band, Düsseldorf (Schwann) o.J. (1934) [=Manderscheid 1934], Vorwort zur vierten Auflage, S. IV
[145] Manderscheid 1934, S. 39

Ausdrucksmusik" repräsentierte das Stück „Leides Ahnung" von R. Schumann. Als „Programmusik" wählte er „Der kleine Morgenwanderer" von R. Schumann, und als Beispiel für Musik mit „vollem harmonischem Klang" und „starker Ausdruckskraft" diente das Impromptu in As-Dur op. 142, Nr. 2 von F. Schubert.

Die Aufgabenstellung lautete:

1. „Äußern Sie sich schriftlich zu den einzelnen Musikstücken, also etwa, welchen Eindruck Sie dabei haben, was Sie dabei empfinden, wie Sie die einzelnen Stücke auffassen oder sonstwie ..."[147]
2. „Welche beiden Musikstücke gefallen Ihnen am besten und warum?"[148]

Um eventuellen „Ausdruckshemmungen" im sprachlichen Bereich entgegenzuwirken, sicherte Alt den „Versuchspersonen" ausdrücklich Anonymität zu und erlaubte auch Texte im „Telegrammstil".[149] Bei dem Beispiel für Programmusik gab er den Schülern den Titel des Stückes bekannt. Ansonsten gab es zu den Komponisten und Werken keine Informationen.

Die Auswertung des Materials ergab, dass einzelne Schülerinnen und Schüler trotz der Unterschiedlichkeit der Musikbeispiele der Musik mit der gleichen „Auffassungsart" begegneten. Dabei unterschied er drei typische „Grundformen des Musikhörens": Unter „sensiblem Hören" verstand er jenen Vorgang, der die Musik „vor allem als Klangreiz" aufnimmt und dabei sensomotorische Reaktionen (Innervationstyp) oder Stimmungen und Gefühle auslöst (Emotionstyp). Das „ästhetische Hören" mache demgegenüber die Reizquelle selbst zum Gegenstand rational-analytischer oder leidenschaftlich-impulsiver Betrachtung (intellektuell- bzw. volitional-ästhetische Einstellung). Das „beseelende Hören" schließlich erfasse die Musik als „Ausdruck", was sich in interpretierenden Aussagen niederschlage.

Durch die Analyse der Begründungen, mit denen die Schüler eine Rangfolge der Werke aufgestellt hatten, gelangte Alt zu der Unterscheidung dreier „Grundformen des Musikwertens": bei dem „vitalen Werten" werde ein Musikstück nach dem Kriterium der Lebenssteigerung bewertet. Im „künstlerischen Werten" baue das Urteil auf dem „geistig-

---
[146] Alt 1935, S. 16 f.
[147] Alt 1935, S. 15
[148] Alt 1935, S. 15

seelischen Verstehen des Formgehaltes der Musik" auf[150], und beim „ethischen Werten" schließlich werde Musik nach dem Grad der „Erlebnistiefe" beurteilt.

Alt behauptete, dass bei jeder „Versuchsperson" alle drei Einstellungsarten „wenigstens keimhaft" vorhanden seien, eine jedoch zumindest graduell überwiege.[151] Durch die Wiedergabe von einzelnen Niederschriften versuchte er nachzuweisen, dass es Schülerinnen bzw. Schüler gibt, die den Klavierstücken trotz ihres unterschiedlichen Charakters mit der gleichen Einstellungsart begegnen. Allerdings verzichtete er darauf, alle Niederschriften der Schülerinnen und Schüler einzeln und nachvollziehbar typologisch zu bestimmen. Statt dessen stützte er sich im wesentlichen auf den „subjektiven Gesamteindruck" der Niederschriften und räumte ein, dass seine Ergebnisse erst durch weitere Versuche erhärtet werden können.[152]

Ein Musikunterricht, der einseitig auf das „ästhetische" oder das „beseelende" Musikhören ausgerichtet sei, gehe demnach an all jenen Schülerinnen und Schülern vorbei, die der Musik mit einer „sensiblen" Höreinstellung begegnen. Alt schrieb: „Worin liegt [...] der tiefere Grund für den bisher so geringen Erfolg des Hörunterrichtes? Letzterdings darin, daß man das pädagogische Ziel im Anschluß an die Musikkritik ausschließlich auf die geistige Verarbeitung des Gehörten richtete, ohne die notwendige Voraussetzung dafür zu schaffen, nämlich eine möglichst umfassende und vertiefte Schulung des musikalischen Eindrucks. Man beachtete nicht genug, daß die geistige Verarbeitung eines Kunstwerks erst dann möglich ist, wenn die sinnliche Eigenart des Klangleibes im Sinnenhaften, Motorischen und Gefühlsmäßigen zur vollen Auswirkung und zum stärksten Eindruck gelangt ist. Das Körperlich-Sinnenhafte wurde im bisherigen Verfahren als ein selbstverständlich Wirkendes angesehen. Diese Innenwirkung aber muß zum Gegenstand der pädagogischen Einwirkung werden und in das Ziel einer methodischen Ausbildung des Musikhörens mit eingestellt werden."[153] Um also auch die Schülerinnen und Schüler mit „sensiblem" Hörverhalten anzusprechen, müssten die bisherigen - dem ästhetischen bzw. beseelenden Hören entsprechenden - Methoden ergänzt werden. Alt entwarf dazu das Konzept der „Eindrucksschulung".

---

[149] Alt 1935, S. 17 f.
[150] Alt 1935, S. 76
[151] Alt 1935, S. 83
[152] Alt 1935, S. 83 f.
[153] Alt 1935, S. 93

Das Konzept der Eindrucksschulung

Unter „Eindrucksschulung" verstand Alt die „methodische Ausbildung der musikalischen Innenwirkung."[154] Sie solle die extrospektive, d.h. auf die Musikwerke ausgerichtete Betrachtungsweise durch eine introspektive ergänzen. Eine solche Ergänzung sei erforderlich, weil der Musiklehrer die Aufgabe habe, sowohl die subjektiven als auch die objektiven Bestandteile des Musikgenießens „gleichmässig zu erfassen".[155] Ansatzpunkte für die methodische Ausbildung des Musikgenießens sollten sog. „Musikzellen" sein. Darunter verstand er einfache, vom Lehrer improvisierte musikalische Einheiten (ein rhythmisches oder melodisches Motiv, eine kleine harmonische Folge o.ä.), die sequenzartig wiederholt werden.[156] Diese „Musikzellen" sollten dann in ihrer sinnlichen, motorischen oder gefühlsmäßigen Wirkung „möglichst genau" erfasst werden, und zwar „in sprachlich-begrifflicher Analyse" oder „in „gestischer Darstellung".[157] Für den motorischen Bereich schlug er vor, ursprüngliche Reflexbewegungen in Willkürbewegungen umzuwandeln. Alt schrieb: „Dafür genügen ganz elementare Bewegungsformen wie Zeigen, Winken, Hüpfen, Grüßen, Drohen mit dem Finger, Bücken, Heben, Wiegen usw. Diese Methode kann unmerklich bis zur Darstellung von emotionalen und sensorischen Innenvorgängen vordringen, wenn Kopf, Stirne, Augen, Arme und Hände zum Ausdruck von Gefühlszuständen herangezogen werden oder wenn etwa das sensorische Gegensatzpaar hart-weich durch eine stoßende und streichelnd-wellige Bewegung wiedergegeben wird. Ferner könnten die energetischen Spannungen, die im Hörer entstehen, durch die Systole und Diastole der Atemtätigkeit veranschaulicht werden."[158] Neben Atemvorgängen, Gebärden und Gesten dachte Alt aber auch an die tänzerische Ausdeutung von Musikstücken, wobei jeder Innervation, jedem ausgelösten motorischen Impuls nachgegeben werden könne. Einschränkend fügte er hinzu: „Eine solche tänzerische Ausdeutung ist gelegentlich auch in der Schule etwa durch eine bewegungsbegabte Schülerin möglich."[159]

Von der Bedeutung einer solchen Eindrucksschulung zeigte sich Alt tief überzeugt. Er schrieb: „In bewußter Abkehr von der bisher stark verstandesmäßig ausgerichteten Methodik sollte diese hier nur ansatzweise skizzierte Eindrucksschulung mehr als bisher die

---
[154] Alt 1935, S. 93
[155] Alt 1935, S. 93
[156] Alt 1935, S. 95
[157] Alt 1935, S. 95
[158] Alt 1935, S. 96

erzieherische Arbeit des Musiklehrers bestimmen. Sie ist als die unumgängliche Voraussetzung und Grundlegung eines wirklich fruchtbaren Musikhörens anzusehen."[160]

An dieser Stelle ließe sich einwenden, seine „Eindrucksschulung" sei doch eher eine Schulung des sprachlichen Ausdrucksvermögens und deshalb eher als Voraussetzung eines auf Sprache ausgerichteten Musikunterrichts denn eine Schulung des Musikgenießens. Und in der Tat ging es Alt um eine „sprachliche Darstellung von emotionalen und sensorischen Schwebungen".[161] Doch diente diese sprachliche Darstellung im Sinne Alts letztlich wiederum der Differenzierung der Empfindungen: „Von dieser sprachlichen Darstellung der Wirkung gehen hauptsächlich die Anregungen aus, die zur Bildung immer feinerer Sinnenhaftigkeit und emotionaler Aufwühlbarkeit führen."[162] Deshalb war seine Methode der „Eindrucksschulung" vorrangig ein Konzept zur musikalischen Sensibilisierung der Schülerinnen und Schüler durch die Verbalisierung musikalischer Innenwirkungen. Der Individualität der Schülerinnen und Schüler sollte dabei größtmögliche Freiheit eingeräumt werden. Alt schrieb: „Dabei wird jeder sein eigenes Erleben nur in einer ganz einmaligen und persönlichen Begrenzung kundtun können. Das ist aber kein Nachteil; gerade in der Verschiedenheit der Anschauungen und Bilder, die sich dabei ergeben, liegt das Förderliche. Denn durch die unbegrenzte Vielseitigkeit der subjektiv möglichen Eindrücke ergeben sich neue Anregungen für den Einzelnen, durch die er seine begrenzte Empfindungswelt immer reicher und vielseitiger ausgestalten kann."[163] Eine ähnlich liberale Grundhaltung zeigte Alt in seinen musikpädagogischen Folgerungen, die sich zu folgenden Grundforderungen zusammenfassen lassen:

- **Vermeidung einseitiger Musikanschauungen**
  „Ist es [...] pädagogisch haltbar, eine [...] als 'einseitig' erkannte Musikanschauung allein berücksichtigen zu lassen und die Schüler zu diesem 'Einheitsziel' zu erziehen? Die Untersuchungen ergaben, daß die Musik dem Hörer nicht nur als Form und Inhalt, sondern oft auch vorwiegend und gelegentlich sogar ausschließlich als bloße Wirkung erscheint."[164]

---

[159] Alt 1935, S. 95
[160] Alt 1935, S. 97
[161] Alt 1935, S. 94
[162] Alt 1935, S. 94
[163] Alt 1935, S. 94

- **Vermeidung einseitiger Werkauswahl**

  „Es geht [...] erzieherisch nicht an, etwa ausschließlich oder vorwiegend nur Ausdruckswerke darzubieten und damit die 'beseelende' Art einseitig zu schulen. Der anderstypische Schüler müßte dabei verkümmern und in seiner natürlichen künstlerischen Erlebnisart gehemmt werden."[165]

- **Vermeidung einer einseitigen Lehrerpersönlichkeit**

  „Daraus ergibt sich [...] die Forderung, daß der Lehrer nicht unwillkürlich immer wieder seine besondere musikalische Artung in den Vordergrund stellt, sondern versucht, auch den anderen typischen Musikauffassungen möglichst weitgehend Rechnung zu tragen."[166]

- **Methodenvielfalt**

  „Die einem Werke entsprechende typische Aufnahmeart [...] soll immer der Ausgangspunkt der methodischen Behandlung sein. Dann aber muß auch der dem Werke fremdtypische Schüler die Möglichkeit unmittelbarer Einfühlung erhalten."[167]

- **Individuelles und unabhängiges Werturteil auf sachlicher Grundlage**

  „Der Gefahr einer unschöpferischen Uebernahme bestehender Urteile kann nur die bewußte Pflege einer vitalen und nachfolgenden sachlichen Einstellung begegnen, die den Mut zum eigenen Erleben und zur persönlichen sachlichen Entscheidung aufbringt, auch wenn sie dem geltenden Kunstgeschmack nicht entspricht.[168]

- **Toleranz**

  „Eine [...] Verallgemeinerung des eigenen Wertens führt aber zur Unduldsamkeit gegenüber anderen auch sachlich begründeten und individuell richtigen Urteilsweisen [...]. Um dem zu begegnen, ist also zu einer verstehenden Haltung und zur Wertschätzung der Entscheidungen anderer zu erziehen, auch wenn sie der eigenen widersprechen."[169]

---

[164] Alt 1935, S. 89
[165] Alt 1935, S. 101
[166] Alt 1935, S. 91
[167] Alt 1935, S. 101
[168] Alt 1935, S. 104
[169] Alt 1935, S. 104 f.

Zusammenfassend läßt sich sagen:

Hinter der Typologie Alts wird das Ideal einer freien, geistigen, eigenverantwortlichen und autonomen Persönlichkeit deutlich sowie eine auf Pluralität und Toleranz ausgerichtete Konzeption von Musikunterricht, die er selbst als eine „Pädagogik des Ausgleichs" charakterisiert.[170]

Alts Forderung nach individueller Bewertung musikalischer Werke musste den Widerspruch nationalsozialistischer Ideologen hervorrufen und konnte infolgedessen keine „besondere Wirkung" entfalten.[171] In der Zeitschrift „Die Musik", dem amtlichen Organ der NS-Kulturgemeinde, erschien im Mai 1936 eine „kritische Auseinandersetzung" mit dem Buch Alts. Autor der teilweise polemischen Rezension war der Schriftleiter der Zeitschrift für das ländliche Fortbildungswesen Landjugend Freizeit, Kurt Herbst.[172] Seine Kritik bezog sich auf den psychologisch-experimentellen Ansatz Alts und auf methodische Schwächen der Untersuchung. Vor allem aber sah Herbst in der Position Alts eine Abwertung der Musik als Inbegriff des allgemeinen Kulturwillens. Herbst schrieb: „Der Maßstab rein musikalischer Grundsätze wird stets nur durch das Wesen der Musik selbst diktiert und der Maßstab der musikalischen Kulturverbundenheit nur durch die Eigengesetzlichkeit des Kulturwillens, niemals aber durch die mannigfachen Sondervorstellungen eines einzelnen Hörers: Mag es sich um Komponisten, Hörer, Buchverfasser oder Buchherausgeber handeln!"[173] Deshalb habe das Musikwerk die „große Aufgabe", das Musikerleben und Musikerkennen „unter einheitliche Gesichtspunkte, unter gegebene musikalisch-kulturelle Grundsätze" zu stellen und dadurch „einheitlich auszugleichen".[174] Aufgabe der Musikerziehung sei es demnach, „diese musikalischen und kulturellen Wesenszüge in allen entsprechenden Musikstücken herauszuarbeiten und so bei der Forderung und Erziehung zum *richtigen* Musikhören den (selbst-)erzieherischen Kulturwert der Tonkunst in den Vordergrund zu stellen und immer wieder in gegenwartsnahen Formen neu zu beleben."[175]

---

[170] Alt 1935, S. 90
[171] Günther, Ulrich: Die Schulmusikerziehung von der Kestenberg-Reform bis zum Ende des Dritten Reiches, Augsburg (Wißner) ²1992, S. 161
[172] Angabe nach Wulf, Joseph: Musik im Dritten Reich [=Kultur im Dritten Reich, Bd. 5], Frankfurt/M. Ullstein) 1989, S. 250
[173] Herbst, Kurt: „Die Erziehung zum Musikhören". Eine kritische Auseinandersetzung mit dem gleichnamigen Buch von Michael Alt, in: Die Musik, 28. Jg., H. 8, Mai 1936 [=Herbst 1936], S. 601
[174] Herbst 1936, S. 602 f.
[175] Herbst 1936, S. 605 f.

Auch Albert Wellek kritisierte, das Kunstwerk werde „lediglich im 'Akt des Nachvollzugs' gesehen und damit relativiert." Auch hinterfragte er die Abgrenzung des Gefühls- zum Ausdruckstyp und warf Alt „atomistische, phänomenologische und intellektualistische Vorurteile" vor.[176]

Karl Rehberg begrüßte in einer 1939 erschienenen Rezension die auf „Ausgleich der Betrachtungsweisen" und auf „Überwindung einer vorwiegend rationalen Kunstbetrachtung" ausgerichtete Schrift Alts und sah ihren Hauptwert darin, dass sie „den Musikerzieher zu einem umfassenden und vertieften Verständnis der Erlebniswelt des Jugendlichen" führe.[177]

Nauck-Börner diskutierte 1980 die Altsche Typologie im Zusammenhang mit seinem Buch „Didaktik der Musik". Dabei war es ihr u.a. wichtig zu zeigen, dass bei Alt keine Typen-, sondern eine Klassenbildung vorliegt.[178]

Distler-Brendel beurteilte die musikpädagogischen Folgerungen Alts als „für seine Zeit progressiv". Sie schrieb: „Indem er [Alt, d.V.] die subjektiven Reaktionen des Schülers beim Hören von Musik zum Ausgangspunkt des Lernprozesses nimmt (in heutiger Terminologie: ihn 'abholt'), diese akzeptiert und verstärkt und sie durch Verbalisierung ins Bewußtsein treten läßt, vollzieht er eine 'Eindrucksschulung', die den Schüler zum Musikhören motiviert und ihn für eine kognitive und interpretierende Auseinandersetzung mit der Musik aufschließt."[179]

Bisher nicht auf Kritik gestoßen ist die wie nebensächlich vorgetragene Bemerkung Alts, die typische Haltung des Schülers sei „anlagehafter Art".[180] Diese Zuweisung der Hördisposition zu dem Bereich der mit pädagogischen Mitteln nicht veränderbaren Anlagefaktoren ist sehr weitreichend, weil damit der Sinn eines Hörunterrichts generell in Frage gestellt wird, vor allem aber, weil damit denjenigen Schülerinnen und Schülern, die als „fremdtypisch"

---

[176] Wellek, Albert: Michael Alt. Die Erziehung zum Musikhören, in: Zeitschrift für Psychologie, Bd. 138, Heft 4/6
[177] Rehberg, Karl: Erziehung zum Musikhören. Zu einem Buch Michael Alts, in: Völkische Musikerziehung, H. 5 (Mai) 1939, S. 215-217
[178] Nauck-Börner, Christa: Logische Analyse von Hörertypologien und ihrer Anwendung in der Musikpädagogik [=Beiträge zur Systematischen Musikwissenschaft, hrsg. von Helga de la Motte-Haber, Bd. 5], Hamburg (Wagner) 1980, S. 138
[179] Distler-Brendel, Gisela: Einleitung. In: Michael Alt: Die Erziehung zum Musikhören. Eine Darstellung der Typen des musikalischen Genießens und Wertens beim Jugendlichen und ihrer pädagogischen Bedeutung. Reprint [= MPZ Quellen-Schriften 11] Frankfurt/Main 1986, S. VII f.

eingestuft werden, keine oder nur natürlich begrenzte Entwicklungsmöglichkeiten eingeräumt werden. Und tatsächlich sah Alt diese Begrenztheit der Beeinflussungsmöglichkeiten: „Bis zu einem gewissen Grade", schrieb er, werde sich die Erarbeitung eines Kunstwerks in der „eigenen angelegten Bahn" des Schülers bewegen.[181] Der „Gleichklang mit dem typischen Charakter des Komponisten" sei infolgedessen „Idealfall" und von den sog. „fremdtypischen" Schülern prinzipiell nicht erreichbar. Mit anderen Worten: Das adäquate Verstehen einer Bach-Fuge z.B. ist nach dem Denken Alts nur für diejenigen Schülerinnen und Schüler erreichbar, die das Glück haben, mit einer bestimmten Anlage ausgestattet zu sein, nämlich mit der Anlage zum „typischen Charakter" Johann Sebastian Bachs. Damit wandte sich Alt deutlich von dem geisteswissenschaftlichen Ansatz ab, die Verbindung von Künstler und Rezipient durch kulturelle Gemeinsamkeiten („objektiver Geist") als notwendige Voraussetzung für die Möglichkeit des Verstehens anzusehen. Statt dessen setzte Alt hier auf einen - pädagogisch unbeeinflussbaren - Anlagefaktor als Bedingung für die Möglichkeit vollständigen Musikverstehens. Unproblematisch ist die Position Alts nur insoweit, als hier versucht wird, realitätsnah interne Bedingungen der Schüler höherer Schulstufen zu berücksichtigen. Dass diese Bedingungen im Sinne eines dynamischen Begabungsbegriffs ihrerseits jedoch Ergebnisse individueller Entwicklungsprozesse sein und infolgedessen vielleicht auch durch musikpädagogische Maßnahmen in früheren Lebensphasen beeinflusst werden können, hatte Alt noch nicht im Blick.

DEUTSCHE ART IN DER MUSIK (1936)

Die 44 Seiten umfassende Schrift „Deutsche Art in der Musik" erschien 1936 in der Reihe „Bildung und Nation", einer Schriftenreihe zur „nationalpolitischen Erziehung".[182] Die Zielsetzung dieser Schriftenreihe brachte auch Alt selbst unmißverständlich zum Ausdruck. Es ging ihm darum, das „Bild des deutschen Menschen" klarer als bisher zu entwerfen, „um es in der Erziehung des deutschen Menschen [...] typenbildend zu machen".[183] Der „deutsche Mensch" sollte demnach als pädagogisches Leitbild einer auf die Volksgemeinschaft ausgerichteten Erziehung fungieren. Anderen Völkern, so Alt, sei dies bereits gelungen: „Man

---

[180] Alt 1935, S. 100
[181] Alt 1935, S. 100
[182] DOKUMENT 10, S. 324
[183] Alt 1936a, S. 3

denke nur an die angleichende Kraft des englischen Gentleman-Ideals".[184] Alts Leitbild des „deutschen Menschen" war auch mit der Hoffnung auf ein besseres Musikverständnis verbunden: „Ihr tiefstes Wesen", meinte Alt, offenbare die Musik „doch nur dem Menschen, der mit ihr gleicher Herkunft ist, gleicher völkischer Art entstammt."[185]

Bei dem Versuch, ein Leitbild des „deutschen Menschen" durch musikbezogene Aussagen zu entwerfen, stellte Alt nicht nur die Eigenart der als „deutsch" bezeichneten Musik heraus. Vielmehr setzte er eine spezifisch „deutsche Musikbegabung"[186] voraus und versuchte, nationale bzw. völkische Eigenarten auch in den Persönlichkeiten der „deutschen" Musiker aufzudecken. In der Sprache Alts lautete dies so: „Deutsches Wesen klingt nicht nur aus der deutschen Musik, auch das Menschentum der deutschen Meister weist Züge auf, die nationaler Eigenart entstammen und die sie merklich von den fremdstämmigen Musikertypen abheben."[187] Schließlich versuchte er auch Grundzüge „deutscher Musikanschauung" nachzuweisen. Dieser von den jeweiligen Unterschieden absehende Versuch, ein einheitliches Bild von der „deutschen Musik" zu entwerfen, diente zugleich zur Abgrenzung der deutschen Musik von der anderer Nationen bzw. Völker. Dabei wurden die behaupteten Unterschiede zudem mit Werturteilen verbunden, wobei er das Fremde diffamierte und die Beeinflussung des Eigenen durch das Fremde als Gefahr dämonisierte.

Aussagen über die Eigenart „deutscher" Musik

Die „deutsche Musik", meinte Alt, lebe „aus der unbestimmten Tiefe des Klangraumes, des Harmoniereiches". „Unverkennbar" sei die bereits von Herder erfasste „Vorliebe für die gotischen, schweren Harmonien".[188] In der rhythmischen Gestaltung sei die „spannungsschaffende Willkürlichkeit der Zeitverteilung"[189] charakteristisch, was er an dem Stabreimvers als „rhythmischer Urzelle" germanischer Musik glaubte belegen zu können.[190] Als „angeborenes deutsches Tempo" bezeichnete Alt unter Berufung auf Richard Wagner das Andante.[191] Die Form, so meinte Alt mit Bezug auf Kurth, sei „dem Germanen" nicht

---

[184] Alt 1936a, S. 3
[185] Alt 1936a, S. 3
[186] Alt 1936a, S. 7
[187] Alt 1936a, S. 28
[188] Alt 1936a, S. 7
[189] Alt 1936a, S. 10
[190] Alt 1936a, S. 9 f.
[191] Alt 1936a, S. 10

„tönende Architektur", sondern „bauender Wille".[192] Es gebe außerdem eine spezifisch deutsche Vorstellung der „Tiefe"[193], deutsche Musik sei eine „um Gestaltung ringende Ausdrucksmusik".[194] Außerdem schrieb er den Deutschen eine „Unendlichkeitssehnsucht" zu, die sich die Instrumentalmusik geschaffen habe.[195] Gerade in der deutschen Instrumentalmusik liege „etwas Unbestimmtes, Ahnungsvolles, das der Unendlichkeitssehnsucht des Deutschen" entgegenkomme.[196] Im „Kunstkampf der Nationen"[197] habe sich die deutsche Oper - jenseits von „italienischer Koloraturentechnik"[198] und „romanischer Nummernoper" zu einem „deutschen Musikdrama" entwickelt.[199] Bei dem Versuch, die „deutsche Musik" zu typisieren, nahm Alt auch regionale Differenzierungen vor und bezog sich dabei auf die Volkslieder der verschiedenen Landschaften. So sei der „bajuvarische Typus" vor allem an den „Jodelbildungen" und an der „auf Akkordzerlegung beruhenden springenden Melodieführung" zu erkennen. Für den mitteldeutschen Liedtyp sei „Anmut und Liebenswürdigkeit" charakteristisch, für den niedersächsischen der „derbstampfende Tanzrhythmus" und für den niederrheinischen „eine gewisse wehe Weichheit".[200]

Aussagen über die Eigenart „deutscher Meister"

Zu der Charakterisierung der als „deutsch" bezeichneten Musik trat bei Alt auch eine idealisierende Typisierung des „deutschen Meisters". Ihm sei das „rein triebhafte, spielerische Gestalten" fremd. Auch der „laute Tageserfolg" kümmere ihn nicht.[201] Kennzeichnend für den deutschen Meister sei vielmehr der „Trieb zur handwerklichen Könnerschaft"[202], „treuer Dürerfleiß"[203] und „Dankbarkeit gegenüber den Ahnen der Musik".[204] Vor allem überforme der deutsche Meister die Klänge „mit Geist und Sittlichkeit".[205] Außerdem schrieb Alt dem deutschen Meister einen hohen Grad an „Verantwortungsbewußtsein gegenüber dem

---

[192] Alt 1936a, S. 11
[193] Alt 1936a, S. 12
[194] Alt 1936a, S. 13
[195] Alt 1936a, S. 15
[196] Alt 1936a, S. 14
[197] Alt 1936a, S. 17
[198] Alt 1936a, S. 20
[199] Alt 1936a, S. 23
[200] Alt 1936a, S. 24 f.
[201] Alt 1936a, S. 33
[202] Alt 1936a, S. 29
[203] Alt 1936a, S. 29
[204] Alt 1936a, S. 30
[205] Alt 1936a, S. 28

Gnadengeschenk der musikalischen Begabung" zu, das der „Überzeugung einer aus dem Jenseitigen stammenden Seele" entspringe.[206] An anderer Stelle schrieb er, das Verantwortungsgefühl der deutschen Meister entspringe einer „heroischen Diengesinnung".[207] Neben dem „sittlichen Verantwortungsgefühl" nannte Alt als charakteristische Eigenarten des deutschen Meisters seinen „tiefen, idealistischen Ernst"[208] sowie seine „Überzeugung von seiner Erzieheraufgabe"[209]. Als „Urpaar deutscher Artung" bezeichnete Alt die Komponisten Bach und Händel, die die beiden Lebensformen nordisch-germanischer Art verkörperten, nämlich den „wikingerhaften Eroberungswillen" bzw. den „treuen Heimatsinn".[210] Es gebe auch eine „typische Entwicklungslinie" der deutschen Musiker, die Alt als ein „langsames Ansteigen" beschrieb, „das in großen, die Lebensarbeit zusammenfassenden Alterswerken" gipfele.[211] Er versuchte dies mit Hinweisen auf die Alterswerke Bachs, Beethovens, Händels, Haydns, Mozarts und Wagners zu belegen. Nur einmal, so Alt, weise die deutsche Musikgeschichte „eine im späten Stadium nicht mehr erreichte Frühvollendung auf", nämlich „bezeichnenderweise" bei Mendelssohn, den er als „fremdrassig" bezeichnete und damit diffamierte.[212]

Aussagen über die Eigenart „deutscher" Musikanschauung

Auch in den Musikanschauungen versuchte Alt spezifisch deutsche Art auszumachen. Dem Deutschen, so meinte er, sei die Musik „immer ein Weihevolles, der Ausdruck eines Geistigen oder Seelischen".[213] Zu allen Zeiten habe „der Deutsche" die „mystische Einfalt und gottsuchende Innigkeit" in seine Musik gelegt.[214] Alt hob auch die Auffassung von der „Musik als Gottesdienst" als einen „altdeutschen Gedanken" hervor.[215] Vom deutschen Menschen sei auch die antike Idee von den ethischen Wirkungen der Musik „aus innerer Wahlverwandtschaft aufgenommen und umgeprägt worden."[216] Die deutschen Jahrhunderte durchziehe die Einschätzung von der Musik als „höchsten Lebenswert".[217] Gerade die

---
[206] Alt 1936a, S. 29
[207] Alt 1936a, S. 31
[208] Alt 1936a, S. 33
[209] Alt 1936a, S. 33
[210] Alt 1936a, S. 35 ff.
[211] Alt 1936a, S. 34
[212] Alt 1936a, S. 35
[213] Alt 1936a, S. 38
[214] Alt 1936a, S. 40
[215] Alt 1936a, S. 40
[216] Alt 1936a, S. 40 f.
[217] Alt 1936a, S. 43

Musikästhetik der deutschen Romantik hielt er für geeignet, die „deutsche Art" der Musik zu charakterisieren. Alt schrieb: „Das deutscher Art am ersten entsprechende Musikbekenntnis und der wertvollste Beitrag Deutschlands zur Musikdeutung ist die Musikästhetik der deutschen Romantik. Wir sahen schon, wie der Romantiker sich für die Instrumentalmusik entscheidet, um der an das menschliche Affektleben erinnernden Wortausdeutung der Vokalmusik zu entgehen. Er sucht damit die Musik aller menschlichen Analogien zu entkleiden, um sie ganz jenseitig deuten zu können. Er umschreibt ihr Wesen in transzendenten Gleichnissen, steigert es in intuitiver 'Ahnung' ins Metaphysische. Die 'tönende Weltidee' erklingt ihm aus der Musik. So kommt es im deutschen Geistesleben zu der höchsten Wertsetzung der Musik, zu der je ein Volk gestimmt war. Schopenhauer denkt diese Idee zu Ende, ihm wird Musik und Leben eins."[218]

Aussagen über die Musik anderer Völker

In den Äußerungen Alts über die Musik anderer Nationen bzw. Völker vermischten sich die - großenteils fragwürdigen - Sachaussagen mit diffamierenden Werturteilen. So ist die Aussage, die romanische Musik sei - im Gegensatz zu der auf „Klangraum" ausgerichteten „germanischen Musik" - von „streckenhafter Gesangslinie" beherrscht[219], allenfalls musikwissenschaftlich problematisch. Doch schrieb er der romanischen Gesangslinie zudem das Attribut „vordergründig" zu, was bereits eine negative Bewertung beinhaltete. Gleiches gilt für die Rede Alts vom „italienischen Opernklingklang"[220] und für die Bezeichnung des Jazz als „Niggermusik"[221]. Biologistische Sichtweise verriet Alt auch mit der Beschreibung „des Romanen" als defizitäres Wesen. Ihm fehlten die „seelischen Uranlagen", meinte Alt, den Zusammenklang von Tönen „als besonders wertvoll zu empfinden", und verglich die Romanen mit „exotischen Völkern".[222] Andererseits brachte er der romanischen Virtuosität durchaus eine gewisse Achtung entgegen. Sie sei „höchstes Schöpfer- und Künstlertum", allerdings nur „in einem anderen völkischen Raum und unter anderen rassischen Bedingungen". Auch gegenüber dem Judentum grenzte Alt die „deutsche Musik" ab und offenbarte damit einen rassistischen Begriff des Judentums. „Arteigen" sei den Juden, so Alt,

---

[218] Alt 1936a, S. 41
[219] Alt 1936a, S. 7
[220] Alt 1936a, S. 22
[221] Alt 1936a, S. 4
[222] Alt 1936a, S. 8

die „orientalische Vierteltonmusik".[223] Gegenüber dem Idealbild des treuen, fleißigen, geistigen und sittlich integren deutschen „Bildungsmusikers"[224] apostrophierte Alt den romanischen Musiker als „ungeistig", „amoralisch" und als „hemmungslosen, klitternden 'Vielschreiber'".[225]

Abwehr von „Überfremdung"

Ganz im Sinne nationalsozialistischer „Rassenhygiene" verurteilte Alt jede Fremdbeeinflussung der deutschen Musik. Er schrieb: „Die Musik wird zu einem Tummelplatz fremdstämmiger Einflüsse. Der westlerische Impressionismus eines Debussy mit seiner Vorliebe für das musikalische Exotentum zersetzt die deutsche Musik mit asiatisch-gleitenden Melodien, mit müden Rhythmen und zerfetzten, dämmerig-verschwommenen Harmonien. Deutschland ergibt sich dem wilden, entehrenden Rausch der Niggermusik, dem [sic!] von Amerika importierten Jazzband. Der Geist der Zersetzung spricht auch aus den revolutionären musikästhetischen Theorien der Zeit. Busoni, ein Volksfremder, erklärt das uns eingeborene Dur-Moll-System für überwunden, spricht ihm jede neuschöpferische Fähigkeit ab. Schönberg kann in seiner Harmonielehre es gar als einen glücklichen Zufall bezeichnen, daß der Deutsche in seinen Urzeiten auf die achtstufige Tonleiter gestoßen sei und nicht auf die Tonsysteme der Zigeuner, Japaner oder Araber. So will man unter völliger Verkennung rassischer und volkhafter Bindungen in der Retorte rechnerischer Klügelei dem Deutschen eine neue, zeitgemäßere Musik erfinden."[226] Als „Forderung des Tages" bezeichnete er es, „dem deutschen Wesen in der Musik nachzuspüren, um aus den sich rundenden Erkenntnissen mehr und mehr das allen deutschen Jahrhunderten gemeinsame Bild eigener Musikart zu gewinnen, als eine geistig-sittliche Kraft, die alle Überfremdung endgültig beseitigt und aus der die neue deutsche Musik gezeugt werden soll."[227]

Alt untermauerte seine Darstellung mit zahlreichen Hinweisen auf Personen, die jedoch an keiner Stelle nachprüfbar zitiert wurden. Besonders häufige Erwähnung fanden die Komponisten Bach, Beethoven, Mozart und Wagner. Aus dem Kreis der erwähnten

---

[223] Alt 1936a, S. 4
[224] Alt 1936a, S. 31
[225] Alt 1936a, S. 30 u. 32
[226] Alt 1936a, S. 4
[227] Alt 1936a, S. 5 f.

Musikwissenschaftler wurde vor allem Ernst Bücken herangezogen, der in den Jahren 1927-34 das Handbuch der Musikwissenschaft herausgegeben hatte und den Alt in seiner Kölner Studienzeit persönlich kennengelernt haben wird. Auch Bücken hatte bereits von „nationaler Eigenart" und von „nationalen Begabungsfaktoren" in der Musik gesprochen[228]. Gerne bezog sich Alt auch auf Plato, Goethe, Schopenhauer und Nietzsche.

Insgesamt erweist sich der Text Alts in seinen Sachaussagen als simplifizierend und in seinen Werturteilen als idealisierend bzw. verunglimpfend. Die Inanspruchnahme verschiedener als wertvoll betrachteter Merkmale der Musik (Tiefe, Ernsthaftigkeit, Transzendenz u.a.m.) für die „deutsche" Musik ist auf der Linie der Zeit, bleibt klischeehaft und offenbart ein von Vorurteilen geprägtes Verständnis von der Musik anderer Nationen und Völker. Als Feindbilder dienten Alt Romanen, vor allem Franzosen und Italiener, Juden und Schwarze. Insofern ist der Text in seiner Grundhaltung nicht nur antipluralistisch und nationalistisch, sondern auch rassistisch und antisemitisch.

NEUE ZIELE DES MUSIKUNTERRICHTS (1936)

Dieser Aufsatz erschien 1936 im Heft 12 der vom Frankfurter Diesterweg-Verlag herausgegebenen Zeitschrift „Die Deutsche Höhere Schule". Alt knüpfte bei der Rede Adolf Hitlers auf dem Nürnberger Reichsparteitag (5.9.1934) an, nach der es sich erübrige, die Bedeutung der Musikerziehung weitläufig zu verteidigen. Mit seinem Aufsatz wollte er „auch dem Fernstehenden" eine Vorstellung davon geben, „ein wie wichtiges Glied die Musikerziehung in der neuen nationalsozialistischen Schule" sein könne.[229]

Dazu wandte er sich zunächst gegen das bisherige Konzept der „Querverbindungen", durch die die eigenen Fachaufgaben zu stark zurückgedrängt worden seien. Deshalb sollten grundsätzlich jene Stoffkreise weggelassen werden, „die nicht von vordringlicher nationalpolitischer Bedeutung sind".[230] Alt regte jedoch an, andere Unterrichtsfächer durch musikbezogene Inhalte zu ergänzen. Als mögliche Beiträge zum Deutschunterricht nannte er Themen wie „Der Anteil der Musik am Brauchtum des Volkes", „Das Volkslied als Spiegel

---

[228] Bücken, Ernst: Geist und Form im musikalischen Kunstwerk, Laaber 1979 [Original 1929], S. 116 ff.
[229] Alt 1936c, S. 299
[230] Alt 1936c, S. 299

der Stammeseigentümlichkeiten" und „Märchen und Mythen im Volkslied".[231] Auf dem Gebiet der Rassenkunde könnten die Ergebnisse „rein wissenschaftlicher Forschung" zwar noch nicht in allem standhalten, doch könne auch jetzt schon zu Fragen wie „Volkslied und Rasse" oder „Das Judentum in der Musik" „manches Bindende und Grundsätzliche" gesagt werden. Und die „Erkenntnisse" über die nationalen Eigentümlichkeiten der Völker in ihren Liedern und in der Kunstmusik könnten den Erdkunde- und Fremdsprachenunterricht „wertvoll ergänzen".[232] Auch der Geschichtsunterricht könne von der Musik her ergänzt werden, etwa durch „Ausführungen über das Volkslied als Spiegel der Geschichte, über germanische Musikkultur, über musikalische Verfallserscheinungen in der Nachkriegszeit und die Erneuerung durch die nationalsozialistische Musikpolitik".[233] Dies betrachtete Alt aber schon als „Höchstmaß" dessen, was der Musikunterricht an inhaltlicher Ergänzung anderer Fächer leisten könne.

Vielmehr plädierte Alt für eine stärkere Akzentuierung der „Eigengesetzlichkeit des Faches". Zentrales Anliegen dabei war es, die bisherige wissenschaftliche Orientierung der Musikgeschichte durch ihre nationalpolitische Umdeutung abzulösen. Alt argumentierte, dass durch Einbeziehung der Musikgeschichte in den Musikunterricht die eigentlichen Ziele des Faches verfälscht worden seien. Wenn die als „klassisch" bezeichneten Werke nur musikgeschichtlich dargestellt würden, so geschähe dies unter dem Gesichtspunkt der geschichtlichen Entwicklung. In der Musikerziehung sei aber statt dessen der „Kunstwert" bedeutsam, „der dann zum Ausgangspunkt musischer und nicht geschichtlich-wissenschaftlicher Bildung" werde. Deshalb seien „grundsätzlich alle musikgeschichtlichen Aufgaben aus der neuen Schule zu verbannen"[234], die überkommenen Klassizitäten aus „dem nationalpolitischen Sinn unserer Tage" umzudeuten und alles, „was einer solchen deutschen Sinngebung und Umdeutung widerstrebe", aus dem Musikunterricht auszuschließen.[235]

Besonders wichtig war Alt, die Darstellung der „klassischen" Werke an die Persönlichkeiten der Komponisten anzuknüpfen. Sein Argument dafür lautete: „Denn Leben entzündet sich in der Jugend nur an lebendigen Wertträgern, die ihr beispielgebend entgegentreten."[236] Und an anderer Stelle meinte er: „Man betrachte das Kunstwerk als Ausdruck, als Klanggebärde eines

---

[231] Alt 1936c, S. 299
[232] Alt 1936c, S. 299
[233] Alt 1936c, S. 300
[234] Alt 1936c, S. 300
[235] Alt 1936c, S. 301

Menschen, man bemühe sich wieder um die Erkenntnis des lebensnahen menschlichen Untergrundes der Meisterwerke. Man zeichne in schöpferischer Einfühlung und Deutung ihr vorbildliches Menschentum und gebe damit der ungegenständlichen Musik einen geistig-sittlichen, lebensnahen Inhalt."[237]

Dafür gab Alt mehrere Beispiele: Die Charakterisierung Bachs als „frommen Thomaskantor" hielt er für eine „herabziehende Vereinfachung seiner vollkräftigen Persönlichkeit". Stattdessen sollten seine „Verbundenheit mit dem heimatlichen Kulturraum", sein „Zug nach Norden", seine „schlichte meistersingerliche Lebensform" und seine „Frömmigkeit überzeitlich gotischer Art" sowie sein „echt deutsches Schicksal des Verkanntwerdens" hervorgehoben werden.[238]

Händel charakterisierte Alt als „der großen Welt aufgeschlossen, aber immer sein Deutschtum behauptend". Er habe sich „rastlos lernend" alle Musikgebiete angeeignet, habe aber zu „germanischem Musikschaffen" zurückgefunden. „Echt deutsch" sei seine „beständige Ausreifung bis zu den krönenden, zusammenfassenden Alterswerken".[239]

Bei Haydn solle mit der „spießbürgerlichen Papa-Haydn-Vorstellung" aufgeräumt werden. Er habe die „dem Deutschen seltene Möglichkeit" besessen, „fern aller Zwiespältigkeit in Leben und Werk geradlinig-klar und einfach auszureifen".[240]

Bei Mozart hob Alt die „Zauberflöte" hervor, die als Sinnbilddrama das „erste Werk echt deutscher Prägung" und „die erste Überwindung romanisch-westischen Opernklingklangs" sei.
Den Schlüssel zum Verständnis berge vielleicht sein „schweres Geschick", das „stetige Absinken des Lebensweges des einstigen Wunderkindes zu völliger Verkanntheit".[241]

Von Beethoven behauptete Alt, „rassische Zwiespältigkeit" habe in ihm das Streben nach Freiheit ausgebildet. Stärker als bisher müsse sein „hohes Bildungsstreben" beachtet werden.

---

[236] Alt 1936c, S. 301
[237] Alt 1936c, S. 302 f.
[238] Alt 1936c, S. 304
[239] Alt 1936c, S. 304
[240] Alt 1936c, S. 304
[241] Alt 1936c, S. 305

Auch bei Schubert hob Alt seinen „unermüdlichen Willen zu verbessernder, abrundender Arbeit" hervor.[242]

Im Musikdrama Wagners habe die deutsche Musik eine „einmalige Höhe der Weltgeltung" erreicht und man solle die Romantik „mehr mit dem Blick auf ihren Gipfelpunkt Wagner hin" deuten.[243] Unter Hinweis auf die „rassekundliche Kritik „der aktuellen Wagner-Deutung, die Alt als „feinsinnig" bewertete, und mit Bezug auf die Autoren Chamberlain und Ganzer meinte Alt, dass Wagner vorrangig als Komponist der „Meistersinger" und nicht als Komponist des „Tristan" und des „Parsival" zu behandeln sei.[244]

Eindeutig äußerte sich Alt im Hinblick auf die im Musikunterricht zu bevorzugenden Methoden. Die „Arbeitsunterrichtsart", die er als „äußerlich" bezeichnete, müsse zugunsten des „persönlich gestalteten, einsatzvollen und bekenntnishaften Lehrervortrags" zurückgedrängt werden. Als Begründung dafür führte er an, dass der bisherige Arbeitsunterricht „wegen des völligen Fehlens oder der mangelnden Gleichmäßigkeit der musikalischen Empfänglichkeit und Vorbildung" meist „nur klappernder Leerlauf" gewesen sei.[245]

VOM NEUEN MUSIKUNTERRICHT (1936)

Dieser Artikel erschien am 10.6.1936 in der nationalsozialistischen Erzieherzeitung „Rhein-Ruhr". Nach der Ausrichtung der gesamten Schularbeit brauche man das Ziel des Musikunterrichts nicht mehr mit „weitmaschigen und verschwommenen neuhumanistischen Begriffen" zu umschreiben. Sein Ziel sei vielmehr „eindeutig umrissen": Wie alle Erziehung diene auch der Musikunterricht der „geistigen Volksangleichung des Einzelmenschen".[246] Oder mit einer anderen Formulierung: „Durch das Erlebnis des deutschen Volksliedes und der deutschen Musik soll die geistig-sittliche 'Deutschwerdung' des Schülers gefördert werden." Besonderes Gewicht verlieh er dem deutschen Volkslied, das „wie kaum ein anderes Volksgut" und „mehr als alle geistige Belehrung" den jungen Menschen erfassen könne und

---

[242] Alt 1936c, S. 305
[243] Alt 1936c, S. 306
[244] Alt 1936c, S. 306
[245] Alt 1936c, S. 306
[246] Alt 1936b, S. 177

das geeignet sei, ihn nach dem typischen Bilde des Volkes zu formen. Diese „bildende Macht des Singens" belege in besonderem Maße das nationalsozialistische Kampflied. Alt konnte sich dabei ausdrücklich auf Kriecks „Musische Erziehung" berufen. Mit allem Nachdruck plädierte Alt deshalb für mehr Singen in der Schule, und zwar weit über den Gesangsunterricht hinaus: Er regte an, im Religionsunterricht als „Ausdruck religiösen Empfindens" zu singen, im Deutschunterricht „zur Vertiefung des sprachlichen und dichterischen Empfindens", im Geschichtsunterricht „zur Wertung des nationalen Fühlens", in Erdkunde „zur Wertung der Heimatliebe", in der Naturkunde „zur Stärkung des Naturerlebens und der Freude am Wechsel der Jahreszeiten" sowie im Turnen „zur Hebung des Lebenswillens und zur Durchgeistigung der Körperschulung".

Zwar sei es auch notwendig, die Schüler in die Musiklehre und das Notensingen einzuführen, um sie „für das öffentliche Musikleben vorzubereiten". Doch „über alledem" solle die „lebensweckende Macht des Gesanges" stehen. Noch nie seien die seelischen Vorbedingungen für den Singunterricht so günstig gewesen „wie in unserer Zeit der marschierenden und singenden Kolonnen". Es strahlt durchaus Begeisterung aus, wenn er schrieb: „Musik steht wieder mitten im Leben. Sie ist nicht mehr Fachangelegenheit oder die schöne Muße einiger weniger, sondern das lebendig gefühlte Bedürfnis unsrer neuen Jugend. Hier muß der Lehrer anknüpfen, beim neuen Kampflied."[247] Doch Alt befürwortete auch die Pflege des Traditionsliedes. Er schrieb, das „gute alte Volkslied" solle gerade in der Schule einen sicheren Ort der Pflege haben, „weil es nicht mehr unmittelbar in den Aufgabenkreis des bündischen Lebens fällt." Dabei dachte er an Lieder, „in denen sich deutsche Geschichte und Sage widerspiegeln" und an die „stimmungsvollen lyrischen Töne, die von deutscher Seele künden".[248]

Als Kriterium für die Auswahl von Liedern traten künstlerische Gesichtspunkte ausdrücklich zurück. Er schrieb: „Es gilt hier, in Zukunft schärfer nach dem Gesichtspunkt der Zeit- und Jugendgemäßheit und nicht nach einseitig künstlerischen Maßstäben auszuwählen". Deshalb solle man auf „sentimental kitschige Lieder" des letzten Jahrhunderts verzichten, „da sie unsere harte Jugend nicht mehr ansprechen". Auch die meisten mittelalterlichen Lieder würden „wirkungslos verhallen". Im Hinblick auf den Gesangsstil sah er die Gefahr der „Verarmung". Er schrieb: „Man scheint heute nur das eckig-harte Singen zu kennen. Diese

---

[247] Alt 1936b, S. 178

'zackige' Singweise ist gewiß bei einigen soldatischen Marschliedern angebracht. Aber das ist nur *eine* Möglichkeit des Singens. Viele deutsche Volkslieder müssen in weich-gebundener, fließender Gesangslinie vorgetragen werden. Man sehe beileibe darin nicht etwas Unzeitgemäßes. Dieser Singstil gehört unbedingt zum lyrischen deutschen Volkslied, das man doch nie als unzeitgemäß abtun kann. Hier muß die Schule bewußt das Singen in Kolonne und Bund ergänzen."[249] Im einzelnen kritisierte er die „überlaute Tongebung", den Verzicht „auf alle Abrundung und Veredlung durch die Kopfstimme", die „Verarmung unseres Vokalismus" durch „offene, meist sogar flache Vokale". „Hier muß die Schule ausgleichend eingreifen, um den Gesangstil nicht allzusehr verarmen und verrohen zu lassen".[250]

Schließlich verwies er auch auf die Aufgabe des „neuen Musikunterrichts", den jungen Menschen „unsere großen deutschen Musiker" vor Augen zu stellen. Ausdrücklich bezog er sich dabei auf die „Führeridee". Die „großen Meister deutscher Musik" sollten dem Kind als „Menschen harten Lebensringens" dargestellt werden, „daß es ihnen nacheifere". Die „Meister" sollten im Lehrervortrag „nicht umrißlos idealisiert", sondern „stark und lebensnah gezeichnet" werden. Vor allem in der Volksschule müsse dem Schüler eine „hohe Ehrfurcht vor den großen Namen der deutschen Kunst" eingepflanzt werden. Auf diese Weise werde der Schüler, „wenn schon nicht durch fachliche Belehrung, so doch seelisch für eine spätere Begegnung mit den Meisterwerken bereitgemacht."[251]

WAS IST DEUTSCH IN DER MUSIK? (1936)

In diesem Artikel, der am 5.12.1936 in der „Kölnischen Zeitung" erschien, fasste Alt seine zuvor in der Schrift „Deutsche Art in der Musik" dargestellte Typisierung „deutscher" Musik zusammen. Auch hier ging es ihm darum, die Eigenart der deutschen Musik vor allem in der Gegenüberstellung zur romanischen Musik zu gewinnen. Er hob dabei fünf Aspekte hervor:
- die „innere Dynamik deutscher Formgebung",
- die „verdichtende Vereinheitlichung" der musikalischen Motive, Themen und Sätze,
- die „deutsche Vorliebe für die 'gotischen schweren Harmonien'",
- die „deutsche Vorliebe für die Instrumentalmusik" sowie
- die „deutsche 'Tiefe' in der Musik".

---

[248] Alt 1936b, S. 178
[249] Alt 1936b, S. 178
[250] Alt 1936b, S. 178

Während die italienische Variation die äußeren Umrisse des Themas beinhalte und die thematische Melodie „nur ornamental" umspiele, ringe der deutsche Musiker mit dem Thema, wobei die Umrisse zugunsten ausdrucksvoller Spannungen gesprengt würden. Weitere Belege meinte er in den „rhapsodischen Orgelphantasien der alten niedersächsischen Organisten" zu finden, in denen „leidenschaftlicher Bekenntniswille" und „freizügige Improvisation" alle festen Formumrisse überfluteten. Den stärksten Ausdruck des „immer neuschöpferischen Formwillens des deutschen Musikers" weise das Musikdrama Richard Wagners als Erfüller der Sinfonie-Technik Beethovens auf.

Auch die „verdichtende Vereinheitlichung" versuchte er an verschiedenen Formen aufzuzeigen. So habe der „deutsche Meister" die „mehrthematige italienische Fuge" zur „deutschen Fuge" verdichtet. Auch die „bloß gereihten romanischen Suitensätze" seien zur „deutschen Variationssuite" gestrafft worden. Die Strebung zur „verdichtenden Vereinheitlichung" zeige sich auch am Beispiel der 5. Symphonie Beethovens, bei der sich „alle musikalischen Gedanken um ein Urmotiv" kristallisierten. Und zur Operngeschichte führte Alt an, die „arteigene Oper" sei aus dem „Ringen mit der romanischen Opernform" herausgewachsen, die sich bei Wagner zu einem „Gesamtkunstwerk" entwickelt habe. Dessen Wesen sei weniger durch das Zusammenspiel von Wort, Text und Bild, sondern durch die „Einheit einer Idee" geprägt.

Während die romanische Musik von der streckenhaften Gesangslinie beherrscht werde, sei dem deutschen Musiker die Melodie letztlich nur zufällige Spitzenlinie eines Harmonieablaufs.

Der „deutschen Vorliebe für die textlose Instrumentalmusik" stellte er die „romanische Bevorzugung des Stimmklangs" gegenüber. Die romanische Vorliebe für die Vokalmusik betrachtete er als antik-hellenistisches Erbe, da schon im klassischen Altertum nur die wortgebundene Musik anerkannt worden sei. Demgegenüber sei der Norden das „Entstehungsgebiet der selbständigen Instrumentalmusik", wofür er die altgermanische Lurenmusik als Beleg anführte. Die Antwort auf die Frage, was den Germanen „als ersten" zur Schaffung der „durch kein Wort rationalisierten" Instrumentalmusik geführt habe, fand er bei der „Unendlichkeitssehnsucht des deutschen Menschen". Im „reinen Klang" eröffne sich dem „deutschen Menschen" das „unbegrenzte Reich der Phantasie", in dem sich seine „tiefsten Eingebungen fernsüchtig ausranken und grüblerisch verflechten" könnten.

---

[251] Alt 1936b, S. 178

Alt stellte auch hier das Merkmal „Tiefe" als Charakteristikum spezifisch „deutscher" Musik heraus und behauptete zugleich, dass „dem Romanen" der „Sinn für das Unergründliche" abgehe.

DIE BIOGRAPHIE IN DER MUSIKALISCHEN WERKERKLÄRUNG[252] (1937)

Dieser Aufsatz erschien in zwei Teilen in der Zeitschrift „Völkische Musikerziehung", einer Monatsschrift „für das gesamte deutsche Musikerziehungswesen", die zugleich als „Fachblatt für die Musikerzieher im NS-Lehrerbund" diente.

In diesem Aufsatz plädierte Alt für den Ansatz, „alle Werkerklärungen"[253] im Musikunterricht vom Biographischen auszugehen. Dazu argumentierte er zunächst gegen die „heute so beliebten und gebräuchlichen formanalytischen Erklärungen der Werke", die er offenbar auch als Ursache für manches Scheitern des Musikunterrichts ansah: „Jeder Musikerzieher", schrieb Alt, „der seinem Tun mit der notwendigen Selbstkritik" gegenüberstehe, sei „schon oft mit dem Erfolg seines ehrlichen Bemühens unzufrieden" gewesen.

Alts Kritik der formanalytischen Werkerklärungen fußte im wesentlichen auf folgenden Argumenten:

1. Die Formanalyse könne nur ein äußeres Gerüst am Kunstwerk aufdecken, welches von dem „einmaligen Kern und der Seele der Musik" kaum etwas durchscheinen lasse.
2. Die künstlerische Grundrichtung der Formanalyse widerspreche der arteigenen deutschen Formauffassung, weil sich der Formensinn des Deutschen nicht - wie der des Romanen - „im Ausfüllen a priori vorhandener typischer Formverläufe" erschöpfe.
3. Die Formanalyse versuche sich mit „intellektuellen Mitteln und zergliedernder Kritik an die letztlich unbegreifliche Größe des musikalischen Kunstwerks vom Rande her heranzuarbeiten". Wenn aber, so fuhr Alt fort, ein Kunstwerk in einem Menschen lebendig gemacht werden solle, müsse man „vom unteilbaren geistigen Mittelpunkt des Kunstwerkes ausgehen" und es als „organische Ganzheit" auf den „ganzheitlichen

---

[252] Alt 1937a, S. 156-161 und Alt 1937b, S. 209-218
    Nach den handschriftlichen Eintragungen in Alts Privatexemplar sind folgende Druckfehler zu korrigieren:
- Teil I, 4/1937, S. 158, Zeile 14: ersetze „wertvoll" durch „wertlos";
- Teil I, 4/1937, S. 158, 2. Abschnitt, Zeile 4: ersetze „Ausdrucksschau" durch „Ausdrucksscheu";
- Teil I, 4/1937, S. 159, Zeile 12: ersetze „Werbetafeln" durch „Werttafeln".

[253] Alt 1937a, S. 159

Menschen, also auf Sinne, Empfinden und Geist des Hörers" einwirken lassen."[254]

Statt der „unjugendlichen Sachlichkeit"[255] gegenüber dem isolierten Kunstwerk, die jedes phänomenologische Verfahren fordere, stelle man eine „lebendige Beziehung zwischen Werk und Hörer" her, indem man in ihm vor allem das „Abbild eines Seelischen" sehen lasse. Alt befürwortete ausdrücklich einen hermeneutischen Ansatz im Musikunterricht, der „gelegentlich durch Ausführungen im Sinne der Gefühlsästhetik ergänzt werden könne. In der Praxis ließe sich das Kunstwerk „ausgezeichnet charakterisieren, indem man die von der Musik ausgelösten Gemütsbewegungen, Gefühle und Stimmungen bewußt" mache. Dabei solle man sich nicht auf die Beschreibungen subjektiver Zuständlichkeiten beschränken („Die Musik macht mich freudig, traurig usw."), sondern auch „schattierungsreichere, gegenstandsbezogene Charakteristiken" veranlassen, z.B. „Die Musik ist feierlich, kraftvoll, weich, mutig".[256]

Alt machte jedoch auf die grundlegende Schwierigkeit aufmerksam, die mit der Ausdruckserfassung im Klassenverband verbunden sei. Je stärker die seelische Beziehung des Schülers zu einem Kunstwerk sei, behauptet er, desto größer werde seine Ausdrucksscheu. Wenn man aber das Kunstwerk „als Klanggebärde seines Schöpfers" auffasse, brauche man vom Schüler gar nicht mehr eine Darstellung seines eigenen Erlebens zu verlangen, weil dieses Erleben dabei „mittelbar durch eine Charakteristik des Bekennens und Gestaltens des Komponisten" dargestellt werde. Deshalb solle der Musikerzieher „alle Werkerklärungen vom Biographischen ausgehen lassen."[257] Alt schwebte dabei ein Biographietypus vor, der auf den „notwendigen Forschungsergebnissen" aufbauen, aber über die historische Darstellung hinaus zu einer „Deutung der großen Meister" im Sinne einer „geistigen Porträtierung" vordringen sollte.[258] Er wollte dabei „zwei Schichten" unterschieden wissen: Zum einen sollte das „vorbildhafte Menschentum" dargestellt werden, das sich bei den deutschen Musikern meist im Sinne einer „nordisch gestimmten kämpferischen Auseinandersetzung zwischen Schicksal und Berufung" deuten lasse. Zum anderen müsse auch die „deutsche Sendung des Künstlers, der nationale Ausdruckswert seiner musikalischen und geistig-sittlichen Artung geschildert und der deutschen Jugend als Vorbild vor Augen gestellt werden."[259] Dieser „nationalpsychologischen Deutung der Meister" schrieb Alt „typusbildende Kraft" zu, womit

---
[254] Alt 1937a, S. 156 f.
[255] Alt 1937a, S. 158
[256] Alt 1937a, S. 158
[257] Alt 1937a, S. 159
[258] Alt 1937a, S. 159

er „die heute so wichtige Kraft der Angleichung des Einzelnen an die Denk- und Lebensart seiner Volksgemeinschaft" meinte.[260] Außerdem behauptete Alt, dass durch diesen biographischen Zugang die Erziehung zum Musikhören „eine besonders jugendgemäße Note" gewinne.[261] Offenbar meinte er damit eine Art „Königsweg" gefunden zu haben. Er schrieb: „Wenn man nun diese biographische Betrachtungsweise zur geistigen Mitte des Musikunterrichtes macht, ist ein Weg gefunden, der künstlerischen und sittlichen Wert, Fach- und Charakterschule schöpferisch aneinanderbindet."[262]

Mit großer Klarheit favorisierte Alt den Lehrervortrag. Er schrieb: „In den Mittelpunkt aller biographischen Unterweisungen muß der lebendige, überredende Lehrervortrag gestellt werden." Wenn man die biographische Darstellung mit „aller persönlichen Kraft" gestalte, könne man „auf die zählbaren Beweise für die Mitarbeit der Schüler" weitgehend verzichten.[263] Alt gab auch verschiedene methodische Anregungen zur Gestaltung dieser Lehrervorträge. Statt „akzentloser Aufeinanderfolge aller Lebensdaten" sollten „einzelne, ausdrucksvolle, charakterprägende Ereignisse des Lebens geschildert" werden. Dabei sollten auch Briefe, Tagebuchaufzeichnungen, Selbstbiographien, eigenes Schrifttum und zeitgenössische Berichte „in wirkungsvollen Auszügen" herangezogen werden. Am besten verteile man diese Ausführungen „auf alle Stunden, in denen man zusammenhängend in das Werk eines Meisters einführen will." Als Einstimmung oder Ausklang komme der „Betrachtung eines guten Portraitbildes des Meisters" besondere Bedeutung zu, „um so alle Werkbetrachtungen formaler oder beseelender Art unter das Bild des Schöpfers zu stellen und ihnen damit einen geistigen Beziehungspunkt zu geben."[264]

Dieses „biographische Verfahren" sei in erster Linie für den Musikunterricht der Oberstufe angemessen. Doch solle in der Unterstufe die „ernsthafte Werkbetrachtung der späteren Stufen" vorbereitet werden. Je nach „Fabulierkunst des Lehrers" seien es „immer Höhepunkte des Musikunterrichtes, wenn man den Kindern aus dem Leben, besonders dem Jugendleben des Meisters" erzähle.

---

[259] Alt 1937a, S. 159
[260] Alt 1937a, S. 159
[261] Alt 1937a, S. 159
[262] Alt 1937a, S. 160
[263] Alt 1937a, S. 161
[264] Alt 1937a, S. 160

In der Mittelstufe solle man dann, „dem Bedürfnis dieses Alters entsprechend", vor allem die Schilderung der „rein menschlichen Seite der Meister" in den Vordergrund treten lassen. Alt fügte hinzu: „Wer es bisher noch nicht versucht hat, glaubt nicht, welch starke Wirkungen davon ausgehen, wie dankbar die jungen Menschen dafür sind."[265]

Wegen der vermeintlichen Wirksamkeit hielt Alt die biographischen Darstellungen auch den kulturkundlichen Ansätzen für überlegen. Er schrieb: „Alle Jugend - vor allem die unserer Zeit, die für bloße Bildungs- und kulturgeschichtliche Fragen wenig Neigung hat - kann sich eben nur an lebendigen Wertträgern, an führerhaften Gestalten entzünden, nicht aber an der Anonymität von Stilen und Epochen."[266]

Vom Lehrer forderte Alt Bekennertum: „Bei formalästhetischen oder historischen Ausführungen vermag der Lehrer sich noch in eine sachliche Zurückhaltung zu flüchten. Wenn er aber das vorbildliche Menschentum der deutschen Meister, ihre nationale Sendung und Artung zeichnet, kann er das nur in einem freimütigen, warmherzigen Bekennen. Da entscheidet nicht so sehr fachliche Vorbildung und Kenntnisfülle als vielmehr die persönliche Kraft lebendigen schöpferischen Menschentums, der rückhaltlose persönliche Einsatz für die künstlerischen und sittlichen Werte. Platte Verständlichkeit und sich anbiedernde hemdsärmelige Sprache und Haltung verbieten sich schon immer im Kunstunterricht. Vor allem aber wird bei dieser Einstellung von Lehrern und Schülern eine innere und äußere Haltung verlangt, die über den Alltag hinaushebt. Darin muß man sich selbst und den Schülern unerbittlich sein."[267]

Im zweiten Teil des Aufsatzes versuchte Alt, die „wesentlichen Charakterzüge" der Komponisten Bach, Händel, Mozart, Beethoven, Schubert, Wagner und Bruckner hervorzuheben. Er ging davon aus, dass jede Zeit die Biographien neu schreiben müsse, vor allem aber „unsere Gegenwart mit ihrer Umwertung aller bestehenden Werte."[268] Allerdings klammerte er ausdrücklich jene Aufgaben aus, die sich auf die „deutsche Sendung des Künstlers" bezogen. Sie müssten „soweit unberücksichtigt bleiben, als sie an Hand der gängigen Literatur leicht zu lösen" seien.

---

[265] Alt 1937a, S. 160
[266] Alt 1937a, S. 160
[267] Alt 1937a, S. 161
[268] Alt 1937b, S. 209

Die Hervorhebungen im Text Alts geben bereits einen Überblick über die wichtigsten Kerngedanken:

Bach
kämpferische Natur
Bodenständigkeit
Ahnensinn
Tragik

Händel
Vorwärtsstreben
Kämpfe
Zug ins Volkhafte
Heimattreue

Mozart
dämonischer Realismus
Heimat
Bekenntnis zum Deutschtum
geistige Tiefe

Beethoven
Ethiker
„Bildungsmusiker"
Versonnenheit
Deutschheit

Schubert
[keine Hervorhebungen]

Wagner
Tatmensch
Sittlichkeit

Schriftsteller

Zug zum Erzieherischen

Ahn nationalsozialistischen Denkens

Bruckner

Heimaterlebnis

religiöse Mystik

nordische Spätreife

Idealismus

DIE BEHANDLUNG DER ALTGERMANISCHEN TONKUNST IM UNTERICHT (1937)

Dieser Aufsatz wurde 1937 in der Zeitschrift „Die Deutsche Höhere Schule" abgedruckt. Dass die altgermanische Tonkunst überhaupt im Unterricht (der Oberstufe) behandelt werden müsse, begründete Alt mit der „Wichtigkeit der Musik im germanischen Leben".[269] Doch sei die Musikwissenschaft hier zum größten Teil auf Vermutungen und mittelbare Folgerungen angewiesen. Sinn seines Aufsatzes war es deshalb, aus den „vielfach widerstrebenden Meinungen der Fachwissenschaftler" die „am meisten gesicherten Erkenntnisse" herauszuarbeiten.

Das Thema sei musikerzieherisch reizvoll, weil daran musikalische Grundfragen (Wort-Ton-Verhältnis, künstlerische Wirkung der Rhythmik u.a.) in einem „sinnvollen Zusammenhang" dargeboten werden könnten. Von diesen Grundfragen meinte er, dass sie sich „rassisch und nationalpsychologisch ausdeuten" ließen. Ausdrücklich wollte Alt das Thema „über den Bereich des bloß Kulturgeschichtlichen" herausheben, indem daraus Aussagen über „die völkische Art in der deutschen Musik überhaupt" gewonnen werden könnten.

Die „rhythmische Eigenart" der germanischen Musik schien ihm besonders gut geeignet, den Gegensatz zwischen germanischer und romanischer Art herauszustellen. In bewusster „äußerster Verkürzung" verglich er den romanischen Vers „Ut profunde latentia ..." mit dem germanischen Stabreim „helidos ubar hringa" und stellte die Unterschiede heraus: „Der romanische Vers wirkt gegenüber dem ausdrucksvoll bewegten und immer eigenwillig

---

[269] Alt 1937c, S. 678

gewachsenen des Germanen zwar wohllautender und ausgewogener, aber auch begrenzter in Form und Ausdruck. Er hat nichts von der sprechenden Einmaligkeit und dem kraftvollen Immer-Neu-Werden des Stabreimverses."[270] Schließlich behauptete er, dieser „Gegensatz von schlagkräftiger, federnder 'Gleichrhythmik' und spannungsreicher 'Affektrhythmik'" sei über die Frühzeiten hinaus „in der germanischen und romanischen Musik schlechthin bemerkbar".[271] Offensichtlich hielt Alt auch die bewusste Zuspitzung für ein legitimes Mittel des Musikunterrichts. Er empfahl, in „unterrichtlich wirkungsvoller Übertreibung"[272] den „großatmigen, kraftvoll gespannten Rhythmusbogen eines Brucknerthemas" dem „ungehemmten Fluß der gewichtlos ablaufenden Gleichschlagrhythmik einer Rossini-Ouvertüre" gegenüberzustellen.

In Bezug auf die Melodik des germanischen Gesangs referierte er die biogenetisch orientierte Position J. Müller-Blattaus, nach der sich in den deutschen Kinderliedweisen germanische Eigenarten wiederholen. Demgegenüber wies Alt darauf hin, dass man ähnliche Liedweisen in Ceylon und Brasilien gefunden habe und es durchaus fraglich sei, „ob man es bei der deutschen Kinderliedweise mit germanischem Eigengut zu tun habe." Das biogenetische Denken selbst kritisierte Alt nicht.

Im Zusammenhang mit der germanischen Lure kam Alt auf das Problem der Mehrstimmigkeit zu sprechen. Dabei nahm er die Mehrstimmigkeit, die er für für die „größte musikalische Leistung des Abendlandes in der Geschichte der Musik" hielt, für den „nordischen Menschen" in Anspruch. Bemerkenswert ist, wie Alt sich auch fachliche Einwände zurechtbog. Auf den Hinweis, dass in Rom bereits im 7. Jahrhundert mehrstimmiges Singen gepflegt worden sei, erwiderte Alt, dies könne die germanische Leistung deshalb nicht schmälern, weil die romanische Übung nicht der „Ausdruck eines volkhaften Urerlebnisses", sondern „einer meß- und zahlenfreudigen Spekulation" gewesen sei.

Mit Bezug auf die Harmonik wies er auch hier wieder auf den vermeintlichen Gegensatz von „romanischer Tonstrecke und germanischem Klangraum" hin. Schließlich hob er auch die hohe Wertsetzung der Musik in Deutschland hervor.

---

[270] Alt 1937c, S. 680
[271] Alt 1937c, S. 680 f.
[272] Alt 1937c, S. 681

Auffallend ist an dem Aufsatz, dass sich Alt deutlich gegen die Positionen anderer stellte. So gehe es nicht an, „die Gleichsetzung von Musik und Licht als typisch deutsch zu bezeichnen, wie das etwa von Hausegger und gelegentlich auch Moser versuchen."[273]

NOTEN IN DER SCHÜLERBÜCHEREI (1937)

Im Septemberheft 1937 der Zeitschrift „Völkische Musikerziehung" erschien der kurze Artikel „Noten in der Schülerbücherei".[274] Alt schlug vor, die Schülerbücherei mit einer Notensammlung auszustatten, um die Schüler zum Zusammenspiel anzuregen. Dabei dachte er an „Kammermusikwerke von geringster bis mittlerer Schwierigkeit", z.B. Violin- und Flötenduos, vierhändige Klaviermusik oder Stücke für Klavier und Geige, „je nachdem, welche Instrumente in der Schule vorkommen." Der Lehrer solle dabei „fortlaufend Fingerzeige" geben für die Auswahl der Stücke und die "kleinen Kammermusiker" zwischendurch „immer wieder einmal" im Unterricht vorspielen lassen. Das sporne sie selbst und die noch Untätigen mächtig an. Außerdem werde dadurch eine Lücke geschlossen, die der Privatmusikunterricht offen lasse. Mit Blick auf diejenigen Schüler, „die in den Jugendorganisationen führen müssen", schlug er vor, ihnen eine Auswahl neuer Liederbücher, vor allem mit Instrumentalbegleitungen, zur Verfügung zu stellen. So werde „neues, wertvolles Musikgut" in die Jugend getragen. Als wichtig hob er hervor, Klavierbegleitungen zu den neuen Liedern zur Verfügung zu stellen, denn daran mangele es der Jugend noch sehr. Zur Vertiefung des Musikunterrichts sollten in der Schülerbücherei Klavierauszüge „der großen Musikwerke" und eine „gute Kunstliederauswahl" zur Verfügung gestellt werden. Auf diese Weise könne die Notensammlung in der Schülerbücherei ein „wichtiges Hilfsmittel" des Musiklehrers werden.

DIE DEUTSCHE MUSIKBEGABUNG (1938)

Dieser bereits im Titel problematische Aufsatz, mit dem die neu gegründete und von Friedrich Knorr herausgegebene „Zeitschrift für Deutsche Geisteswissenschaft" 1938 eröffnet wurde, gehört zu den wenigen Veröffentlichungen Alts aus der NS-Zeit, die auch in seinem späteren Buch „Didaktik der Musik" Erwähnung fanden und demnach für Alt bis dahin eine gewisse

---

[273] Alt 1937c, S. 684
[274] Alt 1937d, S. 397

Gültigkeit gehabt haben.[275] Wie bereits mehrfach zuvor (1936a, 1938d) ging es ihm darum, durch Abgrenzung von anderer Musik die Merkmale typisch deutscher Musik herauszustellen und sie als Merkmale einer „deutschen Musikbegabung", d.h. als „nationales Eigengut des deutschen Volkes", darzustellen. Dabei wurde der völkische Begabungsbegriff in keiner Weise problematisiert, sondern als unmittelbar evident vorausgesetzt: Dem feinfühligen Hörer, so Alt, „entgehen doch nicht die unwägbaren, aber charakteristischen Unterschiede in den Musikbegabungen der europäischen Völker."

Behutsamkeit hingegen zeigte Alt in der Behandlung der Frage nach der Gültigkeit der zur Zeit möglichen Aussagen. „Mangels grundlegender Vorarbeiten" seien „einstweilen nur etwas vordergründige und flächige Unterscheidungen" möglich.[276] Doch sah er den Fragenkreis als so „gegenwartswichtig" und „reizvoll" an, dass er sich dazu berechtigt fühlte, dem nationalen Eigengut des deutschen Volkes in der Musik nachzuspüren.[277] Dabei ging es ihm in erster Linie darum, die vermeintlichen Gegensätze von deutscher und romanischer Musik herauszustellen, „sei es in der völkischen Gegenüberstellung germanisch-romanisch oder in begrenzten nationalen Vergleichen."[278] Offenbar war ihm dieser Unterschied weniger bedeutsam. An anderer Stelle zeigte er sich kritischer, indem er bestimmte Einseitigkeiten und Verallgemeinerungen ausdrücklich ablehnte: Man sei leicht versucht, schrieb er, diese Gegensätze einseitig aus dem musikalischen Bestand der zeitgenössischen Musikepoche herauszuarbeiten oder auch einzelne historische Erscheinungen unkritisch zu verallgemeinern. Demgegenüber müsse das Ziel sein, „alle geschichtlichen Unterschiede zu berücksichtigen, um, soweit es heute schon möglich ist, ein System apriorischer Kennzeichen der deutschen Musikbegabung zu gewinnen. Wir dürfen also nicht bei den historischen Besonderungen stehenbleiben, diese sollen uns vielmehr nur als bloßer Stoff für die Gewinnung überzeitlicher Merkmale dienen."[279] Diese Sätze lassen auf die Auffassung schließen, dass durch eine umfassende historische Analyse ein Katalog von Merkmalen typisch deutscher Musik gewonnen werden könne, der dann nicht weiter diskutiert zu werden brauche und demnach für alle Zeiten vorausgesetzt werden könne.

---

[275] Alt, Michael: Didaktik der Musik, Düsseldorf (Schwann), [4]1977, S. 281, Anm. 57
[276] Alt 1938a, S. 69
[277] Alt 1938a, S. 69
[278] Alt 1938a, S. 70
[279] Alt 1938a, S. 71

In der Sache wiederholte er die Charakterisierungen und Gegenüberstellungen von Kompositionsweisen und musikästhetischen Grundhaltungen, die er bereits 1936 mehrfach vorgetragen hatte. „Der Deutsche" strebe nach Verdichtung des musikalischen Ausdrucks[280], habe eine gewisse „Vorliebe für gediegene Handwerklichkeit"[281] und einen besonderen „Sinn für Klangtiefe, für Harmonie".[282] Während die „romanische Spielart" der Variation eher auf eine Ausschmückung der gegebenen Melodie mit Ornamenten und auf eine spielerische Auflockerung des Themas setze, habe sich in Deutschland der Gegentyp der „Charaktervariation" herausgebildet, die der „Deutsche Geist" dem „Gesetz der ganzheitlichen Gestaltung" unterworfen habe.[283] Bei der Ausprägung der Sonate stellte er der „romanisch statischen Umrißform" die „deutsche dynamische Entwicklungsform" entgegen.[284] Und mit besonderem Nachdruck unterschied er die „romanische Nummernoper" mit ihrem „Dualismus von Rezitativ und Arie" von dem „aus deutschem Geist geformten Operntyp Wagnerscher Prägung".

Doch fügte Alt mehrfach Hinweise ein, mit denen er die Aussagekraft solcher Gegenüberstellungen relativierte: „Man hüte sich [...] davor, diesen kritisch gewonnenen Gegensatzbegriffen eine zu breite Geltung zu geben. Es handelt sich dabei nämlich nicht um Unterscheidungen gattungsmäßiger Art, sondern um die Gewinnung von typologischen Merkmalen, die nur etwas über das typusbildende Überwiegen einer Anlageseite vor einer anderen weniger entwickelten - aber doch vorhandenen - aussagen."[285] Und im Zusammenhang mit der Behauptung, dass „der Deutsche" eine Vorliebe für die Instrumentalmusik, „der Romane" demgegenüber eine Vorliebe für die Vokalmusik pflege, schrieb er: „Es sei betont, daß es sich auch hier wieder nur um ein typusbildendes Gegensatzpaar handelt, daß nur den Vorrang des einen vor dem anderen, nicht aber ihre Ausschließlichkeit meint."[286] So war es ihm wichtig festzustellen, dass auch „der Deutsche" Vokalmusik und „der Romane" auch Instrumentalmusik pflege. Demgegenüber fanden jene Aussagen, mit denen Alt rassische Unterschiede behauptete bzw. musikalische Unterschiede auf rassische Gegensätze zurückführte, keinerlei Einschränkung. So behauptete er mit uneingeschränktem Wahrheitsanspruch, dass es zwischen Deutschland und Italien einen

---

[280] Alt 1938a, S. 78
[281] Alt 1938a, S. 74
[282] Alt 1938a, S. 75
[283] Alt 1938a, S. 80 f.
[284] Alt 1938a, S. 78 f.
[285] Alt 1938a, S. 71
[286] Alt 1938a, S. 83

„rassischen Gegensatz" gebe, der „durchweg klarer und eindeutiger" sei als der zwischen Deutschland und Frankreich, dessen Musik „oft eine vermittelnde Zwischenstellung" einnehme.[287] Alt erklärte es ausdrücklich als eines seiner Ziele, „den rassischen Unterschied germanischer und romanischer Formauffassung schlechthin" zu erfassen.[288] Dass der Norden das Ursprungsgebiet der Instrumentalmusik sei, bezeichnete er als „völkische Urtatsache".[289] Und an anderer Stelle heißt es: „Daß nicht das Was des Inhaltes, sondern das Wie der Ausführung entscheidend ist, ist vielleicht ein Zug der westischen Rasse schlechthin."[290] Natürlich waren für Alt auch die vermeintlichen Unterschiede in den Musikhaltungen rassisch bestimmt.[291]

Auch auf negative Werturteile dem Fremden gegenüber verzichtete Alt nicht. So bediente er sich beispielsweise des Klischees von der Oberflächlichkeit französischer und italienischer Musik, indem er behauptete, „der Romane" halte die Musik in der „Welt des schönen Scheins", während „der Deutsche" in seiner Musik „höchste Ausdruckswahrheit" suche. „Dem Italiener" sei die Musik „letztlich nur ein Mittel der Selbstdarstellung".[292]

Auch der Überfremdungsgedanke fehlte nicht: „Aber nach langer Überfremdung gewinnen in Deutschland die nordischen Gegenkräfte Gestalt, bis durch R. Wagner endlich die romanische Form aus deutschem Geist völlig umgestaltet wird."

Im Sprachstil verhielt sich Alt uneinheitlich. Zunächst trug er die Verallgemeinerungen noch mit einer gewissen nüchternen Distanz vor: „So kommt es, daß dem Romanen die deutsche Musik meist zu dick, zu voll, zu kraftprotzend und gequält-bohrend erscheint. Der Deutsche aber hält die französische Musik für leicht, leer, dabei auch wieder für zu hart und aufreizend, während er die italienische als rein sinnlich, ungeistig, triebhaft und klangselig leicht unterwertet."[293] Später sprach er identifizierend von „Wir Deutschen".[294]

Auffallend ist an dem Aufsatz auch die häufige Beschreibung musikalischer und historischer Prozesse mit den Ausdrücken „Kampf" oder „kämpferisch". So sei es „für uns" eine

---

[287] Alt 1938a, S. 70 f.
[288] Alt 1938a, S. 77
[289] Alt 1938a, S. 83
[290] Alt 1938a, S. 85
[291] Alt 1938a, S. 85 f.
[292] Alt 1938a, S. 85
[293] Alt 1938a, S. 76

„schmerzliche Erkenntnis vom Schicksal der deutschen Musik, erst aus Nachahmung und kämpferischer Auseinandersetzung mit den frühfertigen romanischen Musiknationen zum eigenen Schaffensgesetz sich durchzuringen".[295] Diese präsentische Formulierung lässt durchaus den Schluß auf eine vermeintliche allgemeine Gesetzmäßigkeit zu, nach der kämpferische Auseinandersetzung der Deutschen mit anderen Völkern notwendig sei, um das Eigene durchzusetzen. Und auch in der Darstellung der Sonate lässt sich dieser Kampfbegriff finden. In der romanischen Sonate, meinte Alt, würden die beiden Themen „noch wie Bild und Gegenbild aneinandergereiht", ohne dass versucht werde, diesen Gegensatz „nach einer kämpferischen Auseinandersetzung auf höherer Ebene aufzuheben". In der deutschen Sonate hingegen werde sofort die Gegensätzlichkeit der Themen betont. Sie würden zu zwei Prinzipien umgedeutet, „die ihren Sinn nicht mehr im dekorativen Nebeneinander haben, sondern wie zwei geistige Mächte einander zu dramatischem Kräftemessen rufen."[296] Und von der Oper meinte er, sie habe von jeher den „repräsentativen Rahmen für den Kampf der Nationen um die musikalische Vorherrschaft" gestellt.[297] Im gleichen Text sprach er vom „Jahrhundertkampf um die arteigene deutsche Oper".[298] Und auch die folgende Glorifizierung des Kampfes stimmt nachdenklich: „So bewußt kämpft der Deutsche diesen völkischen Gegensatz voll Stolz auf seine Eigenart durch, bis als herrlicher Lohn im Zeichen der Sinfonie die deutsche Musikklassik anbricht."[299] Es mag sein, dass Alt diese Formulierung lediglich als rhetorisches Stilmittel betrachtete. Aus heutiger Sicht jedoch erscheint sie, ein Jahr vor dem Überfall der Deutschen auf Polen, fast als musikpädagogische Variante nationalsozialistischer Kriegslüsternheit.

ALTKLASSISCHE POLYPHONIE MIT INSTRUMENTALBEGLEITUNG? (1938)

In diesem Artikel, der 1938 in der Düsseldorfer Zeitung „Die Kirchenmusik" erschien, votierte Alt aus „Sorge um die Erhaltung der Kirchenchöre" für eine veränderte Aufführungspraxis im Umgang kleinerer Kirchenchöre mit der Musik Palestrinas. Er plädierte für ein „akzessorisches Mitgehen der Instrumente mit den gesungenen Stimmen", also für eine Colla voce-Praxis mit chorisch besetzten und streckenweise oktavierten Streichern. Außerdem solle man den „früher üblichen" Wechsel von Soli bzw. Kleinchor und Ganzchor wieder

---

[294] Alt 1938a, S. 83
[295] Alt 1938a, S. 70
[296] Alt 1938a, S. 79
[297] Alt 1938a, S. 74
[298] Alt 1938a, S. 83

einführen. Dabei berief er sich auf Praetorius, bei dessen Ausführungen es sich nicht um etwas völlig Neuartiges gehandelt haben könne, sondern die in den vorausgegangenen Zeiten bereits angelegt gewesen seien. Die Begleitung durch die Orgel lehnte Alt jedoch als stilwidrig ab.

Musikpädagogisch aufschlussreich ist Alts Argumentation, die sich einerseits gegen ein undifferenziertes Geschichtsbild wendete, andererseits aber vorübergehende Einseitigkeiten aus pädagogischen Gründen rechtfertigte: Mehr und mehr werde klar, argumentierte Alt, dass das im 19. Jahrhundert entstandene Bild von der Palestrinazeit „der geschichtlichen Wirklichkeit nicht entsprach". Es sei eine „unheilvolle Verengung des Blickfeldes" gewesen, die altklassische Polyphonie mit der Musik Palestrinas gleichzusetzen und um die „schon immer legendäre Persönlichkeit" Palestrinas einen „wirklichkeitsfernen Mythus" zu dichten. Auf diese Weise sei Palestrina zum symbolischen Vertreter seiner Kunstepoche geworden, während die „vielgestaltige Mannigfaltigkeit der altklassischen Polyphonie" dabei außer acht gelassen worden sei. Die Altcäcilianer hätten zudem die Aufführungspraxis der Sixtinischen Kapelle als „allgemeinverpflichtendes Leitbild" aufgestellt, „ohne die vielen anderen gebräuchlichen Aufführungsweisen dieser Zeit ins Auge zu fassen."[300]

Gegenüber diesem - durchaus modern anmutenden - Plädoyer für differenzierte Geschichtsbetrachtung konnte Alt aber auch dem Einseitigen durchaus Positives abgewinnen: „Diese Einseitigkeit hat aber gewiß auch eine fruchtbare geschichtliche Wirkung gehabt. Indem man das Bild der altklassischen Kirchenmusik auf die strenge Kunst Palestrinas und die Aufführungsweise in der Sixtina hin stilisierte, stellten sie ihrer durch die Diesseitskunst der Klassik zersetzten zeitgenössischen Kirchenmusik damit ein wirkungsvolles Gegenbild vor und erreichten durch diese Verengung zum mindesten, daß sich an der hervorragend kirchlichen Kunst Palestrinas und ihrer Wiedergabe der Geschmack veredele und alle Mißstände (vor allem das Überwuchern der Instrumentalmessen) beseitigt wurden. Nachdem aber diese Erneuerung der Kirchenmusik erreicht ist, dürfen und sollen wir zum wahren Bild der alten Kirchenmusik durchzustoßen versuchen."[301] Demnach waren für Alt - zumindest mit Bezug auf die altklassische Polyphonie - wahrheitsferne Stilisierungen und Verengungen dadurch gerechtfertigt, dass sie vermeintlichen Zersetzungstendenzen widerstrebten, Mißstände beseitigten und der Veredelung des Geschmacks dienten. Pädagogische

---

[299] Alt 1938a, S. 83
[300] Alt 1938c, S. 6
[301] Alt 1938c, S. 6 f.

Zielsetzungen konnten also auch für Alt sachlich fragwürdige Darstellungen von Inhalten rechtfertigen.

Bemerkenswert erscheint auch seine Argumentation für eine Streicherbesetzung, wofür er vor vor allem praktische Gründe (Erreichbarkeit, klangliche Gründe u.a.) anführte. Gegenüber diesen „zwingenden Gründen der Praxis" müsse der nationalpsychologische Gesichtspunkt, nach altdeutscher Art Blasinstrumente zu verwenden, zurücktreten."[302] Außerdem argumentierte er mit dem künstlerischen Empfinden seiner eigenen Zeit.

ZUR GESTALTUNG DER SCHULFEIER (1938)

In diesem Aufsatz versuchte Alt, die „wesentliche Stellung der Feier in der neuen Schule" ins Bewußtsein zu rufen.[303] Nach seiner Vorstellung sollte sie in der „nationalsozialistischen Charakterschule" zum „aufrüttelnden, richtungsgebenden Höhepunkt der schulischen Erziehung" werden. Dazu forderte er eine Abkehr von der „stereotypen Abfolge der alten akademischen Feier" mit ihrer „langatmigen Festansprache" und ihren „konzertmäßigen Chor- und Orchesterdarbietungen". Um die gesamte Schulgemeinde „tätig in die Feier einzubinden", empfahl er u.a. Veränderungen der Sitzordnung, die Einbindung von Gemeinschaftsgesängen sowie die Form „Anruf und Gegenruf". Alt gab dafür das folgende schauerliche Beispiel: „Einzelsprecher: 'Fern im Osten, da gähnt ein Grab, da senkt man zu tausend die Toten hinab, für uns.' Schulgemeinde: 'Für uns' oder ähnliches."[304]

Besonderen Wert für die Feiergestaltung schrieb er der Kantate zu, die am geschlossensten wirke und dem neuen Wollen am ehesten entspreche.[305] In die Kantate könne dann auch, wenn sie überhaupt noch nötig sei, eine „knappe Feierrede" eingebaut werden.[306]

Insgesamt sollte die Schulfeier nach seiner Darstellung folgende Funktionen erfüllen:
- Auflockerung der Seelen;
- Lösung vom Zwang des Zwecktums;
- Ausrichtung der Alltagsarbeit auf „ihren höchsten Beziehungspunkt: die völkischen Werte";
- Besinnung und Willensanruf.

---

[302] Alt 1938c, S. 7
[303] Alt 1938d, S. 68
[304] Alt 1938d, S. 69
[305] Alt 1938c, S. 69

Außerdem sollte sie die Jugendlichen frei und aufnahmebereit machen für die „bildende Kraft neuer Gehalte".

Mehrfach wies Alt darauf hin, dass zur Vorbereitung der Schulfeiern über die Fachstunden hinaus mehr Zeit zur Verfügung gestellt werden müsse.

Um die „besonders große innere und äußere Geschlossenheit der Darbietungen" darzustellen, die sich ergebe, wenn man den gesamten dichterischen Teil der Schulfeier von einer einzelnen Klasse gestalten lasse, berichtete Alt offenbar über seine eigene Schulpraxis: „So wurde zum Beispiel einmal am Gymnasium in Linz a.Rh. eine Heldengedenkfeier dadurch zu einem ganz einmaligen Erlebnis, daß eine Oberklasse die Einzelvorträge und Sprechchöre allein bestritt und der einstudierende Deutschlehrer im Kreise seiner Schüler verbindende Worte dazu sprach."[307]

DAS MUSIKALISCHE SCHRIFTTUM IM MUSIKUNTERRICHT (1938)

Die im Januar 1938 herausgegebenen neuen Richtlinien für die Höhere Schule sahen für den Musikunterricht der Abschlußklasse u.a. „ausgewählte Abschnitte aus dem neueren Schrifttum über Musik" vor.[308] Als Beispiele wurden aufgeführt: „E.T.A. Hoffmann, Schumann, etwa die musikalischen Haus- und Lebensregeln, Richard Wagner, aus 'Oper und Drama' und dem 'Judentum in der Musik'".[309] Mit dem im Novemberheft der Zeitschrift „Völkische Musikerziehung" erschienenen Aufsatz „Das musikalische Schrifttum im Musikunterricht" knüpfte Alt an diese Vorgabe an und erweiterte sie mit eigenen Literaturempfehlungen. In seinen einleitenden Bemerkungen machte er zunächst den Sinn der Schriftlektüre im Musikunterricht deutlich. Demnach sollten die Jugendlichen durch das Lesen dieser Schriften in die „Welt der Bilder und Gleichnisse" hineinwachsen, durch die „der Deutsche" seine Musik begrifflich zu erfassen versuche. Dadurch sollten sie ihren „arteigenen Zugang zur Musik" finden und bewahren, „um nie mehr fremdvölkischen Einflüssen zu erliegen". Außerdem sollten die Schriften das Gefühls- und Willensleben des Jugendlichen

---

[306] Alt 1938d, S. 69
[307] Alt 1938d, S. 72
[308] Auszug aus: Erziehung und Unterricht in der Höheren Schule. Erlaß des Reichs- und Preußischen Ministers für Wissenschaft, Erziehung und Volksbildung vom 29. Januar 1938, in: Nolte, E. (Hrsg.): Lehrpläne und Richtlinien für den schulischen Musikunterricht in Deutschland vom Beginn des 19. Jahrhunderts bis in die Gegenwart, Mainz (Schott) 1975 [=Nolte 1975], S. 157
[309] Nolte 1975, S. 157

ansprechen und seine Ehrfurcht vor der Musik allgemein wecken. Deshalb war das entscheidende Auswahlkriterium für Alt die Frage, wie stark die Schriften die heutige Jugend ansprechen könnten und wieviel „lebendige Kraft" von ihnen ausströmte.[310]

Im Hinblick auf E.T.A. Hoffmann konkretisierte er das Beispiel des Stoffplans, indem er vor allem dessen Werkerläuterung zur 5. Sinfonie Beethovens empfahl.

Die in den Richtlinien genannten „Musikalischen Haus- und Lebensregeln" Robert Schumanns könnten nach Alts Auffassung tatsächlich zu „wirklichen 'Lebensregeln'" werden.[311] Er empfahl, ihre Behandlung an den Schluß des Abschlußjahres zu stellen. Außerdem nannte er weitere Schriften Schumanns zur möglichen Vertiefung („Aphorismen. Von den Davidsbündlern", „Aus Meister Raros, Florestans und Eusebius' Denk- und Dichtbüchlein"). Als Werkerklärungen empfahl er Schumanns Erläuterungen zu Beethovens „Die Wut über den verlorenen Groschen" sowie dessen Deutung der Beethovenschen Leonoren-Ouvertüren.

Von Richard Wagner empfahl er einige Abschnitte aus dem Pariser Bericht über „Das deutsche Musikwesen" sowie Auszüge aus „Oper und Drama", hierbei vor allem die Ausführungen zum Begriff „Mythus". Wagners Schrift „Über das Judentum in der Musik" hielt Alt für so wertvoll, dass er sie als Ganzschrift-Lektüre empfahl. Er schrieb: „Es ist erstaunlich, wie gegenwartsnah und lebendig diese Darstellung in unserer Zeit wirkt. Sie ist als Ausgangspunkt für die Erörterung dieses kulturpolitischen Problems hervorragend geeignet. Abgesehen von einigen unwesentlichen zeitgeschichtlich bedingten Stellen, die man am besten wegfallen läßt, sollte man diese Abhandlung als Ganzschrift lesen."[312] Zur Vertiefung empfahl er einige Stellen aus den Aufsätzen „Modern", „Was ist deutsch?" und „Ausführungen zur Religion und Kunst". Von ihm empfohlen wurden außerdem das Vorwort Wagners zum „Der Ring des Nibelungen" sowie die Festrede Chamberlains zum 25jährigen Jubiläum der Bayreuther Festspiele. Als Werkerklärungen empfahl Alt Wagners Erläuterungen zur 5. Sinfonie Beethovens und zu dessen Coriolan-Ouvertüre, außerdem die Freischütz-Aufsätze und die Rede Wagners am Grab Webers.

---

[310] Alt 1938e, S. 504
[311] Alt 1938e, S. 506
[312] Alt 1938d, S. 506

In Ergänzung der Vorschläge innerhalb der Richtlinien empfahl er auch Schriften von Nietzsche („Über die chorische Musik in der Tragödie", „Richard Wagner in Bayreuth"), H.W. Riehl (Auszüge aus „Musikalische Charakterköpfe" und die Einleitungskapitel aus „Die Kriegsgeschichte der deutschen Oper") und Pfitzner, vor allem dessen Rede zum 100. Todestag Webers („Was ist uns Weber?").

WESEN UND WEGE DER MUSISCHEN ERZIEHUNG (1938)

Alt begann seinen programmatischen Vortrag mit einem begeisterten Bekenntnis zu einer revolutionären, nationalsozialistischen, „musischen" Erziehung. Er sagte: „Es war eine glückhafte Stunde in der Geschichte der Erziehung, als mitten in dem großen politischen und geistigen Aufbruch der Nation 1933 das Thema von der musischen Erziehung zum ersten Mal deutlich anklang. Das Neuartige, Zukunftsvolle dieser Idee war ebenbürtig der mitreissenden umgestaltenden Kraft des neuen anbrechenden dt. Jahrhunderts. Im Zeichen der musischen Bildung kündigte sich eine wahrhaft revolutionäre Wendung und Neugründung der Erziehung an, die aus den tiefsten seelischen Schichten des ans Licht drängenden neuen Menschentypus aufzusteigen und die seinen geheimsten Sehnsüchten zu antworten schien."[313] Hier wird sogleich Alts Vision von einem „neuen Menschen" angesprochen, die nach seinen Vorstellungen offenbar „tiefsten seelischen Schichten" und „geheimsten Sehnsüchten" entsprang und die aus seiner Sicht mit dem als „großer politischer und geistiger Aufbruch" gefeierten Aufleben des Nationalsozialismus endlich ans Licht geführt und damit der Realisierung ein Stück näher gebracht wurde. Gemeint war der „musische Mensch", den Alt allerdings nur indirekt inhaltlich bestimmen konnte, weil aus seiner Sicht „das, was da zum Lichte drängte", einstweilen dem Verstand gar nicht zugänglich sei, sondern nur dem Erleben.[314] Versucht man, nach den Ausführungen Alts ein Merkmalsprofil dieses „neuen Menschentyps" zu erstellen, ergibt sich etwa folgendes Bild:

Der „musische Mensch"
- singt gerne die besten Lieder,[315]
- hört gerne die beste Musik,[316]

---

[313] DOKUMENT 17, S. 336
[314] DOKUMENT 17, S. 337
[315] DOKUMENT 17, S. 344
[316] DOKUMENT 17, S. 344

- vermeidet das Singen und Hören „ungemäßer" oder „minderwertiger" Musik,[317]
- empfindet die „Entzückungen, die im guten Gehen und Stehen liegen",[318]
- freut sich am „rhythmischen Gleichschritt der Kolonne", am „Adel der aufrechten Haltung" und an der „beherrschten Bewegung",[319]
- erlebt sich als Ganzes,[320]
- bejaht „das bedrängende Nebeneinander von Körper und Geist, von Verstand und Instinkt, von Leiblichem und Göttlichem", [321]
- ist seelisch gebildet,[322]
- begegnet der Verweichlichung[323] ebenso wie ungeistiger und schöner Kraftbildung,[324]
- läßt sich bei den „großen Feiern des natürlichen und politischen Lebens" in gemeinsamer musischer Übung durch die „herzandringende Gewalt des Rhythmus in Gesang, Wort und gestalteter Bewegung" seelisch erregen und innerlich ausrichten,[325]
- hat zum natürlichen Rhythmus von Alltag und Feier zurückgefunden,[326]
- hat sich aus dem „Reich des unverbindlichen Klügelns" gelöst,[327]
- ist aufgeschlossen für die „hohen völkischen Werte",[328]
- fühlt sich dem nordisch geprägten Griechen verwandter als den Römern,[329]
- empfindet das Wort in der Rede und in der Dichtung als rhythmisch bewegten Klangleib, „aber auch" als Träger einer geistigen Bedeutung,[330]
- sieht in einem Kanon von „einverleibten" Dichtungen „Lebensstütze" und „Lebenshilfe",[331]
- ist empfänglich auch für die „spirituelle Rhythmik" und für die „ethische Artung einer Bachfuge oder für die emotionelle Bewegtheit Beethovenscher Musik",[332]
- läßt Körper und seelisches Empfinden von dem Kunstwerk völlig durchdringen,[333]

---

[317] DOKUMENT 17, S. 344
[318] DOKUMENT 17, S. 338
[319] DOKUMENT 17, S. 338
[320] DOKUMENT 17, S. 339
[321] DOKUMENT 17, S. 339
[322] DOKUMENT 17, S. 342 u. 345
[323] DOKUMENT 17, S. 342
[324] DOKUMENT 17, S. 342
[325] DOKUMENT 17, S. 338
[326] DOKUMENT 17, S. 338
[327] DOKUMENT 17, S. 339
[328] DOKUMENT 17, S. 338
[329] DOKUMENT 17, S. 339
[330] DOKUMENT 17, S. 341
[331] DOKUMENT 17, S. 343f.
[332] DOKUMENT 17, S. 344
[333] DOKUMENT 17, S. 341

- läßt seine Gedanken dem Willen folgen,[334]
- ist bewegungsgeschult und sensibel,[335]
- bevorzugt eine „biegungsfähige, rhythmisch durchpulste „straffe" Bewegungsform.[336]

Zusammenfassend schrieb Alt: „In ihm aber bilden Sinnenfreudigkeit, Leibesadel und Leibeszucht, Sinn für das Erhebende und Stilvolle eine organische Einheit mit den Verstandeskräften."[337]

Diesem „musischen Menschen", an anderer Stelle auch „musischer Kämpfertyp"[338] genannt, unterlegte Alt ein historisches Fundament und erhob ihn zum Leitbild einer künftigen Erziehungsarbeit. Bei der historischen Fundierung bezog er sich ausführlich auf Plato, dessen Erziehungsplan er ausdrücklich „volle Vorbildkraft" für die „neue Bildungsweise" zuschrieb, „die wir heute suchen".[339] Als „höchste Erziehungsform" der Schule betrachtete er die Feierstunde[340], die er als die „vornehmste Form der Seelenausrichtung" begriff.[341] Alt schrieb: „Die Feiern des kosmischen und politischen Jahres dürfen vor der Schule nicht haltmachen, sie müssen vielmehr zu den Haftpunkten der gesamten Erziehungsarbeit werden: Im dichterischen Wort, in unmittelbarer Anrede, im beschwingenden und erregenden Rhythmus des Liedes, der Musik, im ausdrucks- und stilvollen Gehen und Stehen muss die Seele dem Alltag enthoben werden, um sie vorzubereiten für eine fruchtbare Begegnung mit den völkischen Urbildern, die von Lehrern und Schülern gemeinsam berufen werden."[342] Folgerichtig forderte er, den Unterricht in den musischen Fächern auf diese „aufrüttelnden Höhepunkte"[343] auszurichten.[344] Für den Deutschunterricht bedeutete dies einen Umgang mit Sprache, der weniger auf den gedanklichen Inhalt des Wortes als vielmehr auf die „Musik hinter den Worten" abzielte.[345] Konkret sollte ein Kanon an Dichtungen „inwendig" gelernt werden.

---

[334] DOKUMENT 17, S. 338
[335] DOKUMENT 17, S. 345
[336] DOKUMENT 17, S. 345
[337] DOKUMENT 17, S. 347
[338] DOKUMENT 17, S. 347
[339] DOKUMENT 17, S. 342
[340] DOKUMENT 17, S. 343
[341] DOKUMENT 17, S. 342
[342] DOKUMENT 17, S. 343
[343] DOKUMENT 17, S. 338
[344] DOKUMENT 17, S. 343
[345] DOKUMENT 17, S. 346

Die Aufgabe des Turnunterrichts sah Alt in der „Durchgeistigung der Körperbildung".[346] Diese „musische Bewegungsschulung" sollte sowohl ausdruckshafte als auch spielerische Bewegungsformen umfassen. Er schlug Nachahmungs- und Darstellungsspiele vor. Für die Jungen nannte er „Kampf- und Tummelspiele, Rüpel- und Waffentänze", für die Mädchen - nach Möglichkeit mit Musik begleitete - Singspiele, Reigen und Volkstänze.[347]

Selbstverständlich hob Alt auch die Bedeutung des Singens hervor. Mit spürbarem Stolz wies er darauf hin, dass „nicht durch abstrakte Lehren und blutlose Programme" die Seelen von der NS-Bewegung erfasst worden seien: „Das Kampflied der SA hat die Bewegung in die Herzen gesungen".[348]

Die musische Erziehung sollte darüber hinaus auch die anderen Fächer durchziehen. Ausdrücklich erhob er das Musische zum „allgemeinen Unterrichtsgrundsatz" und zu einem „alle Gebiete und alle Weisen der Erziehung erfassenden Grundsatz".[349] Er erinnerte an die tägliche Gesangsstunde in der mittelalterlichen Schule und forderte die Einführung des Liedes in die übrigen Fächer. „So führe man das Lied ein in den Religionsunterricht als Ausdruck religiösen Empfindens, in den Geschichtsunterricht zur Weckung des nationalen Fühlens, in die Erdkundestunde zum Ausdruck der Heimatliebe, in die Naturkunde zur Stärkung des Naturerlebens und der Freude am Wechsel der Jahreszeiten, in den Turnunterricht zur Hebung des Lebenswillens und zur Durchgeistigung der Körperbildung."[350]

Vom Lehrer erwartete er vollen persönlichen Einsatz: „Der Musikerzieher hat neben der oftmaligen künstlerischen Übung des Musikwerkes durch vollen menschlichen und persönlichen Einsatz dem Musikerlebnis den Weg zum Herzen des Jugendlichen zu ebnen, nicht durch intellektuelle Analyse, sondern durch werbende Überredung und Zuspruch von Mensch zu Mensch."[351]

Als Ziel der musischen Bildung nannte er: „Seelische Bewegung und Erregung durch das rhythmisch bewegte musische Tun: durch Singen, Sprechen von Dichtungen und gestaltete Körperbewegung zu erreichen - das ist also das Ziel der musischen Bildung. In die Seelen

---

[346] DOKUMENT 17, S. 347
[347] DOKUMENT 17, S. 345
[348] DOKUMENT 17, S. 337
[349] DOKUMENT 17, S. 346
[350] DOKUMENT 17, S. 347

sollten dadurch auch die Werte der Kunstwerke einfliessen, um sie höher und edler zu stimmen und bereit zu machen, sich dem völkischen Mythus in der Dichtung und dem Götterkult ganz hinzugeben."[352]

Auffallend ist die kritische Position gegenüber Ernst Krieck. In dessen Schrift „Musische Erziehung hätten sich zwar bestimmte „Ahnungen" verdichtet, doch sei der Zugang zu der Idee des Musischen durch völkerkundliche und historische Vergleiche eher erschwert worden. Außerdem habe die Idee durch die „historische Verkleidung" einen „leicht utopischen Charakter" angenommen.[353]

Eine unverkennbar antirationale Tendenz wird an dieser Textstelle deutlich: „Blut, Sinnenhaftigkeit, Impuls und Intuition sind in unseren Tagen aufgestanden gegen Verstand und Rationalität."[354]

Von der musischen Bildung erwartete er auch eine Einigungswirkung: „Erregung und Einung der Seelen, das war also der Sinn dieser Übungen. Sie bildeten allemal den Höhepunkt der grossen Volksfeste - wie es noch heute bei jungen Völkern üblich ist."[355]

Einfachheit erschien ihm als Ideal: „Aber allen diesen Theoremen, aus der Sehnsucht geboren, entsprang kein Leben. Bis aus der Tiefe des Volkes der einfache schlichte nat.-soz. Kämpfer aufstand und diese Ideen aus dem Reiche unverbindlichen Klügelns zur prallen Wirklichkeit erlöste. Da war wieder ein Mensch, der sich als Ganzes erlebte, der das bedrängende Nebeneinander von Körper und Geist, von Verstand und Instinkt, von Leiblichem und Göttlichem bejahte und damit dem Leben wieder eine runde, sinnenhafte Fülle gab. Abseits der theoretischen Bezirke, der Verstandeskultur des letzten Jahrhunderts wurde dieser neue Menschentyp geboren."[356]

Auch der alte Volksbildungsgedanke trat wieder auf: „Ein ganzes Volk soll allmählich nach seinem Bild geformt werden. Alle Formen des national-sozialistischen Lebens- und Feierstiles entspringen diesem Grundgefühl des Musischen."[357]

---

[351] DOKUMENT 17, S. 344
[352] DOKUMENT 17, S. 341
[353] DOKUMENT 17, S. 337
[354] DOKUMENT 17, S. 338
[355] DOKUMENT 17, S. 340
[356] DOKUMENT 17, S. 339
[357] DOKUMENT 17, S. 337

DIE MUSIKERZIEHUNG IN DER DEUTSCHEN SCHULE (1939)

1939 erschien ein Sonderheft zum Thema „Musikerziehung" in der von Alfred Baeumler herausgegebenen und von Theodor Wilhelm als Schriftleiter betreuten „Internationalen Zeitschrift für Erziehung". Michael Alt war gleich durch zwei Aufsätze an diesem Heft beteiligt. Ihm wurde die wichtige Darstellung der nationalsozialistischen Musikerziehung (1939 a) sowie eine Übersicht über das deutsche musikpädagogische Schrifttum (1939 b) überlassen.

Seine Darstellung der deutschen Musikerziehung begann mit einem Rückblick auf die Zeit vor der „nationalsozialistischen Revolution". Er erinnerte an die aufrüttelnde Kritik des englischen Musikerziehers Hullah, die eine Reform der gesamten deutschen Musikerziehung aus „nationaler Selbstbesinnung" ausgelöst habe. Hermann Kretzschmar rechnete er in diesem Zusammenhang zu den „deutschen Kämpfern gegen das volksentfremdete 19. Jahrhundert".[358] In der weiteren Entwicklung seit der Jahrhundertwende sei die kunstpädagogische Bewegung zwar für einen Ausgleich der einseitigen Verstandesbildung eingetreten, und auch die Arbeitsschulbewegung habe vor allem auf die Aktivierung der musikalisch-schöpferischen Kräfte im Schüler abgezielt, doch würden diese Bewegungen angesichts der „elementaren Kräfte, welche die nationalsozialistische Revolution in der Musikerziehung freigemacht" hätten, zu bloßen Orientierungspunkten verblassen.[359] Alt schrieb: „Dem Wollen des Nationalsozialismus konnte dieser in arbeitsreichen Jahrzehnten mühsam geschaffene ideologische und organisatorische Überbau in keiner Weise mehr gerecht werden. Er zeigte die gleiche Enge, Künstlichkeit und Richtungslosigkeit, die allen volksfernen Bildungsbestrebungen der Zeit vor dem Umbruch anhaften. Es wurde darum seit der nationalsozialistischen Revolution mit innerer Notwendigkeit ein ganz neuer Anfang gesetzt."[360]

Als erstes Aufgabenfeld des „neuen Musikunterrichts" nannte Alt die „musische Übung". In Entsprechung zu dem Anliegen der nationalsozialistischen Erziehung, den „theoretischen Menschen" durch den „politischen Menschen" abzulösen, solle Musik „nicht mehr in dem gleichen Maße wie bisher" als Denkanreiz dienen. Statt die Musik als Anlaß für stilistische oder geschichtliche Erwägungen zu nehmen oder sie zum „Anwendungsbeispiel der Musiktheorie" zu entwürdigen, gehe es nun in stärkerem Maße um den „ausdruckshaften

---

[358] Alt 1939a, S. 325
[359] Alt 1939a, S. 326

inneren und äußeren Nachvollzug der Musik".[361] Erst wenn der Mensch, so schrieb er, „sich vorbehaltlos singend und hörend von der Musik durchströmen läßt und das Erlebnis - das auch immer Erleiden ist - wagt, wenn er sich singend und musizierend um den besten Ausdruck oder hörend um den aktiven inneren Nachvollzug bemüht, kann er auch die Segnungen der Musik erfahren." Dass dabei dem aktiven Musizieren eine Vorrangstellung gegenüber dem Musikhören zukommen sollte, belegt folgende Textstelle: Die Reproduktion durch Stimme und Instrument sei „allemal der bloßen Musikbetrachtung, dem Anhören - selbst wenn dabei alle aktiven Kräfte wachgerufen werden - überlegen." Die musische Übung war für Alt auch mit dem Glauben an das Ethos in der Musik verbunden. Musik sei der jungen Generation nicht Spiel, Unterhaltung oder bloße Sinnenfreude, sondern „vor allem eine körper- und seelenformende Kraft". Man glaube wieder mit den „besten griechischen und deutschen Musikdenkern", dass der Umgang mit Musik den Menschen adele.[362]

Im Mittelpunkt der musischen Übung stehe das Volkslied, dem er „nationalpolitische Kraft" zuschrieb und das zu einem „wesentlichen Mittel der inneren Angleichung des einzelnen an die Art seines Muttervolkes"[363] werden müsse.

Es war ihm auch wichtig hervorzuheben, dass der Deutsche sich zur Gemeinschaft bekenne, wenn er „seine Lieder" singe.[364] Das deutsche Lied, vor allem das Volkslied, binde „zur Gemeinschaft aneinander", und es entspreche „nur der dem deutschen Volksgesang immanenten Form, wenn der Nationalsozialismus ihn [den Volksgesang, der Verf.] bewußt als Mittel der Gemeinschaftsbildung in der Erziehung" einsetze.[365]

Besonderes Gewicht verlieh er dem politischen Lied der Gegenwart, dem er „größte Lebensnähe" zuschrieb. Seiner „packenden Unmittelbarkeit", so Alt, „verdanken wir in Deutschland überhaupt die ungeahnte Singfreudigkeit. Es hat dem deutschen Volk nach langem Schweigen die Lippen gelöst und einen neuen Liederfrühling heraufgeführt."[366] Das politische Lied, das in seinem Bekenntnischarakter dem Choral vergleichbar sei, wolle „geistige Repräsentation der neuen totalen Geistesmacht" sein.[367] Gleichberechtigt neben dem

---

[360] Alt 1939a, S. 326
[361] Alt 1939a, S. 327
[362] Alt 1939a, S. 328
[363] Alt 1939a, S. 328
[364] Alt 1939a, S. 328
[365] Alt 1939a, S. 329
[366] Alt 1939a, S. 330
[367] Alt 1939a, S. 330

politischen Lied stehe das Volkslied. Dabei sei die Form der Begleitung des Volksliedgesangs durch das Klavier, die von England ausgegangen sei, heute „in Deutschland völlig verdrängt". Stattdessen bevorzuge man heute polyphon-lineare Sätze, wofür er eigens einen zweistimmigen Begleitsatz für Blockflöten zu dem Lied „Der Wächter auf dem Turmlein saß" von Karl Marx als Notenbeispiel einfügte. Alt berichtete außerdem von der Pflege der klassischen deutschen Musik. So komme auch das deutsche Kunstlied und die Madrigalkunst zur Geltung. Er wies auch auf die neugeschaffene „Schuloper" hin. In der „neuen Schule" würde außerdem das Instrumentalspiel gefördert. Er berichtete, an den Schulen würden von Privatmusiklehrern „Lehrgänge" für Gruppen von 2-5 Schülern eingerichtet, die in den Einzelunterricht einmündeten. Außerdem gebe es „Spielscharen" zur Förderung des instrumentalen Zusammenspiels. Zunehmender Beliebtheit erfreue sich die Blockflöte.

Als zweiten Aufgabenkreis nannte Alt die Musiklehre, deren Sinn er damit beschrieb, die musiktheoretischen Grundbegriffe „zu verkürzenden Benennungen erfahrener typischer Erlebnisweisen" werden zu lassen. Deshalb war ihm wichtig zu betonen, dass die Musiklehre nicht als ein System von Begriffen und Wissensformeln vermittelt, sondern „aus der klingenden Musik gewonnen" werde. Ein Beispiel verdeutlicht, wie er sich dies vorstellte: „Man läßt beispielsweise den Begriff 'Leiteton' [...] an einer entsprechenden melodischen Wendung des Liedes als Erregung und Lösung einer Spannung empfinden und durch ausdruckshaftes crescendo- und decrescendo-Singen erleben. Man kann diesen Spannungsvorgang auch in einer Körpergeste einfangen, etwa [...] durch anspannendes Heben und nachgebendes Senken der Arme oder durch bedrängendes Einatmen und erlösendes Ausatmen. Den Abschluß bilden dann entsprechende Treffübungen und die musiktheoretische Begründung und Formulierung dieses Vorganges."[368] Von den Darstellungsformen der rhythmischen Gymnastik meinte Alt, dass sie sich für die Erklärungen rhythmischer Grunderscheinungen eingebürgert hätten (Taktieren, Klatschen, Schreiten). „Großes Gewicht" werde auf die Gehörbildung mit dem Ziel des Vom-Blatt-Singens gelegt. Dabei würde neben dem Tonika-Do-System auch das Tonnamensystem von Carl Eitz verwendet, das er ausführlich erklärte. Bei dem Tonika-Do-System war ihm wichtig hervorzuheben, dass unabhängig von John Curwen ein deutsch-schweizerischer Seminarmusiklehrer namens Joh. Rudolf Weber schon 1864 einen vergleichbaren Tonstufen-Lehrgang vorgestellt habe, der sich bis nach Japan und Südamerika verbreitet habe.[369]

---

[368] Alt 1939a, S. 333
[369] Alt 1939a, S. 335

Als dritten Aufgabenbereich nannte Alt die „Anleitung zum rechten Hören von Musikwerken".[370] Ziel sei es, den Schülern „auch die größeren Musikformen zu erschließen und sie zu befähigen, Sinfonien, oratorische Werke und Opern sowie die Meisterwerke der Kammermusik mit rechtem Verständnis anzuhören."[371] An gleicher Stelle schrieb er: „So soll also bei der musikalischen Werkbetrachtung nicht ein bloßes Wissen um die geschichtlichen und stilistischen Bedingtheiten des Kunstwerkes erzielt, sondern die musikalische Erlebnisfähigkeit gesteigert werden."[372] Und er fügte hinzu: „Damit gliedert sich auch dieses Arbeitsfeld organisch in die national-sozialistische Erlebnis- und Charakterschule ein, welche die vor allem auf Wissensmehrung bedachte Schule des Liberalismus abgelöst hat."[373] Diese Abgrenzung von der musikwissenschaftlich orientierten Musikpädagogik der „Nachkriegszeit" war ihm besonders wichtig. Er schrieb: „Während in der Nachkriegszeit diese Bemühungen einen stark musikgeschichtlichen Einschlag hatten - die Betrachtung von Musikwerken sollte neben dem Geschichts-, Deutsch- und Kunstunterricht die Eigenart der geistesgeschichtlichen Epochen von der Musik her erhellen - wird heute ihr Sinn darin gesehen, den Hörer für die künstlerischen und ethischen Werte der großen Werke empfänglich zu machen."[374] Alt vermittelte auch eine Vorstellung vom konkreten Ablauf einer solchen Hörstunde. Folgt man seinen Ausführungen, ergibt sich etwa folgendes Phasenmodell:

Phase	Beschreibung der Phase
1. Einstimmung	• Steigerung der Aufnahmebereitschaft und der Empfänglichkeit • Anbahnung der der Eigenart des Musikwerkes entsprechenden Erlebnisweise
2. Darbietung	Darbietung des Musikwerks in Originalform, „notfalls mit Hilfe der Schallplatte oder des Rundfunks"

3. Besprechung	a) Gehalt der Musik (Lehrervortrag)
	   „ganzheitliches und gefühlsmäßiges Erfassen des Gehaltes"
	b) Gestalt der Musik (Unterrichtsgespräch)
	   „Aufdecken und Erkennen derjenigen künstlerischen Mittel, welche die besondere seelische Wirkung verursacht haben"

4. Darbietung	„aktives Hören"; „schöpferisches Sicheinfühlen"

In dem Konzept der „kurzen Einstimmung" nahm er unverkennbar auch die Idee der typischen Hörweisen auf, die er in seiner Schrift „Erziehung zum Musikhören" 1935 dargestellt hatte. In

---

[370] Alt 1939a, S. 335
[371] Alt 1939a, S. 335
[372] Alt 1939a, S. 335
[373] Alt 1939a, S. 336

seinen Erläuterungen zu dem Unterrichtsgespräch wird deutlich, dass seine Distanzierung von zu stark wissenschaftsorientierten Ansätzen durchaus auch rassekundliche Elemente einschloss.

Er schrieb: „Erst wenn das ganzheitliche und gefühlsmäßige Erfassen des Gehaltes sichergestellt ist, können dann im Unterrichtsgespräch auch Klangform und Kunstgestalt in ihren Einzelheiten erläutert werden. Nicht so sehr im Sinne wissenschaftlich distanzierter Feststellungen betreffs des formalen Aufbaues oder des Zeit-, Personal- und Rassestils, sondern als ein Aufdecken und Erkennen derjenigen künstlerischen Mittel, welche die besondere seelische Wirkung verursacht haben. Dadurch werden auch diese Betrachtungen noch vom Musikerlebnis bestimmt [...]."[375]

In seinen Ausführungen zur Ausbildung von Musiklehrern ging Alt vor allem auf die Ausbildung der Volksschullehrer an den Hochschulen für Lehrerbildung ein. Da es an den Volksschulen keine Fachlehrer gab, müsse dort jeder Lehrer „imstande sein, den Musikunterricht zu erteilen."[376] Das „Kernstück der fachlichen Ausbildung" bilde eine einstündige Übung, in der die Studierenden „nicht nur mit der Musiktheorie, sondern auch mit der künstlerischen und pädagogischen Handwerkslehre des Musikunterrichtes vertraut gemacht werden".[377]

Mit Hinweis auf die schulische und außerschulische Musikpflege in den nationalsozialistischen Jugendorganisationen räumte er insgesamt der „Musik in der deutschen Erziehung" einen „Rang ein, der den „besten Traditionen der deutschen Schule" entspreche und der „Weltgeltung der deutschen Musik" würdig sei.[378]

Von der „Hauptstelle Musik" des Amtes Rosenberg wurde dieser Aufsatz aus zwei Gründen kritisiert. Erstens hatte er mit der folgenden Textstelle Josef Haas zu den „besten deutschen Komponisten" gerechnet: „Um diese Volksliedkunst sind heute die besten deutschen Komponisten bemüht. Vor allem hat die junge Generation sich dieser neuen Gattung verschrieben: Heinrich Spitta, Cesar Bresgen, Karl Marx, Kurt Thomas, Georg Blumensaat, Gerhard Maasz, Wilhelm Maler u.a. Aus der Zwischengeneration setzten sich dabei u.a. ein:

---

[374] Alt 1939a, S. 335
[375] Alt 1939a, S. 336
[376] Alt 1939a, S. 336, auch Günther ²1992, S. 86
[377] Alt 1939a, S. 336
[378] Alt 1939a, S. 337

Armin Knab, Walter Rein, Hermann Grabner, Hans Lang, Ernst Lothar von Knorr, Paul Höffer, Hermann Simon, Josef Haas. Das sind Namen, denen man auch in der sinfonischen und oratorischen Kunst begegnet." Diese Zurechnung von Josef Haas zur Volkskunst wurde in dem genannten Gutachten nicht akzeptiert und in die Nähe „katholischer Propaganda" gerückt.[379]

Zweitens wurden auch gegen folgenden Satz Einwände erhoben: „Der Werbung für das Instrumentalspiel dient u.a. der 'Tag der deutschen Hausmusik', der auch in der Schule mit einer besonderen Feier begangen wird. Gefördert wird vor allem das Spiel der Streichinstrumente, aber auch der Volksinstrumente. Unter den letzteren tritt seit einem Jahrzehnt die *Blockflöte* immer mehr in den Vordergrund. Unabhängig von den Bestrebungen des Engländers Arnold Dolmetsch, der seit der Jahrhundertwende sich um den Bau dieses völlig vergessenen Instrumentes bemühte, wurde die Blockflöte in den späten zwanziger Jahren in Deutschland auf der Suche nach klanggerechter Wiedergabe der Renaissance- und Barockmusik wieder entdeckt."[380] In dem genannten Gutachten wird darauf hingewiesen, dass „keineswegs geklärt" sei, „ob Dolmetsch nicht Jude ist".[381]

---

[379] DOKUMENT 24, S. 355
[380] Alt 1939a, S. 332
[381] DOKUMENT 24, S. 355

DEUTSCHES SCHRIFTTUM ÜBER MUSIKERZIEHUNG (1939)

In dieser Literaturübersicht erfasste Alt folgende Schriften:

Allerup, A.	Die Musica practica des Johann Andreas Herbst und ihre entwicklungsgeschichtliche Bedeutung	Kassel (Bärenreiter)	1931
Alt, Michael	Die Erziehung zum Musikhören. Eine Darstellung der Typen des musikalischen Genießens und Wertens beim Jugendlichen und ihrer pädagogischen Bedeutung	Leipzig (Kistner&Siegel)	1935
Bremer, F.	Melodieauffassung und melodische Begabung des Kindes	Leipzig (J.A. Barth)	1925
Briessen, M. van	Die Entwicklung der Musikalität in den Reifejahren	Langensalza (Beyer&Söhne)	1929
Danckert, Werner	Das europäische Volkslied	Berlin (B. Hahnefeld)	1939
Degen, Dietz	Zur Geschichte der Blockflöte in den germanischen Ländern	Kassel (Bärenreiter)	1939
Eitz, Carl	Der Gesangunterricht als Grundlage der musikalischen Bildung	Leipzig (Klinkhardt)	1924^2
	Das Tonwort. Bausteine zur musikalischen Volksbildung	Leipzig (Breitkopf&Härtel)	1928
Feudel, Elfriede	Rhythmische Erziehung	Wolfenbüttel (Kallmeyer)	1939
Funck, H.	Martin Agricola. Ein frühprotestantischer Schulmusiker	Wolfenbüttel (Kallmeyer)	1933
Gößler, F.W.	Fragen einer Stimmerziehung in Jugend und Volk	Wolfenbüttel (Kallmeyer)	1939
Greiner, Albert	Volkssingschule in Augsburg	Kassel (Bärenreiter)	1933
	Stimmbildung	Mainz (Schott)	1938
Ihlert, H.	Musik im Aufbruch	Berlin (Junker&Dünnhaupt)	1938
Knab, H.	Bernh. Chr. Ludw. Natorp	Kassel (Bärenreiter)	1933
Kühn, Walter	Führung zur Musik	Lahr in Baden (M. Schauenburg)	1939
Martens, Heinrich	Musikdiktat und musikalisches Schreibwerk in der Schule	Lahr i.B. (M. Schauenburg)	1930
Meier, John u.a. (Hrsg.)	Deutsche Volkslieder mit ihren Melodien	Berlin und Leipzig (Walter de Gruyter)	1935
Münnich, Richard	Jale	Lahr in Baden (M. Schauenburg)	1930
Nestele, A.	Die musikalische Produktion im Kindesalter	Leipzig (J.A. Barth)	1930

Orff, Carl	Orff-Schulwerk	Mainz (Schott)	1935
Schole, Heinrich	Tonpsychologie und Musikästhetik	Göttingen (Vandenhoeck& Rupprecht)	1930
Schünemann, Georg	Geschichte der deutschen Schulmusik	Leipzig (Kistner&Siegel)	1928
	Musikerziehung	Leipzig (Kistner&Siegel	1930
Stumme, Wolfgang (Hrsg.)	Musik im Volk. Grundfragen der Musikerziehung	Berlin (Vieweg)	1939
Thomas, Kurt	Lehrbuch der Chorleitung	Leipzig (Breitkopf)	1937
Tolle, W.	Grundformen des reformatorischen Schulliederbuches vorwiegend um 1600	Wolfenbüttel (Kallmeyer)	1936
Vidor, Martha	Was ist Musikalität?	München (Beck)	1931
Walker, Erwin	Das musikalische Erlebnis und seine Entwicklung	Göttingen (Vandenhoeck&Rupprecht)	1927
Wellek, Albert	Das absolute Gehör und seine Typen	Leipzig (J.A. Barth)	1938
Wicke, Richard	Einheitliche Tonnamen	Braunschweig (H. Littolff)	1937

Außerdem wies er noch auf die aus seiner Sicht „wichtigsten Zeitschriften" hin, die „im Dienste der Musikerziehung" standen:

Titel	**Herausgeber**	**Musikpädagogischer Bereich**
Die Völkische Musikerziehung	Eugen Bieder und Karl Landgrebe	Musikunterricht in den Schulen
Der Musikerzieher	Herbert Just	Privatmusikunterricht
Musik in Jugend und Volk	Wolfgang Stumme	Musikerziehung der Formationen

Das auffallendste an dieser Veröffentlichung Alts ist die weitestgehende Ausblendung aller ideologischen Hintergründe. Selbst dort, wo von anderen Ländern die Rede ist, erweckte Alt den Eindruck, als gehe es in Deutschland um eine sachlich geprägte Volksliedwissenschaft. Er schrieb, bezogen auf Werner Danckerts 1939 erschienenes Buch „Das europäische Volkslied": „Danckert geht unter Benutzung aller ausländischen Literatur dabei vor allem der Ermittlung gegenseitiger Beeinflussungen sowie der vergleichenden Charakteristik der nationalen Liedtypen nach [...] Im Sinne der Kulturkreislehre ordnet er die verschiedenen europäischen Volkstümer auf Grund ihrer Lieder zu Gruppen, die im allgemeinen ihrer

Sprachverwandtschaft entsprechen. Da jedes Land mit einer allseitigen Charakteristik, einer Geschichte, einer Beschreibung der Arten, des Landschafts-, Volkstums- und Rassestils seines Volksliedgutes sowie mit gültigen musikalischen Proben vertreten ist, so ergibt das trotz einiger noch leerer Stellen eine imponierende Gesamtschau des europäischen Volksliedes. Wie fruchtbar diese auch für das nationale Forschungsgebiet werden kann, läßt sich gleich aus der in vielem neuartigen Darstellung des deutschen Volksliedes erkennen. Bei der umfassenden Zielsetzung des Buches kann es nicht verwundern, daß vieles Anregung und Hypothese bleibt. Sicher ist aber, daß es den bisherigen Horizont der Volksliedwissenschaft wesentlich erweitert hat."[382]

Weiterhin fällt auf, dass die Namen der heute als „wichtigste Vertreter der nationalsozialistischen Pädagogik und Weltanschauung" geltenden Ernst Krieck, Hans Freyer und Georg Götsch[383] keine Erwähnung fanden. Auch der Name Walther Hensel taucht nicht auf. Demgegenüber wird Georg Schünemann, der 1933 als Direktor der Berliner Musikhochschule fristlos entlassen worden war, gleich zu Beginn der Literaturübersicht und insgesamt sogar mit zwei Titeln aufgeführt.

In dem bereits erwähnten Gutachten der „Hauptstelle Musik" wurde dieser Beitrag Alts heftig kritisiert. Es seien Alt „schwerwiegende Fehler" unterlaufen, die „nicht nur im Inland Verwirrung stiften", sondern auch im Ausland ein „falsches Bild von nationalsozialistischer Musikerziehung" geben müssten.[384] Insbesondere wurde die Hervorhebung von Eberhard Preußner kritisiert, der als „einer der eifrigsten Verfechter der berüchtigten marxistischen Tendenzstücke 'Die Massnahme', des 'Jasager' und des zersetzenden jüdischen Lehrstücks 'Die Dreigroschenoper'" bezeichnet wurde. Außerdem habe er „Propaganda für den Juden Arnold Schönberg getrieben", „noch 1932" den „später ausgebürgerten Juden Paul Becker" zitiert und sich „für den Juden Kestenberg" demonstrativ eingesetzt. „Ebenso eigenartig" sei es, wenn Alt auf die Leistungen von Georg Schünemann hinweise. Dieser sei „bis zur Machtübernahme Marxist" gewesen und sei 1933 „aus seinem Posten als stellvertretender Direktor der Musikhochschule Berlin entfernt" worden. Alt wurde vorgeworfen, „solche Leute" herausgestellt zu haben, die „älteren Nationalsozialisten als aktive Gegner noch wohlbekannt" seien. Als „besonders anfechtbar" wurde die „Lobpreisung von Schünemanns

---

[382] Alt 1939b, S. 389
[383] Scherers, Bernd: Art. Krieck, in: Helms, S., Schneider, R., Weber, R. (Hrsg.): Neues Lexikon der Muskpädagogik, Personenteil, Regensburg (Bosse) 1994, S. 132

'Musikerziehung' (1930)" bezeichnet, „ein Werk, das ganz in der Atmosphäre Kestenbergs entstanden" sei. Ein „schwerer Missgriff" sei Alts „lobendes Urteil über die Schrift von Walter Kühn: 'Führung zur Musik'". Tatsächlich jedoch hatte Alt nur Teile des Buches positiv bewertet („In diesen Ausführungen, die er auch theoretisch zu begründen weiß, liegt der Kern seines Buches"[385]), andere dagegen heftig kritisiert („Es wäre besser der aussichtslose Versuch unterblieben, ..."). In dem Gutachten wurde u.a. darauf hingewiesen, dass Kühn von 1931 bis Juni 1932 Mitglied der SPD gewesen sei.[386]

Insgesamt wurden dem Literaturbericht Alts „bedeutende weltanschauliche Mängel" zugeschrieben. Teilweise müsse hinter den Ausführungen Alts eine „Kritik an der Musikpolitik der NS-Kulturgemeinde und an den Entscheidungen der Hauptstelle Musik des Amtes Rosenberg" vermutet werden.[387]

SCHULMUSIK UND PRIVATMUSIKUNTERRICHT (1940)

In diesem Artikel forderte Alt die Anlehnung des privaten Instrumentalunterrichts an die Bildungsmaßnahmen für den Musikunterricht an allgemeinbildenden Schulen. Dazu teilte er u.a. die Werkgruppen mit, die in den Höheren Schulen durch die neuen Richtlinien vorgeschrieben wurden. Innerhalb dieser Gruppen gebe es genügend Spielraum, sodass der Instrumentalunterricht seine Werkauswahl leicht auf diese Aufgaben der Schule abstimmen könne.[388] Der Schulmusiker seinerseits solle „eine möglichst große Anzahl von Schülern im Gruppenunterricht an seiner Schule" zum Instrumentalunterricht anregen und in der Grundtechnik unterweisen. Durch diese „kameradschaftlichen Grundübungen" sei schon mancher zum begeisterten Musikanten geworden, der sonst nie zum Instrumentalspiel gekommen wäre.[389] Ansonsten solle das Können der Instrumentalschüler auch in der Schule eingesetzt werden, z.B. bei der Liedbegleitung oder im „Anschauungsunterricht", also bei der Werkbetrachtung im Klassenverband, und in den verschiedenen Zusammenspielgruppen (Orchester, Spielscharen, Musizierkreise) der Schule. Alt befürwortete auch Wettbewerbe unter den Instrumentalisten einer Schule: „Im Klassenunterricht wird eine erste Auslese getroffen, die jeweils besten Spieler kommen dann in den eigentlichen Wettbewerb, der

---

[384] DOKUMENT 24, S. 355
[385] Alt 1939b, S. 390
[386] DOKUMENT 24, S. 356
[387] DOKUMENT 24, S. 356
[388] Alt 1940a, S. 65
[389] Alt 1940a, S. 63

zweckmäßig in drei Altersstufen unter Beteiligung des Schulleiters, musikverständiger Lehrer und womöglich auch der Privatmusiklehrer durchgeführt wird. Die besten aus den drei Wettbewerben spielen ihr Stück in einem Schulkonzert (Tag der deutschen Hausmusik!) vor und werden außerdem vom Schulleiter mit einem Preis, der aus Noten oder einem Musikbuch besteht, geehrt. Ich habe immer wieder feststellen können, daß dadurch dem Lernwillen der Schüler ein mächtiger Anreiz gegeben wird."[390]

P. J. TSCHAIKOWSKY (1940)

Zum 100. Geburtstag Tschaikowskys am 6.5.1940 erschien in den „Oldenburger Nachrichten" dieser Zeitungsartikel. Darin erklärte Alt die „weltweite Beliebtheit" der Werke von Peter Tschaikowsky mit ihrer „urkräftig strömenden, durchglühten Melodik voll sinnlichem Zauber", einer „herzandringenden Ausdrucksfülle", „unmittelbarer Verständlichkeit" und dem „leicht exotischen Reiz seiner Musik". Alt ließ nicht den Hinweis fehlen, dass sich Tschaikowsky an Mozart entzündet und dessen klassische Kunst, die ihm unerreichbar gewesen sei, „sehnsüchtig und beharrlich" umkreist habe. Anders als die Musik der „Jungrussen" Moussorgsky, Borodin und Rimsky-Korssakow lebe die Musik Tschaikowskys nicht aus der „robusten Kraft des russischen Volksliedes und der barbarischen Gewalt slawischer Stämme". Vielmehr habe er ihnen ihre „unbändige Triebkraft" genommen und verwende sie nur als Nüance und Kolorit mit der „Bedeutung eines zu nichts verpflichtenden interessanten Zitates". Alt schrieb: „Nicht die Volksmusik, sondern die elegisch müden Moll-Romanzen der lebensuntüchtigen russischen Vorkriegsgesellschaft geben seiner Musik den unüberhörbar nationalen Einschlag. In ihr spiegelt sich also weniger das russische Volk als das müde Seelentum des aller Welt offenen gebildeten Slawen, dem auch die Dichtungen Turgenjeffs, Tschechows, Gogols und Tolstois entstammen." Außerdem sei das Werk Tschaikowskys „unverkennbar selbstbiographisch, ein oft erschreckendes Abbild seiner zwiespältigen Natur." Weiter heißt es: „Da ist die leichte Seite: die vornehme und adlige Art des Bildungsmusikers, die bezaubernde Herzensgüte und Hilfsbereitschaft eines feinfühligen, empfindsamen Menschen, der sich im kleinen Freundeskreis voller Humor und Witz gibt, allem Fremden und dem Gesellschaftlichen gegenüber eine unüberwindliche Gehemmtheit zeigt. Hinter diesem 'gläsernen' Wesen aber verbirgt sich 'der andere Peter', eine dunkle Welt der Schwermut, Lebensmüdigkeit und Melancholie. Da ist die Selbstkritik und zerstörerische russische Selbstanalyse, der unaufhörliche Zweifel des spät zur Musik gekommenen

---
[390] Alt 1940a, S. 64

Autodidakten an seiner Begabung, die dumpfe Kraft vor dem plötzlichen Erlahmen der Schöpferkraft, die ihn von Werk zu Werk hetzten." In charakteristischer Verallgemeinerung begriff Alt Merkmale der Musik Tschaikowskys als typische Merkmale russischer Musik: „Die ungestümen und gewaltsamen Stimmungsumschläge [...] kennzeichnen seine Musik nicht nur als eine ausgesprochene Nervenmusik von typisch moderner Reizsamkeit, sie lassen auch einen Blick tun in die uns immer unverständlich bleibenden Abgründe der russischen Seele."[391] Abschließend wünschte sich Alt, dass auch die in Vergessenheit geratenen und „würdigen" Werke Tschaikowskys wieder erinnert und zugänglich gemacht würden.

GRUNDSÄTZLICHES ZUR VOLKSMUSIKPFLEGE (1940)

Alt sah einen grundsätzlichen Wandel in der Wertschätzung und Deutung des Volksliedes. Gegenüber der künstlerisch orientierten Betrachtung des Volksliedes nach Form und Gehalt während der sog. Nachkriegszeit habe sich nun die Erkenntnis durchgesetzt, dass das Volkslied „zuerst und vor allem eine Volkserscheinung" sei.[392] Während die Kunstmusik allemal den Abstand von Leben und Alltag suche, um auch den „eigengesetzlichen, ganz in sich erfüllten Bereich des schönen Scheins zu gewinnen"[393], verbinde sich das Volkslied symbolhaft mit Lebensvorgängen und begleite als Umgangskunst den Tages- und Jahresablauf sowie die Wendepunkte des Lebenskreises (Geburt, Hochzeit, Tod u.a.). Es sei also „unmittelbare Ausformung des Daseins" und erfülle seinen Sinn nur im Wesensverband mit diesen Lebensvorgängen.[394] Das Volkslied müsse wieder Kamerad und Weggenosse werden, „eine immer bereite Hilfe, deren Hilfe man sich bedienen kann, um das Leben aus der Dumpfheit des Zweckhandelns ins Sinnbildliche zu erheben."[395] Deshalb müsse ein „fester Liedstamm" sicherer Besitz werden. Für die Schule empfahl er, beim Einüben eines Liedes auf das Schriftbild in der Regel zu verzichten, um stattdessen durch „gehörsmäßiges Vor- und Nachsingen" die „Grundlagen für eine sichere Überlieferung des Volksliedes im Volk" zu gewährleisten.[396] Allenfalls könne man den Text eine Zeitlang als Gedächtnisstütze verwenden, um das Auswendiglernen zu erleichtern. Alt wehrte auch bei den „wirklich landläufigen Umgangsformen" rein ästhetische Volksliedpflege ab und forderte deren

---

[391] Alt 1940b
[392] Alt 1940d, S. 193
[393] Alt 1940d, S. 193
[394] Alt 1940d, S. 193
[395] Alt 1940d, S. 193
[396] Alt 1940d, S. 193 f.

Respektierung, selbst wenn die „landläufigen Umsingeformen künstlerisch minderwertiger sein sollten als die glatte Buchfassung." Es sei selbstverständlich, dass man ein bisher unbekanntes Lied in der „ästhetisch einwandfreien Gestalt" vermittele. Doch wenn es ins Volksleben eingegangen sei, sei es „dem Richteramt des Künstlers und Erziehers" entzogen.[397] Im Unterricht solle auch zum Improvisieren, z.B. bei der Erfindung einer zweiten Stimme angeleitet und ermuntert werden. Alt forderte außerdem die körperliche Darstellung des Volksliedes durch Tänze oder tanzartige Bewegungen sowie die „musische Ausgestaltung des Volksliedsingens", z.B. durch die Aufteilung der Musizierenden in Vorsänger, Ansingekreis, Chor und Instrumentalspieler. Dabei stellte er sich ausdrücklich gegen Werner Danckert, der das deutsche Volkslied als eine typische Ausprägung des Gemeinschaftsgeistes charakterisiert und daraus gefolgert habe, dass die ganze Weise chorisch vorgetragen werden müsse. Alt argumentierte, gerade in der „organischen Auflockerung" des Chores zeige sich besonders deutlich dessen Wesensseite. Außerdem könne durch die musische Ausgestaltung das Volksliedsingen auch die „Kluft zwischen der intellektuellen Bildungsschule und dem Volk" wirksam überbrücken. In Ergänzung der bisher allein gültigen ästhetischen Werte müsse die Auswahl eines Liedes nun auch nach dem Kriterium des „völkischenAussagewertes" und der „volkshaften Bildungs-möglichkeiten" erfolgen. Für den Unterricht sprach er sich außerdem für eine „volkskundliche Behandlung des Volksliedes" aus, die sowohl das Volkslied als „Ausdruck unseres Volksgeistes"[398] deuten als auch die Beziehungen zwischen Volkslied und Volksleben klarmachen solle. Der Schüler solle einen „starken Eindruck" davon erhalten, „wie sehr das Volksleben von Musik durchwirkt ist".[399] Diese Auffassung von der zentralen Stellung der Musik im Volksleben geht auch aus Alts Behauptung hervor, das „Dasein des Volkes" werde „von der Musik her gestaltet".[400]

DAS LIEDGUT IN DER MÄDCHENERZIEHUNG (1940)

In diesem Artikel plädierte Alt für eine geschlechtsspezifische Auswahl von Liedern und wandte sich damit ausdrücklich gegen die vergangene „Bildungsschule", die in den Jugendlichen „nur gleiche Vernunftträger" gesehen und die „naturgegebene Verschiedenheit

---

[397] Alt 1940d, S. 194
[398] Alt 1940d, S. 197
[399] Alt 1940d, S. 197
[400] Alt 1940d, S. 197

der Geschlechter und ihres Lebenskreises" nicht beachtet habe.[401] Dieser „bedenklichen Vereinheitlichung" wollte Alt entgegentreten. Dabei schrieb er der Frau als der „Erhalterin des musikalischen Volksgutes und Wahrerin seiner lebendigen Überlieferung" die spezifische Aufgabe der Traditionspflege zu. In der Mädchenerziehung gehe es deshalb um das „sichere Erarbeiten eines umfänglichen Liedstammes"[402], den er von den „geschlechtsverwurzelten Männerliedern"[403] - darunter verstand er Helden-, Fahrt- und Kampflieder - unterschied.

Folgende Liedgruppen würden „ihrer Artung nach" die Gefühlswelt der Frau besonders ansprechen: Spinnlieder, Liebeslieder, Mädchenballaden, Hochzeitslieder, Kinder- und Wiegenlieder, Lieder der Totenklage, Tanzlieder, Spiellieder, Jahreszeitenlieder, lyrische Lieder, religiöse Lieder sowie politische Zeitlieder, letztere jedoch nur bei Auswahl „mit Bedacht".

In den unterschiedlichen Begründungen für die Auswahl dieser Liedgruppen orientierte sich Alt teilweise an der Lebenswelt der Schülerinnen und an deren Interessen, so wie er sie wahrgenommen hat, teilweise aber auch an dem Rollenideal der Frau als Mutter, verstanden als „natürliche Lebensaufgabe der Frau".[404] So könnten Spinnlieder deshalb dem Erleben der Frau Ausdruck verleihen, weil sie als „typisch weibliche" Arbeitslieder dem „Lebenskreis" des Mädchens entstammten. Liebeslieder und Mädchenballaden sollten gesungen werden, weil die weibliche Jugend dafür „erfahrungsgemäß so empfänglich" sei, dass es kaum einen Unterschied mache, ob das Lied vom Erleben des Mannes oder der Frau ausgehe.[405] Hochzeitslieder sowie Kinder- und Wiegenlieder sollten gesungen werden, weil sie in die „frauliche und mütterliche Erlebniswelt" führten. Eher traditionsorientiert ist die Begründung für das Singen von Liedern der Totenklage. Diese Lieder seien in allen Völkern dem Weibe vorbehalten und - mit Ausnahme von Resten in den „auslandsdeutschen Gebieten" - „in unserem Volke ausgestorben".[406] In diesem Zusammenhang wies er auf einen Autor namens Bachofen hin, demzufolge die Mutter „in gleicher Weise als Lebensquell und Todesgöttin, als gebärende Erde und trauernde Gebärerin" gelte.[407] Die Begründung für das Singen religiöser Lieder sei auch eher der Traditionspflege verpflichtet: „Es bleiben im deutschen Volksliedgut nicht mehr viele Weisen, wenn man auf den konfessionell gebundenen Choral und das

---

[401] Alt 1940e, S. 90
[402] Alt 1940e, S. 91
[403] Alt 1940e, S. 91
[404] Alt 1940e, S. 91
[405] Alt 1940e, S. 91
[406] Alt 1940e, S. 91

moralisierende und süßlich religiöse Schullied verzichtet. Um so lebendiger sollte man sie in der Überlieferung halten."[408]

An einigen Stellen dienten auch - wie selbstverständlich vorgetragene - Zuschreibungen von geschlechtsspezifischen Merkmalen als Begründungen für die Auswahl von Inhalten. So sollten die Mädchen, denen er eine „seelische Eigenart"[409] und eine spezifische „Erlebniswelt"[410] zuschrieb, u.a. deshalb Tanz- und Spiellieder singen, weil diese Lieder die „beim Mädchen besonders ausgeprägte rhythmische Empfindlichkeit"[411] ansprächen bzw. dem „beim Mädchen besonders entwickelten Körpersinn"[412] entgegenkämen. Und lyrische Lieder sollten gesungen werden, weil sie der dem Frauentum zugeschriebenen „eigenen Unmittelbarkeit des Fühlens" entsprächen. Schließlich gäbe es eine „dem Frauentum eigene Unmittelbarkeit des Fühlens", die „allemal zum lyrischen Lied" dränge.[413] Selbst für das Singen von Jahreszeitenliedern konstruierte er eine geschlechtsspezifische Begründung: „Bei der stark vegetativen Gebundenheit der Frau an die Natur und die Vorgänge des kosmischen Geschehens kommt auch dem Jahreszeitenlied besondere Bedeutung zu. Enger Anschluß an die Rhythmik der Gezeiten ist darum gerade in der weiblichen Erziehung einer der wichtigsten Auswahlgrundsätze."[414]

Geschlechtsspezifische Argumentationen führten Alt jetzt auch zu einer verhältnismäßig weit gehenden Reserve gegenüber dem Singen von nationalpolitischen Gegenwartsliedern in der Mädchenerziehung. Das „politische Zeitlied", meinte Alt, entspringe vor allem dem Denken und der Haltung der Männerbünde und bleibe ihm „auf weite Strecken eindeutig verhaftet".[415] In der Urfassung des „Singebuchs für Mädchen" (1939) hatte er eben dieses Argument zurückgewiesen.[416] 1940 kritisierte er nun den „viel zu wahllosen" Einsatz dieser Lieder und schrieb: „Gewiß soll man aus erzieherischen Gründen das neue politische Liedgut nicht zu sehr abgrenzen, trotzdem verzichte man auf die ausschließlich männer- und jungenhaft

---

[407] Alt 1940e, S. 91
[408] Alt 1940e, S. 91
[409] Alt 1940e, S. 90
[410] Alt 1940e, S. 90
[411] Alt 1940e, S. 91
[412] Alt 1940e, S. 91
[413] Alt 1940e, S. 91
[414] Alt 1940e, S. 91
[415] Alt 1940e, S. 91
[416] Alt 1941a, Entwurf 1939, Vorwort

empfundenen Lieder und wähle mit Bedacht - vor allem unter den Feierliedern - diejenigen aus, die auch dem weiblichen Empfinden noch angepaßt sind."[417]

DIE SPIELSCHAR (1940)

Im Düsseldorfer Schwann-Verlag hat Alt zwei Hefte mit Instrumentalmusik herausgegeben, die in der Bibliographie von Vedder auf das Jahr 1940 datiert sind.[418] Die Hefte tragen den Titel „Die Spielschar. Instrumentalmusik für die Schule". Heft 1 ist eine Sammlung von insgesamt 70 ein- bis vierstimmigen Stücken „Spielmusik für Melodieinstrumente", vor allem alte und neue Tänze sowie Märsche (Dessauer Marsch, Kesselsdorfer Marsch, Koburger Marsch u.a.). Heft 2 verstand sich als eine „Sammlung kleiner Meisterwerke", mit der Alt dem „großen Bedürfnis nach einfacher Spielmusik für das chorische Gemeinschaftsmusizieren an Schulen aller Art entgegenkommen" wollte.[419] „Diese jugendnahen Meistermusiken", schrieb er zum Geleit, „sollen die Freude an wertvoller Musik steigern und Fest und Feier in der Schule würdig ausgestalten helfen." Das Heft beinhaltet insgesamt 44 zwei- bis dreistimmige Sätze, z.B. Gavotten von G.F. Händel, Polonaisen von J.S. Bach oder L. Mozart und Menuette von G.Ph. Telemann, J. Haydn oder Joh. Bat. Lully.

KLINGENDES LEBEN (1941)

Unter dem Titel „Klingendes Leben" wurde 1941 Alts dreibändiges „Singebuch für Mädchen an Oberschulen" herausgegeben. Der erste Band war für die vier unteren Klassen (Jahrgangsstufen 5-8), der zweite Band für die vier oberen Klassen (Jahrgangsstufen 9-12) gedacht. Der dritte Band enthielt mehrstimmige Chorsätze für die Singscharen. Zu diesem Musikbuch sind im Nachlaß Alts sowohl Urfassungen aus den Jahren 1939 bzw. 1941 als auch zwei Prüfungsberichte des Reichsministeriums für Wissenschaft, Erziehung und Volksbildung erhalten. Diese Quellen erlauben einen genauen Einblick in die Entstehungsgeschichte dieses Musikbuchs.

---

[417] Alt 1940e, S. 91
[418] Vedder, Gregor: Bibliographie der Schriften von Michael Alt, in: Antholz, H./Gundlach, W. (Hrsg.): Musikpädagogik heute, Düsseldorf (Schwann) 1975, S. 255-259
[419] Alt 1940g, Geleitwort

1. Der Entwurf von 1939[420]

Die Urfassung aus dem Jahre 1939 trug den Titel „Singebuch für Mädchen". Allen drei Bänden war ein ausführliches Vorwort vorangestellt, das u.a. über die Zielsetzungen und die Kriterien der Liedauswahl informiert. Mit der geschlechtsspezifischen Ausrichtung des Singebuchs wollte Alt der „Natur der Frau" gerecht werden und die „Erlebniswelt des Mädchens" unmittelbar ansprechen. Dabei konnte er sich auf die Forderung der Richtlinien beziehen, in allen Unterrichtsfächern „von der Natur und der Welt des Weibes" auszugehen. Zur Begründung zog er außerdem das Wort Hitlers heran, das Ziel der weiblichen Erziehung habe unverrückbar die kommende Mutter zu sein. Die Aufteilung zwischen den ersten beiden Bänden wurde entwicklungspsychologisch mit der in der 5. Oberschulklasse „schon einsetzenden seelischen Heranreifung des Mädchens" begründet, dem ein Wandel des Liedgutes entsprechen müsse. In der Liedauswahl konzentrierte sich Alt auf die „aus dem weiblichen Lebensbereich stammenden Liedgattungen", also Mädchen- und Frauenlieder, Mutterlieder, Spinnlieder, Wiegen- und Kinderlieder, Liebes- und Liebesklagelieder, Hochzeitslieder sowie die Mädchenballade. Hinzu kamen die „beiden Geschlechtern gemeinsamen Gesänge". Aus dem „neuen", d.h. nationalsozialistisch geprägten Liedgut wurde nach Worten in der Einleitung „grundsätzlich das aufgenommen, was völkisch und musikalisch in gleicher Weise wertvoll" war. Bei einigen Liedgruppen stellte Alt musikalische Kriterien zugunsten ideologischer ausdrücklich zurück: „Bei gewissen Liedgruppen, die nationalpolitisch wichtig, aber von den Komponisten noch wenig bedacht worden sind (das auslandsdeutsche Lied, Lieder zur deutschen Weihnacht, Lieder auf den Führer, Mutterlieder, neue Mädchen- und Frauenlieder), durfte aus erzieherischen Gründen kein zu enger künstlerischer Maßstab angelegt werden."[421] Auch erschien es ihm - im Unterschied zu seinen späteren Äußerungen in dem Aufsatz „Das Liedgut in der Mädchenerziehung" (1940) - nicht vertretbar, die „Lieder der Bewegung in der Zahl einzuschränken, weil sie „in weitem Maß der Haltung des Männerbundes" entstammten.[422] Vielmehr hänge von ihnen die „gemeinsame politische Prägung der deutschen Jugend" weitgehend ab. Der Schlußsatz des Vorworts enthält ein klares Bekenntnis zur nationalsozialistischen Gedankenwelt: „Dieses Schulmusikwerk [...] ist nicht eine den neuen Forderungen sich angleichende Umarbeitung

---

[420] Die drei Bände der Urfassung sind fast vollständig im Nachlass Alts erhalten. Im ersten Band fehlen nur das Titelblatt und die Seite mit dem Führerzitat, auf dessen Rückseite sich das Inhaltsverzeichnis befunden haben muss. Da das Vorwort in den Bänden II und III identisch ist, darf angenommen werden, dass es sich ursprünglich auch in Band I befunden hat. Der Entwurf wird wie folgt zitiert: Alt 1941a, Entwurf 1939, Bd. 1-3
[421] Alt 1941a, Entwurf 1939, Vorwort

eines älteren Werkes, sondern wurde völlig unbelastet aus der Gedankenwelt des Nationalsozialismus geschaffen, dessen weltanschauliche, erzieherische und künstlerische Haltung es in Geist und Stil auf dem Gebiete der musikalischen Mädchenerziehung zum Ausdruck bringen will."[423]

Band 1

Der erste Band enthält insgesamt 68 Lieder zum Tages- und Jahreskreis, 43 gesellige Lieder zum Stichwort „Frohsinn" (z.B. „Horch, was kommt von draußen rein", aber auch „Die Gedanken sind frei"), 37 Lieder zu verschiedenen Berufen (Spinn- und Weberlieder, Bauernlieder, Lieder von Bergleuten, Besenbindern u.a.), 25 Lieder zu Sagen und Mären (z.B. „Es waren zwei Königskinder" und „Die Heldenjungfrau"), 23 Wiegenlieder (z.B. „Sandmännchen", „Nun schlaf, mein Kindelein"), 21 „ernste Gesänge" (darunter „Ich will den Herren preisen", „Himmel und Erde müssen vergehn", „Abschied" und „Sterben ist eine schwere Buß") sowie 15 Fahrten- und Wanderlieder. Außerdem enthält der erste Band folgende Auswahl von Kunstliedern der klassisch-romantischen Epoche, die vollständig mit Klavierbegleitung abgedruckt sind:

Franz Schubert	Das Frühlingslied
	Erntelied
	Das Wandern
	Wiegenlied
	Das Heidenröslein
	Der Erlkönig
Robert Schumann	Der Frühlingsgruß
	An den Sonnenschein
	Lied eines Schmiedes
Johannes Brahms	Der Schmied
	Wiegenlied
	Dornröschen

---

[422] Alt 1940e, S. 91
[423] Alt 1941a, Entwurf 1939, Vorwort

Carl Loewe	Heinrich der Vogler
	Prinz Eugen
Peter Cornelius	Wiegenlied
Carl Maria von Weber	Schlaf, Herzens-söhnchen
Carl Reinecke	Die Roggenmuhme
Ludwig van Beethoven	Die Marmotte

In einem Anhang sind außerdem 21 kurze Instrumentalkompositionen abgedruckt, u.a. ein Ländler von Franz Schubert, ein Menuett von Wolfgang Amadeus Mozart und eine Invention von Johann Sebastian Bach.

Einige Lieder bringen unverkennbar Geist und Stil des Nationalsozialismus zum Ausdruck, wenngleich sie lange vorher entstanden sind, so beispielsweise das kriegsverherrlichende Lied aus der Gruppe „ernste Gesänge" mit einem Text von Hermann Wirth:

„1. Kein schönrer Tod ist in der Welt, als wer vorm Feind erschlagen auf grüner Heid, im freien Feld, darf nicht hörn groß Wehklagen.
2. Im engen Bett nur Einr allein muß an den Todesreihen, hier aber find't er Gesellschaft fein, falln mit wie Kräuter im Maien.
3. Manch frommer Held mit Freudigkeit hat zugesetzt Leib und Blute, starb selgen Tod auf grüner Heid, dem Vaterland zugute.
4. Mit Trommelklang und Pfeifengetön manch frommer Held ward begraben, auf grüner Heid gefalln so schön, unsterblichen Ruhm tut er haben.
5. Kein schönrer Tod ist in der Welt, als wer vorm Feind erschlagen auf grüner Heid, im freien Feld, darf nicht hörn groß Wehklagen."[424]

Auch das Lied „Flamme empor" mit einem Text von J.H.Chr. Nonne, das ohne erkennbaren Zusammenhang zwischen dem Frühlingslied von Franz Schubert und einem Fritz Stein zugeschriebenen „Sonnenwendlied" eingeordnet ist, war ein im Nationalsozialismus verwendetes Propagandalied:

„1. Flamme empor! Steige mit loderndem Scheine von den Gebirgen am Rheine glühend empor, glühend empor!
2. Siehe, wir stehn, siehe, wir stehn, treu in geweihetem Kreise, dich zu des Vaterlands Preise brennen zu sehn, brennen zu sehn.
3. Heilige Glut! Heilige Glut! Rufe die Jugend zusammen, daß bei den lodernden Flammen wachse der Mut, wachse der Mut!
4. Leuchtender Schein, leuchtender Schein, siehe, wir singenden Paare schwören am Flammenaltare, Deutschland zu sein, Deutschland zu sein!

---

[424] Alt 1941a, Entwurf 1939, Bd. 1, S. 104; vgl. Lemmermann, Heinz: Kriegserziehung im Kaiserreich, Lilienthal/Bremen (Eres) 1984, Bd. 2, S. 699

5. Höre das Wort, höre das Wort! Vater auf Leben und Sterben, hilf uns die Freiheit erwerben! Sei unser Hort, sei unserHort!"[425]

Eindeutig kriegsverherrlichend ist auch das Lied „Frisch auf zum Streit". Darin heißt es: „Ich habe Lust, im weiten Feld zu streiten mit dem Feind..."[426]

Einige Lieder bereiten die Mädchen gezielt auf ihre spätere Rolle als Hinterbliebene vor, z.B. das Lied „Meines Bruders Grab", in dem es heißt: „Ein Liedlein grau und öde rann trüb wie Sand im Sand, dein Bruder, der liegt schnöde in Feindes Land und Hand, in Feindes Land und Hand."[427]

Das folgende Lied „Ein Fähnrich zog zum Kriege" aus dem Jahre 1785 präsentiert die Schreckensereignisse des Krieges in der heiteren Form eines Bänkelliedes:

„1.Ein Fähnrich zog zum Kriege, videbumsvallera juchheirassa; ein Fähnrich zog zum Kriege, wer weiß, kehrt er zurück, wer weiß, kehrt er zurück?
2. Ein Reiter kam geritten, von Blut war er so rot.
3. Ach, reiter, lieber Reiter, was bringst du Neues mir?
4. Der Fähnrich ist erschossen, ist tot und lebt nicht mehr.
5. Ich sah ihn schon begraben, von vielen Offizier'n.
6. Der erste trug die Fahne, der zweite das Gewehr.
7. Der dritte trug den Degen, der vierte trug den Helm.
8. Und über seinem Grab war geschossen, mit Pulver und mit Blei."[428]

Das Lied „Der gute Kamerad" erzählt vom Sterben eines Kriegskameraden: „,... Eine Kugel kam geflogen: gilt's mir oder gilt es dir? Ihn hat es weggerissen, er liegt mir vor den Füßen, als wär's ein Stück von mir. Will mir die Hand noch reichen, derweil ich eben lad. Kann dir die Hand nicht geben, bleib du im ewgen Leben mein guter Kamerad."[429]

Einigen - ausnahmslos „unpolitischen" - Liedern hat Alt dadurch einen besonderen Akzent verliehen, dass er den Melodien ein- bis dreistimmige Begleitungen für Melodieinstrumente hinzufügte: „Ach, bittrer Winter", „Das Flachsernten", „Der Postillon", „Heio, mein Kindchen", „Herbstlied", „Im Märzen der Bauer", „Laß doch der Jugend ihren Lauf", „Leute steht auf", „Mai ist da", „Schlaflied", „Verstohlen geht der Mond auf", „Weberlied".

---

[425] Alt 1941a, Entwurf 1939, Bd. 1, S. 29
[426] Alt 1941a, Entwurf 1939, Bd. 1, S. 49
[427] Alt 1941a, Entwurf 1939, Bd. 1, S. 105
[428] Alt 1941a, Entwurf 1939, Bd. 1, S. 135

Außerdem hat Alt einen 16taktigen Klaviersatz zu der Melodie des „Hohenfrieder Marschs"[430] verfaßt, der wegen seines Bezugs auf die Schlacht von Hohenfried im Zweiten Schlesischen Krieg 1745 mit zu den kriegsverherrlichenden Stücken des Musikbuchs gerechnet werden muß.

Band 2

Der zweite Band ist in drei Teile gegliedert und umfaßt die Abschnitte „Das Lied im Volk", „Das Lied der Gegenwart" und „Das Werk der Deutschen Meister". Der erste Teil umfaßt 29 altdeutsche Volkslieder, darunter „Die Götterdämmerung" und „Das jüngere Hildebrandlied", eine Folge von 15 Kriegsliedern aus verschiedenen Epochen der deutschen Geschichte (z.B. „Aus den Religionskriegen", „Die Schlacht von Prag", „Weihelied aus den Freiheitskriegen", „Morgen marschieren wir in Feindesland" und „Brüder, zur Sonne, zur Freiheit") sowie 27 „neuere Volkslieder", z.B. „Kein Feuer, keine Kohle" mit einem zweistimmigen Satz von Kurt Thomas oder „Du dakleter Jagersbua" aus Kärnten. Im zweiten Teil („Das Lied der Gegenwart") sind insgesamt 43 Lieder zusammengefaßt, die nach der Einleitung Alts „nicht eindeutig zuzuordnen" waren. Darunter befinden sich Lieder des Tageskreises (z.B. „Morgenlied der neuen Arbeiter"), Lieder des „politischen Jahreskreises" (u.a. „Maifeier" und „Erntedanklied der Deutschen") sowie weitere NS-Lieder wie „Sturmlied", „Fallen müssen viele", „Großdeutschland", „Grenzlandschwur" und „Unser Herz will Sturm". Der dritte Teil („Das Werk der großen Meister") ist der umfangreichste und umfaßt insgesamt 109 Seiten, während die beiden ersten Liedgruppen auf insgesamt 75 Seiten untergebracht sind. Hier finden sich u.a. das geistliche Konzert „Bringt her dem Herren" von Heinrich Schütz, „Das Veilchen" von Wolfgang Amadeus Mozart, „Bitten" von Ludwig van Beethoven sowie Kunstlieder von Franz Schubert („Der Tod und das Mädchen", „Der Leiermann", „Mut"), Hugo Wolf („Das verlassene Mägdlein", „Fußreise"), Max Reger („Klein Marie"), „Herzenstausch"), Richard Strauss („Die Nacht") und Hans Pfitzner („Rößchen biß den Apfel an"). Außerdem sind auch einige Auszüge aus Oratorien und Opern abgedruckt, u.a. das Spinnlied aus den „Jahreszeiten" von J. Haydn, die Arie des Cherubin aus „Figaros Hochzeit" von Mozart, die Arie der Agathe aus dem „Freischütz" von C.M. v. Weber und Sachs' Schlußansprache aus Wagners „Meistersinger von Nürnberg". Neben diesen Vokalwerken hat Alt auch mehrere Instrumentalstücke aufgenommen, u.a. eine Fuge von Johann Sebastian

---

[429] Alt 1941a, Entwurf 1939, Bd. 1, S. 104

Bach, eine Sonate von Joseph Haydn sowie die ersten beiden Partiturseiten der 5. Symphonie Beethovens.

Band 3

Der Chorband, dessen Zustandekommen auf eine „ausdrückliche Weisung des Herrn Ministers" zurückging[431], enthält 16 nationalsozialistische „Bereitschaftslieder" („Erde schafft das Neue" u.a.), 59 Liedsätze unter der Rubrik „Festkreis" (darunter Führerlieder, Mutterlieder und auslandsdeutsche Lieder), 32 Lieder zum Tages- und Jahreslauf sowie 23 Kompositionen zur „Beherzigung", darunter eine Reihe von geistlichen Liedern („Was mein Gott will", „Lobgesang", „Singet dem Herren", „Ich will den Herrn loben", „Heilig ist der Herr", „Der Herr ist groß in seiner Macht" und „Das große Hallelujah"). Unter der Überschrift „Minnesang" sind insgesamt 49 Lieder zusammengefaßt (darunter mehrere Soldatenabschieds-Lieder). Den Abschluß des Bandes bilden 13 Tanz- und Scherzlieder.

Wie in den beiden ersten Bänden finden sich auch im Chorband zahlreiche „klassische" Kompositionen - neben Liedsätzen für Frauenchor (z.B. „Der Bräutigam" von Johannes Brahms) vor allem Auszüge aus den Opern „Die Meistersinger von Nürnberg" und „Der fliegende Holländer" von Richard Wagner, aus den Oratorien „Jephta" („Heil dir, dess' Heldentum uns erhob") und „Judas Maccabäus" von Georg Friedrich Händel, aus den „Jahreszeiten" von Joseph Haydn und aus der Oper „Iphigenie in Tauris" von Christoph Willibald Gluck.

Der Chorband beinhaltet außerdem eine Reihe von Kompositionen und Chorsätzen, die offenbar eigens für diesen Band geschrieben worden sind. Dazu schrieb Alt im Vorwort: „Da für den jüngsten Zweig der Chorliteratur die Werkauswahl noch sehr begrenzt ist, wurde ein großer Kreis von Komponisten, die dem neuen Geist aufgeschlossen sind, gewonnen, um so für die erforderlichen Originalbeiträge eine anregende stilistische Mannigfaltigkeit zu sichern und trotz den beim Frauenchor zu Gebote stehenden geringen Mitteln jedem Beitrag nach Möglichkeit eine charakteristische Note zu geben." Als Komponisten dieser „Originalbeiträge" sind genannt (in Klammern die Anzahl der jeweiligen Beiträge): Franz

---
[430] Alt 1941a, Entwurf 1939, Bd. 1, S. 104
[431] Alt 1941a, Entwurf 1939, Bd. 3, Vorwort

Bernhardt (1), Franz Grünkorn (1), Karl Hasse (5), Heinrich Lemacher (2), Albrecht Rosenstengel (6), Hans Sabel (4), Alfons Scharrenbroich (4), Hermann Schroeder (2), Hans Siebert (8), Hans Teuscher (3) und F.J. Zimmerhof (3).

Michael Alt hat auch selbst einige Chorsätze verfaßt, womit er insgesamt elf Lieder aufwertete, darunter fünf Liebeslieder („Das Lieben bringt groß Freud", „Flieg her, flieg hin, Waldvögelein, zu meinem Buhlen süße", „Sie gleicht wohl einem Rosenstock, drum liegt sie mir im Herzen", „Wohlauf, gut G'sell" und „Ich spring an diesem Ringe"), ein Morgenlied („Die güldne Sonne"), ein Sonnenwendlied („Julweise") und ein Mutterlied („Kinder sollen danken"). Aber auch das auslandsdeutsche Lied „Siebenbürgen, Land des Segens" und das Lied „Frisch auf in Gottes Namen" waren ihm eigenhändige Chorsätze wert. Das Lied „Frisch auf in Gottes Namen" besingt Vaterlandsehre und ritterliche Brüderschaft und ruft zum Einsatz von „Leib, Gut und Ehr'" auf:

„1. Frisch auf in Gottes Namen, du werte deutsche Nation! Fürwahr, ihr sollt euch schamen, würd eu'r gut Lob jetzt untergon, das ihr habt lang behalten mit Ehr und Ritterschaft, darum tut wie die Alten, der lieb Gott muß es walten, der, der verleih euch Siegeskraft.

2. Bedenket euren Namen, der weit und breit gar wohlbekannt und tretet frisch zusammen, gelobt mit ritterlicher Hand. Brüder sind wir genennet von wegen wahrer Treu, die wollen wir behalten, nachfolgen unsern Alten, alt gute Brüderschaft ist neu.

3. Ihr handefesten Männer, habt allzeit eines Löwen Mut, des rechten Wegs Bekenner der' Herz leucht wie ein Feuersglut, was uns Gott hier verliehen, um seinetwillen wagt, her all Stund frisch unverzagt."[432]

Zugleich hat er auch das Lied „Getreue Führer gib uns, Gott" aus dem Gesangbuch der Böhmischen Brüder von 1531 mit einem eigenen Chorsatz versehen, das aus der Perspektive des Notleidenden Gott darum bittet, „der Welt Macht und Wüterich" zu zerbrechen. Bezieht man diese Wendung auf den „Führer", gewinnt dieses Lied den Charakter eines „geistlichen Widerstandsliedes":

„1. Getreue Führer gib uns, Gott, zu Hilf in unsrer großen Not! Herr, dessen Allmacht alles kann, nun führ du selbst dein Werk voran!

2. Mit göttlicher Gewalt zerbrich der Welt Macht und den Wüterich, daß deiner Auserwählten Schar nicht falle in der Welt Gefahr.

3. Hilf uns in deiner Wahrheit Kraft, in ritterlicher Bruderschaft beisammenbleiben allezeit in Treue und Aufrichtigkeit."[433]

---

[432] Alt 1941a, Entwurf 1939, Bd. 3, S. 12 f.
[433] Alt 1941a, Entwurf 1939, Bd. 3, S. 24

2. Die Beanstandungen des Reichsministeriums vom 3.2.1941

Der Reichsminister für Wissenschaft, Erziehung und Volksbildung hat mit Schreiben vom 3.2.1941 dem Verlag L. Schwann in Düsseldorf mitgeteilt, dass er das vorgelegte Unterrichtswerk zur Benutzung an Oberschulen für Mädchen vorläufig zuzulassen beabsichtige.[434] Allerdings wurden dabei - von Druckfehlerkorrekturen abgesehen - wesentliche Änderungen verlangt. Die wichtigsten Vorgaben, die im folgenden einzeln dargestellt werden sollen, bezogen sich auf die Formulierung des Titels, auf die Auswahl und Reihenfolge der Lieder und umfaßten außerdem Vorschriften für Ergänzungen.

Es wurde verlangt, dem Musikbuch einen anderen Obertitel zu geben, wobei „Singebuch für Mädchen" als Untertitel beibehalten werden sollte. Für die Endfassung wurde daraufhin der Obertitel „Klingendes Leben" gewählt. Die Bezeichnung „Singebuch für Mädchen" blieb als Untertitel erhalten.

Außerdem wurde angeordnet, das Lied „Nun laßt die Fahnen fliegen" in den ersten Band aufzunehmen. Dieses Lied wurde daraufhin in die Abteilung „Volk und Land" aufgenommen. Es hat folgenden Wortlaut:

„1. Nun laßt die Fahnen fliegen in das große Morgenrot, das uns zu neuen Siegen leuchtet oder brennt zum Tod!

2. Denn mögen wir auch fallen, wie ein Dom steht unser Staat. Ein Volk hat hundert Ernten und geht hundertmal zur Saat.

3. Deutschland, sieh uns, wir weihen dir den Tod als kleinste Tat, grüßt er einst unsre Reihen, werden wir die große Saat.

4. Drum laßt die Fahnen fliegen in das große Morgenrot, das uns zu neuen Siegen leuchtet oder brennt der Tod!"[435]

Als Autor des Textes und als Komponist der Melodie ist Hans Baumann angegeben.

Ebenso sollte das Lied „Erde schafft das Neue", mit dessen Urfassung Alt den dritten Band eröffnet hatte, bereits in den ersten Band aufgenommen werden. Alt fügte es daraufhin in die

---

[434] Das Schreiben trägt das Aktenzeichen E III P 607/40 und befindet sich in einer Abschrift aus dem Verlagshaus Schwann vom 7.2.1941 im Nachlass Alts. Es ist mit dem dazugehörigen Begleitschreiben im Dokumentationsteil dieser Arbeit wiedergegeben (DOKUMENTE 27 und 28).
[435] Alt 1941a, Bd. 1, S. 93

Gruppe „Volk und Land" des ersten Bandes ein. Es wird dort unter der Überschrift „Wir Jungen" geführt und hat folgenden Wortlaut:

„1. Erde schafft das Neue, Erde nimmt das Alte, deutsche heilge Erde uns allen erhalte; sie hat
uns geboren, ihr gehören wir, Treue, ewge Treue kündet das Panier. Wir Jungen schreiten gläubig, der Sonne zugewandt, wir sind ein heilger Frühling, ins deutsche Land.

2. Glaube schafft das Neue, Glaube tilgt das Alte, deutscher heilger Glaube nie in uns erkalte, neu ist er geboren aus der Dunkelheit, Wimpel wehend künden: Deutschland ist befreit. Wir Jungen ...

3. Wille schafft das Neue, Wille zwingt das Alte, deutscher heilger Wille immer jung uns halte; himmlische Gnade uns den Führer gab, wir geloben Hitler Treue bis ins Grab. Wir Jungen ..."[436]

Als Urheber von Text und Melodie ist Heinrich Spitta angegeben.

Ein drittes Lied sollte in den ersten Band aufgenommen werden und wurde daraufhin ebenfalls im Kapitel „Volk und Land" untergebracht. Es trägt den Titel „Ein junges Volk steht auf" und stammt in Text und Musik von Werner Altendorf:

„1. Ein junges Volk steht auf zum Sturm bereit! Reißt die Fahnen höher, Kameraden! Wir fühlen nahen unsre Zeit, die Zeit der jungen Soldaten. Vor uns marschieren mit sturmzerfetzten Fahnen die toten Helden der jungen Nation, und über uns die Heldenahnen. Deutschland, Vaterland, wir kommen schon.

2. Wir sind nicht Bürger, Bauer, Arbeitsmann, haut die Schranken doch zusammen! Kameraden, uns weht nur eine Fahne voran, die Fahne der jungen Soldaten! Vor uns marschieren ...

3. Und welcher Feind auch kommt mit Macht und List, seid nur ewig treu, ihr Kameraden! Der Herrgott, der im Himmel ist, liebt die Treue und die jungen Soldaten! Vor uns marschieren ..."[437]

Das Lied „Kinder sollen danken", zu dem Alt einen eigenen Satz geschrieben hatte, wurde „wegen des wenig wertvollen Textes" abgelehnt und daraufhin ersatzlos gestrichen. Das Lied hatte folgenden Text:

„1. Kinder sollen danken, weil sich ohne Schranken ihrer Mütter Liebe um sie stellt. Sie sind der Geschlechter ewig wahre Wächter, sie trägt Völker über Zeit und Welt

2. Mütter sind die Zeugen, daß sich Menschen beugen vor der Allmacht einer Ewigkeit. Aber nicht in fernen unbekannten Fernen wird ihr ihr Gottesglaube Wirklichkeit.

---

[436] Alt 1941a, Bd. 1, S. 92
[437] Alt 1941a, Bd. 1, S. 93

3. In den Kindern tragen sie auf Gottes Fragen ihre Antwort ewig durch die Zeit. Deutschen Volkes Leben ist als Lohn gegeben für der Mütter Liebe, Lust und Leid."[438]

Das Lied „Fallen müssen viele" wurde abgelehnt, weil es sich nach dem Urteil des Reichsministeriums um eine „weniger wertvolle Komposition" handelte. Der dreistimmige Satz stammt von Hermann Grabner und ging aus nationalsozialistischer Sicht offenbar zu einfühlsam auf den Text ein (vgl. Notenbeispiel 1). In der Endfassung wurde dieses Lied durch eine Vertonung von Rudolf Leyk ersetzt (siehe Notenbeispiel 2).

Die Lieder „O Tannenbaum" und „Es sang gut Spielmann" wurden wegen (der Sätze) des Komponisten Teuscher abgelehnt. Es wurde empfohlen, die Lieder durch einen anderen Tonsetzer der Zeit bearbeiten zu lassen. Dabei hatte man offensichtlich übersehen, dass das Buch noch einen dritten Satz dieses Komponisten enthielt, nämlich zu dem Lied „Der Kuckuck auf dem Baume saß". Das beanstandete Lied „O Tannenbaum" ersetzte Alt durch den „Sonnwendruf" von Cesar Bresgen. Das andere beanstandete Lied, „Es sang gut Spielmann", wurde ersatzlos gestrichen. Das dritte - nicht beanstandete - Lied von Teuscher behielt Alt in der Endfassung bei.

Außerdem wurde beanstandet, dass das Singebuch in „zu grossem Umfange Lieder kirchlichen Charakters" enthalte. So wurde u.a. die erste Strophe des Liedes „Von der edlen Musik" abgelehnt, die folgenden Wortlaut hatte:
„Der hat vergeben das ewig Leben, der die Musik nicht liebt und sich beständig übt in diesem Spiel. Wer schon auf Erden will selig werden, der kann erreichen hie durch Musik ohne Müh sein hohes Ziel. Es gibt der höchste Gott den Engeln dies Gebot: Es singen Cherubin, es singen Seraphin der Engel viel. Der hat vergeben das ewig Leben, der die Musik nicht liebt und sich

---

[438] Alt 1941a, Entwurf 1939, Bd. 3, S. 39

Notenbeispiel 1

Titel: „Opfer" („Fallen müssen viele")
Text: Heinrich Anacker
Komponist: Hermann Grabner
Quelle: Alt, Michael: Singebuch für Mädchen, Bd. 3, Entwurf, Düsseldorf (Schwann) 1939, S. 63 f.

Notenbeispiel 2

Titel:	„Fallen müssen viele"
Text:	Heinrich Anacker
Komponist:	Rudolf Leyk
Quelle:	Alt, Michael: Klingendes Leben. Singebuch für Mädchen, Bd. 3, Düsseldorf (Schwann) 1941, S. 71 f.

beständig übt in diesem Spiel."[439] Für die Endfassung ersetzte Alt dieses Lied durch das Tanzlied „O, wie so schön und gut".

Auch die 7. Strophe des Liedes „Das Schloß in Österreich" wurde wegen des „kirchlichen Charakters" abgelehnt. Die Strophe lautet:

„Man bracht den Knaben wohl aus dem Turm, gab ihm das Sakramente: 'Hilf, reicher Christ, vom Himmel hoch! Es geht mir an mein Ende.'"[440]

Bei diesem Lied entschied sich Alt für die Streichung der beanstandeten Strophe und reduzierte damit die Gesamtzahl der Strophen auf zehn.

Des weiteren wurde das Lied „Ich stand auf hohem Berge" wegen der kirchlichen Haltung beanstandet:

„1. Ich stand auf hohem Berge und sah ins tiefe Tal, da sah ich ein Schifflein fahren, darin drei Grafen war'n.

2. Der Jüngste von den Dreien, die in dem Schifflein saß'n, gebot seiner Lieben zu trinken, aus
einem veneditischen Glas.

3. 'Was gibst du mir zu trinken, was schenkst du mir lang ein? Ins Kloster will ich gehen, will Gottes Dienrin sein.'

4. Und als es war um Mitternacht, dem Grafen träumt's so schwer, als ob sein herzallerliebster
Schatz ins Kloster gezogen wär.

5. Und als er vor das Kloster kam, gar leise klopft er an: 'Wo ist die jüngste Nonne, die letzt ist kommen an?'

6. Das Nönnlein kam gegangen in einem schneeweißen Kleid, ihr Haar war abgeschnitten, ihr roter Mund war bleich.

7. Der Knab, er setzt sich nieder, er saß auf einem Stein, er weint die hellen Tränen, brach ihm
sein Herz entzwei."[441]

In der Endfassung ersetzte Alt dieses Lied durch das Lied „Mädchen und Tod".

---

[439] Alt 1941a, Entwurf 1939, Bd. 1, S. 98
[440] Alt 1941a, Entwurf 1939, Bd. 1, S. 126 f.
[441] Alt 1941a, Entwurf 1939, Bd. 1, S. 127

Die Komposition „Bringt her dem Herren" von Heinrich Schütz, die ebenfalls wegen der kirchlichen Haltung abgelehnt worden war, wurde durch „Frau Nachtigall mit süßem Schall" von Johann Hermann Schein ersetzt.

Auch das als „geistliches Widerstandslied" interpretierbare Lied „Getreue Führer gib uns, Gott", zu dem Alt einen eigenen Satz geschrieben hatte, wurde abgelehnt und daraufhin durch ein anderes ersetzt, und zwar durch das Lied „Anruf des Führers".

Schließlich wurde auch die dritte Strophe des Liedes „Ammenuhr" beanstandet, die folgenden Wortlaut hatte: „Das Nönnchen läut zur Mettezeit, die Glock schlägt zwei, sie gehen durchs Tor in einer Reih."[442] Diese Strophe wurde durch folgenden Text ersetzt: „Des Wächters Ruf fernhin verhallt, des Wächters Ruf fernhin verhallt, die Glock schlägt zwei, daß Gott behüt den Schlummer dein."[443]

Die übrigen Kompositionen, die wegen ihrer „ausgesprochen kirchlichen Haltung" abgelehnt worden waren, wurden ersatzlos gestrichen. Dabei handelte es sich um das Lied „Im Himmelreich ein Haus steht" aus op. 111 von M. Reger, den „Chor der Priesterinnen" aus der Oper „Iphigenie in Tauris" von Chr. W. Gluck, „Was mein Gott will", Psalm 92, „Ich will den Herrn loben" von Telemann, „Heilig" und „Das große Hallelujah" von Fr. Schubert.

Auch zur Reihenfolge der Lieder gab es Vorgaben: „Die beiden Lieder der Nation sind nicht an beliebiger Stelle der Bände, sondern am Anfang des ersten Liederbuches zu bringen." Tatsächlich erschienen diese beiden Lieder in der Endfassung noch vor dem Inhaltsverzeichnis des ersten Bandes.

Schließlich sollte das Liederbuch durch eine Musikkunde ergänzt werden, die neben Lebensbildern der deutschen Meister auch eine kurze zusammenfassende Übersicht über das Gebiet der Musiklehre einschließlich Instrumentenkunde beinhalten sollte. Die Lebensbilder sollten der Veranschaulichung von Persönlichkeiten und Werken dienen und in altersgemäßen Darstellungsformen gehalten sein (Anekdoten, Briefe, Selbstzeugnisse). Außerdem wurde verlangt, dass „Unterrichtsstoffe für die zu behandelnden Gebiete, z.B. germanische Musik, deutsches Volkslied, Rasse und Musik" einschließlich sonstiges Schrifttum, das für die Arbeit

---

[442] Alt 1941a, Entwurf 1939, Bd. 3, S. 108

auf der Oberstufe von Bedeutung sei, in die Musikkunde aufgenommen wurde. Diese ergänzende Musikkunde wurde gefordert, „um in Zukunft bei den zugelassenen Werken für den Musikunterricht an Höheren Schulen eine größere Einheitlichkeit zu erreichen." Diese Musikkunde, die entsprechend der Gliederung des Singebuchs in zwei Teilen verfaßt werden konnte, sollte bis Ende April 1941 vorgelegt werden. Unklar blieb bei dieser Vorgabe, ob die zweiteilige Musikkunde als eigenständiges Heft herausgegeben oder den beiden ersten Bänden beigebunden werden sollte.

3. Die Urfassung der Musikkunde

Die Musikkunde, die nach dem Schreiben des Reichsministeriums vom 3.2.1941 bis spätestens Ende April 1941 zur Prüfung vorgelegt werden sollte, umfaßte in der Urfassung einen 72seitigen Teil für die Oberstufe und einen 28seitigen Teil für die vier unteren Klassen der Mädchenoberschulen. Als Titel wurde für den Oberstufenteil „Musikkunde" gewählt, während der andere Teil lediglich als „Anhang zu Band I" bezeichnet wurde. Beide Teile wurden zusammengebunden und mit dem Titel „Musikkunde" 1941 zur Prüfung vorgelegt.[444]

Die Musikkunde für die vier oberen Klassen gliedert sich wie folgt:

Aus dem Leben und Schaffen der deutschen Meister
Johann Sebastian Bach
Georg Friedrich Händel
Joseph Haydn
Wolfgang Amadeus Mozart
Ludwig van Beethoven
Franz Schubert
Carl Maria von Weber
Robert Schumann
Richard Wagner
Johannes Brahms
Anton Bruckner
Meister des neueren deutschen Kunstliedes
(Hugo Wolf, Max Reger, Richard Strauss, Hans Pfitzner)

Vom deutschen Volkslied
Wesen des Volksliedes
Das Lied im Volksleben
Das Kinderlied

---

[443] Alt 1941a, Bd. 3, S. 116
[444] Alt, Michael: Musikkunde, Düsseldorf (Schwann) 1941 (unveröffentlicht)

Stammeseigentümlichkeiten im deutschen Volkslied
Das Lied der Grenz- und Auslandsdeutschen
Das mittelalterliche und das neuere Volkslied
Volkslied und Rasse
Das Lied der Bewegung

Germanische Musikübung
Musik und Rase
Kleine Formenlehre
Von den Musikinstrumenten
Beispiel für das Partiturbild

Die Musikerbiographien („Aus dem Leben und Schaffen der deutschen Meister") kennzeichnen die Musiker durchgängig als vorbildliche Persönlichkeiten im Sinne nationalsozialistischer Ideologie. So werden beispielsweise bei Johann Sebastian Bach u.a. seine „erdhafte Verwurzelung", seine „meistersingerlich einfache Lebensart" und „sein patriarchalisches Familienleben" hervorgehoben. Georg Friedrich Händel wird ein „über Heimat und Grenze drängender Kampf- und Tatendrang des Wikingers" zugeschrieben. Bei Mozart wird der „Kampf für die deutsche Nationaloper" beschrieben, deren Entwicklung sein „ganzes Streben" gegolten habe. Bestimmend für das Leben und Werk Ludwig van Beethovens sei ein „dämonisches Kraftgefühl" gewesen. Die „anspringende elementare Gewalt seiner Musik" lasse jeden Menschen das Leben „kampfesmutig bejahen". Außerdem wird seinen Werken „heroische Gesinnung" zugeschrieben, und zwar in einem „ganz tiefen inneren Sinn".

In dem Kapitel „Vom deutschen Volkslied" wird dem Volkslied in Abgrenzung zum Schlager „echte Gefühlsempfindung", „gesunde Rhythmik" und „gehaltvolle Melodie" zugeschrieben:
„Das Volkslied verbreitet sich langsam, wirkt tiefer und geht mit dem Volk eine enge und darum länger währende Verbindung ein. All echte Gefühlsempfindung ersetzt der Schlager durch schleimige Sentimentalität und kitschige Gefühlsseligkeit, gesunde Rhythmik durch überhitzte Schmissigkeit, gehaltvolle Melodie durch eingängige Ohrenfälligkeit. Der Inhalt ist meist reißerisch-aktuell und überrascht gern mit plump-witzigen oder zweideutigen Einfällen. Das Gesunde, Ursprüngliche und die edle Herbheit des Volksliedes gehen ihm völlig ab."[445]

Außerdem wird die „Lebensverbundenheit" des Volksliedes betont (Arbeitslied, Ständelied) und auf germanisches Brauchtum zurückgeführt (Kap. „Das Lied im Volksleben"). Auch Kinderlieder werden auf germanische Wurzeln zurückgeführt: „In diesen Reigenliedern lebt noch etwas von dem heiligen Ernst der altgermanischen mimischen Kulttänze".[446] Im Kapitel

---

[445] Alt, a.a.O., S. 35
[446] Alt, a.a.O., S. 39

„Stammeseigentümlichkeiten" geht es um die „musikalischen Dialekte" und deren gegenseitige Beeinflussung. „Der Älpler", so schreibt Alt, „hängt aus dem Stegreif an seine Stammeslieder oft einen 'Jodler' als Kehrreim an..." In dem Abschnitt „Das Lied der Grenz- und Auslandsdeutschen" wird hervorgehoben, mit welch „besonderer Innigkeit und Liebe" die „bedrohten Grenzlandschaften" und „die vom Mutterland getrennten auslandsdeutschen Gebiete" an ihrem „heimatlichen Liedgut" hängen. Im Abschnitt „Das mittelalterliche und das neuere Volkslied" werden Lieder aus den „beiden Blütezeiten des deutschen Volksliedes", nämlich das spätmittelalterliche Lied des 14. und 15. Jahrhunderts und das „vom Sturm und Drang und der Romantik geprägte neue Volkslied" in ihrer stilistischen Unterschiedlichkeit dargestellt, um aufzuzeigen, dass das deutsche Volkslied „in einer fortwährenden stilistischen Entwicklung" stehe, „während das Volkslied anderer Länder sich nur wenig wandelt." Unter der Überschrift „Volkslied und Rasse" werden Ausschnitte aus den beiden Schriften „Die Rasse als Lebensgesetz" (Leipzig 1935) und „Musik und Rasse" (München 1932) von Richard Eichenauer zitiert. Im Abschnitt „Das Lied der Bewegung" wird behauptet, dass im Kampflied der nationalsozialistischen Bewegung die „alte Einheit von Streit und Lied" wieder lebendig werde, was unter anderem durch den „streitbaren Lutherchoral 'Eine feste Burg'" belegt wird. Man habe „älteren beliebten Weisen" „neue werbende Texte" hinzugefügt. So sei auch das „Horst-Wessel-Lied" einem alten Volkslied nachgebildet.

Zum „Lied der Bewegung" heißt es:
„Als man so anfänglich mit alten, vertrauten Weisen das Herz des Volkes gewonnen hatte, da wuchsen allenthalben Lieder auf, die dem neuen Wollen auch einen neuartigen Ausdruck gaben. Am kraftvollsten geschah das wohl im zündenden Revolutionslied 'Volk ans Gewehr', das das ganze deutsche Volk in seinen Bann schlug. Damit war ein neuer Liedtyp geschaffen, in dem die nationalsozialistische Haltung unter Anwendung neuer künstlerischer Mittel ihre eigene Ausprägung fand. Dieses neue *politische Gemeinschaftslied,* das vor allem von der Jugend weiterentwickelt wurde, ist nicht nur Stimmungsausdruck wie das Volkslied. Es ist vielmehr ein den Sänger verpflichtendes Bekenntnis zur völkischen Idee. Als *Kampflied* steckt es voller Kraft und Leidenschaftlichkeit, es will aufrütteln, die kämpferischen Kräfte wachhalten und erneuern. Darum klingt auch aus den Kampfliedern unserer Tage noch der wuchtige Revolutionsschritt und die Gefühlserregung des völkischen Umschwunges..."[447]

Von dem „politischen Gemeinschaftslied" wird das „choralartige Feierlied" unterschieden, dessen „breiter, ruhig ausschwingender Melodieton" der „Besinnung und seelischen Erhebung in der völkischen Feier" diene. Als „neuartige Gestaltungsmittel" des politischen Gemeinschaftsliedes werden kirchentonartliches Moll (vor allem Äolisch und Dorisch),

---
[447] Alt, a.a.O., S. 48

vorwiegend lineare und von der Textdeklamation bestimmte Melodieführung sowie „eindrucksvoller Kehrreim" genannt. „Die Rhythmik des neuen Liedes ist nicht nur straffer, sondern durchweg auch vielgestaltiger, als das im Volksgesang des letzten Jahrhunderts üblich war, sie scheut auch nicht vor ungewöhnlichen Bildungen zurück (Taktwechsel, Triolierungen, Akzentverlegungen u.a.)."[448]

Im Kapitel „Germanische Musikübung" befaßt sich Alt u.a. mit der Lure, die „der Germane zu einer ungewöhnlichen technischen und künstlerischen Vollkommenheit" entwickelt habe. Lange habe das Blasinstrument den Klangcharakter des frühen deutschen Instrumentalspiels „vor dessen Angleichung an das romanische" geprägt. Deshalb könne man „in der männlichen Herbheit und Klarheit der Blasmusik", die auch dem Volksempfinden nahebleibe, das „typisch germanisch-deutsche Klangideal" sehen.

Wie im Abschnitt „Volkslied und Rasse" verzichtet Alt auch im Kapitel „Musik und Rasse" auf jede eigenständige Formulierung. Stattdessen beschränkt er sich auch hier auf die Wiedergabe größerer Abschnitte aus dem Buch „Die Rasse als Lebensgesetz" von Richard Eichenauer.

In der „Kleinen Formenlehre" werden die Variation, die Liedformen, die Bogenformen, die Sonatenform, die Fuge sowie die Suite und Sonate als zyklische Formen besprochen. Die dreiteilige Liedform wird an dem „Lied der Deutschen" veranschaulicht.

Im Anschluß an eine Darstellung der Musikinstrumente wird als Beispiel für das Partiturbild ein Ausschnitt aus der 5. Symphonie Beethovens abgedruckt.

Im Oberstufenteil sind von Bach, Beethoven, Brahms, Bruckner, Händel, Haydn, Reger, Robert und Clara Schumann, Richard und Cosima Wagner, Weber, Wolfgang sowie Leopold Mozart mit seinen Kindern Schwarz-weiß-Bilder eingefügt. Außerdem gibt es zu den einzelnen Holzblasinstrumenten, Blechblasinstrumenten und Schlaginstrumenten jeweils eine Schautafel mit Zeichnungen.

Der für die vier unteren Klassen der Mädchenoberschulen gedachte „Anhang zu Band I" ist in zwei Teile gegliedert. Das erste Kapitel („Kleine Geschichten um große Meister") ist eine

---

[448] Alt, a.a.O., S. 48

Sammlung von insgesamt 27 Erzählungen zu den Komponisten Bach, Beethoven, Brahms, Händel, Haydn, Mozart, Reger, Schubert, Schumann, Wagner und Weber. Als Quellen der Erzählungen werden verschiedene Biographien (u.a. die Forkel-Biographie J.S. Bachs) und Anekdotensammlungen (z.B. „Deutsche Künstler in 300 Anekdoten, neu erzählt von Georg Nowottnik"), aber auch mündliche Überlieferung („überliefert von Staatsrat Georg v. Nissen") angegeben. Das zweite Kapitel („Aus der Musiklehre") umfaßt eine elfseitige Darstellung musikalischer Grundbegriffe aus den Bereichen Tonlehre, Rhythmik, Vortragslehre und Harmonielehre sowie einen zweiseitigen Abschnitt „Marsch und Tanz", der neben einer kurzen Darstellung der Geschichte des Armeemarsches auch Hinweise auf die Instrumentation des Marsches bei den verschiedenen Truppengattungen beinhaltet.

4. Die Beanstandungen des Reichsministeriums vom 23.10.1941

Die vorläufige Zulassung, die am 3.2.1941 angekündigt worden war, erfolgte am 23.10.1941 unter dem Aktenzeichen E III P 151/41. Diese Mitteilung, die im Dokumentationsteil dieser Arbeit vollständig wiedergegeben wird (DOKUMENT 29), wurde mit weiteren Vorschriften zur Veränderung versehen, von denen hier nur die wichtigsten dargestellt werden sollen:

Es wurde verlangt, unter die „Lieder der Bewegung" zusätzlich vier Lieder von Hans Ganser aufzunehmen, nämlich „Deutschland, erwache!", „Noch ist die Freiheit nicht verloren!", „Das Hakenkreuz im weißen Feld" und „Ein Führer, Volk und Reich". Alt nahm daraufhin diese Lieder in den Chorband auf, obwohl es sich um einstimmige Lieder handelte.

Als weitere Ergänzung wurde die Aufnahme einer „Sonderliste der für den Musikunterricht an den Höheren Schulen genehmigten Schallplatten" verlangt, deren Veröffentlichung für den Spätherbst des Jahres angekündigt wurde. Falls durch den Abdruck dieses Verzeichnisses die Herausgabe zeitlich verzögert würde, könne das Musikbuch allerdings auch ohne diese Liste erscheinen, wobei in diesem Fall die Sonderliste in eine Neuausgabe aufzunehmen sei. Das Musikbuch erschien 1941 ohne eine solche „Sonderliste".

Die folgende Beanstandung bleibt teilweise rätselhaft. Sie lautet: „Das Lied 'Die beste Zeit im Jahr ist mein' soll in dieser Fassung (nicht „Mai'n") gebracht werden. Um die Schüler auf den richtigen Sinn des Liedes hinzulenken, wählt man am besten die Überschrift 'Frau Musica singt'. Es empfiehlt sich, in einer Anmerkung darauf hinzuweisen, dass der Text einen Ausschnitt aus einer Dichtung Martin Luthers aus dem Jahre 1538, überschrieben 'Frau Musica', darstellt, in der ein Loblied auf die Musik und ihre göttliche Sendung gesungen wird." Rätselhaft daran ist, dass das Lied in der Prüfausgabe von 1939 bereits mit dem gewünschten Text „Die beste Zeit im Jahr ist mein" abgedruckt war.[449] In der Endfassung ersetzte Alt die bisherige Überschrift „Die beste Zeit im Jahr ist mein" durch „Frau Musica singt" und fügte auch eine entsprechende Anmerkung ein: „Die Worte sind der Dichtung 'Frau Musica' M. Luthers aus dem Jahre 1538 entnommen, in der die göttliche Sendung der Musik besungen wird."[450]

Außerdem wurde verlangt, den „Anhang zu Band I" und die „Musikkunde", die nachträglich zur Prüfung vorgelegt worden waren, nicht als Sonderhefte zu bringen, sondern mit Teil I und II des Singebuchs für Mädchen zu vereinigen. Tatsächlich wurde die „Musikkunde" dem zweiten Band zugeordnet, während der „Anhang zu Band I" dem ersten Band beigeheftet wurde.

In einer Anlage zu dem Genehmigungsschreiben wurden außerdem verschiedene fachliche Beanstandungen aufgeführt, die Alt überwiegend berücksichtigte. Auf einige Details sei hingewiesen:

Im Kapitel „Stammeseigentümlichkeiten im deutschen Volkslied" hatte Alt geschrieben: „Am treuesten haben die Älpler ihre musikalische Eigenart erhalten und sind nicht wenig stolz auf sie."[451] Die Bezeichnung „Älpler" wurde beanstandet und sollte durch die genaue Stammesbezeichnung ersetzt werden. Alt wählte daraufhin den Ausdruck „Alpenbewohner".[452]

Weiterhin hatte es in der Urfassung der „Musikkunde" geheißen: „Eine große Auswahl dieser sanglichen Lieder hat das Volk aufgenommen, z.B. [...] des Dänen J.P.A. Schulz 'Der Mond ist aufgegangen' [...]; von Zelter, dem Freund und musikalischen Berater Goethes, 'Der König von Thule'; vom Schweizer Nägeli 'Freut euch des Lebens'; vom Lehrer Beethovens, dem

---

[449] Alt 1941a, Entwurf 1939, Bd. 3, S. 70
[450] Alt 1941a, Bd. 3, S. 78
[451] Alt, Michael: Musikkunde, Düsseldorf (Schwann) 1941 (unveröffentlicht), S. 40
[452] Alt 1941a, Bd. 2, S. 226

Rheinländer Neefe, 'Was frag' ich viel nach Geld und Gut'..."⁴⁵³ Dazu gab es zwei Beanstandungen: „I.P.A. Schulz ist kein Däne; er ist in Lüneburg geboren und lebte nur vorübergehend in Dänemark.- Nach neuesten Forschungen ist das Lied 'Freut euch des Lebens' nicht von Nägeli." Alt strich daraufhin die beanstandeten Formulierungen: „Eine große Auswahl dieser sanglichen Lieder hat das Volk aufgenommen, so [...] von J.P.A. Schulz 'Der Mond ist aufgegangen' [...]; von Zelter, dem Freund und musikalischen Berater Goethes: 'Der König von Thule'; von Neefe, dem Bonner Lehrer Beethovens: 'Was frag' ich viel nach Geld und Gut'..."⁴⁵⁴

Im Kapitel „Germanische Musikübung" hatte Alt eine finnische Runenmelodie zu den Versen des Kalewalaepos abgedruckt.⁴⁵⁵ Dazu hieß es in dem Gutachten, es sei „wenig überzeugend, die altgermanische Musik durch eine finnische Melodie zu charakterisieren." Trotz dieser Beanstandung blieb die ursprüngliche Fassung unverändert.⁴⁵⁶

Folgende Kritik fand schließlich Berücksichtigung: „Auch wäre ein Hinweis auf den handwerklichen Kunstwert des Instrumentenbaus angebracht (Streichinstrumente; Klarinette eine deutsche Erfindung, tiefe Blechblasinstrumente eine deutsche Konstruktion, ebenso die Verbesserungen an der Böhmflöte)." Alt fügte daraufhin folgenden Abschnitt ein: „Beachtung verdient auch der kunsthandwerkliche Wert der Musikinstrumente. Musikalität, entwickelter Klangsinn und handwerkliche Meisterschaft müssen sich verbinden, um der Musik Tonwerkzeuge zur Verfügung zu stellen, die allen künstlerischen Absichten nachzukommen vermögen. Um die Entwicklung der Musikinstrumente hat sich die deutsche Handwerkskunst sehr verdient gemacht. Neben den großen italienischen Geigenbauern Amati und Stradivari darf man die überragenden Leistungen der Tiroler Schule (J. Stainer in Absom bei Innsbruck) und der Mittenwalder Schule (Familie Klotz) nicht vergessen. Die deutsche Vorliebe für Baßfülle hat die Berliner Wieprecht und Moritz die klangrunde, prächtig tragende Baßtuba erfinden lassen. J.E. Demes in Nürnberg machte die Klarinette konzertfähig; die Flötenmeister Quantz und Boehm verbesserten ihr Instrument, E. Almenräder das Fagott, Blühmel und Stölzel durch Einführung der Ventile das Waldhorn in entscheidender Weise."⁴⁵⁷

---

⁴⁵³ Alt, Michael: Musikkunde, Düsseldorf (Schwann) 1941 (unveröffentlicht), S. 45 f.
⁴⁵⁴ Alt 1941a, Bd. 2, S. 231 f.
⁴⁵⁵ Alt, Michael: Musikkunde, Düsseldorf (Schwann) 1941 (unveröffentlicht), S. 49
⁴⁵⁶ Alt 1941a, Bd. 2, S. 235
⁴⁵⁷ Alt 1941a, Bd. 2, S. 250

5. Die Endfassung / Gesamtcharakterisierung

Das von Michael Alt 1941 herausgegebene Musikbuch „Klingendes Leben" für Mädchenoberschulen bekannte sich offen zur weltanschaulichen, erzieherischen und künstlerischen Haltung des Nationalsozialismus. Es ist nationalistisch, indem es Lieder enthält, die Deutschland pseudoreligiös als heiliges Land mythisieren (z.B. „Deutschland! Deutschland! O heilger Name!", „Deutschland, heiliges Wort"), indem es ausschließlich deutsch-sprachige Lieder enthält, indem es ausschließlich als „deutsch" eingeordnete Komponisten zur Darstellung bringt und sich auch bei historischen Themen ausschließlich auf national-geschichtliche Stoffe beschränkt.

Das Musikbuch ist ferner gewaltverherrlichend, indem es eine große Anzahl von Liedern enthält, die für die kriegerische Lösung von Konflikten werben (z.B. „Flamme empor", „Frisch auf zum Streit", „Morgen marschieren wir ins Feindesland", „Unser Herz will Sturm") und die die Mädchen auf die Rolle der Hinterbliebenen einstimmen (z.B. „Soldatentod", „Der gute Kamerad", „Meines Bruders Grab").

Das Musikbuch stellt sich außerdem in den Dienst nationalsozialistischen Führer- und Personenkults, indem es Lieder enthält, die den Führer als gottähnlich verehren (z.B. „Anruf des Führers", „Dem Führer", „Ein Führer, Volk und Reich") und indem es Musiker als Helden und Kämpfer darstellt. So wird Georg Friedrich Händel der „Kampf- und Tatendrang des Wikingers" zugeschrieben, Mozart wird als „Kämpfer für die deutsche Nationaloper" charakterisiert, und von Beethoven wird behauptet, dass er das Leben „kampfesmutig" bejahte.

Zudem ist das Musikbuch rassistisch, indem es musikalische Phänomene (z.B. Polyphonie) auf behauptete Anlagefaktoren der germanisch-nordischen Menschenrasse (z.B. Leistungswillen, Willenskraft) zurückführt.[458]

Das Musikbuch ist außerdem am nationalen Kunstwerk orientiert, indem es eine Vielzahl von Kunstliedern und Auszügen aus „klassischen" Opern und Oratorien enthält, sich dabei aber auf Werke beschränkt, die im nationalsozialistischen Sinne als „deutsch" eingeordnet wurden.

---

[458] Alt 1941a, Bd. 2, S. 238

Dementsprechend wurde auf Werke aus den Bereichen zeitgenössischer Kunstmusik, des Jazz oder außereuropäischer Musik verzichtet.

Sowohl die Ankündigung der vorläufigen Zulassung vom 3.2.1941 als auch die Mitteilung über die vorläufige Zulassung vom 23.10.1941 verband das Reichsministerium für Wissenschaft, Erziehung und Volksbildung mit detaillierten Vorgaben zur Veränderung der vorgelegten Fassung. Diese Vorgaben bezogen sich im wesentlichen auf die Aufnahme bestimmter NS-Lieder, auf die Streichung vor allem geistlicher Kompositionen sowie auf die Ergänzung durch eine „Musikkunde", in der Künstlerbiographien, Inhalte der Musiklehre und sog. Oberstufenthemen wie „Rasse und Musik" u.a. abgehandelt werden sollten. Beanstandet wurden neben sachlichen Fehlern und Unstimmigkeiten (z.B. in biographischen oder instrumentenkundlichen Details) vor allem Definitionen musikalischer Fachbegriffe (z.B. „Rhythmus", „Dreiklang", „Akkord"), zu kompliziert erscheinende Formulierungen (z.B. „Charakter", „architektonischer Aufbau"), aber auch als „häßlich" oder „gesucht" eingestufte Wörter wie „angereichert", „aufgipfeln" oder „humorig".

Das Musikbuch enthielt schon in der Urfassung das klare Bekenntnis zur nationalsozialistischen Erziehung sowie zahlreiche NS-Lieder. Zugleich enthielt es auch schon in der Version von 1939 zahlreiche Kunstlieder und Auszüge aus Opern und Oratorien. Gegenüber der Endfassung hatte das Musikbuch urspünglich jedoch noch einen weiteren Schwerpunkt bei geistlichen Liedern. Darunter befand sich auch ein Lied, das als „geistliches Widerstandslied" interpretierbar ist. Dieser ursprünglich vorgesehene Schwerpunkt mit geistlichen Liedern ist durch die Streichung der beanstandeten Lieder verloren gegangen. Gleichzeitig wurde der Anteil an NS-Liedern durch die Vorgaben erheblich erhöht. Diese Akzentverschiebung geht nachweislich auf die Vorgaben des Reichsministeriums zurück.

Auch die rassistischen Kapitel „Volkslied und Rasse" sowie „Musik und Rasse" waren nicht Bestandteile der Urfassung von 1939 und gehen nachweislich auf die Anordnungen des Ministeriums zurück. In beiden Kapiteln verzichtete Alt auf jede eigenständige Formulierung, was sich als Hinweis auf eine gewisse Distanz des Herausgebers zu den Inhalten der Kapitel verstehen läßt.

Die meisten Vorgaben wurden entsprechend den Beanstandungen erfüllt. Alle Lieder, die vom Ministerium beanstandet worden waren, wurden gestrichen, beanstandete Formulierungen verändert oder ersatzlos gestrichen. In zwei Fällen sind Streichungen von Liedern vorgenommen worden, die nicht beanstandet worden waren, nämlich das „Engelterzett" und „Der Feldjäger". In einigen Fällen wurden Beanstandungen aber auch mißachtet. So blieb Alt bei dem Zitat einer finnischen Melodie als Beleg für germanische Musikübung, und er widersetzte sich auch der Vorgabe, als „Dreiklang" den Zusammenklang dreier beliebiger Töne zu bezeichnen.

Zwei Kompositionen wurden „wegen des Komponisten" abgelehnt, obwohl das Musikbuch insgesamt drei Lieder dieses Komponisten enthielt. Diese Vorgabe wurde nur wortgetreu erfüllt, so dass das Musikbuch im Ergebnis auch einen Chorsatz eines abgelehnten Komponisten enthielt („Der Kuckuck auf dem Baume saß" von Hans Teuscher).

FORSCHUNGSJAHRESBERICHTE (1938-1943/44)

Für die neue „Zeitschrift für deutsche Geisteswissenschaften" verfaßte Alt ab 1938 regelmäßig Forschungsjahresberichte, in denen er einen Überblick über die (zumeist musikwissen-schaftlichen) Neuerscheinungen gab.

Die folgenden Übersichten geben zunächst eine Aufstellung der Schriften, über die Alt berichtete.

Forschungsjahresbericht 1938[459]

Abendroth, W.	Deutsche Musik der Zeitenwende. Eine kulturphilosophische Persönlichkeitsstudie über A. Bruckner und H. Pfitzner	Hamburg (Hanseatische Verlagsanstalt)	1937
Beethoven-Haus Bonn (Hrsg.)	Beethoven und die Gegenwart. Festschrift	Berlin und Bonn (Dümmlers)	1937
Berberowa, N.	Tschaikowsky	Berlin (Kiepenheuer)	1938
Bortkiewicz, S. (Hrsg.)	Die seltsame Liebe P. Tschaikowskys und der Nadjeschda von Meck	Leipzig (Koehler)	o.J.
Bücken, Ernst	Die Musik der Nationen. Eine Musikgeschichte	Leipzig (Kröner)	1937
Drinker Bowen, C.v. u. Meck, B.v.	Geliebte Freundin. Tschaikowskys Leben und sein Briefwechsel mit Nadjeschda von	Leipzig (List)	1938

---

[459] Alt 1938b, S. 279-285

		Meck		
Göllerich, A. u. Auer, M.	Anton Bruckner. Ein Lebens- und Schaffensbild, Bd. 1-5		Regensburg (Bosse)	o.J.
Grusnick, B.	Dietrich Buxtehude. Sein Leben und Werk		Kassel (Bärenreiter)	1937
Gurlitt, Willibald	Joh. Seb. Bach. Der Meister und sein Werk		Berlin (Furche)	1936
Hase-Koehler, Else v.(Hrsg.)	Max Reger. Briefe eines deutschen Meisters		Leipzig (Koehler)	1938
Loerke, O.	Anton Bruckner. Ein Charakterbild		Berlin (Fischer)	1938
Millenkovich-Morold, M.v.	Richard Wagner in Wien		Leipzig (Reclam)	1938
Müller-Blattau, J.	Germanisches Erbe in deutscher Tonkunst		Berlin (Vieweg)	1938
Raabe, P.	Deutsche Meister		Regensburg (Bosse)	^{6}1937
Riezler, W.	Beethoven		Berlin und Zürich (ohne Verlagsangabe)	^{2}1936
Rühlmann, F.	Richard Wagners theatralische Sendung		Braunschweig (Litolff)	1935
Schering, Arnold	Beethoven und die Dichtung. Mit einer Einleitung zur Geschichte und Ästhetik der Beethoven-Deutung		Berlin (Junker)	1936
Schmitz, Arnold	Das romantische Beethoven-Bild. Darstellung und Kritik		Berlin (Dümmler)	1927
Schünemann, Georg	Erinnerungen an Schubert. J. v. Spauns erste Lebensbeschreibung		Berlin und Zürcih (Atlantis)	^{2}1936
Stahl, W.	Dietrich Buxtehude		Kassel (Bärenreiter)	o.J.
Stock, R.W.	Richard Wagner und die Stadt der Meistersinger		Nürnberg und Berlin (Ulrich)	1938
Valentin, Erich	Richard Wagner. Sinndeutung von Zeit und Werk		Regensburg (Bosse)	1937
Wagner, Winifred u.a. (Hrsg.)	König Ludwig II. und Richard Wagner. Briefwechsel, 4 Bd., bearbeitet von Otto Strobel		Karlsruhe (Braun)	1936
Waldmann, Guido (Hrsg.)	Zur Tonalität des deutschen Volksliedes		Wolfenbüttel (Kallmeyer)	1938

Forschungsjahresbericht 1939/40[460]

Altmann, W. (Hrsg.)	C. M. v. Weber: Ausgew. Schriften	Regensburg (Bosse)	o.J.
Anheißer, S.	Für den deutschen Mozart	Emsdetten (Lechten)	1938

---

[460] Alt 1939/40, S. 90-95

Benz, R.	Vom Erdenschicksal ewiger Musik	Jena (Diederichs)	1936
Blessinger, K.	Mendelssohn, Meyerbeer, Mahler. 3 Kapitel Judentum in der Musik	Berlin (Hahnefeld)	1939
Bory, R.	Richard Wagner. Sein Leben u. s. Werk in Bildern	Frauenfeld (Huber)	1938
Bücken, Ernst (Hrsg.)	R. Wagner: Die Hauptschriften	Leipzig (Kröner)	o.J.
Degel, L.	Die Militärmusik, ihr Werden und Wesen, ihre kulturelle und nationale Bedeutung	Wolfenbüttel (V. f. musische Kultur u. Wissenschaft)	1937
Eichenauer, Richard	Polyphonie, die ewige Sprache deutscher Seele	Wolfenbüttel (Kallmeyer)	o.J.
Fellerer, Karl Gustav	Puccini	Potsdam (Athenaion)	1937
Ghéon, H.	Wanderung mit Mozart. Der Mensch, das Werk, das Land	Salzburg (Pustet)	1938
Goslich, Siegfried	Beiträge zur Geschichte der deutschen romantischen Oper	Leipzig (Kistner)	1937
Gradenwitz, Peter	Johann Stamitz, I. Das Leben	Brünn (Rohrer)	1936
Gurlitt, Willibald (Hrsg.)	J. Walter: Lob und Preis der löbl. Kunst Musica (Faksimile 1538)	Kassel (Bärenreiter)	1938
Jeans, J.	Die Musik und ihre physikalischen Grundlagen	Stuttgart (Dt. Verlags-Anstalt)	1938
Killer, H.	Albert Lortzing	Potsdam (Athenaion)	o.J.
Kühn-Lebede	Von Musikern und Musik	Leipzig (Freytag)	1938
Kuhlmann, G.	Die zweistimmigen französischen Motetten des Kodex Montpellier	Würzburg (Triltsch)	o.J.
Lange, W.	Richard Wagners Sippe	Leipzig (Beck)	1938
Lorenz, A. (Hrsg.)	R. Wagner: Ausgew. Schriften u. Briefe	Berlin (Hahnefeld)	1938
Loschelder, J.	Das Todesproblem in Verdis Opernschaffen	Stuttgart (Dt. Verlags-Anstalt)	1938
Morgenroth, A.	Hört auf Hans Pfitzner	Berlin (Hahnefeld)	1938
Moser; Hans Joachim	Das deutsche Lied seit Mozart	Berlin (Atlantis)	1937
	Heinrich Schütz, sein Leben und Werk	Kassel (Bärenreiter)	1936
Müller-Blattau, Joseph	Geschichte der deutschen Musik	Berlin (Vieweg)	1938
Müller-Blattau, Joseph (Hrsg.)	W.H. Riehl: Musik im Leben des Volkes	Kassel (Bärenreiter)	1936
Pfitzner, Hans	Meine Beziehungen zu Max Bruch	München (Langen/Müller)	1938
Reinking, Freund	Musikalisches Theater in Hamburg	Hamburg (Christians)	1938
Röttger, H.	Das Formproblem bei Richard Strauss	Berlin (Junker)	1937
Sandberger, A.v. (Hrsg.)	Neues Beethoven-Jahrbuch	Braunschweig (Litolff)	1937

Schering, A.	Zur Erkenntnis Beethovens. Neue Beiträge zur Deutung seiner Musik	Würzburg (Triltsch)	1938
Schmidt-Görg, J.	Nikolas Gombert, Leben und Werk	Bonn (Röhrscheid)	1938
Schuster, R. E.	Richard Wagner und die Welt der Oper	München (Filser)	1937
Truslit, A.	Gestaltung und Bewegung in der Musik	Berlin (Vieweg)	1938
Werkmeister, W.	Der Stilwandel in deutscher Dichtung und Musik des 18. Jh.	Berlin (Junker)	1936

Forschungsjahresbericht 1940/41[461]

Banning, H.	J.F. Doles	Leipzig (Kistner)	1939
Becker, M. (Hrsg.)	A. Schindler, der Freund Beethovens. Sein Tagebuch aus den Jahren 1841-43	Frankfurt/Main (Kramer)	1939
Berner, A.	Studien zur arabischen Musik	Leipzig (Kistner)	1937
Blume, F.	Das Rasseproblem in der Musik	Wolfenbüttel (Kallmeyer)	1939
Brand, E.	M. Reger im Elternhaus	München (Langen)	1938
Bücken, E.	Das deutsche Lied	Hamburg (Hanseatische)	1939
Cotta-Verlag (Hrsg.)	Briefwechsel zwischen Cosima Wagner und Fürst Ernst zu Hohenlohe-Langenburg	Stuttgart (Cotta)	1937
Daffner, H. (Hrsg.)	Friedrich Nietzsches Randglossen zu Bizets Carmen	Regensburg (Bosse)	1938
Danckert, W.	Grundriß der Volksliedkunde	Berlin (Hahnefeld)	1938
Ebert, J.	Josef Haydn	Mainz (Grunewald)	1939
Egert, P. (Hrsg.)	Peter Cornelius: Ausgewählte Briefe und Schriften	Berlin (Hahnefeld)	1938
Fellerer, K.G.	Geschichte der katholischen Kirchenmusik	Düsseldorf (Schwann)	1939
Ganzer, K.R.	R. Wagner und das Judentum	Hamburg (Hanseatische Verlags-Anstalt)	1939
Gregor, J.	Richard Strauss, der Meister der Oper	München (Piper)	1939
Herzfeld, F.	Minna Planer und ihre Ehe mit R. Wagner	Leipzig (Goldmann)	1938
	Königsfreundschaft. König Ludwig II. und R. Wagner	Leipzig (Goldmann)	1939
Höcker, K.	Clara Schumann	Regensburg (Bosse)	1938
Ließ, A.	L. v. Beethoven und R. Wagner im Pariser Musikleben	Hamburg (Hoffmann & Campe)	1939

---

[461] Alt 1940/41, S. 73-80

	C. Debussy und das deutsche Musikschaffen	Würzburg (Triltsch)	1938
Lindner, A.	Max Reger	Regensburg (Bosse)	³1938
Litolff-Verlag (Hrsg.)	F. Stein. Festschrift	Braunschweig (Litolff)	1939
Litterscheid, R.	H. Wolf	Potsdam (Athenaion)	1939
Müller v. Asow, E.H. (Hrsg.)	J.S. Bach: Gesammelte Briefe	Regensburg (Bosse)	1938
Oberdörffer, F.	Der Generalbaß in der Instrumentalmusik des ausgehenden 18. Jahrhunderts	Kassel (Bärenreiter)	1939
Orel, A.	F. Schubert. Sein Leben in Bildern	Leipzig (Bibliogr. Institut)	1939
Osthoff, H.	Die Niederländer und das deutsche Lied	Berlin (Junker)	1938
Pals, N. von der	P. Tschaikowsky	Potsdam (Athenaion)	1940
Peters-Verlag (Hrsg.)	Jahrbuch der Musikbibliothek Peters	Leipzig (Peters)	1939
Röckl, S.	R. Wagner in München	Regensburg (Bosse)	1938
Sandberger, A.	Neues Beethoven-Jahrbuch	Braunschweig (Litolff)	1938
Schenk, E.	Johann Strauß	Potsdam (Athenaion)	1940
Schering, A.	F. Schuberts Symphonie in h-moll und ihr Geheimnis	Würzburg (Triltsch)	o.J.
Schiedermair, L.	Der junge Beethoven	Weimar (Böhlau)	²1940
Schwarz-Reiflingen, E.	Musik-ABC	Stuttgart (Union)	1938
Silvestrelli, A.	F. Schubert	Salzburg (Pustet)	1939
Sirp, H.	A. Dvorak	Potsdam (Athenaion)	1939
Stein, F.	M. Reger	Potsdam (Athenaion)	1939
Valentin, E.	Hans Pfitzner	Regensburg (Bosse)	1939
Waldmann, Guido (Hrsg.)	Rasse und Musik	Berlin (Vieweg)	1939
Wellek, A.	Typologie der Musikbegabung im deutschen Volk	München (Beck)	1939
Wiemann, M.	Wege zu Beethoven	Regensburg (Bosse)	1938
Ziehm, E.	Rumänische Volksmusik	Berlin (Hesse)	1939

Forschungsjahresbericht 1941/42[462]

Abendroth, W.	Die Symphonien A. Bruckners	Berlin (Bote und Bock)	1940
Bahle, J.	Eingebung und Tat im musikalischen Schaffen	Leipzig (Hirzel)	1939
Bücken, E.	R. Schumann	Köln (Staufen)	1940
	Wörterbuch der Musik	Leipzig (Dieterich)	1940
Bützler, C.	Untersuchungen zu den Melodien Walthers v.d. Vogelweise	Jena (Diederichs)	1940
Cherbuliez, A.E.	C.P.E. Bach	Zürich u. Leipzig (Hug & Co)	1940
Gerber, R.	J. Brahms	Potsdam (Athenaion)	1938
Grisson, A. C.	E. Wolf-Ferrari	Regensburg (Bosse)	1941
Hausegger, S. v. (Hrsg.)	F.v. Hausegger: Gesammelte Schriften	Regensburg (Bosse)	1939
Hirtler, F.	H. Pfitzners „Armer Heinrich" in seiner Stellung zur Musik des ausgehenden 19.Jahrhunderts	Würzburg (Triltsch)	1939
Höcker, K.	Wege zu Schubert	Regensburg (Bosse)	1940
Korte, W.	R. Schumann	Potsdam (Athenaion)	1939
Kretzschmar, H.	Führer durch den Konzertsaal. Oratorien und weltliche Chormusik	Leipzig (Breitkopf)	[5]1939
	R. Wagner	Berlin (Propyläen)	1939
Lindlar, H.	Hans Pfitzners Klavierlied	Würzburg (Triltsch)	1940
Moser, H.J.	C.W. Gluck	Stuttgart (Cotta)	1940
Müller-Blattau, J.	Hans Pfitzner	Potsdam (Athenaion)	1940
Peters, E. (Hrsg.)	Peters-Jahrbuch für 1939	Leipzig (Peters)	1940
Pfitzner, H.	Über musikalische Inspiration	Berlin (Grunewald)	1940
Sandberger, A. (Hrsg.)	Neues Beethoven-Jahrbuch	Leipzig (Litolffs)	1939
Sanden, Heinrich	Die Entzifferung der lateinischen Neumen	Kassel (Bärenreiter)	1939
Schering, A.	J.S. Bach und das Musikleben Leipzigs im 18. Jahrhundert	Leipzig (Kistner)	1941
Schiedermair, L.	Die deutsche Oper	Bonn (Dümmler)	[2]1941
Schrenk, O.	Berlin und die Musik	Berlin (Bote & Bock)	1940
Schünemann, G.	Geschichte der Klaviermusik	Berlin (Hahnefeld)	1940
Schulz, H.	Das Madrigal als Formideal	Leipzig (Breitkopf)	1939

---

[462] Alt 1941/42, S. 70-76

Steirische Verlagsanstalt (Hrsg.)	Das Joanneum. Beiträge zur Naturkunde, Geschichte, Kunst und Wirtschaft des Ostalpenraums, Bd. 3, Musik im Ostalpenraum	Graz (Steirische Verlagsanstalt)	1940
Trienes, W.	Musik in Gefahr	Regensburg (Bosse)	1940
Unger, H.	Lebendige Musik in zwei Jahrtausenden	Köln (Staufen)	1940
Wöhlke, F.	L. C. Mizler	Würzburg (Triltsch)	1940
Zentner, W. (Hrsg.)	Reichardt, J.F.: Eine Musikerjugend im 18. Jahrhundert	Regensburg (Bosse)	1940

Forschungsjahresbericht 1942/43[463]

Auer, A.	Anton Bruckner	Leipzig (Musikwiss. Verlag)	1941³
Bolt, K.F.	Joh. Lud. Böhner. Leben und Werk	Hildburghausen (Gadow)	1940
Dittersdorf, K.v.	K.v. Dittersdorfs Lebensbeschreibung	Leipzig (Staakmann)	1940
Fellerer, K.G.	Deutsche Gregorianik im Frankenreich	Regensburg (Bosse)	1941
Goetz, W.	Mozart. Sein Leben in Selbstzeugnissen, Briefen und Berichten	Berlin (Propyläen)	1941
Hasse, K.	Joh. Seb. Bach. Leben, Werk und Wirkung	Köln (Staufen)	1941
Hoffmann, H.	Schütz und Bach. 2 Tonsprachen und ihre Bedeutung für die Aufführungspraxis	Kassel (Bärenreiter)	o.J.
Ilgner, G.	Matthias Weckmann. Sein Leben und seine Werke	Wolfenbüttel (Kallmeyer)	1939
Johner, D.	Wort und Ton im Choral	Leipzig (Breitkopf)	1941
Kipp, W.	Mozart und das Elsaß	Kolmar (Alsatia)	1941
Knorr und Hirth (Hrsg.)	Mozart und München. Ein Gedenkbuch	München (Knorr und Hirth)	1941
Martin, B.	Untersuchungen zur Struktur der „Kunst der Fuge" von Joh. Seb. Bach	Regensburg (Bosse)	1941
Moser, H.J.	Carl Maria v. Weber	Leipzig (Breitkopf)	1941
Müller v. Asow, E.H.	Egon Kornhauth	Wien (Doblinger)	1941
Österreichischer Landesverlag (Hrsg.)	Wiener Mozart-Almanach	Wien (Österreichischer Landesverlag)	1941

---

[463] Alt 1942/43, S. 71-76

Orel, A.	Grillparzer und Beethoven	Wien (Payer)	1941
Peters (Hrsg.)	Jahrbuch der Musikbibliothek Peters für 1940	Leipzig (Peters)	1941
Petzoldt, R.	Robert Schumann	Leipzig (Breitkopf)	1941
Schering, A.	Von großen Meistern der Musik	Leipzig (Kochler)	1940
	Das Symbol in der Musik	Leipzig (Kochler)	1941
Schünemann, G. (Hrsg.)	L. v. Beethovens Konversationshefte	Berlin (Hesse)	1941
Serauky, W.	Musikgeschichte der Stadt Halle, 2 Bd.	Halle (Niedermeyer)	1935 u.1942
Taube, L.	Max Regers Meisterjahre	Berlin (Bote & Bock)	1941
Valentin, E.	Wege zu Mozart	Regensburg (Bosse)	1941
Werner, A.	Freie Musikgemeinschaften alter Zeit im mitteldeutschen Raum	Wolfenbüttel (Kallmeyer)	1940
Wirth, H.	Jos. Haydn als Dramatiker	Wolfenbüttel (Kallmeyer)	1940

Forschungsjahresbericht 1943/44[464]

Born, E.	Die Variation als Grundlage handwerklicher Gestaltung im musikalischen Schaffen Johann Pachelbels	Berlin (Junker)	1941
Fleischer, H.	Christlieb Sigmund Binder	Regensburg (Bosse)	1941
Georgii, W.	Klaviermusik	Berlin (Atlantis)	1941
Reimann, M.	Untersuchungen zur Formgeschichte der französischen Klavier-Suite mit besonderer Berücksichtigung von Couperins „Ordres"	Regensburg (Bosse)	1940
Schering, A.	Über Kantaten Joh. Seb. Bachs	Leipzig (Kochler)	1942
Schmid-Lindner, A.	Das Klavier in Max Regers Kunst	Danzig (Gaumusikschule)	1942
Schmidt-Görg, J.	Niederländische Musik des Mittelalters und der Renaissance	Bonn (Scheur)	1942
Schulze, W.	Die mehrstimmige Messe im frühprotestantischen Gottesdienst	Wolfenbüttel (Kallmeyer)	1940

Inhaltlich geben diese Forschungsberichte in besonderer Weise Aufschluß über die fachliche Grundorientierung des Rezensenten:

In dem Literaturbericht von 1938 war es für Alt die „entscheidende Aufgabe" der „deutschen Musikwissenschaft", die „volkeigene Ausdrucksweise" zu erkennen.[465] Gegenüber dem Versuch Müller-Blattaus, nach biogenetischem Grundsatz „die Eigenart der germanischen Melodik und Tonalität am deutschen Volkslied zu ertasten", wandte er ein, die „Fragwürdigkeit eines solchen Vorgehens" könne man im Gedanken daran erkennen, dass Lachmann „unsere Kinderliedweisen auch in Ceylon beheimatet gefunden" habe. „Sicheren Boden" erreiche man erst, wenn man am „frühesten deutschen Volksliedgut" die „'Grundstoffe' der deutschen Musik" zu ergründen versuche.[466] Trotzdem müsse man „dankbar sein" für manche neue Anregung und Fragestellung, „welche die Endlösung dieses wichtigen Problems vorbereiten helfen".[467]

Mehr als andere Geistesgebiete stehe die Musikwissenschaft augenblicklich noch „im Zeichen des Biographischen". Dabei sei auffallend, „wie selten versucht wird, die Meister im Sinne unseres geistigen und politischen Umbruches neu zu deuten, um dadurch Vorbildkräfte zu lösen und neue Werttafeln zu gewinnen."[468] Die umfangreiche Bruckner-Biographie von A. Göllerich würdigte er als „erstrangiges Quellenwerk". Er lobte den „zuchtvollen Idealismus"[469] von O. Loerke in dessen Charakterbild Anton Bruckners („Anton Bruckner. Ein Charakterbild"). Es gewinne die Kraft werbender Überredung" in gleicher Weise aus „großer Kennerschaft" wie aus „künstlerischer Erlebnis- und Darstellungsfähigkeit".[470] Im neuen „Kampf um den 'echten' Beethoven" sprach er sich entschieden gegen fachlich unrichtige und vereinfachende Darstellungen aus. Stattdessen begrüßte er die Versuche Riezlers, das romantische Beethoven-Bild durch eine „neue, sachlichere Prägung" abzulösen.[471] Alt hob die „ehrfurchtsvolle Sachlichkeit" der Darstellung hervor: „Schlicht, ohne Pathos, die ganze Spannweite der Lebenstatsachen umfassend, ohne jede romantische Schablone [...] So vermeidet er alles idealisierende Aufspüren von den Kunstwerken

---

[464] Alt 1943/44, S. 254-256
[465] Alt 1938b, S. 279
[466] Alt 1938b, S. 279
[467] Alt 1938b, S. 280
[468] Alt 1938b, S. 280
[469] Alt 1938b, S. 281
[470] Alt 1938b, S. 281
[471] Alt 1938b, S. 281

innewohnenden 'Ideen' und den psychologischen Bezug von Leben und Werk[...]."[472] In der Schrift „Beethoven und die Dichtung" deute Arnold Schering die Werke als „esoterische Programmusik" und sehe sie in „durchgehender Abhängigkeit von der Dichtung". Dazu bemerkte Alt: „Wenn Schering sein Werk 'dem jungen Deutschland' widmet, so mag man wünschen, daß dementgegen diese umstürzende Auffassung bis zu ihrer einwandfreien Klärung - falls sie überhaupt möglich ist - in der Ebene der Fachwissenschaft verbleibt." Auch gegen die Veröffentlichung „Richard Wagner. Sinndeutung von Zeit und Werk" von E. Valentin erhob er schwerwiegende Einwände: Wenn [...] E. Valentin versucht, 'den politischen Wagner' als 'den ganzen Wagner' zu zeichnen und er meint, damit unserer Zeit die ihr entsprechende Wagner-Darstellung geben zu können, so überrascht das zum mindesten. Die Lesung ist wenig erfreulich, da man bis zuletzt über den Inhalt seines Begriffes 'politisch' im unklaren bleibt. Er läßt in ihn sogar die zeitkritischen Gedanken, die in keiner Weise auf die Gestaltung des öffentlichen Lebens, geschweige denn auf Volk und Staat bezogen sind, einfließen."[473] Bei der Schrift „Joh. Seb. Bach. Der Meister und sein Werk" von W. Gurlitt hob Alt die „feinsinnige Befragung der spärlichen Quellen" hervor.[474] Kritisch äußerte er sich zu der Studie über Bruckner und Pfitzner („Deutsche Musik der Zeitenwende") von W. Abendroth. Im Bereich der ungegenständlichen Ausdrucksmusik könne es nicht gelingen, meinte er, die Kunstwerke als Entfaltung des Gegensatzes von protestantischer und katholischer Geistes- und Lebensart zu deuten.[475]

In dem Jahresbericht 1939/40 hob er im Zusammenhang mit dem 1938 erschienenen Buch „Geschichte der deutschen Musik" von J. Müller-Blattau als „neuartig" hervor, dass vor allem die mittelalterliche Musik nicht mehr „einseitig von der Kirchenkunst, sondern von den bodenständigen Musikformen her entwickelt" werde.[476] In der Veröffentlichung von R.Benz („Vom Erdenschicksal ewiger Musik", Jena 1936) werde „manches Wesentliche über die völkische Eigenart der deutschen Musik" bemerkt.[477] Zu dem Buch „Das deutsche Lied seit Mozart" von H.J. Moser schrieb er: „Es ist ein immer anregendes, geistvolles Buch, voller persönlicher Wertungen und einprägsamen Formulierungen."[478] Bei der Veröffentlichung von R. Eichenauer („Polyphonie, die ewige Sprache deutscher Seele") hob er die „gebotene

---

[472] Alt 1938b, S. 281
[473] Alt 1938b, S. 282 f.
[474] Alt 1938b, S. 283
[475] Alt 1938b, S. 284
[476] Alt 1939/40, S. 90
[477] Alt 1939/40, S. 90
[478] Alt 1939/40, S. 91

Behutsamkeit" hervor, mit der der Autor die Frage nach der Umtextierung der - nach Eichenauer als Leistung des nordischen Menschen charakterisierten - altdeutschen Polyphonie behandelte. Die Arbeit von G. Kuhlmann („Die zweistimmigen französischen Motetten des Kodex Montpellier") fand er anregend, weil sie zum erstenmal die musikalische Struktur dieser Werke „in ihrer Eigengesetzlichkeit" aufgedeckt habe. Zu der Forschungsmethode Werkmeisters („Der Stilwandel in deutscher Dichtung und Musik des 18. Jahrhunderts") schrieb er: „[...] hier wird ein Weg gezeigt, wie sich die 'wechselseitige Erhellung der Künste', um die sich seinerzeit viele Arbeiten in unkritischen, vorschnellen Vergleichen bemüht haben, stichhaltig durchführen läßt. Er wählt dazu eine Methode, die beiden Gebieten eigen und gemeinsam ist, die typologische Arbeitsweise im Sinne von Nohl und Sievers, die in der Musikwissenschaft inzwischen verfeinert und erhärtet worden ist (Becking, Danckert)."[479] Das Mozart-Buch von H. Ghéon („Wanderung mit Mozart. Der Mensch, das Werk, das Land") beschrieb er als ein „Buch der leisen Übergänge, der verfließenden Impressionen und erlebnismäßigen Wertungen, das jeden Leser in seinen Bann zieht". Und er ergänzte: „Der locker gefügten Darstellung merkt man die Mühe der umfangreichen Vorarbeiten gar nicht mehr an. Bemerkenswert seine echt französische Fähigkeit zur Darstellung verwickelter Seelenvorgänge im Vater-Sohn-Verhältnis."[480] Zum Beethoven-Jahrbuch 1937 bemerkte er, es bringe u.a. einen „erfreulich sachlichen, ohne jeden Chauvinismus geschriebenen Aufsatz des Flamen Pols über die Abstammung Beethovens." Auffällig ist auch Alts Bemerkung, die Wagner-Literatur habe durch die „massenhaften Veröffentlichungen der letzten Jahre nur wenig gewonnen".[481] In der Puccini-Biographie von Fellerer paare sich „wissenschaftliche Gediegenheit mit eingängiger Darstellung".[482] Besondere Beachtung verdienen die Aussagen Alts zu dem Buch „Mendelssohn, Meyerbeer, Mahler. 3 Kapitel Judentum in der Musik" von K. Blessinger. Dazu schrieb er: „Über den Titel hinaus gibt Blessinger eine Kulturkritik des musikalischen 19. Jahrhunderts, in der es nicht nur die kunstpolitischen Bestrebungen des Judentums und die Eigenart der jüdischen Musik sowie ihre Wirkung auf das deutsche Musikleben eindringlich zeichnet, sondern auch das Artfremde in der Neuromantik aufzeigt. Das ist ein Anfang zu einer durchgreifenden Umwertung der neueren Musikgeschichte."[483] Zu einer Veröffentlichung von H.Pfitzner („Meine Beziehungen zu Max Bruch") bemerkte Alt: „Ein echter Pfitzner, temperamentvoll

---

[479] Alt 1939/40, S. 91
[480] Alt 1939/40, S. 92
[481] Alt 1939/40, S. 92
[482] Alt 1939/40, S. 93
[483] Alt 1939/40, S. 93

und gallig im Ton, edel in der Absicht."[484] Außerdem sprach er den Wunsch nach einer Neuauflage des Buchs „Musikalische Charakterköpfe" von Riehl aus, das er als eine „Fundgrube nationalpsychologischer Beobachtungen" bezeichnete. Von J. Jeans, dem Autor des Buches „Die Musik und ihre physikalischen Grundlagen", behauptete Alt, er besitze „in besonders reichem Maße die Fähigkeit der englischen Wissenschaftler, verwickelte Fachprobleme gemeinverständlich darzustellen." Sein Buch sei „so anschaulich und voraussetzungslos", dass es jeder verstehen könne. Das Buch von A. Truslit („Gestaltung und Bewegung in der Musik"), das sich mit den „biologischen Bedingungen der Musik" befasse, hielt Alt für „anregend". Dazu schrieb er: „Auf Grund weitläufiger exakter Untersuchungen stellt er fest, daß alle Musik als eine biologisch bedingte Bewegungserscheinung aufzufassen ist, deren wechselnde Eigenart jeweils auf eine von drei typischen Bewegungsarten zurückgeführt werden kann. Im Gegensatz zu den bisherigen typologischen Untersuchungen, die ihre Einsichten nur aus Erlebnis und Intuition gewannen und welche die typologische Eigenart eines Werkes mit relativ ausdruckslosen Taktschlagbewegungen wiedergaben, spürt Truslit diesen 'Urbewegungen' mit großen, den ganzen Körper erfassenden kurvenartigen Bewegungsformen nach. So deckt er die biologische Grundlage alles richtigen Musikhörens und Reproduzierens auf, deren Güte von dem inneren Nachvollzug dieser Bewegungsformen abhängig ist. Diese Ergebnisse können für die Musikerziehung des motorisch begabten Gegenwartsmenschen von großer Bedeutung werden."[485]

In dem Jahresbericht 1940/41 wurde demgegenüber deutlich, dass Alt den bisherigen Ansatz der musikalischen Rasseforschung - inzwischen - für einen wissenschaftlich unhaltbaren Irrweg hielt. Zunächst würdigte er die Schrift „Musik und Rasse" von R. Eichenauer als ein Werk, das „in kühnem Vorstoß den lebensgesetzlichen Zweig der Musikwissenschaft begründet" habe. Außerdem ließ er keinen Zweifel daran, dass dieses Thema auch für die Musikerziehung und Musikpflege wichtig sei. „Wegen der methodologischen Unsicherheiten", schrieb Alt dann aber, „kam es dabei bisher kaum zu schlüssigen Ergebnissen. Es will sogar scheinen, daß manche voreiligen Konstruktionen die wissenschaftliche Klärung dieser Fragen, die wegen ihrer Auswirkungen mit allem Verantwortungsbewußtsein angegangen sein wollen, eher erschwert als gefördert haben."[486]

---

[484] Alt 1939/40, S. 93
[485] Alt 1939/40, S. 94
[486] Alt 1940/41, S. 73

Deshalb begrüßte Alt den Ansatz F. Blumes in der 1939 erschienenen Schrift „Das Rasseproblem in der Musik". Dazu schrieb er: „Aber erst das bedeutsame Werk von F. Blume gibt der Frage eine grundsätzlich neue Wendung. Er geht von der Tatsache aus, daß alle musikalischen Erscheinungen übertragbar sind und sucht deshalb den Blick von der geprägten Gestalt der Musik auf die dynamischen Vorgänge der Wiedergabe und des Schaffens hinzulenken. Nicht in Tonalität, in Melodiebildung und Rhythmik spiegeln sich demnach rassische Unterschiede, sondern in den klanglichen Besonderungen bei der Ausführung. Ebensowenig lassen sich - im anderen Grenzfall - Werke, Gattungen und Stile einer bestimmten Rasse zuordnen, vielmehr ist das Augenmerk auf die Übertragungsvorgänge und das dabei gezeigte Verhalten der Rassen zu richten. Es ist hier also nicht nachzuweisen, welche musikalischen Gegenstände die Rassen als Eigentum besitzen, sondern was sie jeweils daraus machen. Diese in sauberer Gedankenführung und mit echt wissenschaftlicher Entsagung entwickelten Leitsätze stellen die musikalische Rasseforschung vor einen neuen Anfang und können ihr weitere Irr- und Umwege ersparen."[487]

In dem Forschungsjahresbericht 1941/42 kritisierte er das Buch von J. Bahle („Eingebung und Tat im musikalischen Schaffen", 1935) wegen „unhaltbarer Folgerungen" sowie „polemisch zugespitzter und oft respektlose Angriffe" auf die Schriften des „verdienten Meisters Hans Pfitzner".[488] Bei der Schumann-Biographie von W. Kortes (1939) hob er hervor, dass sie „bei aller feinsinnigen und verehrenden Einfühlung" doch auch über den „wesensmäßigen Abstand unserer Zeit" zu R. Schumann „nicht hinwegtäuschen" wolle.[489] Zu dem Brahms-Buch von R. Gerber (1938) schrieb er: „Der Stil dieser dicht geschriebenen und im Urteil ausgewogenen Biographie paßt sich im übrigen der Lebensform dieses fälischen Menschen an: sie arbeitet nachdrücklich die in Wechsel und Entwicklung bleibenden Wesenszüge heraus und erzielt dadurch ein einheitliches Bild von Mensch und Werk."[490] Dem Buch „E. Wolf-Ferarri" von A.C. Grisson (1941) hielt er den „heroisierenden Ton der Darstellung" vor, die sich in „schwärmerischen Impressionen" ergehe und „streckenweise den zur Klärung nötigen Abstand" vermissen lasse.[491] Zu der deutschen Operngeschichte von L. Schiedermair (²1941) meinte Alt, der Autor habe es verstanden, die „wissenschaftliche Gründlichkeit durch gefällige Schreibweise und klare Stoffgliederung, durch Betonung des Werthaften und eine

---
[487] Alt 1940/41, S. 73 f.
[488] Alt 1941/42, S. 70
[489] Alt 1941/42, S. 72
[490] Alt 1941/42, S. 72
[491] Alt 1941/42, S. 73

unterschwingende künstlerische Begeisterung" aufzulockern.[492] Bei der Schrift „Musik in Gefahr" von W. Trienes (1940) nahm er kritisch den „Gültigkeitsgrad der herangezogenen Belege" ins Visier.[493]

Im Jahresbericht 1942/43 äußerte er sich zur Geschichte der Mozartforschung: „Mit den Mitteln der romantischen Geschichtswissenschaft steigerte um die Mitte des vorigen Jahrhunderts O. Jahn [...] Mozart zum Erfüller aller musikalischen Entwicklungen hinauf und machte ihn, alles Eigenwillig-Dämonische mildernd und glättend, zum Meister des nie gefährdeten, naturgeschenkten klassischen Ebenmaßes. Dieses zuchtvolle Idealisieren verlor sich bei seinen vielen Nachbetern aber bald in umrißlose Schönfärberei und verschwommene Heroisierung. Schon setzte sich das neue Jahrhundert mit dieser Überlieferung kritisch auseinander (Kretzschmar, Abert, Heuß), als Schurig in absichtsvoller Verkehrung ein Gegenbild aufstellte, das sich vor allem in der Nachkriegszeit unheilvoll auswirkte und Mozart nach französischem Vorbild (Wyzema = St. Foix) zu einem triebhaft-ungeistigen Musikanten erniedrigte und den „'Licht- und Liebesgott der Deutschen' ehrfurchtslos auf platte Alltäglichkeit abstimmte."[494] Das aktuelle Schrifttum zum Mozartjahr 1941 lobte er wegen des „übereinstimmenden" Bemühens, „in möglichst voraussetzungloser Darstellung und gelassener Sachlichkeit zum wahren Mozart durchzustoßen".[495] Ausdrücklich begrüßte er das in zwei Halbbänden erschienene Quellenwerk von W. Serauki („Musikgeschichte der Stadt Halle", 1935 und 1942) sowie die Ausgabe von Selbstzeugnissen Mozarts von W. Goetz (1941). Die systematische Vorgehensweise und „umfängliches Quellenstudium" hob er auch bei dem Buch „Deutsche Gregorianik im Frankenreich" von K.G. Fellerer (1941) hervor.[496] Zu dem Bach-Buch von K. Hasse schrieb er: „Gegenüber dem unpersönlichen Artismus und dem seelenlosen Formalismus, der die Bachpflege der Nachkriegszeit beherrschte, stellt er Bach wieder mitten in Volkstum und Geschichte hinein und lenkt auf die breite Lebensfülle des Menschen und die reichen Lebenswerte seiner Kunst hin".[497] Bei dem Buch von D. Martin lobte er, dass es die „Schenkerschen Überspitzungen" vermieden hätte, die die „Urlinien-Ästhetik" in Mißkredit gebracht hätten.[498] Das „Kleinbuch" H.J. Mosers über Carl Maria v. Weber (1941), das „gegen die übliche Verengung" Front mache, hielt er für „vorbildlich

---

[492] Alt 1941/42, S. 73
[493] Alt 1941/42, S. 73
[494] Alt 1942/43, S. 71
[495] Alt 1942/43, S. 71
[496] Alt 1942/43, S. 72
[497] Alt 1942/43, S. 73
[498] Alt 1942/43, S. 73

gelungen". Demgegenüber lehnte er die Schrift Petzoldts (1941), in der Schumann zu einem Klavierkomponisten stilisiert werde, als „flüchtig wirkend" ab.[499]

In dem Forschungsjahresbericht 1943/44 betonte er zu der Schrift „Klaviermusik" von W. Georgii (1941) u.a. die „behutsame Zusammenfassung" und die „wohlabgewogenen persönlichen Wertungen" des Autors.[500] Besondere Würdigung erhielten Margarete Reimanns Untersuchungen zur Formgeschichte der französischen Klavier-Suite, die „bislang zu sehr von der deutschen Suite her gesehen und gewertet worden" sei, was zu „schiefen Urteilen" geführt habe.[501] Das Buch „Die mehrstimmige Messe im frühprotestantischen Gottesdienst" von W. Schulze (1940) sei „ein aufschlußreicher Beitrag zur Erhellung des Gegensatzes von niederländisch-humanistischer Musikanschauung und bodenständiger deutscher Kantorenmusik".[502] Und die Betrachtungsart Scherings („Über Kantaten Joh. Seb. Bachs, 1942), die Musik als „Symbol von Gefühlen, Stimmungen und Affekten zu deuten und sie dabei nach übergreifenden Sinngehalten zu befragen", habe sich gerade an den Kantaten Bachs „als besonders fruchtbar erwiesen".[503]

KONZERTKRITIKEN

Von Michael Alt sind zwei Konzertkritiken bekannt. Im „Kölner Lokal-Anzeiger" erschien am 20.3.1933 eine Kritik zu einem „Massenkonzert der im Rheinischen Sängerbund vereinigten Kölner Gesangvereine". Mehrfach würdigte er die „vaterländische Gesinnung" der Chöre, die an die „besten Traditionen des Männerchorwesens" anknüpfe. Für die „Frankfurter Zeitung" berichtete er am 17.5.1940 von einer Uraufführung der Oper „Die Liebe der Donna Ines" von Walter Jentsch. Sie zeuge von dem „deutschen Kulturwillen auch inmitten im Kriege".

---

[499] Alt 1942/43, S. 75
[500] Alt 1943/44, S. 254
[501] Alt 1943/44, S. 255
[502] Alt 1943/44, S. 256
[503] Alt 1943/44, S. 256

4.4. Grundzüge des musikpädagogischen Denkens Michael Alts

Aus den vorliegenden Texten lassen sich mit einiger Gewissheit folgende Grundzüge des musikpädagogischen Denkens Michael Alts erschließen:

DIE HOHE WERTSCHÄTZUNG FÜR DAS „DEUTSCHE" MUSIKALISCHE KUNSTWERK

Das musikpädagogische Denken Alts fußte auf einer hohen Wertschätzung für das musikalische Kunstwerk, dem er generell eine „letztlich unbegreifliche Größe"[504] zuschrieb. Durch seine Wortwahl geriet das Kunstwerk teilweise sogar in die Nähe eines Heiligtums, das in der Gefahr „achtloser Entweihung" stehe.[505]

Alt ging über die Beschreibung der Musik als eines „eigengesetzlichen Bereichs des schönen Scheins"[506] weit hinaus. Er nannte zwei besondere Wesensmerkmale, die er ausschließlich für die als „deutsch" bezeichnete Kunstmusik in Anspruch nahm: Geist und Sittlichkeit.[507] Für Alt war Musik Ausdruck eines Geistigen und zugleich Träger des Sittlichen. Dabei hatte sein Begriff des „Geistes" eindeutig nationale Prägung. Das Volkslied war für ihn „Ausdruck unseres Volksgeistes".[508] Das politische Lied betrachtete er als „geistige Repräsentation der neuen totalen Geistesmacht".[509] Der Operntyp Wagnerscher Prägung und die „Charaktervariation", so behauptete Alt, sei aus „deutschem Geist" geformt[510] bzw. herausgebildet[511] worden. Diese nationale Komponente des Geist-Begriffes hatte sich bereits vor 1933 in seiner Befürwortung einer „geistesgeschichtlichen" Ausrichtung des Musikunterrichts angekündigt, als er dabei die Geisteswissenschaft ausdrücklich auf das „Erbe wertvollen deutschen Denkens" bezog.[512] Nach 1933 findet sich ein solcher Geistbegriff auch bei Ernst Bücken, der sich in seiner 1935 erschienenen „Musikkunde" in einem eigenen Kapitel („Die Musik als Nationalgeist") der Aufgabe widmete, den „deutschen

---

[504] Alt 1937a, S. 156
[505] Alt 1933b, S. 6
[506] Alt 1940d, S. 193
[507] Alt 1936a, S. 28
[508] Alt 1940d, S. 197
[509] Alt 1939a, S. 330
[510] Alt 1938a, S. 82
[511] Alt 1938a, S. 80f.
[512] Alt 1932, S. 462

Musikgeist" in seiner „reinen und unverfälschten Wesensart" zu erschauen.[513] Auch bei Goebbels läßt sich die Verwendung des Geistbegriffes nachweisen, wenn er den Künstler als „Medium einer übersinnlichen Inspiration intuitiven Geistes" bezeichnete.[514] Ob dieser „intuitive" Geist in einem Zusammenhang steht mit dem „nationalen Musikgeist" Bückens oder dem „Volksgeist" Alts, muß hier offen bleiben. Auf jeden Fall aber war auch für Goebbels Musik als Teilgebiet der Kultur „Ausdruck der schöpferischen Kräfte eines Volkes". 1933 hieß es in seiner Ansprache anläßlich der Eröffnung der Reichsmusikkammer:

„Das war vielleicht das schlimmste Vergehen der künstlerisch schaffenden Menschen der vergangenen Epoche: daß sie nicht mehr in organischer Beziehung zum Volke selbst standen und damit die Wurzel verloren, die ihnen täglich neue Nahrung zuführte. Der Künstler trennte sich vom Volk, er gab dabei die Quelle seiner Fruchtbarkeit auf. Von hier ab setzt die lebensbedrohende Krise der kulturschaffenden Menschen in Deutschland ein. Kultur ist höchster Ausdruck der schöpferischen Kräfte eines Volkes, der Künstler ihr begnadeter Sinngeber. Es wäre vermessen zu glauben, daß seine göttliche Mission außerhalb des Volkes vollendet werden könnte."[515]

Im „arischen Schönheitsideal" Hitlers, der wertvolle Kunst mit den Kategorien „Schönheit", „Zweckmäßigkeit", „Erhabenheit", „Natürlichkeit" und „Gesundheit" beschrieb[516], spielte der Geist-Begriff dagegen keine Rolle.

Im Schaffen Michael Michael Alts erlangt die Geist-Komponente des Kunstwerkbegriffs hohe musikpädagogische Bedeutsamkeit, und zwar durch sein Verständnis von Erziehung als Vorgang der „geistigen Volkangleichung des Einzelmenschen".[517] Denn damit werden die deutschen Kunstwerke zu Trägern eben jenes Geistes, an den die Individuen durch die Erziehung angeglichen werden sollten.

---

[513] Bücken, Ernst: Deutsche Musikkunde, Potsdam (Athenaion) 1935, S. 102
[514] Goebbels, Joseph: Ausschnitte aus der deutschen Literatur der Gegenwart, in: Mathieu 1997, S. 94
[515] Goebbels, Joseph: Rede vom 15.11.1933, Berlin, Großer Saal der Philharmonie, Eröffnung der Reichskulturkammer, in: Heiber, Helmut (Hrsg.): Goebbels Reden, Bd. 1, Düsseldorf (Droste) 1971, S. 134
[516] Mathieu, Thomas: Kunstauffassungen und Kulturpolitik im Nationalsozialismus, Saarbrücken (Pfau) 1997, S. 38 ff.
[517] Alt 1936b, S. 177

Mit der Behauptung, der deutsche Meister überforme die Klänge nicht nur mit „Geist", sondern auch mit „Sittlichkeit"[518], schrieb er dem deutschen Kunstwerk zusätzlich eine ethische Wirksamkeit zu. In diesem Sinne sprach er beispielsweise von der „ethischen Artung einer Bach-Fuge"[519], sich dabei offensichtlich an Plato anlehnend, nach dessen „Ethoslehre" die Musik in der Lage ist, den jungen Menschen sittlich zu beeinflussen und zu einem moralisch vollkommenen Menschen zu erziehen.[520] Entsprechend hieß es bei Alt, durch das Erlebnis des deutschen Volksliedes und der deutschen Musik solle die „geistig-sittliche 'Deutschwerdung'" des Schülers gefördert werden.[521] Dazu sollte zunächst den „Volksführern" der hohe Wert der Kunst vermittelt werden, damit dann das Volk diese Werte von seinen Führern übernehmen könne.[522] Deshalb sollte aus seiner Sicht in der Musikerziehung nicht, wie in der Musikwissenschaft, der historische, sondern der Kunstwert eines Werkes zum Ausgangspunkt der „musischen" Bildung gemacht werden.[523]

DIE HOHE WERTSCHÄTZUNG FÜR DIE „DEUTSCHEN MEISTER"

Durch die Verbindung von Geniekult und Führerprinzip gelangten die „großen deutschen Meister" zu staatstragender Bedeutung für das NS-Regime. Joseph Goebbels hatte schon vor 1933 einen „kämpfenden Künstlertypen" beschrieben, der wie ein Titan um eine Idee ringen müsse und dem er eine „ethische Persönlichkeit" zuschrieb. Dadurch erlangte dieser Künstlertyp in der Vorstellung Goebbels' besonderen Vorbildcharakter.[524] Der Idee, die großen Meister zu Vorbildern zu erheben und für die „Volksbildung" im nationalsozialistischen Sinne zu gebrauchen (und damit zu mißbrauchen), folgte auch Karl Hasse, der 1934 eine Sammlung von Musikerdarstellungen veröffentlichte (Schein, Bach, Haydn, Mozart, Beethoven, Schubert, Schumann, Brahms, Bruckner, Reger), die ausdrücklich mit dem Ziel verbunden war, das Volk zum „tiefsten und eigentlichen Wesen der deutschen Kunst" hinaufzuheben.[525] Sein erklärtes Motto lautete: „Nur der Meister soll Führer sein."[526]

---

[518] Alt 1936a, S. 28
[519] DOKUMENT 17, S. 344
[520] Abel-Struth, Sigrid: Grundriß der Musikpädagogik, Mainz (Schott) 1985, S. 26
[521] Alt 1936b, S. 177
[522] Alt 1933f, S. 2
[523] Alt 1936c, S. 300
[524] Mathieu 1997, S. 94 f.
[525] Hasse, Karl: Von deutschen Meistern. Zur Neugestaltung unseres Musiklebens im neuen Deutschland, Bd. II, Regensburg (Bosse) 1934, S. 7
[526] Hasse, a.a.O., S. 7

Wenn Hitler über die „großen Komponisten" sprach, konnte er zwar offenbar mit weihevollem Pathos Lobpreisungen aneinanderreihen, ohne sie jedoch durch eine inhaltliche Substanz sachlich zu untermauern. So bezeichnete er beispielsweise Richard Wagner in seiner Rede anläßlich der Grundsteinlegung zum Richard Wagner-Denkmal in Leipzig am 6.3.1934 als den „größten Sohn dieser Stadt", als den „gewaltigsten Meister der Töne unseres Volkes" und als einen „unsterblichen Genius" usw. Worin die Größe dieses Künstlers sachlich bestand, blieb hinter dem feierlichen Pathos verborgen:

„Mit dem wahrhaftigen Gelöbnis, dem Wunsch und Willen des großen Meisters zu entsprechen, seine unvergänglichen Werke in ewig lebendiger Schönheit weiterzupflegen, um so auch die kommenden Generationen unseres Volkes einziehen zu lassen in die Wunderwelt dieses gewaltigen Dichters der Töne, lege ich dessen zum ewigen Zeugnis und zur immerwährenden Mahnung den Grundstein zum deutschen Nationaldenkmal Richard Wagners."[527]

Das folgende Beispiel aus einer Rede von Joseph Goebbels über Anton Bruckner zeigt, wie in die Charakterisierung eines Künstlers solche Eigenschaften einfließen konnten, die der NS-Redner als vorbildlich ansah:

„Er kommt aus einem alten Bauernstand, den wir jetzt bis zum Jahre 1400 zurückverfolgen können. Sein ganzes Leben hindurch [...] verleugnet er niemals die typischen Merkmale des bäuerlichen Menschen. Seine fast mystisch wirkende Naturverbundenheit, seine harte und vollkommen phrasenlose Liebe zum heimatlichen Boden und zum großen deutschen Vaterlande, die schlichte Geradlinigkeit seines Charakters, die sich mit echter Demut paart und durch ein stolzes Bewußtsein der eigenen Leistung in sich prägt, seine kindhaft reine Weltfreudigkeit, die auf dem Boden eines von keinen Verstandeszweifeln angekränkelten Gottglaubens ruhte, alles das läßt erkennen, wie stark und unversehrt er in einer so anders gearteten Zeit das bäuerliche Ahnenerbe in sich bewahrt."[528]

Im Vergleich dazu sind die biographischen Ausführungen Alts von ungleich größerer musikalisch-fachlicher Substanz. In dem folgenden Auszug aus dem Aufsatz „Die Biographie in der musikalischen Werkbetrachtung" von 1937 schreibt Alt über Anton Bruckner:

„Aus der ruhigen und starken Kraft dieser Heimat wird seine Kunst gespeist. Sie ist im heimatlichen Volkstum verwurzelt, wie keine andere. Der sinnfälligste Beweis ist der Brucknerrhythmus [es folgt ein eintaktiges Notenbeispiel: zwei Viertel, drei Vierteltriolen], welcher der noch heute in dieser Gegend gebräuchlichsten Tanzmusik entstammt. Übrigens findet man diesen Rhythmus auch bei seinem Landsmann Haydn (etwa Zwölfte Symphonie 1. Satz), wie auch deutliche Beziehungen zu Schubert hinüberreichen. Haydn und Mozart bestreiten ihre Tanzsätze mit den französischen, höfisch-stilisierten Tanztypen, bei Bruckner

---

[527] Hitler: Rede vom 6.3.1934, Leipzig, Grundsteinlegung zum Richard Wagner-Denkmal, zit. n. Dümling, Albrecht (Hrsg.): Entartete Musik. Original-Tondokumente zur Ausstellung „Entartete Musik" Düsseldorf 1938, CD 2, Nr. 2, Pool Musikproduktion Berlin, 65023 AV
[528] Goebbels, Joseph: Rede vom 6.6.1937, Walhalla bei Regensburg, Aufstellung der Bruckner-Büste, zit. n. Dümling, Albrecht (Hrsg.): a.a.O, CD 2, Nr. 6

äußert sich gerade in ihnen unverfälschte Volksmusik. Wegen dieser natürlichen Bodenverwurzelung wirkt seine Musik erdschwer und kraftvoll."[529]

Charakterisierungen wie Heimatliebe und Naturverbundenheit, wie Goebbels sie u.a. verwendet, finden hier durch Rückführung auf Merkmale der musikalischen Gestaltung ihre fachliche Untermauerung.

Auch Alt schrieb den „deutschen Meistern" generell „vorbildliches Menschentum" zu[530] und idealisierte sie damit zu Idolen. Für den Musikunterricht hatten nach den Vorstellungen Alts deshalb Lehrervorträge über Künstlerpersönlichkeiten enormen erzieherischen Wert. Alt argumentierte, nicht an „unjugendlicher Sachlichkeit"[531], sondern nur an den „lebendigen Wertträgern" könne sich in der Jugend Leben entzünden.[532] In diesem Sinne weisen die Veröffentlichungen aus der NS-Zeit Alt als Vertreter einer musikpädagogischen „Vorbild-Didaktik" aus.

DIE ABWEHR DES LIBERALISMUS

Ein wichtiger Grundzug des musikpädagogischen Denkens Alts in der Zeit des Nationalsozialismus war die Kritik an der liberalen Pädagogik. 1933 schrieb er:

„Es war eine kopernikanische Wende in der Geschichte der Pädagogik, als der große Anreger Rousseau den pädagogischen Akt am Kinde orientierte und damit die liberale Pädagogik begründete. Aber damit begann eine weitgehende psychologische Relativierung des Kulturgutes und der tragenden, kulturschaffenden Ideen. Diese waren nun keine verpflichtenden, jeden einzelnen überformenden Lebensmächte mehr, die das Individuum seinem Lebenskreis assimilierte. Erziehung wurde ein privater Akt zwischen Lehrer und Schüler, und damit wurden die geistigen und künstlerischen Leistungen der Volksgemeinschaft zu „Bildungsmitteln" des Individuums degradiert. 'Das Gesetz dieses Subjektivismus lautet: Die zufälligen und privaten Bedürfnisse der einzelnen Schüler zu erfüllen, diesen Bedürfnissen nachzugeben und sie frei ausleben zu lassen' (Krieck). Gegen diese Zerfaserung der volkgebundenen Kultursubstanz und damit der Volksgemeinschaft wendet sich heute Krieck, indem er gleichzeitig den letzten Grund der inneren Unruhe vieler verantwortungsbewußten Erzieher, die sich in den bohrenden Kämpfen der Pädagogik der Letztzeit widerspiegelt, aufdeckt und ihn als erster klar und erlösend formuliert."[533]

Diesen Begründungszusammenhang aus dem Aufsatz „Die Schulmusik im Wandel der Gegenwart" (Alt 1933) wird man in seine Bestandteile auflösen müssen, um seine

---

[529] Alt 1937b, S. 217
[530] Alt 1936c, S. 303
[531] Alt 1937a, S. 158
[532] Alt 1936c, S. 301
[533] Alt 1933g, S. 84

Problematik offenzulegen: Am Anfang seiner Argumentation steht die Sachaussage, J.J. Rousseau habe den pädagogischen Akt „am Kinde orientiert". Gegen diese Sachaussage ist zunächst nichts einzuwenden, denn auch heute wird „mit einiger Berechtigung" Rousseau als „Entdecker oder Erfinder zumindest der 'Kindheit'" bezeichnet.[534] In einer weiteren Sachaussage Alts wird Rousseau als der „große Entdecker" und als Begründer einer „liberalen Pädagogik" bezeichnet. Auch diese Sachaussage ist zunächst zutreffend. Rousseaus enormer Einfluß auf das pädagogische Denken - und nicht nur darauf - ist unbestritten. Er gilt als das „Paradigma moderner europäischer Pädagogik", als „intellektueller Wegbereiter der Französischen Revolution" sowie als „großer Repräsentant", aber auch als „philosophischer Überwinder der Aufklärung".[535] Die Frage ist allerdings, inwieweit Rousseau verantwortlich gemacht werden kann für alle pädagogischen Bewegungen, die sich auf ihn berufen. Ob also das, was Alt unter „liberaler Pädagogik" verstand, tatsächlich seine Wurzeln in der Philosophie Rousseaus hatte, mag dahingestellt bleiben. Unüberhörbar ist jedoch das negative Werturteil, das Alt dieser „liberalen Pädagogik" implizit entgegenbrachte. Die liberale Pädagogik war aus Alts Sicht deshalb schlecht, weil sie erstens „das Kulturgut" und „die tragenden, kulturschaffenden Ideen" degradiert und zweitens die „volkgebundene Kultursubstanz" und damit die „Volksgemeinschaft" „zerfasert" habe. Implizit wird hier eine weitere Sachaussage gemacht, dass das „Volk" durch „das Kulturgut" und durch „tragende, kulturschaffende Ideen" zusammengehalten werde. Demnach wird das „Volk" als eine Art Kulturgemeinschaft betrachtet, was dem heute üblichen Verständnis dieses Wortes als der „Gesamtheit der durch Sprache, Kultur und Geschichte verbundenen (und zu einem Staat vereinten) Menschen"[536] zumindest vergleichbar erscheint.

Wenn Alt aber in der Degradierung von Kulturgütern und Ideen eine Bedrohung für die Volksgemeinschaft sah, dann bedeutet dies, dass die Kulturgüter und Ideen, die die Volksgemeinschaft zusammenbinden, nach seiner Auffassung als feststehende Größen zu betrachten sind. Alts Volksbegriff machte sich also an statischen Merkmalen fest, an zeitunabhängigen, d.h. überzeitlich gültigen Kulturgütern und Ideen. In dieses Bild fügt sich sein Begriff des „klassischen" Kunstwerks, das nach seiner Darstellung aus dem Jahr 1931 in das Reich der „überzeitlichen Werte" hineinragt und nicht mehr „der Ebene der Geschichte"

---

[534] Ruhloff, J.: Jean Jacques Rousseau, in: Fischer, W. u. Löwisch, D.J. (Hrsg.): Pädagogisches Denken von den Anfängen bis zur Gegenwart, Darmstadt (Wissenschaftliche Buchgesellschaft) 1989, S. 93
[535] Blankertz, H.: Die Geschichte der Pädagogik, Wetzlar (Büchse der Pandora) 1982, S. 69 f.
[536] Art. „Volk", in: Das Herkunftswörterbuch. Etymologie der deutschen Sprache, Duden, Bd. 7 1963, S. 747

angehört.[537] Die als „klassisch" eingestuften Kunstwerke gehören demnach zu der „volksgebundenen Kultursubstanz", und jede Relativierung des klassischen Kunstwerks bedeutete für Alt eine „Zerfaserung" der Volksgemeinschaft.

Gegen einen „statischen Volksbegriff", wie Alt ihn verwendet, ist einzuwenden, dass die eine sog. Volksgemeinschaft zusammenbindenden Kulturgüter (Sprache, Musik, vielleicht auch „Ideen", um den Ausdruck Alts aufzugreifen) eben nicht statisch sind, sondern sich im Laufe der Geschichte (und offenbar mit wachsender Dynamik) verändern. Diese Veränderungen sind aus heutiger Sicht weder zwangsläufig positiv noch negativ. Den Chancen solcher Entwicklungsvorgänge gegenüber blieb der Blick Michael Alts jedoch verschlossen.

Eine Relativierung des Bildungsgutes ging für Alt auch von dem „polyhistorischen Ideal" aus, als dessen geistigen Urheber er Hegel ausmachte. Alt schrieb:

„Die Auflösung der verbindlichen kulturellen Lebensordnung durch den relativierenden Liberalismus, der Mangel eines volksentsprungenen Leitbildes und die damit entfallene Möglichkeit einer wertenden Akzentuierung der Geschichte mußte schließlich in jedem geschichtlich Gewordenen eine 'Emanation des objektiven Geistes' sehen. Da kein verpflichtender Gesichtspunkt für eine wertabstufende Auswahl der Kulturgüter mehr existierte, mußte in der 'Allgemeinbildung' das gesamte geistige Gut in einer möglichst umfassenden Form an die Schüler herangetragen werden. Dieser Mangel einer Grundidee, der die Massen der Geistes- und Ideengeschichte nach ihrer kulturellen Lebenswichtigkeit sinnvoll organisieren konnte, wurde schließlich von der Wissenschaft noch als ein Plus herausgestellt: in der Fiktion der 'Wertfreien Wissenschaft'."[538]

Hier liegt das Problem in der kausal interpretierbaren Verknüpfung von dem „Mangel eines volksentsprungenen Leitbildes" einerseits und der „Möglichkeit einer wertenden Akzentuierung der Geschichte" andererseits: Weil es den „Mangel eines volksentsprungenen Leitbildes" gab, so lese ich diese Stelle, entfiel die „Möglichkeit einer wertenden Akzentuierung der Geschichte". Mit anderen Worten: In einem „volksentsprungenen Leitbild" sah Alt offenbar die einzige Möglichkeit, die Geschichte wertend zu akzentuieren. Eine Diskussion anderer Leitbild-Konzepte seiner oder früherer Zeiten, etwa theologischer (A.H. Francke u.a.) oder wert-philosophischer Natur (M. Scheler, N. Hartmann), führte Alt nicht. Er mußte sie auch nicht führen, weil er bereit war, sich einer politischen Autorität unterzuordnen und die politischen Vorgaben als Wertebasis seines musikpädagogischen Handelns zu übernehmen.

---

[537] Alt 1931, S. 6
[538] Alt 1933g, S. 84 f.

DIE VISION VOM NEUEN MENSCHEN

Zu den Merkmalen des musikpädagogischen Denkens Michael Alts gehört auch ein utopischer Grundzug. In seiner Antrittsvorlesung bezog er sich auf Goethes Darstellung der pädagogischen Provinz und meinte, dass dieses „dichterisch gestimmte, utopische Wunschbild" heute an „Wirklichkeitsnähe" gewinne.[539] Dies zeigt nicht nur in exemplarischer Weise Alts ausdrücklichen Bezug auf utopische Modellvorstellungen, sondern auch seine problematische Goethe-Rezeption. Denn in diesem Kapitel aus „Wilhelm Meisters Wanderjahre" hatte Goethe u.a. auch die Idee einer dreifachen Ehrfurcht dargelegt, darunter die „Ehrfurcht vor dem, was unter uns ist", worauf sich eine eigene Art der Religion gründe, nämlich die „christliche". „Was gehörte dazu", ließ er Wilhelm belehren, „auch Niedrigkeit und Armut, Spott und Verachtung, Schmach und Elend, Leiden und Tod als göttlich anzuerkennen[...]"[540] Diese Textstelle mit ihrem „Blick nach unten" fand bei Alt kein Echo. Vielmehr war es jene andere Textstelle, die dem Gesang die „erste Stufe der Bildung" zuschrieb, der sich „alles andere" anschließe und „dadurch vermittelt" werde,[541] auf die sich Alt bezog und durch deren Zitat er meinte, sich auf Goethe berufen zu können.

Im Mittelpunkt der Altschen Utopie steht die Vision vom neuen, musischen Menschen. Im Zeichen der musischen Bildung, so meinte er bei seiner Antrittsvorlesung in Oldenburg, habe sich eine „Neugründung der Erziehung" angekündigt, „die aus den tiefsten seelischen Schichten des ans Licht drängenden neuen Menschentypus" aufzusteigen schien. Mit großem Enthusiasmus kostete er diese Vision der neuen Erziehung und des neuen Menschen aus:

„Denn mit der nat.-soz. Weltanschauung sieht die Erziehung sich auch einem neuen Menschentyp gegenüber, dessen geistige Umrisse sich zwar erst undeutlich abzeichnen, dessen Anders-Sein sich aber aus seiner eigen gearteten Gedankenwelt und seinen Werttafeln schon erkennen lässt. Ihm wird sie nur gerecht werden können, wenn sie eine Achsendrehung vollzieht und auch <u>aus Eigenem</u> einen neuen Anfang setzt. Das erzieherische Verfahren wird so neuartig sein müssen, wie die Natur dieses werdenden Menschentypus unvergleichlich mit dem Dagewesenen ist."[542]

Die Wurzeln dieser Vision dürften bei Friedrich Nietzsche liegen. Dieser hatte in seiner Schrift „Der Antichrist. Fluch auf das Christentum" (1888) von einem „höheren Typus

---

[539] DOKUMENT 17, S. 346
[540] Goethe, Johann Wolfgang: Wilhelm Meisters Wanderjahre, 2. Buch, 1. Kapitel, zit. n.: Geerk, Frank: Kongreß der Weltweisen. Ein Lesebuch des Humanismus, Solothurn und Düsseldorf (Benziger) 1995, S. 346
[541] Goethe, a.a.O., S. 342
[542] DOKUMENT 17, S. 336f.

Mensch"⁵⁴³ gesprochen, einer Art „Übermensch"⁵⁴⁴, dessen Entwicklung im Laufe des sog. Fortschritts⁵⁴⁵ durch die lebensfeindliche „Tugend" des Mitleids vom Christentum verhindert worden sei. Insgesamt schrieb er dem Christentum einen „Todkrieg gegen diesen höheren Tpyus Mensch"⁵⁴⁶ zu.

Als es in der Reformpädagogik zu Beginn des 20. Jahrhunderts zu einem „neuen Aufschwung der pädagogischen Utopie" kam⁵⁴⁷, bildete sich an dem Leitseil der deutschen Jugendbewegung auch die „musische Bewegung" heraus, der die Idee der Erneuerung der Jugend (und damit des Menschen) durch Musik den entscheidenden Impuls gab. Fritz Jöde nahm die Vision vom neuen Menschen als bestimmenden Kern in seinen Begriff von Musikerziehung auf.⁵⁴⁸ 1919 schrieb er:

„Da kam der Wandervogel, stellte unbekümmert um Musik einen neuen Menschen hin, und mit dem neuen Menschen, ungerufen, gewachsen, wurde ein neuer Volksgesang. [...] Dieser unser Gesang ist ein Stück unseres Ich geworden. [...] Wir sind nicht auf dem Wege über neue Methoden zur Musik gekommen, sondern über einen neuen Menschen. [...] Musik ist für uns keine Stimmungsangelegenheit mehr, erfüllt durch mechanisch-technische Fertigkeiten, sondern Gesinnungsangelegenheit."⁵⁴⁹

Bei Alt nahm die Vision von einem „neuen Menschen" nun konkretere Gestalt an. Der „neue Menschentyp" war ein „musischer Mensch", der gerne die besten Lieder singt und die beste Musik hört, der nichts von „minderwertiger" Musik in sich eindringen läßt und der eine „biegungsfähige, rhythmisch durchpulste Bewegungsform" bevorzugt. Er begegnet der Verweichlichung ebenso wie ungeistiger Kraftbildung, läßt sich durch die musischen Übungen bei den großen Feiern seelisch erregen und innerlich ausrichten, und er ist aufgeschlossen für die „hohen völkischen Werte".⁵⁵⁰

---

⁵⁴³ Nietzsche, Friedrich: Der Antichrist. Fluch auf das Christentum, in: Schlechta, Karl (Hrsg.): Friedrich Nietzsche. Werke in sechs Bänden, Bd. IV, München (Hanser) 1980, S. 1167
⁵⁴⁴ a.a.O., S. 1166
⁵⁴⁵ a.a.O., S. 1166
⁵⁴⁶ a.a.O., S. 1167
⁵⁴⁷ Harten, Hans-Christian: Kreativität, Utopie und Erziehung. Grundlagen einer erziehungswissenschaftlichen Theorie des sozialen Wandels, Opladen (Westdeutscher Verlag) 1997, S. 293.
⁵⁴⁸ Abel-Struth, Sigrid: Materialien zur Entwicklung der Musikpädagogik als Wissenschaft, Mainz (Schott) 1970, S. 27
⁵⁴⁹ Jöde, F.: Musik und Erziehung, Berlin 1919, zit. n. Gruhn, Wilfried: Geschichte der Musikerziehung, Hofheim (Wolke) 1993, S. 227
⁵⁵⁰ DOKUMENT 17, S. 338

Offenbar sind Platos Ethoslehre der Musik, völkische Ideale des 19. und beginnenden 20. Jahrhunderts, Schönheitsideale der Renaissance sowie persönliche Begeisterung für die deutschen Meister in dieses Leitbild eingeflossen.

DAS BEMÜHEN UM SACHLICHKEIT

Zwar nahm Alt gegenüber der liberalen „Pädagogik vom Kinde her" eine betont kritische Haltung ein, doch lehnte er sie keineswegs generell, sondern nur in ihrer einseitigen Ausprägung ab: „Die 'Pädagogik vom Kinde her'", so schrieb er 1933, „versteht sich für einen echten Pädagogen von selbst, ist ein Grundcharakteristikum seines Wirkens. Nur darf man aus dieser Selbstverständlichkeit kein einseitiges Prinzip machen [...]"[551]

Auch in seiner Dissertation „Erziehung zum Musikhören" (1935) bemühte er sich um die Vermeidung von Einseitigkeiten, hier in Bezug auf Musikanschauungen, Werkauswahl und Lehrerpersönlichkeit. In seinem Konzept „Erziehung zum Musikwerten" vertrat er sogar einen Begriff von Toleranz, der - scheinbar - noch heute durchaus Gültigkeit beanspruchen kann: „Eine [...] Verallgemeinerung des eigenen Wertens führt aber zur Unduldsamkeit gegenüber anderen auch sachlich begründeten und individuell richtigen Urteilsweisen [...]. Um dem zu begegnen, ist also zu einer verstehenden Haltung und zur Wertschätzung der Entscheidungen anderer zu erziehen, auch wenn sie der eigenen widersprechen."[552] Hier erscheint Alts Pädagogik tatsächlich als eine „Pädagogik des Ausgleichs", wie er sie selbst genannt hat.[553]

Mehrfach lehnte er auch vorschnelle und unfachliche Äußerungen ab, z.B. 1937 den Versuch der Autoren v. Hausegger und Moser, die „Gleichsetzung von Musik und Licht als typisch deutsch zu bezeichnen".[554]

Wissenschaftlich nicht stichhaltige Argumentationen wies er ebenso zurück wie Interpretationen, die in die Musik zu viel „hineingeheimnissen".[555] Auch unklare Begriffsbildungen, einseitige, unfachliche oder vereinfachende Darstellungen[556],

---

[551] Alt 1933g, S. 85
[552] Alt 1935, S. 104 f.
[553] Alt 1935, S. 90
[554] Alt 1937c, S. 684
[555] Alt 1934a, S. 352
[556] Alt 1939-40

Stilisierungen, Verengungen oder „umrißlose Idealisierungen"[557] wurden von ihm kritisiert.[558] Ausdrücklich wies er auch unkritische Verallgemeinerungen und eine „zu breite Geltung" von Gegensatzbegriffen zurück, so 1938 bei der Gegenüberstellung von romanischer und deutscher Musik.[559] Die gleiche Grundhaltung trat auch in dem Literaturbericht 1940/41 in Erscheinung, als er in der musikalischen Rasseforschung „voreilige Konstruktionen" ablehnte und stattdessen „Verantwortungsbewußtsein", „saubere Gedankenführung" und „echt wissenschaftliche Entsagung" einforderte[560], um ihr „weitere Irr- und Umwege" zu ersparen.[561] 1934 hatte er zwar auch schon methodologische Bedenken gegen das Buch „Rasse und Musik" von R. Eichenauer erhoben, doch zeigte er sich zugleich „sympathisch berührt" von dem „feinen und vorsichtigen Abwägen der Einzelerscheinungen, das voreilige Schlußfolgerungen zu vermeiden sucht".[562]

Aus all dem wird ein Grundzug des Altschen Denkens deutlich: sein Bemühen um Sachlichkeit, Fachlichkeit und wissenschaftliche Solidität. Eine einseitige Alt-Rezeption könnte hierin eine sympathisch fortschrittliche Grundhaltung der Wissenschaftsorientierung erkennen. Genau darin sehe ich eine durchaus heimtückische Gefahr, die im folgenden aufzudecken ist.

DIE RECHTFERTIGUNG VON EINSEITIGKEITEN UND ÜBERTREIBUNGEN

Ein weiterer Grundzug des pädagogischen Denkens Alts war, dass er in bestimmten Situationen Einseitigkeiten und Übertreibungen für gerechtfertigt hielt. Da ist zunächst die Redewendung von der „unterrichtlich wirkungsvollen Übertreibung" im Zusammenhang mit der Beschreibung musikalischer Abläufe durch den Lehrer.[563] Offenbar hielt er es für legitim, vielleicht sogar für notwendig, musikalische Sachverhalte im Unterricht nicht nüchtern und sachlich, sondern in einer gewissen Übertreibung darzustellen, um die gewünschten (Gefühls-) Wirkungen beim Schüler hervorzurufen, d.h. um ihn zu beeindrucken. Zwar wird man auch heute noch von einem Lehrervortrag lebendige und anregende Gestaltung erwarten dürfen, doch ist die Frage, ob die Schüler bei dem Lehrervortrag Altscher Prägung weniger von dem

---
[557] Alt 1936b, S. 178
[558] Alt 1934a, S. 352
[559] Alt 1938a, S. 71
[560] Alt 1940/41, S. 73 f.
[561] Alt 1940/41, S. 74
[562] Alt 1934a, S. 352
[563] Alt 1937c, S. 681

musikalischen Ablauf als von dem „Sprachfeuerwerk" ihres Musiklehrers beeindruckt und damit in ihrer Begeisterung in eine Abhängigkeit vom Lehrer geführt wurden.

Auch in einem anderen Zusammenhang wird deutlich, dass Alt überspitzte Formulierungen bewußt einsetzte, um seine Gedanken zu verdeutlichen. So formulierte er 1933 das „programmatische Leitbild" der „neuen Erziehung" bewußt „extrem"[564], womit er die Gültigkeit seiner Aussage einschränkte und zugleich die Grenzen ihrer Gültigkeit offenließ.

Und in einem dritten - höchst problematischen - Zusammenhang fanden Einseitigkeiten bei Alt eine Rechtfertigung, nämlich im Zusammenhang mit der Aufführungspraxis der sog. Altcäcilianer. Zwar hielt er ihnen eine „unheilvolle Verengung des Blickfeldes"[565] vor, doch gab er andererseits deutlich zu erkennen, dass er mit Blick auf die historische Entwicklung dieser „unheilvollen Verengung" durchaus auch positive Aspekte abgewinnen konnte. Er schrieb:
„Diese Einseitigkeit hat aber gewiß auch eine fruchtbare geschichtliche Wirkung gehabt. Indem man das Bild der altklassischen Kirchenmusik auf die strenge Kunst Palestrinas und die Aufführungsweise in der Sixtina hin stilisierte, stellten sie ihrer durch die Diesseitskunst der Klassik zersetzten zeitgenössischen Kirchenmusik damit ein wirkungsvolles Gegenbild vor und erreichten durch diese Verengung zum mindesten, daß sich an der hervorragend kirchlichen Kunst Palestrinas und ihrer Wiedergabe der Geschmack veredele und alle Mißstände (vor allem das Überwuchern der Instrumentalmessen) beseitigt wurden. Nachdem aber diese Erneuerung der Kirchenmusik erreicht ist, dürfen und sollen wir zum wahren Bild der alten Kirchenmusik durchzustoßen versuchen."[566]

Einseitigkeiten, Stilisierungen und Verengungen, die Alt grundsätzlich ablehnte, erfuhren hier eine historische Rechtfertigung, um aktuellen Zersetzungstendenzen zu begegnen und Mißstände (Überwucherungen) zu beseitigen. Auch wenn es sich hier um musikbezogene Aussagen handelt, die eine Argumentation für die Beendigung der Zeit der Einseitigkeit liefern sollten, bleibt festzustellen: Mit diesem Argumentationsmuster, das Alt hier verwendet, ließe sich ebenso jede Form des Fundamentalismus und des Unrechts als vorübergehend notwendig rechtfertigen. Welche Glaubwürdigkeit hat also Alts Forderung nach wissenschaftlichen Arbeitsweisen, wenn er zugleich unwissenschaftliche Einseitigkeiten, Stilisierungen und Verengungen zur Lösung historischer Mißstände oder, um eine Formulierung Alts aufzugreifen, zur „Endlösung"[567] wichtiger Probleme akzeptieren konnte?

---

[564] Alt 1933g, S. 86
[565] Alt 1938c, S.6
[566] Alt 1938c, S. 6 f.
[567] Alt 1938b, S. 280

DIE ABWEHR DES FREMDEN

Aus den musikpädagogischen Texten Michael Alts aus der NS-Zeit geht auch eine abwehrende Grundhaltung gegenüber jeglicher Beeinflussung „germanischer" oder „deutscher" Musik durch solche Musik hervor, die er als „fremdstämmig" bezeichnete. Dazu gehörte in erster Linie die Musik der Franzosen, Italiener, Juden und Schwarzen. Alt sah in solchen Beeinflussungen die Gefahr der „Zersetzung der deutschen Musik", die zu einem „Tummelplatz fremdstämmiger Einflüsse" werde.[568]

Die Bedrohung ging demnach nicht nur von den „fremdstämmigen" Komponisten (Debussy u.a.), sondern auch von „volksfremden" Theoretikern (Busoni, Schönberg) aus. „Alle Überfremdung", so Alt, müsse „endgültig beseitigt" werden[569], und deshalb gehe es jetzt darum, „dem deutschen Wesen in der Musik nachzuspüren, um aus den sich rundenden Erkenntnissen mehr und mehr das allen deutschen Jahrhunderten gemeinsame Bild eigener Musikart zu gewinnen". Dieses „Bild eigener Musikart" bezeichnete er zugleich als eine „geistig-sittliche Kraft", aus der heraus die „neue deutsche Musik" gezeugt werden solle. Seine musik-„wissenschaftlichen" Bemühungen, vor allem seine Schrift „Deutsche Art in der Musik", standen ausdrücklich im Dienste dieser Aufgabe, das „Seelenbild des deutschen Menschen" zu zeichnen, damit es die „Führung in der Stoffbereitung" übernehmen könne.[570] Musikwissenschaft verstand er demnach als die Grundlagendisziplin, die sich um ein völkisches und unvergängliches Bild deutscher Musikart bemühen sollte, während die Musikpädagogik jenes Bild an die jeweils kommende Generation weiterzuvermitteln hatte. Deshalb sprach Alt in rassistischer Abgrenzung von der „arteigenen Musik" der Juden[571], betrachtete er das Buch „Mendelssohn, Meyerbeer, Mahler. 3 Kapitel Judentum in der Musik" von Karl Blessinger als einen „Anfang zu einer durchgreifenden Umwertung der neueren Musikgeschichte"[572] und empfahl - über die Empfehlungen der Richtlinien hinausgehend - , in der Abschlußklasse der Höheren Schule u.a. Wagners Schrift „Das Judenthum in der Musik" (mit Ausnahme „unwesentlicher" Stellen) als Ganzschrift zu lesen.[573] Und Jazz war für Alt „wilde" und „entehrend" rauschhafte „Niggermusik"[574].

---

[568] Alt 1936a, S. 4
[569] Alt 1936a, S. 6
[570] Alt 1936a, S. 6
[571] Alt 1936a, S. 4
[572] Alt 1939/40, S. 93
[573] Alt 1938e, S. 506
[574] Alt 1936a, S. 4

Alts Rede von dem „höchsten Schöpfer- und Künstlertum" des Romanen, seine Kritik an der Unduldsamkeit gegenüber dem Werturteil anderer sowie seine Mahnungen zur wissenschaftlichen Behutsamkeit wirken auf der Basis völkischen Denkens zynisch und insgesamt unglaubwürdig.

4.5. Persönliches Schlusswort

Wenn der Sinn geschichtlicher Betrachtungen darin besteht, Gegenwart als Gewordenes zu erhellen und in die Zukunft Weisendes aufzuspüren, so stellt sich die Frage nach der „Lehre" aus der hier dargestellten Vergangenheit. Nicht die Frage nach einer eventuellen persönlichen Schuld Michael Alts steht hier zur Debatte. Auch die Frage, ob er mehr oder weniger als andere Musikpädagogen seiner Zeit nationalistisch, völkisch, antijüdisch, rassistisch oder sonstwie eingestellt war, erscheint eher zweitrangig. Die entscheidende Frage, die sich aus der Beschäftigung mit dem musikpädagogischen Schaffen Alts in der Zeit der nationalsozialistischen Gewaltherrschaft ergibt, ist vielmehr: Wie läßt sich eine ideologische Verstrickung der Musikpädagogik künftig verhindern, und wie läßt sich die Sittlichkeit musikpädagogischen Handelns und Forschens gewährleisten?

In seinen Texten ging Alt über rein musikdidaktische Fragestellungen weit hinaus. Unzweideutig nahm er Stellung zu politischen Fragen und ordnete sein musikpädagogisches Schaffen dem allgemeinen politischen Willen ein. Und heute? Musikpädagogische Texte blicken heute kaum über den Tellerrand von Musik und Pädagogik hinaus. Schon in kunstpädagogischen Fragestellungen fühlt sich der Musikpädagoge fremd und unsicher. Welcher Musikpädagoge wagt es heute, gesellschaftliche oder politische Fragen in seine Überlegungen einzubeziehen oder gar Stellung zu beziehen?

Offenbar führt die zunehmende Differenzierung der einzelnen Fachdisziplinen zu einem fortschreitenden Rückzug der Individuen auf ihre jeweiligen „Gebiete", in denen sie sich für kompetent halten und für die sie sich zuständig fühlen. Damit ist unterschwellig die Vorstellung verknüpft, nur für das eigene - und zunehmend enger umgrenzte - Ressort verantwortlich zu sein.

Demgegenüber war Alts Denken weiter ausgelegt, und fast möchte ich ihm ein Verantwortungsgefühl für die gesellschaftliche Entwicklung unterstellen. Dass dies jedoch in die falsche Richtung wies, hat seinen Grund darin, dass er die Realität, in der er lebte, offenbar nur höchst ausschnitthaft wahrnahm:

Im Jahr 1933, in dem Alt von jedem verantwortungsvollen (!) Volksführer vollen persönlichen Einsatz verlangte, um die neue Ideenwelt „in aller Reinheit und Geistigkeit" entstehen zu lassen, wurde auch das „Gesetz zur Verhütung erbkranken Nachwuchses" (14.7.1933) erlassen, das die Sterilisation sog. „Erbkranker", darunter „Schwachsinniger", Blinder und Gehörloser legalisierte.

Ein Jahr vor dem Überfall der deutschen Armee auf Polen begeisterte sich Alt für den „Jahrhundertkampf um die arteigene deutsche Oper" (1938a).

Und im Kriegsjahr 1940, in dem Alt Wettbewerbe innerhalb der einzelnen Schulen vorschlug und sich für die „Auslese" unter den Instrumentalisten einsetzte, erschienen in deutschen Zeitungen zahlreiche Todesanzeigen, in denen Angehörige der 35.224 ersten Opfer der sog. Euthanasie in Grafeneck, Brandenburg, Hartheim, Sonnenstein und Hadamar von dem „plötzlichen" und „unerwarteten" Tod ihrer Verwandten Mitteilung machten.

Der Blick Michael Alts, wie er aus den hier dargestellten Texten hervorgeht, war ausschnitthaft, weil er sich einseitig „nach oben" orientierte, auf die „Führer", auf die „Könner", auf diejenigen, die etwas „leisteten" oder „geleistet" hatten. Um es mit der Schrift Goethes zu sagen („Pädagogische Provinz"), die Alt zitierte: Sein Blick war geprägt von der „Ehrfurcht vor dem, was über uns ist", nicht aber von der „Ehrfurcht vor dem, was unter uns ist". Diejenigen, die nichts leisten konnten, weil sie aufgrund von Unterdrückung und Entrechtung ihrer musikalischen Möglichkeiten beraubt wurden, spielten in den Veröffentlichungen Alts bis 1939 ebensowenig eine Rolle wie diejenigen, die aufgrund von physischen oder psychischen Beeinträchtigungen keine Chance hatten auf die Teilhabe an der „deutschen Kunst".

Man wird einer solchen Position nicht mit Schweigen begegnen können, sondern nur mit dem klaren Bekenntnis zu einer auf Humanität und Toleranz ausgerichteten Musikpädagogik, die nicht die Musik, sondern den Menschen in seinem Verhältnis zur Musik in den Mittelpunkt rückt, die sich in lebendigem Interesse am Anderen dem Fremden zuwendet und die allen Tendenzen der Intoleranz mit Entschiedenheit begegnet.

Denn wie jedes Handeln ist auch das musikpädagogische Handeln in ein gesellschaftliches Umfeld eingebettet und muss innerhalb dieses Umfelds historisch verantwortet werden. Der heute so beliebte Rückzug ins scheinbar Unpolitische, ins Musikpädagogisch-Alltägliche ist eben keine angemessene Antwort auf die historische Erfahrung des Nationalsozialismus und die Verstrickung der Musikpädagogik in die nationalsozialistische Ideologie.

Es muss die Frage nach der Wertorientierung des eigenen (musikpädagogischen) Handelns gestellt werden, doch kann ihre Beantwortung nicht delegiert werden (z.B. an Kultusministerien, Richtlinien-Kommissionen oder Schulleiter). Jeder Pädagoge, auch der Musikpädagoge, muss sich seines eigenen Menschenbildes und seiner eigenen Werteposition bewusst sein und diese Position nach außen hin (z.B. vor seinen Schülerinnen und Schülern sowie vor seinen Kolleginnen und Kollegen) vertreten. Er muss ferner bereit und in der Lage sein auszuhalten, dass andere Menschen mit gleichem Recht andere Wertentscheidungen treffen und sich ernsthaft mit diesen auseinandersetzen. Und er muss bereit und in der Lage sein, seine eigene Wertorientierung immer wieder neu an den Maßstäben von Humanität und Toleranz zu messen und gegebenenfalls zu korrigieren. Die Frage nach der eigenen Wertorientierung gehört also zu den Dauerproblemen des Musikpädagogen und kann deshalb auch nicht aus der Ausbildung von Musiklehrerinnen und Musiklehrern ausgeklammert werden.

Die Schülerinnen und Schüler haben einen Anspruch darauf zu erfahren, an welchen Werten sich ihre Eltern, Lehrer und Erzieher orientieren. Nur wenn deren Wertentscheidungen eindeutig und klar sind, können sich die Schülerinnen und Schüler mit diesen Werten auseinandersetzen, sich an ihnen reiben und eine eigene Identität aufbauen.

5. Das musikpädagogische Schaffen Michael Alts in der Zeit nach 1945

5.1. Überblick

Nach 1945 veröffentlichte Alt mehrere Schulbücher, Schallplatten- und Diareihen für den Musikunterricht, zahlreiche Aufsätze und Vorträge sowie das Buch „Didaktik der Musik".

Über die Gesamtheit des musikpädagogischen Schaffens informiert die folgende chronologische Übersicht.

Nach seiner Rückkehr aus der Kriegsgefangenschaft veröffentlichte Alt 1949 eine Erinnerung an den Kölner Musikpädagogen E.J. Müller („Ein Leben für die Musikerziehung").

1950 folgte ein Aufsatz zur musikalischen Laienbildung im Privatunterricht.

1953 gab er zusammen mit Josef Eßer unter dem Titel „Musica" ein Musikbuch für Realschulen heraus. Im gleichen Jahr verfasste er einen Aufsatz zum Musischen in der Erziehung.

1954 erschien eine Diareihe mit Werkinterpretationen, die sich mit Sinfonik und Kammermusik befasste. Im gleichen Jahr gründete und leitete er das „Musische Seminar" an der Folkwangschule in Essen, das sich in erster Linie um die künstlerische Fortbildung von Volksschullehrern bemühte.

1955 veröffentlichte er die „Musikkunde für die Oberstufe höherer Schulen", ein Schulbuch, das noch bis Ende der sechziger Jahre in nennenswertem Umfang verkauft wurde. Im gleichen Jahr griff er in zwei Aufsätzen („Praktische Hinweise zum Thema Musikerziehung und Forschung", „Musikpädagogische Grundlagenforschung") die Idee der musikpädagogischen Forschung wieder auf. Auf der ersten Bundesschulmusikwoche in Mainz hielt er einen Vortrag, der sich mit der Integration des Faches Musik in das „geistige Gefüge der höheren Schule" befasste.

In die gleiche Richtung ging der 1957 erschienene Aufsatz „Der geistige Beitrag des Musikunterrichts zum Gesamtplan der Oberstufe". 1957 erschien außerdem eine weitere Diareihe für den Musikunterricht („W.A. Mozart. Ein Lebensbild"). Im gleichen Jahr wurden die ersten Schallplatten der „Musikkunde in Beispielen" veröffentlicht, einer Schallplattenreihe, die bis 1963 auf 44 Schallplatten anwuchs.

1958 setzte er sich in einem Vortrag auf der zweiten Bundesschulmusikwoche mit den Möglichkeiten und Grenzen der Interpretation musikalischer Kunstwerke in der Schule auseinander.

1959 erläuterte er in mehreren Beiträgen das Schallplattenwerk „Musikkunde in Beispielen" und die Einsatzmöglichkeiten der Schallplatte im Musikunterricht.

Nach einem Aufsatz „Vom Stoffplan zur Bildungseinheit" (1962) beschäftigte er sich 1963 in einem Vortrag auf der fünften Bundesschulmusikwoche („Von der Eigenständigkeit der Musikerziehung in der Volksschule") sowie in einem Aufsatz („Die Musik in der kulturellen Lebensausrüstung des Volksschülers") speziell mit Fragen der Musikerziehung in der Volksschule. Außerdem veröffentliche er 1963 eine Werkdarstellung zu der „Psalmensinfonie" von I. Strawinsky.

Mit Blick auf didaktische Aufgabenstellungen vertiefte er 1964 seine Überlegungen zur musikpädagogischen Forschung („Aufgaben der musikdidaktischen Forschung").

1965 beantragte er die Einrichtung eines Institutes für musikpädagogische Grundlagenforschung an der Pädagogischen Hochschule Dortmund. Im gleichen Jahr erschienen der Oberstufenband des Musikbuchs „Das musikalische Kunstwerk" sowie die Aufsätze „Grundfragen einer Didaktik der Musik", „Um die Zukunft der deutschen Schulmusik" und „Das Musische als integratives Moment der Erziehung". Auf der sechsten Bundesschulmusikwoche in Bonn hielt Alt den Vortrag „Zur wissenschaftlichen Grundlegung des Musikunterrichtes". Außerdem leitete er die Arbeitsgemeinschaft „Musikerziehung und Forschung", nach deren Schlußsitzung der ständige Arbeitskreis „Musikerziehung und Forschung" begründet wurde. Als Leiter dieses Arbeitskreises erläuterte er dessen Gründung in dem Artikel „Forschung in der Musikerziehung".

1966 wurde der für die Unter- und Mittelstufe gedachte Teil I des Musikbuchs „Das musikalische Kunstwerk" herausgegeben. Im gleichen Jahr erschien der Aufsatz „Brennpunkte musikpädagogischer Forschung". Außerdem berichtete Alt über die Arbeit des Arbeitskreises „Forschung in der Musikerziehung".

1967 veröffentlichte er die Aufsätze „Die Musik im Bildungsplan der Schule" und „Musiktheorie im Unterricht - Handhabungshilfe oder eigengesetzliches Funktionsfeld?" Außerdem erschien eine Werkdarstellung zu dem Klavierkonzert von I. Strawinsky.

1968 erschien die erste Auflage des Buches „Didaktik der Musik" noch mit dem Untertitel „Orientierung am Kunstwerk". Im gleichen Jahr wurde die Realschul-Ausgabe des Musikbuchs „Das musikalische Kunstwerk" herausgegeben. In mehreren Veröffentlichungen befasste Alt sich mit dem „Wandel des musikalischen Bewußtseins", der durch die Medien ausgelöst worden sei, und versuchte daraus Konsequenzen für die Pädagogik abzuleiten. In Vorträgen äußerte er sich „Zur musikpädagogischen Ausbildung des Volksschullehrers" bzw. „Zur Didaktik des Musikhörens und der Werkinterpretation in der Hauptschule". Im gleichen Jahr wurde er als Vorsitzender des Bereichs Musik in die Lehrplankommission „Grundschule" berufen.

1969 veröffentlichte Alt den Aufsatz „Die Funktionsfelder des Musikunterrichts und ihre Integration". Im ersten Heft „Forschung in der Musikerziehung", das 1969 als Beiheft zur Zeitschrift „Musik und Bildung" herausgegeben wurde, stellte er die Aufgaben des gleichnamigen Arbeitskreises dar. Im zweiten Heft machte er auf die erste öffentliche Tagung des Arbeitskreises aufmerksam, die in Köln stattfand.

Der Eröffnungsvortrag, der sich mit den „Öffentlichkeitsaufgaben der Musikpädagogik" befasste, wurde 1970 in dem Beiheft „Forschung in der Musikerziehung" abgedruckt. Außerdem verfasste er eine „Bestandsaufnahme und Zwischenbilanz" zur empirischen Forschung in der Musikpädagogik. Im gleichen Jahr erschienen der Aufsatz „Die Mitsprache der Pädagogik bei der Zielproblematik des Musikunterrichts" sowie die Schallplattenkassette „Musik für den Anfang".

Für die Neuauflage seiner „Didaktik der Musik" im Jahr 1973 nahm er einige inhaltlich bedeutsame Umarbeitungen vor.

5.2. Schulbücher

Michael Alt hat insgesamt drei Bücher für den Musikunterricht an allgemeinbildenden Schulen herausgegeben oder an deren Herausgabe mitgearbeitet. 1953 erschien unter dem Titel „Musica" ein von M. Alt und J. Eßer herausgegebenes zweibändiges „Musikbuch für Realschulen". 1955 wurde die von M. Alt herausgegebene „Musikkunde für die Oberstufe höherer Schulen" veröffentlicht, die den Verkaufszahlen zufolge zumindest bis Ende der 60er Jahre Bedeutung hatte. 1965 erschien eine für die oberen Klassen des Gymnasiums (10.-13. Schuljahr) gedachte „Musikkunde in Beispielen" unter dem Obertitel „Das musikalische Kunstwerk". Im Unterschied zu den früheren Werken konnte sich dieses Schulmusikbuch auf die in den Jahren 1957-1963 erschienene und ebenfalls von Alt herausgegebene Schallplattenreihe „Musikkunde in Beispielen" beziehen. „Das musikalische Kunstwerk" wurde 1966 durch einen eigenen Band für die Unter- und Mittelstufe (5.-9. Schuljahr) ergänzt. Eine Ausgabe dieses Musikbuchs für Realschulen erschien 1968.

Musica. Musikbuch für Realschulen

Der erste Band enthält einen Liederteil (84 Seiten) mit Liedern zum Tages- und Jahreskreis, zum „Lebensweg" (Liebe und Leid, Stände, Freundschaft) und zu Weihnachten, eine Musikkunde (32 Seiten) mit Bildern, Noten und Texten zu den „Meistern" J.S. Bach, G.F. Händel, J. Haydn, W.A. Mozart, L.v. Beethoven, F. Schubert, C.M.v. Weber, R. Schumann und J. Brahms) sowie eine Musiklehre (11 Seiten) mit den Grundbegriffen aus der allgemeinen Musiklehre.

Der Liederteil umfasst vorwiegend ein- bis dreistimmige Lieder und Kanons, teilweise auch mit instrumentalen Begleitstimmen. Er enthält auch einige fremdsprachige Lieder (englisch, französisch), teilweise jedoch ohne Übersetzung. Die Liedsätze stammen zum Teil von zeitgenössischen Komponisten (P. Hindemith, W.M. Berten, W. Keller). Zu dem Lied „Heut soll das große Flachsernten sein" hat M. Alt selbst die Begleitstimme geschrieben. Bei den Liedern „Nun wollen wir singen", „Kommt, ihr G'spielen" und „Es wollt ein Jägerlein jagen" ist als Quelle das 1941 unter dem Namen M. Alts herausgegebene „Singebuch für Mädchen" angegeben, allerdings ohne Jahresangabe.

Band 2, der für die oberen Jahrgangsstufen der Realschulen gedacht war, beinhaltete einen Liederteil zu den Rubriken „Tageslauf", „Jahreskreis", „Lebensweg" und „Feier" (51 Seiten) sowie eine 120 Seiten umfassende „Musikkunde", als deren Verfasser im Vorwort ausdrücklich M. Alt genannt ist. Diese „Musikkunde" ist inhaltlich in auffallender Weise auf die „deutschen Klassiker" ausgerichtet.

Der Vergleich zu dem Musikkunde-Teil des 1941 herausgegebenen „Singebuchs für Mädchen" zeigt die gleiche Auswahl „deutscher Klassiker", jedoch erhebliche Unterschiede bei der Auswahl neuerer Komponisten. 1941 hatte Alt in einem Abschnitt die „Meister des neueren Kunstliedes" H. Wolf, M. Reger, R. Strauss sowie H. Pfitzner behandelt und sich damit auf „deutsche" Komponisten beschränkt. Demgegenüber zeigt der Abschnitt „Von neuer Musik" eine deutliche Öffnung des inhaltlichen Horizonts:

„Im vergangenen Jahrhundert versuchten die Komponisten durch Rückgriff auf die Volksmusik ihren Werken eine nationale Note zu geben. So kam es zu betont nationalen Stilkreisen in der Musik. (Skandinavien: Grieg; Finnland: Sibelius; Polen: Chopin; Rußland: Tschaikowsky, Mussorgsky; Tschechoslowakei: Smetana, Dvorak; Frankreich: Bizet, Debussy; Italien: Verdi.) Demgegenüber will die Neue Musik wieder - ohne die landsmännischen Eigenarten zu unterdrücken - zu einer allgemeineren Musiksprache vorstoßen. Zu diesem *Weltstil* tragen heute die führenden Geister der Neuen Musik, jeder in seiner Weise, bei: der Österreicher Arnold Schoenberg, die Russen Strawinsky, Prokofieff und Schostakowitsch, der Ungar Bela Bartok, der Deutsche Paul Hindemith, die Franzosen Darius Milhaud, Arthur Honegger. Daß die meisten als politische Emigranten ihre Heimat verlassen mußten, hat die Internationalität der Neuen Musik entscheidend vorangetrieben. Sie zeigt sich äußerlich im Aufkommen von lateinischen und griechischen Werktiteln: 'Ludus tonalis', 'Mikrokosmos', 'Musica pro organo' u.a."[575]

Auch Komponisten jüdischen Glaubens wurden nun nicht mehr grundsätzlich verschwiegen (F. Mendelssohn Bartholdy, A. Schönberg). Gestrichen wurden dagegen Stellen von politischer Brisanz, wie z.B. der folgende Abschnitt aus dem „Singebuch für Mädchen" (1941), der auch schon in der Urfassung enthalten war:

„Richard Wagner stellt sein Werk ausdrücklich in den Dienst politisch-sittlicher Ziele. Neben den Kunstschriften ('Oper und Drama'), die seine musikdramatischen Absichten entwickeln und zur Verteidigung seines Kunstschaffens dienen, hat er sich auch politisch gegen den Liberalismus seines Jahrhunderts für den Rassegedanken ('Das Judenthum in der Musik') und für eine Erneuerung des Staatslebens (Regenerationsschriften) eingesetzt. Ihr soll aber auch sein Werk dienen. Durch die Wiederbelebung des germanischen Mythus in seinen Musikdramen wollte er nach dem Vorbild des griechischen Theaters eine volksverbindende, politisch-erzieherische Bühne schaffen."[576]

---

[575] Alt, M. /Eßer, J. (Hg.): Musica, Band 2, Düsseldorf (Schwann) [6]1958, S. 134

Selbstverständlich verzichtete Alt auch auf die rassistischen Kapitel, deren Einfügung im Februar 1941 vom damaligen Reichsministerium angeordnet worden war (z.B „Musik und Rasse").

Gestrichen wurden auch solche Stellen, in denen die Komponisten mit besonders heroischem Grundton charakterisiert wurden. So trat z.B. an die Stelle des Abschnittes, in dem der „drängende Kampf- und Tatendrang" Händels geschildert worden war[577], nun ein ausführliches Notenbeispiel mit dem vollständigen Satz aus einer Cembalo-Suite.[578]

Beibehalten wurde ein Abschnitt zu den „Stammeseigentümlichkeiten im Volkslied", in dem Alt versuchte, in den verschiedenen Landschaften Deutschlands „Stammeseigentümlichkeiten" auszumachen, z.B. den „Jodler" des „Älplers" oder die „wehe Anmut und die Vorliebe für Moll-Wendungen" in den Liedern des „Niederfranken am Niederrhein, im Bergischen Land und in der Eifel".[579] In diesem Zusammenhang hatte er 1941 das „übrige mittlere Deutschland" als „rassischen Schmelztiegel" bezeichnet.[580] Diese Formulierung ersetzte er nun durch die Wendung „Schmelztiegel der Völkerschaften".[581]

Im engeren Sinn musikpädagogisch bedeutsam ist jedoch die mediale Repräsentation der Musik. Während der Musikkunde-Teil des „Singebuchs für Mädchen" zwar mehrere ganzseitige Musikerportraits, aber nur wenige einstimmige Notenbeispiele beinhaltete, wurde in dem Musikkunde-Teil des Buchs „Musica" nun eine Reihe von vollständigen Sätzen aus Sonaten oder Kunstliedern in vollständigen Partituren bzw. Klavierauszügen abgedruckt. In der folgenden Übersicht über den Gliederung der Musikkunde sind diese Notenbeispiele durch kursive Schrift gekennzeichnet.

---

[576] Alt 1941a, Bd. 2, S. 215
[577] Alt 1941a, Bd. 2, S. 193 f.
[578] Alt, M. /Eßer, J. (Hg.), a.a.O., S. 69-71
[579] Alt 1941a, Bd. 2, S. 227 und Alt, M. /Eßer, J. (Hg.), a.a.O., S. 142
[580] Alt 1941a, Bd. 2, S. 229
[581] Alt, M. /Eßer, J. (Hg.), a.a.O., S. 142

Gliederung der Musikkunde aus dem Buch „Musica"

I. Meister der Musik und ihre Werke

1. DIE ALTMEISTER
   Johann Sebastian Bach
   Invention in F
   Fuge in a
   Praeludium in C
   Kommt, Seelen, dieser Tag muß heilig sein

   Georg Friedrich Händel
   Suite in d (Allemande-Courante)

2. DIE WIENER KLASSIKER
   Joseph Haydn
   Rezitativ und Arie aus den „Jahreszeiten"
   Die Sonatenform
   Sonate in E, 1. Satz
   Sonate und Sinfonie

   Wolfgang Amadeus Mozart
   Das Veilchen
   Die Oper

   Ludwig van Beethoven
   Die Ehre Gottes in der Natur
   Das Heiligenstädter Testament
   Beethovens Sinfonien

3. DIE ROMANTIKER
   Franz Schubert
   Der Lindenbaum
   Der Tod und das Mädchen
   Wanderers Nachtlied
   Das Kunstlied
   Die Ballade
   C.G. Loewe: Prinz Eugen, der edle Ritter

   C.M.v. Weber
      Der Freischütz
      Arie: Leise, leise, fromme Weise

R. Schumann
Frühlingsfahrt
Die Programmusik
Wilder Reiter

R. Wagner
Das Musikdrama
Die Meistersinger

J. Brahms
Feldeinsamkeit

A. Bruckner
[ohne Notenbeispiel]

H. Wolf
Denk es, o Seele

M. Reger
Klage vor Gottes Leid

4. Von neuer Musik
Vom Wesen Neuer Musik
Bartok: Volkslied

Meister der Neuen Musik
Hindemith: Wer sich die Musik erkiest
Hindemith: Marsch

II. Volkslied und Tanz

Vom Volkslied
Wesen des Volksliedes
Das Lied im Volksleben
Stammeseigentümlichkeiten im Volkslied
Aus der Geschichte des Volksliedes

Vom Tanz
Die Suite
Alte und neue Tänze

III. Kleine Formenlehre

> LIEDFORMEN
> *Haydn: Menuett (Sonate in E, 2. Satz)*

> DAS RONDO
> *W.A. Mozart: Rondo*

> DIE VARIATION
> *Beethoven: 6 leichte Variationen über ein Schweizerlied*
> *J. Pachelbel: Chaconne*

IV. Von den Instrumenten

> DIE PARTITUR

V. Musik im Leben

> R. SCHUMANN: MUSIKALISCHE HAUS- UND LEBENSREGELN

> RUNDFUNK UND SCHALLPLATTE

> DU UND DAS MUSIKLEBEN

Anhang

> ÜBERSICHT ÜBER DIE ENTWICKLUNG DER ABENDLÄNDISCHEN MUSIK

Das Kapitel „Musik im Leben" ist vor allem wegen seines „medienpädagogischen" Anteils von Interesse. Neben den „Musikalischen Haus- und Lebensregeln" R. Schumanns, die Alt auch schon 1941 in die „Musikkunde" aufgenommen hatte, und neben dem Abschnitt „Du und das Musikleben", in dem er auf die vielfältigen Möglichkeiten der musikalischen Betätigung hinwies, fügte Alt auch ein Kapitel „Rundfunk und Schallplatte" ein, mit dem er zu einer „sinn- und verantwortungsvollen Anwendung" der neuen Medien aufrief. Dieser Text, für Schüler geschrieben, enthält wesentliche Gedanken, die Alts Schaffen bis zu seiner „Didaktik" durchziehen und soll deswegen hier in voller Länge wiedergegeben werden:

Rundfunk und Schallplatte[582]

„War bisher die Musik gebunden an das festliche Konzert, an den Gottesdienst oder das gelegentliche Singen und Musizieren zu Hause, also an seltene Anlässe außerordentlicher Art, so hat uns die Technik mit Rundfunk und Schallplatte die Möglichkeit geschenkt, die Musik zur beliebigen Verwendung jederzeit zur Verfügung zu haben. Diese Bereicherung wird jeder Musikliebhaber dankbar begrüßen und für sich nutzen wollen.

Es ist erfreulich, wie der Musikfreund die ältere *Schallplatte* inzwischen sinn- und verantwortungsvoll anzuwenden gelernt hat. Wie der Bücherfreund seine Bücher, so sammelt er mit großem Bedacht und in kritischer Auswahl seine Musikplatten, um besonders geliebte Musikstücke oder die Werke seines Lieblingskomponisten zu einem Vorratsschatz bester Musik zusammenzutragen, zu der er in einem besonders innigen Verhältnis steht und die er darum jederzeit zur Verfügung haben möchte. In einer frohen, festlichen oder besinnlichen Stunde wählt er daraus nach seinem jeweiligen inneren Bedürfnis und seinen augenblicklichen Wünschen Werke aus, um ihnen in gehobener Stimmung und mit andächtiger Sammlung allein oder im Kreis gleichgestimmter Menschen zu lauschen und sich daran zu erfreuen. Wer will bezweifeln, daß so die Musikplatte viel Freude und musikalische Bildung gibt, zumal die Musikplatte uns heute in steigendem Umfang und steigender technischer und musikalischer Vervollkommnung alle großen und bedeutenden Werke der Musik in mustergültigen Wiedergaben darbietet. Man schlage nur die Verzeichnisse der kulturell bedeutsamen Musikplatten-Produktionen nach: Deutsche Grammophon-Gesellschaft mit ihrer Archiv-Produktion, Electrola, Odeon, Telefunken u.a.

In ähnlicher Weise sollte man sich auch des Rundfunks bedienen lernen. Heute pflegt man ihn weithin achtloser zu handhaben als die anderen technischen Einrichtungen zu Hause, die man doch nur so lange bemüht, als man sie benötigt. In wieviel Familien vertreibt der Rundfunk als unaufhörliches Klanggeräusch alle freundliche, wohltuende Stille!

Strawinsky mahnt: 'Übersättigt vom Klang, an seine verschiedene Zusammenstellung gewöhnt, verfallen die Leute in eine Art Stumpfsinn, der ihnen jede Fähigkeit zur Unterscheidung raubt und sie unempfindlich macht gegenüber dem Wert des Stückes, das man ihnen vorspielt. Es ist zu erwarten, daß wir infolge schrankenloser Überfütterung jede Lust und jeden Geschmack an der Musik verlieren werden.' (Aus 'Musikalische Poetik', Schotts Söhne, Mainz.)

'Was früher der Kamin war, wie einst die Petroleumlampe den Familienkreis vereinte, das muß im deutschen Haus der Rundfunk werden: der Mittelpunkt der inneren Sammlung. Der Rundfunk kann seinen Sinn nur dann erfüllen, wenn er statt Hörer Zuhörer anspricht, wenn vor dem Empfangsgerät Menschen sitzen, die wissen, daß das oberste Gebot der Rundfunkhörer der Wille zur Auswahl ist. Wer sich des Rundfunks so bedient, dem gibt er mehr als Unterhaltung. Dem wird er Helfer, sich auf den Sinn des Lebens wieder zu besinnen.' (A. Grimme. Nach W.M. Berten: 'Musik und Mikrophon', Schwann Düsseldorf, 1951).

Wenn wir in dieser Einstellung an die Musik im Rundfunk herangehen, so verlangt das zuerst eine vernünftige Beschränkung auf jene Stunden, wo es uns innerlich drängt, zu unserer Erbauung, Entspannung oder Unterhaltung Musik hingegeben zu hören. Dazu wähle man aus dem Rundfunkanzeiger mit Bedacht jene Sendungen ernster, heiterer oder belehrender Art aus, die uns gerade ansprechen, und höre sie auch mit innerer Sammlung an. Am zweckvollsten ist es, sich von vorneherein aus dem Wochenplan einige wenige Werke, die man hören möchte, vorzumerken und sich wie beim Konzert darauf vorzubereiten. Wenn wir so den Rundfunk sinnvoll zu gebrauchen lernen, wird er uns ein treuer Lebenshelfer sein."

---

[582] Alt, M. /Eßer, J. (Hg.), a.a.O., 172 f.

Die nachfolgend dargestellten Verkaufszahlen, die sich aus den im Nachlass Alts befindlichen Honorarabrechnungen des Verlags entnehmen lassen, belegen eine Bedeutung des Musikbuchs „Musica" bis Ende der 60er Jahre.

Musica. Musikbuch für Realschulen (1953)
- Anzahl der verkauften Exemplare -

Jahr	Band 1	Band 2
1953	2381	-
1954	8081	5119
1955	5475	3713
1956	4007	2928
1957	2423	2446
1958	2292	2505
1959	2204	1835
1960	2078	1360
1961	1970	1263
1962	1883	1009
1963	1495	1465
1964	1054	917
1965	1333	1061
1966	1157	2121
1967	739	1246
1968	986	1128
1969	672	774
1970	389	749
1971	855	12
1972	141	0
1973	6	0
Summe	**41.621**	**31.651**

Musikkunde für die Oberstufe höherer Schulen

In seinem Mainzer Vortrag von 1955 hatte Alt die Meinung vertreten, dass die Bedeutung des Musikschrifttums für die Gestaltung des Musikunterrichts „bisher in auffallender Weise unterschätzt" worden sei.[583] Wie es in anderen Fachgebieten selbstverständlich sei, solle auch in der Musik dem Schüler ein Buch in die Hand gegeben werden, auf das sich die Arbeit stützen könne. Darin sollten Auszüge des zeitgenössischen wissenschaftlichen Fachschrifttums Hilfen geben bei der Deutung von Werk, Meister, Gattung und Form. „Wichtig erscheint", so Alt, „daß sich dabei auch wechselnde Aspekte auftun und in anregender Mannigfaltigkeit die Musik mit ästhetischen, geistesgeschichtlichen, soziologischen, musikgeschichtlichen, psycho-logischen Fragestellungen angegangen wird."[584]

Mit der „Musikkunde für die Oberstufe höherer Schulen", das Alt unter Mitwirkung des Studienrats Dr. Eßer und der Studienrätin Dr. Möllenhoff herausgab, konnte noch im gleichen Jahr ein solches Buch vorgelegt werden, mit dem ausdrücklich geisteswissenschaftliche Einsichten vermittelt und mit den Erkenntnissen der anderen Kulturfächer verknüpft werden sollten. Die folgende Übersicht vermittelt einen Eindruck von der Fülle der dort behandelten Themen.

Gliederung der „Musikkunde für die Oberstufe höherer Schulen" (1955)

Musik der Antike

    Antike Musikkultur
    Das Ethos in der Musik

Musik in altgermanischer Zeit

---

[583] Alt 1956, S. 191
[584] Alt 1956, S. 191

Musik des Mittelalters

Der gregorianische Choral
Musikanschauung des Mittelalters
Die abendländische Bedeutung des Gregorianischen Chorals
Weltliche Liedkunst
Die Spielmannskunst
Troubadours und Trouvères
Minnesang
Meistersang
Das Volkslied
Wesen des Volksliedes
Völker in ihren Liedern
Aus der Geschichte des Volksliedes
Stilmerkmale des mittelalterlichen und des neueren Volksliedes

Blütezeit der Polyphonie

Anfänge der Mehrstimmigkeit
Das Zeitalter der Niederländer
Martin Luther über die Polyphonie
Die Niederländische Schule
Altdeutsche Chormusik um 1500
Musik am Hofe Maximilians
Musik der Reformation und Gegenreformation
Martin Luther über die Musik
Vom Wesen evangelischer Kirchenmusik
Palestrina
Europäischer Geist in der Niederländischen Schule

Barock

Deutsche Musikkultur in der Barockzeit
Monodie, Generalbaß, Oper
Monodie und neuer Geist
Wort und Ton in der Geschichte der Oper
Goldoni über die Regelhaftigkeit der Barockoper
Das deutsche Sololied
Konzertierende Kirchenmusik
Kantate, Oratorium, Passion
Heinrich Schütz
Instrumentalmusik des Barock
Instrumentalformen im Barockzeitalter
Das Barockorchester
J.S. Bach
Formen der Vokalmusik bei Bach und Händel
Bachs geistige Welt
Der rhythmische Urgrund der Bachschen Musik
Die Formenwelt der Passion
Bach in unserer Zeit
G.F. Händel
Bach und Händel
Wesenszüge und Wirkungen der Händelschen Musik
Italien und die deutsche Musik

Klassik

Vorklassik
Stilwende um 1750
Das neue Klangideal
Die Klassik
Chr. W. Gluck und die klassische Oper
Gluck und der klassische Geist
Begriff des Klassischen
Die Formen der Klassik
Das Wachstumsgesetz der Sonatenform
Die Sonate als Zyklus
J. Haydn
Goethe über Haydn
W.A. Mozart
Mozart als Mensch und Künstler
Freies Künstlertum
Opernästhetik
Mozart und die italienische Oper
Zauberflöte und Humanitätsidee
L. v. Beethoven
Beethoven in der Musik- und Geistesgeschichte
Beethovens Menschheitsmusik
Beethoven in Briefen und Aufzeichnungen
Beethovens Schaffensweise
E.T.A. Hoffmann: Beethovens V. Sinfonie

Das 19. Jahrhundert

Das 19. Jahrhundert in der Musik
Der romantische Stil
Das Kunstlied
Die Meister des Kunstliedes
Die Oper
Die Programmusik
Möglichkeiten der Programmusik
Sinn der Programmusik
Zur Kritik der Programmusik
Die Sinfonie des 19. Jahrhunderts
Vom Wesen der romantischen Sinfonie
Die romantische Miniatur
Die Meister des 19. Jahrhunderts
F. Schubert
Schuberts Persönlichkeit und Werk
C.M. v. Weber
F. Mendelssohn-Bartholdy
R. Schumann
F. Liszt
R. Wagner
Wagner über das Musikdrama
Vorspiel zu den Meistersingern
Genie des Willens
J. Brahms
Geist und Form in Brahms' Musik
Brahms und das Volkslied
A. Bruckner
Der Mensch und Künstler A. Bruckner
H. Wolf
M. Reger

Max Regers Musikanschauung
Reger über sich
R. Strauß
H. Pfitzner
Nationale Schulen
Der nationale Gedanke in der Musik
Impressionismus
Cl. Debussy
Cl. Debussys Musikanschauung

Musik der Gegenwart

Die neue Musikanschauung
Subjektive und objektive Musik
Reinheit der Musik
Ordnung der Musik
Die moderne Musik und das Publikum
Idee einer Weltmusik
Stilmerkmale der modernen Musik
Schönberg und die Zwölftonmusik
System der Zwölftontechnik
Thomas Mann über das Zwölftonprinzip
I. Strawinsky
Strawinsky als geistige Erscheinung
B. Bartók
Folklore und neue Musik
P. Hindemith
Hindemith über seine Entwicklung
Wirkung Hindemiths in unserer Zeit
Die Oper der Gegenwart
Anteil der Nationen
Zeittafel: Entwicklung des neuen Kunststils (1900-1952) in Musik Malerei und Dichtung

Anhang

Literatur-Nachweis
Kleine Hausmusikbücherei
Personenregister
Sachregister

Zu diesen Themen enthielt das Musikbuch, das sich insgesamt als Lesebuch für den Musikunterricht darstellt, zahlreiche Auszüge aus musikwissenschaftlichen Veröffentlichungen (z.B. Biographien, Darstellungen der Musikgeschichte) und aus Quellentexten (Briefen, autobiographischen Zitaten) mit den entsprechenden Literaturhinweisen. Allerdings wurden in beachtlicher Zahl auch Notenbeispiele abgedruckt, darunter ein altgriechisches Tischlied, verschiedene gregorianische Gesänge, Minnelieder, eine Motette von G. P. da Palestrina, ein geistliches Konzert von H. Schütz, eine Fuge von J.S. Bach, eine Passacaglia von G.F. Händel, ein Sonatensatz von L. v. Beethoven sowie mehrere Kunstlieder von F. Schubert (aus der „Winterreise"), R. Schumann, J. Brahms und M. Reger. Außerdem gab es Auszüge aus Werken von A. Schönberg, E. Krenek, I. Strawinsky, B. Bartok und - mehrfach - P. Hindemith. Das „abfragbare Wissen" wurde stichwortartig den einzelnen Kapiteln vorangestellt. Schließlich enthielt die Musikkunde eine von 1900 bis 1952 reichende Zeittafel zur „Entwicklung des neuen Kunststils" (mit den Spalten „Musik", „Bildende Kunst", „Dichtung" und „Philosophie - Leben"), eine Liste mit empfohlener Literatur („Kleine Hausmusikbücherei") sowie ein Personen- und ein Sachregister.

Im Vergleich zu den zuvor veröffentlichten „Musikkunden" (1941, 1953) fällt zunächst die Erweiterung der inhaltlichen Bandbreite auf. Obwohl nach Alts Meinung (vgl. Vortrag von 1955) die Erlebnisfähigkeit der Schüler abnimmt, je weiter man in die Vergangenheit zurückgeht[585], setzte die Musikkunde mit einem Kapitel zur Musik der Antike verhältnismäßig früh an. Allerdings war dies auch schon in dem 1953 von E. Rabsch herausgegebenen Oberstufenband der Reihe „Musik" so gehalten worden.[586] M. Alt versuchte aber - wie bereits 1941 und 1953 und im Unterschied zu dem Musikbuch von Rabsch - ausführlich auch die neuere Musik zu berücksichtigen und zeitgenössische Komponisten bzw. deren Werke zu besprechen (1941: R. Strauss und H. Pfitzner; 1955: I. Strawinsky und P. Hindemith).

Gleichwohl ist bezeichnend, daß Alt es für legitim hielt, diesem letzten Kapitel die Überschrift „Musik der Gegenwart" zu geben. Formen des Jazz wurden ebenso ausgeblendet wie Musik anderer Kulturen oder Formen der aktuellen populären Musik. Der Ausdruck „Schlager" tauchte nur in Abgrenzung zum Volkslied auf. Alt schrieb:

„Wie aber unterscheidet sich der 'Gassenhauer', der 'Schlager' vom Volkslied? Er ist ein Produkt der modernen Unterhaltungsindustrie. Sein Stil, seine Gesinnung und seine Lebensbedingungen heben ihn deutlich vom Volkslied ab. Da er immer 'hochaktuell' sein will, ist ihm auch nur eine kurze Lebensdauer beschieden. Sehr bald ist man seiner überdrüssig, und dann verschwindet er so unwiederbringlich wie jede andere Modetorheit. Er erfaßt seuchenartig die breite Masse, aber nur oberflächlich. Alle echte Gefühlsempfindung ersetzt der Schlager durch flache Sentimentalität und kitschige Gefühlsseligkeit, gesunde Rhythmik durch überhitzten Schmiß, gehaltvolle Melodien durch eingängige, ohrenfällige Wendungen. Der Inhalt ist meist reißerisch aktuell und überrascht gerne mit plumpwitzigen oder zweideutigen Einfällen. Das Gesunde, Ursprüngliche und die edle Herbheit des Volksliedes gehen ihm völlig ab."[587]

---

[585] Alt 1956, S. 188
[586] Rabsch, Edgar (Hg.): Musik. Ein Schulwerk für die Musikerziehung, Ausgabe C, Band III (Oberstufe), Frankfurt/Main (Diesterweg) 1953
[587] Alt 1955a, S. 28

Wie bereits 1928 („Sozialisierung durch Musik") wird deutlich, dass Alt zwar die Funktion des Schlagers akzeptierte, nicht aber das Niveau seiner musikalischen und textlichen Gestaltung.

Mit dem Thema „Musik in altgermanischer Zeit" hatte sich Alt bereits 1937 auseinandergesetzt, um daraus Aussagen über die „völkische Eigenart in der deutschen Musik" zu gewinnen. 1941 hatte er innerhalb des angeordneten Musikkunde-Anhangs ein eigenes Kapitel „Germanische Musikübung" eingefügt. 1953 („Musica") wurde das Thema vollständig ausgespart. 1955 übernahm Alt das aus dem Jahr 1941 stammende Kapitel fast vollständig in die „Musikkunde für die Oberstufe höherer Schulen", darunter auch das Notenbeispiel einer finnischen Runenmelodie, das seinerzeit vom Reichsministerium für Wissenschaft, Erziehung und Volksbildung beanstandet worden war. Allerdings ließ er den - im folgenden wiedergegebenen - Abschnitt aus der Musikkunde von 1941 hier weg, in dem die „höchste Wertsetzung der Musik" in Deutschland auf altgermanische Mythenbildung zurückgeführt wird:

„In dem Mythus, den ein Volk um seine Musik dichtet, zeichnet sich seine letzte Stellung zur Tonkunst deutlich ab. Das geschieht vor allem in den alten Sagen um die Entstehung der Musik. Für die Musikauffassung der Germanen ist es bezeichnend, daß sie den angesehendsten der Götter, Wodan selbst, als Erfinder der Musik nennen, während bei anderen Völkerschaften nur ein Mensch oder Halbgott dazu berufen wird (bei den Griechen unter anderen die Heroen Orpheus und Amphion, bei den Juden ein Mensch, Jubal). Nach dem finnischen Volksglauben erfindet Odin aus Fischgräten die fünfsaitige Harfe, in jüngeren schwedischen Liedern tritt er gar als Spielmann auf. Er gibt Mimir eins seiner Augen, das nun als Mond am Himmel hängt. Dessen Sichel aber ist das Gjallahorn, das Heimball bei der Götterdämmerung blasen wird. Das andere Auge ist die Sonne, die sich der Germane ebenfalls tönend denkt.
   'Ulfrunas Sohn, stieg Argiöl hinan,
    der Hornbläser, zu den Himmelsbergen.' (Edda.)
Der Entstehungssage entsprechend kommt es in Deutschland zur höchsten Wertsetzung der Musik, zu der je ein Volk gestimmt war. Während die Griechen vor allem den erzieherischen Wert der Musik hervorheben, die Römer in ihr nur ein verderbliches Genußmittel sehen, die Slawen sie als Ausdrucksmittel hemmungsloser Leidenschaftlichkeit, die Romanen sie wieder als tönend bewegtes Spiel auffassen, vertraut der Deutsche ihr seine tiefsten seelischen Erlebnisse an, sieht er mit Beethoven in ihr 'eine höhere Offenbarung als alle Religion und Philosophie'."[588]

Wie wichtig Alt auch 1955 die Gegenüberstellung der verschiedenen europäischen Völker war, zeigt der Abschnitt „Völker in ihren Liedern", in dem auf unterschiedliche Anteile der einzelnen Völker an der „Schöpfung übernationaler Formen des Liedes" bzw. auf

---
[588] Alt 1941a, Band 2, S. 237

unterschiedliche Gesangsstile hingewiesen wird. Dass mit solchen Gegenüberstellungen auch die Hervorhebung Deutschlands verbunden war, zeigt das Kapitel „Die Oper der Gegenwart", in dem er mit einer Auflistung von Komponisten-Namen den besonders hohen Anteil Deutschlands herausstellte.[589]

Aus dem Mittelalter hatte Alt zwar auch 1941 schon vereinzelte Beispiele herangezogen (z.B. das Hildebrandslied), aber erst 1955 wurde „Mittelalter" ein eigenständiges Thema, dem er eine umfangreiche Darstellung widmete. In seinem Mainzer Vortrag hatte er noch im gleichen Jahr von nur drei Stilkreisen gesprochen und dabei sowohl Antike und Mittelalter als auch die „Blütezeit der Vokalpolyphonie" unberücksichtigt gelassen. Auch die letztgenannte Epoche wurde in der „Musikkunde" nun ausführlich behandelt.

Die Reaktionen auf die „Musikkunde" fielen - zumindest in Süddeutschland - überwiegend positiv aus. Dagegen wurde in der Hamburger Lehrerzeitung im Januar 1956 eine höchst kritische Stimme veröffentlicht:

„Dieser Band [...] stellt sich die Aufgabe, 'geistesgeschichtliche Einsichten zu vermitteln, mit anderen Kulturfächern zu verbinden und systematische Stilkreise zu erfassen'. Abgesehen von einer guten Schlußtabelle, erfüllt er m.E. diese Aufgabe nicht. Vor lauter Systematik und gehäuftem Stoff (aus musikalischem Schrifttum) kommt der Leser zu keiner vertiefenden Schau. Und soll man Musik, Dichtung, bildende Kunst in einer inneren Verbindung erkennen können, muß mindestens etwas aus jedem Bereich dargeboten sein. Das fehlt. Der Jugendliche aber ist nicht gewillt, nur Urteile hinzunehmen, er will selber sehen, hören, prüfen. - Jedem Kapitel ist in kurzen Stichworten 'abfragbares Wissen' aus der Musikgeschichte vorangestellt. Das ist in diesem Rahmen pädagogisch gefährlich. Unsere Jugend musiziert heute nur noch in ihrem kleinsten Teil selbst, hat also auch nur noch mittelbare Beziehung zur Musik. Diese tiefgründiger, lebendig und wirksam zu machen, wird niemals mit Systematik und lexikalem Wissen erreicht. Ein weniger wäre mehr! - Was nützen 1½ Seiten über die 'Oper der Gegenwart'? Dieses schreckliche 'Von allem etwas'!"[590]

Im Nachlass Alts sind mehrere Gutachten erhalten, die offenbar im Auftrag des Berliner Senators für Volksbildung bzw. des Bayerischen Staatsministeriums für Unterricht und Kultus verfasst worden sind. Die Autoren dieser Gutachten sind nicht bekannt.

Im Gutachten 1 (DOKUMENT 39) wird vor allem die „gelehrsame Trockenheit" als Problem hervorgehoben. Die „Musikkunde" eigne sich „mehr als eine Art Repetitorium für die Hand eines Musikstudenten denn als Schulbuch". Allerdings läßt folgende Formulierung erkennen,

---

[589] Alt 1955, S. 233
[590] Hamburger Lehrerzeitung 2/1956 (25.1.1956)

daß der Autor aus eher musisch orientiertem Blickwinkel heraus argumentiert: „Die z.T. übergroßen Anforderungen, die heute von verschiedensten Wissensgebieten an junge Menschen gestellt werden, nehmen ihnen nur zu leicht den Mut, sich nun auch noch auf musischen Gebieten mit Lernstoff zu belasten. Ihrer letzten Bestimmung nach sollten gerade diese eine <u>Ent</u>lastung sein." Schließlich wird auch die allgemeine Jugendferne kritisiert, was der Autor an der „Kärglichkeit" festmacht, mit der ein „heute noch so naher Meister wie Chopin" behandelt werde. Außerdem vermisst er Themen, die „die Jungen naturgemäß besonders fesseln, wie Abschnitte über das Problem der Technik (Schallplatte, Film, Radio, elektronische Musik, über la musique concrète), sowie über den Jazz."[591]

Im Gutachten 2 (DOKUMENT 40) wird in Ausweitung des Konzepts die Herausgabe eines eigenen Bands mit Notenbeispielen befürwortet. Außerdem hält der Autor es für wünschenswert, die Zeittafel 1900-1952 auf die gesamte Entwicklung der abendländischen Musik auszudehnen.

Im Gutachten 3 (DOKUMENT 41) wird auf die Notwendigkeit des angemessenen Umgangs mit dem Musikbuch durch den Musiklehrer hingewiesen. Er müsse eine Auswahl treffen und den „Mut zum Weglassen" aufbringen. Der Autor empfiehlt die Musikkunde allerdings mehr als Lesebuch für die Schülerbibliothek. Als „Lehrbuch" komme es nur für die „Deutschen Gymnasien" mit Musik als Hauptfach in Betracht.

Auch der Autor des vierten Gutachtens (DOKUMENT 42) weist auf die Gefahr einer ungeeigneten Verwendung als Lernbuch hin. Insgesamt wird das Buch jedoch für den Unterricht der Oberstufe uneingeschränkt befürwortet. „Der Berichterstatter würde es sogar sehr begrüßen und wünschen, wenn trotz einer evtl. Beschaffung im Rahmen der Lernmittelfreiheit die Schüler dafür gewonnen werden könnten, sich das Buch selbst zu kaufen, da es vortrefflich geeignet wäre, auch dem der Schule Entwachsenen für sein ganzes Leben ein zuverlässiger und geistig hochstehender Ratgeber in Fragen der Musik zu sein."[592]

Aus den im Nachlass Alts befindlichen Abrechnungen des Verlags Schwann lassen sich auch zu diesem Musikbuch die Verkaufszahlen entnehmen (siehe folgende Aufstellung). Demnach ist die „Musikkunde" in den Jahren 1955 - 1972 mit insgesamt 57.401 Exemplaren verkauft worden.

---

[591] DOKUMENT 39, S. 387

Musikkunde für die Oberstufe höherer Schulen (1955)
- Verkaufszahlen -

Jahr	Anzahl der verkauften Exemplare
1955	1.093
1956	4.945
1957	6.270
1958	6.095
1959	6.935
1960	4.179
1961	4.659
1962	3.986
1963	2.676
1964	2.525
1965	3.023
1966	3.275
1967	3.808
1968	2.290
1969	1.594
1970	25
1971	10
1972	13
1973	0
Summe	**57.401**

---

[592] DOKUMENT 42, S. 391

Das musikalische Kunstwerk

Nachdem die Schallplattenreihe „Musikkunde in Beispielen" 1963 vorerst abgeschlossen worden war, schuf Alt ein neues Schulmusikbuch, in dem nun auf die entsprechenden Hörbeispiele der Schallplattenreihe hingewiesen werden konnte. Das Werk erschien in drei Ausgaben: 1965 zunächst der Oberstufenband für das Gymnasium (10.-13. Jahrgangsstufe), 1966 die Ergänzung für die Unter- und Mittelstufe des Gymnasiums, und 1968 die Ausgabe für die Realschulen.

In der Grundkonzeption des Oberstufenbandes behielt Alt die 1955 verwendete Epochengliederung weitgehend bei. Allerdings verzichtete er auf ein Kapitel zum Thema „altgermanische Musik". Mit Ausnahme der Kapitel zur Antike und zur Neuen Musik begann er jede Epochendarstellung mit einem Abschnitt zum jeweiligen „Geistesleben" bzw. zur „Geistesgeschichte" einschließlich der Dichtung und der Bildenden Kunst, beschränkte sich dabei aber zumeist auf stichwortartige Benennungen von Dichtern oder Bildenden Künstlern. Dichtungen oder Gemälde selbst wurden nicht abgedruckt. Ohnehin enthält das Buch - wie schon die „Musikkunde für die Oberstufe höherer Schulen" - keine einzige Abbildung.

Auch die Zusammenfassungen, die einzelnen Abschnitten eingefügt wurden und die nach eigenem Bekunden Alts das „abfragbare Wissen für das häusliche Studium" bereithalten sollten[593], waren stichwortartig angelegt.

Die im Zusammenhang mit der „Musikkunde für die Oberstufe" beschriebene „Öffnung des Horizonts" fand hier ihre Fortsetzung. Während die „Musikkunde für die Oberstufe" bei P. Hindemith ihre Grenze erreichte, wurde jetzt auch die Elektronische Musik H. Eimerts und K. Stockhausens einbezogen. Und während das Wort „Jazz" 1955 gerade an zwei Stellen Erwähnung fand, widmete Alt dem Jazz im „Musikalischen Kunstwerk" ein - wenn auch eher angehängtes - eigenes Kapitel, in dem er auf drei Seiten über musikalische Merkmale und historische Entwicklung dieser Gattung informierte. Doch nach wie vor versagte er sich die Öffnung zu jeder Form der aktuellen populären Musik. Auch das neue Musikbuch von 1965 kam ohne die Worte „Rock", „Beat" oder „Schlager" aus.

---

[593] Alt 1965a, Vorwort

Gliederung des Schulbuchs „Das musikalische Kunstwerk" (Band II)

Musik der Antike

  Musik der Griechen
      Musikanschauung der Antike
      Musik der Römer und Etrusker

Mittelalter

  Geistesleben, Kunst, Dichtung
      Musik des Mittelalters
      Musikanschauung des Mittelalters
      Übersicht
      Die Gregorianik
      Weltliche Liedkunst
      Die Spielmannskunst
      Troubadours und Trouvères
      Minnesang
      Meistersang
      Das altdeutsche Volkslied
      Frühe Mehrstimmigkeit
      Organum
      Motet
      Conductus
      Isorhythmik
      Ars nova in Italien

Renaissance

  Geistesleben, Dichtung, Kunst
      Musik und Musikanschauung der Renaissance
      Übersicht
      Früh- und Hochrenaissance
      Formenwelt
      Niederländische Schule
      Odenkomposition
      Vokale Gesellschaftskunst
      Chanson, Madrigal, Villanelle
      Altdeutsches Chorlied
      Musik der Reformation
      Spätrenaissance
      Palestrina
      Orlando di Lasso
      Venetianische Schule

Barock

Geistesleben, Kunst, Dichtung
    Musik des Barock
    Musikanschauung des Barock
    Übersicht
    Früh- und Hochbarock
    Monodie - Generalbaß - Oper
    Konzertierende Kirchenmusik
    Das deutsche Sololied
    Instrumentalmusik
    Spätbarock
    Formenwelt
    Meister des europischen Spätbarock
    Johann Sebastian Bach
    Georg Friedrich Händel
    England
    Frankreich
    Italien

Klassik

Geistesgeschichte, Dichtung, Bildende Kunst, Musik
    (Übersicht)
    Der Stilwandel um 1750
    Die Meister des Stilübergangs
    Formenwelt der Klassik
    Einfache Formen
    Zyklische Formen
    Die Klassiker und ihr Werk
    Ch. W. Gluck
    Josef Haydn
    Wolfgang Amadeus Mozart
    Ludwig van Beethoven
    „Stil und Geist der musikalischen Klassik"
    „Vom Rokoko zur Hochklassik"

Das 19. Jahrhundert

Geistesgeschichte, Dichtung, Bildende Kunst, Musik
    (Übersicht)
    Früh- und Hochromantik
    Franz Schubert
    Sololied
    Carl Maria von Weber
    Felix Mendelssohn-Bartholdy
    Das deutsche Chorlied der Romantik
    Robert Schumann
    Frédéric Chopin
    Nachromantik
    Programm-Musik
    Franz Liszt
    Richard Wagner
    Johannes Brahms
    Hugo Wolf
    Anton Bruckner

Gustav Mahler
Max Reger
Hans Pfitzner
Richard Strauss
„Das 19. Jahrhundert in der Musik"
Nationale Schulen des 19. Jahrhunderts
Polen
Rußland
Böhmen (Tschechoslowakei)
Skandinavien
Finnland
Italien
Frankreich
Impressionismus

Neue Musik

Kleine Werke zeitgenössischer Meister. Zum Einhören
Meisterwerke der Neuen Musik
Arnold Schönberg
Béla Bartok
Igor Strawinsky
Paul Hindemith
Alban Berg
Carl Orff
Vom Expressionismus zur Elektronik
Expressionismus
Abklärung des Expressionismus
Folklore
Zwölftontechnik
Vitalismus
Neue Entwicklungen
Der Durchbruch des 'Seriellen'
A. v. Webern
Karlheinz Stockhausen
Elektronik
Neue Kirchen- und Chormusik
Das Sololied
Die moderne Musikbühne
Anteil der Völker
Stilmerkmale der neuen Musik
Zeittafel
Jazz

Anhang

Die Stimmgattungen in der Oper
Personenregister
Sachregister
Schallplatten-Nachweis („Musikkunde in Beispielen")
Kleine Musikbücherei

Immerhin wurden die Ausführungen zur Herkunft des Jazz im Unterstufenband und in der Realschul-Ausgabe erweitert. Der Unterstufenband erhielt ein ganzseitiges Notenbeispiel des Spirituals „Nobody knows de [sic!] trouble I've seen". Ansonsten wurde der Jazz vor allem als Beeinflussungsfaktor der Unterhaltungsmusik, insbesondere der Gesellschaftstänze behandelt. Auf diese Weise kam es unter der Überschrift „Jazz" zu einer Darstellung der verschiedenen afroamerikanischen und lateinamerikanischen Tänze mit ihren spezifischen Rhythmen. Auch in der Realschul-Ausgabe fand der Jazz noch keine Behandlung als eigenständige Kunstform, doch wurden nun auch das Bluesschema erklärt, ein Notenbeispiel eingefügt (St. Louis-Blues) sowie verschiedene Grundbegriffe erklärt („Break", „Drive", „Riff" u.a.),[594] die allerdings nicht in das Sachwortregister aufgenommen wurden.

Während der Aufbau des Oberstufenbandes nach Epochenbegriffen ausgerichtet war (s.o.), kam es im Unterstufenband und in der Realschul-Ausgabe zu jeweils anderen Systematisierungen, wie ein Blick auf die Grobgliederung verdeutlicht:

Grob-Gliederung des Unterstufenbandes

Die Meister und ihre Musik
Neue Musik
Musik und Tanz
Programmusik
Die Oper
Die Kirchenmusik
Musikhören - Musikverstehen
Stimmen- und Instrumentenkunde

Grob-Gliederung der Realschul-Ausgabe

Musikhören-Musikverstehen
Gattungen der Musik
Die Meister und ihre Werke

Während der Oberstufenband sich eindeutig nach historischen Kategorien (Epochenbegriffen) ausrichtete, wurden die beiden anderen Ausgaben schon teilweise nach dem System der „Sinnkategorien" angelegt, das er in seinem Buch „Didaktik der Musik" ausführlich darstellte. In der Konsequenz ergab dies beim Unterstufenband eine Vermischung von alter „Meister-

---

[594] Alt 1968b, S. 56 f.

Systematisierung" („Die Meister und ihre Musik"), historischen Kategorien („Neue Musik") und „Sinnkategorien", wobei die Abschnitte „Musik und Tanz", „Programmusik", „Oper" und „Kirchenmusik" die „verbundene Musik" behandelten, der Abschnitt „Musikhören-Musikverstehen" dagegen die „absolute Musik".

In der Realschul-Ausgabe behandelte Alt unter dem Abschnitt „Gattungen der Musik" ausschließlich „verbundene Musik". Die „absolute" Musik dagegen systematisierte er nicht mehr nach „Sinnkategorien", sondern nach Komponisten und ihren Werken.

Obwohl die Realschul-Ausgabe im gleichen Jahr wie die „Didaktik" erschien, richtete sie sich nicht nur in ihrer Gliederung nach einem anderen Kategoriensystem, sondern vermittelte zudem den Schülern eine andere Systematisierung. Folgt man Ausführungen Alts im Abschnitt „Musikhören-Musikverstehen" aus der Realschul-Ausgabe, so gliedert sich die „Welt der Musik" wie folgt:

---

1. **Umgangs- und Gebrauchsmusik**
    a) Kirchenmusik
    b) Tanzmusik
    c) Filmmusik
    d) Unterhaltungsmusik
    e) u.a.

2. **Kunstmusik**
    2.1. Verbundene Musik
        a) Vokalmusik
        b) tänzerische Musik
        c) Programmusik

    2.2. Absolute Musik
        a) Ausdrucksmusik
        b) Formmusik

Besonders auffällig ist die Verwendung des Ausdrucks „Formmusik" für das, was Alt in der Didaktik „Formalmusik" nannte. Den Ausdruck „Formmusik" stellte er in seinem Konzept der „Sinnkategorien" (Didaktik) als Unterbegriff zu „Formalmusik" neben die Begriffe „Spielmusik" und „Ornamentmusik". In der Realschul-Ausgabe heißt es demgegenüber: „Will sie [die Musik, der Verf.] aber vor allem durch das Klangspiel der Töne oder die Kunst der Formen den Geist des Hörers anregen und erfreuen, (so etwa in der 'Spielmusik' oder in der

'Fuge'), wird sie 'Formmusik' genannt."[595] Damit war „Formmusik" hier Oberbegriff für „Spielmusik" einerseits und für die Gruppe der „Formmusik" im engeren Sinne der Didaktik andererseits.

Der Aufbau des gesamten Schulmusikwerks „Das musikalische Kunstwerk" war auf eine spiralcurriculare Arbeitsweise im Sinne seiner „Didaktik" angelegt. Entsprechend unterschiedlich wurden die Bände für die Unter- und Mittelstufe der höheren Schule (5.-9. Schuljahr) sowie für die Realschule gestaltet. Die folgende exemplarische Gegenüberstellung der Ausführungen zu J. Haydn in den verschiedenen Ausgaben des Schulmusikwerks „Das musikalische Kunstwerk" erlaubt eine Vorstellung von den Einsatzmöglichkeiten des Buchs.

Das musikalische Kunstwerk (Oberstufenband)	Das musikalische Kunstwerk (Unterstufenband)	Das musikalische Kunstwerk (Realschul-Ausgabe)
Umfang: 8 Seiten	Umfang: 7 Seiten	Umfang: 15 Seiten
keine Abbildung	mit ganzseitigem Portrait	mit ganzseitigem Portrait
Gliederung: • Biographie • Charakterisierung des Gesamtschaffens • Notenbeispiel und Erläuterungen zum „Frühling" (Ouverture) aus „Jahreszeiten" • Rezitativ und Arie aus „Jahreszeiten" (gekürzt) • Notenbeispiel und Erläuterung zum „Sommer" • Erläuterungen zum „Herbst" • Erläuterungen zum „Winter" • Notenbeispiele und Erläuterungen zur Sinfonie Nr. 103	Gliederung: • Biographie • Menuett • „Menuett" (Notenbeispiel) • „Hexenmenuett" (Notenbeispiel) • Streichquartett op. 3 Nr. 5 (Notenbeispiel und Erläuterung) • Sinfonie Nr. 88 (Notenbeispiel und Erläuterung) • „Kaiserquartett" (Notenbeispiel und Erläuterung) • Kassation C-Dur (Notenbeispiel und Erläuterung)	Gliederung: • Biographie • Menuett • „Menuett" (Notenbeispiel) • „Hexenmenuett" (Notenbeispiel) • Streichquartett op. 3, Nr. 5 (Notenbsp. u. Erläuterung) • Sinfonie Nr. 88 (Notenbsp. u. Erläuterung) • „Kaiserquartett" (Notenbsp. u. Erläuterung) • Kassation C-Dur (Notenbsp. u. Erläuterung) • Die Jahreszeiten" (wie im Oberstufenband) • Sinfonie in Es-Dur (Notenbsp. u. Erläuterung)

So wäre es mit dem dargebotenen Material möglich, in Klasse 5 neben der Betrachtung des Haydn-Portraits und der Besprechung seines Lebenslaufs das Menuett in C-Dur als Beispiel für
eine „tänzerisch-gestische" Musik zu besprechen. Dieses Beispiel müsste vom Lehrer oder von der Lehrerin auf dem Klavier dargeboten werden, während die Schülerinnen und Schüler

---

[595] Alt 1968b, S. 7

die Noten verfolgen und dabei versuchen könnten, die Bewegungsimpulse der Musik innerlich nachzuempfinden. Zwei Schülerinnen oder Schüler, die Melodieinstrumente spielen, könnten dann das „Hexenmenuett" einüben und in der darauffolgenden Musikstunde darbieten. In der Jahrgangsstufe 6 könnten die Serenade aus dem Streichquartett F-Dur sowie das „Largo" aus der Sinfonie Nr. 88 als einfache Beispiele einer „Ausdrucksmusik" besprochen werden. Die kurzen Texte charakterisieren die Musik als Abendmusik von „beglückender Ruhe" bzw. stimmen auf die „empfindungsvolle" und „abgeklärte" Melodie ein. Der Ausdruck „abgeklärt" wäre dabei sicher erläuterungsbedürftig. Wenn in den Klassen 7-9 verschiedene Musikgattungen nach ihrem spezifischen „Sinngehalt" unterschieden werden, könnte die Kassation in C-Dur von J. Haydn als Beispiel für eine „zyklische Form" herangezogen werden. In einer ersten Verwendung des Oberstufenbandes könnten die Schüler einer Klasse 10 des Gymnasiums sich zunächst in häuslicher Vorbereitung das biographische Wissen zu J. Haydn aneignen, bevor dann im Unterricht nach der Charakterisierung des Gesamtschaffens das Oratorium „Die Jahreszeiten" behandelt würde. In einer der Abschlußklassen des Gymnasiums könnte dann die Sinfonie Nr. 103 als schwierigeres Beispiel für „Formmusik" dienen.

Elisabeth Kokemohr hat 1976 den Oberstufenband des Musikbuchs unter dem Aspekt des Dogmatismus-Problems untersucht. Sie kam dabei zu dem Schluss, dass das Buch zwar insgesamt „um argumentative Begründung bemüht" ist,[596] aber teilweise (vor allem in den Werkanalysen) auch interpretatorische Aussagen sowie Wertaussagen enthält, die lediglich „unbegründete Behauptungen" darstellen und deshalb - gerade in einem Schulbuch als „Autorität" - durchaus dogmatisch aufgefasst werden können. Insofern konnte das Buch gerade in seinen Werkdarstellungen noch nicht die „dogmatische Autoritätsbeziehung" einer Meister-Didaktik überwinden und machte eine entsprechend kritische Begleitung der Musiklehrerin bzw. des Musiklehrers notwendig, wenn es das „Erfahren" und nicht die „Erfahrung" lehren sollte.

---

[596] Kokemohr, Elisabeth: Dogmatismus als Problem der Schulbuchrezeption. Beispiel: Schulmusikbücher, Wolfenbüttel (Möseler) 1976, S. 94

5.3. Schallplattenreihen für den Musikunterricht

Musikkunde in Beispielen (1957- 1963)

„Musikkunde in Beispielen" ist der Titel einer Schallplattenreihe, die von der Deutschen Grammophon Gesellschaft in Zusammenarbeit mit dem Pädagogischen Verlag Schwann in den Jahren 1957 bis 1963 herausgebracht und einige Jahre später erweitert wurde. Die Konzeption dieser Schallplattenreihe wurde Michael Alt anvertraut, der am 1.12.1955 mit einem Schreiben an die Deutsche Grammophon Gesellschaft das Projekt angeregt hatte. Neben den Hüllentexten gab es zu jeder Schallplatte ein Beiblatt für die Hand des Lehrers, das Notenbeispiele, Werkerläuterungen, Begriffserklärungen und Literaturhinweise, ggf. auch Gesangstexte und Übersetzungen enthielt. Mit Ausnahme der Schallplatten zum Jazz („Die Entwicklung des Jazz", „Blues") besorgte Alt sämtliche Zusammenstellungen und Kommentierungen. Die beiden Jazz-Platten wurden von Dietrich Schulz-Koehn betreut.

Dem ersten Vertrag zufolge (23.1.1957) war die Reihe ursprünglich auf zehn Langspielplatten angelegt. Ein Jahr später (29.1.1958) wurde vereinbart, sie zu verlängern und durch eine weitere Reihe für Volksschulen zu ergänzen („Kleine Musikschule in Beispielen", 5 Schallplatten). Ab 1960 wurden vom Verlag Schwann die in den Beiheften angeführten Notenbeispiele - einem „vielfach geäußerten Wunsch entsprechend" - in „Notenbeiheften" für die Hand der Schüler veröffentlicht. Beim Abschluss der Reihe im Jahr 1963 umfaßte die Sammlung insgesamt 44 Schallplatten. Davon entfielen 17 auf den Bereich „Musikgeschichte", neun dienten der „Formenlehre" und acht enthielten Auszüge aus „großen Meisterwerken". Weitere zehn Schallplatten bildeten die sog. „Kleine Reihe", die insbesondere für die „grundlegende Musikerziehung in Schule, Haus und Jugendkreis" gedacht war.[597]

Sinn der Sammlung war es, eine Auswahl von Musikwerken vorzulegen, „die Geist und Stil der Musikepochen und die Formenwelt der Musik in exemplarischer Weise vergegenwärtigen können."[598] Die Sammlung sollte bewusst breit gestreut sein, um „einen gleichmäßigen Umgang mit allen Musikgattungen" zu ermöglichen. Außerdem wollte sie nach den Worten des Herausgebers „insbesondere auch die geschichtliche und kulturräumliche Ausweitung des

---

[597] Alt 1957-1963, Gesamtverzeichnis, Vorwort
[598] Alt 1957-63, Gesamtverzeichnis, Vorwort

musikalischen Weltbildes im Zeitalter der mikrophonalen Musik" berücksichtigen. Die Musik-„Lehrplatte" sollte nicht den Lehrer ersetzen, sondern „nur das Lehrerwort klanglich veranschaulichen".[599]

Die Konzeption dieser Schallplattenreihe hat Alt 1959 in mehreren Artikeln erläutert. Demnach hat er bei der Zusammenstellung der Musikgeschichts-Platten ausschließlich solche Epochen, Namen und geschichtlichen Erscheinungen herausgehoben, die nach seiner Einschätzung „auf unsere heutige Musikanschauung spürbar einwirken."[600] Es war also sein ausdrückliches Anliegen, aus der Musikgeschichte „das im besten Sinne 'Aktuelle' zu heben"[601], womit er in erster Linie einen musikpädagogischen und nicht einen musikwissenschaftlichen Ansatz verfolgte.

Als zentrale musikpädagogische Perspektive hob er die Ausweitung des musikalischen Weltbildes hervor, vom „Innenkreis deutscher Musik" ausgehend zu einer „Weltgeschichte der Musik". Alt schrieb:

„So stellt sich der Schulmusik heute die weitere Aufgabe, über den Innenkreis der deutschen Musik hinaus ein musikalisches Weltbild von geschichtlicher Tiefe und europäischer Weite mitformen zu helfen. Nach der eingehenden Betrachtung einzelner „exemplarischer" Werke aus den klassischen Bereichen der deutschen Musikgeschichte sollte man um sie herum und über sie hinaus eine Weltgeschichte der Musik in Umrissen und Fluchtlinien nach Art eines Koordinatensystems aufbauen, wobei die außerschulischen Hörerfahrungen geordnet, akzentuiert und planmäßig ausgeweitet werden, damit der Jugendliche alle Hörmusik in großen Zügen zeit- und nationalstilistisch zu 'orten' vermag."[602]

Zur Konzeption der Formenlehre-Platten äußerte sich Alt wie folgt:

„War hier der Lehrer weitgehend auf eigene Klavierdarbietungen und auf schwer durchschaubare Symphoniesätze angewiesen, so werden nun auf den Lehrplatten der Reihe 'Formenlehre' schlüssige Belege aus allen Werkgattungen und Besetzungsarten zwischen Duo und Kammerorchester in systematischer Folge und ansteigendem Schwierigkeitsgrad zusammengestellt. So erschließt sich dem Schüler das weite Gebiet der Kammermusik und die vielgestaltige Welt der eingängigen Divertimenti, Kassationen, Serenaden, Suiten und der frühen leichtverständlichen Symphonik. Das regt die Klangphantasie an, eröffnet die Ausdrucksbereiche der Instrumente, weckt den Sinn für die spezifischen Gestalt- und Ausdruckswerte der einzelnen Gattungen, weitet aber auch das Formbewußtsein und den Formsinn des Hörers und mehrt seine Sicherheit im Erkennen und Verstehen der Formzusammenhänge, der vielfältigen Abwandlungen und Stufungen der Formtypen."[603]

---

[599] Alt 1959a, S. 26
[600] Alt 1959a, S. 26
[601] Alt 1959a, S. 26
[602] Alt 1959a, S. 26
[603] Alt 1959a, S. 26 f.

Die Schallplatten mit Werkauszügen sollten nicht - wie bis dahin üblich - nur die melodischen Höhepunkte „nach dem Grad ihrer Beliebtheit" aneinanderreihen, sondern solche Ausschnitte bieten, mit deren Hilfe der dramatische Ablauf des jeweiligen Werks dargestellt werden konnte. Man müsse des weiteren, meinte Alt, auf das „begrenzte psychologische Verständnis des Jugendlichen" Rücksicht nehmen, was sich im allgemeinen so auswirke, daß auch Ouvertüre, Zwischenmusiken und dramatisch bedeutsame Ensembleszenen eingebunden worden seien.

Die Schallplattenreihe stieß insgesamt auf breite Zustimmung. In einer Mitteilung des Deutschen Forschungsdienstes hieß es, die Platten seien „pädagogisch mustergültig und von hohem künstlerischen Wert."[604]

Karl Grebe ließ in der Zeitung DIE WELT keinen Zweifel daran, daß hier eine „ausgezeichnete wissenschaftlich-pädagogische Arbeit" geleistet worden sei. Allerdings wandte er sich gegen die Anwendung der historisierend-systematischen Methode auf solche Musikerscheinungen, die noch in der Entwicklung begriffen sind, womit er die vom ihm als „voreilig" beurteilte Systematisierungen der Jazz- und Zwölftonmusik meinte. In der Tat hatte Alt im Beiheft zur Schallplatte „Vom Expressionismus zur Zwölftonmusik" den Expressionismus einerseits als „letzte klar erkennbare Periode der Geistesgeschichte" bezeichnet, andererseits aber eine weiterführende Systematisierung vorgenommen, die u.a. mit den Begriffen „Folklore", „Neoklassizismus" und „Vitalismus" arbeitete. Diese Terminologie wurde auch in der Zeitschrift „Musik im Unterricht" als „besonders problemreich" bezeichnet.[605]

Die in Wien erscheinende Zeitschrift „Musikerziehung" berichtete im Dezember 1958, daß die Schallplattenreihe bei einer Ausstellung der Arbeitsgemeinschaft der Musikerzieher Österreichs „großes Interesse bei der Lehrerschaft" gefunden habe.[606] Ähnliches berichtete Jörn Thiel Anfang 1959 von der Kopenhagener Generalkonferenz der Internationalen Gesellschaft für Musikerzieher:

„Besondere Aufmerksamkeit brachten die 450 Musikerzieher aus aller Welt der Musikkunde in Beispielen entgegen, von der die Deutsche Grammophon Gesellschaft die ersten 12

---

[604] Deutscher Forschungsdienst, 30/1957 (26.7.1957)
[605] Musik im Unterricht, 7-8/1958, S. 230
[606] Musikerziehung 2/1958, S. 125

Übersicht über die Schallplatteneihe „Musikkunde in Beispielen" (1957 - 1963)

1. Die kontrapunktischen Formen (Formenlehre I)
2. Mozart: Die Zauberflöte (Auszug)
3. Nationale Schulen des 19. Jahrhunderts (Musikepochen IV)
4. Vom Expressionismus zur Zwölftonmusik (Musikepochen V)
5. Die Entwicklung des Jazz I: Vom Spiritual zum Modern Jazz
6. Musik des Mittelalters und der Renaissance (Musikepochen I)
7. Haydn: Die Jahreszeiten
8. Dreiteilige Liedform; Rondo (Formenlehre II)
9. Das Sololied II (Schubert bis Pfitzner)
10. Instrumentenkunde
11. Oper I: Von Monteverdi bis Mozart
12. Variation; Sonatenform (Formenlehre III)
13. Lortzing: Zar und Zimmermann (Auszug)
14. Musik des Früh- und Hochbarock (Musikepochen II)
15. Programmusik; Charakterstück in vorklassischer Zeit
16. Neuere Tänze (Tanztypen II)
17. Suite - Sonata - Concerto (Formenlehre IV)
18. Vom Rokoko zur Hochklassik (Musikepochen III)
19. Die Entwicklung des Jazz II: Blues
20. Die Ballade (Solo-, Chor-, Instrumental-Ballade)
21. Mozart: Die Entführung aus dem Serail (Auszug)
22. Zeitgenössische Musik (Musikepochen VII)
23. Beethoven: Fidelio (Auszug)
24. Kleine Meisterwerke
25. Alte Tänze (Tanztypen I)
26. Die Gattungen der menschlichen Stimme
27. Entwicklung der Kirchenmusik
28. Die Ouvertüre (Formenlehre V)
29. Kleine Werke zeitgenössischer Meister
30. Weber: Der Freischütz (Auszug)
31. Kleine Lieder und Balladen
32. Bach: Matthäus-Passion (Auszug)
33. Europäischer Spätbarock
34. Früh- und Hochromantik
35. Nachromantik (Romantischer Realismus - Romantischer Klassizismus - Impressionismus)
36. Wagner: Fliegender Holländer (Auszug)
37. Musik im Festkreis
38. Oper Europas
39. Programmusik - Sinfonische Dichtung
40. Das deutsche Chorlied
41. Bach: Kunst der Fuge; Beethoven: Fuge op. 133
42. Serenade - Divertimento - Kassation
43. Volkstümliche Musik
44. Feiergestaltung

Langspielplatten herausgebracht hat. Zur Vorführung gelangten Ausschnitte der 'Entwicklung des Jazz' und der 'Instrumentenkunde'. Das Grundprinzip ist die Vereinigung von Werkausschnitten in Stellvertretung vollständiger Kompositionen zu thematisch geschlossenen Beispielreihen. Die Bedenken, daß an Stelle von Ganzheiten nur Fragmente vermittelt werden, halten nicht stand, wenn man sich vergegenwärtigt, daß die Musikkunde weder Schallplattenlehrgang noch Lehrerersatz sein will. Sie ist ein fallweise verwendbares, unerschöpfliches Hilfsmittel in der Hand des Musikerziehers, wenn dieser es versteht, den klingenden Aufriß der Musikgeschichte durch Opern- und Konzertbesuch und durch Selbstmusizieren der Klassen- und Schulgemeinschaft zu erfüllen und zu ergänzen. So verstanden, vereint die Musikkunde ein riesiges Repertoire von Studienmaterial, dem Michael Alt mit großem Geschick Ordnung und Gestalt verleiht."[607]

Martin Lange kritisierte in einer Anfang 1959 erschienenen Rezension der Schallplatte „Von Monteverdi bis Mozart (Oper I)" die Kürze der dargebotenen Ausschnitte und wollte die musikgeschichtlichen Entwicklungslinien „noch deutlicher" aufgezeigt sehen.[608] Gerade dies aber hätte aus Alts Sicht seinem musikpädagogischen Ansatz widersprochen.

Zu der Schallplatte „Vom Rokoko zur Hochklassik" hieß es in der Zeitschrift „Pro Musica" im Sommerheft 1959:

„Im ganzen muß ich leider wieder sagen, daß man beim Anhören so von der Schönheit der Musik gefangen genommen wird, daß man völlig vergißt, daß man ja bei einer Lehrveranstaltung ist. Aber ist es nicht das beste Zeichen einer Lehrerstunde, daß der Schüler überhaupt nichts davon merkt?"[609]

Die Behandlung der Instrumentenkunde in der Reihe „Musikkunde in Beispielen" hielt Günter Hausswald auch im Vergleich zu anderen Schallplattendarstellungen („Kleine Geschichte eines großen Orchesters", „Wir sind die Musikanten") für „vorbildlich":

„Anspruchsvoller gibt sich die Reihe 'Musikkunde in Beispielen', zusammengestellt und kommentiert von Michael Alt. Die dort aufgezeigte methodische Behandlung einer Instrumentenkunde, die auch das historische Instrumentarium mit einbezieht, darf in ihrer Anlage, die auf Isolierung des Klanges wie auf orchestrale Gruppen abzielt, als vorbildlich bezeichnet werden. Dem modernen Orchestersatz treten dabei mittelalterliches Spielmannsorchester und Renaissanceorchester gegenüber. Für die pädagogische Erschließung von Formbegriffen sei auf die gleiche Reihe verwiesen, die damit unmittelbar in musikgeschichtliche Fragestellungen führt."[610]

Jörn Thiel verglich verschiedene Schallplatten zur Instrumentenkunde. Der entsprechenden Platte aus der Reihe „Musikunde in Beispielen", die er für die „pädagogisch ausgeprägteste Instrumentenkunde" auf einer Schallplatte hielt, schrieb er beträchtlichen Dokumentarwert zu,

---

[607] Thiel, Jörn: Die Lehrerschallplatte, in: musica schallplatte 1/1959, S. 23
[608] Lange, Martin: Rezension Musikkunde in Beispielen, in: musica schallplatte 1/1959, S. 18
[609] Pro Musica, 3/1959 (Juli/September), S. 136
[610] Hausswald, Günter: Schallplatten im Dienste der Musikerziehung, in: musica schallplatte 4/1959, S. 80

kritisierte aber zugleich die „sterile solistische Darbietung", die ganzheitliche Erwartungen nicht befriedige: „Ohne die motivische Mitarbeit des Orchesters bleibt das Zitat der großen Kantilene aus dem D-Dur-Violinkonzert von Brahms einfach unvollständig."[611]

Hans Fischer schrieb in einer Rezension 1962, die „Musikunde in Beispielen" habe sich als „hervorragendes Unterrichtsmittel seit mehreren Jahren bestens bewährt". Sie sei in der stofflichen Auswahl und im methodischen Aufbau „vorbildlich". Zugleich kritisierte er die Auswahl der Stücke in den Bereichen Früh- und Hochromantik. Zur Frühromantik meinte Fischer, es wäre wichtig gewesen, auch Prinz Louis Ferdinand, E.Th. A. Hoffmann und Louis Spohr einzubeziehen, in deren Werken die Frühdämmerung der Romantik eindrucksvoll zu beobachten sei. Bei den Werken der Hochromantik meinte er, es sei „unbedingt vorzuziehen", „das Gesamtwerk zu bringen". Jede „Amputation" der großen zyklischen Formen sei eine „mißliche Sache". Mit dem gleichen Argument hielt er auch die Platte „Nachromantik" für „torsohaft". Zwar könnten auch auf Grund solcher Werkproben bei geschickter Vermittlung wesentliche Erkenntnisse herausgearbeitet werden, aber der Eindruck sei „zweifellos nachhaltiger, wenn die künstlerische Ganzheit aufgenommen wird."[612]

H. Költzsch schrieb 1964, die Reihe „Musikunde in Beispielen" habe bei „unzähligen Musikfreunden", den „Zaungästen der Musikerziehung", eine „kaum schätzbare Bedeutung" gefunden.[613]

Der Schwann-Verlag hatte die Besteller der ersten Schallplatten aus der Reihe „Musikunde in Beispielen um Anregungen für die Weiterführung der Reihe sowie für die Gestaltung der Beiblätter gebeten. Daraufhin erhielt der Verlag zahlreiche Zuschriften von Musiklehrerinnen und Musiklehrern, die auf eine positive, teilweise sogar begeisterte Aufnahme der Schallplattenreihe schließen lassen. So schrieb beispielsweise ein Studienrat aus Bad Homburg im April 1958:

„Ich habe die bisher erschienenen Platten mit gutem Erfolg im Unterricht verwenden können, und ich freue mich schon wieder auf die neue Serie. Besonders wertvoll sind die Handreichungen, sehr geschickt zusammengestellt - eine ausgezeichnete Hilfe, ..."

Ähnlich äußerte sich u.a. ein Musiklehrer aus Donaueschingen in einem Schreiben vom Mai des gleichen Jahres:

---

[611] Thiel, Jörn: Instrumentenkunde auf Schallplatte, in: musica schallplatte 5/1961, S. 101
[612] Fischer, Hans: Rezension „Musikunde in Beipsielen", in: fono-forum 6/1962, S. 19
[613] Költzsch, H.: Auch für Zaungäste der Musikerziehung: Musikunde in Beispielen, in: Hi-fi-Stereo-Phonie,

„'... Bei dieser Gelegenheit spreche ich Ihnen meine vollste Zufriedenheit mit der Reihe 'Musikkunde in Beispielen' aus. Sie ist mir im Unterricht wertvollstes 'Anhörungsmaterial', das ich nicht mehr entbehren möchte. Ich hoffe auf recht lange Fortsetzung der Reihe!"

Neben vielen Dankschreiben im gleichen Tenor gab es auch Briefe mit Anregungen und Verbesserungsvorschlägen, vereinzelt auch solche mit kritischen Äußerungen. Mehrfach wurden Schwierigkeiten in der praktischen Anwendung der Schallplatten angesprochen. Es wurde vorgeschlagen, weitere Trennspiegel einzufügen bzw. sie zu verbreitern. Eine Schulmusikerin aus Lippstadt argumentierte in einem Brief vom März 1958, wegen der fehlenden Trennspiegel sei die Gegenüberstellung von Streichergruppen bei Schubert und Gambengruppen bei Schein sehr schwierig, ebenso die Gegenüberstellung von Quer- und Blockflöten bzw. von Bratsche und Viola d'amore.

Musik für den Anfang (1970)

Nach einem Besprechungsprotokoll mit der Deutschen Grammophon vom 22.5.1969 (DOKUMENT 58) wurde eine Reihe von Schallplatten speziell „für den Unterricht an Grund- und Hauptschulen sowie Grundstufen der weiterführenden Schulen" konzipiert. Dabei war von vorneherein daran gedacht, die Veröffentlichung dieser Reihe in einer Kassette durchzuführen, „da die auf eine geschlossene Ausgabe ausgerichtete Serie für Einzelveröffentlichungen nicht geeignet ist." Ausdrücklich wurde Bezug genommen auf die Richtlinien für die Grundschule.

In der Gliederung übernahm Alt weitgehend sein auf der Grundlage von A. Welleks „Musikpsychologie und Musikästhetik" entwickeltes System der „Sinnkategorien":

---

1. **Verbundene Musik**
    1.1. Vokalmusik
    1.2. Tänzerische Musik
    1.3. Programmusik

2. **Absolute Musik**
    2.1 Ausdrucksmusik
    2.2 Formalmusik
    2.3 Liedformen

Das Begleitheft informiert über die Konzeption der Schallplattenkassette, die nicht nur einen Zugang zur „verbundenen" bzw. „absoluten" Musik ermöglichen will, sondern auch die selbständige Einordnung einer bisher unbekannten Musik in eine „Sinnkategorie" zum Ziel hat:

„Bei der Behandlung von Musikwerken in der Schule stand bisher die akademische Formenlehre einseitig im Vordergrund. Dabei wurde das, was an Konservatorien und Musikhochschulen darüber gelehrt wird, in elementarisierter Form auf den allgemeinbildenden Unterricht übertragen. Dieses Messen und Zählen von Takten, Strecken und Themen am musikalischen Kunstwerk hat aber nur dann einen Sinn, wenn das Kunstwerk vorher als Ganzes verstanden und innerlich angenommen wird.

Deshalb wird hier ausgegangen von der künstlerischen Eigenart der musikalischen Gattungen. Gattung wird hier nicht im vordergründigen Sinn von Besetzungsarten (Solo-, Klavier-, Chor-, Orchestermusik usw.) verstanden, sondern aus der wechselseitigen Verbundenheit der Musik mit anderen Kunstgattungen. Denn reine, 'absolute' Musik ist nur ein Teil der Tonkunst; in gleicher Weise kann sie sich in der 'Vokalmusik' mit dem Wort, in der 'Programmusik' mit literarischen und malerischen Inhalten, in der 'tänzerischen' Musik mit der Tanzkunst verbinden. Ob es sich im Kunstwerk um 'absolute' oder um eine mit einer anderen Kunst 'verbundene' Musik handelt, das bestimmt auch die Art der Interpretation. Denn es ergeben sich typische Zugänge zum musikalischen Kunstwerk, je nachdem die Musik mit dem Wort, der tänzerischen Geste oder einem programmatischen Inhalt zu einer Einheit verwächst; man wird sie am ehesten aus diesem inneren Zusammenhang verstehen. Ruht sie aber ganz in sich, dann ist sie nur aus sich selbst erklärbar, und zwar als ein 'tönendes Spiel' von Formen oder als 'Ausdruck' des Menschen.

Bei der 'Musik für den Anfang' sollen diese möglichen typischen Zugänge zur Musik soweit eingeübt werden, daß der Jugendliche nicht nur sachgemäß geleitet, sondern auch instandgesetzt wird, sie selbständig anzuwenden im täglichen Gebrauch von Musik. In der Eingangs- und Mittelstufe des Werkhörens ist dieses sachgerechte Verbalisieren von Musik in den typischen Gattungsrahmen auch jederzeit überprüfbar. Erst den Abschlußklassen bleibt es vorbehalten, soweit das im Musikunterricht überhaupt möglich ist, der individuellen Eigenart des einzelnen Kunstwerkes nachzuspüren. Das mag im gemeinsamen Unterrichtsgespräch noch gelingen, entzieht sich aber als Einzelleistung weitgehend der systematischen Übung wie der Erfolgsmessung.

Zu diesen gattungstypischen Zugängen zur Musik, die im folgenden noch weiter ausdifferenziert werden, gesellen sich gewisse methodische Kunstgriffe, mit deren Hilfe man die Aufschließung der Musik vor allem im Bereich der schwer faßbaren absoluten Musik sinnvoll ergänzen kann. Wenn es um Ausdrucksmusik geht, mag die biographische Bedeutung des Werkes im Leben des Meisters, ansonsten die Entstehungszeit des Werkes sowie seine Zugehörigkeit zu diesem oder jenem Zeitstil (alte, klassisch-romantische, neue Musik), aber auch sein Zusammenhang mit der Welt- und Kulturgeschichte hervorgehoben werden. Um einen ersten Überblick über den Gesamtablauf eines Werkes zu geben, wird man in der Regel auch die 'Brennpunkte' des Werkes, also die bedeutsamen Einschnitte und Teile, den gliedernden Formrahmen des Gesamtwerkes hörend erarbeiten, damit der Jugendliche sich im Werk erst einmal räumlich zurechtfinden kann, ganz gleich um welche Gattung es sich handelt. Liegt darüber hinaus eine typische 'Formmusik' vor, wird man anschließend die formalen Einzelheiten erfassen und einander sinnvoll zuordnen; bei den anderen Gattungen verbleibt es bei diesen hilfreichen orientierenden Umrißmodellen.

Nicht nur diese analytischen Operationen, sondern auch die sich mit jeder Wiederholung vertiefende Einfühlung in die Musik verlangen nach mehrmaliger Darbietung der Klangbeispiele. Das Vernehmen der ersten Darbietung ist noch ganz erfüllt von dem wechselvollen Versuch, sich an die Eigenart des Werkes heranzutasten, darum sollte man in der Vorbesprechung einige orientierende Hilfen geben, die bei den Merkmalen der Gattung oder bei ungewöhnlichen Erscheinungen des angekündigten Stückes ansetzen. In der Folge muß dann jede Wiederholung mit einem festumrissenen Hörziel verbunden werden, denn mit jedem Mal soll das Werk durchschaubarer werden in seiner ästhetischen Eigenart ebenso wie in seiner jeweiligen Ausformung. Jede Wiederholung muß so den Hörer das Musikwerk genauer erfassen, tiefer begreifen und bündiger verstehen lassen, in seinen Gestaltqualitäten sowie in seiner Gefühlsresonanz. Erst in der letzten Darbietung mögen sich dann alle Einzelheiten an Einsicht und Einfühlung zusammenschließen zu einem einheitlichen Gesamtbild. An dem Grade der Eindringlichkeit der gestellten Höraufgaben und der gewonnenen Hörerfahrungen ist die Güte der

Werkbehandlung abzulesen, nicht an der Tiefe der Gefühlsbewegung. Anzustreben ist auch, daß ein paradigmatisches Beispiel jeder Musikgattung in Abständen wiederholt und dadurch 'auswendig' gelernt wird.

Im übrigen ist dieser Lehrgang auf mehrere Durchgänge in den verschiedenen Stufen und Klassen angelegt. Nicht die musikalische 'Schwierigkeit' der einzelnen Beispiele sind dabei maßgebend als vielmehr die jeweilige Höhe des geistigen Anspruchs und die sachliche Eindringlichkeit der Behandlung, die der Entwicklungsstufe, der Bereitschaft und der Vorbildung des Hörers jeweils anzupassen ist. Die Anordnung innerhalb des vorliegenden Schallplattenwerkes ist nicht verbindlich. Wenngleich die 'verbundene' Musik im allgemeinen leichter einsichtig zu machen ist als die 'absolute' Musik, so bleibt die zeitliche Anordnung der einzelnen Bereiche dem Lehrer überlassen. Neben dem Gesichtspunkt der systematischen Übersicht ist auch die dem Schüler entgegenkommende Mannigfaltigkeit der musikalischen Besetzungsarten zu berücksichtigen. Es bleibt dem Lehrer auch anheimgestellt, innerhalb der Gattungen die Beispielfolge für die einzelnen Stufen und Klassen selbst zu bestimmen. Dabei sind auch vertiefende Wiederholungen und vereinfachende Vorgriffe durchaus angebracht, wenn nur am Ende der Jugendliche sicher eingeübt ist in die verschiedenen typischen gattungsmäßigen Zugänge der Musik und sie auch selbständig anzuwenden weiß."[614]

Unter der Überschrift „Fragwürdige Auswahl musikalischer Beispiele" wurde die Schallplatten-Kassette von N. Linke heftig kritisiert. Er schrieb:

„Dem Schüler der Primar- und Sekundarstufe I wird nur das Repertoire des vergangenen Musiklebens als noch bestehender und 'heiler' Faktor vorgetäuscht - die gegenwärtig wirksamen neuen Tendenzen einer 'Musik der Welt' bleiben unberücksichtigt. Auffallenderweise wird nur europäische Musik geboten, und hier dominiert vom Ausland eindeutig die russische Musik, während so interessante Topographien wie Spanien, die CSSR und England gar nicht vertreten sind und das Musikland Italien nur mit einem Beispiel repräsentiert wird. Eine Auswahl, die kein Beispiel von Beethoven enthält, keins aus Amerika, keines der Oper (obwohl die Oper ausdrücklich als Gattung aufgeführt ist) - die auf die Hauptvertreter Liszt und Strauss bei der sinfonischen Dichtung verzichtet, dafür den 'Hummelflug' von Rimsky-Korsakoff in einer Bearbeitung für Cello und Klavier bringt - eine Auswahl ferner, die nur vokal- und instrumental-erzeugte Klänge bietet und auf die die heutige Jugend so faszinierende elektroakustische Tonerzeugung verzichtet: Kann eine solche Auswahl überhaupt einen Beitrag zur modernen Unterrichtsgestaltung liefern?"[615]

Neben der engen Bandbreite der ausgewählten Musikbeispiele kritisierte Linke auch die „Umfunktionierung des Gattungsbegriffs". Ob ein Satz als „absolute" bzw. als „verbundene" Musik eingestuft werde, bleibe „Alts Geheimnis". Alt hatte den 3. Satz aus der „Wassermusik" von G.F. Händel der „absoluten Musik" zugeordnet, dagegen „La paix" aus

---

[614] Alt 1970e, Begleitheft
[615] Linke, Norbert: Fragwürdige Auswahl musikalischer Beispiele. Eine Schallplatten-Kassette für die Schule, in:

der „Feuerwerksmusik" der „verbundenen Musik". Diese Zuordnung, aus der Sicht N. Linkes offenbar nicht nachvollziehbar und willkürlich, war aus der Perspektive Alts schon durch die Überschriften gerechtfertigt. Im Begleitheft heißt es: „Verweist das Programm weniger auf die ausführliche Darstellung eines außermusikalischen Vorganges als vielmehr auf den Ausdruck einer einheitlichen Stimmung, eines Zuständlichen, so handelt es sich noch um ein *Charakterstück*. [...] So etwa in Händels 'Feuerwerksmusik', wo die Freude über die Wiederherstellung des Friedens zu Aachen sich sammelt in der Überschrift 'La Paix'. Es klingt wie eine Hymne, erfüllt von Gottesdank und innerer Befriedigung."[616]. Dagegen war die Zuordnung des Satzes aus der „Wassermusik" durch seine dreiteilige Formanalage begründet: „Dem rhythmisch zügigen, homophon gehaltenen und mit Echowirkung durchsetzten Dur-Allegro mit seinen synkopischen Steigerungen folgt ein sangliches Moll-Andante von drei polyphon geführten Blasinstrumenten (zwei Oboen, ein Fagott), das im Gegensatz zum A-Teil durchaus im Piano verläuft."[617] Linke, der dem Konzept Alts offenbar nicht folgen konnte, schrieb, Schüler und Musikerzieher bräuchten auf dem „Weg zum Werkhören" ein „klares Konzept". „Sie brauchen Hörproben der ganzen heutigen Musikskala von ethnologisch funktionaler Musik bis zum Elektronic-Pop."[618] Er bedauerte, dass „auch mit dieser Kassette" Schulmusik ein „alter Hut" bleiben müsse.

Im Nachlass M. Alts ist die Durchschrift eines Schreibens vom 2. Mai 1971 erhalten, das M. Alt an die Deutsche Grammophon-Gesellschaft geschickt hat und in dem er Stellung zu der Kritik Linkes bezog. Daraus geht u.a. hervor, dass noch mehrere Folgeplatten in Vorbereitung waren. Alt schrieb:

„Mir wurde inzwischen die Besprechung in der 'Welt' zugesandt. Ich habe solche Angriffe erwartet und mehrmals bei unseren Besprechungen dieser Erwartung Ausdruck gegeben. Deswegen auch mein mehrmaliger Vorschlag, den Besprechungsexemplaren - wie im Buchwesen üblich - einen 'Waschzettel' beizulegen, in dem die ergänzenden Folge-Platten - wie es dann ja auch für die Anzeigen beschlossen wurde - angezeigt werden sollen. Wenn die Kassette unmittelbarer als bisher in die Unterrichtsgestaltung eingreift, muß man auch auf Angriffe jeglicher Art gefaßt sein. Die Angriffe der 'Welt' hätten nicht mehr vorgebracht werden können, wenn der Kritiker gewußt hätte, daß noch weitere Platten, so 'Musik und Gesellschaft', 'Musik und Geschichte', 'Außereuropäische Musik' und - wie ich nun zusätzlich in Vorschlag bringe - 'Einführung in die Musik der Gegenwart' (o.ä.) in Aussicht stehen."[619]

Die Welt v. 23.4.1971
[616] Begleitheft, S. 8
[617] Begleitheft, S. 14
[618] Linke a.a.O

Außerdem konnte Alt auf die gerade erfolgte Ergänzung der Musikkunde-Platten hinweisen: „Daß in der 'Musikkunde' für 'Pop-Musik' 2 Platten und 1 Platte für 'Zeitgenössische Musik' inzwischen vorliegen, blieb dem Kritiker ebenfalls wohl unbekannt." Tatsächlich war die Schallplattenreihe „Musikkunde in Beispielen" um zwei Schallplatten zur „Entwicklung der Popmusik" und eine Schallplatte zur „zeitgenössischen Musik" ergänzt worden:

ENTWICKLUNG DER POPMUSIK I

Rock Around The Clock - Bill Haley
My Generation - The Who
Strange Brew - Cream
Spoonful - Cream
Two Traines Running - The Blues Project
Railway And Gun - Taste
Told You For The Last Time - Eric Clapton

ENTWICKLUNG DER POPMUSIK II

Cold Sweat - James Brown
Got My Mojo Working - Jimmy Smith
Season Of The Witch - Brian Auger, Julie Driscoll & The Trinity
Exp - Up From The Skies - The Jimi Hendrix Experience
Plastic People - The Mothers Of Invention
I'm Waiting For The Man - The Valvet Underground & Nico
Vuelta Abajo - The Tony Williams Lifetime
Tightrope - Ten Wheel Drive with Cenya Ravan
Run Shaker Life / Do You Feel Good? Richie Havens

ZEITGENÖSSISCHE MUSIK II

Luciano Berio: Sequenza V für Posaune solo (1966)
Gruppe Nuova Consonanza: Improvisation (1969) Ancora un Trio
Mauricio Kagel: Match für 3 Spieler (1964)
Bernd Alois Zimmermann: Présence (1961) - Ballet blanc
in 5 Szenen für Violine, Violoncello und Piano (Auszug)
Karlheinz Stockhausen: Beethoven opus 1970 (Ausschnitt)
John Cage: Atlas Eclipticalis (1961-62)
      Winter Music (1957)
         ausgesteuert nach Cartridge Music (1960)

Dass auch schon früher über Erweiterungen der Schallplattenreihe „Musikkunde in Beispielen" nachgedacht wurde, zeigt ein Besprechungsprotokoll vom 22.5.1969 aus dem Haus der Deutschen Grammophon-Gesellschaft, das sich in einer Durchschrift im Nachlass

---

[619] DOKUMENT 60, S. 417f.

Alts befindet.. Darin heißt es: „Bei dieser Gelegenheit wurde auch darüber diskutiert, die Reihe der „Musikkunde in Beispielen" durch Neuveröffentlichungen zu ergänzen. Dabei ist in erster Linie an die bereits erwähnte Platte „Entwicklung des Beat" gedacht und an eine weitere Platte mit musikalischer Völkerkunde sowie eine aktuellere Platte avantgardistischer Musik."[620]

Inhaltlich verteidigte er das der Schallplattenreihe „Musik für den Anfang" zugrundeliegende Begriffssystem der „Sinnkategorien":

„Im übrigen leiten sich die weiteren einzelnen Einwendungen Linkes her von dem Mißverständnis, es handle sich bei diesem System um einander ausschließende generelle Begriffe; sie sind aber typologisch aufzufassen, daher die unscharfen Ränder in diesem System, das wissenschaftlich vielerorts belegt ist. Wie schade, daß der Musikgeist weht wie er will und sich in seiner Entfaltung nicht nach einem System richtet."[621]

1974 wurde in der Zeitschrift „Musik und Bildung" auf eine Neuauflage hingewiesen, bei der die Titel und Illustrationen neu gestaltet worden seien.[622] Dabei wurde jedoch die Gesamtzahl der Schallplatten wiederum mit 44 angegeben.

---

[620] DOKUMENT 58, S. 415
[621] DOKUMENT 59, S. 416
[622] Musik und Bildung, H. 5/1974, S. 338

5.4. Diareihen für den Musikunterricht

M. Alt hat zwei Diareihen für den Musikunterricht herausgegeben. 1954 erschien die (offenbar nicht mehr erhaltene) „Bildreihe zur Sinfonik und Kammermusik", und 1957 wurde die Bildreihe „Mozart. Ein Lebensbild" veröffentlicht, die insgesamt 16 schwarz-weiß-Bilder mit folgenden Titeln umfasste

---

MOZART. EIN LEBENSBILD (1957)

1. BLICK AUF SALZBURG
2. MOZARTS GEBURTSHAUS
3. WOLFGANG UND NANNERL IM GALAKLEID
4. MOZART AM HOFE MARIA THERESIAS
5. VATER LEOPOLD MIT SEINEN KINDERN
6. TITELBLATT DER ERSTEN GEDRUCKTEN KOMPOSITION MOZARTS
7. MOZART 1768
8. FAMILIE MOZART
9. CONSTANZE MOZART
10. BRIEF MOZARTS AN SEINE SCHWESTER
11. AUS MOZARTS NOTENBUCH
12. DIE WIENER BURG UM 1800
13. SCHIKANEDER ALS PAPAGENO
14. JOSEPH HAYDN
15. DAS BEGRÄBNIS DES ARMEN
16. MOZART, GEMÄLDE VON LANGE

Ein elfseitiges Begleitheft enthielt die Kommentare zu den Bildern, die im wesentlichen den Lebensweg W.A. Mozarts und seiner Famile nachzeichneten. Das Bild Nr. 5 („Vater Leopold mit seinen Kindern") übernahm Alt auch in den Unterstufenband sowie in die Realschul-Ausgabe seines Musikbuchs „Das musikalische Kunstwerk" (1966 bzw. 1968).

5.5. Aufsätze, Vorträge, Artikel

Erinnerung an Edmund Joseph Müller (1949)

Die erste Veröffentlichung nach dem Zweiten Weltkrieg widmete Alt dem Gedenken an den im Mai 1944 bei einem Bombenangriff umgekommenen Kölner Musikpädagogen E. J. Müller, dessen Schwiegersohn Alt war. Diese Erinnerung erschien 1949 unter dem Titel „Ein Leben für die Musikerziehung". Darin hob Alt insbesondere die Fähigkeit Müllers hervor, alles Musikalisch-Fachliche ins Allgemein-Menschliche zu übersetzen: „Nicht im zufälligen Erlebnis, sondern über Arbeit und Leistung suchte und fand er den Weg zum Allgemein-Menschlichen und Ethischen in der Musik".[623] Damit habe er sich in einen „offenen kämpferischen Gegensatz" gestellt zur „Schwarmgeisterei" und zum „vagen Expressionismus" in der Musikerziehung der 20er Jahre. Denn „aufgeschlossen für das Neue" habe er doch immer die „Fühlung mit dem Überlieferten" gehalten[624] - eine Grundlinie, der auch er selbst als ein Vertreter der „jüngeren Generation" zu folgen versuchte, in der Müllers Geist lebendig fortwirke.[625]

Aus nicht fachspezifisch gebundener Sicht fällt eine Formulierung Alts auf, nach der Müller sich schon „vor dem Weltkrieg" nachdrücklich der musikalischen Volksbildung gewidmet habe. Diese Formulierung im Singular, die sich inhaltlich auf den ersten Weltkrieg bezieht, muss möglicherweise als Signal für die Schwierigkeiten Alts betrachtet werden, 1949, im Jahr seiner Rückkehr aus russischer Kriegsgefangenschaft, die Vorgänge während des Dritten Reiches und des Zweiten Weltkriegs mental zu realisieren. Übrigens unterzeichnete Alt den Artikel mit dem 1938 erworbenen Titel „Professor".

Musikalische Laienbildung und Privatmusikunterricht (1950)

1950 befasste Alt sich in einem Aufsatz mit der „Musikalischen Laienbildung im Privatmusikunterricht".

---

[623] Alt 1949, S. 235, zit. auch in: Helms, S.: Musikpädagogik zwischen den Weltkriegen. Edmund Joseph Müller, Wolfenbüttel (Möseler) 1988, S. 140
[624] Alt 1949, S. 235
[625] Alt 1949, S. 236

Dieser Aufsatz ist nicht nur deshalb interessant, weil Alt hier nochmals die Vision vom „neuen, musischen Menschen" aufleuchten ließ („Der neue musische Mensch erkennt in zuchtvoller Haltung und geformter Körperlichkeit ebenso wie im bildnerischen Gestalten und im tätigen Umgang mit Musik und Dichtung gleiche Mittel einer veredelnden Selbstdarstellung, einer alle Ausdrucksgebiete erfassenden Leibes- und Seelenkultur"[626]), die er zuletzt in seiner Oldenburger Antrittsvorlesung „Wesen und Wege der musischen Erziehung" (siehe Dokumentationsteil) 1938 breit entfaltet hatte, sondern weil er einen Einblick gewährt in die geistigen Strömungen, gegen die sich sein musikpädagogisches Denken auflehnte.

Alt ortete den Privatunterricht zwischen zwei „Kraftfeldern". Zum einen nannte er die „Konservatoriumspädagogik des vorigen Jahrhunderts", der er die Attribute „starr" und „einseitig" zuschrieb. Sie sei von dem „Glaubenssatz" ausgegangen, dass an der Kunst „nur die Technik lehrbar" sei, habe sich einseitig an dem überlieferten „fachlichen Prinzip" orientiert und dabei versäumt, „gleichzeitig und gleichermaßen die in jedem Menschen angelegten Eigenkräfte und seine elementare Ausdrucksfähigkeit von Grund auf systematisch mit zu entwickeln."[627] Zum anderen beschrieb er eine „neue Musikhaltung des Laien"[628], der sich von dem „erdrückenden Übergewicht des Rein-Fachlichen zu befreien" versuche und zu den „Naturaufgaben der Musik" zurückfinden wolle.[629] Ihm gehe es darum, die „abgerissenen Fäden zwischen Musik und Leben wieder neu zu knüpfen" und in der Musik wieder ein „naturnahes, umgangsmäßig gebrauchtes Ausdrucksmittel" zu sehen.[630] Der Privatunterricht habe nun die Aufgabe, zwischen diesen „Welten" zu vermitteln und einen Ausgleich zwischen diesen „Kraftströmen" zu versuchen. Dazu schlug Alt vor, den Anfänger vor der Heranführung an ein Instrument „sich erst gesanglich und bewegungsmäßig in der improvisatorischen Handhabung der musikalischen Sprachelemente" erproben zu lassen:[631] „Nur dieses elementare Improvisieren - ergänzt durch ein ausgedehntes Spielen nach Gehör und Schulung der Tonvorstellung - kann das immer noch übliche mechanische Abrichten des sensomotorischen Apparates (vom Notenlesen des Auges direkt in die Hand des Spielers) überwinden." So sei es zu erreichen, dass das Instrumentalwerk nicht ein „kaleidoskopartiges Spiel von Einzelklängen" bleibe, sondern zu einem „sinnvollen Ausdrucksganzen"

---

[626] Alt 1950, S. 69
[627] Alt 1950, S. 66
[628] Alt 1950, S. 66
[629] Alt 1950, S. 65
[630] Alt 1950, S. 65
[631] Alt 1950, S. 67

zusammenwachse, „das ihm etwas bedeutet".[632] Außerdem schlug er vor, das improvisierte Begleiten von Volksliedern zu üben, einen Kanon an Stücken auswendig zu erarbeiten, den Gedanken der Geselligkeit durch „Gemeinschaftsunterricht" zu fördern („Es gibt keinen besseren Beginn als im Gemeinschaftsunterricht in die Musik hineingeführt zu werden."[633]), und - wenn die Veranlagung fehle oder der „Drang zur fachtechnischen Leistung" nicht zu entwickeln sei - den Schüler nicht trotzdem in die „eherne Gesetzmäßigkeit eines erprobten instrumentaltechnischen Lehrgangs" einzuzwingen, sondern mehr auf eine in sich abgerundete „Volksschule" musisch-musikalischer Bildung zu setzen.[634]

Vom Musischen in der Erziehung (1953/1954)

In der Winterausgabe 1953/54 des Verlagsblattes „Das Gespräch" erschien ein kurzer Artikel Alts zum Thema „Vom Musischen in der Erziehung". Darin vertrat er das Leitbild einer „musischen Erneuerung der gesamten Bildung", wies jedoch zugleich auf den notwendigen Gegenpol hin, zu dem das musische Tun in einer „antagonistischen Spannung" stehe: die Körperbildung: „Weil aber aller künstlerische Ausdruck primär an den menschlichen Körper gebunden ist, macht schon Plato die Gymnastik zum Gegenpol des Musischen. Zwischen der Körperbildung und dem musischen Tun besteht also eine antagonistische Spannung, die beide zugleich zur Einheit bindet. Keines darf ohne das andere sein, und beide müssen 'nachlassen zur Mitte'."[635] Den Ausdruck „musisches Tun" verwandte Alt aber nicht nur für einen der beiden Gegenpole, sondern auch für die verbindende Ganzheit: „Musisches Tun [...] beseelt und vergeistigt Körper und Sinne, indem es das Seelische und Geistige der Kunst einkörpert. Das ist die verfeinernde und ethische Wirkung des Musischen."[636]

So gelangte Alt insgesamt zu einer auffallend positiven Beurteilung des Musischen, die in manchen Formulierungen sogar den Eindruck erweckt, auch tiefe persönliche Erfahrungen des Autors zu beinhalten:

„Der musisch bewegte Mensch [...] sucht in der Kunst Lebenshilfe, Seinsvergewisserung, Kraft und Erhebung. In tätig bemühtem und seelisch erfülltem Nachvollzug nimmt er die Kunstwerke in sich hinein als Bausteine eines gültigen Weltbildes."[637]

---
[632] Alt 1950, S. 67
[633] Alt 1950, S. 68
[634] Alt 1950, S. 69
[635] Alt 1953/54, S. 7
[636] Alt 1953/54, S. 7
[637] Alt 1953/54, S. 7

„Das Erlebnis in sich erfüllten, zweckfreien Tuns bei der musischen Begegnung mit der Kunst erlöst den Menschen aber auch von der hoffnungslosen Verstrickung in die Welt der Sachen und Stoffe und macht ihn frei von der utilitaristischen Überschätzung des Wissens. [...] In gemeinsamen Feierstunden, in der aufgeschlossenen Geselligkeit der Wanderfahrt, im musisch gestalteten Landschulheimleben wird das Arbeitskollektiv zur Klassengemeinschaft, die „Leistungsschule" mit ihrer frostigen Arbeitsmoral zur lebendigen Schulgemeinschaft. Wo heute das Elternhaus weitgehend versagt, der Jugendbund seine Anziehungskraft eingebüßt hat, muß der Jugendliche durch ein vom Musischen getragenes Schulleben wieder *leben lernen* in heilloser Zeit."[638]

Musisches Tun als ganzheitliche Erziehung, als ethische Erziehung, als Lebenshilfe, Musik als Ausgleich einseitiger Wissensbildung und als gemeinschaftsbildende Kraft - all dies läßt erkennen, wie tief Alt auch hier noch von der Idee des Musischen durchdrungen war, die er bereits 1938 in seiner Oldenburger Antrittsvorlesung so vehement vertreten hatte.

Die Musik im geistigen Gefüge der höheren Schule (1955/56)

Diesen Titel gab Alt dem Vortrag, den er auf der ersten Bundesschulmusikwoche in Mainz 1955 hielt und der im darauffolgenden Jahr in dem von E. Kraus herausgegebenen Tagungsbericht veröffentlicht wurde.

Als Kernstück seiner Überlegungen läßt sich eine bestimmte Auffassung von Musik ausmachen: Musik als „Darstellung eines Geistigen im Klanglichen".[639] Damit vollzog er jene Unterscheidung, die grundlegend für „geisteswissenschaftliches" Denken ist: die Trennung einer sinnlich wahrnehmbaren Ausdrucksebene einerseits (Dilthey: „Lebensäußerung") und einer sinnlich nicht erfaßbaren, sondern nur erschließbaren Ebene des durch den Ausdruck zum Ausdruck gebrachten Geistigen andererseits. Natürlich war für Alt weniger die klangliche Erscheinung als das dahinterstehende Geistige „wesentlich". Deshalb sollte der Musikunterricht der Oberstufe „rein musikalische Wege" verlassen, um - mehr als bisher - in die „geistigen Bereiche" vorzustoßen.

In dem Vortrag finden sich auch Aussagen zu der Frage, auf welchem Weg denn dieses Geistige erschlossen werden kann. Alt meinte, dieses Geistige sei zwar „intuitiv gegeben", könne aber mit rationalen Mitteln weiter entfaltet werden.[640] Nach dieser Formulierung ist der

---

[638] Alt 1953/54, S. 7
[639] Alt 1956, S. 182
[640] Alt 1956, S. 182

Einsatz rationaler Mittel zwar nicht für eine erste Erschließung der geistigen Bezirke erforderlich, wohl aber für eine tiefergehende, die er für die Oberstufenschüler anstrebte: „Dieses Sinngeistige ist zwar unmittelbar dem intuitiven Denken gegeben, es kann aber bei unserer heutigen Bildungssituation in der Schule nur eindringlich und nachhaltig wirksam werden, wenn es auch rational abgestützt, auch diskursiv erfaßt wird."

Zwar sah Alt die Deutung der „ungegenständlichen" Musik mit besonderen Schwierigkeiten behaftet, weil man nicht - wie in Literatur und Kunst - schon vom Inhalt her ins Geistige vorstoßen könne, doch strebte er insgesamt eine „vergleichbare Geisthöhe" mit den anderen Schulfächern an.[641] Die damit verbundene Gefahr einer Überforderung der Schüler diskutierte Alt nicht. Seine Vorstellungen waren vielmehr darauf ausgerichtet, eine einheitliche Linie für das gesamte Schulsystem zu finden und Musik in dieses „geistige Gefüge" zu integrieren. Ausdrücklich wollte er eine Brücke zum „geistorientierten Bildungssystem der Schule" sichern. Deshalb befürwortete er verschiedene Unterrichtsprinzipien, die die Fülle der Unterrichtsstoffe auf das Wesentliche beschränken und zugleich mit anderen Fächern vernetzen sollten: das Prinzip der „wechselseitigen Erhellung der Künste", das Prinzip der „Querbindungen" und das der „Konzentration".

Dabei versuchte er Einseitigkeiten zu vermeiden. Es ging ihm um eine „stärkere Einbeziehung der Geist-Seite", keineswegs um eine ausschließende Beschränkung. "Mehr als bisher" sollte das Allgemein-Geistige in den Musikunterricht einbezogen werden, übrigens nicht nur im Bereich der sog. Musikkunde, sondern auch in den beiden übrigen Bereichen Singen/Musizieren und Musiktheorie. Alt schrieb:

„Darüber dürfte ja Übereinstimmung unter den Musikerziehern bestehen, daß diese drei Bezirke auf allen Unterrichtsstufen eine Einheit bilden müssen, aus der niemals eine Seite ausfallen darf, wenn nicht das Ganze bedroht werden soll."

Es ging ihm ausdrücklich nur um eine Akzentsetzung auf den einzelnen Schulstufen (Unterstufe: Singen, Mittelstufe: Musiktheorie, Oberstufe: Musikkunde), wobei „mannigfaltige Abstufungen" je nach „Charakter der Geschlechter", Eigenarten der einzelnen Klasse und auch der Veranlagung des jeweiligen Musiklehrers notwendig seien.[642] So sollten auf der Oberstufe sowohl das Singen und Musizieren als auch die Musiktheorie „mit

---

[641] Alt 1956, S. 185
[642] Alt 1956, S. 185

größerem geistigen Anspruch auftreten"[643], wenn es als „Bildungsgut" gemeint sei. Damit schloss er übrigens das Singen „zur Belebung des Schullebens" keineswegs aus. Im Gegenteil: das Singen des „modernen Gemeinschaftsliedes" sei „immer zu bejahen", wenn es nur seine „vitale Funktion" erfülle und die „neuen Formeln der modernen Musik in wohldosierten Proben in den Blutkreislauf der Jugend" überleite.[644]

Um systematisch ein „allen Schülern gleicherweise zugängliches Können" im Bereich des Musikhörens zu entwickeln, schlug er vor, auf der Unterstufe „alle elementaren Erfahrungen in gleicher Weise singend und hörend zu gewinnen und die gesungenen Formen und deren Baugesetze in der Instrumentalmusik wiederfinden zu lassen in einer lückenlosen Folge, die von der Periode bis zu den Liedformen, vom Kanon bis zu fughettenartigen Gebilden reicht."[645] Der Mittelstufe schrieb er die Aufgabe zu, die rein instrumentalen Formen zum Verständnis zu führen. Seinen Abschluß sollte die Ausbildung des Musikhörens auf der Oberstufe in einem „stilkundlich-orientierten Hören" finden. Dazu sollten die den einzelnen Stilfeldern der Musik (Barockmusik, klassisch-romantische Musik, moderne Musik) jeweils adäquaten Hör- und Verstehensschemata entwickelt und in systematischer Übung gesteigert werden. Allerdings sah er den Lehrer dabei weitgehend sich selbst überlassen, da eine umfassende musikalische Stilkunde noch nicht vorliege.

Als Reihenfolge schlug er vor, in der Obersekunda zunächst die Musik der klassisch-romantischen Epoche zu besprechen, von der er behauptete, sie würde „infolge unablässiger Eingewöhnung" von den Schülern als „'natürlich'" empfunden.[646] Für die Unterprima empfahl er die Barockmusik. Ihr begegne „der Jugendliche" noch immer mit einer „gewissen Distanz", die sich jedoch verflüchtige, wenn man das Konzert und die Suite in den Mittelpunkt rücke. Die Musik des Schütz-Zeitalters sowie die stille Welt der Sonatenmusik und die „trockene Gelehrtheit" der Fugenkunst würden demgegenüber „krisenhafte Ablehnung" hervorrufen können. Deshalb wagte er die Behauptung: „Und je weiter man [...] in die musikalische Vergangenheit zurückgeht, um so mehr nimmt die Erlebnisfähigkeit beim Jugendlichen ab."[647] Die „moderne Musik" mit ihren „hohen und neuartigen sachlichen Anforderungen" schlug er für die Oberprima vor.

---

[643] Alt 1956, S. 186
[644] Alt 1956, S. 185
[645] Alt 1956, S. 187
[646] Alt 1956, S. 188
[647] Alt 1956, S. 188

Der gesamte „Lehrgang" sollte mit der Vermittlung von Wissen (Tatsachen- und Zahlengerüst) über die drei genannten „Stilkreise" abgestützt werden, allerdings nur in dem „unbedingt notwendigen" Maß.[648]

Eine konkrete Vorstellung von dieser ihm vorschwebenden Erschließung des Geistigen im Musikunterricht der Oberstufe versuchte er mit einem - idealtypischen - Beispiel zur Dritten Symphonie Beethovens zu vermitteln, das nach dem eben Gesagten der Obersekunda zuzurechnen wäre:

„Der Geist der Eroica-Sinfonie wird erschlossen, wenn nach gründlicher Betrachtung ihrer musikalischen Faktur ihr Ideengehalt - etwa im Sinne Scholes - als 'Seelendrama' entwickelt, ihr ausdrucksvoller Zusammenhang mit der Biographie Beethovens, ihre Beziehungen zur Geschichte, zur Musikgeschichte (Herkunft aus der Französischen Revolutionsmusik), zur Geistesgeschichte (als Ausdruck des 'Idealismus der Freiheit' auf der Linie Kant-Schiller-Beethoven), zur Soziologie (als die erste überdimensionale Sinfonie, die den Konzertraum der bürgerlichen Musikkultur fordert) u.a. mehr herausgestellt werden. Die geistige Eigenart des Werkes kann dann noch weiter verdeutlicht werden durch innerfachliche Vergleiche, etwa durch Gegenüberstellung mit anderen wahlverwandten Werken Beethovens, etwa der Fünften und Neunten Sinfonie, mit anderen vergleichbaren Werken der Sinfonik, etwa Haydns und Mozarts auf der einen und der romantischen auf der anderen Seite, oder durch seine Stellung in der Ideen- und Programmusik und anderes mehr. In diesem weitverzweigten Zusammenhang wird die Geistmächtigkeit des Werkes in der ganzen Fülle sichtbar."[649]

Alt argumentierte allerdings nicht nur vom Kunstwerk aus, sondern bezog die Schüler ausdrücklich in seine Überlegungen ein:

„Wer weiß nicht aus Erfahrung, daß, wenn nach den musikalischen Erörterungen solche allgemeinen Gedankengänge beginnen, auch jener Teil der Schüler in Bewegung kommt, der bei rein musikalischen Fragen stumm bleibt, dem vielleicht auch das Singen nur mehr wenig bedeutet [...] „Und wer hat nicht erfahren, daß bei der feinsinnigen Deutung eines Werkes gerade die naturhaften Singer und Musizierer verstummen und *den* Schülern den Vortrag lassen müssen, die aus einer allgemein-geistigen und seelischen Ansprechbarkeit und Feinnervigkeit heraus in Tiefen vordringen, die in keinem Verhältnis mehr zu ihrem musikalischen Können und Wissen stehen. Als wenn nicht alle in der Schule erreichbare theoretische Erkenntnis viel zu gering bliebe, auch nur annähernd das große Werk durchdringen und tragen zu können! Daraus muß man schließen, daß man aus einem menschlich viel zu engen Winkel heraus arbeitet, wenn man im rein Musikalischen verharrt, daß man damit sogar selbst einen Großteil der innerlich bereiten Schüler in die Rolle der mißmutig stummen Zuhörer drängt und geistige und seelische Energien brachliegen läßt, die der Musikerziehung zugute kommen könnten."[650]

Diese Idee, durch die Anwendung verschiedener Methoden der Heterogenität einer Klasse Rechnung zu tragen und damit verschiedene „Typen" von Schülern anzusprechen, hatte er

---
[648] Alt 1956, S. 189
[649] Alt 1956, S. 183

bereits 1935 in seiner Dissertation sorgfältig entwickelt. Alt konnte zudem an seine Vorstellungen anknüpfen, die er 1931 in dem Aufsatz zur geistesgeschichtlichen Aufgabe des Musikunterrichts geäußert und mit denen er damals den heftigen Widerspruch Hans Joachim Mosers hervorgerufen hatte, der den geistesgeschichtlichen Ansatz als spekulative „Deutenschaft" zurückwies. Um diesem Vorwurf nun 1955 im vorhinein zu begegnen, wies Alt von sich aus „zielloses ästhetisches Geschwätz mit weitmaschigen Begriffen" zurück und forderte die strenge Anbindung einer interpretatorischen Aussage an die klangliche Gestalt:

„Keine Mißverständnisse! [...] Unabdingbare Grundlage für diese geistigen Operationen bleiben Musikerlebnis und Musikverständnis und die immer wieder rückgreifende Kontrolle am klingenden Kunstwerk, um die geistige Deutung am Höreindruck fortwährend zu verfeinern und einem Abirren auf sich verselbständigender Denkspur, einem Philosophieren in Abwesenheit des Kunstwerks zu entgehen."

Deshalb war es für ihn auch wichtig, daß die Auszüge aus Schriften über Musikwerke, die nach seiner Auffassung im Musikunterricht herangezogen werden sollten, „allemal die Nähe zum Kunstwerk halten",[651] worauf er auch im Vorwort zu der „Musikkunde für die Oberstufe höherer Schulen" (1955) gleich im Eingangssatz hinwies.

Praktische Hinweise zum Thema Musikerziehung und Forschung (1955)

In dem Aufsatz „Praktische Hinweise zum Thema 'Musikerziehung und Forschung'" plädierte Alt 1955 für eine Neubelebung einer musikerzieherischen Forschung, deren Funktion er darin sah, das Musikfach nach innen und außen abzustützen.[652]

Darin nahm die Aufgabenbestimmung musikpädagogischer Forschung gegenüber den bisherigen Formulierungen nun klarere Konturen an. Während er bisher nur allgemein die „wissenschaftliche Durchleuchtung der Methodik des Musikunterrichtes" (1929a) bzw. die „Untersuchung der Bedingungen und Möglichkeiten der praktischen Musikerziehung" (1935) gefordert hatte, nannte er nun folgende Themen für die musikpädagogische Forschung:
- musikalische Entwicklung des Kindes und des Jugendlichen
- Musikbegabung
- Musik-Erleben
- musikalische Ansprechbarkeit
- Musikinteresse

---

[650] Alt 1956, S. 184
[651] Alt 1956, S. 191
[652] Alt 1955b, S. 4

- musikalische Hörfähigkeit
- die Aufnahme von Musikwerken
- Vermögen, Musikwerke zu deuten und zu werten

Diese Forschungsaufgaben könnten nur in „enger Zusammenarbeit" von Wissenschaft und Praxis gelöst werden. Dem Praktiker falle dabei die Aufgabe zu, das notwendige Tatsachenmaterial zu liefern, während der Wissenschaftler anschließend die Erfahrungen zu einer - nicht näher bestimmten - „musikalischen Typenlehre" und zu einer „musikalischen Jugendkunde" verdichten könne.

Als Methoden der angestrebten musikpädagogischen Forschung nannte Alt:
- die planmäßige Beobachtung („Aufzeichnung von spontan auftretenden musikalischen Äußerungen bei Kindern bzw. nach bestimmten Gesichtspunkten geordnete und systematisch durchgeführte Unterrichtsreihen")
- die Erhebungsmethode mit Hilfe von Fragebögen
- Niederschriften über Musikeindrücke
- Statistik
- musikalische Psychogramme

Solche empirischen Arbeiten erwartete Alt von jedem einzelnen Musikerzieher. Durch einen Fragebogen solle jeder eine sorgfältige Bedingungsanalyse erstellen und darin folgende Aspekte erfassen:
- Nutzung der Medien zur Selbstbildung
- musikalischer Einfluß der Familie und des Jugendbundes
- musikalische Vorlieben
- außerschulische Musikbetätigung
- Grad des Musikinteresses
- Stellung zur Musik überhaupt

Auf diese Weise gewinne man ein Gesamtbild des Einzelnen und der gesamten Klasse. „Durch diese genaue Auszeichnung eines von Klasse zu Klasse sehr unterschiedlichen Gesamtbildes kann man dann schnell und sicher einen tragfähigen Ansatzpunkt für die Arbeit finden." Neben der Bedingsanalyse sollte der Fragebogen auch zur Evaluation der eigenen Arbeit dienen. Jährliches Ausfüllen des Fragebogens, das er zumindest „in kleineren Verhältnissen" für realistisch hielt, ließe Informationen über Art und Möglichkeit der musikpädagogischen Entwicklung, aber auch über die Grenzen des musikpädagogischen Bemühens gewinnen. In der Forderung nach solchen Bedingungs- und Wirkungsanalysen verbanden sich also das Interesse der Forschung nach Tatsachenmaterial mit dem Anliegen nach einer fachlich-professionellen Planungsarbeit und empirisch orientierter Evaluation der individuellen Lernprozesse. 1955 finden sich also bei Alt durchaus modern anmutende

Ansätze zu einer nicht bildungstheoretisch, sondern eher lerntheoretisch orientierten Konzeption von Musikunterricht als dem Ort prozeßhafter Entwicklung musikbezogener Einstellungen und Kompetenzen.

Für die Theoriebildung machte Alt deutlich, dass es nicht um eine unkritische Übertragung der vom Wissenschaftsunterricht her entwickelten Unterrichtsform auf den Musikunterricht gehen könne. In ausdrücklicher Abgrenzung vom Wissenschaftsunterricht schwebte ihm die Entwicklung einer spezifischen Form des Musikunterrichts vor, die er als „arteigene musische Unterrichtsform" bezeichnete. Inhaltlich nannte er - ohne einzelne Erklärungen - folgende Elemente als „eigentümlich" für die Musikerziehung:

- Übung
- schöpferisches Gestalten und Nachgestalten
- Spiel
- Nachahmung
- Motorik
- ganzheitliches Verfahren
- Vortrag
- „Arbeit in Zyklen"
- Rhythmisierung des Unterrichts und des Stundenaufbaus

Später hat Alt diesen Versuch der Abgrenzung vom „Wissenschaftsunterricht" zugunsten des Versuchs der Integration in die Wissenschaftsschule aufgegeben (vor allem Alt 1970d).

Musikpädagogische Grundlagenforschung

„In Lindau"[653], vermutlich auf der Tagung „Neue Musik und Musikerziehung", hielt Alt 1955 einen Vortrag zur musikpädagogischen Grundlagenforschung. Die Leitsätze dieses Vortrags wurden als Diskussionsgrundlage unter den Teilnehmern verteilt und in der „Zeitschrift für Musik" veröffentlicht. Auf diesen Text, der noch nicht in der Bibliographie von G. Vedder aufgeführt ist[654], hat U. Eckart-Bäcker aufmerksam gemacht.[655]

Darin beklagte Alt, dass der Arbeitszweig musikpädagogischer Grundlagenforschung nach 1945 nicht wieder aufgenommen worden sei, obwohl die Bedingungen dafür wesentlich

---

[653] Alt 1955c, S. 417
[654] Vedder, Gregor: Bibliographie der Schriften von Michael Alt, in: Antholz, H. / Gundlach, W. (Hrsg.): Musikpädagogik heute. Perspektiven - Probleme - Positionen, Düsseldorf (Schwann) 1975, S. 255-259
[655] Eckart-Bäcker, Ursula: Die „Schulmusik" und ihr Weg zur Professionalisierung - historisch-systematische Studie zur Entwicklung der Schulmusik im Zusammenhang mit der Hochschule für Musik in Köln, in: Noll, Günther (Hrsg.): Musikpädagogik im Rheinland. Beiträge zu ihrer Geschichte im 20. Jahrhundert, Kassel

günstiger seien als früher. Denn die „heutigen Musikstudienräte" hätten „Kenntnis von wissenschaftlicher Arbeitsweise", und durch das Studium der Erziehungswissenschaft würden sie in die Lage versetzt, „sich nicht nur in Randgebieten der musikpädagogischen Grundlagenforschung zu betätigen [...], sondern *mit typisch erziehungswissenschaftlichen Methoden sich den pädagogischen Grundfragen zu widmen.*"[656] U. Eckart-Bäcker hat darauf hingewiesen, dass die Absolventen des Instituts für Schulmusik in Köln für diese Forschungsaufgaben „nicht entsprechend ausgebildet" gewesen sein dürften.[657]

Alt formulierte zwei „Nahziele" für die musikpädagogische Grundlagenforschung: Erstens sollten die „interessierten Schulmusiker" an der „geistigen Organisation ihrer praktischen Schularbeit" mitwirken. Vor allem von der Behandlung der Forschungsaufgaben in der Studienseminar-Ausbildung erwartete er „neue Anregungen für die Forschung". Zweitens befürwortete er die „Nutzung der erziehungswissenschaftlichen Ausbildung der Schulmusik für das *Ansehen der reinen Erziehungsfragen* in der Schulmusik"[658], womit er wohl eine insgesamt stärkere Berücksichtigung spezifisch pädagogischer Fragestellungen in der Ausbildung von Schulmusikern meinte. Insbesondere regte er an, die „musikerziehungswissenschaftliche Staatsarbeit" zur Regel werden zu lassen.[659]

Bemerkenswert ist die folgende Textstelle:

„Durch beschreibende Erfassung der dem Musikfach eigenen *musischen* Arbeitsweisen (gegenüber der die heutige Schule beherrschenden Wissenschaftsmethodik) könnte von der Schulmusik her - da sie von den musischen Fächern wohl am klarsten die musischen Arbeitsweisen entwickelt hat - ein Ansatzpunkt geschaffen werden, von dem her die Erkenntnis der Zusammengehörigkeit der musischen Fächer: Deutsch, Musik, Kunsterziehung, Leibesübungen gefördert und ein *engerer Zusammenschluß dieser musischen Fachgruppe* gewonnen werden könnte. *(Musik als natürliches Zentrum der musischen Bewegung).*"[660]

Ähnlich wie in dem Aufsatz „Praktische Hinweise zum Thema Musikerziehung und Forschung" ging es ihm also um die Entwicklung einer eigenständigen musischen Unterrichtsform. Doch während er dort nur den Musikunterricht im Blick hatte, versuchte er in seinem Lindauer Vortrag offenbar das Musische als eine spezifische Arbeitsform einer aus

---

(Merseburger) 1996, S. 11-27
[656] Alt 1955c, S. 417 (Hervorhebung im Original)
[657] Eckart-Bäcker, a.a.O., S. 22
[658] Alt 1955c, S. 417
[659] Alt 1955c, S. 417

vier Fächern bestehenden „musischen Fachgruppe" darzustellen, als deren Zentrum er das Fach Musik ansah.

Noch eine weitere Textstelle gibt Aufschluß über Grundintentionen des Autors:
„Ferner scheint es an der Zeit zu sein, die seit 1945 üblich gewordene abstandslose Zusammenarbeit der einzelnen Musikerziehungssparten [...] zu lockern zu Gunsten einer stärkeren *Herausarbeitung der verschiedenen Ziele und Methoden in den einzelnen Gebieten der Musikerziehung:* so der *Schulmusik* als einem *Teil der Allgemeinbildung,* wodurch sie sich dem geistigen Gefüge der Schule anpassen und ihrer Gesetzlichkeit sich unterordnen muß."[661]

Über die Integration des Faches Musik in eine „musische Fachgruppe" hinaus war das Fach Musik also letztlich in das gesamte „geistige Gefüge" der allgemeinbildenden Schule einzuordnen. Diesem Anliegen widmete er sich in vertiefter Weise in seinem Aufsatz „Der geistige Beitrag des Musikunterrichts zum Gesamtplan der Oberstufe".

Der geistige Beitrag des Musikunterrichts zum Gesamtplan der Oberstufe (1957)

Nach dem paukenschlagartigen Generalangriff Th. W. Adornos auf die Idee des Musischen (1956: „Kritik des Musikanten"; 1957: „Zur Musikpädagogik") nahm Alt eine spürbar veränderte Grundhaltung ein. Man beginne einzusehen, schrieb er 1957, „daß 'schöpferische' Improvisation, 'musische' Bewegtheit und die vielerlei 'pädagogische' Musik eigentlich nur den ersten Anfang bilden dürfen des weiten Weges, der zu ernsthaft bemühter geistiger und ethischer Auseinandersetzung mit dem Kunstwerk führt."[662] Dies sei auch das „eigentlich beherzigenswerte Anliegen" der „ansonsten nicht eben maßvollen, ja oft ungerechten 'Kritik des Musikanten'".

Alt wandte sich auch wieder der Frage nach der „heute mit allem Nachdruck geforderten Bildungseinheit" zu[663], die ihm schon aus früherer Zeit vertraut war. Nur wenige Sätze zum Anfang des Jahrhunderts mögen dies verdeutlichen: Nach 1900 hatte das humanistische Gymnasium seine „Monopolstellung" im Hinblick auf die höhere Bildung verloren, als neue Formen der höheren Schule („Realgymnasium", „Oberrealschule") gegründet worden waren.

---

[660] Alt 1955c, S. 417
[661] Alt 1955c, S. 417
[662] Alt 1957a, S. 106
[663] Alt 1957a, S. 106

Nach einer Denkschrift aus dem Jahr 1914 war damit der „Traum einer einheitlichen Bildung" ausgeträumt. Hans Richert unternahm daraufhin den Versuch, die „Bildungsnot", d.h. die verloren gegangene „Bildungseinheit" durch eine neue „geistige Einheit", nämlich das Leitbild der „deutschen Bildung" wiederherzustellen: „Deutschheit ist das Bildungsziel aller höheren Schulen", wird Richert zitiert.[664]

„Die vielberufene Bildungseinheit", meinte Alt nun 1957, „sollte gewiß nicht noch einmal im Sinne von Richerts Reform versucht werden." Außerdem wandte er sich gegen die „unkritische Übertragung" des Verstehensbegriffs aus der geisteswissenschaftlichen Psychologie auf die Kulturkunde, die zu „folgenschweren Mißverständnissen" geführt habe. Er argumentierte, in Anwendung des Verstehensbegriffs als dem „vom erlebten, unmittelbar gegebenen Zusammenhang des Ganzen ausgehenden Begreifen" habe man oft und allzu leicht das „eindringliche Befassen mit den künstlerisch-fachlichen Gegebenheiten" übersprungen, „um alsbald [...] das Kunstwerk [...] zum bloßen Anwendungsbeispiel der Geistesgeschichte oder einer Kunsttheorie abzuwerten." Nachdem Alt also weder im geisteswissenschaftlichen Begriff des „Verstehens" noch im nationalistischen Begriff der „Deutschheit" noch im antizivilisatorischen Begriff des „Musischen" die geistige Einheit der allgemeinbildenden Schule sehen konnte, leuchtete mit der Veröffentlichung des Buchs „Die Kunst der Interpretation" von E. Staiger ein neuer Ansatzpunkt auf, an dem sich Musikunterricht orientieren konnte: die werkimmanente Interpretation. Unter ausdrücklichem Bezug auf die genannte Veröffentlichung Staigers plädierte Alt nachdrücklich für den Ansatz einer „immanenten Deutung", die von dem „möglichst genauen Erfassen der musikalischen Erscheinungen und deren Gesetzlichkeit"[665] ausgehe, andererseits aber nicht steckenbleiben dürfe „im musiktheoretischen und kompositionstechnischen Vokabular." Vielmehr sollte abschließend auch der „geistigen Kraft" nachgespürt werden, „welche die wechselnden Stilformen gestaltet hat."[666]

Die Idee einer spezifischen „musischen Unterrichtsform" (Alt 1955b) bzw. einer „musischen Fachgruppe (Alt 1955c) fand hier eine Vertiefung. Um die Verflochtenheit des Musikfachs mit den übrigen Schulfächern darzustellen, wies er nicht nur ausführlich auf die verschiedenen Möglichkeiten der „wechselseitigen Erhellung der Künste" hin, sondern nannte auch eine

---

[664] Scheibe, Wolfgang: Die Reformpädagogische Bewegung 1900-1932, Weinheim (Beltz) [10]1994, S. 285
[665] Alt 1957a, S. 107
[666] Alt 1957a, S. 107

Fülle von thematischen „Querverbindungen" zu den anderen Schulfächern, die in der folgenden Übersicht zusammengestellt sind:

Fach	thematische „Querverbindung"
Religion	• Bedeutung der Kirchenmusik im katholischen und protestantischen Gottesdienst; • Reformation und Gegenreformation im Spiegel der Musik;
Philosophie	• Wandel der Musikanschauung im Zusammenhang mit der Geistesgeschichte; • einzelne musikästhetische Fragen;
altsprachlicher Unterricht	• Die griechische Musik: Ethoslehre; • Die antike Tragödie als Gesamtkunstwerk; • dionysische und apollinische Musikübung; • Die Nachahmung der Antike: Entstehung der Oper in der Renaissance als Wiederbelebung des antiken Dramas, ihre Reformen aus antikem Geist bei Monteverdi, Gluck, Wagner; • der Geist der Antike in der modernen Musik: Orffs „Antigonae", „Carmina burana", „Catulli carmina", Strawinkys „Ödipus Rex" u.a.
Mathematik und Physik	• Akustik; • Tonsystem; • Klangfarbe und Instrumente; • Konsonanz und Dissonanz; • elektronische Musik;
Geographie	• musikalische Völkerkunde; • Folklore in Lied und Tanz der außereuropäischen Völker; • ethnographische Tonleitern;
Fremdsprachen	• nationale Idiome in der der Oper und im Volkslied • Volkstanz der europäischen Länder; • der Beitrag der Völker zur Musik Europas;
Biologie	• Stimm- und Gehörphysiologie
Leibeserziehung	• Körpergebundenheit der Musik • Gymnastik als Gegenpol des Musischen; • Tanz und Musik: Volkstanz, Suite, Ausdruckstanz und Ballett in der Gegenwart

Bei dieser ihm vorschwebenden „geistesgeschichtlichen Ausrandung der musikalischen Werkinterpretation"[667], zu deren Begründung er hier bereits die Ästhetik N. Hartmanns anführte, wies er auf das Prinzip der „wechselseitigen Erhellung der Künste" hin: „Wie kann [...] die Romantik ohne die Musik, der Impressionismus ohne die Malerei, der Expressionismus ohne den Beitrag aller Künste lebendig und deutlich werden?"[668]

---

[667] Alt 1957a, S. 107
[668] Alt 1957a, S. 107

Mit der Formulierung „musikalische Werkinterpretation", die bis dahin nur für die klangliche Wiedergabe der Musik gebräuchlich war, dürfte Alt einer der frühesten Musikpädagogen gewesen sein, die den Interpretationsbegriff, der noch lange umstritten blieb, für die geistige Deutung von Musikwerken verwendeten. H. Antholz hielt die Formulierung noch 1970 für „nicht voll befriedigend"[669] und bevorzugte stattdessen den Ausdruck „Rezeption". 1971 und 1976 wurde der Interpretationsbegriff dagegen zentraler Bestandteil in den Konzeptionen von K.H. Ehrenforth („Verstehen und Auslegen") und Chr. Richter („Theorie und Praxis der didaktischen Interpretation von Musik").

Die Interpretation des musikalischen Kunstwerks in der Schule (1957/58)

Auf der zweiten Bundesschulmusikwoche (Hamburg 1957) hielt Alt einen Vortrag über die Möglichkeiten und Grenzen der Interpretation des musikalischen Kunstwerks in der Schule, der im darauffolgenden Jahr in dem von E. Kraus herausgegebenen Tagungsbericht „Musik als Lebenshilfe" veröffentlicht wurde.

Alt steckte zunächst den Rahmen ab für die „Interpretation des musikalischen Kunstwerks in der Schule". Die Funktion der Werkbetrachtung beschrieb er in Anlehnung an die berühmte Formel E. Staigers „Begreifen, was uns ergreift". Alt schrieb: „Alle Musikerkenntnis steht also im Dienste des Musikerlebens und muß alles vermeiden, was dem Abbruch tut."[670] Deshalb forderte er die Beschränkung der musikalischen Gestaltbetrachtung auf die „sinntragenden Erscheinungen" und argumentierte ausdrücklich mit der begrenzten Kapazität der Schüler: „Wir sollten dabei das rein musikalische Fassungsvermögen der Jugendlichen und ihre Nachhaltigkeit bei der Werkanalyse recht skeptisch beurteilen."[671] Beschränkung verlangte Alt auch im Bereich der geistesgeschichtlichen Interpretation. Ein einzelnes Werk könne einen weitverzweigten geistesgeschichtlichen Überbau nicht tragen, vielmehr sollte man erst „nach Behandlung mehrerer Werke einer Epoche oder eines Meisters die ihnen gemeinsamen Stilmerkmale und Ausdrucksformen zu heben und ihre Beziehung zum geistigen Leben aufzudecken versuchen".[672] Wie bereits mehrfach zuvor (Alt 1956, Alt 1957) lehnte er auch spekulative Deutungen „ohne eindringliches Befassen mit seinen fachlichen

---
[669] Antholz, Heinz: Unterricht in Musik, Düsseldorf (Schwann) 1970, S. 165
[670] Alt 1958, S. 188
[671] Alt 1958, S. 188

Gegebenheiten" ab.[673] Die fachliche Interpretation beruhe auf dem in der Musikwissenschaft erarbeiteten „ausgebreiteten Wissen", das in der Schule nicht vorausgesetzt werden dürfe. Deshalb solle in der Schule immer die werkimmanente Interpretation den „Vorrang vor aller geistesgeschichtlichen Betrachtung" haben.[674] Wenn er also hier die Möglichkeiten und Grenzen der „Interpretation musikalischer Kunstwerke" auslotete, ging es ihm für den Musikunterricht in erster Linie um eine Werkbetrachtung im Dienste des Musikerlebens, deren Schwerpunkt die werkimmanente Interpretation bilden und die anschließend eine „geistesgeschichtliche Ausrundung"[675] erfahren sollte.

Alt unterschied die „werkimmanente" und die „geistesgeschichtliche" Interpretation und widersprach damit der Unterteilung von Erpf, der satztechnische, psychologische und Ausdrucksanalyse gegenübergestellt hatte.[676] Die „werkimmanente Interpretation" unterteilte Alt in drei Formen: die „satztechnische" (dabei Erpf aufgreifend), die energetische sowie die Ausdrucksanalyse.

Hinter dieser Unterscheidung steht zudem ein Phasenmodell der Musikbetrachtung im Unterricht; denn die musikalische Gestaltbetrachtung sollte mit der satztechnischen Analyse beginnen[677] und mit Versuchen der energetischen sowie der Ausdrucksanalyse fortgeführt werden.

Während die „werkimmanente Interpretation" das Kunstwerk „in seinem ästhetischen Raum" aufsuche, sei die „geistesgeschichtliche Interpretation" darauf bedacht, „die Musik als ein Geistiges aus dem Gesamtbereich des Geistigen und dessen Gesetzen zu verstehen." Wie bereits 1956 vertrat Alt hier in erster Linie die stilkundliche Deutung:

„Wenn man diese einzelnen Stilerscheinungen auf den Geist der Epoche bezieht, kann man über Allgemeinbegriffe hinaus zeigen, wie beispielsweise der klassische Kontraststil und der Themendualismus erstmals die lebendig bewegte Gefühlswelt des freien Menschen widerspiegelt, wie die Verdichtung der Setzweise und die Vereinheitlichung des Thematischen die im Sturm und Drang aufgebrochenen Elementarkräfte zu vollkommener klassischer Gestalt binden und damit das Gleichgewicht zwischen Freiheit und Gesetz herstellen; wie sich in der Einfachheit des klassischen Stils die musikalische Substanz der Volksmusik spiegelt, dadurch die Einheit von Kunst und Natur sichtbar wird und soziologisch

---

[672] Alt 1958, S. 187
[673] Alt 1958, S. 188
[674] Alt 1958, S. 187
[675] Alt 1958, S. 193
[676] Erpf, Hermann: Art. Analyse, in: MGG, Bd. 1, Kassel (Bärenreiter) 1949, Sp. 449 ff.
[677] Alt 1958, S. 188

mehrschichtige Werke möglich werden, die Kenner und Laien gleichermaßen ansprechen; wie in der klassischen Musik die Ideen der Humanität (Glucks 'Iphigenie', Mozarts 'Entführung' und 'Zauberflöte', Beethovens 'Fidelio' und 'Finale der IX. Sinfonie' u.a.) und die idealistisch beschwingt lichte Gefühlswelt reinen Menschentums sich niederschlagen und der sittlich begründete Optimismus dieses Zeitalters ihr eine „göttliche" Heiterkeit verleiht; wie schließlich in Beethovens Ideenmusik und revolutionärer Tonsprache der neue Idealismus der Freiheit sich ankündigt und eine Lebensbejahung, die der widerstrebenden Welt abgerungen ist. Bei einer solchen Darstellung vermag der klassische Geist in der Musik sich dem Menschen von heute wenn nicht deutlicher, so doch lebendiger und unmittelbarer mitzuteilen als in der Dichtung und Philosophie dieser Zeit."[678]

Verhältnismäßig modern muten folgende Überlegungen zu „vergleichenden Deutungsreihen" an:

„Der heutigen Musikerziehung sind jene Versuche der zwanziger Jahre etwas aus dem Blick gekommen, die darauf abzielten, *einzelne Probleme der Geistesgeschichte* an einer Reihe vergleichbarer Werke zu verdeutlichen. Um der allgemeinen Erziehung willen scheint es von Wert, die 'Urbilder', die 'das Dasein erhellen' (Guardini) und zum Grundbestandteil des Bewußtseins gehören: Gott, Schicksal, Tod, Natur auch von der Musik her zu begreifen. Wie spiegelt beispielsweise die Kirchenmusik von der Gregorianik bis zu Strawinsky den Wandel des religiösen Empfindens, die Verschiedenheit der Naturauffassung, etwa Beethovens 'Pastorale', Schumanns 'Waldszenen' und Debussys 'La Mer', wie aufschlußreich sind die Deutungen des Todes in Schuberts 'Der Tod und das Mädchen', in Brahms' 'Deutsches Requiem', in Beethovens Trauermarsch, in Bachs mystisch verzückten Todesmusiken! Solche vergleichende Deutungsreihen, die dem Deutsch- und Kunstunterricht geläufig sind, stoßen bei jedermann auf großes Interesse. Insbesondere bieten sie jenen Klassen einen günstigen Einstieg in die Musik, deren Vorbildung nicht weit genug ins rein Musikalische trägt."[679]

Unüberhörbar klingt hier bereits eine existenzialistische Sichtweise an, der Alt positiv gegenüberstand: „Hier tut sich eine Möglichkeit auf, Musik unmittelbar menschlich einsichtig zu machen, sie mit lebendiger und lebensstiftender Anschauung zu sättigen."[680]

Dem biographischen Ansatz, der „sehr verbreitet" sei, stand er dagegen eher kritisch gegenüber. „Vor allem in den dreißiger Jahren", so Alt, hätten solche Essays die Schulmusik beeindruckt, die „im Gefolge der heroisch-stilisierenden Biographik des George-Kreises die Meister in einem überzeitlich-legendären Raum ansiedelten."[681] Und auch der kulturgeschichtliche Ansatz könne insgesamt nur eine Randstellung beanspruchen.

---

[678] Alt 1958, S. 192 f.
[679] Alt 1958, S. 194
[680] Alt 1958, S. 195
[681] Alt 1958, S. 195

In der Frage, welche dieser Aspekte jeweils herangezogen werden sollen, legte er sich nicht fest und beließ es weitgehend bei der Darstellung von möglichen Interpretationsansätzen, deren Auswahl von der „ästhetischen Art des Werkes" und von der „Eigenart der Schüler" abhängig sei.[682]

Vom Stoffplan zur Bildungseinheit (1962)

Mit dem Aufsatz „Vom Stoffplan zur Bildungseinheit" griff Alt die damalige Diskussion um eine „Erneuerung der höheren Schule" und um die Auswahl der Unterrichtsinhalte auf. Der Erhellung dieses Hintergrundes dient der folgende Exkurs.

EXKURS ZUR INNEREN SCHULREFORM

Die sog. „Tübinger Beschlüsse" gaben 1951 den Anstoß für eine tiefgreifende Umwandlung der gymnasialen Oberstufe, die in der 1972 von der Ständigen Konferenz der Kultusminister der Länder der Bundesrepublik Deutschland beschlossenen „Vereinbarung zur Neugestaltung der gymnasialen Oberstufe in der Sekundarstufe II" (Neuwied 1972) und in den „Empfehlungen zur Arbeit in der gymnasialen Oberstufe in der Sekundarstufe II (Neuwied 1978) ihren bisherigen (vorläufigen) Abschluß fand.

Grundidee der „Tübinger Beschlüsse" war es, einen Ausweg aus der quantitativen Überfrachtung der Oberstufe mit Inhalten zu finden. Das „geistige Leben" stehe in der „Gefahr", durch die „Fülle des Stoffes zu ersticken" (vgl. Textauszug). Man wollte deshalb zu einer qualitativen Leistungssteigerung gelangen („Leistung ist nicht möglich ohne Gründlichkeit, und Gründlichkeit nicht ohne Selbstbeschränkung. Arbeiten-Können ist mehr als Vielwisserei"), und zwar durch eine stärkere Berücksichtigung des exemplarischen Prinzips: das allerdings damals nicht wörtlich so benannt wurde: „Ursprüngliche Phänomene der geistigen Welt können am Beispiel eines einzelnen, vom Schüler wirklich erfaßten Gegenstandes sichtbar werden..."

---

[682] Alt 1958, S. 196

In den darauffolgenden Jahren erschienen zahlreiche Schriften, die sich grundsätzlich mit den Fragen einer „Erneuerung der Höheren Schule" und mit der Frage nach der Auswahl der Unterrichtsinhalte (Didaktik als „Theorie der Bildungsinhalte") befassten. Zu nennen sind vor allem die Schriften von W. Flitner („Grund- und Zeitfragen der Erziehung und Bildung", 1954; „Die Gymnasiale Oberstufe", 1961), E. Weniger („Die Theorie des Bildungsinhaltes und des Lehrplanes", ²1956), M. Wagenschein („Das 'exemplarische Lehren' als ein Weg zur Erneuerung der Höheren Schule", 1954), J. Derbolav („Das 'Exemplarische' im Bildungsraum des Gymnasiums", 1957) und W. Klafki („Didaktische Analyse", 1958).

Flitner betrachtete es als die dringendste Aufgabe der Didaktik, das Wesen der „grundlegenden Geistesbeschäftigungen" aufzuweisen und damit dem „Vielerlei der Fächer", der „Zersplitterung des Geistes", dem „Scheinwissen in zu schwierigen Materien" und der „Schwäche im Fundamentalen" zu begegnen.[683] In diesem Zusammenhang kam auch der Interpretation („Auslegungskunst") große Bedeutung zu: „Nun gibt es eine national und sittlich bedeutsame Literatur, zu deren Verständnis eine umfassende Schulung gehört, so wie die höhere Schule sie durch ihre sämtlichen Betätigungen leisten soll. Diesem entwickelten Geistesleben entsprechend gibt es auch eine *durchgebildete Auslegungskunst*, mit deren Hilfe sich die 'schweren' Dichtungen und prosaischen Schriftstellerwerke erschließen lassen. Diese Kunst zu lehren wird Aufgabe des Deutschunterrichts der höheren Schule."[684]

In seiner Studie „Kategoriale Bildung" (1959) unterschied W. Klafki insgesamt vier „große bildungstheoretische Ansätze", nämlich den „bildungstheoretischen Optimismus" und die Bildungstheorie des 'Klassischen' als die beiden materialen Bildungstheorien sowie die Theorie der funktionalen bzw. der methodischen Bildung als die beiden formalen Bildungstheorien. Von der Kritik dieser Bildungstheorien ausgehend versuchte er, einen Bildungsbegriff im Sinne der „kategorialen Bildung" zu entwickeln. Zur materialen Bildungstheorie des Klassischen wies er auf deren Voraussetzung hin, dass „gewisse Werke, menschliche Leistungen oder ganze vergangene Kulturen einmütig als „klassisch" akzeptiert werden.[685] Dies betrachtete er als die Hauptschwierigkeit dieses Ansatzes: „Die spezifisch pädagogische Auswahlproblematik entspringt erst doch, aber dort auch in voller Schärfe, wo

---

[683] Flitner, W.: Grundlegende Geistesbildung. Untersuchungen über die Eigenart der Schulfächer und ihre Symphonie, in: ders.: Grund- und Zeitfragen der Erziehung, Stuttgart (Klett) 1954, S. 77
[684] Flitner 1954, S. 88
[685] Klafki, W.: Studien zur Bildungstheorie und Didaktik, Weinheim (Beltz) 1963, S. 31

diese Einmütigkeit nicht mehr gegeben ist."[686] Unter dem Aspekt der Gegenwarts- und Zukunftsbedeutung („Didaktische Analyse als Kern der Unterrichtsvorbereitung", Klafki 1959) konnte er deshalb der Theorie des Klassischen nur einen begrenzten Stellenwert zuerkennen: „Das Klassische hat in der Bildungsarbeit einmal einen legitimen Ort, wo es um die anschauliche Vergegenwärtigung der großen geistigen Grundrichtungen in ihren 'klassischen' Vertretern geht, [...] wo eine Gegenwartsaufgabe, der sich Bildung verpflichtet weiß, eine geschichtliche Parallele hat, deren Lösung gelungen ist, so daß die menschliche Haltung, aus der heraus damals die Lösung gelang, in der Gegenwart den Rang des 'klassischen' Vorbildes erlangen kann. Aber damit ist dann auch die Grenze der pädagogischen Bedeutung des Klassischen gegeben."[687] Denn „für viele Aufgaben, die unserer Zeit gestellt sind", zitiert er E. Weniger, „gibt es keine Klassik, weil die Aufgaben ganz neu sind, ohne Vorgang und ohne Grundlagen in irgendeiner Vergangenheit und ohne Anhalt an irgendeiner der bisherigen menschlichen Verhaltensweisen und Lebensformen."[688]

In den 1961 von der Kultusministerkonferenz (KMK) beschlossenen „Stuttgarter Empfehlungen" wurde u.a. gefordert, bei der Auswahl der Unterrichtsgegenstände das Prinzip der „Konzentration" zu berücksichtigen, und zwar sowohl als „Konzentration der Unterrichtsfächer" („innere Verbindung und die übergreifenden Zusammenhänge der einzelnen Fächer") als auch als „Konzentration innerhalb des Faches" („Vertiefung in die Gegenstände und Methoden des Faches").[689] Ausdrücklich wurde auch auf das Prinzip des Exemplarischen verwiesen. Es seien die Gegenstände zu bevorzugen, „die eine exemplarische Behandlung gestatten, d.h. über das Einmalige und Besondere hinaus auf ein Allgemeines verweisen."[690] Für die Musikpädagogik Alts sollte auch der folgende Gedanke Bedeutung gewinnen: „Auch das orientierende Lehren und Lernen ist auf der Oberstufe als ergänzendes Verfahren in begrenztem Umfang berechtigt. Die Orientierung soll den Schülern eine „Orientierungshilfe" geben, eine Art „Koordinatensystem", das ihnen erlaubt, sich in dem Ordnungsgefüge der verschiedenen wissenschaftlichen Disziplinen zurechtzufinden."[691] Bei Alt unberücksichtigt blieb dagegen die folgende Idee: „Es empfiehlt sich, in den einzelnen

---

[686] Klafki, a.a.O., S. 31
[687] Klafki, a.a.O., S. 32
[688] Weniger, E.: Die Theorie des Bildungsinhaltes und des Lehrplanes, Weinheim (Beltz) ²1956, S. 69; zit. auch in: Klafki, a.a.O., S. 32
[689] Stuttgarter Empfehlungen, in: Schindler, Ingrid: Die Umsetzung bildungstheoretischer Reformvorschläge in bildungspolitische Entscheidungen, Saarbrücken (Universitäts- und Schulbuchverlag) 1974, S. 211 f.
[690] Stuttgarter Empfehlungen, in: Schindler 1974, S. 212
[691] Stuttgarter Empfehlungen, in: Schindler 1974, S. 212

Fächern Pläne aufzustellen, deren verbindlicher Teil in seinem Umfang so bemessen ist, daß der Stoff in etwa der Hälfte der verfügbaren Unterrichtsstunden bewältigt werden kann. So bleibt dem Lehrer noch hinreichend Freiheit für die Auswahl von Unterrichtsgegenständen, bei der auch Schülerwünsche berücksichtigt werden sollen."[692]

Aus den „Tübinger Beschlüssen" (1951)

„In Tübingen haben sich Vertreter der Höheren Schulen und Hochschulen getroffen, um die Frage einer Zusammenarbeit zu beraten. Sie sind dabei zu der Überzeugung gekommen, daß das deutsche Bildungswesen, zumindest in Höheren Schulen und Hochschulen, in Gefahr ist, das geistige Leben durch die Fülle des Stoffes zu ersticken.

Ein Mißverständnis der im Jahre 1945 mit Recht erhobenen Forderung nach Leistungssteigerung hat diese Gefahr von neuem heraufbeschworen. Leistung ist nicht möglich ohne Gründlichkeit, und Gründlichkeit nicht ohne Selbstbeschränkung. Arbeiten-Können ist mehr als Vielwisserei. Ursprüngliche Phänomene der geistigen Welt können am Beispiel eines einzelnen, vom Schüler wirklich erfaßten Gegenstandes sichtbar werden, aber sie werden verdeckt durch eine Anhäufung von bloßem Stoff, der nicht eigentlich verstanden ist und darum bald wieder vergessen wird.
Es scheint uns, daß eine innere Umgestaltung des Unterrichts an der Höheren Schule und der Bildung ihrer Lehrer an der Hochschule unerläßlich ist. Es ist uns bewußt, daß diese Reform der Schulen der Mitwirkung der Hochschulen bedarf. Die anwesenden Vertreter der Hochschulen haben ihre Bereitschaft dazu ausgesprochen. Wir begrüßen die bereits in dieser Richtung an verschiedenen Stellen unternommenen Schritte. Für die Erneuerung der Schulen scheinen uns folgende Bedingungen zu gelten:

Die Durchdringung des Wesentlichen der Unterrichtsgegenstände hat den unbedingten Vorrang vor jeder Ausweitung des stofflichen Bereichs. Die Zahl der Prüfungsfächer im Abitur sollte eingeschränkt, die Prüfungsmethoden sollten mehr auf Verständnis als auf Gedächtnisleistung abgestellt werden. Man sollte ferner überall von dem Prinzip starrer Lehrpläne zu dem der Richtlinien zurückkehren. Eine Herabsetzung der Stundenzahl ist erforderlich. Sie kann ohne zusätzliche Kosten geschehen, wenn sie zugleich für die Schüler und für die Lehrer vollzogen wird.

Wir wissen, daß mit einer bloß formalen Erfüllung dieser Forderung nichts gewonnen wäre, sondern daß gleichzeitig ihr Sinn im Errabeiten von Erfahrungen deutlich gemacht werden muß. Damit solche Erfahrungen gesammelt und weitergegeben werden können, schlagen wir insbesondere vor, daß einzelnen öffentlichen und privaten Schulen drei Freiheiten gewährt werden: 1. Die freie Zusammenstellung ihrer Lehrkörper, 2. Die freiere Gestaltung des Lehrplanes zum Zwecke der Vertiefung in das Wesentliche, 3. Die im Einvernehmen mit den Ministerialbehörden zu vollziehende Beschränkung der Prüfungsfächer im Abitur."[693]

---

[692] Stuttgarter Empfehlungen, in: Schindler 1974, S. 212
[693] wiedergegeben nach: Flitner, Wilhelm.: Grund- und Zeitfragen der Erziehung und Bildung, Stuttgart (Klett), 1954, S. 128

Aus den „Stuttgarter Empfehlungen" (1961)

I. Aufgaben der Oberstufe

„1. Das Gymnasium gibt die allgemeine Grundbildung für wissenschaftliche Studien. Damit werden auch die Voraussetzungen für die Ausbildung in anderen Berufen mit erhöhten geistigen Anforderungen geschaffen.

2. Der Unterricht des Gymnasiums ist zwar auf allen Stufen von dieser Aufgabe bestimmt, aber die Oberstufe ist ihr in besonderem Maße zugeordnet.

3. Der Schüler der Oberstufe soll Ursprünge und grundlegende Inhalte unserer Welt erkennen, damit er sich für ihre verpflichtenden Anforderungen in Freiheit und Verantwortung entscheiden kann. Er soll propädeutisch in wissenschaftliche Arbeitsweisen eingeführt werden und lernen, mit Gegenständen und Problemen der Erfahrung, des Erkennens und des Wertens seinem Alter entsprechend selbständig und sachgerecht umzugehen.

4. Der Schüler bedarf der rechten Arbeitsgesinnung. Es ist die Aufgabe aller Lehrer, den Schülern den Sinn ihrer Arbeit zu verdeutlichen und sie zu werkgerechtem Tun anzuleiten. Bei diesen Bemühungen ist die Schule auf das Verständnis und die Mithilfe der Eltern angewiesen. Auch die Schülermitverwaltung hat Möglichkeiten, die Arbeitsgesinnung zu fördern.

II. Auswahl der Unterrichtsgegenstände

1. Die Arbeitsweise der Oberstufe setzt eine zweckdienliche Auswahl der Unterrichtsgegenstände voraus.

2. Die Rahmenvereinbarung sieht nicht nur eine Herabsetzung der Zahl der Fächer, sondern auch für alle Fächer eine Beschränkung der Lehrgegenstände vor. Die Unterrichtsthemen können nur dann vertieft und gründlich behandelt werden, wenn ihnen angemessene Zeit eingeräumt wird. Hetze und Unrast sind unter allen Umständen zu vermeiden.

3. Ein Kennzeichen für die Arbeitsweise der Oberstufe ist die Konzentration der Unterrichtsgegenstände. Der Begriff „Konzentration" kann als Konzentration der Unterrichtsfächer verstanden werden. Sie zielt auf die innere Verbindung und die übergreifenden Zusammenhänge der einzelnen Fächer. Wichtiger ist die Konzentration innerhalb des Faches. Sie meint die Vertiefung in die Gegenstände und Methoden des Faches. Beide Formen der Konzentration müssen bei der Auswahl der Unterrichtsgegenstände berücksichtigt werden.

4. Die Unterrichtspläne sollen Gegenstände enthalten, die geeignet sind, das Wesentliche eines Wirklichkeitsbereichs zu erschließen. Naturgesetzlichkeiten, naturwissenschaftliche Methoden und Theorien, die Brauchbarkeit von Arbeitshypothesen und die Notwendigkeit ihrer empirischen Bewährung, mathematische Begriffsbildung und die verschiedenen Beweisprinzipien, Grundbegriffe der Geschichte, der Kunst und der Literatur können exemplarisch erarbeitet werden. Deshalb sind hier diejenigen Gegenstände zu bevorzugen, die eine exemplarische Behandlung gestatten, d.h. über das Einmalige und Besondere hinaus auf ein Allgemeines verweisen.

5. Auch das orientierende Lehren und Lernen ist auf der Oberstufe als ergänzendes Verfahren in begrenztem Umfang berechtigt. Die Orientierung soll den Schülern eine „Orientierungshilfe" geben, eine Art „Koordinatensystem", das ihnen erlaubt, sich in dem Ordnungsgefüge der verschiedenen wissenschaftlichen Disziplinen zurechtzufinden. Orientierendes Lehren ist vor allem auch im Bereich der Geschichte und der sprachlich-literarischen Fächer angebracht, wenn es gilt, das Einmalige in einen größeren Zusammenhang und in die Kontinuität eines Ablaufs einzuordnen. Die Unterrichtspläne sollten Aufgaben und Gegenstandsbereiche enthalten, die im orientierenden Verfahren behandelt werden können.

6. Es empfiehlt sich, in den einzelnen Fächern Pläne aufzustellen, deren verbindlicher Teil in seinem Umfang so bemessen ist, daß der Stoff in etwa der Hälfte der verfügbaren Unterrichtsstunden bewältigt werden kann. So bleibt dem Lehrer noch hinreichend Freiheit für die Auswahl von Unterrichtsgegenständen, bei der auch Schülerwünsche berücksichtigt werden sollen."

W. Klafki hatte in seinem Buch „Das pädagogische Problem des Elementaren und die Theorie der kategorialen Bildung" (Klafki 1957) verschiedene „Grundformen des Fundamentalen und Elementaren" unterschieden, darunter das Exemplarische, das Typische, das Klassische und das Repräsentative. Diese Begriffe, die Klafki auch in seinen „Neuen Studien zur Bildungstheorie und Didaktik" (1985) beibehielt, versuchte Alt in seinem Aufsatz „Vom Stoffplan zur Bildungseinheit" auf die Musikerziehung anzuwenden. Sinn der Überlegungen war es, auch im Musikunterricht der „erdrückenden Stofffülle" entgegenzuwirken[694], der „Gefahr der 'Verwissenschaftlichung'" zu entgehen[695] und zugleich einen „unverbindlichen Erlebnisunterricht" zu vermeiden, dem er eine „auflösende Wirkung" zuschrieb.[696] Insgesamt sollte dadurch auch der Musikunterricht von der „Hetze und Hast der Stofffülle" befreit (vgl. Stuttgarter Empfehlungen, II, 2.) und „schöpferische Muße" gewonnen werden, ohne die auch die musische Erziehung nicht gedeihen könne. Die Anwendung solcher Prinzipien geschah außerdem in der Absicht, „trotz der Diskontinuität unserer Zeit" den Schülern die Möglichkeit zu eröffnen, die „Welt als Ganzes" zu erfahren.[697] Wie schon mehrfach zuvor klingt hier auch wieder die Hoffnung an, der erdrückenden Vielfalt der Realität eine - wie auch immer geartete - Einheit im Bildungssystem entgegenzustellen.

Das exemplarische Verfahren erläuterte Alt wie folgt:

„Im Grunde genommen beinhaltet es nur, daß man auf einen lückenlosen Lehrgang zu verzichten bereit ist, um statt dessen einzelne Schwerpunkte in den Vordergrund zu stellen, an denen Einsichten gewonnen werden, die auf Vergleichbares zu übertragen sind."[698]

Zur Anwendung dieses Verfahrens auf die Musikdidaktik griff Alt auf drei Auswahlprinzipien zurück, nämlich das Klassische, das Repräsentative und das Typische.

Der Begriff des Klassischen, den Alt als „Wertbegriff" bezeichnete, bedürfe einer „entschiedeneren Formulierung und Anwendung als bisher": „Klassisch" meinte dabei das „in seiner Art Überzeitlich-Gültige". Als Beispiele nannte er die „Matthäus-Passion" von J.S. Bach, die V. Symphonie L.v. Beethovens und die Oper „Don Giovanni" von W.A. Mozart. Dabei ging es ihm keineswegs um eine „breitatmige Erläuterung" der Werke, „wobei alle möglichen Fragen und Anschlußstoffe das eigentlich Künstlerische" überwucherten.[699] Im

---

[694] Alt 1962, S. 135
[695] Alt 1962, S. 140
[696] Alt 1962, S. 140
[697] Alt 1962, S. 135
[698] Alt 1962, S. 135
[699] Alt 1962, S. 136 f.

Gegenteil: „Daß auch heute noch klassische Dichtungen auf diese Art für die Zeit eines Menschenlebens um ihre Wirkung gebracht werden, sollte schrecken."[700] Vielmehr sollte der Schüler an „wenigen großen Werken"[701] „durch das Fachliche hindurch" auf die „Humanschicht des Werkes" (E.J. Müller: das „Allgemein-Menschliche", W. Flitner: „Fundamentalschicht") stoßen. „Dann kommt es zu echter Bildung, die den Jugendlichen vorformt, auch weitere Werke vergleichbarer Art und Haltung unmittelbar zu erfassen, an jedem neuen die gewonnenen Einsichten zu verfeinern und abzuwandeln." Und weiter: „Die Erschließung einzelner klassischer Werke bis auf den Grund, das gemeinsame Bemühen von Lehrer und Schüler um 'Durchbruchsmomente', die den Sinn des Meisterwerkes aufleuchten lassen, entscheiden letztlich über die Fruchtbarkeit des Musikunterrichtes."[702] In diesen Formulierungen klingt auch die Lehre Copeis vom „fruchtbaren Moment im Empfangen ästhetischer Sinngehalte" an.[703]

Als ergänzendes Auswahlprinzip nannte Alt das Repräsentative, was er mit mehreren Beispielen verdeutlichte:

Musikbereich:	repräsentative Werke:
Musik des Mittelalters	einzelne klassische gregorianische Gesänge
Polyphonie der Renaissance	Palestrinas „Missa Papae Marcelli"
Barockkunst	Bachs „Matthäus-Passion"; „Concerto grosso" von Händel; Triosonate von Corelli
Klassik	Oratorium von Haydn; Mozart: Solokonzert oder eine Oper eine Symphonie Beethovens
Romantik	Liedzyklus eines der großen Klavierwerke des jungen Schumann
Nachromantik	Wagners „Meistersinger" eine klassizistische Brahms-Sinfonie (IV.)
Klassiker der Moderne	je ein personaltypisches Werk

---

[700] Alt 1962, S. 137
[701] Alt 1962, S. 137
[702] Alt 1962, S. 137
[703] Copei, Friedrich: Der fruchtbare Moment im Bildungsprozess, Heidelberg (Quelle & Meyer) [9]1959, S. 80-86

Schließlich sollte die Auswahl durch das Prinzip des Typischen ein weiteres Mal eingeschränkt werden: „Je typischer in diesen Werken die Gestaltidee, die Strukturen und Schemata einer Form oder eines Stiles hervortreten, um so größer ist der Kreis der Werke, auf den diese Einsichten übertragen werden können, um so größer also ihr Erkenntniswert."[704]

Zusammenfassend schrieb Alt:

„Als 'exemplarisch' können also im Bereich der Musikerziehung jene Werke angesehen werden, die wertmäßig im Bereich des 'Klassischen' liegen, darüber hinaus aber noch repräsentativen und typischen Charakter haben. Die Klassizität sichert ihnen Rang und Wirkkraft und distanziert sie vom Vielzuvielen der Geschichte. Je umfassender und prägnanter solche klassischen Werke auch noch ihre Epoche repräsentieren, je typischer sie deren Stil und Form gestalten, um so größer der Kreis der Werke, der durch sie mitaufgeschlossen wird."[705]

Das klassische Werk stellte sich in diesen Formulierungen in einer vom Subjekt unabhängigen Werthaftigkeit dar, obwohl Alt selbst vor 1933 die historische Wandelbarkeit des Begriffs dargelegt hatte (vgl. Begriffsanalyse „Klassisches Werk"). Wenn er 1962 dem klassischen Werk überzeitlich gültige Werthaftigkeit und Wirkkraft zuschrieb, stand er im Sinne Klafkis einem bildungstheoretischen Objektivismus nahe, bei dem die Inhalte bei „Eintritt in die Sphäre der Bildung" keinerlei Modifikationen ihrer Bedeutung erfahren und demnach als Bildungsinhalte dasselbe sind wie als ästhetische Kulturinhalte.[706] Mit der Zuschreibung einer überzeitlich gültigen Werthaftigkeit stand für die Schülerinnen und Schüler das musikalische Werturteil von vorneherein fest, was der von Alt selbst geforderten Unabhängigkeit des musikalischen Werturteils (Alt 1935) widersprach.

Neben das Prinzip des Exemplarischen trat bei Alt die Forderung nach orientierendem Lehren und Lernen. Mehr als bisher sollte beachtet werden, „wie sehr sich durch die Breitenwirkung der mikrophonalen Musik die Ausgangslage der schulischen Unterweisung verändert hat. Über den Innenkreis der deutschen Musik, die nach wie vor die Mitte des Musikunterrichtes besetzt hält, hinaus hat sich ein Weltbild von stetig wachsender geschichtlicher Tiefe und Weltweite gebildet. Das musikalische Allgemeinbewußtsein begreift heute entlegene historische Räume - bis hin zur Musik der Primitiven - ebenso ein wie die verschiedenen nationalen und folkloristischen Idiome der Völker Europas und der Welt. Der Musikunterricht sollte auch diese außerschulischen Erfahrungen in seinen Plan einbeziehen, damit der Schüler

---

[704] Alt 1962, S. 137 f.
[705] Alt 1962, S. 138

instand gesetzt wird, die vielerlei Musik, der er tagtäglich begegnet, in großen Zügen zeit- und nationalstilistisch zu 'orten', sie aber zumindest, zusammen mit dem Schulwissen, in ein historisches Koordinaten- und Fluchtlinien-System einzuordnen." Hier ist bereits die Forderung nach einem „kategorialen Orientierungswissen" angelegt, die Alt später in seinem Buch „Didaktik der Musik" zu einem der vier Hauptfunktionsfelder des Unterrichts erhob.

Schließlich befasste sich Alt auch mit der Forderung nach „Konzentration", d.h. nach der Zusammenfassung von Inhalten strukturverwandter Lehrfächer. Neben den bereits mehrfach dargestellten Prinzipien der „wechselseitigen Erhellung der Künste" und der „vergleichenden Deutungsreihen" (z.B. Alt 1958), wies er hier auch auf die Möglichkeit hin, durch den Musikunterricht auch den Unterricht anderer Fächer (z.B. Deutsch) zu stützen.

Musikerziehung in der Volksschule (1963)

Im Mai 1963 veröffentlichte Alt in der Zeitschrift „Musik im Unterricht" einen Aufsatz mit dem Titel „Die Musik in der kulturellen Lebensausrüstung des Volksschülers". Mit diesem Titel stand er auch auf dem Programm der 5. Bundesschulmusikwoche, die im Juni 1963 in Hamburg abgehalten wurde. Der Beitrag Alts wurde in leicht veränderter Fassung unter dem Titel „Von der Eigenständigkeit der Musikerziehung in der Volksschule" in dem von E. Kraus herausgegebenen Tagungsbericht „Quantität und Qualität in der deutschen Musikerziehung" veröffentlicht.

Im Zentrum seiner Überlegungen stand die Frage, wie in der Volksschule „allgemeine geistige Grundbildung" bewerkstelligt werden könne, und zwar im Sinne eines „'einfachen Zugangs zu den Gehalten und zum Geist' (E.Weniger) [...] ohne die geistige Durchstufung, die geschichtliche Perspektive und das theoretische Leistungsniveau der höheren Schule".[707] Im Unterschied zu der in der höheren Schule angestrebten „Formalbildung" sollte die in der Volksschule angestrebte „Grundbildung" der „unmittelbaren Aufschließung der Lebenswirklichkeit und einer vertieften Lebensorientierung" dienen.[708]

Zehn Grundgedanken seien hervorgehoben:

---

[706] Klafki, a.a.O., S. 28
[707] Alt 1963a, S. 141; Alt 1963b, S. 160
[708] Alt 1963a, S. 143

1. Entwicklung der Hörfähigkeiten „vom Singen her"

Ähnlich wie O. Daube in seinem 1957 erschienenen Buch „Vom Singen zum Hören" wollte auch Alt die „Fähigkeit des Hörens und Verstehens vom Singen aus entwickeln.[709] Dabei stellte er sich einen spiralcurricularen Aufbau des Bildungsganges vor: „Diese Einheit von Liedsingen und Musikhören bleibt als Rücksicherung, wenn dann in mehrmaliger spiralähnlicher Wiederkehr auf jeweils höherer Stufe die Kunst des Hörens an den instrumentalen Liedformen bis hin zum Rondo und zur Variation gesteigert wird.[710]

2. Keine musische Flucht in Scheinwirklichkeiten

Statt der volkstümlichen sei vielmehr eine „allgemeine geistige Grundbildung"[711] in der Volksschule gefordert. Mit Nachdruck wandte er sich gegen die „'musische' Lässigkeit"[712]:

„Solange musische Erziehung eine 'Oase des Glücks' fernab vom Leben und den Anforderungen der öffentlichen Kulturwelt sucht und ihre Scheinwirklichkeiten mit Ressentiments und orthodoxer Kritik gegen die bedrängenden Realitäten der neuen Musikwirklichkeiten ausspielt, solange musische Erziehung sich nicht eingrenzt als vorkünstlerisches Übungsfeld der Musik, solange die Musikerziehung unter musischen Aspekten sich aus den Dunkelkammern der Seele speist und bei den unentfalteten Grundschichten der Musik verharrt: dem Kindhaft-Schöpferischen, dem Elementaren und Magischen, der Folklore, dem Rhythmischen als Quell- und Wurzelgrund der Kunst, geht sie des Ranges einer auf die Kulturwirklichkeit zielenden Schuldisziplin verlustig."[713]

Hinter solchen „harmonistischen Leitbildern" vermutete er die „Angst vor der Wirklichkeit". Die „gängige Berufung auf die 'Kultur der Innerlichkeit' als Widerlager der technischen Arbeitswelt" sei von der Pädagogik als „romantische Flucht entlarvt".[714]

3. Hörerziehung von der „Faszination des Klanglichen" aus

Im Zeitalter des „rein physiologischen Musikhörens"[715], das er bei der Bundesschulmusikwoche in Hamburg zusätzlich mit dem Attribut „entartet" versah[716], könne die „gleichlaufende seelische Indifferenz" nur durch das „volle Ausspielen der vital erregenden Kräfte der Werke" durchbrochen werden.

„Die Höraktivität muß heute [...] herausgefordert werden durch die Faszination des Klanglichen und der motorischen Bewegungsimpulse, durch Stimmungs- und

---

[709] Alt 1963b, S. 162
[710] Alt 1963a, S. 142; Alt 1963b, S. 163
[711] Alt 1963a, S. 141; Alt 1963b, S. 160
[712] Alt 1963b, S. 166
[713] Alt 1963b, S. 161
[714] Alt 1963b, S. 161
[715] Alt 1963a, S. 142
[716] Alt 1963b, S. 163

Gefühlserregung, durch den Anstoß des freien Phantasiespiels. Diese vitalen Kräfte, die dem Musikhören des Kindes und des Jugendlichen eigen sind, sollen künstlerisch weitherzig angenommen, entwickelt und gesteigert werden, ehe man sich dem spezifisch ästhetischen Hören von Form und Ausdruck, dem Sprach- und Bauähnlichen der Musik mit Erfolg zuwenden kann. In ähnlicher Weise möge man die Interpretation unbedenklich auf die kräftigen Farben und die bunte Bildwelt der Nachahmungs- und Gefühlsästhetik, der Hermeneutik, des biographischen und romantischen Fabulierens stellen, bevor man auf die Erkenntnis der ästhetischen Mittel drängt. Kraftquelle dieser Bemühungen bleiben jene unmittelbaren, 'erweckenden Erlebnisse', die zu guter Stunde durch begeisternde Begegnung mit einem 'hinreißenden' Werk oder einem Werk religiös und menschlich großen Gehalts gestiftet werden. Gerade der leicht aufwühlbare Jugendliche kann durch die Macht einer 'großen' Musik zu Erlebnissen getragen werden, die seine Vorbildung weit übersteigen."[717]

Es gehe dabei weder um eine historische Perspektive noch um die „Vielfalt von Bildungserlebnissen im Sinne der Kulturpädagogik", und es gehe auch nicht um eine „geistige Durchstufung der Musik in Richtung auf Schöpferpersönlichkeit, Zeitgeist und Stil", sondern vielmehr nur um „unmittelbar anrührende 'Urerlebnisse' von hoher Gegenwärtigkeit"[718] - unübersehbar die Nähe zu der 1950 in der Erstauflage veröffentlichten Lehre Fr. Copeis vom „fruchtbaren Moment".

4. KEIN FACHTECHNISCHER PERFEKTIONISMUS

Mit Vehemenz wandte sich Alt gegen die Forderung, in der Schule das Vomblattsingen zu üben:

„Es bedarf keiner wissenschaftlichen Ergebniskontrolle mehr, um das Scheitern dieser überspannten Forderung zu dokumentieren. Während nun die höhere Schule seit längerem die Konsequenzen daraus zieht, sinkt die inzwischen höchst perfektionierte Apparatur der Treffmethoden und Tonsilben in die Volksschule ab. Das hält hier nicht nur die Entwicklung auf, sondern wird zu einer Gefahr. Denn beim fachlich weniger geschulten Schulmusiker verkehrt sich der Perfektionismus dieser Methoden, die sogar mit 'Schulliedern' geklittert werden, zu einem Allheilmittel, zu 'todsicheren', rein handwerklich erreichbaren Leistungen zu kommen in einem etwa dem Rechenunterricht angemessenen eindimensional-differenzierten Lehrgang. Wenn so Zyklik, Imagination und Freiheitlichkeit aus der Musik eskamotiert werden, wird das Wesen des Künstlerischen vom Ansatz her verfehlt."[719]

5. MUSIKALISCHE GRUNDBILDUNG, FACHLICHE LEISTUNG UND ANSTRENGUNGSBEREITSCHAFT

Alt meinte, der Musikunterricht könne sich der geforderten allgemeinen Grundbildung stellen und „das Kind und den Jugendlichen zu fachlicher Leistung im Singen, Improvisieren, Musikdenken und Hören 'empormuten' und seine Anstrengungsbereitschaft

---

[717] Alt 1963b, S. 163, ähnlich in Alt 1963a, S. 142 f.
[718] Alt 1963b, S. 164
[719] Alt 1963b, S. 162

herausfordern."[720] Durch eine „fach- und sachgerechte Vorbereitung" sei der Schüler auch für die fächerübergreifenden Unterrichtseinheiten vorbereitet (z.B. Kunst im Alltag, Gestaltung der Freizeit, Gebrauch der technischen Mittel, politischer Mißbrauch der Kunst), die für die Volksschule charakteristisch seien. [721]

6. DER EINZELFALL ALS MODELLFALL (EXEMPLARISCHES PRINZIP)

Jedes Werk, so Alt, solle als „Modellfall" einen „möglichst großen Bereich der Musik" aufschließen. Mit „Mut zur Vertiefung" sollten „diese wenigen Werke" so eindringlich behandelt werden, „daß sie nach Klang und Sinn geradezu 'auswendig' gekonnt werden".[722]

7. UNTERSCHEIDUNG VON „FUNKTIONSZONEN"

Die „einebnende Dislozierung der Werke" hielt er für das „Hauptübel der mikrophonalen Musik". Als Konsequenz ergab sich für ihn daraus die Aufgabe des Musikunterrichts, Orientierungsmöglichkeiten in der Vielfalt zu vermitteln. Es solle der Blick geschärft werden „für die Herkunft des Gehörten aus den verschiedenen Funktionszonen der Musik. Deswegen müsse sie auch im Bereich des Tanzes, der Unterhaltung, des Zivilisationslebens, der Arbeit u.a. aufgesucht werden, um durch „bündigen Vergleich weniger stellvertretender Werke die jeweiligen bereichsspezifischen Merkmale hervortreten zu lassen."[723] Auf der Bundesschulmusikwoche in Hamburg ergänzte er diese Formulierung durch klare Wertungen: „um durch bündigen Vergleich weniger stellvertretender Werke die bereichsspezifischen Merkmale, den Unterschied der Qualitäten und der Zonenniveaus aufzuzeigen und so die ganze Musikwirklichkeit auszuloten."[724]

8. WERTORIENTIERUNG

Von diesen Funktionszonen behauptete Alt, sie würden eine Wertpyramide bilden, die zwar nicht in jedem Einzelfall verläßlich, aber als „erste Klärung" brauchbar sei. Die konkrete Gestalt dieser „Wertpyramide" verriet er jedoch nicht. Vom Lehrer erwarte der Jugendliche mit Recht einen „Wertkompaß".[725] Die angestrebte „neue Gebrauchsethik"[726] sei weder durch Aufklärung über die „zweifelhaften Hintergründe bestimmter Musikzweige" noch durch „Stil-

---

[720] Alt 1963b, S. 161
[721] Alt 1963b, S. 165
[722] Alt 1963b, S. 164
[723] Alt 1963a, S. 143
[724] Alt 1963b, S. 164
[725] Alt 1936a, S. 144; Alt 1963b, S. 164
[726] Alt 1963b, S. 164

und Kunstwert-Vergleich" zu fördern, sondern „viel mehr" durch „echte 'Gesinnungsbildung'". Da werde der Lehrer nur glaubwürdig wirken, wenn er auf autoritäre Einwirkung verzichte und statt dessen „mitmenschlich und weitherzig" berate.[727] Ob allerdings, so wird man kritisch einwenden müssen, bei dieser „Beratung" und Vermittlung eines „Wertekompasses" die von Alt geforderte „Unabhängigkeit" des Urteilens gewahrt bleibt (Alt 1935, Alt 1973), muss bezweifelt werden.

9. MUSIKALISCHE LEBENSKUNDE

Alt schwebte eine „Art 'musikalischer Lebenskunde'" vor, die an Beispielen nachweisen sollte, wie die Musik in unterschiedlichen Situationen als „Mittel der Festlichkeit, der Tröstung, der Ablenkung, der vitalen Erregung, der Geselligkeit u.a." vom Menschen gesucht werde.[728] Zu dieser Idee einer „musikalischen Lebenskunde" gehörte auch der Vorschlag, „sinnvolles Kulturverhalten" einzuüben, z.B. durch die Gestaltung von Feiern oder durch gemeinsame Opern- oder Konzertbesuche.[729]

10. MUSIKALISCHE SACHKUNDE

Durch eine „musikalische Sachkunde" werde die volksschuleigene Musikkunde abgerundet. Alt dachte dabei an die Klärung von Grundbegriffen „aus der musikalischen Erfahrungswelt des Schülers", Einführungen in die Instrumenten- und Stimmkunde, die öffentlichen Musikeinrichtungen, die technischen Mittler und ihre Möglichkeiten, aber auch an „experimentellen und orientierenden Umgang mit den modernen Musikapparaturen."[730] Mit der letzten Forderung vertrat er auch an dieser Stelle ein medienpädagogisches Anliegen.

Igor Strawinskys „Psalmensinfonie" (1963)

In diesem Aufsatz beleuchtete Alt das in der Überschrift genannte Werk vor allem unter dem Aspekt der religiösen Geisteshaltung. Neben biographischen Ausführungen enthält die Darstellung auch eine Einordnung der „Psalmensinfonie" in das Gesamtwerk Strawinskys. Seine Werkdarstellung umfasst u.a. eine Analyse der Textbehandlung, Informationen zur Entstehungs- und Wirkungsgeschichte, eine Analyse der Stilelemente sowie eine Beschreibung des musikalischen Ablaufs. Didaktische Ausführungen enthält der Aufsatz nicht.

---

[727] Alt 1963a, S. 144; Alt b, S. 164 f.
[728] Alt 1963b, S. 165
[729] Alt 1963b, S. 166

Das Musische als integratives Moment der Erziehung (1964/1965)

Diese Veröffentlichung geht auf einen Vortrag zurück, den Alt zur Immatrikulationsfeier der Pädagogischen Hochschule Dortmund am 4.5.1964 hielt.[731] Mit Bezug auf den 1948 erschienenen Aufsatz „Biologisches zur aesthetischen Erziehung" von A. Portmann heißt es:

„Welche Gefahr insbesondere für die geistige und seelische Gesundheit des Kindes, wenn die ursprünglichen Eindrücke von Erde, Himmel, Baum und Tier, deren Schönheit ein ganzes Leben tragen müssen, allzu früh durch die Konfrontation mit der Sekundärwelt und der rein theoretischen Weltbemächtigung unterdrückt werden!"[732]

Das Musische verstand Alt hier als „integratives Moment der Erziehung" und als eine „'ganzmachende' Kraft", die jeden pädagogischen Akt charakteristisch einfärben müsse.[733] Deshalb sollte der antigeistige Affekt der Musischen Bewegung sowie die These vom Geist als Widersacher der Seele (Klages) überwunden werden. Zugleich relativierte er die Bedeutung des Musischen, weil dadurch nur der „Fußstand der Kunst" zu erreichen sei. Alt schrieb:

„Das Musische spielt sich im vorindividuellen, vorkünstlerischen Raum ab, es gehört der Vitalsphäre an, in der der Mensch wieder in schlichtester Art zu leben lernt. Gewiß bildet das Musische auch den Lebensgrund der Künste. Doch nur der Fußstand der Kunst ist musisch zu begreifen: die umgangsmäßigen und brauchtümlichen Formen des Singens und Musizierens, die laienhaften Formen des bildnerischen Schaffens, des Erzählens und Schilderns. Dort, wo der schöpferische Geist spürbar wird, überragt die Kunst den musischen Bereich, vermag sie dem Menschen zu geben, was dem Musischen immer verwehrt bleibt: das ekstatische Herausgehobensein aus der Welt, die transzendierende Sinnerfassung des Daseins, die Möglichkeit der heilsamen Erschütterung in der Begegnung, das In-Ordnung-Setzen des Menschen durch die Vollkommenheit der künstlerischen Gestalt, die der Kunst innewohnende Freiheitlichkeit, die ihr eigene enthüllende Deutung von Welt und Zeit. Wenn heute die 'musischen Konzeptionen' der Kunstfächer - vorab der Musik - wachsender Kritik ausgesetzt sind, dann wegen der bedrohlichen Verkennung dieser unersetzlichen spezifischen Erziehungswerte der Kunst."[734]

Mit anderen Worten: Nach Alt hat Musik als Kunst positive Auswirkungen auf die Persönlichkeit des Menschen, die als „erzieherisch" zu betrachten sind (Erziehung durch Musik). Diese Wirkungen sind der Kunst jedoch nur zuzuschreiben, wenn sie sich über den musischen Bereich erhebt und den „schöpferischen Geist" spürbar werden läßt. Geschieht dies, kann Musik als Kunst den Menschen innerlich ordnen, ihn erschüttern und in eine Art Ekstase versetzen, in der er sich „frei" und aus der Welt herausgehoben fühlt. In diesen

---

[730] Alt 1963a, S. 144; Alt 1963b, S. 165
[731] Das Manuskript dieses Vortrags befindet sich im Nachlass Alts und wird wie folgt zitiert: Alt 1965f, Manuskript
[732] Alt 1965f, Manuskript, S. 3a (Nachlass)
[733] Alt 1965f, Manuskript, S. 1a (Nachlass)

Momenten künstlerischen Erlebens kann der Mensch auch den Sinn des Daseins erfassen. Dass das künstlerische Erleben, wie auch das musische Erleben, aber in einem vertieften Sinne dem Erleben der Wirklichkeit entgegensteht, bezeugt folgende Textstelle: „So wird die Kunst - weit über das Musische hinaus - zum strahlenden Gegenbild gegen die Entzauberung der Welt durch die Zivilisation."[735]

Als musische Elemente des Unterrichts nannte er die Schulung des Sprechens, die Haltungserziehung, die motorische Ausdrucksgestaltung sowie die Darstellung des Gegenständlichen in Sprache, Lied, Bild, Werk, Spiel, durch Geste, Gebärde, Mimik, Körperbewegung. Solche „leib-seelische Bewegung" wirke ihrerseits wieder gegen den „flachen Gang des Herzens" (Wolf) und entfalte die Gefühlswelt ebenso wie die eigenschöpferische Phantasie. Dieses „beglückende Zusammenspiel aller seelischen Kräfte" vom Sinnenhaften her in Gang zu setzen, sei dem Religionsunterricht ebenso aufgegeben wie der Erdkunde, der Geschichte und der Naturkunde um des Tiefganges ihrer Einsichten willen."[736]

In diesem Zusammenhang wies er auf eine Veröffentlichung von K. Tilmanns hin („Die Führung des Kindes zur Meditation"), der darin die schrittweise Einübung des Meditierens durch Zuhören, Anschauen und darstellendes Spiel in musischen Gängen „überzeugend entwickelt" habe.

Den Lehrer verwies er ausdrücklich auf die Lehre der „Dramaturgie des Unterrichts" von G. Hausmann[737]:

„Er [der Lehrer, der Verf.] gestaltet seinen Unterricht nach dramaturgischen Gesetzen, spürt den in der jeweiligen Aufgabe liegenden rhythmischen und dynamischen Ablaufsformen nach und steigert die rhythmische Gangart des Unterrichts durch eindrucksvolle Ritardandi, Accelerandi, durch nachdrückliche Sforzati und Synkopen. Dabei ist ihm die Sprache ein wiliges Instrument der Darstellung. Ihr klangsymbolischer Ausdrucksbereich und ihre seelenandringende Mächtigkeit ist ihm ebenso verfügbar wie ihre innervierenden Wirkungen. Der Sinn für das bewegungsmäßige Aus- und Einspielen eines Stoffes, für die vielfältigen Bewegungsantriebe symbolischer und nachahmender Art, setzt einen ebenso entwickelten Körpersinn voraus wie das zucht- und stilvolle Gehen und Stehen und Sich-Darstellen vor der Klasse. [...] Wie manchen Studierenden und Lehrer schon sah man trotz aller Sachbeherrschung scheitern, weil dieses vielfältige musische Instrumentarium nicht zu Gebote stand. Bestimmen doch diese sogenannten 'Äußerlichkeiten' - und als solche werden sie noch

---

[734] Alt 1965f, Manuskript, S. 6-6a (Nachlass)
[735] Alt 1965f, Manuskript, S. 7
[736] Alt 1965f, Manuskript, S 9a - 10
[737] Hausmann, Georg: Didaktik als Dramaturgie des Unterrichts, Heidelberg (Quelle&Meyer) 1959

weitgehend mißverstanden - im Bereich des Kindes und Jugendlichen weitgehend über die Fruchtbarkeit des Unterrichtes."[738]

Schließlich erhob er das Musische auch zum Prinzip der Pädagogischen Hochschule:

„Wenn wir eine eigenständige Hochschule wollen, dann muß sie getragen sein von einer 'besonnenen' Wissenschaftlichkeit, die von der Schulpraxis reguliert, vom Musischen verlebendigt und vom erzieherischen Ethos befruchtet wird, die auf eine durchgehende Übereinkunft von Wissenschaft und Weisheit zielt."[739]

Aufgaben der musikdidaktischen Forschung (1964)

1964 befasste sich Alt ausführlich mit den „Aufgaben der musikdidaktischen Forschung". Nur die Wissenschaftlichkeit in der Didaktik könne die Auslieferung des Erziehers an geschlossene Systeme sowie an Formen der Meisterlehre und der Rezeptpädagogik verhindern.[740]

Zu den Charakteristika der damaligen Geisteswissenschaftlichen Didaktik gehörte es, die didaktischen Entscheidungen als geschichtliche, d.h. unter bestimmten geschichtlichen Voraussetzungen getroffene Entscheidungen zu begreifen.[741] Alt unterstützte diese Auffassung, indem er „alle überlieferten Bildungspläne" als „je eigene Antworten auf einmalige bildungsgeschichtliche Situationen"[742] verstand: „Die herausfordernde Situation verlangt jeweils nach einer neuen Antwort, die dem Menschen die Möglichkeit eröffnet, diese zu bestehen."[743] Folgerichtig setzte er in seinem musikdidaktischen Denken „kritisch" an, zwar nicht in dem Sinne der späteren „kritisch-konstruktiven" Didaktik Klafkis, wohl aber im Sinne einer situationskritischen Analyse: „Über die Fragen der Bildung hinaus geht es dabei [...] um die Abwehr dessen, was den Menschen in der jeweiligen historischen Situation bedroht, um das Bestreben, ihm seine Möglichkeiten auch in veränderter Zeitlage zu sichern."[744]

Eine der Hauptaufgaben der musikdidaktischen Forschung sah er deshalb in der Analyse der „sozialkulturellen Wirklichkeit".[745] Insbesondere der „Einbruch der technischen

---

[738] Alt 1965f, Manuskript, S. 11a-12 (Nachlass)
[739] Alt 1965f, Manuskript, S. 12 (Nachlass)
[740] Alt 1964, S. 378
[741] Klafki, W.: Neue Studien zur Bildungstheorie und Didaktik, Weinheim (Beltz) 1985, S. 35
[742] Alt 1964, S. 378
[743] Alt 1964, S. 379
[744] Alt 1964, S. 379
[745] Alt 1964, S. 382

Kommunikationsmittel" verleihe der „heutigen Musikkultur einen ausgesprochenen Schwellencharakter." Daraus ergaben sich für Alt zahlreiche Fragestellungen, die im Rahmen der musikdidaktischen Forschung zu bearbeiten wären[746]:

- Welches sind die „zeittypischen Bedingungen der musikalischen Entwicklung der Jugend von heute"?
- Welchen Einfluß haben die „technischen Mittler (Schallplatte, Tonband, Radio, Fernsehen)" auf das musikalische Verhalten der Jugend?
- Wie hat sich „unter der Einwirkung der Lautsprechermusik" das musikalische Weltbild des Kindes und des Jugendlichen historisch und kulturgeographisch ausgeweitet?
- „Welche neue Formen hat die Hausmusik angenommen? (Singgut, Schallplattensammlungen, Art und Gebrauch der Musikgeräte und Instrumente)"
- Wie stark ist „unsere Jugend" erfaßt von dem allgemeinen „Zuge zum Instrumentenspiel"?
- Wie wirkt sich der „Wandel des Klangideals" aus? („Vorliebe für den aggressiven Bläserklang" u.a.)
- Wie hat sich der Singstil bei Kindern und Jugendlichen verändert?
- Wie weit ist die Veränderung des Singstils ein „Symptom der Ausdrucksscheu des Jugendlichen" oder „der Flucht vor allem bekenntnishaften Liedausdruck"?
- Was läßt sich über den „heutigen Musikgeschmack" von Kindern und Jugendlichen aussagen?
- Wie wirkt sich das „technische Interesse" als „Vehikel des Musikinteresses" aus, und wie wirkt es auf das Musikerleben ein?
- Was läßt sich über das Musikverhalten von Jugendlichen in ihrem jeweiligen „sozialen Feld" aussagen? (Stadt- und Landjugend bzw. Arbeiter-, kleinbürgerliche oder bildungsbürgerliche Schichten)
- Wie wirkt sich der Wandel der Jugendbewegung zur Jugendpflege aus?
- Welche Bedeutung haben „die ideologisch und musikalisch reduzierten" Formen der Jugendmusik? (Volkslied, Jugendlied, Blockflöte, alte Musik, barocke Spielmusik)
- „Oder ist vielleicht das Jazzmusizieren die Jugendmusik unserer Tage?"
- Welchen tatsächlichen Einfluß hat die Schulmusik auf die Kinder und Jugendlichen in den verschiedenen Altersstufen, insbesondere im Vergleich zu den „Erziehungsveranstaltungen" von Eltern, Kirchen und Jugendpflege?
- Wieweit wirken Hausmusik, Jugendorganisationen, informelle Gruppen, Singkreise und Musikvereine „als Widerlager dieser modernen egalisierenden Trends?"
- Welchen Stellenwert nimmt die Musik heute in der Lebenswirklichkeit und im Bewußtsein des Laien ein? Welchen Sinn spricht er ihr zu, und wie und wo bedarf er ihrer?
- Wieweit ist dem Laien das „Weltmuseum" der Musik „innerlich zugänglich"?
- Wie begegnet der „Musiklaie von heute" dem Musikwerk, rührt es ihn überhaupt existenziell an?
- Verhält er sich ihm gegenüber sachentsprechend, „oder geht es ihm um Bildungskonsum, um kulinarische Genüsse, um emotionale Entladung?"
- „Bringt ihm die Musik sensomotorische Unterhaltung im Sinne der Ablenkung, oder ist sie ihm Tröstung, Vortäuschung festlicher Ausnahmezustände, Vorspiegelung erfüllter Zeit, Ersatzsphäre verhemmter physischer Motorik? (Nach Adorno.)"
- „Was liegt der fortschreitenden Weltverbreitung der alten Musik, der wachsenden Pflege folkloristischer und archaischer Musikformen zugrunde?"
- „Welche Erfolge haben demgegenüber die Bemühungen, die Volksmusik in ein 'zweites

---

[746] Alt 1964, S. 382-387

Dasein' hinüberzuführen und sie dadurch lebendig zu erhalten?"
- „Wie groß ist noch die Ausstrahlungskraft von ideologischen Umkehrparolen [...] auf den Musiklaien von heute, welche Kreise bleiben solchen Regressionen noch zugänglich?"
- Wie verändert sich das musikalische Kunstwerk im Zeitalter seiner technischen Reproduzierbarkeit?
- Wie kann man der „Einebnung" der Musik begegnen?
- Wie sind Gegenkräfte zu der „Enthumanisierung der Musik"[747] zu wecken im Selbstmusizieren, in den Improvisationen und Expressionen des Jazz, dem Vitalismus der Tanzbewegung, dem Musizierdrang der Jugendbünde?"
- Wieweit hat die zeitgenössische Musik dem Laien etwas zu sagen?

Dass „Didaktik" aus seiner Sicht auch der Ort war, Perspektiven zu entwickeln, zeigt die folgende Fragestellung: Wie lassen sich durch „begründete Vorwegnahmen" die „voraussichtlichen Entwicklungstendenzen" beschreiben?[748]

Implizit liegen diesen Fragestellungen diverse Einschätzungen Alts zur damaligen Situation zugrunde, die sich in Form von thesenartigen Aussagesätzen darstellen lassen, z.B.:

- Die technischen Mittler haben Einfluß auf das musikalische Verhalten der „Jugend von heute".
- Sie bewirken eine Ausweitung des musikalischen Weltbildes.
- Die Hausmusik hat neue Formen angenommen.
- Es gibt einen allgemeinen Trend zum Instrumentalspiel.
- Der Singstil von Kindern und Jugendlichen hat sich verändert.
- Es gibt „Ausdrucksscheu" bei Jugendlichen.
- Es gibt bei Jugendlichen die „Flucht vor bekenntnishaftem Liedausdruck".
- Das technische Interesse wirkt als Vehikel des Musikinteresses.
- Das Musikerleben wird durch das „technische Interesse" beeinflußt.
- Dem Laien ist das „Weltmuseum der Musik" nur begrenzt „innerlich zugänglich".
- Die Bemühungen, die Volksmusik lebendig zu halten, haben nur geringe Erfolge.
- Die Ausstrahlungskraft ideologischer Umkehrparolen ist gering.
- Das musikalische Kunstwerk verändert sich im Zeitalter seiner technischen Reproduzierbarkeit.
- Es gibt eine „Einebnung der Musik".
- Die zeitgenössische Musik hat dem Laien möglicherweise nichts zu sagen.

---

[747] Alt 1965, S. 386
[748] Alt 1964, S. 385

Auf dem Weg zu einer wissenschaftlichen Didaktik der Musik

Nachdem Alt 1964 eine Vielzahl von Fragen zu den Ausgangsbedingungen des Musikunterrichts formuliert hatte, versuchte er 1965 in seinem auf der sechsten Bundesschulmusikwoche in Bonn gehaltenen Vortrag „Zur wissenschaftlichen Grundlegung des Musikunterrichtes" (Alt 1965b) sowie in dem Aufsatz „Grundfragen einer Didaktik der Musik" (Alt 1965c), die „Musikdidaktik" als den Ort auszuleuchten, an dem auf der Basis einer Situationsanalyse eine Theorie musikalischer Bildung aufgebaut werden sollte.

Diesen Texten lässt sich eine Reihe von Aussagen zu den Grundlinien einer angestrebten wissenschaftlichen Musikdidaktik entnehmen. Zunächst gehe es darum, die „vorgefundenen Leitbilder, Lehrziele, Lehrpläne, Bildungsformen und Methoden" auf ihre jeweilige Aktualität hin zu überprüfen.[749] Ein Mangel an solcher Kritik habe bewirkt, dass die vielfältigen Methoden „beliebig verfügbar und auswechselbar erscheinen und daß durch das unentschiedene Schwanken zwischen den überlieferten Lehrzielen eine „klare Durchartikulation des Musikunterrichtes" verhindert werde. „Wir sind so zu Gefangenen unseres Methoden- und Ideenreichtums geworden."[750] Um zu einer „zeitgerechten Konzeption" zu kommen, war also die *Situationsanalyse und Kritik des Überlieferten* eine erste Aufgabe der von Alt angestrebten „Didaktik der Musik".

Eine weitere bestand in dem *Auffinden der „spezifischen musikerzieherischen Möglichkeiten" der Gegenwart*.[751] Dies sollte dadurch geschehen, dass die Gesamtheit der in der Gegenwart zur Verfügung stehenden musikalischen Inhalte durch die Heranziehung verschiedener didaktischer Prinzipien („Vom jungen Menschen aus schrittweise auf die Inhalte zu"[752], Berücksichtigung der aktuellen „Bildungsbedürftigkeit", „Bildungsfähigkeit" und „Bildungswilligkeit" der Schüler[753], „Hilfen für die musikalische Bewältigung der Zukunft"[754], „Rückbindung an die musikalische Überlieferung"[755], „Laiengeistigkeit"[756]) nach und nach zu einer pädagogischen Werkauswahl profiliert wird. „Welche Bedeutung hat

---

[749] Alt 1965b, S 67
[750] Alt 1965c, S. 189
[751] Alt 1965b, S. 68
[752] Alt 1965b, S. 67
[753] Alt 1965b, S. 68
[754] Alt 1965b, S. 69
[755] Alt 1965b, S. 69
[756] Alt 1965b, S. 70

der betreffende Inhalt bzw. die an diesem Thema zu gewinnende Erfahrung, Erkenntnis, Fähigkeit oder Fertigkeit bereits im geistigen Leben der Kinder meiner Klasse, welche Bedeutung sollte er - vom pädagogischen Gesichtspunkt aus gesehen - haben?" - mit diesen Fragen hatte W. Klafki in seiner erstmals 1958 erschienenen „Didaktischen Analyse" das Kriterium der „Gegenwartsbedeutung" erläutert. Die musikpädagogische Anwendung dieses Kriteriums bei Alt liest sich so:

> „Bei dieser Auswahl von heute wirksamen Bildungsinhalten hat die Musikerziehung sich aber nicht so sehr als Anwalt der Kunst, denn als Anwalt des jugendlichen Menschen zu verstehen. Denn der didaktisch Denkende fragt im Wissen um die Ansprüche der Musik 'vom jungen Menschen aus schrittweise auf die Inhalte zu' (Klafki). Es kommt zu einer 'existenziellen Konzentration' des Stoffes, wenn in der Werkauswahl dem weitgehend Raum gegeben wird, was beim Jugendlichen von heute auf Grund seiner Musikerfahrung und seines zeittypischen Musikerlebens zu einer bildenden Begegnung führen kann. Damit kein Mißverständnis aufkommt: Es geht dabei nicht um bloße Anpassung an statistisch feststellbare Trends, sondern nur um die Sicherung der inneren Beziehung des Jugendlichen zu den musikalischen Bildungsinhalten. Es bleibt dem einzelnen Erzieher überlassen, in eigener sittlicher Verantwortung abzugrenzen, was die Jugend will und was sie braucht."[757]

Auch wenn Alt hier den Musiklehrer als „Anwalt des jugendlichen Menschen" bezeichnet, vertritt er deutlich die Sachansprüche der Musik. Dies erscheint zunächst berechtigt, wenn man mit Stefan Gies akzeptiert, dass jede musikpädagogische Theorie auch einen „überindividuell gültigen Anspruch der Musik" berücksichtigen muss[758] und die Vermittlung von Sachansprüchen zu den selbstverständlichen Aufgaben des Lehrenden gehört. Problematisch daran ist jedoch der enge Horizont der Kunstmusik, von dem aus das Problem der „Werkauswahl" angegangen wird. Denn nur im Rahmen der Kunstmusik werden hier die - ebenfalls berechtigten - Interessen der Jugendlichen von Alt akzeptiert, die ansonsten jedoch weitgehend unberücksichtigt bleiben.

Auch in der Frage nach der Zukunftsbedeutung (Klafki) setzte Alt wie selbstverständlich bei der Kunstmusik an. „Erst dieses Offenhalten für die Entwicklungszüge der gegenwärtigen Musik vermag die musikalische Zukunft des Jugendlichen abzusichern. Und er fügte hinzu: „Im übrigen vergesse man bei der Werkauswahl nie, daß die Jugend auf das Jahr 2000 hin zu erziehen ist und das letzte Kriterium für den Wert oder Unwert einer Musikerziehung darin liegt, wieweit es ihr gelingt, die Jugend an die Musik ihrer Zeit heranzuführen".[759] Zwar sah

---

[757] Alt 1965c, S. 189
[758] Gies, Stefan:Der Anspruch der Musik als Faktor musikpädagogischer Zielbestimmung, Essen (Die Blaue Eule) 1990, S. 162
[759] Alt 1965c, S. 190

auch Alt, dass dabei die Grenze des pädagogisch Erreichbaren immerfort vorverlegt werden muß, doch mit der Bemerkung „heute also bis zum Zwölfton" konnte seine Position des „Offenhaltens für die Entwicklungszüge der gegenwärtigen Musik" - elf Jahre nach Bill Haleys „Rock Around The Clock" - zumindest aus der Sicht vieler Schülerinnen und Schüler wohl kaum Glaubwürdigkeit gewinnen. Noch deutlicher wird Alts wertkonservative Grundposition, wenn man sieht, wie die vermeintliche „Zukunftsorientierung" durch eine Art „Vergangenheitsorientierung" ausgeglichen werden sollte:

„Der Entbindung des schöpferischen Zeitgeistes und der Absicherung der Zukunft der Jugend wirkt ausgleichend entgegen die Rückbindung an die musikalische Überlieferung. Es gibt einen über den Zeiten stehenden klassischen Kanon an Musikwerken und Musikwerten, der nach wie vor die Mitte des Unterrichts bilden muß."[760]

Auch wenn die musikalische Überlieferung nach dem Prinzip der „Affinität zum Geist der Zeit" „durchgestuft" werden sollte, vertrat Alt hier in geradezu typischer Weise die Position einer am Prinzip des Klassischen orientierten materialen Theorie musikalischer Bildung.

Als ein drittes Aufgabenfeld der zu entwickelnden Musikdidaktik stand die *Entwicklung einer Theorie des Lehrplans* im Raum, als deren Ziel er die „Verdichtung und Durchstrukturierung des Lehrplans" ansah.[761] In diesem Zusammenhang verwies er auf die Lehre vom „Exemplarischen" (H. Scheuerl), die „Fundamentalmethode" (W. Flitner), die Lehre vom „fruchtbaren Moment" (Copei) und auf das Prinzip des „Elementarischen" (H. Möller). In der Anwendung dieser Prinzipien beschrieb Alt u.a. eine „Fundamentalschicht der musikalischen Grundbildung". Sie müsse „immer wieder" im Musikunterricht „angesteuert" werden, „da hier die eigentlichen Entscheidungen über die Fruchtbarkeit der Musikerziehung fallen".[762]

„Gemeint sind hier Grunderfahrungen und Grunderlebnisse, die für die musikalische Bildung des einzelnen von konstitutiver Bedeutung sind, jene ´fruchtbaren Momente´, die durchbruchartig im Menschen einn tieferen Kontakt mit der Musik bewirken."[763]

Ausgelöst würden diese „Fundamentalia" durch Werke „überzeitlich 'klassischer' Prägung. Sie würden aber auch bei „Erstbegegnungen mit bisher unbekannten Bezirken der Musik auftreten". Solche „fruchtbaren Momente" seien für den musikalischen Bildungsvorgang von „grundlegender Bedeutung":

„Solche menschlich anrührenden Grunderlebnisse verleihen dem Musikunterricht einen sichernden Untergrund, vermögen ihn immer wieder von den Wurzeln her aufzufrischen. Sie

---

[760] Alt 1965c, S. 189
[761] Alt 1965b, S. 71
[762] Alt 1965b, S. 73
[763] Alt 1965b, S. 71

übersteigen durch die Gewalt des Künstlerischen und Geistigen die elementare Vorbildung des Schülers, geben ihr aber auch eine neue Motivation."

Dass sich solche Erlebnisse übrigens keineswegs nur auf Hörsituationen beziehen, geht aus folgender Textstelle hervor:

„Gemeint ist das volle Eintauchen in das Element Musik, die musikalische Durchstimmung des Schülers, kurzhin das Quellhaft-Musikantische des Singens, Musizierens, Horchens. Nur in einer solchen 'musikalischen Atmosphäre' kann es zu einem musikalischen Urerlebnis kommen."[764]

In beiden Texten formulierte Alt ansatzweise auch seine Idee von den „Sinnkategorien der Musik", auch wenn diese Bezeichnung hier noch nicht auftauchte:

„Es sind die einzelnen Werkgruppen zugehörigen Hörschemata zu erarbeiten, Verstehensschemata für die verschiedenen Musikarten (vokale, tänzerische, programmatische, Form- und Ausdrucksmusik) bereitzustellen, das Ethos der Funktionszonen der Musik (Gemeinschaftsmusik, Unterhaltungs-, Kunstmusik) verständlich zu machen und die wechselnden Erlebniskategorien der Musik (Eindrucks-, Stimmungs-, Ausdrucks-, Formspiel-, Erhabenheitserlebnis und anderes) exemplarisch zu verdeutlichen und der Transfer auf vergleichbare Werke sicherzustellen."[765]

Zu den „Sinnkategorien" gesellten sich hier also auch Funktionskategorien sowie eine Kategorisierung des Erlebens.

Als vierte Aufgabe einer - begrifflich weitgefaßten Didaktik - sollten auch die dem Musikunterricht „wesenseigenen" *Methoden* beleuchtet werden, wobei er gerade in diesem Bereich für empirische Forschung (z.B. Stenogramme und Bandaufnahmen von Musikunterricht sowie deren didaktische Analyse) plädierte.

Fünftens gehe es - mit Blick auf die notwendige Integration der „Musikdidaktik" in die allgemeine Pädagogik - um den Aufbau einer *Theorie musikalischer Bildung*.

„Doch muß es gelingen, eine eigene musikalische Bildungstheorie zu entwerfen; von deren Gelingen hängt der Wissenschaftscharakter der Musikdidaktik letztlich ab. Aufzuweisen wären da die Stellung der Bildungsmacht Musik im Leben des einzelnen und der Gesellschaft, die Eigenart der bildenden Auseinandersetzung des Menschen mit der Musik, die spezifischen Bildungswirkungen des Singens, Musizierens, der Musiklehre und Werkbetrachtung. Welche pädagogischen Wege führen zur Auseinandersetzung mit der Musik in der Schule, neben der Schule, vor der Schule, vor der Schulzeit, nach der Schulzeit? Ist der Schulunterricht überhaupt der Hauptsitz der Musikerziehung, oder sollten statt seiner nicht die tätige Musikübung, die Bildungsformen des Umgangs, der Feier und der Begehung in die Mitte

---

[764] Alt 1965b, S. 71
[765] Alt 1965c, S. 191

gerückt werden? - eine ernsthafte Frage, die in letzter Zeit immer wieder gestellt wird. Und wenn es beim Schulunterricht bleiben soll: soll Musik dann in der Form des Fachunterrichtes, des übergreifenden Unterrichtes oder als Gesamtunterricht gegeben werden? Ist Musik ein notwendiger Bestandteil der 'grundlegenden' Bildung, vergleichbar etwa der sittlich-religiösen, der Leibeserziehung, die in alle Schularten, Zweige und Stufen gehört, unabhängig von der Begabung des Schülers dafür? Wie ist der Musikunterricht jeweils dem pädagogisch-geistigen Gefüge und der geschichtlichen Eigenart der einzelnen Schulgattungen anzugleichen?"[766]

Von besonderer, „entscheidender" Bedeutung war dabei für Alt eine Vorklärung in der Frage, ob es sich um eine „musikalisch-ästhetische" oder um eine „musische" Bildungstheorie handeln solle. Er verwies dabei auf die unterschiedlichen Denkansätze dieser beiden Strömungen:

„Die 'ästhetische' Bildung, eine Konzeption der Antike, wird im 18. und 19. Jahrhundert wieder zu einem zentralen Thema bei Kant und Schiller sowie im Neuhumanismus bis hin zur Kunsterziehungsbewegung der Jahrhundertwende. Sie zielt auf die transzendentalen Aspekte des Kunstwerks und will seine sittigende Strahlkraft erschließen. Die 'musische' Bewegung stammt demgegenüber aus dem antizivilisatorischen Pathos der Jugendbewegung und will nichts als die unterste Umgangsschicht der Kunst (Lied, Spiel, Tanz) wiederbeleben und der Erneuerung des Lebens dienstbar machen."[767]

Während er diese Frage bei seinem Vortrag (1965b) offenließ, legte er sich in seinem Aufsatz (1965c) fest, wenn er meinte, es müsse eine „eigene musikalische Bildungstheorie" entwickelt werden, die nicht an der Ideenwelt der musischen Erziehung, sondern „vielmehr an der 'ästhetischen Bildung' im Sinne Kants, Schillers und des Neuhumanismus zu entfalten wäre."[768]

Um über den äußeren Vergleich pädagogischer Einrichtungen hinaus zu vertieften Einsichten über die Eigenart der deutschen Musikpädagogik zu gelangen, gehe es außerdem - sechstens - um die Integration der Musikdidaktik in die Vergleichende Erziehungswissenschaft, also um eine *komparative Musikdidaktik*.

Schließlich ging es ihm um die Sammlung und Prüfung der bisher nur verstreut vorliegenden Ansätze zur einer *Theorie der Anwendung der Musik in der Heilpädagogik und Psychotherapie*.

---

[766] Alt 1965b, S. 76
[767] Alt 1965b, S. 76
[768] Alt 1965c, S. 191

Zusammenfassend lassen sich seine Aussagen zu einer „Musikdidaktik" zu folgender Definition verdichten:

Musikdidaktik ist eine eigenständige Disziplin wissenschaftlicher Pädagogik, die sich im Kern mit dem Verhältnis des Menschen zur Musik als „Bildungsmacht" befasst.[769] Als Ort einer „musikalischen Bildungstheorie"[770] fragt sie nach den „erzieherischen und bildenden Impulsen", die von der Musik ausgehen und versucht den Beitrag der Musik für die Bildung des heranwachsenden Menschen zu klären.[771] Sie ist in die Allgemeine Pädagogik integriert (Erziehungsphilosophie, Allgemeine Bildungstheorie) und wird auch durch deren Nachbarwissenschaften (Psychologie, Soziologie, Anthropologie) gestützt. In der Sache ist sie auf die Musikwissenschaft angewiesen. Inhaltlich befasst sie sich mit der Kritik der überlieferten „Leitbilder, Lehrziele, Lehrpläne, Bildungsformen und Methoden" und überprüft sie auf ihre jeweilige Aktualität hin.[772] Außerdem beschäftigt sie sich mit der Frage nach einer solchen Auswahl der Bildungsinhalte, die der aktuellen Bildungsbedürftigkeit, Bildungsfähigkeit und Bildungswilligkeit der Schüler entspricht. Weitere Aufgabenbereiche der Musikdidaktik sind die „Verdichtung und Durchstrukturierung des Lehrplans"[773], die „planvolle Weiterentwicklung der Musikmethodik"[774] sowie die Entwicklung einer Theorie der Anwendung der Musik in der Heilpädagogik und Psychotherapie.

Auffallend ist an diesem Verständnis von „Musikdidaktik", dass Alt durch die Einbeziehung der „Methodik" über den von W. Klafki in der "Didaktischen Analyse" vertretenen Didaktik-Begriff „im engeren Sinne" hinausging. Gleichzeitig verzichtete er auf eine Abgrenzung der „Musikdidaktik" von der „Musikpädagogik", die er in seinem Buch „Didaktik der Musik" als eine „erziehungswissenschaftlich begründete Theorie des Faches Musik" definierte.[775]

Um die Zukunft der deutschen Schulmusik (1965)

Das internationale Abschlußkonzert der 6. Bundesschulmusikwoche (Bonn, 7.-13.6.1965)

---
[769] Alt 1965b, S. 80 u. S. 76
[770] Alt 1965b, S. 76
[771] Alt 1965b, S. 80
[772] Alt 1965b, S. 66 f.
[773] Alt 1965b, S. 71
[774] Alt 1965b, S. 75

wurde vom Westdeutschen Rundfunk direkt übertragen. In der Pause sendete der WDR einen Kommentar M. Alts, der unter dem Titel „Um die Zukunft der deutschen Schulmusik" in der Zeitschrift „Musik im Unterricht" - unter Auslassung der Anrede „Verehrte Hörerinnen und Hörer"[776] - abgedruckt wurde (Alt 1965 d).

In diesem Kommentar sprach Alt von einer bedrohlichen Entwicklung der deutschen Schulmusik, was er vor allem festmachte an der Verringerung von Stundenzahlen, der „Degradierung der musikalischen Ausbildung und der Vertreter des Musikfaches an den pädagogischen Hochschulen" und an der Verdrängung von Kunst und Musik „aus der verpflichtenden Allgemeinbildung". Zudem versuche man, das Musikfach zu einem „rein technischen Fach zu deklassieren" und es „auf die Vermittlung der kunsthandwerklichen Fertigkeiten des Singens und Musizierens" zu reduzieren. Damit werde „die große Reform der zwanziger Jahre" in Frage gestellt, die das technische Fach „Singen" zu einem „vollgültigen geistigen Schulfach 'Musik'" erhoben und die „Einführung in das musikalische Kunstwerk" sowie die „Zusammenarbeit mit den benachbarten geisteswissenschaftlichen und künstlerischen Fächern" in den Mittelpunkt gerückt habe.[777]

In besonderer Weise argumentierte Alt mit dem Anspruch auf „Persönlichkeitsbildung". Es bestehe die „einzigartige Möglichkeit", über die Musik, die in gleicher Weise auf Körper, Sinne, Verstand, Gemüt, Phantasie und Willen einwirken könne, „unmittelbar zur Persönlichkeitsbildung beizutragen."[778] Damit meinte er keineswegs nur den Ausgleich zu intellektuellen Anforderungen, sondern die Musikerziehung könne darüber hinaus „auch die Fähigkeiten des Verknüpfens und Koordinierens" entfalten. Dennoch nutzte er vor allem musisches Gedankengut, um seinen Widerstand gegen den vermeintlichen „kunst- und musikfeindlichen Trend in der Erziehung" zu bekräftigen. Das Musische und das Künstlerische sei „der letzte Ort des Humanen in der Schule", ist zu lesen. Er erinnerte an den „allzu frühen geistigen Konkurrenzkampf unter den Schülern" und verlangte „eine Art Schonzeit", in der sich der Jugendliche zur „freien Persönlichkeit" entfalten könne. „So fällt der Bildung heute die Aufgabe zu, die durch die Industriegesellschaft bedrohten menschlichen Haltungen und Fähigkeiten des schlichten Lebens zu bewahren und zu fördern."[779] Die

---

[775] Alt 1968a, S. 265; Alt 1973, S. 175
[776] Manuskript des Kommentars (Nachlaß)
[777] Alt 1965d, S. 222
[778] Alt 1965d, S. 222
[779] Alt 1965d, S. 222

„vorherrschende Intellektbildung" sei durch die „Pflege der schöpferischen Eigenkräfte des Menschen" zu ergänzen, und die Schulatmosphäre sei zu ergänzen „durch die Bildung von informellen Gruppen, von Intim- und Gesinnungsverbindungen, durch Arbeitsgemeinschaften freiwilliger Art, die gegen die Vermassung wirken und die Unmenschlichkeit des Lebens mildern."[780] Das nach seinen Worten „bestürzende Tempo der Entseelung der Schule" versuchte er auch mit einem Zitat des damaligen Bundeskanzlers Erhard zu stützen: „Die Neunzehn- und Zwanzigjährigen des Jahres 1980 werden sich einer schlimmen Gefahr gegenübersehen: der Gefahr nämlich, sich von der Technik, der Automation, der Standardisierung dieser künftigen Welt ihre Eigentümlichkeit, ihre Seele abkaufen zu lassen. Wir wollen hoffen, daß diese Generation aus ihrer Freiheit etwas machen wird."[781]

Wie bereits bei früheren Texten (Alt 1965b, Alt 1965c) wurde auch in diesem Vortrag der Gedanke der Zukunftsorientierung mit der zeitgenössischen Musik verbunden: „Und wenn heute Musikerziehung nicht mehr so sehr als Traditionspflege denn als unmittelbare Lebenshilfe verstanden wird, gewinnt die Vermittlung der neuen und neuesten Musik und die Auseinandersetzung mit den musikalischen Bestrebungen unseres Zeitalters zentrale Bedeutung. Der Musikerzieher weiß wieder darum, daß sich im Angesicht der neuen Kunst die Zukunft der Musikerziehung entscheidet, daß der Jugendliche von heute auf das Jahr 2000 hin zu erziehen ist, wenn er das Leben demnächst kulturell meistern will."[782]

Schließlich plädierte er für eine „realistische Wendung der Schulmusik", um die „zählebigen ideologischen Versatzstücke und Fehlhaltungen" abzubauen, die die Musikerziehung belasteten, und befürwortete eine „wissenschaftlich fundierte Unterrichtsweise", welche die „heute wirksamen psychologischen Bedingungen der musikalischen Entwicklung und die neuen Weisen des sozio-musikalischen Verhaltens unserer Jugend ohne Ressentiments" erfasse.[783]

Brennpunkte musikpädagogischer Forschung (1966)

1966 stellte Alt in einem Aufsatz die „Brennpunkte musikpädagogischer Forschung" heraus. Darin versucht er den Sinn musikpädagogischer Theoriebildung zu verdeutlichen. Neben dem

---
[780] Alt 1965d, S. 223
[781] Erhard, L., zit. n. Alt 1965d, S. 223
[782] Alt 1965d, S. 223
[783] Alt 1965d, S. 223

emotionalen Engagement sei die pädagogische Wirksamkeit auch von der „Klarheit und Umsicht der Einzelmaßnahmen" abhängig.[784] Es gehe darum, „das Irrationale des Erziehungsprozesses durch weniger Irrationales zu ersetzen"[785] und - nach Herbart - beim Erziehen das Denken nicht einzustellen.[786] Anlaß, gerade zu diesem Zeitpunkt auf eine „wissenschaftliche Erhellung des Erziehungsfeldes" zu dringen, sind für Alt verschiedene „Mißverständnisse", die auf Frustration der Musiklehrer schließen lassen: „Wird der Abstand zwischen der Wertwelt des Schulmusikers und dem Jugendlichen nicht immer größer, schmälern die Mißverständnisse auf beiden Seiten nicht in steigendem Maße den Ertrag der Arbeit? Wie können die Ergebniskontrollen so enttäuschen, wenn man dieser Jugend doch ein nicht geringes Maß an musikalischem Auftrieb zugestehen muß?"[787] Als Ursache für diese „Mißverständnisse" sieht er die „ideologische Befangenheit in den hehren, idealistischen Gedankengängen der Jugendbewegung", die in der Musikerziehung - im Gegensatz zur allgemeinen Pädagogik - ungebrochen weiterwirke. Diese ideologische Befangenheit habe auch den „Blick für den durchgreifenden Wandel der soziomusikalischen Verhältnisse" verstellt.[788] „Die wachsende Diskrepanz zwischen der neuen geschichtlichen Situation und dem traditionellen Angebot von Lehrinhalten und Lehrweisen, die das Unbehagen der Lehrer und Schüler verschuldet, macht eine Durchforstung der heutigen Realbedingungen der Musikerziehung vordringlich."[789] Dabei dachte er an den „Einbruch der technischen Mittler", an veränderte Hörgewohnheiten, Klangideale und Singstile, an die „offensichtliche Veränderung des Muskerlebens und des Musikgeschmacks", an „kollektive Zwänge und manipulierende Trends innerhalb der kulturellen Konsumindustrie" und an „neue Leitbilder und Geselligkeitsformen der Jugend". Gleichzeitig sei aber auch die stark gebliebene „Prägekraft der Schule, Kirche und Jugendpflege, insbesondere jedoch der Familie" zu berücksichtigen.[790]

Alt befasste sich auch wieder mit der Frage nach der Legitimation des Faches, das nach seiner Einschätzung an Boden verlor. Insbesondere habe die musische Konzeption den „geistigen Rang der altüberlieferten Schuldisziplin entscheidend gemindert".[791] Deshalb sei nach dem

---

[784] Alt 1966b, S. 45
[785] Alt 1966b, S. 46
[786] Alt 1966b, S. 46
[787] Alt 1966b, S. 46
[788] Alt 1966b, S. 46
[789] Alt 1966b, S. 46
[790] Alt 1966b, S. 46
[791] Alt 1966b, S. 50

„Bildungssinn des Musikunterrichts" zu fragen. Die „allgemein-pädagogische Bedeutung" des Faches solle jedoch „nicht aus den geistigen Positionen von gestern und heute, sondern möglichst im Anschluß an die gerade aufkommenden Ideen von morgen" entwickelt werden.[792] Allerdings sei eine „neue Wertvergewisserung der Musikerziehung" auch ideengeschichtlich zu unterbauen und anzureichern.[793] Deshalb hält er auch die Interpretation, Aufarbeitung, Aktualisierung und Kritik von kunst- und musikerzieherischen Quellentexten für erforderlich.

Konkrete Ansätze zur Erforschung der „neuen Wirklichkeit"[794] sah er bei den Prüfungsarbeiten innerhalb der Lehrerausbildung, vor allem aber bei den verschiedenen Forschungsprojekten. In diesem Zusammenhang wies er auf die Arbeit des Arbeitskreises „Forschung in der Musikerziehung" hin, als dessen Aufgabe er es offenbar ansah, die verschiedenen Forschungen zu koordinieren, d.h. „einheitlich zu planen" und die einzelnen Schritte „nach Maßgabe der pädagogischen Relevanz zu staffeln".[795] Außerdem kündigte er eine „Massenuntersuchung über das heutige Musikhören und Musikverstehen in Kindheit und Jugend und über die musikalische Leistungsfähigkeit der Grundschüler" an.[796]

Zur aktuellen Gestaltung des Musikunterrichts und des Lehrplans bemerkte Alt, diese trügen „bis heute noch weithin die Merkmale eines impressionistischen Erlebnisunterrichtes", „gepaart mit einem akzentlosen, kleinteiligen mosaikartigen Aufbau im Bereich der musischen, elementaren und improvisatorischen Übung".[797] Statt dieser „pointillistischen Arbeitsweise" solle nach dem Prinzip des Exemplarischen das „Ganze der Musik an wenigen stellvertretenden Werken und Übungen kategorial" dargestellt werden, um damit „die Möglichkeiten zu gewinnen, „diese in echter Initiation 'bis auf den Grund' zu erleben und zu begreifen und damit zu fundamentalen Einsichten vorzustoßen."[798]

Hinsichtlich der Bezugsdisziplinen war ihm die Abgrenzung von der Musikwissenschaft wichtig. Gegenüber der Musikwissenschaft frage die Musikpädagogik „nicht bloß nach den Sachen, sondern nach dem Verhältnis des Menschen, vor allem des Jugendlichen und des Laien, zu ihnen."[799]

---

[792] Alt 1966b, S. 50
[793] Alt 1966b, S. 50
[794] Alt 1966b, S. 47
[795] Alt 1966b, S. 47
[796] Alt 1966b, S. 50
[797] Alt 1966b, S. 51
[798] Alt 1966b, S. 51
[799] Alt 1966b, S. 52

Die Musik im Bildungsplan der Schule (1966)

Auf Anregung des Instituts für Erziehungswissenschaft der Universität Bonn kam es im Dezember 1966 zu einer gemeinsamen Tagung von Musikdidaktikern und Erziehungswissenschaftlern. Die dort gehaltenen Vorträge wurden im darauffolgenden Jahr von J. Derbolav unter dem Titel „Grundfragen der Musikdidaktik" veröffentlicht. In diesem Tagungsbericht ist M. Alt mit einem Beitrag zur „Musik im Bildungsplan der Schule" vertreten, in dem er auf der Basis seiner bisherigen Überlegungen ein Stufenmodell musikalischer Bildung entwickelte. Die wesentlichen Gedanken dieses Vortrags erschienen 1970 nochmals unter dem Titel „Forschung in der Musikerziehung. Bestandsaufnahme und Zwischenbilanz."[800]

Geleitet von dem Bildungsideal einer freien geistigen Persönlichkeit befürwortete Alt eine „bildende Auseinandersetzung mit der Welt", die „vom Bereich des Leibes organisch emporleitet zu den Abstraktionen der reinen Reflexionswissenschaften".[801] Als Fundament des musikalischen Bildungsprozesses begriff er die musische Erziehung, verstanden als ein „vorkünstlerisches Übungsfeld der Künste"[802] und geprägt von einem „pflegerisch-emotionalen Lehrstil".[803] Inhaltlich werde diese Stufe des Bildungsprozesses bestimmt durch die „archaische Welt der Kinderlieder und Kindertänze, das improvisatorische Spiel mit Kinderruf und Leiermelodik, die rhythmisch-körperhafte Ausdrucksgebung im Klatschen, Patschen, Stampfen und Tanzen, die spielerische Auseinandersetzung mit Klang- und Schallwerkzeugen und die Handhabung eines einfachen Instrumentariums."[804] Diese „kindhaft laientümliche Grundschicht des Singens, Musizierens, Darstellens, Plastizierens und Werkens" betrachtete Alt vor allem deshalb als unersetzlich[805], weil sie die „leib-seelische Grundschicht des Menschen" anspreche, von der aus die Bildung in Gang gebracht und gehalten werden müsse.[806] Die „bildende Auseinandersetzung des Kindes mit der Welt", schrieb Alt mit Bezug auf die alte griechische Idee des Musischen, „beginnt beim Leibe".[807]

---
[800] Musik und Bildung 3/1970, S. 127-129
[801] Alt 1967a, S. 100
[802] Alt 1967a, S. 101
[803] Alt 1967a, S. 101
[804] Alt 1967a, S. 103
[805] Alt 1967a, S. 101
[806] Alt 1967a, S. 98
[807] Alt 1967a, S. 98

Im Schulsystem ordnete er diese „musischen Grundübungen" der „unteren Schulstufe"[808], also der Grundschule zu.[809]

Doch hielt Alt es nicht für vertretbar, innerhalb des musikalischen Bildungsprozesses auf dieser Ebene der musischen Übung zu verweilen und damit fachliche Anforderungen aufzuweichen.[810] Schon die musische Erziehung sei als „Keimzelle der hohen Kunst" zu verstehen[811], und deshalb seien „allmählich" die musischen Übungen „den objektiven Könnensnormen des Künstlerischen zu unterstellen."[812]

Die zweite Stufe des musikalischen Bildungsgangs nannte er „musikalische Übung", worunter er die „künstlerisch-praktischen Bemühungen in Klasse, Chor und Orchester" verstand.[813] Mit der Forderung, auch bei jeder pädagogischen Reduktion den künstlerischen Anspruch aufrecht zu halten, wandte er sich „ebenso gegen das kindertümelnde Lied wie gegen methodisierte Schullieder und Instrumentalstücke."[814] Daneben ging es ihm in der „Mittelstufe" um eine „kategorial bestimmte Elementarbildung"[815] und um eine „einfache, lebenshermeneutische Auslegekunst".[816] Nach seinem Verständnis diente dies der „allgemein-kulturellen Lebensausrüstung".[817]

Über der Ebene der musikalischen Übung erhebe sich wiederum die Musikkunde, die Musik als eine „freie", d.h. nicht mehr praktisch gebundene Geistesbeschäftigung verstehe.[818] Typisch für diese Stufe sei das „Bildungsgespäch, das im Hören und Verstehen von musikalischen Kunstwerken den Sinn für die spezifische Geistigkeit der Musik wecken soll". Es gehe um eine „eindringliche Auseinandersetzung mit den musikalischen Erscheinungen"[819] und um das „sittlich-Erzieherische". Durch Aufsuchen der Humanschicht würden die Grenzen des Fachlichen gesprengt.

---

[808] Alt 1967a, S. 103
[809] Alt 1967a, S. 99
[810] Alt 1967a, S. 101
[811] Alt 1967a, S. 99
[812] Alt 1967a, S. 99
[813] Alt 1967a, S. 105
[814] Alt 1967a, S. 103
[815] Alt 1967a, S. 107
[816] Alt 1967a, S. 102
[817] Alt 1967a, S. 102
[818] Alt 1967a, S. 102
[819] Alt 1967a, S. 106

Entscheidend war für ihn die Vorstellung, dass die einzelnen Ebenen sich nicht ablösen, sondern aufeinander angewiesen bleiben, auf den einzelnen Schulstufen jedoch unterschiedlich akzentuiert werden. Auf jeder Stufe gehe es um „die Vergeistigung des Körperlichen und um die Einverleibung des Geistigen."[820] Lediglich die Gewichtung ändere sich. Auch die folgende Bemerkung Alts macht die Verschränkung dieser Stufen deutlich: „Dieser freie, ungehemmte, innen und außen gelöste Mensch voll Zucht und Haltung ist überhaupt erst imstande, sich musisch zu verhalten."[821] Bildung ist demnach ein spiralcurricularer Prozeß, dessen Sinn in einer permanenten Anhebung des Niveaus besteht.

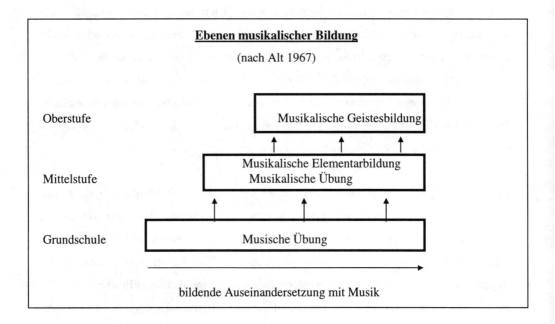

Dieses von Alt vorgetragene Stufenmodell musikalischer Bildung lässt sich als Versuch verstehen, die bildungstheoretischen Ansätze seiner Zeit auf die Musikpädagogik anzuwenden. W. Flitner hatte 1965 drei „Stufen der Geistesbeschäftigung" unterschieden: die archaische, aufgeklärte und spekulative.[822] Diese Stufenfolge hatte Flitner anthropologisch, kulturhistorisch und entwicklungspsychologisch begründet. Er behauptete, sie sei „im Wesen des Menschen begründet", aber auch dem „abendländischen Bewußtsein" eigen und

---

[820] Alt 1967a, S. 100
[821] Alt 1967a, S. 99
[822] Flitner, W.: Grundlegende Geistesbildung, Heidelberg (Quelle&Meyer), 1965, S. 55 ff.

entspreche zugleich der individuellen Entwicklung des Denkens". In einem ersten Stadium werde der Geist durch Berichte und Erzählungen beschäftigt, die Kinder erhielten einen „Schatz von Märchen, Liedern, Sagen, Legenden, Erzählungen, heiliger Geschichte und Lehre".[823] In einem zweiten Stadium seien die Geistesbeschäftigungen „auf unmittelbare Erfahrung und Anschauung, auf Begriffe und Ordnungsschemata gerichtet".[824] Flitner schrieb: „Die Kinder lieben es, Steine, Pflanzen und Tiere zu sammeln, freuen sich an statistischen, geometrischen, astronomischen Ordnungen, sie lieben es, das Machtverhältnis der Staaten festzustellen, Ursachen zu erforschen, technisches Gerät und Maschinen nach Zweck und Mittel zu untersuchen. Das Faktische interessiert, nicht das Gleichnis."[825] Auf einer dritten Stufe würden „spekulative, philosophisch-theologische Betrachtungen" möglich. Flitner: „Unerforschliches umgibt nun das Erklärbare; das Transzendente, als grundsätzlich unbegreiflich, reicht allenthalben in das äußerlich Reale und Faktische, es [60] ermöglicht unser höheres Leben."[826]

Wenn es Alt in seiner vermeintlichen Anwendung dieser Bildungstheorie auch um die „Gesundheit der Bildung" ging, wird dahinter die Möglichkeit eines „ungesunden" Bildungsprozesses deutlich. Offenbar betrachtete er es als Aufgabe des Pädagogen, den Prozess der Auseinandersetzung des Kindes mit der Welt so zu begleiten, dass das Kind dabei keinen Schaden nimmt. Dies geschehe dadurch, dass das Kind nicht sogleich mit der gesamten Wirklichkeit konfrontiert werde, sondern erst nach und nach. Wenn der Erzieher die Gesundheit der Bildung sicherstellen solle, müsse er also das Kind vor der gesamten Realität schützen und dafür Sorge tragen, dass die Realität schrittweise dem Zögling begegne.

Igor Strawinskys „Klavierkonzert" (1967)

Bei dieser Veröffentlichung handelt es sich im wesentlichen um eine umfassende Analyse und geistige Einordnung des in der Überschrift genannten Werks als ein typisches Werk des Neoklassizismus. Bei einer solchen „Musik über Musik" sei - didaktisch gesehen - wichtig, dass der zugrundeliegende Werkbereich dem Hörer hinreichend vertraut sei. Die Pulcinella-Suite sei z.B. deswegen problematisch, weil die zugrundeliegende „orchestrale Violinmusik

---

[823] Flitner, a.a.O., S. 58
[824] Flitner, a.a.O., S. 59
[825] Flitner, a.a.O., S. 59
[826] Flitner, a.a.O., S. 59 f.

des 18. Jahrhunderts" dem Hörer im allgemeinen „nicht so geläufig" sei. Demgegenüber knüpfe das Klavierkonzert I. Strawinskys an die „Brandenburgischen Konzerte" J.S. Bachs an, die dem Hörer „heute so nahestehen".[827] Weitergehende Ausführungen zu dem musikpädagogischen Umgang mit dem „Klavierkonzert" enthält der Aufsatz nicht.

Zur musikpädagogischen Ausbildung des Volksschullehrers (1967/68)

Dieses Referat, gehalten auf der Bundestagung des Verbandes Deutscher Schulmusikerzieher (Freiburg 1967), wurde 1968 in dem von E. Kraus herausgegebenen Heft „Organisation und Integration der schulischen Musikerziehung" sowie in der Zeitschrift „Musik im Unterricht" veröffentlicht.

Ziel der Tagung war die Erarbeitung von „Vorschlägen zur Verwirklichung der 'Empfehlung der Kultusministerkonferenz zur Förderung der Musikpflege und der Musikausbildung" im Bereich der schulischen Musikerziehung. Gemeint war die Empfehlung vom 19.1.1967[828], in der die Kultusminister angesichts einer immer stärker zurückgehenden selbständigen Musikausübung und eines „bedrohlichen Mangels an Nachwuchs in den musikalischen Berufen"[829] neben der Einrichtung eines dichten Netzes von Musikschulen sowie Verbesserungen in der musikalischen Berufsausbildung auch Veränderungen der musikalischen Bildung an Schulen befürworteten. Dabei dachten sie nicht nur an die Einrichtung von allgemeinbildenden Schulen mit erweitertem Musikunterricht und von „musischen Gymnasien", sondern auch daran, daß „möglichst viele Kinder schon in den ersten Schuljahren zum Musizieren [...] und darüber hinaus zum Instrumentalspiel zu führen" seien. Außerdem regten sie die frühzeitige Begabungsförderung in allen Schulgattungen an, eine Verbesserung der Ausstattung mit Instrumenten sowie eine Öffnung der Schulen für das Musizieren und Üben.

Vor dem Hintergrund drastischer Sparmaßnahmen der Länder- und Städteverwaltungen meinte E. Kraus, es hätte kaum ein ungünstigerer Zeitpunkt für diese Empfehlungen gewählt werden können.[830]

---

[827] Alt 1967b, S. 268
[828] abgedruckt in: Musik im Unterricht, H. 3/1967, S. 79-80
[829] Empfehlungen der KMK v. 19.1.1967, a.a.O., S. 79
[830] Kraus, Egon: Kultusminister-Konferenz empfiehlt stärkere Förderung der Musikpflege und der Musikausbildung, in: Musik im Unterricht, H. 3/1967, S. 77

M. Alt ging die Frage nach möglichen Umsetzungen der Empfehlungen unter dem Aspekt der Ausbildung von Volksschullehrern an.

Dabei ging es ihm im wesentlichen um die Kennzeichnung des neuen nordrhein-westfälischen Typs der „Pädagogischen Hochschule" sowie um die Formulierung einiger Forderungen. So sollte z.B. bei der „ersten Einführung in die Schulwirklichkeit" durch die Vertreter der Allgemeinen Didaktik auch das Fach Musik berücksichtigt werden.[831] Für die Einführung der zweiten Phase der Lehrerausbildung solle man übergangsweise „Hilfslehrer" ausbilden, um der „eben überwundenen platten Handwerklichkeit durch die Einschleusung 'verdienter Schulmänner' entgegenzuwirken."[832] Außerdem sollten künftig die Prüfungsarbeiten in Erziehungswissenschaft angefertigt werden. Fachwissenschaftliche Themen lehnte er wegen der zu geringen musikwissenschaftlichen Voraussetzungen ebenso ab wie methodisch-handwerkliche Abhandlungen, die den „erwarteten erziehungswissenschaftlichen Anforderungen" nicht mehr genügten.[833] Außerdem plädierte er für die Anhebung der musikalisch-technischen Anforderungen an das Hauptinstrument, allerdings in klarer Abgrenzung von der Ausbildung an Konservatorien und Musikhochschulen vorrangig unter dem Aspekt der schulischen Praxis: „Was musik-fachlich gefördert wird, muß eine unmittelbare Beziehung zur späteren schulischen Aufgabe haben".[834]

E. Kraus gab im Zusammenhang mit der Lehrerausbildung an den Pädagogischen Hochschulen
den Anteil der Studierenden mit dem Wahlfach Musik als Hauptfach mit 2 bis 3 Prozent an und wies auf den „akuten Lehrermangel" hin.[835] Vor diesem Hintergrund ist der Vorschlag Alts zu sehen, nach „Hilfskräften im Bereich des Werkhörens" zu fahnden.[836]

Rezension eines Modells zur Werkbetrachtung (1969)

Für die Zeitschrift „Musik und Bildung" rezensierte Alt die Veröffentlichung „Petruschka. Ein Modell zur Werkbetrachtung im Musikunterricht" von H. Ettl.[837] Darin begrüßt er die dort

---

[831] Alt 1968c, S. 29
[832] Alt 1968c, S. 29
[833] Alt 1968c, S. 29
[834] Alt 1968c, S. 30
[835] Kraus, E.: Organisation und Integration der schulischen Musikerziehung, in: ders. (Hrsg.): Organisation und Integration der schulischen Musikerziehung, Mainz (Schott) 1967, S. 4
[836] Alt 1968c, S. 30
[837] Ettl, Helga: Petruschka. Ein Modell zur Werkbetrachtung im Musikunterricht, Stuttgart (Klett) 1968

am Beispiel des Balletts „Petruschka" von I. Strawinsky vorgestellten „lebensnahen didaktischen Praktiken":

„Mit Singen, Tanzen, Musizieren, bildnerischem Gestalten, Werken, Kunstbetrachtung, literarischen Skizzen, Pantomimen u.a. bemüht man sich um eine selbständige Erarbeitung der musikalischen Erscheinungen; Legetafeln, Farbteppiche, graphische Darstellungen, Arbeitsbögen, Partiturmodelle u.a. sind die dazugehörigen Arbeitsmittel. So entsteht quirlendes musikalisches Leben rings um das Kunstwerk und seine konstituierenden Bausteine."[838] Dabei sei „dankenswert", dass sich die Verfasserin „trotz aller spielerisch-musikalischer Gelöstheit immer an die objektiven Kunstverhalte hält und nirgendwo einem sogenannten vorkünstlerischen 'schöpferischen' Werken und Gestalten dabei eine Chance" lasse.[839] Allerdings gab er zu bedenken, daß der Ansatz begrenzt sei, je mehr sich die Werkauswahl in die Bereiche der 'absoluten' Musik verlagere.

Medienkultur und Musikpädagogik (1968/1969)

Der Aufsatz „Medienkultur und Musikpädagogik" (1969e), der 1969 in dem Heft „Musikerziehung" der Zeitschrift „Film Bild Ton" erschien, war in leicht veränderter Form bereits 1968 unter dem Titel „Der Wandel des musikalischen Bewußtseins durch die technischen Medien" (1968d) veröffentlicht worden. In diesem Text führte Alt seine Gedanken zur Veränderung der Realbedingungen des Musikunterrichts durch die technischen Medien aus. Er wies u.a. auf die „Dislozierung der Musik" hin, sprach von der Notwendigkeit des „Perspektivenwechsels", um der pluralistischen Wirklichkeit angemessen begegnen zu können und erläuterte im Zusammenhang mit Schule als „Ordnungs- und Transformationsstelle der Brutto-Informationen aller Art"[840] das dreifache Koordinatensystem der Information (klassifizierendes Ordnungswissen, geschichtliches und kulturräumliches Orientierungswissen, Funktionswissen).

Bemerkenswert ist auch ein Hinweis auf zwei empirische Untersuchungen. Er gab an, 1931 selbst eine Untersuchung mit 900 Gymnasiasten durchgeführt zu haben[841] - eine Angabe, die seinen eigenen Mitteilungen von 1935 widerspricht. Außerdem sprach er von der

---
[838] Alt 1969b, S. 43 f.
[839] Alt 1969b, S. 44
[840] Alt 1969e, S. 8

Durchführung der gleichen Versuchsreihe „bei etwa 2000 Volksschulkindern des siebten bis neunten Schuljahres".

Verschiedene Textstellen geben einen partiellen Sinneswandel Alts hinsichtlich des Verhältnisses von Musikpädagogik und Popularmusik zu erkennen. Einige dieser Textstellen seien aufgeführt:

„Man wird aber der Tatsache der Kommunikationsmöglichkeit von jedermann nicht gerecht, wenn man sie von vornehererin an der Kulturteilhabe-Pyramide der überlieferten Bildungsvorstellungen abwertet."[842]

„Diese bisher angesteuerte ausschließliche Begegnung mit den kulturellen Höchstwerten und ihre jeweilige Aufschließung bis auf den Grund bedeutet heute demnach eine seelische Überforderung des Jugendlichen, wie man endlich freimütig eingestehen sollte. [...] Und es wäre unfruchtbarer Purismus, wollte man um des überkommenen bürgerlichen Verklärungstriebes willen auf jene musikalischen Wertregionen verzichten, die auch zum Menschlichen gehören. Statt dessen sollte eine weitherzige, verstehende Art Raum greifen, die dem suchenden Jugendlichen entgegenkommt, ihn schrittweise aus der 'unteren' und der 'mitleren' Musik und dem durchschnittlichen Musikverhalten heraufführt und ihm eine erste Ahnung von der hohen Kunst und ihrem geistigen Anspruch gibt. Dazu braucht der Lehrer viel Selbstverleugnung und Geduld, weil bei der Subkultur, in der jeweils der Jugendliche und seine Familie befangen sind, angesetzt werden muß."[843]

„Um der Pluralität der heutigen Musikwelt und Musikanschauungen ausweichen zu können, hatte er [der Musikunterricht, der Verf.] ein gedanklich preziöses 'Ritual der Nichtanpassung' (Adorno) entwickelt und für seine Zwecke aus der Musik einen pädagogischen Sonderbereich ausgezirkelt, in dem das 'Wenige Wesentliche' der Musik versammelt wurde."[844]

„Das starre Festhalten an klassischem Wertgut [Alt 1968d: „Diese Indoktrination mit klassischem Wertgut"] führte auch zu einer weithin heute noch üblichen ungemäßen Feierlichkeit des Musikunterrichts. Nicht mehr aufdrängen [Alt 1968d: „Nicht mehr indoktrinieren"] und überreden, vielmehr diskutieren und überzeugen muß der neue Musikunterricht; nur so wird er sich endlich dem Pluralismus der Erscheinungen, Werte und der Weltanschauungen in der Musik öffnen."[845]

„Die neue Musikpädagogik strebt also letztlich von einem bildungstheoretisch entworfenen Auslesekanon weg auf die offene Enzyklopädie, von der qualitativen Beschränkung auf das 'Wenige Wesentliche' hin zur vollen Pluralität der heutigen Musikwelt, von der Verinnerlichung hin auf die Entschlüsselung des gesamten musikalischen Nachrichtensystems, vom Appell an den Wertwillen zur Verstärkung des Ordnungssinnes, vom konservativen Denken in Bildungssubstanzen auf offene Horizonte hin."[846]

---

[841] Alt 1968d, S. 202 und Alt 1969e, S. 6
[842] Alt 1969e, S. 7
[843] Alt 1969e, S. 8
[844] Alt 1969e, S. 9
[845] Alt 1969e, S. 10 bzw. Alt 1968d, S. 205
[846] Alt 1969e, S. 10 f.

Die Mitsprache der Pädagogik bei der Zielproblematik des Musikunterrichts

Diesen Vortrag hat Alt 1970 auf der achten Bundesschulmusikwoche in Saarbrücken gehalten. Er wurde im gleichen Jahr in dem von E. Kraus herausgegebenen Tagungsbericht „Bildungsziele und Bildungsinhalte des Faches Musik", später auch in der Zeitschrift „Musik und Bildung" veröffentlicht.

Der Titel des Vortrags deutet bereits an: Alt vertrat hier die Auffassung, dass der Musikunterricht mit den „Sinnormen der neuen Pädagogik" in Einklang gebracht werden müsse.[847] Dabei berief er sich vor allem auf die Veröffentlichungen von Th. W. Adorno („Theorie der Halbbildung" 1962, „Zum Bildungsbegriff der Gegenwart" 1967), A. Gehlen („Studien zur Anthropologie und Soziologie" 1963), H. Giesecke („Einführung in die Pädagogik" 1969), H.v. Hentig („Spielraum und Ernstfall" 1969), H. Klages („Rationalität und Spontaneität" 1967), K. Mollenhauer („Pädagogik und Rationalität" 1969, „Erziehung und Emanzipation. Polemische Skizzen" 1969), P.M. Roeder („Erziehungswissenschaft als Gesellschaftswissenschaft" 1969), K. Steinbuch („Programm 2000" 1970) und Th. Wilhelm („Theorie der Schule" 1967).

Von Adorno übernahm Alt vor allem die Argumentation gegen das Musische, von Th. Wilhelm den Interpretationsbegriff und von A. Gehlen die Vorstellung von der gewaltlosen Lenkung der Massen durch die technischen Medien. Von K. Mollenhauer, H.v.Hentig u. H. Giesecke griff er den Emanzipationsgedanken auf, dem er in der 3. Auflage seiner „Didaktik" (1973) einen eigenen Abschnitt widmete. Die im Vergleich zur 3. Auflage der „Didaktik" stark ausgeprägte Orientierung an der Idee der kritischen Rationalität wurde offenbar vor allem durch K. Mollenhauer und H. Klages angeregt. Außerdem berief Alt sich unter Bezug auf H.v.Hentig und P.M. Roeder auf den Kreativitätsbegriff. Mit der Idee der „Durchstufung der Ziele"[848] leuchtete auch taxonomisches Denken auf.

Der Versuch, den Musikunterricht in den Rahmen einer „neuen Wissenschaftsschule" zu stellen, führte zu einer Hierarchisierung der in der „Didaktik" unterschiedenen Funktionsfelder. Höchste Priorität wurde der „Interpretation" zugeschrieben. Das Lernfeld „Musiktheorie" wollte Alt auf „Erklärung und Einübung der übergreifenden [...] Parameter"

---

[847] Alt 1970d, S. 54
[848] Alt 1970d, S. 41

eingeschränkt und auf „Hör- und Interpretationshilfe" zugeschnitten wissen.[849] Auch das praktische Musizieren ordnete er eindeutig dem Lernfeld Interpretation unter: „Die musikalischen Tätigkeiten müssen also den nötigen Raum lassen für die Interpretation und dieser eindeutig unterstellt werden in dem Sinne, daß Auslese, Artikulation und Stufung dieser Übungsfelder allein unter dem Gesichtspunkt erfolgen, was sie zur Interpretation beitragen können."[850] Das Erfinden und Improvisieren verstand er sogar nur als Anwendungsgebiet der Musiktheorie. Zur Gewinnung von musikalischer Sensibiltät könne dieser Bereich nur wenig beitragen.[851]

Besondere Betonung erfuhr die Idee des Rationalen und des „Musikdenkens".

„Es wäre nun wenig zeitgemäß, auf diese Neuordnung der Schule [...] mit dem antirationalen Pathos der Reformpädagogik zu antworten. In dieser entschiedenen Wendung zur Wissenschaftlichkeit liegt vielmehr eine unvergleichliche neue Chance des Musikunterrichts in der Schule, wenn er sich entschlossen neu begründet auf der Rationalität, auf dem Musikdenken."[852]

Zwar betrachtete Alt hier Schule als eine „spezifische Institution kritischer Denkschulung", doch grenzte er zugleich seine rationalistische Sicht von einer intellektualistischen ab:

„Rationalität ist aber nicht in eins zu setzen mit Intellektualismus, der einseitig und unbegrenzt die Verstandeskräfte kultiviert. Rationalität ist gemeint als Gegenpol des Irrationalen; sie will das Erkennbare, Einsichtige und begrifflich Faßliche am Kunstwerk mit den Geisteskräften heben, wohl wissend, daß der Musik vor allem wegen ihrer inhaltlichen Unbestimmtheit ein weites irrationales Feld bleibt."[853]

Wegen dieser Anbindung an die Rationalität sollte der „Versprachlichung von Musik" zentrale Bedeutung zukommen:

„Rationalität ist allemal an die Sprache gebunden. Darum erweist sich der Grad der Rationalität insbesondere an der Fähigkeit zur sachgebundenen Versprachlichung der Musik."[854]

In diesem Zusammenhang lehnte Alt auch - endlich - die Überbetonung der deutschen „Nationalmusik" ab. Er schrieb, Bezug nehmend auf die Richertsche „Weltanschauungsschule", bei der die „Deutschheit" als Bildungseinheit betrachtet worden sei und innerhalb derer man der Kunst nur durch „Einfühlung" hätte innewerden können:

---

[849] Alt 1970d, S. 47 f.
[850] Alt 1970d, S. 46
[851] Alt 1970d, S. 46
[852] Alt 1970d, S. 42
[853] Alt 1970d, S. 43

„Aus dieser sogenannten 'Deutschwissenschaft' stammt die heute im Musikunterricht noch immer geltende Bevorzugung der deutschen Nationalmusik vor der Weltmusik - als wenn Telemann einen Rameau, Bruckner und Reger einen Debussy aufwiegen könnten!"[855]

Bei den Interpretationsübungen könnten nach Ansicht Alts folgende „Qualifikationen" erarbeitet werden:
- Sicherheit bei der Wahl der adäquaten Einstiege in die Musikgattungen;
- Verbalisieren von Musik durch ein für das jeweilige Kunstwerk gattungstypisches musikästhetisches Vokabular;
- Kritik der Konzertführer-Literatur auf ihre musikästhetischen Grundlagen und Qualitäten hin.

Diese Qualifikationen - die letztgenannte bezog er nur auf die Oberstufe - seien „jedermann zugänglich und darum auch test- und zensierbar"[856], wenn man sich auf die Interpretation und deren Einübung konzentriere. Offenbar ist auch der Anspruch der Operationalisierbarkeit im Sinne kontrollierbarer Veränderung des Schülerverhaltens in das Denken Alts eingeflossen.

Ausdrücklich wandte er sich gegen „schulfremde" Zielsetzungen. Wie der Religionsunterricht nicht als „willkommene Erweiterung des Gemeindewesens" verstanden werden könne, dürfe der Musikunterricht nicht als „Vorort des Musikwesens" mißverstanden werden.[857] Deshalb lehnte er die Vorstellung ab, durch das Musizieren in der Schule etwas zur Ausbreitung oder Erhaltung des öffentlichen Musikwesens beitragen zu wollen. Alt schrieb:

„Je länger man daran festhält, dem Schüler die Musik mehr handgreiflich und lieb als verständlich zu machen, je länger man an dem eher listigen als frommen Selbstbetrug festhält, das Notenlesen sei eine verbindliche grundlegende Kulturtechnik, je länger man den Musikunterricht dazu mißbraucht, den Schüler durch unreflektierte Eingewöhnung in musikalische Aktivitäten in das Musikleben zu integrieren, um damit bessere Vorbedingungen zu schaffen für die Erhaltung und Ausbreitung der öffentlichen Kultursparte Musik, um so mehr entfremdet man den Musikunterricht der Schule."[858]

Ebenso lehnte er die „Ausgleichs-Theorie", den „Anregungsunterricht" oder die „ausgebreitete fachtechnische Musikübung" ab.[859]

---

[854] Alt 1970d, S. 49
[855] Alt 1970d, S. 49
[856] Alt 1970d, S. 45
[857] Alt 1970d, S. 40
[858] Alt 1970d, S. 40 f.
[859] Alt 1970d, S. 41

Forschung in der Musikerziehung

Bei der ersten öffentliche Tagung des Arbeitskreises „Forschung in der Musikerziehung", die vom 30.10.-1.11.1969 in Köln stattfand, hielt Alt den Eröffnungsvortrag zum Thema „Die Öffentlichkeitsaufgaben der Musikpädagogik". Darin wandte er sich gegen die Fixierung der Didaktik auf den engen Schulunterricht und forderte ihre Öffnung für alle pädagogisch relevanten Bereiche des Musiklebens: „Musikalische Bildung im Kindergarten, Vorschule, Grundschule, Hauptschule, Oberschule [Alt 1970a: „Realschule, Gymnasium"], Erwachsenenbildung, Fernstudium, flankiert durch die gleichzeitigen Möglichkeiten des Privatmusikunterrichtes, der Musikschulen, der Konservatorien und Musikhochschulen und des Umgangs mit Musik in Familie, Gruppen und Musikvereinigungen, ergeben ein unvergleichlich dichtes Geflecht von Bildungsmöglichkeiten. Diese Vieldimensionalität der Musikpädagogik, zu der auch die gesamte Musikpflege bis zum Konzertleben und den Medien zuzurechnen sind, soweit deren pädagogische Relevanz reicht, kann als ideales Operationsfeld einer 'education permanente' gelten."[860]

Unverkennbar leuchtet hier die bereits 1929 von ihm geäußerte Idee einer „selbständigen kulturellen Mission" der Musikpädagogik wieder auf.[861] Besondere Betonung erfuhr auch wiederum der Gedanke, dass der Musikunterricht auf die grundlegende Veränderung des Musiklebens durch die Medien reagieren müsse. Die Macht der musikalischen Medien auf die Jugend und die Öffentlichkeit sei dermaßen gestiegen, dass die Schule in der Musikbildung kaum mehr zähle. Sie habe das musikalische Informationsmonopol verloren und müsse nun auf die Auftriebskräfte der Erstbegegnung mit der Musikwelt weitgehend verzichten. Deshalb forderte er erneut, den Musikunterricht auch als „aufsammelnden" und „ordnenden" Unterricht zu verstehen. Dazu müsse die Musikpädagogik ein entsprechendes „Begriffsinstrumentarium" schaffen, mit dem man jede Musik in der Musikkultur „orten" könne.[862]

In der „Bestandsaufnahme und „Zwischenbilanz", die er für die Zeitschrift „Musik und Bildung" verfasste, stellte er nach einem kurzen Blick auf die historischen Entwicklungen nochmals die Vieldimensionalität der Musikpädagogik dar.[863]

---

[860] Alt 1970b, S. 3; ähnlich in: Alt 1970a, S. 128
[861] Alt 1929, S. 59
[862] Alt 1970b, S. 5
[863] Alt 1970a, S. 127-129

Zur Didaktik des Musikhörens und der Werkinterpretation in der Hauptschule (1968/1970)

Bei der dritten Bundestagung der Arbeitsgemeinschaft der Musikdozenten an pädagogischen Hochschulen (Gießen 1968) hilet Alt einen Vortrag „Zur Didaktik des Musikhörens und der Werkinterpretation in der Hauptschule". Dieser wurde mit den übrigen Beiträgen in dem von K. Sydow herausgegebenen Sammelband „Musikhören und Werkbetrachtung in der Schule" 1970 veröffentlicht.

Auch in dieser Veröffentlichung konzentriert Alt sich auf die Frage nach der Interpretation des musikalischen Kunstwerks. Sein Stufenmodell (Beschreiben, Erklären, Deuten), das Schichtenmodell nach Hartmann (Realschicht, Strukturschicht, Symbolschicht) sowie die Sinnkategorien nach Wellek stehen dabei auch hier im Vordergrund. Deutlich vertritt er auch das Aufgabenfeld der „Information".

Von größerem Interesse sind jedoch seine grundsätzlichen Überlegungen hinsichtlich der Einbeziehung von populärer Musik in den Musikunterricht. Einige Textstellen seien hervorgehoben:

„Gerade die Schulmusik würde sich in ein insuläres Dasein verlieren, wenn sie wie bisher eine Auswahl des Klassischen träfe und gegen alle soziokulturelle Einsicht Maßstäbe aufrecht erhielte, die heute einfach nicht mehr gehen. Zu der bisherigen konservativen Aufgabe, musikalische Bildungssubstanzen zu vermitteln, tritt heute hinzu die realistisch-lebenshermeneutische: den Jugendlichen zu befähigen, sich in diesem uferlos geweiteten Angebot an Musik der verschiedensten Herkunft, Funktion und Ranghöhe zurechtzufinden, um kritisch zu wählen. Wie aber fertig werden mit diesen massenhaften Musikerscheinungen? Man wird sich damit begnügen müssen, diese kategorial aufzuschlüsseln nach Gattungen und Stilen, auf Grundbereiche und Sinnstrukturen zurückzuführen, sie nach ihren typischen Formprinzipien und Strukturen überschaubar zu machen, ihre Funktions- und Wirklichkeitszusammenhänge aufzudecken. Das soll an exemplarischen Beispielen, die solche musikalischen Kategorien angemessen repräsentieren, aber auch dem Schüler zugänglich sind, und an vergleichbaren Werken und Feldern eingeübt werden. [...] Solche 'Musikaufklärung' allein setzt den Hörer instand, sich in der pluralistischen Musikwirklichkeit von heute zurechtzufinden. Und sie allein - nicht die missionarische Wertbeteuerung - vermag letztlich sein musikalisches Verhalten zu fundieren."[864]

„Es handelt sich hier nicht um eine bloß quantitative Erweiterung des Musikunterrichtes, sondern um eine qualitative Anhebung. Denn wenn das musikalische Kunstwerk in die Schulstube einzieht, dann leidet es nicht mehr ein künstlerisch ungeformtes Umgangssingen, und mag es noch so lebensnah sein [...] Durch das musikalische Kunstwerk wird ein neues Maß gesetzt und ein didaktischer Fixpunkt, auf den sich alle Übungen der anderen

---
[864] Alt 1970c, S. 44 f.

Funktionsfelder, des Singens und Musizierens und der elementaren Grundübungen neu einpendeln müssen."[865]

„Wenn auch im Musikunterricht das musikalische Kunstwerk Ausgangs- und Endpunkt aller bildenden Bemühung ist, so muß doch im Zeitalter der Massenkommunikation der Schüler mit der vollen Musikwirklichkeit in ihren widersprüchlichen Strebungen und Tendenzen offen konfrontiert werden. Das widerspricht aller musikpädagogischern Überlieferung. [...]"[866]

„Heute muß sich der Musikunterricht ernsthaft auseinandersetzen mit der Pluralität der Erscheinungen, Stile, Werte und Weltanschauungen in der Musik, die durch das freie Angebot der Massenmedien jeden Hörer tagtäglich erreicht und sein musikalisches Verhalten verunsichert."[867]

„Diesen neuen weltweiten Sinn für die unendliche Vielfalt der Musik muß der Musikpädagoge in Pflege nehmen."[868]

„Es gilt, den verschiedenen Funktionen, Niveaus und Ansprüchen dieser breitgestreuten neuen Gesellschaftsmusik nachzuspüren, ihren menschlichen und gesellschaftlichen Ort zu markieren und sie in die Wertskala, die vom Schlager bis zur Kunstmusik reicht, einzureihen."[869]

„Gerade beim Jugendlichen darf man nicht verzichten auf jene musikalischen Wertregionen, die auch zum Menschlichen gehören. Sollte der Musiklehrer ihn nicht vielmehr aus der unteren und mittleren Musik, die seinen Alltag erfüllt, und aus dem durchschnittlichen Hörverhalten schrittweise hinausführen, um ihm wenigstens eine Ahnung von der höheren Kunst und ihrem Anspruch zu geben! Das scheint gerade dem Mitteltrakt der Musikerziehung angemessen, zumal in der Hauptschule, wo sie bei den gesellschaftlichen Realbedingungen der Arbeitswelt ansetzt."[870]

Die neue pädagogische Literatur (1971)

In der Zeitschrift „Musik und Bildung" wurde ein Bericht Alts über „neue pädagogische Literatur" veröffentlicht. Er sah die Pädagogik in einem tiefgreifenden Wandlungsprozess von der „Pädagogik" zur „Erziehungswissenschaft". „Schon heute" werde vom Lehrer u.a. die „Inangriffnahme und Aufarbeitung empirischer Befunde und eine Akzentuierung fachdidaktischer Fragen verlangt. Und da der Bildungsgedanke zunehmend die Öffentlichkeit bewege, rückten nun auch die „Zusammenhänge mit der Politik, der Gesellschaft und der Ökonomie stärker als bisher in das pädagogische Bewußtsein."[871]

---

[865] Alt 1970c, S. 45
[866] Alt 1970c, S. 46
[867] Alt 1970c, S. 46
[868] Alt 1970c, S. 46
[869] Alt 1970c, S. 47
[870] Alt 1970c, S. 48
[871] Alt 1971, S. 257

Im einzelnen berichtete Alt über folgende Veröffentlichungen:

Ballauf, Th: Skeptische Didaktik, Heidelberg (Quelle & Meyer) 1970

Dieckmann, Johann: Pädagogische Soziologie, München (Juventa) 1970

Elias, Norbert: Was ist Soziologie, München (Juventa) 1970

Ellwein, Th.; Groothoff, H.H.; Rauschenberger, H.; Roth, H.: Erziehungswissenschaftliches Handbuch, Band 1, Berlin (Rembrandt) 1969

Hauser, Arnold: Sozialgeschichte der Kunst und Literatur, München (Beck) ²1970

Hauser, Arnold: Methoden moderner Kunstbetrachtung, München (Beck) 1958, Sonderausgabe 1970

Handbuch der Unterrichtsforschung, deutsche Bearbeitung von „Handbook of Research on Teaching, a project of the American Education Research Association" von Karlheinz Ingenkamp mit E. Parey u.a., 3 Bände, Weinheim (Beltz) 1970

Horney, W.; Ruppert, J.P.; Schultze, W. (Hg.): Pädagogisches Lexikon, Gütersloh (Bertelsmann) 1970

Kerstien, L.: Medienkunde in der Schule, Bad Heilbronn (Klinkhardt) 1968

Landau, E.: Psychologie der Kreativität, München (Reinhardt) 1969

Massialas-Zevin: Kreativität im Unterricht, Stuttgart (Klett) 1969

Mühle, G.; Schell, Chr.: Kreativität und Schule, München (Piper) 1970

Speck, J.; Wehle, G. (Hg.): Handbuch Pädagogischer Grundbegriffe, München (Kösel) 1970

Steiner, Adolf A.: Massenmedien in Unterricht und Erziehung, Frankfurt (Diesterweg) 1969

In Bezug auf das Verhältnis M. Alts zu den Medien und zur U-Musik ist seine folgende Bemerkung aufschlussreich:

„Wenn der Musikunterricht in der Schule gut daran tut, sich nach allen Seiten hin zu verzweigen, so vermißt man das noch beim Aufbau der Medienkunde. Hier fehlt es offensichtlich an Zusammenarbeit. Nachdem es sich erwiesen hat, daß man keine begründeten fachlichen Kriterien gegen die Vulgärmusik vorbringen kann, um sie ästhetisch tiefer zu hängen, sollte man mehr als bisher die Theorie der Massenmedien auch an der Schlagermusik und der U-Musik erproben und diese fachlichen Besonderheiten in einen kommenden Medienunterricht einbringen."

Offensichtlich führte 1971 kein Weg mehr daran vorbei, auch die sog. U-Musik in den schulischen Unterricht einzubeziehen. Doch sollte dies offenbar vorrangig unter medienpädagogischen Aspekten in einem neu einzuführenden Fach „Medienkunde" geschehen. Damit hätte sich der Musikunterricht auch weiterhin vorrangig um „ästhetische" Aspekte bemühen können, was insgesamt eine neue - sogar institutionalisierte - Form der Ausgrenzung der U-Musik dargestellt hätte. Eine Wende seines Denkens im Sinne einer echten Öffnung für jegliche Formen von Musik vollzog Alt auch in diesem letzten Aufsatz nicht.

5.6. Gründung und Leitung des „Musischen Seminars" (1954)

Schon 1954 hatte Alt ein „Musisches Seminar" gegründet, das der Folkwangschule der Stadt Essen angegliedert wurde. Sinn dieser Einrichtung war es nach einer Zeitungsmitteilung, Volksschullehrer künstlerisch fortzubilden.[872]

Nach einer weiteren Zeitungsmeldung vom Juni 1955 wurden im ersten Jahrgang dieses Musischen Seminars „etwa sechzig Lehrer und Lehrerinnen jeder Altersklasse" in einem einjährigen Lehrgang fortgebildet, und zwar je nach Wahl in Musik, Sprechen, rhythmischer Erziehung oder bildender Kunst.[873]

Dieser Zeitungsmeldung zufolge traf das Musische Seminar ein „echtes Bedürfnis", auch wenn es „keinen offiziellen Lehrauftrag" habe und von den Teilnehmerinnen und Teilnehmern zeitliche und finanzielle Belastungen erfordere.

---

[872] Essener Tageblatt, 21./22.5.1955
[873] Essener Tageblatt, 1.6.1955

5.7. Vorschlag zur Errichtung eines Institutes für musikpädagogische Grundlagenforschung an der Pädagogischen Hochschule Dortmund

Auf den 5.1.1965 ist eine Eingabe Alts datiert, die die Gründung eines „Institutes für musikpädagogische Grundlagenforschung" an der Pädagogischen Hochschule Dortmund zum Ziel hatte (DOKUMENT 51).

In der Begründung seines Antrags benannte Alt die aus seiner Sicht vorrangigen Themenkreise musikpädagogischer Forschung. Teilweise lassen diese Themenformulierungen die geistigen Wurzeln Alts erkennen. So geht die Formulierung „Die spezifischen Erziehungswerte der Kunst, insbesondere der Musik" implizit von der Aktualität der platonischen Ethoslehre der Musik aus, nach der die Musik in der Lage ist, den Menschen sittlich zu beeinflussen. Und das Thema „Die Ambivalenz von 'Form und Stofftrieb', der Einverleibung des Geistigen und der Vergeistigung des Körperlichen in der musikalischen Bildung" knüpft unüberhörbar an die Briefe F. Schillers zur ästhetischen Erziehung des Menschen an. Zu den Nachbarwissenschaften zählte Alt nicht nur Psychologie und Soziologie, sondern auch die Anthropologie („anthropologische Grundlegung der musischen Bildung"), von der er sich „vertiefte Einsicht in die Eigenart der deutschen Musikpädagogik" versprach.

Außerdem regte er an, im Umfeld des Instituts einen Arbeitskreis von interessierten Musikerziehern zu etablieren. Das Institut sollte für diesen Arbeitskreis zu einem „Forschungs- und Studienzentrum" ausgebaut werden und dabei u.a. die Forschungsarbeiten koordinieren, leicht übertragbare und anwendbare Modelltests erarbeiten sowie einige nicht mehr greifbare Standardwerke wiederveröffentlichen.

Von den Professoren Fr. Schneider (München) und K.G. Fellerer (Köln) wurde dieser Antrag ausdrücklich befürwortet (DOKUMENTE 52 und 53). Der Hochschulrat verabschiedete jedoch am 5.12.1966 ein Protokoll (DOKUMENT 54), in dem von der Gründung eigener Forschungsinstitute an den Pädagogischen Hochschulen „vorerst abgeraten", auch wenn die Berechtigung des Anliegens grundsätzlich akzeptiert wurde.

5.8. Der Arbeitskreis „Forschung in der Musikerziehung"

Mitte der sechziger Jahre wurde die Wiederaufnahme eigenständiger musikpädagogischer Forschung immer vordringlicher, um die Musikerziehung aus ihrer „ideologischen Befangenheit in den spätidealistischen Gedankengängen der Jugendbewegung"[874] zu lösen. Günther Noll hatte bereits 1964 die Bildung einer „Forschungsgemeinschaft der Musikerzieher" vorgeschlagen.[875] Anlässlich der sechsten Bundesschulmusikwoche in Bonn kam es dann 1965 zur Gründung des ständigen Arbeitskreises „Forschung in der Musikerziehung", zu dessen Vorsitzendem Alt gewählt wurde. Als Nahziel dieses Arbeitskreises nannte Alt den „Aufbau einer Didaktik der Musik, einer 'Theorie des Lehrgutes', im Sinne der Göttinger Schule (Weniger, Klafki, Moeller u.a.)."[876] Der Arbeitskreis traf im November 1965 zu seiner ersten internen Tagung zusammen und stellte die wichtigsten Themen zu einem „Themenkatalog von Forschungsaufgaben" zusammen (vgl. nachfolgende Seiten).[877]

Dem Tagungsbericht von G. Noll lassen sich u.a. die unterschiedlichen Grundprobleme des Musikunterrichts an den einzelnen Schulformen entnehmen, die auch zum Hintergrund der „Didaktik" Alts gehören. Da heißt es: „Ging die Didaktik der Volksschule z.B. bisher nur allgemein von der musischen Bewegung aus, so wird die Musik als Kunst nunmehr ihre fachgenuinen Ansprüche anmelden müssen."[878] Dass sich die Problemlage am Gymnasium ganz anders darstellte, geht aus folgender Textstelle hervor:

„Von seiten der Musikpsychologie [...] wurde die Frage gestellt, ob nicht der Musikunterricht und auch die Begabungsteste zu sehr auf die formale Seite der Musik ausgerichtet sind und der emotionelle Spielraum d.h. die physiognomische und emotionelle Seite des Musikhörens, dabei zumeist im Hintergrund bleibt. [...] Die Diskussion dieser Frage, die an ein Zentralproblem der Musikerziehung rührt, ergab, daß die vor allem an den Gymnasien vorherrschende unbewältigte musikwissenschaftliche Werkbetrachtung dringend der Aktivierung der naiven Seite des Hörens bedarf, andererseits die musikalische Erziehung nicht im Unverbindlichen steckenbleiben dürfe. [...] Jede Verabsolutierung des einen oder anderen Prinzips würde zu einseitig einengen. Beide zusammen gesehen müßten zu einer neuen Konzeption führen."[879]

---

[874] Alt 1965e, S. 206
[875] Günther, Ulrich: Musikpädagogik und Forschung. Vom Arbeitskreis Forschung in der Musikerziehung zum Arbeitskreis Musikpädagogische Forschung, in: Antholz, H. / Gundlach, W. (Hg.): Musikpädagogik heute, Düsseldorf (Schwann) 1975, S. 44 f.
[876] Alt 1965e, S. 207
[877] Noll, Günther: Arbeitstagung „Forschung in der Musikerziehung", in: Musik im Unterricht 2/1966, S. 53-58
[878] Noll, a.a.O., S. 54
[879] Noll, a.a.O., 54 f.

Themenkatalog für Forschungsaufgaben
Arbeitskreis „Forschung in der Musikerziehung" (1965)

I. *Bildungstheorie*
   1. *Quellenhermeneutik.* Problemgeschichtliche Interpretation von kunst- und musikerzieherischen sowie didaktischen Dokumenten aus der Geschichte der Erziehung und der Schulmusik. Die Stellung der Musikerziehung im erziehungsphilosophischen und bildungstheoretischen Schrifttum der Gegenwart.
   2. Der *Bildungssinn des Musikfaches* in der heutigen Schulpädagogik, in der „Sinfonie der Fächer" und im modernen Schulleben. (Beiträge zu einem neuen Selbstverständnis und zu einer neuen Wertvergewisserung.)
   3. Entwurf einer fachlichen *Darstellung der pädagogischen Dimensionen der Musik* an Hand des neueren Schrifttums.

II. *Didaktik*
   1. Aufstellung eines Lehrplanes im Sinne des exemplarischen Lehrens und Lernens.
   2. Erprobung der in der allgemeinen Didaktik entwickelten Methoden und Unterrichtsmodelle von Klafki, Flitner, Copei, Roth, Hausmann u.a.
   3. Aufarbeitung der Praktiker-Literatur (methodische und unterrichtspraktische Abhandlungen) und der Prüfungsarbeiten auf ihre didaktischen Ansätze hin.

III. *Psychologie*
   1. Erforschung der musikalischen Rezeption bei Kindern und Jugendlichen:
      Untersuchungen über:
      musikalische Hörkriterien und Erlebnisweisen - phasenspezifische musikalische Bildsamkeit und Erlebniserwartung - außermusikalische und synästhetische Assoziationen - physiognomische bzw. emotionelle Differenzierbarkeit für Musik bei Kindern als Voraussetzung für die Ausbildung eines musikalisch-formalen Kategorisierungsvermögens - Vergleich Musikalität - Allgemeinbegabung
   2. Motivationsforschung und Aufarbeitung der Psychologie des Lernens
   3. Forschungen zur Psychologie der Grundschularbeit:
      Untersuchungen über die Wechselbeziehungen von Musikalität und allgemeiner Begabung im Grundschulalter - Methoden zum Nachweis der Begabungsentfaltung - Wirkung der Physiognomie musikalischer Tonräume - Kategorien für die Liedauswahl - das Instrument im Elementarunterricht - neue Methoden des Elementarunterrichts.
   4. Bereitstellung von Modelltests und Fortführung bisheriger Testuntersuchungen.
   5. Die Fragerichtungen der anthropologischen Psychologie in ihrer Bedeutung für die Musikerziehung.

IV. *Soziologie*
   1. Untersuchungen über den Musikgeschmack (abgegrenzt von der Ästhetik).
   2. Wiederholung und Ergänzung bisheriger Repräsentativuntersuchungen.
   3. Untersuchungen spezieller Bereiche der Musikpädagogik, z.B. Gesang in unserer Zeit - Volksliedverhalten von Kindern und Jugendlichen - Einfluß musikalischer Massenkommunikationsmittel

V. *Vergleichende Musikerziehung*
  1. Vergleichende Studien über die Organisation des Unterrichts (Lehrpläne, Stundentafeln).
  2. Untersuchungen über die Methoden des Musikunterrichts - Auswahl und Gebrauch ausiovisueller Hilfsmittel - Stand des programmierten Lernens - Gestaltung der Schulmusikbücher.
  3. Vergleichende psychologische und soziologische Forschung: musikalisches (vokales und instrumentales) Leistungsvermögen - musikalisches Rezeptionsvermögen - musikalische Betätigung der Jugend nach der Schulentlassung.
  4. Vergleichende Studien über den Stand der musikalischen Lehrerausbildung und musikalischen Berufsausbildung.

VI. *Heilpädagogik*
  1. Untersuchungen über die Möglichkeiten einer heiltherapeutischen Einwirkung mit Hilfe der Musik auf gestörte und labile Schüler, die an Normalschulen unterrichtet werden.
  2. Auswertung bisher vorliegender didaktisch-methodischer Ansätze auf dem Gebiet der Musiktherapie und Entwicklung neuer Lehrverfahren.

VII. *Musikwissenschaft und Musikerziehung*
  1. Entwicklung einer wissenschaftlichen Methode der Struktur- und Funktionsanalyse des musikalischen Kunstwerks.
  2. Schaffung einer didaktisch brauchbaren Terminologie, die systematisch durchdacht und historisch begründet ist.
  3. Auswertung der Ergebnisse der Volksliedforschung (z.B. Situative Bedingungen von Volkslied und Volksgesang heute).
  4. Ausbau der Forschungsarbeiten auf dem Gebiet der Musikästhetik unter dem besonderen Aspekt: Musikgeschichte als Teil der allgemeinen Geistesgeschichte.
  5. Forschungen auf dem Gebiet der Vergleichenden Kunstbetrachtung und Werkinterpretation.
  6. Erforschung von Werkkriterien des musikalischen Kunstwerks.

VIII. *Programmiertes Lernen*
  1. Untersuchungen zum Vergleich von lehrerbezogener und programmierter Unterweisung in Teilgebieten der Musikerziehung.
  2. Weiterführende Forschungen bei der Entwicklung und Anwendung von Musikprogrammen.
  3. Forschungen zur Methodik des Notensingens in Form von Methodentests anhand von Musikprogrammen.

> IX. *Bisherige musikpädagogische Forschung*
> 1. Kritische Auswertung der bisherigen musikpädagogischen Forschung und Erarbeitung einer Bibliographie des musikpädagogischen Schrifttums.
> 2. Erarbeitung einer „Geschichte der Musikerziehung", speziell: Aufarbeitung der Geschichte der Schulmusik, unter Einbeziehung neuer Einzeluntersuchungen (auch Bereitstellen einer Quellensammlung).
> 3. Zusammenfassende und weiterführende Forschungen auf dem Gebiet der Stimmbildung: Umfang und Entwicklungsphasen der Kinderstimme - psychologische und musikalische Aspekte der chorischen Stimmbildung.
> 4. Kritische Überprüfung der bisher im Musikunterricht verwandten Anschauungsmaterialien.

Während also für die Volksschule eine stärkere Kunstorientierung angeraten schien, mußte für das Gymnasium nach Verfahren gesucht werden, die Werkbetrachtung von der einseitigen Betonung der akademischen Formenlehre zu entlasten. Mit den Konzepten des „Musik-Erlebens" bzw. der „Sinnkategorien" hat Alt in seiner „Didaktik" versucht, beide Probleme innerhalb eines einheitlichen Konzepts zu lösen.

Auf seiner zweiten Arbeitstagung im April 1966 befasste sich der Arbeitskreis „Forschung in der Musikerziehung" mit den Methoden musikpädagogischer Forschung. Dazu nahm er die Methoden in den Nachbarwissenschaften (Erziehungswissenschaft, Allgemeine Didaktik) und deren Übertragbarkeit für die Musikpädagogik in den Blick. Im Ergebnis wurde der Begriff der Musikdidaktik sowohl von einer praktischen Unterrichtslehre als auch von einer Theorie der Bildungsaufgaben und Bildungsinhalte abgegrenzt: „Musikdidaktik kann also keine Anthropologie unter dem Aspekt des Musischen, keine angewandte Musikwissenschaft und nicht zunächst oder vor allem Technologie sein, sondern nur eine auf Forschung basierende Spezialdisziplin zur Erkundung jenes Ausschnitts der Erziehungswirklichkeit, in dem es um die Begegnung zwischen Jugend und Musik geht."[880] Als seine eigene Aufgabe betrachtete es der Arbeitskreis, „eine musikdidaktische Konzeption aus dem Bereich der Soziologie und Pädagogik heraus als theoretisches Modell zu entwickeln und empirisch zu modifizieren."[881]

Auf der dritten internen Arbeitstagung (November 1966) wurden u.a. Fragen zum Verhältnis der Musikpädagogik zur Musiksoziologie, zur Anthropologie und zur Lernpsychologie

---

[880] Pape, Winfried: 2. Tagung „Forschung in der Musikerziehung", II, in: Musik im Unterricht 9/1966, S. 275
[881] Noll, Günther: 2. Tagung „Forschung in der Musikerziehung", III, in: Musik im Unterricht 9/1966, S. 277

erörtert. Zur wissenschaftlichen Fundierung der Didaktik des Musikunterrichts wurden u.a. die Erstellung eines musikpädagogischen Lexikons, die Fortsetzung der „Geschichte der deutschen Schulmusik" sowie die Zusammenfassung von Quellentexten als vordringlich angesehen.[882]

Auf der vierten Tagung im Juli 1967 berichtete Alt über seine Arbeit in der Lehrplankommission. Diese beschäftigte sich u.a. mit der Frage nach einem übergreifenden Gesamt-Lehrplan, mit dem der Zersplitterung des Bildungsdenkens entgegengewirkt werden sollte. Nach dem Tagungsbericht von Kurt-Erich Eicke wurde von Alt ein Modell eines Gesamtplans für den Musikunterricht an allen Schulgattungen vorgestellt.[883]

Ab 1969 konnte der Arbeitskreis „Forschung in der Musikerziehung" über ein eigenes Publikationsorgan in Form des gleichnamigen Beihefts zur Zeitschrift „Musik und Bildung" verfügen. Im ersten Aufsatz dieser Reihe präzisierte Alt seinen Begriff von „Didaktik" als eines wissenschaftlich eigenständigen Integrationsfeldes von soziokulturellen, anthropologisch-psychologischen sowie sachlich-logischen Forschungskreisen. Keiner dieser drei Forschungskreise sei allein ausreichend, um den Musikunterricht auf eine wissenschaftliche Grundlage zu stellen.[884]

Die erste öffentliche Tagung des Arbeitskreises „Forschung in der Musikerziehung" fand vom 30.10.-1.11.1969 in Köln statt. Alt hielt den Eröffnungsvortrag zum Thema „Die Öffentlichkeitsaufgaben der Musikpädagogik". Im Beiheft der Zeitschrift „Musik und Bildung" hatte er auf diese Tagung aufmerksam gemacht und deren Sinn und Themenstellung erläutert (Alt 1969c). Nach der Tagung zog er eine Zwischenbilanz, bei der er die Musikpädagogik insgesamt als „offenes System" beschrieb.[885] Auch die „Didaktik" - begrifflich nun deutlich von „Musikpädagogik" abgehoben - sei „immer auf dem Weg, der Gedanke an eine endgültige Lösung indiskutabel."[886] Alt ließ auch eine gewisse Unzufriedenheit bei der Musiklehrerschaft erkennen: „Es will aber scheinen, daß die großen Erwartungen, die der Gedanke an eine wissenschaftliche Begründung des Musikunterrichts in den Fachkreisen geweckt hatte, einer Ernüchterung zu weichen beginnen."[887] Die Musiklehrer

---

[882] Eicke, Kurt-Erich: 3. Tagung des Arbeitskreises „Forschung in der Musikerziehung", in: Musik im Unterricht 3/1967, S. 94
[883] Eicke, Kurt-Erich: Arbeitskreis „Forschung in der Musikerziehung". Vierte Tagung in Bad Godesberg, in: Musik im Unterricht 9/1967, S. 292 f.
[884] Alt 1969a, S. 2
[885] Alt 1970a, S. 127
[886] Alt 1970a, S. 128
[887] Alt 1970a, S. 128

wollten sich „nicht mehr verwiesen sehen auf brandneue Systeme, die da noch kommen sollen und derweil den Mut zur Praxis brechen."[888] Alt wies jedoch darauf hin, dass die Schulmusik nur ein Ausschnitt aus dem Gebiet der Musikpädagogik darstelle.[889]

In seiner Eröffnungsrede hatte Alt vorgeschlagen, den Arbeitskreis „Forschung in der Musikerziehung" zu einer Art „Gesellschaft für Musikpädagogik" zu erweitern. Tatsächlich wurde der Arbeitskreis, der bis dahin den Charakter einer lockeren Arbeitsgemeinschaft hatte, 1971 in den noch heute bestehenden „Arbeitskreis Musikpädagogische Forschung e.V. (AMPF) umgebildet. Nach § 3 der am 23.10.1971 verabschiedeten Satzung wurde neben der Anregung und Förderung musikpädagogischer Forschung die „Verankerung ihrer Notwendigkeit für die Gesellschaft im Bewußtsein der Öffentlichkeit" als Hauptaufgabe des Vereins festgelegt.[890] Damit wurden zentrale Anliegen Michael Alts aufgenommen, auch wenn er nicht mehr in den siebenköpfigen Vorstand gewählt wurde.[891]

5.9. „Didaktik der Musik"

Die „Didaktik der Musik" erschien in den Jahren 1968, 1970, 1973 und 1977 in insgesamt vier Auflagen. In den ersten beiden Auflagen trug das Buch den Untertitel „Orientierung am Kunstwerk", der 1973 ersatzlos gestrichen wurde. Als Begründung für die Streichung des Untertitels gab Alt im Vorwort der dritten Auflage an, beide Bestandteile des Begriffs „Kunst-Werk" seien in einen „mehr ideologischen als ästhetischen Streit" hineingeraten und widersprächen deshalb den Intentionen und Ausführungen des Buches.[892] Dennoch wurde auch nach Erscheinen der revidierten Fassung häufig noch die ursprüngliche Fassung von 1968 zur Grundlage der Kritik gemacht,[893] zum Teil mit der ausdrücklichen Begründung, mit den Veränderungen von 1973 würden zwar konzeptionelle Änderungen angedeutet, die aber „in Wirklichkeit nicht vorhanden" seien.[894] Auch Stefan Gies hielt die Veränderungen der 3. Auflage für „verbale Kosmetik", weil Alt den Kern seiner „Konzeption" unangetastet ließ.[895] Er fügte hinzu: „Um seine [Alts, der Verf.] Kehrtwendung ernst nehmen zu können, hätte es

---
[888] Alt 1970a, S. 128
[889] Alt 1970a, S. 128; ähnlich Alt 1970b, S. 3
[890] Arbeitskreis Musikpädagogische Forschung e.V. (AMPF), Satzung (unveröffentlicht), Berlin 1971, S. 1
[891] Alt 1970a, S. 127-129
[892] Alt 1973b, S. 6
[893] Gies, Stefan: Der Anspruch der Musik als Faktor musikpädagogischer Zielbestimmung, Essen (Die Blaue Eule) 1990 [=Gies 1990], S. 188
[894] Kaiser, Hermann J. / Nolte, Eckhard: Musikdidaktik, Mainz (Schott) 1989, S. 9
[895] Gies 1990, S. 189

einer vollständigen Revision bedurft."⁸⁹⁶ Man muß aber wohl einräumen, dass Alt zu einer vollständigen Revision seines Buchs „Didaktik der Musik" in seinem Todesjahr schon aus gesundheitlichen Gründen kaum mehr in der Lage gewesen sein dürfte. Muss man wegen dieser Möglichkeit nicht auch Andeutungen und Veränderungen im Sprachgebrauch ernst nehmen? Und muss man nicht erst recht solche Veränderungen ernst nehmen, die er selbst ausdrücklich begründet hat, z.B. die Streichung des Untertitels?

Mir erscheint es jedenfalls nicht gerechtfertigt, wenn noch 1995 Alts Buch „Didaktik der Musik" als „Musikdidaktische Konzeption" ausgerechnet unter dem von Alt selbst in seinem Todesjahr ausdrücklich zurückgenommenen Untertitel von 1968 dargestellt wird.⁸⁹⁷

Mit dem Buch „Didaktik der Musik" verband Alt die Absicht, bisherige theoretische Ansätze miteinander zu verbinden:

„Ein 'Lehrbuch' der Didaktik sollte bei dem heutigen Problemstand vor allem darauf zielen, die vielerlei neuen und alten didaktischen Ansätze zur Musikdidaktik nicht so sehr einander entgegenzusetzen, sondern sie vielmehr einander zuzuordnen. [...] Es kommt also in der augenblicklichen Didaktik meines Erachtens nicht so sehr auf das Herausstellen von brandneuen Themen an, sondern auf eine Durchflutung des Überlieferten und des Innovatorischen auf systematische Grundansätze und durchhaltende Tendenzen."⁸⁹⁸

Damit stellte sich Alt gegen die „wuchernden soziologischen und psychologischen Zeit-Neuansätze"⁸⁹⁹ und versuchte stattdessen ein Gesamtsystem aufzubauen, das durch „Stimmigkeit im Grundsätzlichen" den „wildwüchsigen Bemühungen der Praxis wehren" und dabei einzelne erziehungswissenschaftliche, didaktische, soziologische, psychologische und musikwissenschaftliche Forschungsergebnisse einbeziehen sollte.⁹⁰⁰

Alt verstand sein Buch jedoch keineswegs als abgeschlossene „Didaktik", sondern lediglich als einen „Beitrag zur begonnenen didaktischen Diskussion".⁹⁰¹ Schon im Vorwort der ersten Auflage machte er diese Offenheit deutlich: „Dabei geht es nicht so sehr um frühfertige, die weitere Entwicklung abriegelnde Ergebnisse als vielmehr um die Auslösung einer die

---

[896] Gies 1990, S. 189
[897] Dies geschieht in: Helmholz, Brigitta: Musikdidaktische Konzeptionen nach 1945, in: Helms, S. / Schneider, R. / Weber, R. (Hg.): Kompendium der Musikpädagogik, Kassel (Bosse) 1995, S. 42-63
[898] Alt 1973b, S. 6
[899] Alt 1973b, S. 7
[900] Alt 1973b, S. 8
[901] Alt 1968a, S. 8

Grundlagen des Faches anrührenden Denkbewegung."[902] In der dritten Auflage 1973 stellte er klar, daß auch sein „Gesamtplan", dem er ausdrücklich nur Entwurfs-Charakter zuschrieb, nur aus einer von drei erforderlichen Perspektiven heraus entwickelt worden sei:

„In dem [...] Gesamtplan-Entwurf ist das Lehrgefüge idealtypisch entwickelt worden nach den Strukturen und Möglichkeiten des Faches. Aber wie in der Allgemeinen Didaktik muß es unter die Kontrolle der Psychologie und der Soziologie gestellt werden, wobei die besonderen Aspekte der Kindheit und Jugend in unserer Zeit und die soziokulturellen Bedingungen unserer Epoche zur Geltung kommen. Es müssen also auch in der Bereichsdidaktik Musik neben der fachlichen Perspektive das Kind und der Jugendliche befragt werden nach ihren Interessen und Lebensentwürfen. Welche Rolle spielt beim Kind und Jugendlichen die Medienkultur, welche Musikbereiche sprechen ihn an, wie ist seine Haltung zum Singen und Musizieren und zur Rezeption und Information. Das muß mit der fachlichen Zielsetzung ebenso ausgependelt werden wie das, was die Gesellschaft an Anpassung vom Jugendlichen berechtigter- oder unberechtigterweise im Musikwesen verlangt. [...] So kommt es durch die Integration von drei oft auseinanderstrebenden Wertreihen zu einer Zielsetzung des Musikunterrichts, die flexibel bleibt, da sie die jeweilige Gegenwart widerspiegelt. Diese gestufte Zielsetzung muß im Musikunterricht noch geleistet werden, ehe die Ausarbeitung curricularer Unterrichtsgänge gelingen kann."[903]

Alts „Didaktik der Musik" darf also nicht als eine „Konzeption" des Musikunterrichts missverstanden werden, die die Gesamtheit aller Entscheidungsfaktoren der Planung des Musikunterrichts berücksichtigen will. Es handelt sich vielmehr um eine Art Zusammenfassung bisheriger theoretischer Überlegungen aus rein fachlicher Perspektive, die sowohl die Interessen der Kinder und Jugendlichen als auch die gesellschaftlichen Ansprüche an den Musikunterricht noch bewusst unberücksichtigt läßt.

Das Buch „Didaktik der Musik" von Michael Alt war seinem Selbstverständnis noch keine abgeschlossene Musikdidaktik, sondern enthielt lediglich solche Ausführungen zu einer noch zu entwickelnden Fachdidaktik im umfassenden Sinne, die sich aus rein musikalisch-fachlicher Perspektive ergaben, nämlich erstens eine „Situationsanalyse", zweitens eine „Fachanalyse"[904] und drittens einen „Gesamtplan-Entwurf". Diese Ausführungen bedurften von vorneherein der „Kontrolle", d.h. der Ergänzung und ggf. der Korrektur durch Psychologie und Soziologie, und erst durch die Integration von fachlichen, psychologischen und soziologischen Perspektiven war für Alt die Entwicklung einer umfassenden „Didaktik der Musik" als einer wissenschaftlichen Theorie denkbar.

---

[902] Alt 1968a, S. 8
[903] Alt 1973b, S. 264 f.

DIE AUFGABENFELDER UND DER GESAMTPLAN DES MUSIKUNTERRICHTS

Eines der wichtigsten Ergebnisse der von Alt in seinem Buch „Didaktik der Musik" vorgenommenen „Neuvermessung" des Musikunterrichts war die Strukturierung des Lernbereichs Musik, wozu er uneinheitlich die Ausdrücke „Funktionsfelder", „Lernbereiche" oder „Lernfelder" benutzte. Er unterschied die folgenden vier „Lernfelder":

- Reproduktion
- Theorie
- Interpretation
- Information

Dabei ging es im wesentlichen im Lernfeld „Reproduktion" um die künstlerische Nachgestaltung von Musik, im Lernfeld „Theorie" um die „geistige Leistung im Musikdenken"[905], im Lernfeld „Interpretation" um die geistige Auseinandersetzung mit musikalischen Kunstwerken und im Lernfeld „Information" um klassifizierendes und geschichtliches Orientierungswissen.

Nach seinem idealtypischen „Gesamtplan" für alle Schulstufen und alle Formen der allgemeinbildenden Schulen sind alle Lernfelder auf allen Schulstufen abzudecken, wobei er mit einer hierarchischen Zielsetzung das Niveau jedes einzelnen Lernfeldes nach Schulstufen ausdifferenzierte.[906] So geht es im Lernfeld „Reproduktion" auf der Primarstufe vor allem um die künstlerische Nachgestaltung von Liedern, auf der Sekundarstufe um die künstlerische Nachgestaltung von mehrstimmiger Vokalmusik, und auf der Studienstufe um die Erarbeitung von „stilistisch repräsentativem Vokalgut". Im Lernfeld „Theorie" sollen auf der Primarstufe u.a. die Parameter der Musik erarbeitet werden, auf der Sekundarstufe „nach künstlerischer Gesetzlichkeit und ästhetischer Deutung" analysiert werden, während die Studienstufe in ästhetische Grundsatzfragen einführen soll. Die Ausbildung im Lernfeld „Interpretation" soll auf der Primarstufe u.a. mit künstlerischer Liedbetrachtung beginnen und über modellhafte Werkauslegungen auf der Sekundarstufe in individuelle Interpretationen auf der Studienstufe

---

[904] Alt 1973b, S. 7
[905] Alt ⁴1977, S. 34
[906] In der Argumentation für eine Differenzierung nach Schulstufen ließ er sich von dem Prinzip der „Durchlässigkeit" zwischen den Schulformen leiten und folgte in der Anlage ausdrücklich der dem Gesamtschulsystem zugrunde liegenden Dreistufigkeit (vgl. Alt ⁴1977, S. 268 f. und S. 284, Anm. 4). Alt unterschied die Primarstufe, zu der er neben der vierjährigen Grundschule auch eine zweijährige Förderstufe zählte, die Sekundarstufe (7.-9. bzw. 10. Schuljahr) und die Studienstufe (11.-13. Schuljahr).

einmünden. Auch das Lernfeld „Information" ist als Taxonomie angelegt: Ausgehend von einer musikalischen „Umweltlehre" (Primarstufe) führt der Bildungsgang über die Grundlegung einer „Lebenslehre" (Sekundarstufe) zu einer musikalischen „Gesellschaftslehre" (Studienstufe). In allen Bereichen geht es Alt unverkennbar um die Sicherung des Anspruchsniveaus. „Je mehr Ansprüche die Lehrer und Führer preisgeben", so zitierte er Krenek, „desto irreparabler wird das Niveau der Belehrten und Geführten sinken."[907]

Die von Alt vorgenommene Strukturierung des Fachgebiets blieb nicht unwidersprochen. Die Verwendung des Begriffs „Interpretation" wurde von H. Antholz abgelehnt, weil er für die „klingende Wiedergabe des Musikwerks" stehe.[908] Bei K.H. Ehrenforth und Chr. Richter wurde der Begriff „Interpretation" dann zu einem Kernbegriff ihrer konzeptionellen Entwürfe für den Musikunterricht. Der Ausdruck „Information" als selbständiger Lernbereich des Musikunterrichts wurde dagegen auch schon von H. Antholz übernommen.[909]

Neben der Strukturierung des Lernbereichs war das Kernstück seines Buchs die „Auslegungslehre der Musik", die im folgenden genauer dargestellt werden soll.

GRUNDIDEE DER „AUSLEGUNGSLEHRE"

Durch die „Auslegungslehre" sollten die Schülerinnen und Schüler befähigt werden, selbständig einen „möglichst adäquaten Zugang zu musikalischen Kunstwerken aller Art" finden zu können.[910] Die Kunstwerkbetrachtung sollte „nicht mehr allein von der Interpretationskunst des Lehrers beherrscht werden", sondern die Schüler sollten in die Lage versetzt werden, „an Hand einer „praktikablen, erlernbaren 'Auslegungslehre'"[911] selbst „'mündig' zu werden"[912] und zu eigenen, selbst verantworteten Interpretationen gelangen zu können.

---

[907] Alt [4]1977, S. 30
[908] Antholz, Heinz: Unterricht in Musik, Düsseldorf (Schwann) 1970, S. 165
[909] a.a.O., S. 190 ff.
[910] Alt 1973b, S. 84
[911] Alt 1973b, S. 19

Die Überlegungen Alts richteten sich also nicht mehr allein gegen den „vom Singen dominierten Musikunterricht"[913], sondern auch und vor allem gegen die „bisherigen Formen der Interpretation"[914] musikalischer Werke im Musikunterricht. Schon gar nicht ging es darum, wie es in einer Darstellung von B. Helmholtz mißverständlich heißt, Interpretation durch Einfühlung oder Verstehen zu ersetzen.[915] Vielmehr sollten die bisherigen Formen der Interpretation, nämlich die aus Alts Sicht „im Subjektiven" verbleibenden[916], deshalb „nicht lehrbaren"[917] und für die Schüler auch nicht nachvollziehbaren Formen der „Einfühlung" und des „Verstehens" (im Sinne der Hermeneutik) sowie die aus seiner Sicht wenig geist- und sinnvolle „Nachgestaltung im Wort" im Sinne der „akademischen Formenlehre" („hohle Wortverdoppelung der Tonereignisse"[918]), die bei der Behandlung von Musikwerken in der Schule bisher „einseitig im Vordergrund" gestanden habe[919], durch solche Formen der Interpretation ersetzt werden, die „jedem Schüler" (!) zugänglich, also „erlernbar" sind und von ihm selbst angewendet werden können.[920] Zumindest im Selbstverständnis Alts ging es also nicht mehr nur um die Reform des Musikunterrichts „vom Singen zum Hören" oder „von der musischen Erziehung zur Werkbetrachtung" - diese Wendungen waren konzeptionell bereits Jahrzehnte alt und durch die Einführung der Schallplatte in den Musikunterricht praktisch vollzogen -, sondern Alt ging es auch um die „entschiedene Wendung" des Musikhörens „von der Rezeption zur Interpretation"[921], anders ausgedrückt: vom Musikkonsum (Alt: „Massenkonsum"[922]) zur geistigen Auseinandersetzung mit Musik, und außerdem um eine neue Konzeption der schulischen Werkbetrachtung - modern formuliert: von der Interpretationskunst des Lehrers zur Interpretationskompetenz des Schülers (Alt: „Von der Werkbetrachtung zur Auslegungslehre"[923]).

Allerdings sollte damit die „endgültige Umwandlung des Gesangunterrichtes in einen Musikunterricht" bewirkt werden.[924] Denn hinter der Idee, im Musikunterricht eine *erlernbare*

---

[912] Alt 1973b, S. 199
[913] Helmholz, Brigitta: Musikdidaktische Konzeptionen nach 1945, in: Helms, S. / Schneider, R. / Weber, R. (Hrsg.): Kompendium der Musikpädagogik, Regensburg (Bosse) 1995, S. 42
[914] Alt 1973b, S. 19
[915] Helmholz, a.a.O., S. 43
[916] Alt 1973b, S. 199
[917] Alt 1973b, S. 199
[918] Alt 1973b, S. 132
[919] Alt 1973a, S. 1
[920] Alt 1973b, S. 19
[921] Alt 1973b, S. 199
[922] Alt 1973b, S. 40
[923] Alt 1973b, S. 68
[924] Alt 1973b, S. 19

Auslegungslehre zu etablieren, stand die grundsätzliche Frage, wodurch sich eigentlich das Musikfach als Teil des allgemein-verbindlichen Fächerkanons legitimiert. Mit der musisch orientierten Begründung „Musik als Ausgleich" war aus Alts Sicht unmittelbar eine Verminderung des Stellenwerts des Fachs verbunden: „Diese Konzeption [gemeint war die „extrem musische Konzeption", der Verf.] hat den Musikunterricht um den Rang einer verbindlichen Schuldisziplin gebracht."[925] Dass dies auch in der allgemeinen Schultheorie so gesehen wurde, zeigt ein Blick in die „Theorie der Schule" von Th. Wilhelm, auf die sich Alt ausdrücklich bezog. Darin hatte Wilhelm die Auffassung vertreten, wenn der Musikpädagogik (Wilhelm: „Musiktheorie") nichts anderes einfalle, um die Unentbehrlichkeit des Faches zu begründen, als das „ganzheitliche 'fröhliche Musizieren'", sei das Schicksal des gesamten Faches besiegelt.[926] Und an anderer Stelle heißt es: „Die Konzeption einer 'Musischen Schule' ist solange ein pädagogischer Blindgänger (Muchow), als man am humanistischen Ausgleichsschema festhält. Es war ein Irrweg der Schultheorie, die Künste als Element der Emotionalität der rationalen Unterrichtstradition entgegenzusetzen. *Die wahre Alternative, um die es geht, ist nicht Rationalität und Emotionalität, sondern Verbalität und Imagination.*"[927]

Hinter der Grundidee Alts, mit einer erlernbaren „Auslegungslehre" Interpretationskompetenz der Schülerinnen und Schüler zu entwickeln, stand aber auch ein „lebenshermeneutisches Motiv"[928]: Die Schülerinnen und Schüler sollten sich in der unübersehbaren Vielfalt musikalischer Erscheinungen, im „disparaten Musikangebot"[929], zurechtfinden und den „musikalischen Alltag geistig bewältigen" können.[930] Dies verstand Alt als musikpädagogische Reaktion auf den als „revolutionär" empfundenen „Einbruch der mikrophonalen Mittler in die Musikkultur"[931], den er überhaupt als Anlaß für seine didaktischen Überlegungen herausstellte.[932] Weil sich die Realbedingungen „so grundlegend verändert" hätten, sei eine didaktische Neuorientierung, „ja eine Revision des Musikfachs" unausweichlich.[933] Das musikpädagogische Dilemma, das durch die technische Entwicklung hervorgerufen wurde, bezeichnete er als „Dislozierung der Musik". „War die Musik bis dahin nur zu vernehmen in ihrem besonderen Funktionsbereich, im Konzertsaal, auf dem

---

[925] Alt 1973b, S. 33
[926] Wilhelm, Theodor: Theorie der Schule, Stuttgart (Metzler) ²1969, S. 397
[927] Wilhelm, a.a.O., S. 395
[928] Alt 1973b, S. 16
[929] Alt 1973b, S. 16
[930] Alt 1973b, S. 84
[931] Alt 1973b, S. 13
[932] Alt 1973b, S. 13
[933] Alt 1973b, S. 13

Tanzboden, im Kaffeehaus, wodurch Verständnis und Wertung eingemessen wurden, so ist eine völlige Freiheit des Hörverhaltens eingetreten."[934] Mit anderen Worten: Musik wurde nach dem Verständnis Alts bisher nur für einen bestimmten Funktionsbereich geschaffen und auch nur innerhalb dieses Funktionsbereichs („Sinnsphäre") gehört. Aufgrund dessen konnte sie auch unmittelbar in ihrem „Wesen" („Sinnkern") erfasst werden. Mit der technischen Reproduzierbarkeit von Musik wurde Musik an allen Orten und jederzeit verfügbar. Dadurch hat sie sich von ihrem ursprünglichen Sinnzusammenhang gelöst und wird deshalb auch nicht mehr unmittelbar in ihrem ursprünglichen Sinn erfasst. - Auf dieses Problem antwortete Alt mit einem Begriffsinstrumentarium („Sinnkategorien"), das mit dem Anspruch verbunden war, eine (medial vermittelte) Musik zuerst einmal wieder in ihren ursprünglichen Sinn- und Lebenszusammenhang zu stellen (Alt: zu „orten").

Ein zweites Problem kam hinzu: „Die Massenhaftigkeit der Produktion führt zur Minderung des Künstlerischen und des Wertbewußtseins, birgt in sich aber auch die Tendenz zur Passivität des Hörens, die von einer Art 'indirekter' Aufmerksamkeit über das 'Hören ohne Zuhören' zu dumpfer Zerstreutheit führt."[935] Wenn das Hören eines musikalischen Kunstwerks früher eine „festliche Ausnahme" gewesen sei, werde es durch die unkritische Verwendung der Massenmedien zu einem „selbstverständlichen Teil der Lebensgewohnheiten". „Man kann sich schließlich nicht beim Hausputz oder beim Strümpfestopfen die Neunte Sinfonie von Beethoven anhören"[936] - mit diesen Worten hatte er schon wesentlich früher - im Februar 1933 - in einer Kirchenzeitung gegen den „Massenkonsum" von Musik gewettert und ihn als „größte Sünde gegen die Kunst" bezeichnet. Deshalb verband er mit seiner Auslegungslehre die Hoffnung, daß die Schüler ein „Gespür" entwickeln für die „künstlerischen Qualitäten" musikalischer Kunstwerke.[937] Gleichzeitig lehnte er „rein ästhetische oder gar autoritäre Wertungen" des Lehrers, also die Bevormundung des Schülers, ab.[938]

Die musikpädagogische Antwort auf die beiden mit der technischen Entwicklung verbundenen Probleme („Dislozierung der Musik", „Minderung des Wertbewußtseins") sah Alt auch nicht in einer Dämonisierung der Technik oder in der Bevorzugung des eigenen

---

[934] Alt 1973b, S. 14
[935] Alt 1973b, S. 14 f.
[936] Alt 1933b, S. 6
[937] Alt 1973b, S. 244
[938] Alt 1973b, S. 244

Musizierens. Seine Antwort hatte eher medienpädagogischen Charakter: Es ging ihm um die „verantwortliche Anwendung" und um den „sinnvollen, kultivierten, humanen Gebrauch" der Medien sowie um die „Stiftung einer neuen musikalischen Hörkultur".[939]

Schließlich ging es ihm auch nicht darum - wie der Untertitel der ersten beiden Auflagen, „Orientierung am Kunstwerk", nahelegen könnte -, sich auf einen „umfriedeten Raum der Bildungsmusik" zurückzuziehen und bestimmte Musikbereiche auszublenden, etwa die der Unterhaltungsmusik:

„Durch den Einbruch der mikrophonalen Musik hat sich um den Musik-Kunstbereich ein weites Umfeld auch musikpädagogisch relevanter Erscheinungen, von der Gebrauchs- und Zivilisationsmusik bis hin zur Unterhaltungsmusik gebildet, deren Einwirkungen sich das Kind, der Jugendliche und der Laie nicht entziehen können. Vielmehr bestimmen ihn diese Erscheinungen ungewollt so sehr, daß die Musikerziehung in Zukunft diese Musikzonen nicht mehr übersehen und ausklammern darf. Entgegen dem bisher üblichen Verklärungstrieb muß sie sich auch aller alltäglichen Erscheinungsformen der Musik annehmen und, vom *Realaspekt* des heutigen Musikgebrauchs ausgehend, das Ganze der gegenwärtigen Musikwirklichkeit in ihre pädagogische Planung mit einbeziehen."[940]

Ebenso eindeutig ist folgende Textstelle:

„Es geht in der Schule nicht mehr um bloße Überlieferung der klassischen Musikwerke als feste Substanzen einer sogenannten Allgemeinbildung, die zur Affirmation dargeboten werden. An ihre Stelle tritt mehr und mehr das Prinzip einer 'emanzipierten Anteilnahme' an der Musik im Sinne individueller Wahlentscheidungen. [...] Damit verliert der klassische Werkkanon seinen bisher determinierenden Charakter. Das im Kanon versammelte Klassische der Musik gestattete nur einen Ausschnitt aus der Musikwelt, begrenzte den Erfahrungsbereich und wirkte so letztlich im Sinne von Lernverboten. Dem Jugendlichen muß es erlaubt sein, das Total an musikalischen Erfahrungsmöglichkeiten, von Folklore, Beat und Jazz bis zum Kunstbereich hin abzutasten, um auf diese Weise ein individuelles Verhältnis zur Musik zu gewinnen und sich in selbständiger Entscheidung schließlich zu beschränken."[941]

Mit den Überlegungen Alts war auch eine „sozialpolitische Perspektive"[942] verbunden, als er unter dem Aspekt der Chancengleichheit den Volksbildungsgedanken der Reformpädagogischen Bewegung wieder aufleben ließ: „Gleichsinnig mit dieser Entwicklung im musikalischen Feld gewinnt die demokratische Forderung an Gewicht, jeden Menschen an Kultur und Kunst teilhaben zu lassen und ihm die Gleichheit der Chancen durch eine breite

---

[939] Alt 1973b, S. 15
[940] Alt 1973b, S. 15
[941] Alt [4]1977, S. 246
[942] Alt 1973b, S. 17

Streuung der Bildung zu ermöglichen."[943] Die Teilhabe an der Kunst und am kulturellen Leben sollte also kein exklusives Recht gebildeter Schichten bleiben. Vielmehr sei Bildung auf „Mitmenschlichkeit und Gesellschaftlichkeit des Menschen gerichtet" und erstrebe einen „Austausch zwischen den Niveaus und den unterschiedlichen Gruppen der Gesellschaft". Allerdings hatte dieser Austausch in der Vorstellung Alts eine klare Richtung. „Mit aufwärts gerichteter Tendenz" fügte er hinzu und konnte damit nur die Anpassung der weniger gebildeten Schichten an das kulturelle „Niveau" der gebildeteren Schichten meinen. Deshalb verstand sich die Auslegungslehre Alts auch nicht als ausschließlich gymnasiales Konzept. Im Sinne einer allgemeinen Grundbildung (Alt: „kategorial-exemplarische Bildung"[944]) bezog er die Idee einer „Demokratisierung musikalischer Bildung"[945] - „trotz aller Besonderungen der Schulgattungen"[946] - auch auf Volks- und Realschule, wenngleich er die „geistige Durchstufung" dem theoretischen Leistungsniveau der einzelnen Schulgattungen angepaßt wissen wollte.[947]

DIE BEDEUTUNG DES MUSIK-ERLEBENS

Das Musik-Erleben stellte nach Alts Auffassung die entscheidende Vorbedingung für jede geistige Auseinandersetzung mit musikalischen Kunstwerken dar. Einige Textstellen sollen diese grundlegende Bedeutung des Musik-Erlebens aus Alts Sicht belegen:

„Vorbedingung des Erfassens und Verstehens von Musik ist, daß man sich von ihr 'durchstimmen', 'durchtränken' und 'anstecken' läßt..."[948]

„Höraktivität kann heute nur herausgefordert werden durch die Faszination des Klanglichen und der motorischen Bewegungsimpulse, durch Stimmungs- und Gefühlserregung. Diese vitalen Kräfte, die dem Musikhören des Kindes und des Jugendlichen besonders zu eigen sind, sollten bewußt angenommen, entwickelt und gesteigert werden, der 'Mitvollzug' des Werkes muß schon im Elementarischen sichergestellt sein, ehe man sich der geistig profilierten Werkbetrachtung zuwendet."[949]

„Fachmann und Kenner abstrahieren weitgehend von diesem quellhaften Eindruckserlebnis der Musik und gehen - meist allzubald - an die geistige Durchdringung des Kunstwerkes. Es wird auch in Lehre und Unterricht die vordergründige Realschicht oft als selbstverständlich ausgeklammert, die für den Auf- und Ausbau des Werkhörens beim Hörer, und hier wieder insbesondere beim Kind und Jugendlichen, von entscheidender Bedeutung ist."[950]

---

[943] Alt 1973b, S. 17
[944] Alt 1973b, S. 221
[945] Alt 1973b, S. 17
[946] Alt 1973b, S. 221
[947] Alt 1973b, S. 19
[948] Alt 1973b, S. 120
[949] Alt 1968a, S. 120, Alt 1973b, S. 120
[950] Alt 1973b, S. 119

„Man hat dieses distanzlose Erleben der Musik, diese willige Hingabe an ihren tönenden Vordergrund, dieses diffuse und gleichsam noch verdeckte Musikhören als 'passives' Hören abgewertet. [...] Heute aber sollte wieder ins Bewußtsein gerufen werden, daß nur diese sinnliche Daseinsform der Musik enthält, was die Musik zum ästhetischen Gegenstand macht: die Beziehung zur Sinneswelt."[951]

„Alle geistige Auseinandersetzung mit dem Musikwerk kann nur fruchten, wenn immer wieder auf diesen natürlichen Grund des Kunstwerkes zurückgegriffen wird. [...] Alle formale Betrachtung und Deutung der Interpretation müssen auf den ursprünglichen vollen Sinneseindruck rückbezogen bleiben, so nur wird bei allen Denkoperationen die Nähe zum musikalischen Kunstwerk gewahrt."[952]

Diese Textstellen zeigen die im Vergleich zu seiner Dissertation (1935) unverminderte Wertschätzung, die Alt dem Musik-Erleben entgegenbrachte. Problematisch daran ist jedoch die Verbindung des Musik-Erlebens mit dem Willen zur geistigen Auseinandersetzung. Alt schrieb: „Dieses naive Erleben gibt erst den Anreiz, sich mit dem Geist des Kunstwerkes, dem Gestalthaften und dem Spracheähnlichen an ihm auseinanderzusetzen."[953] Das heißt: die Auslegungslehre Alts setzt an der Stelle an, wo aus der „Faszination des Klanglichen" heraus das Bedürfnis entsteht, sich mit einem Kunstwerk geistig auseinanderzusetzen. Diese Verbindung des Musik-Erlebens mit der Motivation zur geistigen Auseinandersetzung ist für schulische Verhältnisse mit schwerwiegenden Problemen verknüpft. Erstens ist zu fragen, ob und unter welchen Bedingungen sich welche Schülerinnen und Schüler innerhalb der Schule, innerhalb des Musikunterrichts und innerhalb ihrer Gruppe überhaupt von einem (medial dargebotenen) Musikstück „faszinieren" lassen. Zweitens ist zu fragen: Selbst wenn dies geschieht, also wenn sich Schülerinnen und Schüler von einem Musikstück im Unterricht „faszinieren" lassen - unter welchen Bedingungen erwächst bei welchen Schülerinnen und Schülern damit das Bedürfnis nach geistiger Auseinandersetzung mit dem Musikwerk? Zu fragen wäre aber auch, ob oder in welchem Maß sich der Musikunterricht abhängig machen kann von der Erlebniswirkung eines Musikstücks auf einzelne oder mehrere Schülerinnen und Schüler. Diese Probleme sind für die Interpretationsarbeit im Musikunterricht von fundamentaler Bedeutung, werden aber von Alt weder thematisiert noch problematisiert.

Für den Fall aber, daß aus dem Musik-Erleben heraus das Bedürfnis nach geistiger Auseinandersetzung enstanden ist und nun ein Zugang zu den hintergründigeren Schichten des Musikwerks gesucht wird, versucht die Auslegungslehre Alts eine Antwort. Alt bietet für

---

[951] Alt 1973b, S. 118
[952] Alt 1973b, S. 118
[953] Alt 1973b, S. 118

diesen Fall drei Instrumentarien an: die Lehre von den „Sinnkategorien", die Lehre von der Aneignung des musikalischen Kunstwerks und die Lehre von den Methoden der Interpretation.

A. DIE LEHRE VON DEN „SINNKATEGORIEN"

Dem Schüler wie dem Laien sollte die Möglichkeit gegeben werden, „jeder erklingenden Musik mit einer sinn- und formgerechten Einstellung zu begegnen."[954]

„Durch entsprechende Einübung von modellhaften Interpretationsansätzen sollte der Laie, ähnlich wie der Fachmann mit 'kurzschlüssiger' Reaktion, sich baldigst einschwingen in das jeweils erklingende Werk, sich 'einfühlen' mit den darin beschlossenen Sinn- und Formqualitäten; nur auf diesem sichernden Fundament kann dann eine weitere Differenzierung des Musikverstehens angeregt und so geführt werden, daß dadurch auch der individuelle Sinn des Werkes getroffen wird."[955]

Im Anschluß an das 1963 erschienene Buch „Musikpsychologie und Musikästhetik" von A. Wellek entwickelte Alt ein Begriffssystem, das keineswegs den Anspruch auf systematische Vollständigkeit erhob, sondern vielmehr aus einem „pädagogisch-pragmatischen Ansatz" heraus „typische Einstiegsmöglichkeiten" für die Interpretation musikalischer Kunstwerke bieten wollte.[956]

Leitfaden seiner Kategorisierung war der Versuch, in der Vielfalt musikalischer Erscheinungen „Gruppen von Werken" zu benennen, denen ein gemeinsamer (Alt: „typischer") „Sinnkern" zugrunde liegt und die deshalb jeweils mit den gleichen Interpretationsansätzen erfaßt werden können.[957] Diese idealtypisch gedachten Gruppen nannte er „Sinnkategorien". Mit ihnen sollten „alle wesentlichen Erscheinungen des musikalischen Bereichs" abgedeckt[958] und zugleich Zugänge zu ihrem jeweiligen „Wesenskern" ermöglicht werden. Gegenüber anderen Klassifikationen (z.B. nach Gattungen) hatten die „Sinnkategorien" für ihn deshalb größeren Wert für die Anbahnung von Verstehensprozessen.[959]

---

[954] Alt 1973b, S. 89
[955] Alt 1973b, S. 89
[956] Alt 1973b, S. 85
[957] Alt 1973b, S. 86 f.
[958] Alt 1973b, S. 88

> **Die Sinnkategorien der Musik**
> (nach der „Didaktik der Musik")
>
> 1. VERBUNDENE MUSIK
>   1.1. TÄNZERISCH-GESTISCHE MUSIK
>   1.2. VOKALMUSIK
>   1.3. PROGRAMMMUSIK
>
> 2. ABSOLUTE MUSIK
>   2.1. AUSDRUCKSMUSIK
>   2.2. FORMALMUSIK
>   2.2.1. SPIELMUSIK
>   2.2.2. FORMMUSIK
>   a) LIEDHAFTE REIHUNGSFORM
>   b) KONTRAPUNKTISCHE FORM
>   c) ENTWICKLUNGSFORM
>   2.2.3. ORNAMENTMUSIK

Bemerkenswerterweise entspricht dieses Kategoriensystem nicht dem Begriffssystem, das er im gleichen Jahr (1968) in der Realschul-Ausgabe des Musikbuchs „Das musikalische Kunstwerk" darlegte. Nach der Darstellung des Schulbuchs handelt es sich in der „Didaktik" nur um eine Systematisierung der Kunstmusik, während die „Unterhaltungs- und Gebrauchsmusik" darin gänzlich unberücksichtigt bleibt. Auf die unterschiedliche Terminologie im Zusammenhang mit der „Formmusik" wurde bereits bei der Besprechung der Schulbücher hingewiesen.

> **Die Sinnkategorien der Kunstmusik**
> (nach: „Didaktik der Musik" und „Das musikalische Kunstwerk",
> Realschulausgabe)
>
> 1. VERBUNDENE MUSIK
>   1.1. TÄNZERISCH-GESTISCHE MUSIK
>   1.2. VOKALMUSIK
>   1.3. PROGRAMMMUSIK
>
> 2. ABSOLUTE MUSIK
>   2.1. AUSDRUCKSMUSIK
>   2.2. FORMMUSIK

---

[959] Alt 1973b, S. 198

Die Zuordnung eines Musikwerks zu einer solchen „Sinnkategorie" sollte nach den Vorstellungen Alts sogleich den jeweils typischen Interpretationsansatz eröffnen. So erschließe sich beispielsweise das Wesen der „tänzerisch-gestischen" Musik durch die „körperliche Einschwingung in die Musik".[960] Alt schrieb:

„Durch inneren oder äußeren Nachvollzug der körperlich-rhythmischen Antriebe in eigener Körperbewegung und nachvollziehender Gestik wird die tänzerisch-gestische Musik nach Form und Ausdruck aufgeschlossen."[961]

Allerdings dachte er dabei nicht etwa an eine „durchgehende Realisierung des Tanzes", sondern lediglich an die „markierende Unterscheidung beim Beginn oder bei der oftmaligen Wiederkehr der rhythmischen Grundfigur".[962]

Die Vokalmusik werde demgegenüber „am Leitseil des begleitenden Wortes" verstanden, wobei er „wortbetonte" und „musikbetonte Vokalmusik" voneinander trennte.[963]

Die Kategorie „Formmusik", die er am weitesten ausdifferenzierte, erschließe sich durch Analyse auf der Grundlage der überlieferten Formschemata. Durch sie werde der Hörer „vororientiert" und seine Aufmerksamkeit werde auf die jeweiligen „Attraktionsstellen" gelenkt.

Für die Schule forderte er die systematische Einübung in dieses Begriffssystem, zunächst an Modellen, später in eigenständiger Anwendung. Aus seiner Sicht waren diese Sinnkategorien notwendig für die Interpretation von Musikwerken in der Schule, um der Auslegung von vorneherein die richtige Richtung zu geben und um sie in der richtigen Bahn zu halten. Er sprach deshalb von „Einbahnung" der Interpretation:

„Mit der Entwicklung und Einübung solcher Sinnstrukturen der Musik befestigen sich im Hörer typische Auffassungs- und Erlebniskategorien, welche die verschiedenen Wege des Musikverstehens einbahnen. Sie bilden Ausgangspunkt, Motivation und Sinnmitte für alle Betrachtungen formaler, stilistischer und geschichtlicher Art. Erst wenn der innere Kontakt zum Kunstwerk gefunden ist, bleiben alle weiteren Einzelbemühungen rückbezogen und einheitlich deutbar aus der geistigen Mitte des Werkes. Die Frage nach dem Sinn des Kunstwerkes steht also am Anfang und Ende alles Musikhörens."[964]

---

[960] Alt 1973b, S. 91
[961] Alt 1973b, S. 90
[962] Alt 1973b, S. 90
[963] Alt 1973b, S. 94
[964] Alt 1973b, S. 202

Die Anwendung dieser Sinnkategorien sollte innerhalb eines „durchorganisierten Lehrgangs" systematisch eingeübt werden, wobei allerdings die unterschiedlich hohen geistigen Ansprüche berücksichtigt werden sollten, die mit den einzelnen Kategorien verbunden seien. Aus Gründen des Schwierigkeitsgrades empfahl Alt, im Lehrgang mit „verbundener Musik" zu beginnen, und den Einstieg in die absolute Musik mit „Ausdrucksmusik" zu gestalten. Eine Folge von Musikstücken gleicher Sinnrichtung, also einer einzelnen „Sinnkategorie", nannte er „Sinnreihe". Zu der Sinnreihe „Spielmusik" führte er exemplarisch aus:

„Von den kleineren Spielstücken ('Handstücke', kleine Präludien u.ä.) her werden als Ausprägungen einer typisch spielerischen Musik auch begriffen die großformatigen Spielstücke der Toccata und Phantasie, die Allegrosätze der Concerti und der Schlußsatz des klassischen Solokonzertes, der den Leerlauf streifende Perpetuum-mobile-Typ innerhalb der virtuosen Musik ebenso wie die vielerlei Ablaufsmusiken nach Art der Hindemithschen Spielmusiken; am Anfang dieser Sinnreihe mögen musikantisch beschwingte Volkslieder und Kunstlieder stehen. Spieltrieb, naive Motorik, seelische Aufgeräumtheit und quicker Sinn bestimmen alle Stationen dieser weitgespannten Reihe."[965]

Die Behandlung der Formmusik, insbesondere der kontrapunktischen Formen und der Entwicklungsformen setzte er an den Schluß des „Lehrgangs":

„Setzt das adäquate Hören der kontrapunktischen Formen ein Höchstmaß an Konzentration und einen Sinn für innere Proportionen voraus, so fordert die Entwicklungsform das innere bewegte Nachvollziehen übergreifender, weittragender, großatmiger formdynamischer Vorgänge heraus."[966]

Mit der Schallplattenkassette „Musik für den Anfang" versuchte Alt, dieses Konzept zu realisieren. Im Begleitheft gab er als Ziel an, diese „typischen Zugänge" sollten soweit eingeübt werden, daß „der Jugendliche" nicht nur „sachgemäß geleitet", sondern auch „instandgesetzt" werde, „sie selbständig anzuwenden."[967]

Kritik

Bei der Vielfalt musikalischer Erscheinungen sind Begriffe notwendig, um die Erscheinungen ordnen und die Vielfalt bewältigen zu können. Das gilt erst recht für einen „lebenshermeneutisch" ausgerichteten Musikunterricht, wie Alt ihn forderte. Das Kategoriensystem, mit dem die Vielfalt begrifflich geordnet werden kann, ist jedoch problematisch. Mit den „Sinnkategorien" hat Alt versucht, unter dem Aspekt des „Sinns" eine Ordnung vorzunehmen. Dies erscheint zunächst als plausibler Versuch, die Vielfalt musikalischer Erscheinungen nicht nach äußeren (Tempo, Lautstärke, Dynamik,

---
[965] Alt 1973b, S. 200
[966] Alt 1973b, S. 111

Instrumentation), sondern nach inneren Kriterien, nach ihrem „Wesen" vorzunehmen. Doch der „Sinn" einer Musik war für Alt vorrangig bestimmt von den Intentionen, die ein Komponist ursprünglich mit einer Musik verbunden hatte. Dadurch versuchte er, den Rezipienten, also den Schüler, an diese Intentionen zu binden. Dagegen ist einzuwenden, dass der - mündige - Rezipient eigene, andere Intentionen mit einer Musik verbinden kann und die Verwendung einer Musik für ihn einen individuellen und von der ursprünglichen Intention des Komponisten unterschiedlichen „Sinn" haben kann. Eine solche nicht intentionsadäquate „Verwendung" der Musik erscheint heute keineswegs als grundsätzlich verwerflich, sondern vielmehr als allgemein üblich. Und dies dürfte auch 1968 bzw. 1973 bereits so gewesen sein. Für Alt jedoch hatte die ursprüngliche Intention normativen Charakter einer Autorität und ging insofern an der musikalischen Lebenswirklichkeit vorbei.

Ein zweiter Einwand betrifft die Reichweite der durch die „Sinnkategorien" erfassten Musik. Die Aussagen von Alt selbst dazu sind uneinheitlich („Didaktik der Musik", „Das musikalische Kunstwerk", Realschulausgabe). Keineswegs kann das System der Sinnkategorien jene Musik erfassen, die auf anderen als ästhetischen Kategorien beruhen. Das „Wesen" psychedelischer Musik beispielsweise besteht eben nicht in einem ästhetischen „Sinn", sondern darin, eine bestimmte, nämlich „bewußtseinserweiternde" Wirkung erzielen zu wollen. Und auch das Wesen von Werbemusik lässt sich eher mit ihrer Funktion beschreiben als mit ästhetischen Kategorien.

Ein dritter Einwand gegen die Lehre von den Sinnkategorien betrifft eher den praktischen Umgang mit ihnen. Der Anspruch auf eine umfassende Systematik kann in Verbindung mit der Ausdifferenzierung an bestimmten Stellen (z.B. Formalmusik) auch die Einseitigkeit einer Werkauswahl legitimieren. So kann beispielsweise nach der Besprechung eines Menuetts als Vertreter der tänzerisch-gestischen Musik im Unterricht die Besprechung eines Rock'n Roll-Stcükes mit dem Argument abgelehnt werden, man habe ja bereits ein Beispiel für tänzerisch-gestische Musik besprochen und man wolle ja die gesamte Breite der Musikerscheinungen behandeln. Eine solche Verwendung der Sinnkategorien würde zugleich dem Konzept Alts entsprechen, wäre aber aus Schülersicht nicht nachvollziehbar und absurd.

---

[967] Alt, Begleitheft zu „Musik für den Anfang"

Ein weiterer Einwand ist von H. Antholz fomuliert worden. Er sah in dem System die Gefahr der „Voreinstellungen, Vordeutungen und Vor-urteile über das Werk" und empfahl, vor allem mit Blick auf die Grund- und Hauptschule, „instruktive Einstiege ohne Vorwegemotionalisierung oder Vorwegklassifizierung zu wählen."[968] Diesem Einwand wird man wiederum entgegnen müssen, dass nach der Vorstellung Alts mit der Vermittlung von Sinnkategorien nicht zwangsläufig eine Vorwegklassifizierung verbunden sein muß, weil die Zuordnung eines Werks zu einer Sinnkatgeorie nicht eine Vorgabe des Lehrers darstellt, sondern eine erste geistige Leistung des Schülers.

Insgesamt wird die begrenzte Reichweite des Systems deutlich:

Die Lehre von den „Sinnkategorien" kann nur für den auf „Verstehen" ausgerichteten Umgang mit europäischer Kunstmusik Orientierungsfunktion beanspruchen.

Will man an der Idee einer „sinnorientierten" Systematik festhalten, wären höchst individuelle und situationsvariable „Sinngebungen" zu unterscheiden. Im „Medienzeitalter" kann man nicht mehr von einem feststehenden, objektiven, sozusagen der Musik als Sache innewohnenden „Sinn" einer Musik ausgehen, der vom Komponisten oder Interpreten in die Musik „hineingelegt" worden ist und dem Hörer vermittelt werden muss. Der „Sinn" einer Musik unterliegt vielmehr der Individualität des mit ihr umgehenden Menschen und ist bei den Individuen auch situativ variabel. Der „Sinn" einer Musik ist also immer ein Sinn für ein Individuum in einer Situation. Deshalb kann es keine Systematisierung des Sinns von Kunstwerken geben, sondern nur eine Systematisierung der individuellen oder situativen Bedeutungen.

B. DIE LEHRE VON DER „ANEIGNUNG" EINES MUSIKALISCHEN KUNSTWERKS

Grundlage für jede vertiefte „Aneignung" eines musikalischen Kunstwerks war - nach Alt - das „Musik-Erleben". Es stelle die erste von mehreren Aneignungsstufen dar und wurde von ihm wie folgt charakterisiert: „Das Erleben klingender Wirklichkeit wird gespeist aus der ungebrochenen Empfindung für die sinnliche Gewalt der Töne, für die Klang-, Bewegungs-

---

[968] Antholz, a.a.O., S. 170

und Stimmungsimpulse, die vom Musikwerk ausgehen und den Hörer entzücken und mitreißen."[969]

Alt meinte jedoch, mit diesem sinnlichen Musik-Erleben könnten musikalische Kunstwerke nur in ihren vordergründigen „Schichten" erreicht werden. Tieferliegende „Schichten" seien dagegen nur durch einen „geistigen" Prozess zu erschließen, den Alt als „geistige Auseinandersetzung", „geistige Durchdringung" oder „geistige Aneignung" bezeichnete. Hier griff Alt auf das Modell der Schichtenaufgliederung zurück, das N. Hartmann in seiner 1966 veröffentlichten „Ästhetik" dargelegt hatte. Angeregt durch dieses Bild der „Schichten" unterschied Alt nun auch „Vordergrund", „Mittelgrund" und „Hintergrund" musikalischer Kunstwerke, ordnete den „Außenschichten" jeweils seelische „Innenschichten" zu und versuchte, in dieses „zweidimensionale Gefüge" verschiedene „Stufen der geistigen Aneignung" einzuordnen. Dabei traten mehrere begriffliche Schwierigkeiten auf, die H.J. Kaiser bereits aufgedeckt hat.[970] Doch diente dieses „Bild der Schichtenaufgliederung" nach Alts eigenen Worten „nur der Veranschaulichung und Orientierung für Lehrer und Schüler".[971] Was also verstand Alt unter diesen „geistigen Prozessen", mit denen nach seinen Vorstellungen die hintergründigeren Schichten eines musikalischen Kunstwerks erfasst werden können? Rein rationale analytische Prozesse konnte er nicht meinen, weil er den fachtechnischen Ansatz ablehnte. Rein emotionale „Einfühlung" konnte Alt auch nicht meinen, weil er den hermeneutischen Ansatz ebenfalls ablehnte. Zur Lösung dieses schwierigen Problems unterschied Alt „Stufen der geistigen Aneignung". Mit ihnen beschäftigt sich der folgende Abschnitt.

STUFEN DER GEISTIGEN ANEIGNUNG

Die auf das „Außen der formalen Erscheinungen" und das „Innen der Ausdrucksqualitäten"[972] gerichtete geistige Erarbeitung erfolgt nach Alt in mehreren Schritten, die zusammen einen „durchgehenden Prozeß" bilden. Alt schrieb:

---

[969] Alt 1973b, S. 117
[970] Kaiser, Hermann J.: Musiklernen - Musikpädagogische Terminologie als Indikator konzeptioneller Wandlungen, in: Nolte, Eckhard (Hrsg.): Zur Terminologie in der Musikpädagogik. Sitzungsbericht 1987 der Wissenschaftlichen Sozietät Musikpädagogik, Mainz (Schott) 1991, S. 95-102
[971] Alt 1973b, S. 116

„In einem ersten Schritt werden aus dem diffusen Gesamteindruck der Erlebens- und Einfühlungssphäre Teilinhalte bemerkt und herausgehoben und im weiteren Verlauf einander zugeordnet und miteinander verknüpft. Das geschieht mit Hilfe früherer Erlebnisbestände, über die der Hörer verfügt."

Es war für Alt eine Frage der Erfahrung, in welcher Geschwindigkeit dieser Vorgang der „Adaption" gelingt.

„Dieses anfängliche 'Auffassen' der Musik [...] wird dem Hörer keinerlei Schwierigkeiten machen, wenn die Musik Gemeingut ist, so bei Beethoven, Mozart oder bei den typischen Ablaufformen der alten Musik. Die Erlebens- und Hörkategorien sind hier schon so eingeschliffen, daß das Neue sofort und ohne Nachdenken richtig eingebahnt ist. Anders, wenn ungewohnte Eindrücke, etwa aus dem Bereich der neuesten Musik, der mittelalterlichen Musik oder entlegener Folklore auf den Hörer zukommen. Hier wird allemal ein mehrmaliges Hören notwendig, bevor das dem Werke zugrundeliegende Bezugssystem dem Hörer evident wird und die Einzelwahrnehmungen darin bündig eingeflochten werden können. Bei hoher Musikerfahrung schrumpfen solche Einstellungsprozesse auf ein zeitliches Mindestmaß."[973]

In dieser ersten Phase der geistigen Auseinandersetzung kommen also auch die „Sinnkategorien der Musik" als Mittel zur werkadäquaten „Einbahnung" zum Zug.

Die zweite Phase des Aneignungsprozesses nannte Alt „Begreifen". Er schrieb:

„Die Aufmerksamkeit richtet sich nun auf die Feststellung von Themen, Melodien, deren Wiederkehr und Abwandlung, auf die Motive mit ihren charakteristischen melodischen und rhythmischen Elementen, auf den planvollen dynamischen Wechsel im Gesamtablauf, vor allem auch auf die Erkenntnis der formalen Brennpunkte: der Hauptabschnitte und der Umrisse des Satzes und deren Ordnungen. Je mehr es dabei um die Zusammenhänge zwischen den Mikrologien der Musik geht, steigert sich das auf Einzelfeststellungen gerichtete aktive Hören zum 'strukturellen' Hören."[974]

Auf dieser Stufe des Musik-Begreifens ging es also um die differenzierte Detailanalyse, die aber „allmählich" zu einem „Gesamthören" entwickelt werden sollte.

Allerdings werde mit der satztechnischen Analyse nur die formale Erscheinung der Musik, also eine „Außenschicht" erreicht, noch nicht aber die entsprechende „Innenschicht" des „Mittelgrunds". Deshalb müsse mit der satztechnischen Analyse „gleichzeitig" eine „Ausdrucksanalyse" einhergehen.[975]

---

[972] Alt 1973b, S. 121
[973] Alt 1973b, S. 121
[974] Alt 1973b, S. 122
[975] Alt 1973b, S. 125

Beim Musik-Verstehen schließlich, der dritten Phase des geistigen Aneignungsvorgangs, gehe es nun darum, das „Wesen der Musik" einsichtig zu machen. Dabei kämen auch „intuitive Momente" mit ins Spiel. „Musiktheoretische Operationen" könnten auf dieser Stufe sogar hinderlich sein. Alt schrieb:

„Wenn in diesem Bereich das Satzganze in seine Hauptteile, die Satzabschnitte in die darin enthaltenen Themen, die Themen in die sie hervortreibenden Motive, die Motive in die einzelnen Tonfiguren aufgegliedert werden, so versperren diese musiktheoretischen Operationen beim Musikliebhaber den Weg zu einem verständnisvollen Hören, wenn diese Einzelheiten nicht gleichzeitig auch auf ihre Ausdrucksbedeutung hin aufgeschlossen werden."[976]

Auf diese Weise fließen beim Musik-Verstehen „alle Gestalt- und Ausdrucksqualitäten zu einem einheitlichen Gesamtbild zusammen. Zusätzlich ist das „Verstehen" mit einem „Wertgefühl" verbunden. Es heißt: „Das abschließende Verstehen des Gesamtzuges [...] ist begleitet von einer hohen ästhetischen Freude an der Qualität, die gefühlsmäßig als etwas erlebt wird, was dem Kunstwerk Kostbares gibt." Diese Werterfahrung weise dem Werk „eine besondere, einmalige Stellung im Bewußtsein des Hörers zu." Weiter heißt es: „Diese auf die Hintergrundschichten des Kunstwerkes zielende Tendenz des Musikhörens verlangt gerade im Bereich von Bildung und Schule besondere Beachtung; es geht um die volle geistige Aneignung von Musik, um ihre allseitige Verankerung im erworbenen Wert- und Bildungsganzen."

Zusammenfassend läßt sich der Vorgang der „Aneignung eines musikalischen Kunstwerks" idealtypisch als ein spiralcurricularer Prozeß vom Musik-Erleben zum Musik-Verstehen beschreiben:

Das Musik-Erleben ist zunächst ein Vorgang „reiner Emotion". Hier ist der Hörer „erschüttert", er fühlt sich eins mit der Musik und ist fasziniert, entzückt und mitgerissen. Dadurch wird der Hörer zu einer geistigen Auseinandersetzung mit der Musik motiviert. In einer ersten verstandesmäßig geleiteten Tätigkeit aktiviert der Hörer nun seine bisherigen Hörerfahrungen und ruft sich das der Musik zugrundeliegende Bezugssystem, also die richtige „Sinnkategorie" ins Bewußtsein. Das wiederholte Hören ist nun nicht mehr ausschließlich emotional, sondern durch „ichgelenkte Aufmerksamkeit" auch rational geleitet. Auf dieser zweiten „rationalen Stufe" differenziert sich die Wahrnehmung des Hörens, indem die verschiedenen Details bewußt aufgenommen werden. Aus dem „passiven Hören" wird nun ein bewußtes, aufmerksames, aktives Detailhören. Doch soll sich dieser Prozeß nicht im Detail verlieren, sondern zunehmend auf die Sinnmitte des Werks bezogen werden. Es ist also nicht die

Frage, was ist, sondern warum etwas ist. Das Erleben der Musik hat sich nun deutlich verändert. Es ist nicht mehr bloß ein Gelenktwerden durch die Musik, auch nicht nur ein rationales Hören, das die Details erfasst. Das Musik-Erleben ist vielmehr „aufgeklärter". Im „Gesamthören" leuchtet dem Hörer nun der „Sinn" der Details und der Zusammenhang der Formteile auf. Beim wiederholten Hören löst sich der Hörer nun wieder von den rationalen Tätigkeiten und gelangt zu einer dritten Stufe der geistigen Aneignung. Er erfasst nun beispielsweise den Charakter eines Werks als „psychodramatisches Geschehen", erlebt eine abgeklärte, nicht mehr sinnliche, sondern „ästhetische Freude". Er empfindet das Kunstwerk als etwas Wertvolles und verknüpft es mit den bereits erworbenen Dokumenten der geistigen Welt. Das Werk ist zu seinem „inneren Besitz" geworden.

Insgesamt bietet Alts Lehre von der „Aneignung eines musikalischen Kunstwerks" ein Phasenmodell zur *geistigen* Auseinandersetzung mit musikalischen Kunstwerken. Als solches ist es zunächst plausibel, wenn man den zugrundeliegenden Verstehensbegriff akzeptiert. Problematisch dagegen ist die Überführung dieser Theorie musikalischer „Aneignung" in eine didaktische Theorie. Denn die Übertragung der einzelnen Aneignungsstufen auf das musikbezogene Lernen in verschiedenen Schulstufen (Grundstufe: „Musik-Erleben"; Mittelstufe: „Musik-Begreifen", Oberstufe: „Musik-Verstehen") ist mit weitreichenden lern- und entwicklungspsychologischen Fragestellungen verbunden, die bei Alt außer acht bleiben. Insofern handelt sich hier um eine einfache „Abbildtheorie" musikalischen Lernens.[977]

Alt geht außerdem von einem bestimmten („gymnasialen") Verständnis von Schule aus, nach dem es im Musikunterricht der allgemeinbildenden Schule vorrangig um die Vermittlung der Fähigkeit zur „rationalen Weltinterpretation" geht.[978] Er verknüpft den Musikunterricht gerade an der Stelle mit dem Bildungsauftrag der Schule, wo es nach der 1967 erschienenen „Theorie der Schule" von Th. Wilhelm um den „Horizont der Interpretation" ging. Doch hat Th. Wilhelm in der zweiten Auflage seiner Schultheorie (1969) sein „Vorstellungsgelände" um den Horizont der „Hygiene" erweitert, in den der Musikunterricht mit einiger Berechtigung ebenfalls hätte eingebunden werden können, z.B. in den Bereich der „Freizeiterziehung in der Schule" oder der „psychagogischen Lebensführungslehre"[979]. Zwar könnte man auch unter dem Aspekt der Freizeitgestaltung die „Introduktion in Musikkultur" (Antholz) begründen, doch ebenso auch die zeitweilige Abschaffung des Klassenunterrichts in

---

[976] Alt 1977⁴, S. 125
[977] Kaiser, Hermann J. Musiklernen - Musikpädagogische Terminologie als Indikator konzeptioneller Wandlungen, in: Nolte, Eckhard (Hg.): Zur Terminologie in der Musikpädagogik. Sitzungsbericht 1987 der Wissenschaftlichen Sozietät Musikpädagogik, Mainz (Schott) 1991, S. 95
[978] Wilhelm, Theodor: Theorie der Schule, Stuttgart ²1969, S. 397
[979] a.a.O., S. 427 bzw. 422 f.

der Mittelstufe zugunsten musikpraktischer Kurse (z.B. in Gitarre, Schlagzeug oder afrikanischem Trommeln) ernsthaft in Erwägung ziehen. Alt jedenfalls blieb auch 1973 noch bei der engen Ausrichtung des Musikunterrichts auf die geistige Aneignung musikalischer Kunstwerke und konnte neuere Ansätze der Schultheorie nicht mehr in seine Überlegungen einbeziehen.

C. Die Lehre von den Methoden der Interpretation

Nach den Vorstellungen Alts sollte „spätestens auf der Oberstufe" auch vermittelt werden, „wie die einzelnen Stufen der geistigen Erarbeitung eines Kunstwerkes - im Anschluß an die Schichtentheorie - zu gewinnen sind und mit Hilfe welcher musikästhetischen Methoden das Werk geistig zu erschließen ist. Der Lehrer sollte bei jeder Interpretation aufweisen, welche Erkenntniswege er jeweils nimmt; bei den Wiederholungen oder den selbständigen Versuchen der Schüler müssen diese Arbeitsverfahren bewußt angewendet werden. Einen Vorgriff darauf sollte man auch schon in der Abschlußklasse des Mitteltrakts versuchen."[980]

Zumindest „im Überblick"[981] sollten die Schülerinnen und Schüler also mit den verschiedenen Interpretationsmethoden vertraut gemacht werden. Deshalb enthielt seine Darstellung in der „Didaktik" auch eine typologische Darstellung der verschiedenen Interpretationsmethoden:

1. Phänomenologische Methoden
    a. Formanalyse
    b. Energetik

2. Psychologische Methoden
    a. Hermeneutik
    b. Stimmungsästhetik

3. Historische Methoden
    a. biographische Methode
    b. genetische Methode
    c. musikgeschichtliche Methode
    d. kulturgeschichtliche Methode
    e. stilkundliche Methode
    f. wechselseitige Erhellung der Künste
    g. geistesgeschichtliche Deutung

Formanalyse und Energetik faßte er unter dem Begriff der „phänomenologischen Methoden" zusammen. Damit meinte er Interpretationsmethoden, die ein Musikwerk vor allem aus sich

---

[980] Alt 1973b, S. 217

selbst heraus deuten und es als einen vom Hörer unabhängigen Eigenbereich ansehen.[982] Hermeneutische und stimmungsästhetische Interpretationen begriff Alt als „psychologische Methoden", weil sie das Kunstwerk in erster Linie „in seiner Verbundenheit mit dem Hörer" deuten.[983] Nach Alts Darstellung versuchen die übrigen Methoden, das musikalische Kunstwerk vor allem aus seinen Zusammenhängen mit dem „Schöpfer und seiner Zeit" verständlich werden zu lassen. Sie wurden deshalb dem Begriff „historische Methoden" untergeordnet.

Bei der Formanalyse war es Alt besonders wichtig, die schulischen Belange von den musikwissenschaftlichen abzuheben. Er lehnte die Übertragung der „akademischen Formenlehre des 19. Jahrhunderts" auf die Schule als „hohle Wortverdoppelung der Tonereignisse" ab und versuchte, die Formanalyse „pädagogisch umzustrukturieren".[984] Dazu nahm er die Leistungsfähigkeit der Schüler in den Blick – „Man sollte das musikalische Fassungsvermögen des Jugendlichen und seine Nachhaltigkeit bei mikrologischer Werkanalyse recht skeptisch beurteilen"[985] – und warnte davor, durch zu langes Verweilen bei musiktheoretischen und kompositionstechnischen Überlegungen die Schüler falsch anzusprechen.[986] Statt dessen forderte er, der Formenlehre „geistiges Profil" zu geben, die „immanente Logik" der Formen aufzudecken und sie als „psychologisches Sinngefüge" zu verstehen.[987] So hob er die „geheime Inhaltlichkeit" mancher Formen hervor, indem er einigen klassischen Formen „typische Ausdrucksinhalte" zuordnete und z.B. das Rondo als „auskristallisierten Rundtanz" mit „anmutig heiterem und lebhaftem Charakter" und mit der „Neigung zu buntem Wechsel und zu spielerischen Überraschungen bei der Verklammerung der Formeinschnitte" bezeichnete, das Divertimento als „Ständchenszene" mit dem „Aufzug der Musikanten im marschartigen Einleitungssatz" und den Sonaten- und Sinfoniezyklus als „Seelendrama".[988]

Alts Konzept der Formenlehre zielte also weniger auf die detaillierte Beschreibung der musikalischen Erscheinungen, sondern eher auf die Verknüpfung des musikalischen Ablaufs

---

[981] Alt 1973b, S. 273
[982] Alt 1973b, S. 130
[983] Alt 1973b, S. 129
[984] Alt 1973b, S. 131 f.
[985] Alt 1973b, S. 139
[986] Alt 1973b, S. 139
[987] Alt 1973b, S. 142
[988] Alt 1973b, S. 143

mit den als „typisch" betrachteten Ausdrucksinhalten der jeweiligen Form. Insofern läßt sich dieses Konzept insgesamt als ein „sinnorientiertes Konzept der Formenlehre" charakterisieren, das auf die Vermittlung des „allgemeingeistigen Überbaus" der einzelnen Formen zielte und die Anforderungen auf der Ebene der handwerklich-technischen Analyse auf das im Rahmen einer schulischen Höranalyse Mögliche reduzierte.

Dementsprechend gering war für Alt in diesem Zusammenhang die Bedeutung der Notenschrift. Zwar sollten die wichtigsten musikalischen Hauptgedanken in Notenschrift an der Tafel festgehalten werden, doch blieb für ihn das Notenbild „nur ein Chiffresystem, dem Klang, Tonfarbe, Energiestrom, sinnlicher Reiz" und „emotionelle Anmutung" abgehe: „Es fehlt der Notenschrift die Lebendigekti des Klingenden und Strömenden".[989] Dem Lehrer empfahl er, sich selbst „immer wieder" in die Hörsituation zu begeben, um die Schwierigkeiten der Schüler bei der Höranalyse zu berücksichtigen und Überforderung zu vermeiden.[990]

Den Nutzen der Energetik im Rahmen der Werkerklärung sah Alt vor allem darin, daß sie Hilfestellungen für die Erklärung der Entwicklungsformen und des Durchführungsprinzips biete.[991] So könne man die Brennpunkte des musikalischen Geschehens energetisch verstehen und mit den Schülern den „Triebkräften in den Hauptthemen und der Innendynamik der Motive" nachspüren.[992]

Den Anwendungsbereich der musikalischen Hermeneutik sah Alt auf die musikalische Grundbildung beschränkt, wenn es darum ging, den „typischen Elementarformen der Musik Ausdruckscharakteristika" beizugeben. Hier müsse der Lehrer bei der psychischen Resonanz ansetzen, „um dem Kind und dem Laien eine Brücke zu bauen zum Erleben der Musik."[993] Im Rahmen der Werkinterpretation könnten hermeneutische Interpretationen nur „streckenweise" und „punktuell" angewendet werden, etwa bei der Betrachtung von thematischer Arbeit, oder um den wechselnden Charakter von Variationen in „Ton und Gefühl" aufzuschließen.[994]

---

[989] Alt 1973b, S. 137
[990] Alt 1973b, S. 138
[991] Alt 1973b, S. 146
[992] Alt 1973b, S. 146
[993] Alt 1973b, S. 149

Die Stimmungsästhetik hielt Alt für unverzichtbar, weil sie auf den Gesamteindruck eines Werkes ziele. In der Musikpädagogik stelle sie die adäquate Methode für gefühls- und ausdrucksgeladene Musik dar (z.B. romantische Charakterstücke, langsame Sätze von Sonaten und Sinfonien).

Den Sinn der historischen Interpretationsmethoden sah Alt darin, über die Grenzen einer „werkimmanenten Interpretation" hinaus die Zusammenhänge eines Musikwerkes mit dem „Schöpfer seiner Zeit" aufzuzeigen: „Das Kunstwerk muß [...] herausgenommen werden aus seiner Isolierung und mit Hilfe der Methoden der Geschichte, der Biographie, der Kunst, der Literatur und Stilkunde, der Ästhetik und der Philosophie in einen größeren geistigen Zusammenhang gestellt werden."[995] Alt glaubte dadurch auch Schüler ansprechen zu können, die „bei rein musikalischen Fragen stumm bleiben".[996] „Mag die singende und musizierende Initiation auch den Königsweg der Musik darstellen", schrieb Alt, „es gibt auch einen Zugang vom Geist her."[997]

Bei der biographischen Interpretationsmethode ging es Alt um die Darstellung von „geistigen Portraits" und „stilisierten Wesensbildern", mit denen „Schöpfer und Werk gleichsinnig gedeutet werden können."[998] Für solche „Charakterbilder" eignen sich seiner Auffassung nach vor allem die Komponisten Beethoven, Mozart, Bach und Händel.

Als „genetische Methode" bezeichnete er den Versuch, die Entstehung eines Werks nachzuvollziehen, z.B. durch die Einbeziehung der Skizzenbücher Beethovens.

Der musikgeschichtlichen Methode im engeren Sinn stand Alt ablehnend gegenüber, weil sie sich in erster Linie am geschichtlichen „Entwicklungswert" und weniger an dem "Kunstwert" der Werke orientiere.[999] Nur für den Bereich der Oberstufe des Gymnasiums plädierte er an anderer Stelle für eine „entwicklungsgeschichtliche Darstellung der Stilwende zwischen alter und neuer Musik."[1000]

---

[994] Alt 1973b, S. 149 f.
[995] Alt 1973b, S. 156
[996] Alt 1973b, S. 157
[997] Alt 1973b, S. 157
[998] Alt 1973b, S. 159
[999] Alt 1973b, S. 161
[1000] Alt 1973b, S. 168

Bei der kulturgeschichtlichen Methode versuche der Lehrer, in „fesselnder Erzählkunst" ein Werk in den Lebenskreis der jeweiligen kulturhistorischen Situation zu stellen, z.B. die vorklassische „Gesellschaftsmusik" (Serenaden, Divertimenti u.a.) als „Repräsentation des Wiener und Salzburger Bürgertums".[1001]

Als Kerngebiet der historischen Betrachtung im Musikunterricht bezeichnete Alt die Stilkunde, die für die verschiedenen Stilfelder der Musik „geschichtlich differenzierte Hör- und Verstehensschemata" auszubilden versuche.[1002] Dabei dachte er an die Stilkreise, die nach seiner Auffassung „im heutigen Musikleben bevorzugt" werden, nämlich die „alte Musik" (vor allem Spätbarock), die klassisch-romantische Musik und die „neue Musik". Infolge „unablässiger Eingewöhnung" werde die klassisch-romantische Musik „als natürlich empfunden". Demgegenüber begegne „der Jugendliche" der alten Musik „noch mit einer gewissen Distanz". Und je weiter man in der musikalischen Vergangenheit zurückgehe, desto mehr nehme die Erlebnisfähigkeit beim Jugendlichen ab.[1003] Die Stilanalyse geht - im Unterschied zur Formanalyse - nach Alts Darstellung vom Vergleich mehrerer verschiedener Stilbereiche aus und versuche, die charakteristischen Stilmerkmale der einzelnen Werke hervorzuheben. Anschließend solle das Klangbild geistesgeschichtlich gedeutet werden. Eine solche Verknüpfung mit dem „Zeitgeist" einer Epoche veranschaulicht Alt am Beispiel der Gegenüberstellung von Barock und Klassik:

„So wird man bei der Gegenüberstellung des barocken und klassischen Stiles herausstellen, wie dort der ganze Satz nach Ausdruck und Motivik einheitlich entfaltet wird, hier jedoch verschiedene kontrastierende Gedanken innerhalb des Themas und des Satzes auftreten. In dieser Einaffektigkeit und Einthematigkeit spiegelt sich der Rationalismus der Aufklärung, in der 'beseelten' Mischung der Themen und Gefühle die subjektiv gelöste Ausdrucksweise des empfindsamen, freiheitlichen Menschen der Klassik."[1004]

Für die Stilkunde nutzte Alt auch die „Methode der wechselseitigen Erhellung der Künste", die versuche, aus den Bereichen Literatur, Bildende Kunst und Musik den Geist einer Epoche zu fassen. „Auf Grund der dreifältigen Zeugnisse von Wort, Ton und Bild füllen sich die Stilbegriffe randvoll mit lebendiger Anschauung".[1005] Auch hier argumentierte er mit der Möglichkeit für Schüler, „etwaige Ausfälle auf diesem oder jenem Kunstgebiet" auszugleichen. Zugleich wies er auf die notwendige Konzentration innerhalb des Faches hin und lehnte das Konzept der „Querverbindungen" ab.

[1001] Alt 1973b, S. 162
[1002] Alt 1973b, S. 163
[1003] Alt 1973b, S. 165
[1004] Alt 1973b, S. 167

Wenngleich Alt die schulische Stilkunde in erster Linie auf die Epochalstile ausrichtete, hielt er im Zusammenhang mit den „Nationalen Schulen" des 19. Jahrhunderts auch die Einbeziehung nationalstilistischer Komponenten für sinnvoll. Dabei gerieten einige Formulierungen recht klischeehaft, etwa wenn er der „romanischen Vorliebe für das vokale Element in der Musik" die „deutsche Vorliebe für die instrumentale Musik" entgegenhielt.[1006]

Insgesamt ist Alts Lehre von den Methoden der Interpretation eine Darstellung der verschiedenen Möglichkeiten, Ansatzpunkte für die Interpretation musikalischer Kunstwerke zu finden. Allen von Alt dargestellten Interpretationen ist gemeinsam, dass sie an Sprache gebunden sind und entsprechendes Verbalisierungsvermögen der Schülerinnen und Schüler voraussetzen. Alle nonverbalen Interpretationsmethoden (z.B. die Transposition von Musik in Bilder oder Bewegung) bleiben demgegenüber gänzlich unberücksichtigt, obwohl sie - aus heutiger Sicht - sowohl dem Künstlerischen als auch den Schülerinnen und Schülern mit geringeren Verbalisierungsmöglichkeiten in weit höherem Maße entsprechen können.

[1005] Alt 1973b, S. 171
[1006] Alt 1973b, S. 175

5.10. Lehrplankommission Grundschule (1968-1969)

Am 20.12.1968 konstituierte sich in Düsseldorf die nordrhein-westfälische Lehrplankommission Grundschule (DOKUMENT 57). M. Alt wurde der Vorsitz des Fachbereichs Musik anvertraut. Der von dieser Kommission erarbeitete Lehrplanentwurf wurde 1969 als vorläufige „Richtlinien und Lehrpläne für die Grundschule" veröffentlicht[1007] und zunächst an 200 Grundschulen des Landes Nordrhein-Westfalen erprobt. Zur Erprobung der Musik-Richtlinien entwickelte Alt einen Fragebogen, dessen Ergebnisse von P. Darius ausgewertet wurden (Alt-Darius 1973). 1973 erschien dann eine revidierte Fassung der Richtlinien[1008], deren Entstehungsgeschichte W. Gundlach 1975 bereits dargestellt hat.[1009]

DIE VORLÄUFIGEN RICHTLINIEN (1969)

Schon die Einteilung des Fachbereichs zeigt die Handschrift M. Alts. Es wurden vier „Funktionsfelder" unterschieden (Werkhören, Musikübung, Musiktheorie und musikpädagogische Information), die inhaltlich ganz unzweideutig nach der Einteilung des Fachbereichs in Alts Buch „Didaktik der Musik" (Reproduktion, Theorie, Interpretation, Information) ausgerichtet wurden. So sollte beispielsweise im Funktionsfeld „Werkhören" aus dem „Musikerleben" nach und nach das „Musikbegreifen" und „Musikverstehen" entwickelt werden, und im Funktionsfeld „Information" sollte „klassifizierendes Ordnungs- und ein geschichtliches Orientierungswissen" angebahnt werden.[1010]

FRAGEBOGEN UND AUSWERTUNG

Der von Alt entwickelte Fragebogen umfasste insgesamt 25 Fragen zur Person des Lehrers (Alter, Ausbildung usw.), zur Unterrichtssituation (Klassengröße, Unterrichtsausfall, Ausstattung u.a.) sowie zum Lehrplan (Verständlichkeit, Umfang, Erreichbarkeit der Lernziele u.a). In der Auswertung wies P. Darius auf die unsichere Datenbasis (N=162) hin, doch konnte er einige Tendenzen sichtbar machen. Es wurde eine „Schwierigkeitsskala" der vier Funktionsfelder ermittelt, derzufolge der Bereich des Werkhörens mit den größten

---

[1007] Richtlinien und Lehrpläne für die Grundschule, Schulversuch in Nordrhein-Westfalen, in: Die Schule in NRW, H. 40, Wuppertal-Ratingen-Düsseldorf (Henn) 1969

[1008] Richtlinien und Lehrpläne für die Grundschule in Nordrhein-Westfalen, in: Die Schule in NRW, H. 42, Wuppertal-Ratingen-Düsseldorf (Henn) 1973 [= Richtlinien 1973]

[1009] Gundlach, Willi: Lehrplan und Musikunterricht, in: Antholz, H./Gundlach, W. (Hrsg.): Musikpädagogik heute, Düsseldorf (Schwann) 1975, S. 165-173

[1010] Richtlinien 1969, a.a.O., S. 230 bzw. 237, auch in Nolte, Eckhard: Lehrpläne und Richtlinien für den schulischen Musikunterricht in Deutschland vom Beginn des 19. Jahrhunderts bis in die Gegenwart,

Schwierigkeiten verbunden war, obwohl 27% bzw. 30% der Lehrer angegeben hatten, das Interesse der Schüler am Werkhören sei groß bzw. nehme zu.[1011] Die Gründe für diese Schwierigkeiten wurden von den Lehrern in erster Linie der vorgegebenen Formulierung „methodische Schwierigkeiten / mangelnde Hilfsmittel" zugeordnet, weswegen die Verbesserung der Ausstattung (Klavier, Plattenspieler, Schallplattensammlung) bzw. der Ausbildung nahegelegt wurden.[1012]

DIE NEUFASSUNG DER RICHTLINIEN (1973)
Die Neufassung der Richtlinien zeigte in einigen Bereichen erhebliche Unterschiede zur Erstfassung. Zunächst fallen terminologische Unterschiede auf. Zwar wurde die Strukturierung des Fachbereichs nach dem Buch „Didaktik der Musik" von Alt prinzipiell beibehalten, doch wurden diese Bereiche 1973 nicht mehr „Funktionsfelder", sondern „Lernfelder" genannt. Ebenso wurde der Ausdruck „Funktionsziel" durch „Lernziel" ersetzt, und statt „Darstellungsmittel der Musik" war jetzt von „Parametern" die Rede.

An einigen Stellen (Abschnitt „Musikübung") wurden Zielformulierungen wie diese eingeschoben: „Der Schüler soll Fertigkeiten entwickeln, die musische Einheit in Spiel- Tanz-, Nachahmungs- und Bewegungsliedern planvoll zu realisieren."[1013]

In den Richtlinien von 1973 wurde das „Werkhören" begrifflich vom „Musikhören" abgesetzt. Während die Übungen des „Musikhörens" in erster Linie auf eine Steigerung der „musiktechnischen Unterscheidungsfähigkeiten" gerichtet waren, beginne das „Werkhören" erst mit der „Gedankenbildung um das Gehörte" und sei deshalb als „aktiver Gegenzug des Hörens" zu verstehen. Wie bereits in den vorläufigen Richtlinien von 1969 sollte das Werkhören in der ersten Klasse mit ersten Kontakten zu kurzzeitigen Hörwerken beginnen und mit der Einübung in die „Grundschemata des Musikhörens" fortgesetzt werden. In der dritten Klasse wurden jedoch 1973 „Übungen zum Erwerb von variablen Rezeptionsweisen" angesetzt, die im Unterschied zu dem Entwurf von 1969 in ihrer Zielsetzung nun weniger inhaltlich ausgerichtet waren („absolute Musik" statt „verbundene Musik"), sondern sich auf die Steigerung von Kompetenzen ausrichteten. Dazu wurden nun - wie im Schallplattenwerk „Musik für den Anfang" (1970) - fünf „Sinnkategorien" unterschieden, hier allerdings als

---

Mainz (Schott) 1975, S. 235 bzw. 242
[1011] Alt-Darius 1973, S. 39 f.
[1012] Alt-Darius 1973, S. 36f.

„Gattungen" bezeichnet: „Vokalmusik", „tänzerisch-gestische Musik", „Programmusik", „Formmusik" und „Ausdrucksmusik". Gegenüber den 1969 im zweiten Schuljahr angesetzten Zuordnungen zu den „Hauptgattungen der Musik" fand also das Konzept der „Sinnkategorien" 1973, wenn auch in vereinfachter Form (Formmusik) und unter anderer Bezeichnung („Gattungen") insgesamt eine konsequentere Anwendung. Neben einer differenzierten Formanalyse wurden nun auch die Ausdrucksanalyse und Wirkungsanalyse verlangt.

Im Bereich der „Musikübung" sollte sowohl nach dem Entwurf von 1969 als auch nach den Richtlinien von 1973 Bewegungs-, Spiel-, Tanz- und Nachahmungslieder „in ihrer musischen Einheit von Singweise, Wort und Bewegung"[1014] im Vordergrund stehen. Auch die Steigerung der Singfähigkeiten einschließlich des „Abstellens" von „groben Singfehlern" gehörte zu den Zielsetzungen. Als neues Ziel wurde 1973 zusätzlich die „Gewinnung einer sinnvollen Ordnung durch die Liedformen (Strophe, Teile, Perioden) aufgenommen.[1015] Im zweiten Schuljahr wurde über die 1969 angestrebte „bewußte Atemführung" hinaus 1973 die „schrittweise Anhebung und Disziplinierung des Singens" angestrebt, wobei verschiedene Kategorien („stilles Singen", „horchendes Singen", „geschmeidiges Singen") gebildet wurden. Im dritten Schuljahr wurden in annähernder Übereinstimmung beider Fassungen die Erweiterung des Stimmumfangs sowie die Einübung von „Formen elementarer Mehrstimmigkeit" angestrebt. Für das vierte Schuljahr wurde „auch ausländische Folklore in Übersetzung", teilweise auch „im Urtext" empfohlen. Außerdem wurden stimmbildnerische Ziele genannt, z.B. „Öffnen und Verschmelzen der verschiedenen Resonanzräume". Zusätzlich zur Weiterführung „elementarer Mehrstimmigkeit" wurden 1973 auch „einfache strophische Kunstlieder" empfohlen.[1016]

Nach den 1969er „Empfehlungen zur Unterrichtsgestaltung" war das „Funktionsfeld" „Musikpädagogische Information" nur für die Abschlussklasse (Viertes Schuljahr) als „systematische Einführung in die verschiedenen Funktionsbereiche der Musik" vorgesehen. Für die unteren drei Klassen wurden nur „gelegentliche Hinweise" empfohlen. Als Funktionsbereiche wurden hier genannt: Reklamemusik, Unterhaltungsmusik, Tanzmusik und Kirchenmusik Außerdem sollten anhand kurzer Werkausschnitte „Übungen im

---

[1013] Richtlinien 1973, S. 4
[1014] Richtlinien 1973, S. 8
[1015] Richtlinien 1973, S. 8

gattungsmäßigen Klassifizieren" durchgeführt werden, wobei folgende Gattungsbegriffe aufgeführt wurden: Kunstlied, Volkslied, Operette, Orchestermusik, Kammermusik. Das Funktionsfeld „Musikpädagogische Information" sollte außerdem die „Anleitung zur Handhabung und zum sinnvollen Gebrauch der mikrophonalen Mittler" umfassen, also von Schallplatte, Rundfunk und Tonband. Und schließlich sollten auch Vorschläge für die Anlage von Musiksammlungen unterbreitet und Rundfunk- bzw. Fernsehprogramme analysiert werden. Auch an „Abhöraufgaben" mit nachfolgender Unterrichtsbesprechung war gedacht. Demgegenüber wurden 1973 für alle Jahrgangsstufen Empfehlungen für den Lernbereich „Information" gegeben. Nach „gelegentlichen Hinweisen auf das Musikleben der Wohngemeinde" (1. Klasse) sollte in der zweiten Klasse erkundet werden, „in welchen Situationen, zu welchen Anlässen und an welchen Orten" Musik zu hören sei und welche Funktion sie dabei erfülle. Die Übungen im gattungsmäßigen Klassifizieren sollten Unterrichtsinhalt der dritten Klasse sein. Für den gleichen Jahrgang wurde die „Erweiterung des musikalischen Weltbildes" angestrebt, und zwar durch Hören von Musik aus verschiedenen Zeiten und aus verschiedenen Kulturbereichen („Exotik", „Folklore"). Außerdem sollten Zusammenhänge zwischen Funktion und Stilart behandelt werden. In der vierten Klasse sollte die Vermittlung von Kenntnissen der Institutionen des Musiklebens und ihrer Aufgaben vermittelt werden.

Im Bereich Musiktheorie sollten nach dem Entwurf von 1969 in der ersten Klasse musikalische Grundbegriffe (hoch-tief, langsam-schnell usw.) singend und hörend erarbeitet werden. Die „Helligkeitsauffassung" (hell-dunkel) sollte in tonräumliche Ausdrücke (hoch-tief) überführt werden. Und um den Tonraum bewußt zu machen, sollten z.B. hohe oder tiefe Einzeltöne durch „Tippen in die Luft" bzw. Markieren an der Tafel" „spielerisch dargestellt" (moderner: visualisiert) werden. Melodiekurven sollten in „horizontaler Luftschrift" notiert werden. Nach den 1973er Richtlinien sollten nun - im Zuge der auditiven Wahrnehmungserziehung - ausdrücklich auch die Eigenschaften von „Geräuschen" beschrieben werden. Schallverläufe sollten erfunden und auf Schlag- und Elementarinstrumente übertragen werden. Im zweiten Schuljahr sollte ein Lehrgang einsetzen zur Vermittlung der Notenschritft, zunächst Notenwerte und Notennamen, im dritten Schuljahr die Begriffe Ganzton- und Halbtonschritt, die Dur-Tonleiter, punktierte Notenwerte usw., auch Differenzierungen in den „Darstellungsmitteln" (1973: „Parametern) Tempo,

---

[1016] Richtlinien 1973, S. 16

Dynamik und Form, im vierten Schuljahr schließlich auch die Einführung in harmonische Elemente sowie das Zusammenspiel von Form- und Ausdrucksbereich in der Liedbetrachtung. Nach den 73er Richtlinien sollte in der zweiten und dritten Klasse zusätzlich in die Instrumentenkunde eingeführt werden.

Neben diesen terminologischen und inhaltlichen Veränderungen ist aber auch die gesamte Diktion der 1973 eingefügten Textpassagen auffallend nüchterner, was die folgende Gegenüberstellung zweier „typischer" Textabschnitte verdeutlichen soll. 1969 hieß es zur generellen Charakterisierung des Funktionsfelds „Werkhören": „Die Faszination durch das Klangliche, durch motorische Bewegungsimpulse, durch Stimmungs- und Gefühlserregung, durch Anstoß des freien Spiels der Phantasie steht auf dieser Stufe im Mittelpunkt. Diese sensomotorischen und emotionalen Wirkungen sollen nicht nur weitherzig angenommen, sondern vielmehr gesteigert werden. Denn die Freude am kaleidoskopartig bunten Spiel der Töne, Klänge, Rhythmen und am Funktionieren dieses naiven semantischen 'Hörspiels' zwischen Kind und Musik legt den Grund für das Werkhören. Gelingt dieses innere Mitspielen, dann entsteht ein physiognomisches Vorverständnis des Musikwerkes, das musiktheoretischer Begriffe noch entraten kann. Mit der wachsenden Geschmeidigkeit der Einfühlung und des inneren Mitvollzuges werden schrittweise auch Bedeutung und innerer Zusammenhang der musikalischen Abläufe zugänglich. Mehr und mehr tritt dazu die Freude am Beobachten, Verbalisieren, Charakterisieren, Ausdeuten und Erklären der musikalischen Erscheinungen; aus dem Musikerleben wird erstes Musikbegreifen und Musikverstehen."[1017]

Diese Passage wurde 1973 nur in den Empfehlungen für die erste Klasse beibehalten. Zur Charakterisierung des gesamten Lernbereichs wurde dagegen folgende Formulierung verwendet, die mit ihrer erheblich „kühleren" und rationaleren Sprache ganz unverkennbar den Geist der 70er Jahre und der „auditiven Wahrnehmungserziehung" erkennen lässt: „Das Kind soll lernen, die vielerlei auditiven Vorgänge in der Umwelt wahrzunehmen, zu beschreiben und die Beziehungen zwischen sich und der Welt der Geräusche und Klänge analytisch zu klären; auf dieser umfassenden auditiven Sensibilisierung des Kindes gewinnt das Werkhören eine breite Grundlegung und vielerlei Beziehung zum Leben."[1018]

[1017] Richtlinien 1969, S. 229 f., auch in Nolte, a.a.O., S. 235
[1018] Richtlinien 1973, S. 3

6. Zusammenfassung und Schluss

Das musikpädagogische Schaffen Michael Alts, in dessen Mittelpunkt er das musikalische Kunstwerk als überzeitlich werthaften Ausdruck eines zu verstehenden Geistigen rückte, konzentrierte sich schon vor 1933 auf Fragen des Musikunterrichts an allgemeinbildenden Schulen. Als zentrale Zielsetzung des Musikunterrichts betrachtete er es, das „geistige Gesicht eines Kulturkreises von der klassischen Leistung her mitzuformen" (Alt 1931). Dabei kam es ihm auf eine Steigerung des musikalischen Erlebens an, das vom „sensomotorischen Erleben" ausgehend über das „assoziative Erleben" und das intellektuelle „Erkennen" zum „Verstehen" geführt werden sollte (Alt 1932). Der Verlauf des Musikunterrichts sollte sich nach den idealtypischen Vorstellungen Alts in eine Phase der Erstbegegnung mit dem musikalischen Kunstwerk, eine Phase der spontanen Schüleräußerungen, eine Phase der Analyse, eine Phase der „Querverbindungen", eine Phase des gemeinschaftlichen Musizierens sowie eine Phase des „Absinkens" gliedern. Ein besonderes Anliegen Alts war die wissenschaftliche Durchdringung des Musikunterrichts. Sein wissenschaftliches Denken fußte auf einem geisteswissenschaftlichen Ansatz, was er am Ende der Weimarer Zeit nicht verstehens- oder wissenschaftstheoretisch, sondern mit der nationalen Denktradition begründete (Alt 1932).

Die Machtergreifung der Nationalsozialisten begrüßte Alt mit unverkennbarer Euphorie. Er sah die Chance, in der höheren Schule das künstlerische und musikalische Wertempfinden der heranwachsenden Führerschicht zu steigern und hoffte auf eine Übernahme dieses Wertempfindens durch das Volk (Alt 1933f). Mit seiner empirisch angelegten Dissertation zu den „Typen des musikalischen Genießens und Wertens" knüpfte er an sein Interesse an den „Innenvorgängen" beim Musikhören an und entwickelte ein auch heute noch durchaus beachtenswert erscheinendes Konzept zur musikalischen Sensibilisierung der Schülerinnen und Schüler, das er „Eindrucksschulung" nannte (Alt 1935). Seine auf Pluralismus und Toleranz ausgerichtete Dissertation widersprach in eigenartiger Weise dem antiliberalen Grundtenor seiner übrigen Veröffentlichungen, die sich 1936 nicht nur antipluralistisch und nationalistisch, sondern auch rassistisch und antisemitisch darstellten. 1938 steigerte er sich in einer „flammenden" Antrittsvorlesung in die Vision eines neuen musischen Menschen hinein (DOKUMENT 17). Nach 1938 wurde seine Diktion spürbar nüchterner. Viele ideologische Versatzstücke seines Schulmusikbuchs „Klingendes Leben" (1941) lassen sich auf entsprechende Anordnungen des Reichsministeriums für Wissenschaft und Volksbildung zurückführen.

Auch nach 1945 zeigte sich Alt zunächst durchdrungen von der Idee des Musischen als einer ganzheitlichen, ethischen und auf „Ausgleich" bedachten Erziehung (Alt 1953/54), zu der er erst in den 60er Jahren (Alt 1963a, 1963b, 1965f) eine differenziertere Position formulierte und die er dann als „harmonistisches Leitbild" ablehnte. Zwar versuchte er 1963/64, der heftigen Kritik Th. W. Adornos in den 50er Jahren zum Trotz, das Musische in einem vertieften Verständnis als „integratives Element der Erziehung" zu beleuchten, indem er dazu aufforderte, den antigeistigen Affekt der musischen Bewegung zu überwinden, doch schrieb er in seiner Theorie musikalischer Bildung (Alt 1967a) dem Musischen schließlich nur noch für die untere Schulstufe zentrale Bedeutung zu. Damit wandte er sich von seinen früheren Vorstellungen von einer „musischen Fachgruppe" mit einer spezifisch musischen Unterrichtsform (Alt 1955b, Alt 1955c) zugunsten der Bemühung ab, das Fach Musik in die „Wissenschaftsschule" zu integrieren.

Als falsch erkannte er auch den Versuch, ohne das genaue Erfassen der musikalischen Gegebenheiten zu geistesgeschichtlichen Deutungen zu kommen. Deshalb plädierte er mit ausdrücklichem Bezug auf E. Staigers „Kunst der Interpretation" (1951) für eine „werkimmanente Deutung", die allerdings eine geistesgeschichtliche „Ausrundung" erfahren müsse (Alt 1957a). Nach den Veröffentlichungen von W. Flitners „Grundlegende Geistesbildung" (1954) und Th. Wilhelms „Theorie der Schule" (1967, ^{2}1969), in denen die Bedeutung der Interpretation für die schulische Bildung hervorgehoben worden war, stellte Alt die Frage nach der Interpretation musikalischer Kunstwerke in den Mittelpunkt seiner Überlegungen, die in das Konzept der auf die Vermittlung von Interpretationskompetenz zielenden „Auslegungslehre" einmündeten (Alt 1973).

Auch nach 1945 blieb eines der Grundprobleme der Musikpädagogik, wie angesichts der „offensichtlichen Veränderung des Musikerlebens" im Medien-Zeitalter das Musik-Erleben zu einer „bildenden Begegnung" geführt werden könne (Alt 1965c). In seinem Buch „Didaktik der Musik" (Alt 1973) stellte er idealtypisch dar, wie das rein emotionale Erleben über das „Auffassen" und „Begreifen" zum „Verstehen" geführt werden könne und knüpfte damit an seine Überlegungen von 1932 an.

Zu den Grundlinien des musikpädagogischen Schaffens Alts gehört auch sein Bemühen um die wissenschaftliche Grundlegung des Musikunterrichts. Schon die Gründung des

„Fachverbands der Musikphilologen" (1929) sollte ausdrücklich diesem Anliegen dienen. Wissenschaftstheoretisch unterschied er zunächst die praktische „Musikpädagogie" von der theoretischen „Musikpädagogik" (DOKUMENT 4, um 1929). Später ging es Alt vor allem um das Verhältnis der Musikpädagogik zur Musikgeschichte (Alt 1931) und um die Profilierung der Musikpädagogik als einer Teildisziplin der systematischen Musikwissenschaft (Alt 1932). Auch nach 1933 blieb das wissenschaftliche Interesse Alts erkennbar, vor allem in seinen Literaturberichten (1933/34) bzw. Forschungsjahresberichten (1938-1944). Nach dem Krieg griff er mit mehreren Aufsätzen das wissenschaftliche Anliegen wieder auf und plädierte für eine Neubelebung der musikpädagogischen Forschung (Alt 1955b, Alt 1955c). Im Mittelpunkt des Forschungsinteresses stand ab 1964 die Entwicklung einer wissenschaftlichen „Didaktik" der Musik (Alt 1964), die er als Ort einer kritischen Situationsanalyse, einer Beschreibung aktueller musikpädagogischer Möglichkeiten sowie einer Theorie musikalischer Bildung und des Lehrplans verstand (Alt 1965b, 1965c). In den „Brennpunkten musikpädagogischer Forschung" machte er deutlich, dass die Musikpädagogik im Unterschied zur Musikwissenschaft „nicht bloß nach den Sachen" frage, sondern „nach dem Verhältnis des Menschen, vor allem des Jugendlichen, zu ihnen." (Alt 1966b). Auch das 1968 erschienene und 1973 teilweise revidierte Buch „Didaktik der Musik" gehört in die Reihe der Veröffentlichungen, die sich um eine wissenschaftliche Grundlegung des Faches bemühten und darf deshalb nicht als Konzeption des Musikunterrichts missverstanden werden.

Kernpunkt seiner wissenschaftlichen Bemühungen war der Versuch, musikpädagogisches Handeln an die Realität anzubinden. 1955 forderte Alt von jedem Musiklehrer sorgfältige Bedingungsanalysen, um Ansatzpunkte für die Arbeit zu gewinnen (Alt 1955b). Außerdem sollten Wirkungsanalysen vorgenommen werden, mit denen die individuellen Lernprozesse einer empirisch orientierten Evaluation unterzogen werden sollten. Ähnliches galt für die wissenschaftliche Theorie, weswegen sein Buch „Didaktik der Musik" nicht mit Zielformulierungen, sondern mit einer Situationsanalyse begann, in der er die Bedingungen musikalischer Lernprozesse in allgemeiner, d.h. überindividueller Weise auszuloten versuchte. Folgerichtig betrachtete er es als eine weitere Aufgabe der angestrebten wissenschaftlichen Musikpädagogik (Alt: „Didaktik"), die „spezifischen musikerzieherischen Möglichkeiten" aufzufinden (Alt 1965b). Zumindest im Ansatz sind hier modernste pädagogische Grundsätze formuliert, wie sie sich z.B. auch in der erziehungswissenschaftlichen „Theorie des allgemeinen Sollens" von J. Grzesik (Grzesik

1998) finden und die sich im übrigen auch schon bei verschiedenen pädagogischen Klassikern (Rousseau, Herbart u.a.) nachweisen lassen. Dabei geht es im Kern darum, die Ziele der pädagogischen Beeinflussung nicht aus irgendwelchen Wunschvorstellungen, Leitbildern oder Utopien abzuleiten, sondern aus den jeweiligen realen Entwicklungsmöglichkeiten. Mehreres ist damit ausgesagt:

Erstens: Wie jedes pädagogische Handeln muss auch das musikpädagogische Handeln bei der Analyse der Bedingungen beginnen. Alt setzte bei den soziokulturellen Bedingungen an und rückte hier vor allem das Problem der „Dislozierung" der Musik durch die Medien und die damit verbundene „Minderung des Wertbewußtseins" in den Vordergrund (Alt 1963a, 1973b). Die Forderung nach sorgfältigen Bedingungsanalysen ist erziehungswissenschaftlich und fachdidaktisch richtig und könnte heute weitergeführt werden, z.B. durch die Analyse der internen Ausgangsbedingungen der jeweiligen Schülerinnen und Schüler (Vorerfahrungen, bereichsspezifische Entwicklungsstände, Lerninteressen u.a.). Alt hat 1955 erste Vorschläge zur praktischen Durchführung von Bedingungsanalysen in Form von Fragebögen vorgelegt (Alt 1955b).

Es geht zweitens um die Beschreibung der musikpädagogischen Möglichkeiten, also um die Frage, welche allgemeinen oder musikalischen Lernresultate unter den gegebenen Bedingungen (z.B. Lernvoraussetzungen, Interessenlage, zur Verfügung stehende Zeit) überhaupt durch musikpädagogische Beeinflussung bewirkt werden können. Alt hat dieses Problem unter dem Stichwort „Bildungsfähigkeit" und „Bildungswilligkeit" artikuliert (Alt 1965b), allerdings vorrangig auf die Frage nach der Werkauswahl bezogen. An dieser Stelle könnten heute allgemeine Aussagen über die musikalischen Entwicklungsmöglichkeiten (z.B. Ergebnisse der musikalischen Begabungsforschung) in den didaktischen Zusammenhang gestellt werden.

Drittens geht es um die Entscheidung, welche der - unter den gegebenen Bedingungen - als erreichbar diagnostizierten Lernresultate angestrebt werden sollen. Bei dieser Frage der „Transformierung von einem Können in ein Sollen" (Grzesik) war Alts Denken eindimensional, weil er das musikbezogene Lernen einseitig auf die geistige Auseinandersetzung mit musikalischen Kunstwerken ausrichtete. Diese für alle verbindliche und deshalb „autoritäre" Richtungsvorgabe müsste heute durch andere mögliche Richtungen (z.B. Kreativität, musikalische Ausdruckskompetenz) zu einem Spektrum möglicher Richtungsentscheidungen erweitert werden.

Viertens geht es um die Frage, mit welchen Methoden das angestrebte Lernresultat angegangen werden soll. Deshalb hat Alt in seinem Konzept der „Auslegungslehre" (Alt 1973) die Zielvorstellung vertreten, den Schülerinnen und Schülern der gymnasialen Oberstufe ein Methodenrepertoire zu vermitteln und damit Methodenkompetenz aufzubauen. Dieser Ansatz bedürfte heute einer inhaltlichen Ergänzung durch nonverbale Interpretationsmethoden, insbesondere durch Bewegung und Malerei.

Fünftens geht es darum, den nach einer bestimmten Zeit erreichten musikalischen Entwicklungsstand zu erfassen, die bisherigen Ziel- und Methodenentscheidungen zu überprüfen und gegebenenfalls zu korrigieren. Auch dieses Problem wurde von Alt unter dem Stichwort „Wirkungsanalyse" bereits angesprochen (Alt 1955b) und wird heute als Frage der „Qualitätssicherung" diskutiert.

Mit anderen Worten: es finden sich bei Alt eine Reihe durchaus fortschrittlicher und fortschreibbarer Ansätze, Musikpädagogik von utopischem musischen Denken weg- und zu realistischem professionellen Denken hinzuführen. Doch werden diese Ansätze von ihm selbst durch andere, weniger fortschrittliche Tendenzen überlagert. So stand er sich mit der eindimensionalen Ausrichtung auf die geistige Auseinandersetzung mit musikalischen Kunstwerken selbst im Weg. Zwar zeigt gerade ein Vergleich der von Alt herausgegebenen Schulbücher die Öffnung der inhaltlichen Bandbreite: 1941 („Klingendes Leben") reichte das Spektrum bis M. Reger, H. Pfitzner und H. Wolf, 1953 („Musica") bezog es auch F. Mendelssohn Bartholdy und A. Schönberg mit ein, 1955 reichte es (von der Antike) bis zu P. Hindemith und I. Strawinsky, und 1965 („Das musikalische Kunstwerk", Bd. 2) bis zum Jazz und zur elektronischen Musik. Doch insgesamt versagte er sich eine inhaltliche Öffnung des Musikunterrichts gerade dort, wo der musikalische „Lebensnerv" der meisten Jugendlichen getroffen wird: bei der populären Musik.

Eine zweite Tendenz, die kluge wissenschaftliche Ansätze überlagerte, hat mit dem Problem musikalischer Bildung zu tun, das er vor allem unter der Fragestellung diskutierte, wie sich das Fach Musik in das „geistige Gefüge" bzw. in den „Bildungsplan" der Schule integrieren und legitimieren lasse (Alt 1956, Alt 1967a). Durchgängig ist sein Bemühen erkennbar, das Fach in eine „geistige Einheit" der Schule zu integrieren. In der geschichtlichen Rückschau haben sich jedoch weder der geisteswissenschaftliche Begriff des Verstehens noch der nationalistische Begriff der Deutschheit, weder der konturlose Begriff des Musischen noch der zu stark geist- und sprachorientierte Begriff der Interpretation, und auch nicht der ästhetisch zu enge Begriff des klassischen Kunstwerks als dauerhaft tragfähige Säulen eines musikpädagogischen Bildungskonsenses erwiesen. All diese Versuche erscheinen letztlich nur als aussichtslose Bemühungen, Pluralität durch eine einheitliche inhaltlich-konzeptionelle „Orientierung" zu überwinden. Doch muss man inhaltliche Pluralität keineswegs als Nachteil empfinden, wenn man bereit ist, dem Individuum volle Verantwortung für sein Handeln zuzuschreiben und wenn dieses bereit ist, diese Verantwortung zu übernehmen. Eine „individualisierte" Gesellschaft, in der sich die Bürger als mündige Individuen verstehen, mutet eben jedem Einzelnen ein hohes Maß an Verantwortungsbewußtsein und konzeptioneller Kompetenz zu. Deshalb kann es in Zukunft kaum um die Entwicklung einheitlicher Konzeptionen gehen. Nur die abgestimmte, aber individuell verantwortete Konzeptentwicklung und -revision auf der Basis sorgfältiger Bedingungsanalysen, Diagnosen allgemeiner und musikalischer Entwicklungsmöglichkeiten sowie wissenschaftlich und ethisch gestützter Mindeststandards scheint zukunftsfähig. Das gilt auch und erst recht für die Musikpädagogik in einer Zeit, in der sich die globalen und historischen Horizonte musikalischer Realitäten und musikästhetischer Grundvorstellungen mit zunehmender Dynamik ausdifferenzieren und erweitern. Es wird darauf ankommen, mit den Pluralitäten umgehen zu lernen.

Anhang

1. Dokumentation

MICHAEL ALT
(Foto: privat)

Verzeichnis der Dokumente

Nr.	Titel des Dokuments	Ort	Datierung
1.	Zeugnis über die künstlerische Prüfung für das Lehramt an höheren Lehranstalten	Berlin	25.06.1929
2.	Zeugnis über die wissenschaftliche Prüfung für das Lehramt an höheren Schulen	Köln	28.04.1931
3.	Zeugnis über die pädagogische Prüfung für das Lehramt an höheren Schulen	Bonn	23.09.1931
4.	Organisation der Schulmusiker (Manuskript)	Aachen	um 1929
5.	Brief von Prof. Leo Kestenberg an M. Alt	Berlin	31.05.1930
6.	Konzertzettel	Aachen	22.03.1931
7.	Konzertkritik	Aachen	24.03.1931
8.	Brief von B. Esser an E.J. Müller	Bonn	15.03.1935
9.	Promotionsurkunde	Köln	25.10.1935
10.	Vertrag mit dem Eichblatt-Verlag („Deutsche Art in der Musik")	Leipzig	26.02.1936
11.	Einstellungsangebot (Staatliches Gymnasium in Linz)	Koblenz	14.04.1936
12.	Bericht M. Alts über seine Tätigkeit in der NSDAP und in deren Gliederungen	Linz	03.06.1936
13.	Bericht M. Alts über seine politische Tätigkeit in der Ortsgruppe Unkel	Unkel	29.06.1936
14.	Vertrag mit dem Verlag Kistner&Siegel („Erziehung zum Musikhören")	Leipzig	23.07.1936
15.	Ernennungsurkunde zum Studienrat im preußischen Landesdienst	Berlin	16.06.1937
16.	Einstellungsangebot (Hochschule für Lehrerbildung Oldenburg)	Berlin	28.12.1937
17.	„Wesen und Wege der musischen Erziehung" (Antrittsvorlesung Hochschule für Lehrerbildung in Oldenburg)	Oldenburg	1938
18.	Vertrag mit dem Verlag Diesterweg („Von deutscher Musik; eine Auswahl aus dem neueren musikalischen Schrifttum")	Frankfurt a.M.	16.09.1938
19.	Einstellungsangebot (Königin-Luise-Schule Köln)	Köln	13.08.1938
20.	Brief von Prof. D. Stoverock an Prof. E.J. Müller	Köln	18.09.1938
21.	Anfrage des Reichsministers (betr. Parteiämter vor 1933)	Berlin	03.04.1939
22.	Ernennungsurkunde zum Professor	Berchtesgaden	14.08.1939
23.	Ausgabeanweisung der Hochschule für Lehrerinnenbildung Hannover	Hannover	25.11.1939
24.	Gutachten der Hauptstelle für Musik des Amtes Rosenberg zu den beiden Aufsätzen Alts in der Internationalen Zeitschrift für Erziehung	Berlin	1939/40
25.	Vertrag mit den Verlagen Kohlhammer und Schwann („Die Musik in der Grundschule")	Düsseldorf u.a.	24.07.1939
26.	Zuweisung zur Hochschule für Lehrerbildung in Lauenburg	Lauenburg	27.04.1940
27.	Korrekturanweisungen des Reichsministeriums für Wissenschaft, Erziehung und Volksbildung zum „Singebuch für Mädchen"	Berlin	03.02.1941
28.	Begleitschreiben des Verlags Schwann zu den Korrekturanweisungen zum „Singebuch für Mädchen" (=Dokument 27)	Düsseldorf	07.02.1941
29.	Korrekturanweisungen des Reichsministeriums für Wissenschaft, Erziehung und Volksbildung zu dem Musikbuch „Klingendes Leben"	Berlin	23.10.1941
30.	Ernennung zum Kriegsverwaltungsinspektor	Hamburg	20.12.1941
31.	Vertrag mit dem Verlag Schwann („Klingendes Leben")	Düsseldorf	21.08.1941
32.	Versetzung zur Lehrerbildungsanstalt in Trier	Berlin	30.03.1942

33.	Antrag M. Alts auf politische Überprüfung	Oldenburg	06.05.1949
34.	Erklärung M. Alts	Oldenburg (?)	1949 (?)
35.	Gutachten Prof. Rieckhoff	Oldenburg	17.05.1949
36.	Entnazifizierungs-Entscheidung	Oldenburg	18.05.1949
37.	Ernennungsurkunde zum Studienrat	Essen	16.11.1950
38.	Vertrag mit dem Verlag Schwann („Musikkunde für die Oberstufe höherer Schulen")	Düsseldorf	12.07.1955
39.	Gutachten 1 zur „Musikkunde für die Oberstufe höherer Schulen"	Berlin	01.12.1955
40.	Gutachten 2 zur „Musikkunde für die Oberstufe höherer Schulen"	Bayern	30.01.1959
41.	Gutachten 3 zur „Musikkunde für die Oberstufe höherer Schulen"	Bayern	ohne
42.	Gutachten 4 zur „Musikkunde für die Oberstufe höherer Schulen"	Bayern	ohne
43.	Vertrag (Lehrtätigkeit Folkwangschule)	Essen	08.01.1955
44.	Schreiben der Deutschen Grammophon-Gesellschaft an M. Alt („Musikkunde in Beispielen")	Hannover	23.01.1957
45.	Ernennungsurkunde zum Oberstudienrat	Essen	30.10.1957
46.	Vertragsverlängerung („Musikkunde in Beispielen")	Hamburg	29.01.1958
47.	Honorarerhöhung („Musikkunde in Beispielen")	Hamburg	08.01.1959
48.	Ernennungsurkunde (Professor)	Düsseldorf	02.04.1959
49.	Gutachten über „Das musikalische Kunstwerk", Band II		ohne
50.	Abschlussbrief der DGG an M. Alt („Musikkunde in Beispielen")	Hamburg	20.12.1963
51.	Vorschlag M. Alts zur Errichtung eines „Institutes für musikpädagogische Grundlagenforschung" an der Pädagogischen Hochschule Dortmund	Dortmund	05.01.1965
52.	Empfehlung Prof. F. Schneider	München	20.01.1965
53.	Gutachten Prof. K.G. Fellerer	Köln	04.02.1965
54.	Auszug aus einem Protokoll des Hochschulrates der Pädagogischen Hochschule Ruhr	Dortmund	05.12.1966
55.	Ernennungsurkunde (Ordentlicher Professor)	Düsseldorf	19.09.1967
56.	Eigene Charakterisierung der „Didaktik der Musik"		06.12.1967
57.	Einladung zur Konstituierung der Lehrplankommission Grundschule	Düsseldorf	12.12.1968
58.	Auszug aus einem Besprechungsprotokoll (Ergänzungen zur „Musikkunde in Beispielen")	Hamburg	22.05.1969
59.	Schreiben von M. Alt an Herrn Unnewehr (betr. „Musik für den Anfang")	Dortmund	10.10.1970
60.	Schreiben von M. Alt an Herrn Künnecke (DGG)	Dortmund	02.05.1971
61.	Vertrag mit dem Verlag Schwann („Das musikalische Kunstwerk")	Düsseldorf	26.07.1971
62.	Vertrag mit dem Verlag Schwann („Didaktik der Musik")	Düsseldorf	26.07.1971
63.	Entlassungsurkunde	Düsseldorf	30.01.1973

Dokument 1

Titel:	Zeugnis über die künstlerische Prüfung für das Lehramt an höheren Lehranstalten
Ort, Datum:	Berlin, 25.6.1929
Vorlage:	Original

Z e u g n i s

über die künstlerische Prüfung für das Lehramt an höheren Lehranstalten.

Herr Michael A l t , geboren den 15.Februar 1905 in Aachen unterzog sich nach einem anrechnungsfähigen Universitätsstudium von 2 Halbjahren und einem Studium an der Hochschule für Musik in Köln von 7 Halbjahren der künstlerischen Prüfung für das künstlerische Lehramt an höheren Lehranstalten vom 21.- 25. Juni 1929.

Er hat die Prüfung bestanden.

Er erhielt

in Gesang .... als Hauptfach das Zeugnis.... Genügend
in Klavierspiel..... als Hauptfach das Zeugnis.... Gut
in Musikgeschichte.. als Nebenfach das Zeugnis.... Gut

Nach dem gesamten Ergebnis der Prüfung ist ihm das Zeugnis

Genügend

zuerkannt worden.

Wegen der Meldung zum Vorbereitungsdienste wird auf die Ordnung der praktischen Ausbildung für das Lehramt an höheren Schulen vom 28. Juli 1917 verwiesen.

Berlin, den 25. Juni 1929.
Staatliches Künstlerisches
Prüfungsamt.

K.P. 2433   Moser   Funk

Dokument 2

Titel: Zeugnis über die wissenschaftliche Prüfung für das Lehramt an höheren Schulen

Ort, Datum: Köln, 28.4.1931

Vorlage: Original

Wissenschaftliches Prüfungsamt
K ö l n.

Z e u g n i s
über die wissenschaftliche Prüfung für das Lehramt
an höheren Schulen.
----===0===----

Herr Michael A l t, Sohn des Eisenbahnzugführers Josef A l t, geboren den 15. Februar 1905 in Aachen, katholisch, bestand die Reifeprüfung an dem Gymnasium in Coesfeld in Westfalen am 3. März 1925 und studierte Deutsch und Musik= wissenschaft von S.S. 1925 bis S.S. 1928 und von W.S.1929/30 bis W.S. 1930/31 in Köln.

Auf die Meldung vom 28. Februar 1931 wurde er zur wissen= schaftlichen Prüfung für das Lehramt an höheren Schulen zuge= lassen.

Der mündlichen Prüfung unterzog er sich am 28.April 1931.

Herr A l t hat die Prüfung für das Lehramt an höheren Schulen bestanden. Er erhielt in Deutsch als Nebenfach das Zeugnis gut. Diese Lehrbefähigung hat nur Geltung im Zusammen= hang mit dem Zeugnis über die Prüfung für das künstlerische Lehramt an höheren Lehranstalten.

K ö l n, den 28. April 1931.
Wissenschaftliches Prüfungsamt Köln.
Zugleich im Namen der an der Prüfung beteiligten Mitglieder:
Oberstudienrat H e c k

der Vorsitzende:

Jungbluth.

Dokument 3

Titel:	Zeugnis über die pädagogische Prüfung für das Lehramt an höheren Schulen
Ort, Datum:	Bonn, 23.9.1931
Vorlage:	Original

Z e u g n i s
über die pädagogische Prüfung für das Lehramt an höheren Schulen.

Herr Michael A l t, geboren den 15. Februar 1905 in Aachen, Kreis Aachen, katholischen Bekenntnisses, bestand die künstlerische Prüfung für das Lehramt an höheren Schulen vor dem Künstlerischen Prüfungsamt zu Berlin am 25. Juni 1929 in Gesang als Hauptfach mit dem Zeugnis genügend, in Klavier als Hauptfach mit dem Zeugnis gut, in Musikgeschichte als Nebenfach mit dem Zeugnis gut.

Nach dem gesamten Ergebnis der Prüfung wurde ihm das Zeugnis genügend zuerkannt.

Die wissenschaftliche Prüfung für das Lehramt an höheren Schulen bestand er vor dem Wissenschaftlichen Prüfungsamt in Köln am 28. April 1931 in Deutsch als Nebenfach mit dem Zeugnis gut.

Die Vorbereitungszeit hat er an der Königin Luise-Schule in Köln vom 1. Oktober 1929 bis 30. September 1930 und an dem Realgymnasium in Aachen vom 1. Oktober 1930 bis 30. September 1931 abgelegt.

Der pädagogischen Prüfung für das Lehramt an höheren Schulen unterzog er sich am 23. September 1931.

Herr Michael A l t hat die Prüfung bestanden und zwar ist ihm nach dem Ergebnis der praktischen Betätigung während seiner Vorbereitungszeit und der schriftlichen und mündlichen Prüfung das Zeugnis gut bestanden zuerkannt worden.

Bonn, den 23. September 1931.
Staatliches Pädagogisches Prüfungsamt:

Dokument 4

Titel:	Organisation der Schulmusiker
Autor:	Michael Alt
Ort, Datum:	Aachen, ohne Datumsangabe (um 1929)
Vorlage:	Maschinendurchschrift (6 Seiten)
Bemerkung:	Einige offensichtliche Fehler der Rechtschreibung oder der Zeichensetzung wurden stillschweigend korrigiert.

Organisation der Schulmusiker

Die Notwendigkeit einer straffen Organisation der Schulmusikerschaft wird bei der immer noch kritischen Lage der Musikpädagogik an den höheren Schulen wohl niemand ernstlich bestreiten wollen. Das eigentliche Problem tritt erst auf, wenn man nach der Möglichkeit einer solchen Organisation sucht.

Wenn hier von Organisation gesprochen wird, so muss man das heute entwertete Wort mit einem geistigen Akzent versehen; es soll hier nicht stehen für Interessentenhaufen, dessen Exponent die absolute Zahl ist. Gewiss werden Quantität und persönliches Interesse in jeder Organisationsform ihren Platz haben; hier sollen sie nur eingebettet sein in einen grösseren Ideenkreis, in eine zentrale Aufgabe: den musikpädagogischen Gedanken im pädagogischen Prozess zur Entfaltung zu bringen.

Auf den ersten Blick bietet sich da als nächste Möglichkeit die Zusammenfassung aller Schulmusiker in eine einzige Fachorganisation an. Das aber hat seine Schwierigkeiten; nicht nur äusserer Natur; einzelne Gruppen verfolgen bestimmte wirtschaftliche Interessen, haben gegen besondere schulische Schwierigkeiten zu kämpfen, mit denen sich ein solcher Verband nicht befassen könnte. Viel wesentlichere Schwierigkeiten tauchen hier auf. Wenn eine Organisation von einer bestimmten Idee getragen werden soll, wenn sie ein bestimmtes Ideelles verwirklichen will, so muss vor allen Dingen eine Parole ausgegeben werden, auf welchem Wege, in welcher Arbeitsweise es zu erreichen ist. Andernfalls werden die besten Kräfte in innerem Kleinkrieg aufgebraucht, ehe sie überhaupt nach aussen vorstossen können.

Betrachten wir den Schulmusikerstand von heute, so zerfällt er ganz natürlich nach der verschiedenen Ausbildungshöhe in zwei Gruppen: den akademisch gebildeten Musiklehrer alter Ordnung und den vollakademischen Musiklehrer neuer Ausbildungsordnung. Dass das keine blossen graduellen Unterschiede sind, sondern sie wesensverschiedene Lebensformen darstellen, wird jeder zugeben. Damit ist über ihren Wert nicht das Geringste ausgesagt. Wenn diese Verschiedenheiten, vielleicht sogar Gegensätze bisher noch nicht erkennbar genug an den Tag getreten sind, so liegt das nur an dem noch zu kleinen Abstand der jungen Generation zu ihrer Ausbildung; sie hatte noch keine Zeit, sich in ihrer Eigenart zu erfassen und sich in eigen geschaffenen Formen darzustellen. Diese Entwicklung wird nicht lange auf sich warten lassen: man muss sie nur klar erkennen, aber heute schon klar ins Auge fassen und bejahen. Vogelstrauss-Politik würde die Bewegung nur auf falsche Bahnen lenken; an ihrem Ende stünde der vollständige Bruch der jungen Generation mit der alten.

Aus so heterogenen Elementen lässt sich keine innerlich einheitliche und durchschlagskräftige Organisation bilden; hier kann die Gleichheit der blossen Idee auch nicht mehr Brücke sein. Rücksichten auf eine grossmöglichste Steigerung der Mitgliederzahl fallen hier weg. Was kann die gesamte Musiklehrerschaft, selbst in Vereinigung mit den Vertretern der Bildenden Kunst im Vergleich mit andern Fachverbänden, ganz zu schweigen von den andern allgemeinen Organisationen der Schule (etwa dem Philologenverband), an Gewicht in die Wagschale werfen? Nurmehr qualitative Gesichtspunkte dürfen hier entscheiden; und sie fordern eine Organisationsform, die die natürliche Schichtung der Musiklehrerschaft zum Ausdruck bringt, welche die verschieden gearteten Kräfte in der ihnen adäquaten Form zur vollen Entfaltung bringt.

Der Kernpunkt in der Gedankenwelt unseres Führers Kretschzmar und der Ministerialpolitik der letzten Jahrzehnte ist die Gleichberechtigung des Kunstlehrers mit dem Vertreter der Wissenschaftsfächer. Gewiss ist das schliesslich eine Frage der einzelnen Persönlichkeit, und sicherlich hat sie auch mancher Musiklehrer ohne die formell notwendige Vorbildung zu gewinnen vermocht. Dabei steht aber auch ausser Frage, dass sie in den meisten Fällen zu einer vollständigen Isolierung des Musikers in der Schule führte, die ihm jeden Einfluss auf die Ausgestaltung der Schulform nahm. Jetzt, wo die sachlichen Voraussetzungen zur Gleichberechtigung nun endlich erkämpft sind, gilt es auch, die erreichte Stellung zu festigen und auszubauen, die neuen Chancen wahrzunehmen und zu verfolgen. Die Kunst kann und muss nun endlich in der einseitig wissenschaftlich orientierten Schulform ihre Heimstätte finden, muss in der Schule einen Geist schaffen, in der auch die Kunst gedeihen kann. Nun endlich also auch heraus aus der unfruchtbaren Isolierung; hin zur Mitarbeit an der Formung des Schulorganismus im Sinne der kunstpädagogischen Idee!

Wo aber sind die Anhaltspunkte? Es muss vor allen Dingen im Rahmen der gemeinsamen Standesorganisation, dem Philologenverband, diese Brücke von Mensch zu Mensch und damit von Fach zu Fach gesucht werden. Hier lässt sich zuerst der jahrhundertelange Gegensatz von Kunst und Wissenschaft überbrücken. Die Erreichung dieses Zieles hat ja auch nicht nur für den engen Schulrahmen seine Bedeutung, sondern würde darüber hinaus auch die Kulturform der nächsten Zukunft entscheidend beeinflussen können. Gewiss lässt sich gegen die Notwendigkeit des wissenschaftlichen Fakultas für den Musiklehrer Manches ins Feld führen; man darf aber auch nicht übersehen, dass sie unter dieser Perspektive ein wertvolles Hilfsmittel sein kann, um das Her und Hinüber zwischen diesen beiden benachbarten Kulturgebieten zu fördern. Man hat oft oberflächlich argumentiert, wissenschaftiche und aesthetische Einstellung laufe auf verschiedenen Bahnen; daher schliesse der Künstler den Wissenschaftler und umgekehrt aus. Mit diesem psychologischen Tatbestand ist aber noch gar nichts über die Korrelation dieser beiden Anlageseiten ausgesagt; gerade wir Künstler hätten allen Grund, das stark zu betonen. Nur in enger persönlicher Bindung mit den Vertretern der Wissenschaftsfächer und in sachlicher Mitarbeit in der einflussreichen Schulpolitik des Philologenverbandes ist eine Beeinflussung der Schule in unserem Sinne möglich. Es liegt beim jungen Schulmusiker, neue Verbindung zu suchen. Und darüber hinaus muss er sich mit seinen engen Fachkollegen zur Vertretung der fachlichen Belange im Philologenverband wie die Vertreter der andern Fächer zu einem Fachverband zusammenschliessen. Keine schwächliche Gefühlspolitik! Eine organisatorische Sonderung von akad. geb. Musiklehrer bedeutet unter der oben gekennzeichneten Einstellung ja auch keinen Bruch; das innere, und oftmals auch organisatorische Kontakthalten ist uns nicht nur Pflicht, sondern auch wirkliches Bedürfnis.

Welche neue Form, welchen besonderen Arbeitskreis wird ein solcher Fachverband der Musikphilologen zu bearbeiten haben? Es ist natürlich kaum möglich und auch gefährlich, jetzt schon Dinge im ersten Werden auf eine feste Formel festlegen und etikettieren zu wollen. Selbstverständlich wird ein solcher Verband die persönlichen und wirtschaftlichen Interessen seiner Mitglieder wahren mussen; in dieser Hinsicht wird zuerst die Referendar- und Numerus Klausus-Frage, das Problem der Stellenschaffung etc. in Angriff genommen. Die schulischen Interessen sind dem ganzen Stande gemeinsam, nur dass sie auf der neuen Basis des Philologenverbandes mit grösserem Nachdruck und erfolgsicherer vertreten werden können. Eine der wichtigsten neuen Aufgaben sieht der Verband in der wissenschaftlichen Duchdringung der Musikpädagogik. Dieser Gedanke scheint immer noch ein Stein des Anstosses für die Musiklehrerschaft zu sein. Man wittert hier trockene Dissertationen und Verdrängung des Persönlichen durch das System. Dabei vergisst man, dass dieser Gedanke schon ein Jahrhundert alt ist und in der neueren Zeit durch einen Vertreter der alten Generation, W. Kühn, formuliert und neuerdings auch in den Arbeiten Schünemann's und Wicke's aufgenommen worden ist. Die junge Generation kann nur immer wieder auf die unbedingte Notwendigkeit dieses Problemkreises hinweisen und die Bearbeitung sofort in die Hand nehmen. Vor allen Dingen muss zur Klarstellung der Unterschied zwischen Musikpädagogik als Wissenschaft und der Musikpädagogie, der praktischen Musikerziehung herausgestellt werden. Die Musikpädagogie ist ein Ausfluss der einmaligen schöpferischen Lehrerpersönlichkeit, wenn man so will, eine Kunst. Wer kann aber behaupten, das etwa in der Medizin das wissenschaftliche Studium die alte Arzneikunst verdrängt oder auch nur ungünstig beeinflusst habe? Wie beim Arzt das wissenschaftliche Studium der therapeutischen Kunst vorauszugehen und sie fortwährend zu begleiten hat, so muss die Musikpädagogie [durch] die wissenschaftliche Musikpädagogik unterbaut, auf ihre Bedingungen und Möglichkeiten hin untersucht werden. Erst dann wird eine überlegene, sichere Art der Durchführung gewährleistet. Unsere heutige künstlerische Unterrichtsmethodik nährt sich zum grossen Teil von der Methodik der Wissenschaftsfächer; die Verschiedenheit des logischen und aesthetischen Aktes aber sollen eine solche unkritische Übertragung unmöglich machen. Zum Teil hat sie auch schon arteigene Formen gefunden. Da aber steht sie noch durchaus im Stadium des vagen Experimentierens und ist nicht lehrbar, sondern nur nachzuahmen, weil sie noch zu stark vom persönlich Einmaligen bedingt ist. Das aber bedeutet stärkste Fesselung des Persönlichen, des Schöpferischen der Lehrerpersönlichkeit. Die mitunter groteske „Kopierkunst" mancher Musikpädagogen belegt das. Es muss erst durch die Wissenschaft der Musikpädagogik der nötige Abstand zu diesen Dingen gewonnen werden, erst dann ist der Raum für eine schöpferische Lehrerpersönlichkeit frei, erst dann kommen wir aus der unfruchtbaren Stagnation der Kunst-Unterrichtsmethodik, die in der Solmisation scheinbar immer noch ihr Anfang und ihr Ende sieht, heraus. Zur Erreichung des neuen Zieles muss vor allem die Psychologie, die Philosophie, die Soziologie und allgemeine Pädagogik bemüht werden. Gewiss sind schon auf diesen Hilfsgebieten wertvolle Vorarbeiten geleistet worden, sie sind aber nur zum Teil verwendbar, weil sie nicht unter dem spezifsch musikpädagogischen Gesichtspunkt unternommen wurden. Die grösste Arbeit ist noch zu leisten. Jeden wissenschaftlich interessierten Musikpädagogen muss die neue Losung erreichen und zur Mitarbeit bewegen.

Eine weitere allgemeine Forderung der jungen Generation schliesst die vorhergehende schon zum Teil ein: sie will in ihrer Gesamtheit mitarbeiten am Ausbau des Musikfachs und verlangt die gleiche faire Chance für jeden Einzelnen, gleich welcher Richtung und Meinung. Die

Monopolisierung einer künstlerischen Richtung kann auf unserm Gebiete immer nur verheerende Folgen zeitigen. Diktatur ist vielleicht die sicherste Methode, um eine Reform in kürzester Zeit durchzusetzen; heute, wo das Gebäude der neuen Musikpädagogik im Grundsatz festgelegt ist, ist es an der Zeit, wieder jede Arbeitskraft, die sich guten Willens bietet, zur Mitarbeit heranzuziehen. Das erwartet die jungen Generation, der man Idealismus und guten Willen sicher nicht absprechen wird. Sie will in gleicher Weise wie die wissenschaftlichen Akademiker im Fach und Philologenverband, produktive Mitarbeit leisten, Richtung und Entwicklungstempo des Faches mitbestimmen können. Es ist ein gefährliches Zeichen, wenn Stimmen, die auf die kritische Problematik des Jungen Schulmusikers in seinem Beruf hinweisen, voreilig kritisiert und in uferlosem Optimismus erstickt werden. Am Ende einer solchen Verfahrensweise steht auch auf unserem kleineren Gebiet die Katastrophenpolitik. Die Schulmusik stagniert; es fehlt gewiss nicht an der Grösse der Idee, es fehlen die folgerichtig gesetzten Teilziele, die arbeitsnahen Parolen sind nicht da! Sie sind dringend notwendig, sonst wird der junge Schulmusiker mit haltloser, sich selbst betäubender Geschäftigkeit oder mit zunehmender Resignation antworten. Er geht an dem Abstand zwischen Idee und Wirklichkeit zugrunde. Es muss endlich in geschlossenen, zielsicheren Verbänden Hand angelegt werden an die mühsame Kleinarbeit auf organisatorischem und behördlichen Gebiete; die ermutigenden zählbaren, wenn auch noch so kleinen Teilerfolge sind seit einem Jahrzehnt ausgeblieben. Eine, welche auch noch so ferne Neuregelung muss eine bereite Situation, ein waches Geschlecht vorfinden. Suchen wir die Wurzel des Übels nicht immer schnellfertig beim bösen Nachbarn, suchen wir sie endlich bei uns selbst, in der Fomlosigkeit des Schulmusikerstandes, in der Ziellosigkeit der eigenen Führung.

Alt, Aachen, Pontstrasse 59.

Dokument 5

Titel: Brief von Prof. Leo Kestenberg an M. Alt

Ort, Datum: Berlin, 31.5.1930

Vorlage: Original

PROFESSOR KESTENBERG BERLIN W8, 31. Mai 1930.
UNTER DEN LINDEN 4

Herrn Studien-Referendar A l t
K ö l n / Rhein
Königin Luise Schule

Sehr geehrter Herr Studienreferendar,

Ihr Schreiben mit der Mitteilung, dass Sie sich zu einer Interessengemeinschaft der Musikphilologen zusammengeschlossen haben, hat mich lebhaft interessiert.

Freilich würde ich es für bedauerlich halten, wenn durch diese neue Organisation sich die ohnehin vorhandenen Spannungen zwischen den vollakademisch ausgebildeten Kräften und den nach der alten Ordnung Vorgebildeten, zu offenen Gegensätzen verdichten würde. Aus Ihren Mitteilungen entnehme ich aber, dass Sie diese Gefahr auch sehen, und zu vermeiden wünschen Jedenfalls werden mich alle weiteren Nachrichten von Ihnen sehr interessieren, und ich bitte Sie, mich über Ihre Tätigkeit weiter auf dem Laufenden zu halten.

Hochachtungsvoll

Kestenberg

Dokument 6

Titel:	Konzertzettel
Ort, Datum:	Aachen, 22.3.1931
Vorlage:	Original (DIN A 4)
Hinweis:	Auf der Rückseite sind die Texte der Chöre abgedruckt.

STÄDTISCHES REALGYMNASIUM, AACHEN

Morgenkonzert

des Schülerchores am Sonntag, dem 22. März 1931, 11¼ Uhr
im großen Saale des städtischen Konzerthauses

*

»Die sieben Worte des Erlösers«
von Joseph Haydn

Mitwirkende: JULIE THEIS (Sopran)
LI BOOSFELD (Alt)
J. BREMEN (Tenor)
W. ESSER (Baß)
An der Orgel: H. WEBER
Leitung: Studienreferendar M. ALT

Der Steinway & Sons-Konzertflügel wird vom Piano-Haus Eduard Hilger gestellt

Dokument 7

Titel: Konzertkritik

Autor: K. (Dr. Kemp)

Vorlage: Aachener Post, 24.3.1931

Aus dem Aachener Musikleben
Städtisches Realgymnasium Aachen

Morgenkonzert: „Die sieben Worte des Erlösers" von Joseph Haydn.

Die Reihe der Passionsaufführungen wird in diesem Jahre durch ein Morgenkonzert des Städtischen Realgymnasiums erweitert, das Haydns selten gehörtes Oratorium „die sieben Worte des Erlöser" herausbringt. Mit ganz kleinem Apparat: der Orchesterpart ist in Klavier- u. Orgelbegleitung aufgeteilt, das Orchestervorspiel und das schöne Zwischenspiel Largo e cantabile zwischen dem vierten und fünften Wort wird durch biblische Rezitationen ersetzt, die schön vorgetragen werden. Und auch der Schlußchor mit der ein Erdbeben darstellenden orchestralen Untermalung fällt weg. Aber es bleibt auch so noch genug des Schönen und Charakteristischen und der Kern des Werkes, das an die akkordische Rezitation der Worte Jesu Chorsätze anschließt, bleibt unberührt.

Das Werk hat eine interessante Geschichte: Im Auftrage eines Domherrn aus Cadix schrieb Haydn sieben Orchesterstücke, die nach der Verlesung der „Worte" das stille Altargebet begleiten sollten. Später wurden diese Orchestersätze von einem Passauer Kapellmeister Friberth durch Chorsätze bereichert. Diese Bearbeitung wurde dann von Haydn wieder aufgenommen und in der Form ausgeführt, in der sich das Wort der heutigen Aufführungspraxis erhalten hat.

Für einen Schulchor sind die Sätze schwierig und ein Prüfstein des Könnens. Aber sie sind bezeichnend für naive Einfachheit, mit der die frühe südd. Klassik fromme u. tiefempfundene religiöse Stimmungen ausdrückte, und gerade von hier aus ist der rein schulmäßige Bildungswert, der sich aus dem Studium eines Werkes ergibt, das die Schüler in den Geist einer auf „Einfalt und Natur" sich einstellenden Zeit einführt, unabschätzbar.

Der Schülerchor des Realgymnasiums hat das Werk mit sichtlicher Liebe und Begeisterung erarbeitet; es wurde recht sicher und stilgerecht, und soweit es von jugendlichen Stimmen zu erreichen ist, auch schön gesungen. Wesentlich zu dem guten Gesamteindruck trugen die Solisten bei: Frau Fischer, Li Boosfeld, J. Bremen und W. Esser, von denen die erstgenannte, in letzter Stunde für eine erkrankte Solistin eintretend, einen schönen Beweis musikalischer Sicherheit lieferte. An der Orgel wirkte, wie immer zuverlässig H. Weber.

Die Leitung hatte Studienreferendar M. Alt. Zum ersten Male sahen wir bei dieser Gelegenheit einen Schulmusiker des neuen Bildungsganges, der über das Abitur und die Musikhochschule zum künstlerischen Lehramt führt, an der Arbeit. Man darf Herrn Musiklehrer Pelzer vom Realgymnasium dafür Dank wissen, daß er bei dieser Gelegenheit in uneigennützigster Weise einem aufstrebenden Künstler, dessen praktische Ausbildung ihm anvertraut ist, den Dirigentenstab überließ, um so mehr, als er uns die Bekanntschaft mit einem jungen Musiker von unverkennbar geistiger Prägung vermittelte. Wer Abendroths Dirigierweise kennt, möchte drauf schwören, daß M. Alt durch die Kölner Hochschule hindurchgegangen ist. Wir sehen hier die gleiche Sauberkeit und Klarheit der technischen Behandlung und die aus tausend Kleinigkeiten zu erkennende Sorgfalt um die Sicherheit der Ausführung. Die innere Ruhe und Ueberlegenheit des Dirigenten überträgt sich auf die Sänger, die in diesem Falle auch stilistisch-musikalisch auf das Zuverlässigste geführt werden.

K.

Dokument 8

Titel:	Brief von B. Esser an E.J. Müller
Ort, Datum:	Bonn, 15.3.1935
Vorlage:	Original

Bonn, Zitelmannstr.2, den 15.März 1935.

Sehr geehrter Herr Professor M ü l l e r !

      Als mir im Januar Ihr Brief zuging, erwarteten wir in der Hochschule tagtäglich Mitteilung aus dem Ministerium darüber, ob zum Sommersemester weitere Dozenten berufen werden würden. Ich wollte diese Nachricht abwarten, um Ihnen dann eine Auskunft geben zu können, die Ihnen Wesentliches zu bieten vermöchte. Vor kurzem erst ist endlich durch einen Ministerial-Referenten mündlich mitgeteilt worden, dass Berufungen in Aussicht genommen sind. Die Auswahl wird jedenfalls durchaus vom Standpunkt der entscheidenden Instanz im Einvernehmen mit der P.O.erfolgen. Da der komm.Direktor unserer Hochschule für Lehrerbildung, Prof.Dr.Raederscheidt, seinerseits Vorschläge macht, und die Fachdozenten um ihre Meinung befragt, so ist immerhin nicht jeder Einfluss seitens der Hochschule ausgeschlossen.

      Es wäre mir besonders angenehm und wertvoll, mit einem jungen Kollegen zusammenzuarbeiten, der durch Ihre Schule gegangen ist und mit Ihrem Wollen und Wirken, Ihren Zielen und Wegen bestens vertraut ist. Dass Dr.Alt Ihr künftiger Schwiegersohn ist, erscheint mir keineswegs als Hindernis sondern als Vorzug, weil damit eine besonders nahe Fühlungnahme zwischen Ihnen und unserer Arbeit gegeben wäre, die dadurch unzweifelhaft wesentlich gefördert würde.

      Falls Dr.Alt sich noch nicht beim Herrn Minister für W.E.u.V. um Verwendung als Dozent für Musik an der HfL in Bonn beworben haben sollte, müsste dies recht bald geschehen. Er wird sich zweckmässig bei der Geschäftsstelle der HfL in Bonn erkundigen, was einer solchen Bewerbung an Anlagen beizulegen ist.

      Damit ich mich gegebenenfalls über Herrn Dr.Alts Eignung äussern kann, wäre es zweckmässig, wenn ich ihn im Unterricht sehen könnte. Wenn dazu eine Möglichkeit besteht und Dr.Alt einverstanden ist, würde ich noch im Laufe dieses Monats Gelegenheit nehmen, ihn zu besuchen.

      Mit dem Ausdruck vorzüglicher Hochachtung

      und deutschem Gruss bin ich

Ben Esser.

Dokument 9

Titel: Promotionsurkunde

Ort, Datum: Köln, 25.10.1935

Vorlage: Original

Die Philosophische Fakultät der Universität Köln

verleiht unter dem Rektorat des Professors der Chirurgie Hofrat Dr. med. Hans von Haberer durch ihren Dekan den Professor der Philosophie und Pädagogik Dr. phil. Artur Schneider

Herrn Michael Alt aus Aachen

auf Grund seiner genügenden Arbeit ‚Eine Darstellung der Typen des musikalischen Genießens und Wertens beim Jugendlichen und ihrer pädagogischen Bedeutung' und der sehr gut bestandenen mündlichen Prüfung

WÜRDE UND RECHTE EINES DOKTORS DER PHILOSOPHIE

Gegeben zu Köln am Rhein am fünfundzwanzigsten Oktober neunzehnhundertfünfunddreißig im siebzehnten Jahre nach der Wiedererrichtung der Universität und urkundlich vollzogen durch den Dekan unter beigefügtem Insiegel der Fakultät

L. S.   gez. Schneider

Dokument 10

Titel: Vertrag mit dem Eichblatt-Verlag

Ort, Datum: Leipzig, 26.2.1936

Vorlage: Original

V e r t r a g.

Zwischen Herrn Dr. Michael A l t, Unkel am Rhein und dem Hermann Eichblatt-Verlag in Leipzig ist folgender Vertrag geschlossen worden:

§ 1.
Herr Dr. Michael A l t überträgt dem Verlag für alle Ausgaben und Auflagen das Verlagsrecht an dem Werk

"Deutsche Art in der Musik",

das innerhalb der Reihe "Bildung und Nation" veröffentlicht werden soll.

§ 2.
Ausstattung, Auflagenhöhe und Ladenpreis bestimmt der Verlag.

§ 3.
Als Honorar wird bei einer Auflage von 3000 Exemplaren RM 40.-- (Vierzig Reichsmark) je Druckbogen vergütet.

§ 4.
Der Verfasser hat das Werk in druckfertigem Zustande vorzulegen. Er hat das Recht und die Pflicht, die Fahnenkorrektur und Bogenrevision ohne besondere Vergütung vorzunehmen. Die von der Druckerei berechneten nachträglichen Manuskriptänderungen hat der Verfasser zu tragen.

§ 5.
Der Verfasser erhält von der ersten Auflage 15 (fünfzehn) Freistücke.

§ 6.
Sinkt der Bestand der verkaufsfähigen Stücke unter hundert, so hat der Verleger in angemessener Frist den Verfasser anzufragen, ob er eine Neuauflage zu veranstalten beabsichtigt; er hat dem Verfasser Gelegenheit zur Neubearbeitung des Werkes zu geben. Honorierung und Belieferung mit Freistücken wird in der gleichen Weise wie bei der ersten Auflage vorgenommen.

Leipzig und Unkel/Rhein, am 26. Febr. 1936

Der Verlag: Der Verfasser:

Hermann Eichblatt-Verlag   Dr. Michael Alt

Dokument 11

Titel: Einstellungsangebot (Staatliches Gymnasium in Linz)

Ort, Datum: Koblenz, 14.4.1936

Vorlage: Original

Der Oberpräsident der Rheinprovinz Koblenz, den 14. April 1936.
Abteilung für höheres Schulwesen.
I Nr. 4088.

2 Anlagen.

     Der Herr Reichs- und preussische Minister für Wissenschaft, Erziehung und Volksbildung hat durch besonderen Erlass zum Ausdruck gebracht, dass er auf die baldige Wiederbesetzung der freien Oberschullehrerstellen am staatlichen Gymnasium in Linz grossen Wert lege. Unter Bezugnahme auf meinen Runderlass vom 8. August 1935 - Gen 1578 - ersuche ich Sie, mir umgehend mitzuteilen, ob Sie bereit sind, sich in einer der freien Stellen als Oberschullehrer anstellen zu lassen. Gegebenenfalls wollen Sie umgehend einem entsprechenden Antrag einreichen, unter Beifügung der ausgefüllten Formblätter 1 und 2, die Ihnen in der Anlage zugehen, nebst den erforderlichen Urkunden.
     Der Herr Minister hat mich ermächtigt, Ihnen die Zusicherung zu geben, dass Sie später in eine planmässige Studienratsstelle an derselben Stelle einrücken, wenn Sie sich bewährt haben und eine Planstelle im Laufe der Zeit frei wird.

                             Im Auftrage:
                             gez. Winkelmann.

                                        Beglaubigt:

An
    den Studienassessor
     Herrn Dr. A l t
        in
      L i n z
durch den Herrn Direktor des staatl. Gymnasiums

Dokument 12

Titel: Bericht M. Alts über seine Tätigkeit in der
NSDAP und in deren Gliederungen

Ort, Datum: Linz a.Rh., 3.6.1936

Vorlage: Maschinendurchschrift (4,5 Spalten)

Bericht des Studienassessors Dr. M. Alt
über seine Tätigkeit in der Partei und in deren Gliederungen.   Linz, den 3.6.36

Als Parteimitglied und als Mitglied des N.S.L.B. und der N.S.V. habe ich pflichtgemäss an allen Veranstaltungen in üblicher Regelmässigkeit teilgenommen. Darüber hinaus habe ich als politischer Leiter die regelmässig stattfindenden Amtswaltersitzungen der P.O. und des N.S.L.B. besucht und in der Partei und ihren Gliederungen in folgender Weise mitgearbeitet:

Tätigkeit in Linz, September 1933-Okt. 35.

Bei Gründung der N.S.Gemeinschaft „K.D.F" im Winter 1933 wurde mir das Kulturamt übertragen. In dieser Eigenschaft habe ich für eine Reihe öffentlicher Veranstaltungen nicht nur das Programm aufgestellt, und die Mitwirkenden verpflichtet, sondern auch viele Proben selbst geleitet - Im Sommer 1934 wurde mir für ein halbes Jahr die Ortsleitung von K.D.F. übertragen.

Zur gleichen Zeit übernahm ich dazu für die Dauer meines Linzer Aufenthaltes das Kulturamt der P.O. In dieser Eigenschaft musste ich alle öffentlichen Feiern der Partei vorbereiten. Die dafür notwendigen vielen Proben mit S.A., H.J., B.D.M. und J.V. habe ich annähernd alle selbst abgehalten (Übungen in Sprechchor, Laienspiel, Gesang, Orchester u.a.) Dabei fiel mir oft auch noch die Vorbereitung durch die Presse zu. Um die Mitwirkung des Musikvereins „Lyra" bei den Veranstaltungen der Partei und ihrer Gliederungen sicherzustellen, wurde ich von dieser mit der Leitung des Vereins beauftragt. Damit übernahm ich die umfangreiche und schwierige Arbeit der gesamten Vereinsführung und die Überwachung und zeitweilige Leitung der Proben.

Ferner habe ich für die Errichtung einer Parteibücherei entsprechende Vorschläge eingereicht.

Zu Ostern 1934 wurde ich von der Kreisinspektion zum politischen Vertrauensmann des Gymnasiums bestellt und mit einigen Sonderaufträgen bedacht.

Um die gleiche Zeit hat sich die örtliche Parteileitung unter Hinweis auf meine unentbehrliche Mitarbeit in Linz um meine weitere Beschäftigung am Linzer Gymnasium beim O.P. bemüht.

Im Herbst 1934 trat ich dem N.S.L.B. bei. Ich wurde Leiter der Fachschaft II. (Aufgaben:

Werbung für die Arbeit und Versammlungstätigkeit des N.S.L.B.. Ordnung von Kassenangelegenheiten. Statistische Angaben. Werbung neuer Mitglieder u.a.) Es ist mir dabei gelungen, im Laufe der Zeit das gesamte Kollegium zum Eintritt in den N.S.L.B. zu bewegen. Ferner wurde ich zum Kreisschulungsleiter für Musikerziehung ernannt. Ich habe für das Kreisschulungsamt ein ausführliches Programm aufgestellt und Vorschläge für die Bildung eines Kreislehrerorchesters gemacht. Zu gleicher Zeit wurde ich Ortsschulungsleiter des N.S.L.B. Ich war an dieser Stelle verantwortlich an der Gestaltung des Schulungsplanes beteiligt und habe auch selbst mehrere Vorträge für die Monatsversammlungen übernommen. Ab Winter 1934 leitete ich eine Arbeitsgemeinschaft für nationalpolitische Erziehung, die bis Juli 1935 dauerte. Zugleich stellte ich ein Lehrerorchester auf, das im Herbst 1935 aus Mangel an befähigten Kräften und wegen des schlechten Probenbesuchs mit ausdrücklicher Zustimmung des N.S.L.B.-Obmannes aufgelöst werden musste.

Als Kulturwart der P.O. wurde mir von der Parteileitung auch die verantwortliche Gestaltung der Vortragsfolgen bei den öffentlichen Veranstaltungen der H.J. aufgetragen. Bei der Vorbereitung dieser Abende fiel mir die Probenarbeit in H.J. und B.D.M. zu.

Im Herbst 1934 wurde ich Städtischer Musikbeauftragter. (Amtswalter der Reichsmusikkammer). In dieser Zeit habe ich für die N.S.Frauenschaft Linz einen Singabend veranstaltet.

Ich habe an den Gauparteitagungen 1934 und 1935 teilgenommen und mich auch für den diesjährigen schon verpflichtet. Nach dem 8. Dezember 1934 (Tag der Anfrage des Ministeriums) hat der Minister wegen meiner evtl. Verwendung an einer Hochschule für Lehrerbildung ein Gutachten über mich bei der Gauleitung Koblenz-Trier angefordert. Unter dem 14. Januar 1934 wurde mir daraufhin die Berufung für 1936 in Aussicht gestellt.

<u>Tätigkeit in Unkel.</u>

Oktober 1935 wurde ich Mitglied der Ortsgruppe Unkel. Dieser Übersiedlung, die entgegen allen Gerüchten nur wegen Wohnungsmangels in Linz erfolgte (Vgl. die Begründung meines entsprechenden Gesuchs an den Herrn Oberpräsidenten), ist von Linzer Parteistellen entgegengearbeitet worden. (U.a. Beschluss des Linzer Stadtrates, mir durch die Behörde die Rückübersiedlung zur Pflicht machen zu lassen.) In der P.O. Unkel war die Stelle des Kulturwartes besetzt. Im Januar 1936 wurde ich zur Übernahme des Presseamtes aufgefordert. Ich sagte zu, musste aber gleichzeitig auf die Notwendigkeit der Bestellung eines Vertreters für die Ferien und auf meinen aller Voraussicht nach kurz befristeten Aufenthalt in Unkel hinweisen. Die Betreuung ist aus diesen Gründen unterblieben. Ich habe in Unkel alle Ortsgruppen- und Schulungsabende ausser zur Zeit meiner Abwesenheit aus Anlass der Ferien und der Teilnahme an Lehrgängen, besucht, nur habe ich bei einigen Zellen- bezw. Blockversammlungen wegen ausbleibender Benachrichtigung unverschuldet gefehlt.

Der K.D.F-Leitung habe ich mich im März 1936 auf Anfrage hin für die Abhaltung von Proben mit den N.S.-Gliederungen zur Vorbereitung öffentlicher Veranstaltungen zur Verfügung gestellt.

Auf Bitten der H.J.Rheinbreitbach überwachte ich im Frühjahr 1936 die Vorbereitung eines Werbeabends.

Meine Frau trat der N.S.Frauenschaft und der N.S.V. als Mitglied bei.

Die Stellungen im N.S.L.B. Linz habe ich auch in Unkel beibehalten, da es der gleichen Ortsgruppe angehört. Neben den oben gekennzeichneten Arbeiten eines Fachschaftsleiters nahm ich an den seit Herbst 1936 regelmässig stattfindenden Amtswaltertagungen in Linz teil. In Fragen der Schulung wurde ich vom N.S.L.B.-Obmann nach meiner Übersiedlung nicht mehr herangezogen. Weitere Veranlassung dazu haben wohl gegeben eine sachlich geringfügige Meinungsverschiedenheit organisatorischer Art, eine mir ungünstige Einwirkung von dritter Seite und Einwendungen, die ich gegen Vorschläge des Obmannes betr. Musikpflege im N.S.L.B. aus sachlichen Gründen machen musste. Ich bin aber in allen Ämtern beibehalten worden. Soweit ich aus eigener Initiative über meine Fachschaftsarbeit hinaus mitarbeiten konnte, habe ich es getan. So stellte ich für die monatlichen Stimmungsberichte Beiträge zur Verfügung. Am Gymnasium führte ich die N.S.L.B.-Schülerzeitung „Hilf mit" ein. Den N.S.L.B.-Zeitschriften „Die Deutsche Höhere Schule" und „Rhein-Ruhr" schickte ich je einen Aufsatz über Fragen der neuen Musikerziehung ein. Ferner nahm ich an der Kreis-Tagung des N.S.L.B. teil und habe mich auch zur Teilnahme an der Reichstagung in Bayreuth verpflichtet.

Dokument 13

Titel:	Bericht M. Alts über seine politische Tätigkeit in der Ortsgruppe Unkel
Ort, Datum:	Unkel a. Rh., 29.6.1936
Vorlage:	Maschinendurchschrift (3 Seiten)

Bericht des Pg. Dr. M. Alt
über seine politische Tätigkeit
in der Ortsgruppe Unkel.   Unkel am Rhein, den 29. Juni 1936

Unter Bezugnahme auf meine heutige Unterredung erkläre ich hiermit Folgendes:

Der Eindruck „völliger Interesselosigkeit" am Parteileben lässt sich durch widrige äussere Umstände erklären. Da das Parteileben in kleineren Orten sich beinahe ausschliesslich auf Bindungen persönlicher Art aufbaut, ich aber ausserhalb der Ortschaft wohne, sodass ich wochenlang nicht in den Ort komme, dienstlich und ausserdienstlich mit der Unkeler Bevölkerung keine Berührungspunkte habe und ich auch in der Partei bis heute keinen näheren Bekannten habe, konnte dieser Eindruck sehr leicht entstehen. Dazu kommt meine - dienstlich immer gemeldete - Abwesenheit in den Weihnachts-, Oster[n]- und Pfingstferien, meine Teilnahme an einem dreiwöchigen nationalpolitischen Lehrgang der Schüler in Kürten vor Weihnachten, eine längere Dienstreise nach Berlin sowie die drei längeren Versammlungssperren zu Weihnachten, zur Märzwahl und im Monat des Gauparteitages, deretwegen ich nur an wenigen Versammlungen teilnehmen konnte. Diese vielen Ausfälle fallen bei der Kürze des beurteilten Zeitraumes (5 Monate) sehr stark ins Gewicht und haben sicher ohne meine Schuld den Gesamteindruck ungünstig beeinflusst.

Ich habe gerade deswegen mit peinlichster Sorgfalt alle angesetzten Versammlungen besucht. (Ich bin z.B. sogar an einem Parteiabend erschienen aus Anlass des Gemeinschaftsempfangs der Rede des Ministers Dr. Goebbels im März zum Wahlbeginn, bei dem nur 5 Parteigenossen der ganzen Ortsgruppe erschienen waren.) Über die pflichtgemässige Teilnahme an den Parteiversammlungen hinaus habe ich überall, wo mir Gelegenheit zur Mitarbeit geboten wurde, mich dazu bereiterklärt. So habe ich mich im März dem K.D.F.-Ortsleiter Maassen zur Übernahme der gesamten Probenarbeit mit H.J., B.D.M. und S-A. für die Vorbereitung der K.D.F.-Abende im Sommer zur Verfügung gestellt. Auf Wunsch des H.J.-Führers habe ich in Rheinbreitbach bei der Vorbereitung eines H.J.-Werbeabends mitgewirkt. Dem Luftschutzbund habe ich mich ebenfalls zur Abhaltung einer Vortragsreihe auf Anfrage zur Verfügung gestellt. Sicherlich sind diese Vorgänge der Ortsgruppenleitung unbekannt geblieben. Bei einer schriftlichen Aufforderung von seiten der Partei zur Übernahme des Presseamtes habe ich mich dazu bereiterklärt, habe aber gleichzeitig im Interesse der Sache auf die Notwendigkeit einer Vertreterernennung hinweisen müssen. (Gründe: Meine Abwesenheit in den Schulferien. Meine dienstliche Beschäftigung ausserhalb des Ortes, die

Terminarbeiten für die Presse oftmals unmöglich macht. Mein voraussichtlicher Wegzug von Unkel nach zweieinhalb Monaten vom Datum dieser Anfrage an gerechnet.) Ich bin mit diesem Posten daraufhin nicht betreut worden. Ich habe aber versucht, mit dem Ortsgruppenleiter in persönliche Berührung zu kommen, um womöglich auf diesem Wege in die engere Parteiarbeit einbezogen zu werden. Da das aber ohne jede Veranlassung mit einer meine Ehre schwer verletzenden Absage beantwortet wurde, war mir auch diese letzte Möglichkeit unterbunden.

Von parteiamtlicher Seite bin ich nie aufgefordert worden, statt des „Völkischen Beobachters" das „Nationalblatt" zu halten. Lediglich hat die Zeitungsbotin in meiner Abwesenheit angefragt, ob ich das „Nationalblatt" halten wolle. Ich hatte aber bisher täglich Gelegenheit, bei einem Bekannten den Versammlungskalender nachzusehen. Für den Bezug des V.B. habe ich mich seinerzeit deswegen entschlossen, weil mir als Deutschlehrer und Verwalter der Schülerbücherei sein Überblick über die parteiamtlich genehmigte Literatur sehr nötig ist. Auf den mir heute erteilten amtlichen Hinweis hin habe ich das „Nationalblatt" mit Wirkung vom 1. Juli bestellt. Den „Westdeutschen Beobachter" habe ich nie gehalten.

Zur Klarstellung teile ich mit, dass ich unter der Tagebuchnummer 459/34 des Kreisobmannes des N.S.L.B. Neuwied zum „Referenten für Musikpädagogik des Amtes für Erzieher im Kreis Neuwied" (Kreisschulungsleiter) ernannt worden bin.

Über meine Tätigkeit im N.S.L.B. zur Zeit meines Unkeler Aufenthaltes (Amtswaltersitzungen, Fachschaftsleitung. Beiträge für Stimmungsberichte. Einführung der N.S.L.B. Schülerzeitschrift am Gymnasium. Veröffentlichungen in den N.S.L.B.-Zeitschriften. Teilnahme an der Kreis-Gauparteitagung, sowie an der Reichstagung in Bayreuth) vgl. die näheren Angaben in dem Tätigkeitsbericht an den Herrn Oberpräsidenten, Abschnitt II.

Für den Beweis meines unverminderten Interesses am Parteileben scheint mir auch die Tatsache aufschlussreich zu sein, dass meine Frau der N.S. Frauenschaft und der N.S.V. als Mitglied beigetreten ist.

Aus alledem geht klar hervor, dass ich mich in Unkel nicht nur pflichtmässig am Parteileben beteiligt habe, sondern auch versucht habe, nach Möglichkeit darüber hinaus mich in Sonderaufgaben zu bewähren, dass aber lediglich widrige äussere Umstände den ungünstigen Eindruck hervorgerufen haben, der in dem Gutachten der Ortsgruppenleitung zum Ausdruck gekommen ist.

Ich meinerseits erkläre hiermit, dass ich mit dem gleichen, von Ihnen und von anderen Stellen der Partei anerkannten Eifer für die Arbeit in der Partei nach wie vor erfüllt bin und dass ich, soweit es an mir lag, gestrebt habe, den gleichen innigen Anschluss an das Parteileben in Unkel zu gewinnen, wie es in den zweieinhalb Jahren meines Linzer Aufenthaltes der Fall gewesen ist.

Dokument 14

Titel: Vertrag mit dem Verlag Kistner & Siegel
(„Erziehung zum Musikhören")

Ort, Datum: Leipzig, 23.7.1936

Vorlage: Original (3 Seiten)

Zwischen

Herrn Dr. Michael Alt, Unkel am Rhein
einerseits
und der Firma Fr. K i s t n e r & C.F.W. S i e g e l, Leipzig
andererseits
beide zugleich für ihre Erben und Rechtsnachfolger
ist am heutigen Tage nachfolgender Vertrag abgeschlossen worden.

§ 1.

Herr Dr. Michael A l t überträgt der Fa. Fr. Kistner & C.F.W. Siegel den Kommissionsverlag des auf seine Kosten hergestellten Werkes, nämlich:

Die Erziehung zum Musikhören

unter den in diesem Vertrage ausgesprochenen Bedingungen und bestätigt ausdrücklich, dass er allein berechtigt ist, über das Urheberrecht an diesem Werke zu verfügen.

§ 2.

Herr Dr. Michael Alt bleibt Besitzer des vorgenannten Werkes, lässt aber die Fa. Fr. Kistner & C.F.W. Siegel der Oeffentlichkeit gegenüber als Eigentümer für alle Länder gelten, um den Schutz des Werkes gegen Nachdruck zu ermöglichen. Die Titelblätter werden deshalb mit dem Vermerk: "Eigentum des Verlegers für alle Länder" versehen.

§ 3.

Herr Dr. Michael Alt liefert das Buch an die Firma Fr. Kistner & C.F.W. Siegel in Kommission zum Ladenpreis. Dieser wird im Einvernehmen zwischen Autor und Verleger nach erfolgter Drucklegung festgestellt. Die Abrechnung, bezw. Zahlung für die abgesetzten Exemplare erfolgt durch die Fa. Fr. Kistner & C.F.W. Siegel per 30.Juni so bald als möglich im Juli jeden Jahres, das erste mal per 30.Juni 1936. Die Firma Fr.Kistner & C.F.W. Siegel liefert zu den im Buchhandel üblichen Rabattsätzen. Als Auslieferungsgebühr erhält

2.

die Firma Fr.Kistner & C.F.W. Siegel 20% des Ladenpreises von jedem verkauften Exemplar. Rezensions-Exemplare und buchhändlerische Frei-exemplare, welche bei Partiebezügen gewährt werden müssen, sowie solche Exemplare, die ohne Schuld der Firma Fr. Kistner & C.F.W. Siegel durch Versendung oder andere Umstände in Verlust geraten, bezw. wertlos werden, sind nicht zu vergüten, wohl aber mit Begründung in die Abrechnung aufzunehmen.

§ 4.

Die Versendung von Rezensions- und Verschenk-Exemplaren ordnet in der Hauptsache der Herr Verfasser selbst an, der Firma Kistner & Siegel steht jedoch das Recht zu, in besonderen, im Interesse des Herrn Verfassers liegenden Fällen, eigenmächtig Rezensions-Exemplare abzugeben. Die Porti für Rezensions- und Verschenk-Exemplare gehen zu Lasten des Herrn Verfassers.

§ 5.

Die Firma Fr.Kistner & C.F.W. Siegel verpflichtet sich, das in diesem Vertrag genannte Werk in ihren Katalogen auf eigene Kosten aufzunehmen und für Propaganda einzutreten.- Wird aber vom Herrn Verfasser die Herstellung eines Spezialprospektes für das genannte Werk angeordnet, so ist die Firma Fr.Kistner & C.F.W. Siegel bereit, einen solchen auf Kosten des Verfassers herzustellen und auf ihre eigene Rechnung mit zu vertreiben. Soll der Prospekt in Zeitschriften beigelegt, oder gesondert durch die Post verschickt werden, so sind die Beilage- bezw. Postgebühren vom Verfasser zu tragen.

§ 6.

Sollte der Herr Verfasser jemals beabsichtigen, von dem in diesem Vertrag genannten Werk das Urheber- und Verlagsrecht gänzlich an einen Verleger abzutreten, so soll der Firma Fr.Kistner & C.F.W.Siegel das Vorkaufsrecht zustehen.

3.

§ 7.

Der vorliegende Vertrag tritt sofort in Kraft.- Wenn er bis zum 31.Dezember 1937 nicht von dem einen oder anderen Vertragschliessenden schriftlich mittels eingeschriebenen Briefes gekündigt wird, so dauert er von Jahr zu Jahr fort und zwar mit einer halbjährlich vorauszugehenden, nur auf einen 30.Juni statthaften Kündigungsfrist.

Beide Vertragschliessende sind mit Vorstehendem einverstanden und bezeugen dies durch ihre eigenhändige Unterschrift.

Leipzig, den 23. Juli 1936.

Fr. Kistner & C.F.W. Siegel

Unkel am Rhein, den 24. Juli 1936.

Dr. Michael Alt.

Dokument 15

Titel: Ernennungsurkunde zum Studienrat im preußischen Landesdienst

Ort, Datum: Berlin, 16.6.1937

Vorlage: Original

Im Namen des Reichs

Ich ernenne
den Studienassessor
Dr Michael Alt
zum Studienrat im preußischen Landesdienst.

Ich vollziehe diese Urkunde in der Erwartung, daß der Ernannte getreu seinem Diensteide seine Amtspflichten gewissenhaft erfüllt und das Vertrauen rechtfertigt, das ihm durch diese Ernennung bewiesen wird. Zugleich sichere ich ihm meinen besonderen Schutz zu.

Berlin, den 16. Juni 1937

Der Führer und Reichskanzler

Dokument 16

Titel: Einstellungsangebot (Hochschule für Lehrerbildung)

Ort, Datum: Berlin, 28.12.1937

Vorlage: Original

Reichs- und Preußisches Ministerium für Wissenschaft, Erziehung und Volksbildung
Professor Dr. Voigtländer.

Berlin W 8, den 28. Dezember 1937.
Unter den Linden 69

Fernsprecher: 11 00 30
Postscheckkonto: Berlin 144 02
Reichsbank-Giro-Konto
Postfach

Herrn
    Studienrat Dr. Michael A l t
                in
                U n k e l /Rhein
                Wilhelmstrasse 8.

Sehr geehrter Herr Studienrat!
    Der Herr Oberpräsident in Koblenz hat mitgeteilt, daß Sie zur Zeit nicht abkömmlich seien. Ich bitte Sie, mir alsbald mitzuteilen, ob Sie bereit und in der Lage sind, den Lehrauftrag an der Hochschule für Lehrerbildung in Oldenburg i.O. zum 1. April 1938 anzunehmen. Der Berufungserlaß könnte Ihnen voraussichtlich im Laufe des Monats Januar zugehen.

                Heil Hitler!
                Ihr sehr ergebener

Dokument 17

Titel: „Wesen und Wege der musischen Erziehung"
(Antrittsvorlesung Hochschule für Lehrerbildung in Oldenburg)

Ort, Datum: Oldenburg 1938

Vorlage: Typoskript (23 Seiten)

Vorbemerkung:

Bei der folgenden Textwiedergabe wurden handschriftliche Korrekturen und Hervorhebungen berücksichtigt, soweit sie sicher von Michael Alt stammen. Daneben enthält die Vorlage Eintragungen mit Bleistift und mit rotem Farbstift, die nicht sicher von der Hand Alts stammen und deshalb unberücksichtigt bleiben.

Auf der ersten Seite findet sich der Bleistifteintrag „Antrittsvorlesung in Oldbg. 1938". Auch wenn dieser Eintrag - der Handschrift nach - kaum von Michael Alt selbst stammt, ist er doch inhaltlich glaubwürdig, da Alt 1938 als Dozent an die Hochschule für Lehrerbildung berufen wurde und der Schlußsatz die Rede als Antrittsvorlesung identifiziert.

Eine weitere Bemerkung auf der ersten Seite des Typoskripts ist ebenfalls mit Bleistift geschrieben und mit rotem Filzschreiber unterstrichen und markiert. Sie lautet: „S. 1-6 nicht brauchbar". Der Handschrift zufolge könnte die Bemerkung vom Autor selbst stammen. Deswegen ist die Stelle, an der der als „nicht brauchbar" bezeichnete Abschnitt endet, im folgenden durch eine Fußnote kenntlich gemacht.

Stillschweigend wurden an einigen Stellen Kommata eingefügt. Die Orthographie blieb - von offensichtlichen Schreibfehlern abgesehen - unangetastet.

Michael Alt
„Wesen und Wege der musischen Erziehung"
(Antrittsvorlesung Oldenburg 1938)

Es war eine glückhafte Stunde in der Geschichte der Erziehung, als mitten in dem großen politischen und geistigen Aufbruch der Nation 1933 das Thema von der musischen Erziehung zum ersten Mal deutlich anklang. Das Neuartige, Zukunftsvolle dieser Idee war ebenbürtig der mitreissenden umgestaltenden Kraft des neuen anbrechenden dt. Jahrhunderts. Im Zeichen der musischen Bildung kündigte sich eine wahrhaft <u>revolutionäre</u> Wendung und Neugründung der Erziehung an, die aus den tiefsten seelischen Schichten des ans Licht drängenden neuen Menschentypus aufzusteigen und die seinen geheimsten Sehnsüchten zu antworten schien. Man wird dem nationalsozialistischen Erziehungswillen nicht gerecht, wenn man ihn vordergründig durch <u>stoffliche Umwertungen</u> zu umgrenzen versucht. Wie neuartig auch die Akzente in den Wissensgebieten unter den nationalpolitischen Richtpunkten von der Politik, der Ethik und Biologie her gesetzt werden, ein solcher kühner Aufbruch in politisches und geistiges Neuland kann in der Erziehung nicht bloss mit einer neuen Organisation der Lehrstoffe beantwortet werden. Denn mit der nat.-soz. Weltanschauung sieht die Erziehung sich auch einem neuen Menschentyp gegenüber, dessen geistige Umrisse sich zwar erst undeutlich abzeichnen, dessen Anders-Sein sich aber aus seiner eigen gearteten Gedankenwelt und seinen Werttafeln schon erkennen lässt. Ihm wird sie nur gerecht werden können, wenn sie eine Achsendrehung vollzieht und auch aus Eigenem einen neuen Anfang setzt. Das erzieherische Verfahren wird so neuartig sein müssen, wie die Natur dieses werdenden Menschentypus unvergleichlich mit dem Dagewesenen ist.

Den ersten Wegweiser in ein solches Neuland der Bildung setzte Ernst Krieck mit seiner Schrift „Musische Erziehung". Hier verdichteten sich die Ahnungen, die die besten Erzieher der letzten Zeit schon immer erfüllten und die vor allem in der neuen Jugend lebendig werden, zu Begriffen und Bildern. Seine Ausführungen konnten natürlich noch nicht eine systematische Entfaltung des Begriffes der musischen Erziehung geben. Sie verzichteten überhaupt auf eine unmittelbare Beschreibung des Musischen, wiesen vielmehr auf die dem neuen Wollen vergleichbaren Erziehungsformen in Völkerkunde und Geschichte hin. Dadurch wurde der Zugang zu diesem Gedankenkreis nicht erleichtert, die Idee nahm vielmehr durch die historische Verkleidung einen leicht utopischen Charakter an. So mag es zu erklären sein, dass es bei dieser ersten Einführung in die pädagogische Öffentlichkeit blieb. E. Krieck fand wenig Verständnis und kaum Nachfolge. Mehr und mehr verflüchtigte sich der spezifische Inhalt des Begriffes, „musisch" wurde unversehens zum Synonym für „künstlerisch". Die Idee der musischen Erziehung, die Stellungnahme und Entscheidung forderte, die, in die Tat umgesetzt, ein neues Zeitalter der Erziehung bringen müsste, wurde dadurch völlig entleert. Das, was Fernziel sein sollte, unterschied sich kaum noch von einer schon sicher beherrschten päd. Übung, von der bisherigen Kunsterziehung.

Das geschah aber nicht nur aus Unkenntnis, sondern auch aus mangelndem Einfühlungsvermögen. Das, was da zum Lichte drängte, was Ausdruck in einer neuen Erziehungsweise sucht, ist einstweilen nicht dem Verstand, sondern nur dem Erlebnis gegeben. Dieses neue Etwas, dieses junge Weltgefühl kann infolgedessen nur dem Erlebenden verdeutlicht werden. Dadurch wird also die Wirkkraft dieser Idee weiterhin stark umgrenzt. Wenn wir auch die geistige Mitte dieses Neuen noch nicht bestimmen können, so spüren wir seine Wesenheit doch schon in den Erscheinungsformen, in denen sich dieses Wollen greifbar verdichtet hat. Wir fassen jeweils eine Seite, einen Teil des „Musischen", wenn wir hinschauen auf die verschiedenartigsten Strebungen und Bewegungen der neueren Zeit wie: Körperkult, Gymnastik, Tanz, neue Körperlichkeit, Wiedergeburt der Antike, Rhythmik, Sport, Sprecherziehung, Singbewegung, u.v.m. Einen weithin sichtbaren Höhepunkt fand in unserem Land dieses neue Lebensgefühl in den Olympischen Spielen zu Berlin. Und wenn heute der Olympia-Film alle Welt stark beeindruckt, so spürt man, wie sehr die in ihm verkörperte Lebensauffassung einem neuen Wollen antwortet, das sich seiner noch nicht recht bewusst geworden ist.

Zutiefst löst sich auch der Nationalsozialismus von diesem Urgrund ab. Zum ersten mal hebt sich aus dem gestaltlosen Sehnen und Ahnen ein musisch gestimmter Menschentypus heraus, den die politische Schwerkraft der Bewegung zum erstenmal weithin sichtbar zur Entfaltung und Darstellung komen lässt. Ein ganzes Volk soll allmählich nach seinem Bild geformt werden. Alle Formen des national-sozialistischen Lebens- und Feierstiles entspringen diesem Grundgefühl des Musischen. Das Leibniz-Wort, dass Luther Deutschland durch Gesänge reformiert habe, müsste für unsere Zeit neu geprägt werden. Nicht durch abstrakte Lehren und blutlose Programme sind die Seelen erfasst und neu beschwingt worden: das Kampflied der SA hat die Bewegung in die Herzen gesungen. Die formende Macht des Liedes ist auch heute nicht vergessen: kein Marsch, keine Versammlung, keine Schulung, wo auf die beschwingende Kraft des Liedes verzichtet werden könnte. Denken sie an die mahnenden Worte, die von dieser Stelle aus der Vertreter der Reichsstudentenführung vor kurzem an Sie richtete, einen Liedschatz zu erwerben, durch den man befähigt wird, den wechselnden Rhythmus des Tages, des Jahres, des Lebens und der inneren Welt im Gesang auszudrücken, durch immer bereite Lieder das Leben musisch zu überhöhen und es von aller Dumpfheit und Schwere zu erlösen.

Neben dem Lied steht in der nationalsozialistischen Lebensordnung die Rede. Dieser neue Mensch weiss wieder um die Bedeutung des Böhme-Wortes, dass erst das „ausgehallete Wort" Leben weckt. „Die grössten Umwälzungen auf dieser Welt sind nie durch einen Gänsekiel geleitet worden. Nein, der Feder blieb immer nur vorbehalten, sie theoretisch zu begründen. Die Macht aber, die die grossen historischen Lawinen religiöser und politischer Art ins Rollen brachte, war seit urewig nur die Zauberkraft des gesprochenen Wortes". So bekennt sich der Führer zur Macht des gelauteten Wortes. Man weiss wieder, dass die Wirkung der Rede nicht so sehr auf ihrem Bedeutungsinhalt, ihrem Sinn, beruht, sondern aus dem Sinnenhaften kommt: dem Rhythmus, dem Klang. Dass nur der die Seele anzusprechen und damit den Menschen zu formen vermag, der diesen Klangleib erwecken und gestalten kann. Musisch ist auch die Haltung dieses neuen Menschen. Er empfindet wieder die Entzückungen, die im guten Gehen und Stehen liegen. Er freut sich am rhythmischen Gleichschritt der Kolonne, am Adel der aufrechten Haltung, der beherrschten Bewegung. Ein wundervolles neues Geschlecht ersteht in dieser geformten und beseelten Leiblichkeit. Die Menschen haben auch wieder zum natürlichen Rhythmus von Alltag und Feier zurückgefunden. Ohne aufrüttelnde Höhepunkte, die von getragenen Lasten erlösen und bereit zu neuem sinnbezogenen Beginnen machen, erscheint das Leben nicht mehr erfüllt. In den grossen Feiern des natürlichen und politischen Jahres findet sich das Volk zusammen, um in gemeinsamer musischer Übung, durch Lied, Rede und feierliches Tun sich innerlich zu erheben und auszurichten. Wenn heute das deutsche Volk seine innere Einigung erreicht hat, so verdankt es das diesen hinreissenden und prägenden Höhepunkten des politischen Lebens, wo es durch die beschwingende, herzandringende Gewalt des Rhythmus in Gesang, Wort und gestalteter Bewegung seelisch erregt und so für die hohen völkischen Werte aufgeschlossen wurde. So zieht die Kunst wieder mitten ins Volk, indem sie zum notwendigen Bestandteil des politischen Lebens wird. Von hier aus versteht man das Wort des Reichsjugendführers, wenn er die Erkenntnis fordert, „dass wir nicht nur vor unserer Landschaft und unseren Städten Schildwacht stehen müssen, sondern auch vor unseren Sinfonien und Dramen, Liedern und Gedichten." Wen mag es da noch verwundern, wenn er dann daraus folgert, dass im neuen Reich nur noch der musische Mensch zur politischen Führung des Volkes berufen ist.

So erfüllt heute ein musischer Sinn das öffentliche Leben und stellt mehr und mehr auch das Leben des Einzelnen unter sein Gesetz. Ein neuer Lebensstil ist im Werden, deutlich kann man ihn erspüren. Was mag der geistige Mittelpunkt dieser Haltung sein, die wir bisher nur an einzelnen Erscheinungen fassen und befragen konnten? Blut, Sinnenhaftigkeit, Impuls und Intuition sind in unseren Tagen aufgestanden gegen Verstand und Rationalität. - Alle Kosmogonien lassen den Kosmos aus dem Chaos entstehen, das Helle, Uranische entringt sich dem Chtonischen, dem Dunkel des Urgrundes. Das ist ein mythisches Bild einmal für die notwendige Dualität aller wirkenden Kräfte. Echtes Leben ist nur dort, wo diese Pole alles Seienden: Unbewusstes und Bewusstes, das Helle und das Dunkle, Trieb und Verstand, Dionysisches und Apollinisches einander die Spanne halten. Immer aber ist das Urgründige vor dem Gestalteten. So soll sich der Verstand vom Trieb ablösen, der Gedanke muss aus Blut und Instinkt geboren werden, muss dem - letzten Antrieben entspringenden - Willen folgen. Diese natürliche Spanne der dualistischen Kräfte war dem Menschen des 19. Jahrhunderts verloren gegangen, er sah in der ratio den Beweger alles Lebens und wurde unfruchtbar zu grossen ganzheitlichen Schöpfungen. Die Kämpfer gegen das Jahrhundert des theoretischen Menschen weisen vergebens auf die eigentlich herrschenden und immer obsiegenden Kräfte des Unbewussten hin: Bachofen entwickelt die Herkunft der vaterrechtlichen Kulturen aus den mutterrechtlichen Zuständen. Ein wundervolles Bild der Mahnung stellt Nietzsche auf: Sokrates, der Zerstörer der dionysischen Tragödie und der griechischen Mythologie erzählt im Gefängnis seinen Freunden, dass ihm öfter ein und dieselbe Traumerscheinung kam und immer dasselbe sagte: „Sokrates, treibe Musik". Er aber beruhigt sich mit der Meinung, sein Denken sei die höchste Musenkunst und kann nicht glauben, dass ihn eine Gottheit an die „gemeine, populäre Musik" erinnern könne. Erst im Gefängnis versteht er sich, um sein Gewissen ganz zu entlasten, dazu, jene von ihm gering geachtete Musik zu treiben und dichtet ein Proömium auf Appollo. „Das war", so fährt Nietzsche fort, „etwas der dämonischen, warnenden Stimme Ähnliches, was ihn zu diesen Übungen drängte, es war seine appolinische Einsicht, dass er wie ein Barbarenkönig ein edles Götterbild nicht verstehe und in Gefahr sei, sich an einer Gottheit zu versündigen - durch sein Nichtverstehen" ... Und dann die beunruhigende Frage: „Vielleicht gibt es ein Reich der Weisheit, aus dem der Logiker verbannt ist?". In unseren Jahrzehnten stand Klages auf und wies auf das Unbewusste als die eigentlich schöpferische Seite im Menschen hin. Auch der Totalitätsgedanke, der seit der Jahrhundertwende die Philosophie beschäftigte, war ein Ausdruck dieses Ungenügens. Aber allen diesen Theoremen, aus der Sehnsucht geboren, entsprang kein Leben. Bis aus der Tiefe des Volkes der einfache schlichte nat.-soz. Kämpfer aufstand und diese Ideen aus dem Reiche unverbindlichen Klügelns zur prallen Wirklichkeit erlöste. Da war wieder ein Mensch, der sich als Ganzes erlebte, der das bedrängende Nebeneinander von Körper und Geist, von Verstand und Instinkt, von Leiblichem und Göttlichem bejahte und damit dem Leben wieder eine runde, sinnenhafte Fülle gab. Abseits der theoretischen Bezirke, der Verstandeskultur des letzten Jahrhunderts wurde dieser neue Menschentyp geboren.[1019] -

Ein immer wiederkehrendes Bild in der deutschen Geschichte: Wenn den deutschen Menschen ein neues, noch unbestimmtes und umrissloses Lebensgefühl bedrängt, greift er gerne zu einem geschichtlichen Vorbild, zu einer dem Werdenden vergleichbaren geschichtlichen Form, um darin Bestätigung zu finden und das vorerst nur Erahnte an einem Dagewesenen zu verdeutlichen, um so Antriebe zu seiner weiteren Entfaltung zu gewinnen. Es ist nichts anders, wenn er im Bereiche der Erziehung jetzt das Bild der musischen Bildung aus der Geschichte heraufholt und zum Leitbild seines Wollens und Planens macht. Dabei kommt es natürlich nicht zu einer Wiederholung der Geschichte etwa aus Dankbarkeit gegenüber verwandten Zeiten und Völkern. Es handelt sich hierbei allemal um schöpferische Missverständnisse, um ein Hineinsehen eigener Lebensform in das geschichtliche Vorbild. So dient es allemal als Abstoss in eine neue Zeit. Es geht also auch hierbei nicht nur um eine Wiederbelebung der musischen Erziehung, dieser schönen Blüte griechischen, pädagogischen Denkens. Der griechische Mythus, das hellenische Wunder soll dem deutschen Geist wieder einmal zu neuen Ufern voranleuchten. Hier bahnt sich vielleicht der echte „dritte Humanismus" an, der an Kraft, Unmittelbarkeit und Lebensnähe unvergleichbar ist mit dem blässlichen Humanismus der Helbing-„Runde", die für sich diesen Ehrennamen beansprucht. Es ist verheissungsvoll, dass die musische Bewegung wieder den echt deutschen Weg zur Antike gefunden hat: mit Winkelmann, Herder, Hölderlin und Nietzsche wird auf alle römische Mittlerschaft verzichtet, man erstrebt keinen lateinischen-literarischen Humanismus, der sich in der Nachahmung der antiken Formenwelt und im Nachgestalten gedanklicher Inhalte erschöpft. Man sieht im Sinne der Renaissance in der Antike die Quelle neuen Lebens und will griechische Lebensantriebe als Bildekräfte in die deutsche Gegenwart hineinfliessen lassen. Das, was die eben genannten wahrhaft schöpferischen Deuter der antiken Welt auf das Hellenentum hinlenkte, das erkennen wir heute als Bindung blutmässiger Art: wir fühlen uns dem nordisch geprägten Griechen verwandter als dem mit artfremdem morgenländischen und etruskischen Blut versetzten Römertum. Es entstammt der gleichen Ahnung von diesen aufquellenden musischen Kräften, wenn Baeumler in diesen Tagen in klarer Beziehung zu

---

[1019] An dieser Stelle (auf Seite 6 des Typoskripts) endet offensichtlich der als „nicht brauchbar" bezeichnete Abschnitt.

unserem Gedankenkreis sagt, dass „unser Schicksal sich im Angesicht von Hellas entscheidet." (Hellas und Germanien.)

Was verstand nun der Grieche unter musischer Erziehung und musischer Übung? Wir müssen uns von unseren überlieferten kunsterzieherischen Vorstellungen schon weitgehend lösen, um in die Eigenart des „Musischen" eindringen zu können. Es ist möglich, hierbei eine kurze Strecke E. Krieck zu folgen, der sich um die Erkenntnis der volksorganischen, vor- und frühgeschichtlichen Erziehungsformen bemüht hat, um dort aus der Gegenwart längst verschüttete Antriebe zu geben. Dabei konnte er aufzeigen, dass unserer Erziehungsweise, die auf die Vermittlung von Erkenntnissen, d.h. eines möglichst allseitig geschlossenen Weltbildes, also auf „Lehre" zielt, in den Frühzeiten aller Völker der Versuch vorangegangen ist, die Seelen nicht durch die Vermittlung eines Stoffes, sondern unmittelbar zu bilden. Man versuchte durch ein System von zweckdienlichen Übungen, so durch kultischen Tanz und Ausdrucksbewegungen die Seele zu erregen, in grosse Schwingung zu versetzen, in einem enthusiastischen Zustand hinaufzusteigern. So über das Gleichmass des Alltags erhoben, sollte sie für alles Schöne und Erhebende, vor allem für die Gehalte der Volksmythen, empfänglicher und bereiter werden. Da diese erregenden Übungen immer in natürlichen Verbänden vorgenommen wurden, so blieb es nicht aus, dass durch diese gemeinsame Enthusiasmierung nicht nur die seelische Erregung weiter gesteigert, sondern die feiernden Glieder auch miteinander geeint wurden. „Erregung und Einung" der Seelen, das war also der Sinn dieser Übungen. Sie bildeten allemal den Höhepunkt der grossen Volksfeste - wie es noch heute bei jungen Völkern üblich ist.

Den greifbarsten Niederschlag fand diese frühgeschichtliche Bildungsform in der musischen Erziehung der Griechen. Über die noch rauschhaften Tanzorgien der Naturvölker hatte sich das griechische Volk weit erhoben. In künstlerisch gestalteter Weise: in Tanzreigen, in Musik, Gesang und Dichtung suchten sie den Zugang zu diesen Seelenenthebungen. Die griechischen Feste der Religion, des Staates, der Körperschaften und der Gymnasien gipfelten in gemeinsamen musischen Übungen, die vorwiegend von der Jugend ausgeführt wurden. Die Schule führte die Jugend neben der Wissensbildung in dieses musische Tun ein und bereitete auch die öffentlichen Feiern vor. Damit wurden sie unmittelbar in die politische Lebensordnung des griechischen Volkes gestellt.

Wir müssen den Begriff des Musischen noch weiter zu umgrenzen versuchen! Aus der Wortbedeutung können wir da einiges ablesen. „Musen" sind ursprünglich nur die Göttinnen der Poesie, der Musik und des Tanzes. Erst in den späteren Zeiten des Hellenismus, als die alexandrinische Schule alle Kunst und Wissenschaft gleichsetzte, werden sie zu Göttinnen der Künste und Wissenschaften schlechthin. Also nur das künstlerisch gestaltete Wort, die Musik und die Bewegungskunst waren zu dieser Seelenbildung berufen. Diese drei Kunstgattungen bilden aber eine klar abhebbare Einheit gegenüber der Bildenden Kunst: sie beruhen auf einem zeitlichen Ablauf und unterliegen damit dem Ordnungsgesetz des Rhythmus, während die bildende Kunst unbewegte Raumgestaltung ist. Sie kann vom raumzeitlichen Welterlebnis immer nur einen räumlichen Schnitt, den Zustand eines Augenblickes festhalten, nur auf verwickelten Umwegen gelingt es ihr, eine Andeutung des rhythmischen Zeitempfindens zu geben. Die musischen Künste gehen von einem inneren Erleben aus und suchen dafür in der körperlichen Bewegung, im rhythmischen Ablauf des Wortes oder in der Musik bewegten Ausdruck und äussere Gestalt. Während diese dabei aus dem Nichts ihre Ausdrucksgegenstände in Wort, Ton und Bewegung schaffen, geht die Bildende Kunst von äusseren Gegebenheiten aus und formt sie - nicht so freischaffend wie die rhythmischen Künste - aus persönlichen Ausdrucksantrieben nur um. Die Ausdrucksentladung ist bei den musischen Zeitkünsten also ungehemmter und unmittelbarer, da sie ja einen Ausdrucksleib neuschaffen, während die bildende Kunst im Ausdrucksmaterial sachlich bestimmten Formungen begegnet und die nur umzudeuten vermag. Auch von der Eindrucksseite her ergibt sich - vom Musischen aus betrachtet - eine ähnliche Rangordnung der Kunstgattungen. Das Bild, die Plastik bleibt bei der künstlerischen Betrachtung immer Objekt - ein Gegenüberstehendes, die Tonwellen der Musik und des Wortes aber dringen durch das Ohr in das Innere des Menschen ein, erfassen ihn also - <u>physiologisch</u> gesehen - viel <u>tiefer</u> als die Bildende Kunst.

<u>Bewegung</u> ist der Kernbegriff der platonischen Psychologie und Erziehungslehre. Seine Bedeutung wechselt zwischen Leiblichem und Seelischem immerfort her- und hinüber. Da nun der Rhythmus der Zeitkünste Sinne und Seele in gleicher Weise bewegt und in Schwingung versetzt, wurde er zum hervorragenden Mittel der griechischen Erziehung. Darum also beschränkt sich die musische Bildung auf die rhythmisch-bedingten Kunstgattungen Tanz, Musik und Dichtung. Diese sinnlich-sittliche Erregung durch das rhythmische Tun wurde aber auch von der Kunst <u>begrenzt</u> und von der Ausartung in formlosen Orgiasmus nach Art primitiver Völker bewahrt. Musik ist Ausdrucksgebärde, diese aber ist <u>gehalten</u> und <u>eingefangen</u> durch das mathematische Verhältnisgesetz des Tonreichs. Das Wort ist rhythmisch bewegter Klangleib, aber auch der Träger einer <u>geistigen Bedeutung</u>. Der Tanz ist Körperantrieb, aber dieser wird in künstlerische Formen eingefangen. So ruft die dyonisische Seite der rhythmischen Künste ihren geistigen Gegenpol und verbindet sich ihm. Alles musische Erleben ist somit rauschhaft und appollinisch zugleich.

<u>Seelische Bewegung und Erregung durch das rhythmisch bewegte musische Tun: durch Singen, Sprechen von Dichtungen und gestaltete Körperbewegung zu erreichen</u> - das ist also das Ziel der musischen Bildung. In die Seelen sollten dadurch auch die Werte der <u>Kunstwerke</u> einfliessen, um sie höher und edler zu stimmen und bereit zu machen, sich dem völkischen Mythus in der Dichtung und dem Götterkult ganz hinzugeben.

Man suchte das aber nicht durch die Übung <u>einzelner</u> Künste zu erreichen. Vielmehr standen die Zeitkünste damals noch in ihrem natürlichen Verband. Sagen und Singen bilden noch beim mittelalterlichen Spielmann zwei Seiten eines <u>gleichen</u> Vorganges, wenn der Grieche aber sagt und singt, dann geht der Rhythmus von Wort und Melodie unmittelbar in schreitenden Tanz, in den <u>Chor</u>, über. Wie es in Platons Gesetzen heisst: „Und da das Lied an den Rhythmus gemahnte und ihn erweckte, so haben sie sich zusammengetan und miteinander den Reigen und seine Lust erzeugt." Diese organische Verbindung von Wort, Ton und Bewegung hat sich in rudimentärer Form noch in unserem heutigen Kinderspiel erhalten. In <u>singendem</u> Tonfall rezitierte der Grieche also die Dichtungen des Volkes und übersetzte dabei die rhythmischen Antriebe, die der Sprache und der Musik entsprangen, in <u>Körperbewegung</u> und <u>Reigen</u>. Das Ziel aller körperlichen Bildung sieht Plato darin, dass alles, „was man in der Jugend aufnimmt, zur Gewohnheit und Natur des Leibes, der Stimme, der Gesinnung wird." „Leib" - „Stimme" - „Gesinnung" in ursächlicher Reihung - Welcher Abstand zu den bisherigen kunsterzieherischen Anschauungen! Während wir <u>Wert</u>- und <u>Tatsachenurteile vor</u> dem Kunstwerk anregen, seinem begrifflichen <u>Inhalt</u> nachgehen, beschränkt sich der Grieche auf den blossen körperlichen <u>Vollzug</u> der Kunstwerke. Er weiss noch darum, dass in den Lautgestalten, in der Sprachmelodie, im Rhythmus der eigentliche Sinn des Kunstwerkes liegt. Darum lässt er die Dichtungen, die Lieder ohne alle Erklärung auswendig lernen, „das Beste an Verständnis ging offenbar unmittelbar mit der Anschauung und Aufnahme der vollen, sinnlich-geistigen Wirklichkeit des Kunstwerkes in den Lernenden ein." Nicht das Literarische, das Buchstäbliche am musischen Gesamtkunstwerk steht im Mittelpunkt, sondern seine <u>Wiedergabe</u>. Im wahrsten Sinne des Wortes handelt es sich also bei allem künstlerischen Tun der Griechen um eine „<u>Einverleibung</u>" der Kunst. Und da die Dichtungen immer in <u>gemeinsamen</u> musischen Übungen gesungen und dargestellt wurden, so verstärkte die gehörte und gesehene <u>Mit</u>bewegung anderer, das <u>Gleich</u>mass an körperlicher Bewegung und rhythmischer Empfindung noch diesen sinnlich-sittlichen Eindruck und liessen Körper und seelisches Empfinden von dem Kunstwerk völlig durchdringen. Hier liegt das Kernstück der griechischen Erziehungslehre. So sagt Plato einmal im „Staat", „die Erziehung durch Musik ist von entscheidender Wichtigkeit, weil Rhythmus und Harmonie am meisten in das Innere der Seele eindringen und sie am stärksten ergreifen, indem sie edle Haltung mit sich bringen und den Menschen demgemäss gestalten." „Mir wenigstens scheint es", so fährt er fort, „dass um deretwillen die Erziehung ihren eigentlichen Halt in der Mu-sik hat". Nicht über wissensmäßige, ethische oder aesthetische Vorstellungsinhalte sucht man den Menschen seelisch zu bilden: Das musische Tun, das Sinnenhaftes und einen geistigen Sinn in sich birgt, soll den ganzen Menschen, seinen Körper und seine Seele durchfluten und ihn an Leib und Seele adeln. Ein wundervolles Inbild der Erziehung, voller Ewigkeitswert. In ihm hat Plato kurz vor dem Zerfall der klassischen hellenischen Kultur, den letzten Mythus der Griechen geschaffen.

Bisher haben wir nur die aesthetische Seite der musischen Bildung beleuchtet. Aber diese Verfeinerung des Leiblichen im künstlerischen Ausdruck wurde ergänzt durch die kraftbildende Gymnastik. Sie wurde nicht als Ausgleich gegen die aesthetische Bildung gerufen. Vielmehr ging eine kontinuierliche Linie vom Musischen zur Gymnastik, sie gingen ohne Grenze ineinander über und bildeten in Erziehung und öffentlicher Feier eine untrennbare Einheit. Plato wendet sich ausdrücklich gegen eine Verselbständigung von Gymnastik und Mu-sik, er hält ihre gesonderte Übung für schädlich und will, „dass sie miteinander in Harmonie kommen durch Anspannen und Nachlassen bis zur Mitte". „Wer also", so fährt er an anderer Stelle fort, „am besten mit der Musik die Gymnastik verbindet und sie in angenehmster Weise der Seele zuführt, den dürften wir mit vollem Recht als den vollendeten Musikkündiger und Meister der Harmonie hinstellen, weit mehr als den, der die Saiten gegeneinander zu stimmen weiss." In einer völligen Gleichsinnigkeit von Musik und Gymnastik sieht also der Grieche die Voraussetzung für ihre sinnvolle Pflege. So werden militärische Propädeutik und Kunstübung zu einer fruchtbaren Einheit aneinander gebunden. Zudem ist der Agon, der Wettkampf, nicht nur in der Gymnastik ein besonders geschätztes Erziehungsmittel, sondern auch in der künstlerisch-musischen Betätigung. So begegnet man aller Verweichlichung in der Musik, in gleicher Weise aber auch ungeistiger und unschöner Kraftbildung in der Gymnastik.

So stellt sich uns die griechische Erziehung in ihrer schönsten Blüte, im Erziehungssystem Platos, dar. Auf den ersten Blick erkennen wir, wieweit diese Welt dem heraufkommenden Lebensgefühl der Gegenwart entspricht. Gewiss, wir können und wollen unsere Erziehung nicht wieder auf diese frühgeschichtliche Form vereinfachen, aber die musische Erziehung der Griechen vermag uns Wege zu weisen, auf denen das neue Fühlen und Wollen in unserer Erziehung zur Auswirkung kommen kann. Voller Vorbildkraft ist der platonische Erziehungsplan für die neue Bildungsweise, die wir heute suchen. Versuchen wir nun, von diesem Bild der musischen Erziehung die wesentlichsten Anregungen für uns abzulösen.

Wenn wir heute oft die Eigenart der neuen Erziehung mit dem Wort „Charakterschule" umschreiben, so bedeutet das eine Absage an alle formale Bildung der früheren Schule, die mangels eines einheitlichen Ausrichtungswertes es sich versagen musste, den Schüler unmittelbar ethisch anzurufen. Zwischen Schüler und Lehrer drängte sich der Stoff, nur durch ihn hindurch vermochte der Lehrer den Zögling zu bilden. Da uns aber heute im völkischen Gedanken eine klare Zielsetzung geschenkt worden ist, vermag der Lehrer wieder zum Führer zu werden. Er kann nun den unmittelbaren Weg zum Herzen der Jugend gewinnen, wenn er zu ihnen über die letzten Worte unsrer gemeinsamen neuen Weltschau spricht. Nicht nur die formalen Fähigkeiten der Denkkraft gilt es jetzt zu bilden, entscheidend für den Wert und Unwert des erzieherischen Bemühens ist es heute, ob der Lehrer unmittelbar das Seelenleben des Jugendlichen zu formen vermag. Damit tritt auch in unserer Schule neben, genauer vor die Lehre die Seelenpflege. Wenn wir dabei über einen pädagogischen Impressionismus hinauskommen wollen, dann müssen wir klare, allgemein beschreibbare Wege finden, die alle

Zufälligkeiten ausschalten. Da bietet sich uns die musische Erziehung an, die sich uns als die in der Erziehungsgeschichte <u>idealste Form der Seelenbeeinflussung</u> darstellte. Wir müssen so zuerst einmal wieder den Sinn der <u>Feier</u> entdecken als der vornehmsten Form der Seelenausrichtung. Gewiss wird auch in der neuen Schule der Lehre die meiste Zeit zugestanden werden müssen. Aber notwendig wird es sein, die Schüler immer wieder einmal vom engen Zwang des Zwecktums zu lösen, um die Alltagsarbeit auf ihren höchsten Beziehungspunkt: die völkischen Werte auszurichten und den Jugendlichen dadurch für die bildende Kraft neuer Gehalte frei und aufnahmebereit zu machen. Wir sprechen von einem <u>Schulleben</u>. Lebendig kann die Schularbeit erst werden, wenn sie den natürlichen Rhythmus des Lebens von Arbeit und Musse, von Systole und Diastole in die Arbeit einfliessen lässt. Die Feiern des kosmischen und politischen Jahres dürfen vor der Schule nicht <u>halt</u>machen, sie müssen vielmehr zu den <u>Haftpunkten</u> der gesamten Erziehungsarbeit werden: Im dichterischen Wort, in unmittelbarer Anrede, im beschwingenden und erregenden Rhythmus des Liedes, der Musik, im ausdrucks- und stilvollen Gehen und Stehen muss die Seele dem Alltag enthoben werden, um sie vorzubereiten für eine fruchtbare Begegnung mit den völkischen Urbildern, die von Lehrern und Schülern gemeinsam berufen werden. Kein Schüler-<u>Leben</u> ist ohne <u>Gemeinschaft</u> möglich: aber erst die <u>Feier</u> lässt am tiefsten das erleben, was man Gemeinschaft heisst: Wenn Erzieher und Zögling sich in solchen Hochstunden eins fühlen im Dienst an der gleichen Idee, dann wird der <u>tiefste Grund</u> aller Gemeinsamkeit angerührt. Nicht gründlicher können die Schulfeiern missverstanden werden, als wenn man sie durch blosse <u>Musse</u> feiert: nein, auf sie müssen alle Arbeiten des Schulalltages hingerichtet werden: von allen Fächern aus muss man sie vorbereiten, damit sie bereiten Herzen treffen kann. Ein Höchstmass an persönlichem Einsatz verlangt vor allem die Feierstunde <u>selbst</u>, wenn sie Höhepunkt der <u>Erziehungsarbeit</u> und der <u>Bildungswirkungen</u> im Schüler werden soll. Wenn bei den Griechen die grossen Volksfeste von der Blüte des Volkes, von der Jugend, und zwar in Schulverbänden getragen werden, so muss es unser Streben sein, unserer Schule auch wieder einen Platz bei den öffentlichen politischen Feiern zu sichern. Dann erst wird der Schule die Isoliertheit vom Volksleben, in der sie heute noch steckt, ganz genommen werden, wenn sie nicht nur <u>weltanschaulich</u> Anschluss an den Volksgeist gewinnt, sondern auch in den Hochzeiten der Nation mit <u>Leib</u> und <u>Stimme</u> zum Symbol des Volkes wird. Dann wird das <u>echte</u>, <u>weite</u> Leben in die Schulstube einziehen und die Schule als notwendiges Glied in die Volksordnung eingefügt werden.

Wenn wir die Feierstunde als die <u>höchste</u> <u>Erziehungsform</u> der Schule erkennen, dann muss vor allem auch der Unterricht in den <u>musischen Fächern</u>, welche die Feiern vordringlich zu gestalten haben, hierauf <u>neu ausgerichtet</u> werden. Wir erkannten in dem Leib und Seele andringenden <u>Rhythmus</u> den Erreger und Verwandler der Seelen und Herzen. Aus diesem Geist des Rhythmischen muss die Unterweisung in Musik und Dichtung und die Leibeserziehung umgestaltet werden. Eine neue, musische Auffassung der <u>Dichtung</u> bricht sich heute Bahn: „Den Wert der Dichtung entscheidet nicht der Sinn (sonst wäre sie Weisheit und Gelehrtheit) sondern die Form, d.i. durchaus nichts Äusserliches, sondern jenes tief Erregende in Mass und Klang." Nach diesem Wort Stephan Georges soll die Dichtung im Deutschunterricht nicht mehr als eine wort- und phantasiereiche Umschreibung einer Grundidee behandelt werden - als ein wunderlicher Umweg müssten dann Form und Fabel der Dichtung erscheinen. Viel tiefer vermag die <u>Schallform</u> des Kunstwerkes den Sinn der Dichtung zu entfalten. Nicht Umweg zur Philosophie und Abstraktion, nicht festgefügtes <u>Sprachkunstwerk</u> ist die Dichtung, sondern ein <u>Sprechkunstwerk</u>. Die Lautsymbolik führt zu einem Verständnis, das dem rohen begrifflichen Umschreiben weit überlegen ist, da es ganz unmittelbar die feinsten Abtönungen der Dichtung in Rhythmus, Klang, Melodie, Tempo und Dynamik nacherleben lässt. „Die Wirkung der Stimme bis tief in die Seele hinein haben wir musische Kunst genannt." Mit diesen Worten deutet Plato den ethischen Sinn aller Dichtung.

Diese sinnlich-sittliche Innenwirkung kann aber nur erreicht werden, wenn die Dichtung gelautet wird. So erst gewinnt sie wieder <u>Lebens</u>wert für den Menschen. <u>Lebenshilfe</u> aber kann sie nur werden, wenn sie auch gedächtnismässig erarbeitet wird. <u>Auswendig-Lernen</u> nennt der Deutsche diesen Vorgang, es ist aber vielmehr ein <u>Inwendig-Lernen</u> (<u>par coeur</u> sagt richtiger der Franzose dazu:) ein völliges Besitzergreifen des Kunstwerkes mit allen Körper- und Seelenkräften. Es muss das Ziel des neuen Deutschunterrichtes sein, einen Kanon von Dichtungen, die zum Ausdruck aller grossen Anlässe des natürlichen, politischen und privaten Geschehens werden können, dem Jugendlichen als <u>Lebensstütze</u> mit auf den Weg zu geben. Das werden sie aber nur sein können, wenn sie <u>musisch</u> erarbeitet wurden, wenn sie in „<u>Fleisch und Blut</u>" eingegangen sind und dem Gedächtnis immer gegenwärtig bleiben für ein ganzes Leben.

<u>Musikerziehung</u> ist <u>Übung</u> und nicht <u>Lehre</u>, das ist der erste Kernsatz, den man aus dem Begriff des Musischen für den <u>Musikunterricht</u> ableiten muss. Ebensowenig wie man das Kind durch das Erlernen der Grammatik, durch bewusstes und systematisches Üben an Sprachteilen sprechen lehren kann, ebensowenig vermögen theoretische, aesthetische und geschichtliche Erwägungen das <u>Musikerlebnis</u> <u>herbeizuführen</u>, noch auch wesentlich zu steigern. Mir will scheinen, dass das Geheimnis aller Musik-Erziehung allein beschlossen liegt im <u>Hören- und Singen-Lassen guter und bester Musik von Jugend an</u>. Ich halte es mit Kierkegaard, wenn er sagt, dass die Musik „eine Kunst sei, über die man ohne einen hohen Grad von Erfahrung keine rechte Meinung haben kann." Der Musikerzieher hat neben der oftmaligen künstlerischen Übung des Musikwerkes durch vollen menschlichen und persönlichen Einsatz dem Musikerlebnis den Weg zum Herzen des Jugendlichen zu ebnen, nicht durch intellektuelle Analyse, sondern durch werbende Überredung und Zuspruch von Mensch zu Mensch. Die zweite wesentliche Aufgabe, die dem Musikerzieher zufällt: er muss dafür Sorge tragen, dass der Jugendliche nichts ihm <u>Ungemässes</u> noch auch <u>minderwertige</u> Musik singt und hört. Das Allzuviele an methodischer Klügelei, an Urteilsakten vor dem Kunstwerk, an Schulung bewußten Singens und Hörens überdeckt oft genug diese Doppelaufgabe, die durch nichts zu <u>ersetzen</u> ist. Sie muss immer das Kernstück der Musik-Erziehung bilden. Bei Nietzsche finden wir einmal die Begriffsreihe: <u>Unbewusstheit</u> - <u>Übung</u> - <u>Vollkommenheit</u>. Achten wir darauf, dass das Singen und Musizieren wieder zu einer Funktion des Unbewußten, dieser „grossen Vernunft des Leibes wird". Das ist aber nur möglich durch viele und fortgesetzte <u>Übung</u>, durch <u>die</u> Ausdrucksfähigkeit und Ausdrucksweisen sich soweit entwickeln, dass Lied und Gesang zu <u>natürlichen Bestandteilen des Lebens</u> werden. Nicht wer um alles Theoretische in der Musik weiss, ist der <u>vollkommen</u> musikalische Mensch, sondern dem Singen und Musizieren zur unbewusst gewordenen Übung auch des Alltags geworden ist.

Schon die Griechen erkannten den <u>Rhythmus</u> als den wahren Erreger der sinnlich-sittlichen Begeisterung durch die Musik; auf ihn und seine Eigenart führten sie die verschiedenen <u>ethischen</u> Wirkungsweisen der Musik zurück. Der Rhythmus ist nun aber allemal nur durch den <u>Körper</u> gegeben. Mit der steigenden Körperkultur wächst also auch wieder der Sinn für alles Rhythmische. Wenn man durch ein methodisches Beginnen diese ethische Wirkkraft der Musik zu steigern versucht, dann kann das nur dadurch geschehen, dass man dem Willen der aus der Musik kommenden rhythmischen Impulse <u>nachgibt</u> und sie in <u>Körperbewegungen</u> umsetzt, sie gleichsam bis in die Gestik hinein verlängert. Dann rückt der Körper, das Instrument <u>aller</u> Kunst, in den <u>Mittelpunkt</u> des Musikunterrichtes. Nur im Darstellen musikentsprungener rhythmischer Abläufe durch Gesten und Ausdrucksbewegungen wird der Körper soweit verfeinert, dass er nicht nur der aufdringlichen Rhythmik eines Tanzes, der „in die Beine fährt", zu antworten vermag, sondern auch empfänglich wird für die spirituelle Rhythmik und damit erst für die ethische Artung einer Bachschen Fuge oder für die emotionelle Bewegtheit Beethovenscher Musik. Es muss der grosse Versuch gewagt werden, alle Bewegungselemente der Musik körperlich darzustellen bzw. nacherleben zu lassen, nicht nur das Motorische: Takt, Metrum, Rhythmus, sondern auch das Sensorische: also Ton, Melodie (wie die Eurythmie schon Ansätze gezeigt hat) und das Emotionelle: d. ist das Dynamische und Agogische an der Musik. Bei solchen körperlichen, ganzheitlichen Erlebnissen wird ein ungleich lebendigeres und ausdruckshafteres Musizieren zu erreichen sein, als es heute gemeinhin üblich ist. Jeder wird dann einen Blick tun können in das Pulsierend-Lebendige, das tragend Unterstömende der Musik, sie wird ihm als ein Gefüge plastischer Formen und raumhaft deutlicher Bewegungen erscheinen. Ein ganzheitliches, leibseelisches Aufnehmen und Ausüben der Musik wird dann erst möglich werden. Nur so läßt sich die lähmende Distanz zum unfassbaren Tonreich, die den theoretischen Menschen besonders bedrängt und ihn kein rechtes Verhältnis zur Musik finden lässt, überbrücken; dann erst wird Musik so fass- und greifbar werden, dass sie jeden körperbegabten Menschen anspricht. Mit der wachsenden Körperkultur wird dann die grosse Stunde einer allgemeinen Musik und einer allgemeinen Musikerziehung kommen.

Diese Begegnung mit der Körpererziehung kann aber nur fruchtbar werden, wenn sie der Musik eine Strecke weit entgegen kommt. Wenn man den Wert der heute üblichen Körpererziehung an dem Inbild des Musischen ablesen will, wird man erkennen, dass auch hier noch manches zu leisten bleibt. Es ist erstaunlich, wenn man sieht, dass die bis ins Weltanschauliche vorstossende Tanzbewegung, die um die Jahrhundertwende begann, das Wesen der Körpererziehung kaum verändert hat. Sie mag auf den ersten Blick der Gymnastik der Griechen entsprechen. Aber das wäre erst dann der Fall, wenn sie so enge Nachbarschaft zum Künstlerischen hielte, dass etwas von der musischen Art ihr Wesen veredelte. Den Weg zum Musischen wird sie aber erst dann finden, wenn sie auch die Ausdrucksbewegung in Pflege nimmt. Turnen und Sport sind vom hellen Verstand geleitet; denn ein bestimmtes Ziel soll durch die Planung des Weges und durch ein System wohlerdachter Übungen erreicht werden. Es zählt allein die technische Leistung, gleichviel, in welcher Weise sie erreicht wird. Die dabei notwenigen Bewegungen werden dem Gesetze eines Gegenstandes (des Balles, des Gerätes) unterworfen. Musisch aber wird die Gymnastik erst dann, wenn sie ihre Antriebe, Ziele und Gesetze aus der Körperempfindung gewinnt. Wenn sie die Bewegung um ihrer selbst willen pflegt, ohne Absicht einer zählbaren Leistungssteigerung. Der Wertmasstab wird dann die Schönheit und Anmut des Bewegungsablaufes sein. Erst wenn so die Bewegung auch als ein Eigenwertiges, Apraktisches geschult wird, tritt die Körpererziehung über die Schwelle des Musischen und Künstlerischen. So nur kann sie zum schöpferischen Untergrund aller musischen Übung in Musik und Dichtung werden. Denn da das rhythmische Empfinden nur in einem bewegungsgeschulten und sensiblen Körper möglich ist, müsste alle musische Erziehung Stückwerk bleiben, wenn die Leibesübungen nicht diese musische Bewegung, die Bewegung um ihrer Schönheit und ihrer Lust willen, pflegen würden. Der größte Feind des Rhythmus, des „Fliessenden" ist das heute noch vielgeübte Eckige und Stramme, das allemal einer unlebendigen krampfhaften Gespanntheit des Körpers entstammt. „Je näher der geraden Linie unser Bewegungsleben kommt, desto mehr Festigkeit hemmt unseren Bewegungsausdruck", „je biegungsreicher seine Formen, desto mehr auf- und abschwingend sind sie Ausdruck einer Bewegbarkeit." So Herder in seiner „Kalligone". Und noch ein weiterer Einsamer im Getriebe des spezialistischen Denkens - nur die Abseitigen, die noch ganzheitlich zu sehen vermögen, sind die grossen anonymen Anreger in den letzten Jahrhunderten - Kleist, Dichter und preussischer Offizier, weist in seinem Aufsatz über das Marionettentheater nach, wie jede vollkommene Bewegung aus Entspanntheit herauswachsen muss. Die biegungsfähige, rhythmisch noch durchpulste „straffe" Bewegungsform muss die spröde, brüchige und unmusische stramme Haltung ablösen. So wird der Weg frei für die musische Körperhaltung, die sowohl ausdruckshafte als auch spielerische Bewegungsformen umfassen kann. Nachahmungs- und Darstellungsspiele, Kampf- und Tummelspiele, Rüpel-

und Waffentänze, bei den Mädchen Singspiele, Reigen und Volkstänze, die wenn möglich von Musik begleitet werden, das sind die Grundweisen dieser musischen Bewegungsschulung. Erst dann wird die Leibeserziehung auch ihren Beitrag geben können zur Ausgestaltung der Feier: in einem ausdrucksvollen Aufzug, im geformten Gehen, Stehen und Sichbewegen. Darüberhinaus kann sie in musisch-tänzerischen Bewegungsformen wie bei den Griechen an der Seite von Musik und Dichtung auch ein rhythmisch erregender Bestandteil der Volks- und Schulfeste werden und damit, wie diese, seelische Bildung bewirken.

Goethes Darstellung einer pädagogischen Provinz, die bisher als dichterisch gestimmtes, utopisches Wunschbild in der Erzieherschaft kaum beachtet wurde, gewinnt heute an Wirklichkeitsnähe. Ein Kernsatz daraus: „Bei uns ist der Gesang die erste Stufe der Bildung, alles andere schliesst sich daran an und wird dadurch vermittelt. Der einfache Genuss sowie die einfachste Lehre werden bei uns durch Gesang vermittelt, belebt und eingeprägt." Aus diesen Worten spricht die tiefe Einsicht, dass selbst die Lehrgebiete in Stoffdarstellung und Verarbeitung nicht auf musische Formen verzichten sollen. Denn das musische Erlebnis ist das Erlebnis der ungeteilten Ganzheit, der Einheit von Leib und Geist und kann sich deswegen nicht auf Teilgebiete beschränken, es prägt den ganzen Menschen und alle seine Äusserungen. Genau so wie das Musische den Menschen total erfasst oder garnicht, so muss es auch, wenn die Schulgebiete der rhythmischen Künste ganz durchdrungen sind, auf alle anderen Gebiete übergreifen und zu einem allgemeinen Unterrichtsgrundsatz werden. Somit wird es -, was bisher überhaupt noch nicht erkannt worden ist, - zu einem alle Gebiete und alle Weisen der Erziehung erfassenden Grundsatz. Man lese daraufhin einmal die Antrittsrede des 20jähr. Herder als Collaborator an der Domschule zu Riga nach. Dieses sein Erziehungsprogramm überschreibt er: „Über die Grazie in der Schule". Die Grazie soll „ihre Reize über den Unterricht und die Methode, über Charakter und Sitten der Lehrer ausgiessen..., weil man seinen Schülern nur so das Herz nimmt", denn „die Jugend ist gleichsam der Morgen der Jahre, wo man alles Reizende doppelt empfindet". Er verlangt vom Erzieher, „dass er mit der Annehmlichkeit des Virtuosen arbeite". „Was die Grazie berührt wird Reiz". Er weiss darum, dass im Kinde der musische Sinn noch wach ist, dass dem Jugendlichen das Gefällige und Ausdrucksvolle in den erzieherischen und unterrichtlichen Formen nicht ein Äusserliches ist, sondern den ihm gemässen, natürlichen Zugang zu allen Dingen der Welt erst möglich macht. Der wirklich begabte und schöpferische Lehrer hat unbewusst schon immer sein Tun auf das Gesetz der Leib-Seele-Einheit gestellt, er ahnte, dass er das Kind nur im Reiche der Werte und des Wissens beheimaten konnte, wenn er alles Stoffliche und alles Zwecktun mit schönen Reizen durchsetzte, um Sinne und Gedanken des Kindes in gleicher Weise zu fesseln. Er konnte es aber nur, wenn er sich selbst noch einen Rückweg ins Kinderland bewahrt hatte, in dem alle Dinge der Welt in schöner, voller Sinnlichkeit sich darstellen und mit allen Leib- und Seele-Kräften in gleicher Weise umfasst werden. Da ist die Wirklichkeit noch nicht in ein zweckrationales System gebracht, sondern stellt sich noch als rund und schön dar. Wie also wird der kommende musische Mensch die gesamte Erziehung umgestalten? Die Sprache ist ihm in Leben und Schularbeit nicht zweckbestimmter Mitteilungsfaktor, sondern etwas, das beschwingende Kräfte weckt, die den Gedankenfluss beleben. Von dieser Kraft der Gedankenbelebung, die dem gut gesprochenen Wort eigen ist, weiss die nahezu vergessene Abhandlung von Kleist: „Über die allmähliche Verfertigung der Gedanken beim Reden", die voller überraschender Intuitionen steckt, zu berichten. Der Leib soll die zusammengesetzteste Bewegung, die er zu leisten vermag, das Sprechen, mit der alles umfassenden Vollständigkeit vollziehen, auf die sie angelegt ist, ohne Hast, mit Sinn für Schrittmass und Klang des Wortes. Er soll nicht haften bleiben an unsinnlichen Begrifflichkeiten als leeren Scheidemünzen. „Das Verständliche an der Sprache ist nicht das Wort selber, sondern Ton, Stärke, Modulation, Tempo, kurz, die Musik hinter den Worten, die Leidenschaft hinter dieser Musik, die Person hinter dieser Leidenschaft: alles das, was nicht geschrieben werden kann". So Nietzsche. Erst wenn man alle Worte wieder zu ausdrucksvollen Sinnbildern formen kann, wird das Denken organisch entwickelt und Halbgedachtes und Schiefgesehenes unmöglich werden. „Erkenntnis der Dinge ohne geschmackvolle Darstellung ist barbarisch." Dieses Wort des alten Erziehungsmeisters Johannes Sturmius muss also heute neu bedacht werden.

Man wird der Bedeutung der Leibeserziehung nicht gerecht, wenn man wie frühere Zeiten bloss einen Ausgleich zu gedanklicher Arbeit in ihnen sieht. Therapeutische Gedankengänge nehmen der Leibeserziehung den ihr innewohnenden Adel - es ist mehr als Zufall, dass die Adelserziehung sich zu allen Zeiten um die Ausbildung des Körpers bemüht hat; man denke an den mittelalterlichen Ritter, der nicht in den 7 Wissenschaften, sondern in den 7 Künsten erzogen wurde, an die Erziehung in den Adelsakademien bis zur Kadettenerziehung der Vorkriegszeit. Der Sinn für die Eigenwertigkeit des Körpers, für die Notwendigkeit leibgeistiger Bildung erst gibt der Leibeserziehung das gleiche Gewicht wie der geistigen Ausbildung. Ebensowenig wie man geistige Zuchtlosigkeit in der Erziehung duldet, wird man also auch an mangelnder körperlicher Disziplin vorbeigehen dürfen. Jeder Erzieher fordere darum von sich und dem Schüler die ausdrucksstarke, durchseelte Leiblichkeit in allem Tun, geformte gestaltete Haltung, stilvolles Gehen und Stehen. Nur die Bewegungsform ist organisch und würdig, in welcher der Mensch als leiblich-seelische Einheit in sinnvoller Ganzheit erscheint. So verbietet sich jeder öde Drill, jedes stumpfe „Stramm Stehen". Nur die gelockerte, federnde Leiblichkeit entspricht dieser letzterdings ethischen Forderung. Ein musisch gestalteter Unterricht wird auch in den Wissensunterricht immer wieder Dichtung und Musik einfliessen lassen. Es gehört mit zur besten Tradition dt. Erziehung, dass vor allem das Lied den gesamten Unterricht durchzieht, um die Kinder immer wieder anzuregen. Um diese „ekstatischen" Kräfte der Lieder wusste vor allem die mittelalterliche Schule, die ihre Schüler in täglicher Gesangstunde singen liess und in welcher der Kantor neben dem Schulleiter stand. So führe man das Lied ein in den Religionsunterricht als Ausdruck religiösen Empfindens, in den Geschichtsunterricht zur Weckung des natioanlen Fühlens, in die Erdkundestunde zum Ausdruck der Heimatliebe, in die Naturkunde zur Stärkung des Naturerlebens und der Freude am Wechsel der Jahreszeiten, in den Turnunterricht zur Hebung des Lebenswillens und zur Durchgeistigung der Körperbildung. -

Das Inbild einer neuen musischen Schule und Erziehung konnte hier nur in knappen Strichen skizziert werden. Sie wird das nationalsozialistische Gedankengut nur dann lebendig weitergeben und erhalten können, wenn sie die kommenden Träger dieser Weltanschauung an Leib und Seele dem musischen Kämpfertyp nachbildet, dem sie entwachsen ist. In ihm aber bilden Sinnenfreudigkeit, Leibesadel und Leibeszucht, Sinn für das Erhebende und Stilvolle eine organische Einheit mit den Verstandeskräften. Die neue Erziehung muss sich in allen ihren Äusserungen und Weisen nach diesem Inbild gestalten. Dann erst wird sie typusbildende Kraft gewinnen und das hohe Gebot der großen Stunden erfüllen können. Einen Teil beizutragen, daß unsere Schule aus diesem Geiste neugestaltet wird, daß sie über Körper und Stimme den Weg zur Seele der dt. Kinder findet, das soll das Ziel meiner Arbeit an dieser Hochschule sein.

Dokument 18

Titel: Vertrag mit dem Verlag Diesterweg
("Von deutscher Musik; eine Auswahl aus dem neueren musikalischen Schrifttum")

Ort, Datum: Frankfurt a.M., 16.9.1938

Vorlage: Original (2 Seiten)

Verlagsvertrag.

Zwischen

Herrn Dr. Michael Alt, Oldenburg i.O.

als Herausgeber und der

Verlagsbuchhandlung Moritz Diesterweg in Frankfurt a.Main

als Verleger ist der nachfolgende, in zweifacher Ausfertigung ausgestellte Verlagsvertrag geschlossen worden. Jeder Teil hat eine Ausfertigung erhalten.

§ 1. Herr Dr. Alt überträgt an die genannte Verlagsbuchhandlung für alle Auflagen und Ausgaben das Verlagsrecht an einer kleinen Sammlung von ausgewählten Abschnitten aus dem neueren Schrifttum über Musik im Sinne der vom Reichserziehungsministerium am 29.1.1938 erlassenen Richtlinien für den Musikunterricht an höheren Schulen.

§ 2. Der Umfang wird auf drei Druckbogen von je 16 Seiten im Format der "Kranzbücherei" festgesetzt. Ergeben sich während der Bearbeitung Umstände, die dem Herausgeber eine Veränderung am Plan oder Umfang ratsam erscheinen lassen, so wird er mit dem Verlag darüber verhandeln.

§ 3. Der Verlag zahlt dem Herrn Herausgeber als Vergütung 10 v.H. des Verleger- (Netto-) Preises für jedes fest verkaufte Stück. Die Abrechnung darüber erfolgt jährlich zum 15.September über den Absatz des vorangegangenen Jahres, das jeweils vom 1.Juli des einen Jahres bis zum 30.Juni des anderen Jahres zählt.

Bei Erscheinen der ersten Auflage wird für 3000 Stück die Vergütung voraus bezahlt und später verrechnet.

§ 4. Der Herausgeber ist zur unverzüglichen Berichtigung der von den gewöhnlichen Satzfehlern vorher zu befreienden Korrekturbogen ohne besondere Vergütung berechtigt und verpflichtet.

Änderungen gegenüber der ursprünglichen Druckvorlage sind dem Herausgeber bei Vornahme der Korrektur gestattet; für die dadurch verursachten Kosten hat er aufzukommen, wenn die Änderungen das übliche Maß übersteigen oder nicht durch inzwischen eingetretene Umstände gerechtfertigt sind.

§ 5. Der Verlag bestimmt die Höhe der Auflage und den Preis. Der Verlag ist berechtigt, auf je eintausend Abzüge 120 nicht zu vergütende herzustellen als die mutmaßlich zu verschiedenen Zwecken notwendigen Freistücke (Besprechungsstücke, Prüfungsstücke, Handstücke und Stücke für Unterstützungsbüchereien usw.). Bei der ersten Auflage und solchen Auflagen, die eine durchgreifende Neubearbeitung darstellen, ist ihm gestattet, 240 vom Tausend vergütungsfrei überzudrucken. Gibt er zur Werbung mehr Freistücke aus, so hat er das Recht, die mehr vergebenen Freistücke vergütungsfrei zu drucken.

Sollte infolge von Abänderungen im Lehrplane oder anderen Verfügungen der Unterrichtsbehörde eine Anzahl Stücke unverkauft bleiben, so darf der Verlag bei der nächsten Auflage eine gleiche Anzahl von Stücken als Ersatz vergütungsfrei mitdrucken. Kommt der Verlag zu der Überzeugung, daß die Restbestände unverkäuflich seien, so ist er berechtigt, diese zu vernichten, ohne sie vergüten zu müssen, soweit es nicht schon geschehen ist.

Dem Herausgeber stehen zu Widmungszwecken von der ersten Auflage zwanzig Freistücke, von jeder folgenden Auflage fünf Freistücke zur Verfügung.

§ 6. In Fällen höherer Gewalt, die den Druck und die Verbreitung des Heftes aussichtslos erscheinen lassen, ruht der Vertrag hinsichtlich der Verpflichtung des Verlages zur Vervielfältigung und zur Zahlung der Vergütung. Ebenso ruht der Vertrag, falls die parteiamtliche Prüfungskommission zum Schutze des NS.-Schrifttums oder das Reichserziehungsministerium die Zustimmung zur Veröffentlichung nicht erteilen.

Oldenburg i.O., den 9.8.38

Frankfurt a.Main, den 16.9.1938

Dokument 19

Titel: Einstellungsangebot (Königin-Luise-Schule Köln)

Ort, Datum: Köln, 13.8.1938

Vorlage: Original

Der Oberbürgermeister der Hansestadt Köln

Oberbürgermeister der Hansestadt Köln, Rathaus
Fernsprecher: 210211 Nebenstelle
Girokonten der Stadthauptkasse: Sparkasse der Stadt Köln Nr. 93
Postscheckkonto Köln Nr. 3546

Herrn
Studienrat Dr. Alt
Oldenburg
Hochschule für Lehrerbildung.

71

Ihre Zeichen | Ihr Schreiben vom | Mein Zeichen | Tag
712 | 13.8.38.

Betr.

Ich bin bereit, Sie als Studienrat an der Königin-Luise-Schule, Oberschule für Mädchen in Köln, anzustellen. Sollten Sie die Wahl annehmen, bitte ich um Übersendung eines amtsärztlichen Gutachtens über Ihren Gesundheitszustand einschl. Lungenbefund. Gleichzeitig bitte ich um baldgefl. Mitteilung, wann Sie voraussichtlich Ihren Dienst in Köln antreten können.

Heil Hitler !
Der Oberbürgermeister.
In Vertretung :

Dokument 20

Titel: Brief von Prof. D. Stoverock an Prof. E.J. Müller

Ort, Datum: Köln, 18.9.1938

Vorlage: Original

Staatliche Hochschule für Musik in Köln

Staatliche Hochschule für Musik, Köln, Wolfstraße 3/5

Fernsprecher: 21 02 11
Nebenstelle 22 51

Herrn
Prof. Müller,
K ö l n
Richard Wagnerstr.13

Ihre Zeichen | Ihr Schreiben vom | Unser Zeichen | Tag 18.9.38

Sehr geehrter Herr Kollege!

Vorübergehend nach Köln gekommen, finde ich Ihren Brief (für den ich herzl. danke) vor.

Bezügl. der Nachfolge von Herrn Stud.Ass. Schröder sind bereits schon vor den Ferien gewisse Verhandlungen gewesen. Ich darf darauf hinweisen, daß Herr Schröder in der Schulmusikabteilung nur 2 Stunden hatte. Außerdem kann ich Ihnen sagen, daß die Art, wie unseren Studentinnen in der Königin Luiseschule musikpädagogische Unterweisung gegeben wurde, keineswegs meinen Wünschen entsprach.

Es ist sicherlich für Herrn Dr. Alt ein sehr schwerer Entschluß, von einer Hochschule für Lehrerbildung fortzugehen. Dort ist die Möglichkeit, recht bald weiterzukommen. Ob eine Studienratsstelle in Köln diese gibt, ist schwer zu sagen. Jedenfalls kann ich Herrn Dr. Alt keinerlei Versprechungen machen, da ich selbst noch nicht weiß, wie sich die Dinge weiter entwickeln werden.

Ich bitte Herrn Dr. Alt meine besten Grüße zu übermitteln und grüße Sie selbst mit
Heil Hitler
als Ihr sehr ergebener

[Unterschrift]

Dokument 21

Titel: Anfrage des Reichsministers (betr. Parteiämter vor 1933)

Ort, Datum: Berlin, 3.4.1939

Vorlage: Abschrift, Hochschule für Lehrerbildung, Oldenburg 12.4.1939

Abschrift:

Der Reichsminister   Berlin, d. 3.4.1939
  pp.
EIe Nr. 24/4

Zum Bericht vom 16. Febr. 1939 - Nr. 40/39 -.

Nach den Akten hat der komm. Dozent Dr. Alt von Ende 1931 bis Anfang 1933 der Zentrumspartei angehört. Ich ersuche, Dr. Alt noch ergänzend angeben zu lassen, ob er in dieser Partei Ämter bekleidet hat, gegebenenfalls welche und von wann bis wann.

Im Auftrage.
gez. Rumpp.

An den Herrn Direktor der H.f.Lb. Oldenburg.

Der Direktor.   Oldenburg, 12.4.1939

Abschrift

Herrn Dr. Alt

h i e r

zur Kenntnisnahme übersandt.

Wir bitten, uns einen Bericht nach Art oben entsprechender Angaben möglichst umgehend zuzustellen.

Dokument 22

Titel: Ernennungsurkunde zum Professor

Ort, Datum: Berchtesgaden, 14.8.1939

Vorlage: Original

Im Namen des Deutschen Volkes ernenne ich den Studienrat

Dr. Michael Alt

zum Professor.

Ich vollziehe diese Urkunde in der Erwartung, daß der Ernannte getreu seinem Diensteide seine Amtspflichten gewissenhaft erfüllt und das Vertrauen rechtfertigt, das ihm durch diese Ernennung bewiesen wird. Zugleich sichere ich ihm meinen besonderen Schutz zu.

Berchtesgaden, den 14. August 1939

Der Führer und Reichskanzler

[Unterschrift: Adolf Hitler]

[Unterschrift: Hermann Göring]

Dokument 23

Titel: Ausgabeanweisung der Hochschule für Lehrerinnenbildung Hannover

Ort, Datum: Hannover, 25.11.1939

Vorlage: Abschrift

Hochschule für Lehrerinnenbildung
Bismarckstraße 35
Fernsprecher 8 31 20

Hannover, den 25. November 1939

Tgb.-Nr. F b 12

Ausgabeanweisung
für das Rechnungsjahr 1939
Verrechnungsstelle: Kap. 178 Titel 3.

Professor Dr. A l t ist durch Erlaß des Herrn Reichserziehungsministers vom 30.Oktober 1939 - E I e 28/4 - mit Wirkung vom 1.November 1939 ab bis auf weiteres von der geschlossenen Hochschule für Lehrerbildung in Oldenburg zur Dienstleistung an die hiesige Hochschule abgeordnet. Auf Grund des gleichen Erlasses sind ihm Dienstbezüge und Beschäftigungsvergütungen vom genannten Tage ab aus der Kasse der Hochschule für Lehrerinnenbildung Hannover zu zahlen. Prof.Dr. Alt hat seinen Dienst am 2.November 1939 bei der hiesigen Hochschule angetreten. Sein dienstlicher Wohnsitz ist Oldenburg; er ist verheiratet und führt seinen Haushalt in Oldenburg weiter.

Auf Grund der PrRKBest. Teil IV Nr. 2 bewillige ich Herrn Prof.Dr. Alt vom Tage des Dienstantritts an bis zur Dauer von 7 Tagen eine Beschäftigungsvergütung in Höhe der tatsächlich nachgewiesenen Mehraufwendungen abzüglich häuslicher Ersparnis und vom 8. Tage ab in der in Abs. 4 a.a.O. festgesetzten Höhe, und zwar vom 2. - 8.11.39 (7.11.45) = 80,15 R vom 9. ab täglich 8,- RM.

Die Hochschulkasse wird angewiesen, die in der anliegenden Pendelquittung aufgeführten Beträge für die Zeit bis zum 15.11.39 sofort durch Überweisung auf das Konto des Empfängers bei der Landessparkasse Oldenburg zu zahlen und, wie oben angegeben, zu verrechnen. Die Pendelquittung ist mir für die weiteren Anweisungen zum 1. und 15. eines jeden Monats rechtzeitig wieder zu übersenden.

(Unterschrift)

An die Hochschulkasse, Hannover.

++++++++++++++++

Vorstehende Abschrift übersende ich zur Kenntnis. Jede Änderung in Ihren persönlichen Verhältnissen sowie jede außerdienstliche Abwesenheit (Beurlaubung) von mehr als 3 Tagen ist der Geschäftsstelle regelmäßig schriftlich anzuzeigen.

Herrn
Prof. Dr. A l t,
hier.

Dokument 24

Titel: Gutachten der Hauptstelle für Musik des Amtes Rosenberg zu den beiden Aufsätzen Alts in der Internationalen Zeitschrift für Erziehung

Ort, Datum: Berlin 1939/40

Vorlage: Abschrift mit einer Vorbemerkung von Prof. Th. Wilhelm (Oldenburg, 20.2.1950; maschinenschr., 2 Seiten)

Auszug aus einem Gutachten

Vorbemerkung. Ende 1939 hat die "Internationale Zeitschrift für Erziehung" - damals noch unter gemeinsamer deutscher und amerikanischer Regie - ein Sonderheft über Musikerziehung herausgebracht, mit Beiträgen aus Deutschland, USA, Italien, Schweden, Irland, Schweiz. Die beiden Hauptbeiträge von deutscher Seite schrieb der damalige Dozent an der Hochschule für Lehrerbildung Oldenburg Dr. Michael A l t . Bald nach Erscheinen des Heftes hat der deutsche Herausgeber Professor Dr. Baeumler mir in meiner Eigenschaft als Schriftleiter der Zeitschrift ein Gutachten ausgehändigt, in dem die"Hauptstelle Musik" des Amtes Rosenberg an dem ganzen Heft scharfe Kritik übte. Im Mittelpunkt dieser Kritik standen die Aufsätze von Dr. Alt ("Musikerziehung in der deutschen Schule" und "Deutsches Schrifttum über Musikerziehung").
Die nachfolgenden Auszüge stammen aus diesem Gutachten, das ich Herrn Dr. Alt damals und auf seine Bitten auch jetzt wieder zugänglich gemacht habe.
Die Hervorhebungen stammen von Dr. Alt.
Oldenburg, 20. Februar 1950.   Dr. Dr. Theodor Wilhelm

Auszug aus der"Beurteilung von: Internationale Zeitschrift für Erziehung", Heft 5/6(1939), Sonderheft für Musikerziehung, Herausgegeben von Alfred Baeumler und Isaac Doughton, Schriftleiter: Theodor Wilhelm

Betr. Beitrag Michael Alt: Die Musikerziehung in der dt. Schule.

".....Sehr unglücklich ist Seite 331 die Behauptung, Josef Haas sei in der Reihe der "besten deutschen Komponisten heute um diese Volkslied kunst bemüht". Es kann Alt nicht entgangen sein, dass der "Völkische Beobachter"(28.11.37) unter der Überschrift"Tobias Wunderlich, eine Volksoper?" sehr scharf gegen die katholische Propaganda Stellung genommen hat, die bis in die jüngste Zeit hinein Kompositionen Haas'als Volkskunst herausstellt, weil Haas zu völlig undiskutablen Texten gre Der fragliche Aufsatz des VB.war von Reichsleiter Rosenberg selbst überprüft worden und hatte den Leiter der Hauptstelle Musik zum Verfasser. Es muss heute befremdend wirken, wenn Alt ausgerechnet Haas für die "Volksliedkunst" in Anspruch nimmt.-Beim Überblick über die geschichtliche Entwicklung der Blockflöte wird der Bemühungen des Engländers Arnold Dolmetsch(332) gedacht. Es ist keineswegs geklärt, ob Dolmetsch nicht Jude ist...."

Betr. Michael Alt: Deutsches Schrifttum über Musikerziehung"

"Bei der Beurteilung des musikwissenschaftlichen Schrifttums unterlaufen schwerwiegende Fehler, die nicht nur im Inland Verwirrung stiften müssen, sondern auch im Ausland ein falsches Bild von nationalsozialistischer Musikerziehung geben müssen. Bereits im dritten Satz werden di ""einschlägigen Vorarbeiten" Eberhard Preussners hervorgehoben. Preussner war ... einer der eifrigsten Verfechter der berüchtigten marxistischen Tendenzstücke"Die Massnahme",des "Jasager" und des zersetzenden jüdischen Lehrstücks"Die Dreigroschenoper".Er hat ferner leidenschaftliche Propaganda für den Juden Arnold Schönberg getrieben,...noch 1932 zitiert er in breiter Form den später ausgebürgerten Juden Paul Bekker und setzt sich .. für den Juden Kestenberg demonstrativ ein.....Ebenso eigenartig ist es,wenn Alt neben Preussner auf Georg Schünemanns Leistung für die Musikerziehung hinweist.Schünemann war bis zur Machtübernahme Marxist und wurde 1933 aus seinem Posten als stellvertretender Direktor der Musikhochschule Berlin .....entfernt.Alt ...durfte nicht solche Leute herausstellen,die älteren Nationalsozialisten als aktive Gegner noch wohlbekannt sind.Besonders anfechtbar ist die Lobpreisung von Schünemanns "Musikerziehung"(1930),ein Werk,das ganz in der Atmosphäre Kestenbergs entstanden ist.....Ein schwerer Missgriff i ist Alts lobendes Urteil über die Schrift von Walter Kühn:"Führung zur Musik".Das Gutachten der Hauptstelle Musik für das Amt Schrifttumspflege lautete negativ.(Archivnr.38 887)....1931-Juni 1932 war er Mitglied der SPD.....Endlich geht Alt ...ausführlich auf C.Orff und die Günther-Schule sowie auf das "Orff-Schulwerk" ein.Dem Referenten Alt ist die ablehnende Stellungnahme der amtlichen Zeitschrift"Die Musik" (August 1937)sicher bekannt,zumal die seinerzeit erfolgte Distanzierung der NS-Kulturgemeinde gegenüber Orff allgemein als weltanschauliche Folge empfunden wurde.Über den zwiespältigen Charakter von Orffs "carmina burana"(1937,Frankfurt)hat der Völkische Beobachter seinerzeit deutlich geschrieben und damit die Reaktion ...wachgerufen. Zusammenfassend muss festgestellte werden,dass in wissenschaftlicher Hinsicht der Literaturbericht Alts ...recht fragwürdig ist.Darüberhinaus aber zeigen sich bedeutende weltanschauliche Mängel.Aus der Fülle des erziehungswissenschaftlichen Musikschrifttums werden ausgerechnet solche Verfasser gewürdigt,deren politische Einstellung keineswegs einheitlich war.In einzelnen Fällen muss der Aussenstehende im Beitrag Alts eine Kritik an der Musikpolitik der NS-Kulturgemeinde und an den Entscheidungen der Hauptstelle Musik des Amtes Rosenberg vermuten.

Dokument 25

Titel: Vertrag mit den Verlagen Kohlhammer und Schwann
("Die Musik in der Grundschule")

Ort, Datum: Düsseldorf, 24.7.1939

Vorlage: Original (3 Seiten)

Vertrag.

Zwischen Herrn Dozent Dr. Michael Alt / Oldenburg (im folgenden kurz Verfasser genannt) und den beiden Firmen W. Kohlhammer in Stuttgart S. sowie L. Schwann, Druckerei und Verlag in Düsseldorf (im folgenden kurz Verlage genannt) ist heute folgender Verlagsvertrag abgeschlossen und von allen Vertragspartnern zum Zeichen ihres Einverständnisses eigenhändig unterzeichnet worden.

§ 1

Die beiden Verlage sind übereingekommen, gemeinsam eine Reihe methodischer Handbücher für den Volksschulunterricht herauszubringen. Als Herausgeber dieser Reihe zeichnen die Herren Ernst Huber, k.Reichsfachschafzsleiter, in Stuttgart und Gustav Schlipköter, Stadtschulrat, in Wuppertal. Im Rahmen dieser Reihe übernimmt der Verfasser das Thema : <u>Die Musik in der Grundschule.</u>

§ 2

Der Umfang des Manuskripts soll 5 Bogen = 80 Druckseiten zu je 700 Silben nicht überschreiten. Zeichnungen sollen auf das notwendigste beschränkt werden und müssen in obigem Umfang enthalten sein. Manuskript und Zeichnungen sind druckfertig spätestens bis zum 1. September 1939 / 1. Oktober 1939 an einen der Herausgeber abzuliefern.

§ 3

Die Herausgeber und die Verlage haben das Recht zu Änderungsvorschlägen. In Zweifelsfällen entscheidet dabei Herr Schlipköter als der federführende Herausgeber.

§ 4

Der Verfasser überträgt den beiden Verlagen das unbeschränkte Verlagsrecht an dem oben genannten Werk. Die sich daraus ergebenden, im folgenden formulierten Abmachungen treten jedoch erst in Kraft

a) wenn die Verlage nach erfolgter Durchsicht des Manuskripts und Zustimmung der Herausgeber dem Verfasser gegenüber eine schriftliche Annahme-Erklärung abgeben,

b) wenn die für die Prüfung zuständigen staatlichen Instanzen (zurzeit Parteiamtliche Prüfungskommission und Reichserziehungsministerium) die Genehmigung aussprechen.

§ 5

Ausstattung, Auflagenhöhe und Preis sind Sache der Verlage. Die endgültige Festsetzung des Titels erfolgt im Einvernehmen mit den Herausgebern und Verlagen. Die Verlage sind zur Berichtigung der gewöhnlichen Satzfehler verpflichtet. Der Verfasser hat das Recht und die Pflicht, eine Fahnenkorrektur und eine Bogenrevision ohne besondere Vergütung und ohne Zeitverlust vorzunehmen. Nachträgliche Änderungen am fertigen Satz, die nicht vom Setzer verschuldet sind, gehen als sogen. Autorkorrekturen zu Lasten des Verfassers und werden mit dem Honorar verrechnet. Die vom Verfasser erteilte Druckerlaubnis gilt als Genehmigung zu etwa erfolgten Manuskriptänderungen.

- 2 -

§ 6

Die Verlage sind berechtigt, über die zum Verkauf bestimmte Auflage hinaus zehn Prozent Exemplare mehr zu drucken, die als Besprechungs-, Autoren-, Frei- und Werbe-Exemplare benutzt werden. Diese 1o% gelangen nicht in den Handel und sind daher honorarfrei. Der Verfasser erhält 1% der Auflage seines Werkes als Freiexemplare sowie ein Gratisexemplar der gesamten Reihe. Er ist ausserdem berechtigt, weitere Exemplare seines Werkes mit einem Autorenrabatt von 33 1/3 % auf den Ladenpreis zu beziehen.

§ 7

Die Vergütung des Verfassers beträgt 1o% vom Buchhändlernettopreis des Werkes. Obwohl das Gesamtwerk auch in Subskription zu einem billigeren Subskriptionspreis abgegeben wird, gilt hier als Nettopreis der reguläre Ladenpreis abzüglich 33 1/3% Rabatt. Die Vergütung ist zahlbar nach Absatz. Die Abrechnung erfolgt halbjährlich im Januar und Juli. Bei Erscheinen des Werkes erhält der Verfasser einen Betrag von zweihundert Reichsmark a conto des Honorars.

§ 8

Der Verfasser verpflichtet sich, kein Werk in einem anderen Verlag herauszugeben, das dem oben genannten Konkurrenz zu machen geeignet ist. Er unterstützt die Propaganda der Verlage mit Rat und Tat. Der Verfasser ist nicht zur Einsichtnahme in die Bücher der Verlage befugt. Er kann aber mit Zustimmung der Reichsschrifttumskammer verlangen, dass die Angaben der Verlage durch Bescheinigungen eines vereidigten Bücherrevisors glaubhaft gemacht werden. Die Kosten der Revision hat, wenn der Bericht die Behauptungen der Verlage bestätigt, der Verfasser zu tragen, sonst die Verlage.

§ 9

Der Verfasser erklärt sich bereit, bei einer Neuauflage das Werk entsprechend zu bearbeiten, damit es auf der Höhe der methodischen Erkenntnisse bleibt. Dabei soll jedoch ein neuer Seitenumbruch vermieden werden. Sollte der Verfasser infolge Krankheit oder Tod nicht mehr in der Lage sein, eine Neubearbeitung vorzunehmen, so ernennen die Herausgeber mit Zustimmung der Verlage einen Bearbeiter, dessen Honorar von dem Honorar des Verfassers in Anzug gebracht wird. Der Abzug soll die Hälfte des Verfasserhonorars nicht übersteigen.

§ 1o

Wenn in zwei aufeinanderfolgenden Jahren durchschnittlich weniger als 15o Stück abgesetzt werden, so können die Verleger dem Verfasser durch eingeschriebenen Brief eine angemessene Frist setzen, die Restbestände zu erwerben. Äussert sich der Verfasser nicht oder lehnt er den Erwerb ab, so sind die Verlage berechtigt, die Restbestände einzustampfen oder unter Aufhebung des Ladenpreises in angemessener Frist einen Ausverkauf zu veranstalten. Das Verlagsrecht fällt damit an den Verfasser zurück.

- 3 -

§ 11

Der Verfasser erklärt, dass er arischer Abstammung im Sinne
der Beamtengesetzgebung ist und dass er den einschlägigen
Vorschriften der Reichskulturkammergesetzgebung Folge leistet.
Etwaige Stempelgebühren für diesen Vertrag tragen die Verlage.

Erfüllungsort ist der Sitz der Verlage.

Federführend für das obengenannte Einzelwerk ist der Verlag
L.Schwann. Insbesondere erfolgt auch die Honorarzahlung durch
den Verlag L.Schwann.

Düsseldorf, den 24. Juli 1939   Stuttgart, den 20.4.40

Oldenburg, den 8. August 1939

Dokument 26

Titel: Zuweisung zur Hochschule für Lehrerbildung in Lauenburg

Ort, Datum: Lauenburg, 27.4.1940

Vorlage: Original

**Der Direktor
der Hochschule für Lehrerbildung**
Tgb. Nr.

Lauenburg i. Pom., den 27. April 1940
Bernhard-Rust-Str.
Fernsprecher 301 u. 302.

Herrn
Prof. Dr. Alt,
Oldenburg.

Beethovenstr. 15

Im Anschluss an den Erlass des Reichsministers für Wissenschaft, Erziehung und Volksbildung vom 17.4.40 E I a Nr.30/4 bitte ich Sie, am 4. Mai 1940 an der Hochschule für Lehrerbildung in Lauenburg den Dienst aufzunehmen.

Der Lehrgang zur Ausbildung von Schulhelfern beginnt am 6. Mai morgens 8 Uhr mit der Aufnahmeprüfung, die vorbereitende Sitzung über die Durchführung der Aufnahmeprüfung und des Lehrganges beginnt am Sonnabend, dem 4.5.40 morgens um 9 Uhr.

Die entscheidende Arbeit in diesem Lehrgang wird neben der schulischen Betreuung darin bestehen, das wirklich Wesentliche über Lehrweise und Lehrgut des einzelnen Faches auszuwählen und den jungen Menschen in einem Vierteljahr so nahe zu bringen, dass sie unter einem Schulleiter damit weiterarbeiten können.

Es wäre der Sache sehr gedient, wenn in Fortführung unserer mündlichen Besprechung Ihre Frau Gemahlin es möglich machen könnte, einen Teil des Musikunterrichtes und vielleicht auch des Turnunterrichtes zu übernehmen. In Berlin ist man sehr damit einverstanden.

Heil Hitler!
I. V.
Rodik

Dokument 27

Titel: Korrekturanweisungen des Reichsministeriums für Wissenschaft, Erziehung und Volksbildung zum „Singebuch für Mädchen"

Ort, Datum: Berlin, 3.2.1941

Vorlage: Abschrift (maschinenschr., 4 Seiten)

Abschrift !

Der Reichsminister
für Wissenschaft, Erziehung
und Volksbildung

Berlin W 8, den 3. Februar 1941
Unter den Linden 69

E III P Nr. 607/40

Betr. "Singebuch für Mädchen" (3 Teile), herausgegeben von Michael Alt.

2 Anlagen.

- - - - - - -

Ich beabsichtige, das vorgelegte Unterrichtswerk für den Musikunterricht zur Benutzung an den Oberschulen für Mädchen vorläufig zuzulassen. Jedoch ist es erforderlich, dass das Singebuch für Mädchen noch durch eine Musikkunde ergänzt wird.

Die Musikkunde, die entsprechend der Gliederung des Singebuches in 2 Teilen (für die Klassen 1 - 4 und 5 - 8) verfasst werden kann, soll u.a. enthalten:

1. Lebensbilder (mit anschaulichem Bildmaterial) der deutschen Meister in einer für die Altersstufe geeigneten Darstellungsform, Anekdoten aus dem Leben der gewählten Komponisten, Briefe und Selbstzeugnisse, die der Veranschaulichung von Persönlichkeit und Werk dienen.

2. Eine kurze zusammenfassende Übersicht über das Gebiet der Musiklehre, einschließlich der Formen- und Instrumentenkunde

3. Unterrichtsstoffe für die zu behandelnden Gebiete, z.B. germanische Musik, deutsches Volkslied, Rasse und Musik; ferner sonstiges Schrifttum, das für die Arbeit auf der Oberstufe von Bedeutung ist.

Diese ergänzende Musikkunde, für die in praktischen Beispielen des vorliegenden Werkes bereits eine gewisse Grundlage gegeben wurde, muss gefordert werden, um in Zukunft bei den zugelassenen Unterrichtswerken für den Musikunterricht an Höheren Schulen eine grössere Einheitlichkeit zu erreichen.

Ausserdem ersuche ich, bei dem Singebuch für Mädchen noch folgendes zu beachten:

1. Die beiden Lieder der Nation sind nicht an beliebiger Stelle der Bände, sondern am Anfang des ersten Liederbuches zu bringen.

2. Die englische, französische und polnische Nationalhymnen sind wegzulassen.

3. Die in den beiden Anlagen aufgeführten Beanstandungen sind vor der Drucklegung genau zu berücksichtigen.

4. Die Bücher sind insgesamt noch einmal sorgfältig auf Druckfehler, Zeichensetzung und Gestaltung der Bilder und Zeichnungen durchzusehen.

- 2 -

Auf die Wiedereinreichung der drei Teile des überarbeiteten Singebuches für Mädchen verzichte ich.

Der Ausdruck der Liederbücher kann erst vorgenommen werden, nachdem ich Ihnen dies durch ein besonderes Schreiben mitgeteilt habe, da ich mir noch vorbehalten muss, die Aufnahme bestimmter Lieder zu verlangen.

Von dem ausgedruckten Werk sind mir je 10 Belegstücke und der Parteiamtlichen Prüfungskommission je 3 Stücke zu übersenden.

Über die endgültige Zulassung des Werkes werde ich nach mehrjähriger Bewährung in der unterrichtlichen Arbeit entscheiden.

Die Musikkunde wollen Sie möglichst bald, spätestens jedoch bis Ende April 1941 zur Prüfung vorlegen. Ich erwarte die Einsendung von je 5 Stücken bei mir und bei der Parteiamtlichen Prüfungskommission (Fahnenabzüge genügen).

Das Prüfungsergebnis über das Liederbuch für Jungen Oberschulen und Gymnasien von Dahlke geht Ihnen besonders zu.

        Im Auftrage
        gez. B e r g h o l t e r

An den
Verlag L. Schwann,

in Düsseldorf

Anlage 1 zu E III P 607/40

B e a n s t a n d u n g e n
zum
" Singebuch für Mädchen "

herausgegeben von Michael Alt.

1. Dem Musikbuch ist ein anderer Obertitel zu geben; "Singebuch für Mädchen" ist als Untertitel beizubehalten.

2. Der Einheitlichkeit mit den übrigen Musikbüchern wegen sollte der Herausgeber auf die Angabe seines Berufstitels ("Dozent, Dr.") verzichten und lediglich mit Vor- und Zunamen zeichnen.

3. a) Im ersten Teil sind noch folgende Lieder aufzunehmen:
   1) Nun laßt die Fahnen fliegen.
   2) Erde schafft das Neue
   3) Ein junges Volk steht auf

   b) Im 1. Teil liegen folgende Druckfehler vor:
   S. 21 Takt 8 ist eine Viertelnote zuviel.
   S.108 fehlt der Bearbeiter-Name,
   S.130 Takt 12 muss es heissen: ♩. statt ♩, also 3/4 Note statt einer halben Note.

4. a) Im 3. Teil ist auf das Lied S. 39 "Kinder sollen danken" wegen seines wenig wertvollen Textes zu verzichten.

   b) Das Lied "Fallen müssen viele" (3.Teil S. 63) ist durch ein besseres zu ersetzen; es handelt sich nicht um eine grundsätzliche Ablehnung des Komponisten, sondern nur um die vorliegende Komposition, die weniger wertvoll ist.

   c) Weiterhin muss auf die Bearbeitung der Lieder "O Tannenbaum" (S. 78) und "Es sang gut Spielmann" (S. 184) von Teuscher verzichtet werden; es wird empfohlen, diese Lieder durch einen anderen Tonsetzer unserer Zeit bearbeiten zu lassen.

5. Es wird empfohlen, das weihnachtliche Liedgut durch einige geeignete wertvolle Hirtenlieder zu ergänzen.

Anlage 2 zu E III P 607/40

Beanstandungen

der P.P.K.

Zu der dreiteiligen Ausgabe des "Singebuchs für Mädchen", hrg, von Michael A l t, wird mitgeteilt, dass hierzu eine Reihe von Beanstandungen bestehen insofern nämlich, als sie in zu grossem Umfange Lieder kirchlichen Charakters enthalten. Als Beispiel seien folgende Lieder genannt:

Band 1: Seite 98 und 99 "Von der edlen Musik" 1. Vers
" 126 " 127 "Das Schloß in Österreich" Vers 7
" 127 " Ich stand auf hohem Berge " insgesamt.

In diesem Band sind gleichzeitig folgende Korrekturen in Führerzitaten durchzuführen:

Seite 3:" .... wo wir auch sind, plötzlich immer wieder ....."
Als Quelle genügt die Angabe des Zeitpunkts der Rede. Infolgedessen kann die Bemerkung "Völkischer Beobachter vom 2.August 1937" gestrichen werden.

S. 96: " .... als die Hymne, die ein ...... " und " ..... was es sonst auf dieser Erde zu geben vermag? " Auch hier ist der Hinweis auf den Völkischen Beobachter zu streichen.

Im Band 2 müßte das Lied auf Seite 85 ff " Bringt her dem Herren" in Fortfall kommen.

Im 3. Band sind wegen der ausgesprochenen Kirchlichen Haltung folgende Lieder abzulehnen:

Seite 24 : " Getreue Führer gib uns, Gott".
" 108: "Ammenuhr" Vers 3.
" 157: "Im Himmelreich ein Haus steht".
" 158: "Chor der Priesterinnen".
" 159:" Was mein Gott will".
" 160: "Psalm 92".
" 162: "Ich will den Herrn loben".
" 163: "Heilig ist der Herr".
" 166: "Das große Hallelujah".

Dokument 28

Titel: Begleitschreiben des Verlags Schwann zu den Korrekturanweisungen zum „Singebuch für Mädchen"

Ort, Datum: Düsseldorf, 7.2.1941

Vorlage: Original (2 Seiten)

Herrn Professor Müller / Köln
zur freundlichen Kenntnisnahme!
L. Schwann, Düsseldorf

An den
Schützen M. Alt
stellv. Generalkommando X.A.K.
Hamburg 13 Abteilung Kommandant
General Knochenhauerstrasse

Dr. H/F. 7. Februar 41

Sehr geehrter Herr Professor!

Im Dienstbetrieb des Soldatenlebens wird es Ihnen eine grosse Freude sein, von uns zu hören, dass, während das Jungenliederbuch von Dahlke vergangene Woche durch das Ministerium abgelehnt wurde, dasselbe Ministerium soeben Ihr Mädchenliederbuch für höhere Schulen amtlich genehmigt hat. Die Quote, die das Buch bekommt, ist uns noch nicht mitgeteilt worden. Wir haben uns aber sogleich danach erkundigt. Abschrift des ministeriellen Schreibens erhalten Sie in der Anlage. Danach sind noch verschiedene Wünsche zu erfüllen. Falls Sie dieselben neben Ihrem Dienst her in möglichst kurzer Zeit abwickeln können, wäre das sehr schön. Falls das aber auf Schwierigkeiten stösst, würden wir für Sie bei Ihrer militärischen Dienststelle einen Arbeitsurlaub beantragen. Wir bitten Sie in diesem Falle um Mitteilung, an welche Dienststelle wir uns zu wenden haben. Im übrigen gratulieren wir Ihnen herzlich zu dem Erfolg.

In erster Linie handelt es sich ja um die gewünschte Musikkunde in zwei Teilen. Aus dem Wortlaut des Erlasses geht nicht klar hervor, ob man an ein selbständiges Existieren dieser beiden Teile denkt oder ob sie dem ersten und zweiten Band beigebunden werden sollen. Das kann man ja bei der pflichtmäßigen Einreichung des Textes in Berlin erfragen. In jedem Fall bitten wir Sie, die Musikkunde auf einen möglichst knappen Raum zu beschränken. Es besteht alle Veranlassung zu befürchten, dass auch bei diesem Band wieder wie beim Lesebuch für höhere Schulen ein schärfster Preisdruck von seiten des Ministeriums erfolgt und diejenigen Werke dann am schlechtesten gestellt sind, die den meisten Umfang haben. Eine Anzahl Musiker-Porträts sind hier vorhanden. Wenn Sie uns angeben, welche Komponisten Sie im Bilde zeigen wollen, würden wir Ihnen Abzüge der Klischees besorgen.

Ferner bitten wir Sie, dort, wo ein Lied wegfällt, möglichst ein anderes gleicher Größe einzusetzen, damit die betr. Seiten wieder gefüllt und ein Hinüberschieben auf die nächste Seite vermieden wird. Denn wenn wir einen völlig neuen Seitenumbruch machen müssen, würde das bei der technischen Eigenart der Notenplatten enorme Unkosten verursachen. Wo ein Neuumbruch nicht ganz zu vermeiden ist, bitten wir so vorzugehen, dass möglichst

auf zwei drei Seiten die Sache wieder ausgeglichen ist und sich
höchstens die Seitenzahlen ändern.

Schade, dass wir die Sache nicht mündlich besprechen können.
Aber wir hoffen, uns auch so verständlich gemacht zu haben.
Haben Sie ein Exemplar im Tornister, oder sollen wir Ihnen für die
Korrekturen ein Handexemplar schicken?

        Mit freundlichen Grüssen und

           Heil Hitler!

Anlage!

Dokument 29

Titel: Korrekturanweisungen des Reichsministeriums für Wissenschaft, Erziehung und Volksbildung zu dem Musikbuch „Klingendes Leben"

Ort, Datum: Berlin, 23.10.1941

Vorlage: Abschrift (maschinenschr., 4 Seiten)

Abschrift!

Der Reichsminister
für Wissenschaft, Erziehung
und Volksbildung

Berlin, den 23. Oktober 1941
Postfach

E III B 151/41

Zum Schreiben vom 13. August 1941 – Dr. H./fge – betr. Klingendes Leben. Singebuch für Mädchen. Herausgegeben von Michael Alt. 1. Teil : Klasse 1-4, 2.Teil:Klasse 5-8, 3. Teil: Singscharen. Ausserdem : Anhang zu Band I und die Musikkunde von Michael Alt.

1 Anlage.

Das von Ihnen vorgelegte Unterrichtswerk lasse ich mit einem Anteil von 19 v.H. der höheren Mädchenschulen im Altreichsgebiet mit Ausnahme von Württemberg und Bayern zum Gebrauch im Musikunterricht vorläufig zu. Die Verteilungsliste für die Einführung der genehmigten Musikwerke in den einzelnen Bezirken ist bereits in meinem Amtsblatt vom 5. Oktober 1941 S.378 f., veröffentlicht worden. Die endgültige Genehmigung des Unterrichtswerkes erfolgt nach längerer Bewährung in der unterrichtlichen Arbeit.

Vor der Herausgabe Ihres Musikwerkes sind noch folgende Gewichtspunkte zu beachten:

1. Es ist erwünscht, dass der Druck schon in Antiqua-Schrift erfolgt, wenn das ohne Schwierigkeiten möglich ist.

2. Unter die Lieder der Bewegung sind noch folgende 4 Lieder in der Vertonung von Hans Gansser aufzunehmen:

   a) "Deutschland erwache!"
   b) "Noch ist die Freiheit nicht verloren",
   c) "Das Hakenkreuz im weißen Feld",
   d) "Ein Führer, Volk und Reich"

3. In der Musikkunde der einzelnen Werke soll an geeigneter Stelle ein Verzeichnis der von mir für den Musikunterricht zugelassenen und empfohlenen Schallplatten gebracht werden. Da sich herausgestellt hat, dass die beabsichtigte Sonderliste der für den Musikunterricht an den Höheren Schulen genehmigten Schallplatten noch einmal überarbeitet werden muss, ist mit ihrer Veröffentlichung erst im Spätherbst d.J. zu rechnen. Sofern durch den Abdruck dieses Verzeichnisses eine Verzögerung in der Herausgabe des Musikwerkes eintreten würde, kann von einer Aufnahme zunächst abgesehen werden. Die Sonderliste ist in diesem Falle in eine neue Ausgabe der Musikkunde aufzunehmen.

4. Das Lied "Die beste Zeit im Jahr ist mein" soll in dieser Fassung (nicht"Mai'n) gebracht werden. Um die Schüler auf den richtigen Sinn des Liedes hinzulenken, wählt man am besten die Überschrift "Frau Musica singt" . Es empfiehlt sich, in einer Anmerkung darauf hinzuweisen, dass der Text einen Ausschnitt aus einer Dichtung Martin Luthers aus dem Jahre 1538, überschrieben "Frau

- 2 -

Musica", darstellt, in der ein Loblied auf die Musik und ihre göttliche Sendung gesungen wird.

5. Die Anschaffung des Chorbuches bezw. des Buches für die Singscharen ist den Schülern freigestellt, wenn das vorläufig zugelassene Musikwerk hierfür eine besondere Ausgabe besitzt. Die Schulen sollen dafür sorgen, dass die erforderliche Anzahl von Chorbüchern für die Übungen der Sing- und Spielscharen zur Verfügung steht. Auf einen dauerhaften Einband ist bei den Chorbüchern besonderer Wert zu legen.

Wo in einzelnen Fällen zu den genehmigten Musikwerken besondere Bei- oder Ergänzungshefte("Spielmusik", "Sing- und Spielhefte") erschienen und von mir zugelassen sind, ist die Anschaffung den Schülern ebenfalls freigestellt.

6. Der"Anhang zu Band I" und die "Musikkunde", die nachträglich zur Prüfung vorgelegt wurden, sind nicht als Sonderhefte zu bringen, sondern mit Teil I und II des Singebuches für Mädchen zu vereinigen.

Ausserdem sind die in der Anlage aufgeführten Beanstandungen zum "Anhang zu Band I" und zur "Musikkunde" vor der Drucklegung zu berücksichtigen.

Im Auftrage
gez. Fleischmann

Beglaubigt
Krause
Angestellte

Abschrift zu
E III P 151/41

"Musikkunde" und "Singebuch für Mädchen"

(Anhang zu Band I)

von Michael Alt.

Folgende Beanstandungen sind zu berücksichtigen.

Anhang zu Band I.

1. Im Abschnitt " Aus der Musiklehre" (ab S. 16) sind Wörter wie "Chromatik" zu erklären und einige Formulierungen zu vereinfachen; Sätze wie z.B. S. 22 "Der Rhythmus zeigt sich in der wechselnden Form der Bewegung" und "Der Takt mißt die Dauer der Töne und den Wechsel in der Stärke" sind für 10 - 12jährige Mädchen ungeeignet. (Die Sätze zu Beginn des Abschnitts "Harmonielehre" (S.25) sind unklar. Der Zusammenhang von mehr als zwei Tönen heißt Akkord. Unter Dreiklang versteht man den Zusammenklang von drei beliebigen Tönen, also nicht nur den, der aus Grundton, Terz und Quinte besteht. -

    Für die Bezeichnung der Dreiklänge durch Ziffern wird folgende Fassung vorgeschlagen, bei der der verminderte und übermäßige Dreiklang klar hervortreten:

    Dur : I II III IV V VI VII° ;

    Moll: I II° III+ IV V VI VII° ;

    S. 26: Bei der Erklärung des Dominantseptakkords wird vor das Wort "Terz" besser das Wort " leitereigne" gesetzt.

2. S. 27 : Abschnitt " Marsch und Tanz". Sinngemäßere Überschrift: Musikalische Formen.

    Die Kennzeichnung der "Aufgabe" von Marsch und Tanz ist sehr äußerlich, diese Formulierung trifft mindestens beim Tanz nicht das Entscheidende. Einige weitere Formulierungen Seite 27 unter 2 sind zu vereinfachen. Z.B.der Satz "Dabei nimmt er den Charakter eines Schrittanzes an." "Eine Sondergattung des Marsches..."

Musikkunde

1. S. 3. Der Besuch J.S.Bachs bei Friedrich dem Großen war im Jahre 1747.

2. S. 4. Nicht Buxtehude (der gar nicht 97 Jahre alt wurde, sondern in seinem 70. Lebensjahr starb!), sondern Reinken in Hamburg sagte 1720, als Bach also 35 Jahre alt war und Reinken selbst allerdings im 97. Lebensjahr stand, ein ähnliches Wort, es handelt sich dabei im übrigen um die Kunst des Improvisierens.

3. S. 9. Die Jahre Haydns im Dienste der (!) Fürsten Esterhazy (er war nacheinander bei mehreren im Dienst) sind für die Entwicklung Haydns und für das Werden der Sinfornie so bedeutend, dass sie etwas ausführlicher gewürdigt werden müssen. Haydn hielt sich in den Wintermonaten im allgemeinen übrigens in Eisenstadt und nicht in Wien auf.

- 2 -

4.) S.11 Mozarts Bruch mit dem Salzburger Hof (S.11) ist zu allgemein dargestellt.

5.) S. 12. Die "Zauberflöte" gelangte nicht in einem kleinen Wiener Vorstadt-Theater, sondern auf einer sehr leistungsfähigen Bühne zur ersten Aufführung. Vgl. die Forschungen des Wieners von Komorzynski.

6.) S. 40 ist in den Bezeichnungen für die deutschen Stämme der Ausdruck "Älpler" zu vermeiden und statt dessen die genaue Stammesbezeichnung einzusetzen.

7.) S.45. Die von Alt zitierten Volkslieder aus dem Locheimer Liederbuch "Ich fahr' dahin", "All mein Gedanken", "Ich spring in diesem Ringe" stehen gerade als einstimmige Melodien dort und können also die "kunstvollen mehrstimmigen Sätze" nicht belegen. Die Sätze im Locheimer Liederbuch sind übrigens noch so schlicht, daß die Kennzeichnung als "kunstvoll" nicht angebracht ist. — Das "Heidenröslein" von Goethe ist <u>nach</u> einem Volkslied gestaltet, aber nicht ein aufgezeichnetes Volkslied. — Es wäre zu erwähnen, daß das "Knaben Wunderhorn" und die "Stimmen der Völker" Textsammlungen ohne Melodien sind. I.P.A.Schulz ist kein Däne; er ist in Lüneburg geboren und lebte nur vorübergehend in Dänemark. — Nach neuesten Forschungen ist das Lied "Freut euch des Lebens" nicht von Nägeli.

8.) S.49. Es ist wenig überzeugend, die altgermanische Musik durch eine finnische Melodie zu charakterisieren.

9.) S.55. Kleine Formenlehre. Zeile 4 : statt "menschliches Bedürfnis" besser "seelisches Verlangen". Die Begründung des Wesens der musikalischen Formen ist noch nicht recht überzeugend. Eine derartige Definition auf kleinstem Raum bietet allerdings besondere Schwierigkeiten.

10.) S.55, Zeile 8 von unten : Das häßliche, verkrampfte Wort "angereichert" ist auszumerzen. Auch sonst ist das Werk in stilistischer Hinsicht noch etwas durchzusehen und zu vereinfachen. Wenig ansprechend und gesucht sind Ausdrücke wie "aufzugipfeln" S.3 Zeile 3, "Klanggebärde" S.8,Zeile 11, "humorig" S.15,Zeile 1).

11.) S.56, Zeile 8: statt "architektonischer Aufbau" einfach "Aufbau".

12.) S.64. Bei der Darstellung der Blasinstrumente sind dem Herausgeber Fehler unterlaufen. 1.) Die Ventile verlängern die Schallröhre. 2.) Das Waldhorn hat ein konisches Mundstück und kein kesselförmiges.

Bei der Baßklarinette wäre auf die diesem Instrument eigentümlichen geheimnisvoll-mystischen Klangwerte hinzuweisen (Wagners "Ring"). Auch wäre ein Hinweis auf den handwerklichen Kunstwert des Instrumenbaus angebracht (Streichinstrumente; Klarinette eine deutsche Erfindung, tiefe Blechblasinstrumente eine deutsche Konstruktion, ebenso die Verbesserungen an der Böhmflöte). Auch auf die besonderen technischen Schwierigkeiten bei der Handhabung einzelner Instrumente (Waldhorn) wäre kurz einzugehen.

Dokument 30

Titel: Ernennung zum Kriegsverwaltungsinspektor

Ort, Datum: Hamburg, 20.12.1941

Vorlage: Original

**Korpsintendant
und Chef der Wehrkreisverwaltung** X

Hamburg, den 20. Dezember 1941.

An

Herrn

Michael A l t .

Ich beleihe Sie mit Wirkung vom 21. Dezember 1941 unter dem Vorbehalt des jederzeitigen Widerrufs mit der Kriegsstelle eines Wehrmachtbeamten des gehobenen nichttechnischen Heeresverwaltungsdienstes. Sie führen die Dienstbezeichnung

Kriegsverwaltungsinspektor

Während der Dauer Ihres Wehrdienstverhältnisses als Kriegsverwaltungsinspektor sind Sie Angehöriger der Wehrmacht nach § 21 des Wehrgesetzes.

Korpsintendant
und Chef der Wehrkreisverwaltung
J. V.

Oberstintendant.

Dokument 31

Titel: Vertrag mit dem Verlag Schwann („Klingendes Leben")

Ort, Datum: Düsseldorf, 21.8.1941

Vorlage: Original (2 Seiten)

Verlags - Vertrag

Zwischen Herrn Professor Dr. Michael Alt in Oldenburg als Herausgeber und der Firma L. Schwann, Druckerei und Verlag, Düsseldorf als Verlag wird folgender Verlagsvertrag geschlossen.

§ 1

Herr Professor Dr. Alt hat im Auftrag des Verlages ein Musikwerk für höhere Mädchenschulen geschaffen, das inzwischen ministeriell genehmigt wurde. Er überträgt dem Verlag L.Schwann für alle Ausgaben und Auflagen das alleinige Verlagsrecht an diesem Werk und steht dafür ein, dass er die urheberrechtlichen Vorschriften innegehalten hat.

§ 2

Das Werk erscheint unter dem Titel "Klingendes Leben". Bisher liegen drei Bände vor, in denen die ministeriell geforderte Musikkunde enthalten ist. Sollten späterhin vom Ministerium oder einer anderen zuständigen Amtsstelle Veränderungen oder Erweiterungen des Gesamtwerkes oder einzelner Bände gefordert werden, so verpflichtet sich der Herausgeber, das Manuskript baldmöglichst dem Verlag zu übergeben, wobei tunlichst darauf Rücksicht genommen wird, dass der Seitenumbruch beitehalten bleibt.

§ 3

Die Ausstattung des Buches ist Sache des Verlages. Er hat die Wünsche des Herausgebers angemessen zu berücksichtigen. Ebenso bestimmt der Verlag die Auflagenhöhe und den Ladenpreis nach pflichtmäßigem Ermessen. Alle sonstigen mit dem Verlagsvertrag zusammenhängenden Maßnahmen bleiben dem Verlag überlassen.

§ 4

Der Verlag ist zur Berichtigung der gewöhnlichen Satz- bezw. Notenstichfehler verpflichtet. Der Herausgeber hat das Recht und die Pflicht, ohne besondere Vergütung und ohne Zeitverlust eine Fahnen- und eine Umbruch-Korrektur zu lesen. Der Herausgeber verpflichtet sich, das Buch immer auf der Höhe der wissenschaftlichen Erkenntnisse und methodischen Fortschritte zu halten, willkürliche Manuskriptänderungen jedoch zu vermeiden. Die Vergütung des Herausgebers beträgt 10% vom Ladenpreis der gehefteten Exemplare. Die Honorarabrechnung erfolgt halbjährlich im Januar und Juli. Etwaige Vergütungen an Mitarbeiter oder Autorisationshonorare an fremde Verlage sind Sache des Herausgebers. Ausser dem Honorar erhält der Herausgeber von jeder Auflage je 20 Frei-Exemplare. Er ist berechtigt, darüber hinaus weitere Exemplare zum Buchhändlernettopreis zu beziehen. Alle kostenlos abgegebenen Frei-, Hand- und Besprechungs-Exemplare sind honorarfrei.

§ 5

Der Herausgeber ist nicht zur Einsichtnahme in die Bücher des Verlages befugt, er kann aber mit Zustimmung des Reichsverbandes Deutscher Schriftsteller verlangen, dass die Angaben des Verlages durch Bescheinigungen eines vereidigten Bücherrevisors oder eines Sachverständigen der Reichsschrifttumskammer glaubhaft gemacht werden.

Die Kosten der Revision hat, wenn der Revisionsbericht die
Behauptungen des Verlages bestätigt, der Herausgeber zu
tragen, sonst der Verlag.

§ 6

Der Herausgeber erklärt, dass er kein anderes Werk in einem
fremden Verlag herausgeben oder daran mitarbeiten wird, das
mit dem hier genannten in Konkurrenz zu treten geeignet
ist. Er unterstützt die Propaganda des Verlages mit Rat und
Tat. Der Herausgeber erklärt ferner, dass er arischer Abstammung im Sinne des Beamtengesetzes ist und seinen etwaigen
Pflichten gegenüber der Reichskulturkammergesetzgebung sofort
nachkommen wird.

§ 7

Sollte der Herausgeber infolge Krankheit, Tod, Ausscheiden
aus dem Schuldienst oder politischer Beanstandung nicht mehr
in der Lage sein, das Werk laufend für Neuauflagen zu bearbeiten, so ist der Verlag im Interesse der Erhaltung des
Werkes berechtigt, einen anderen Herrn mit der weiteren
Herausgabe des Werkes zu betrauen, dessen Honorar dann von
dem Honorar Alt in Abzug gebracht wird. Jedoch darf dieser
Abzug nicht mehr als die Hälfte des normalen Honorars
betragen.

Erfüllungsort für diesen Vertrag ist Düsseldorf.

Düsseldorf, den 21.August 1941   Oldenburg, den 5.5.42

L SCHWANN
DRUCKEREI U. VERLAG

Dr. Michael Alt

Dokument 32

Titel: Versetzung zur Lehrerbildungsanstalt in Trier

Ort, Datum: Berlin, 30.3.1942

Vorlage: Original

Der Reichsminister
für Wissenschaft, Erziehung und Volksbildung

Berlin, den 30. März 1942
Unter den Linden 69.

E VI c 32/4 (A1b.M.)

Sie werden mit Wirkung vom 1. April 1942 ab in gleicher Diensteigenschaft an die Lehrerbildungsanstalt in

Trier

versetzt.

Von einem Umzug ist zunächst abzusehen, da mit der Versetzung keine endgültige Regelung Ihrer Verwendung in der Lehrerbildung getroffen ist.

Im Auftrage
gez. Schmidt-Bodenstedt.

An
Herrn Professor
Dr. Michael A l t
in O l d e n b u r g

Dokument 33

Titel: Antrag M. Alts auf politische Überprüfung

Ort, Datum: Oldenburg, 6.5.1949

Vorlage: Maschinendurchschrift (3 Seiten)

Oldenburg i.O., den 6.5.49

An den

Ö f f e n t l i c h e n   K l ä g e r

Beim Entnazifizierungshauptausschusses
der Stadt Oldenburg i.Oldbg.

in   R a t h a u s   II

Nach Rückkehr aus der Russischen Kriegsgefangenschaft an 18.4.1949 bitte ich um politische Überprüfung.

Leumundszeugnisse kann ich im Augenblick wegen drängender Zeit nur von Universitätsprofessor Dr.Friedrich Schneider(er wurde 1933 aller Ämter enthoben)und von Oberschulrat Prof.Dr.Rieckhoff,Oldenburg(wird wegen seiner augenblicklichen Abwesenheit nach dem 1o.5.49 nachgereicht)beibringen.Mit weiteren wichtigen Zeugen habe ich durch die lange Kriegsgefangenschaft die Verbindung verloren,ihre Zeugnisse können abernötigenfalls nachgereicht werden,wenn die neuen Anschriften,-es handelt sich um westdeutsche Nichtparteigenossen,-von mir festgestellt worden sind.

Ich bitte abschliessend,das Verfahren möglichst beschleunigen zu wollen,da mir amtlicherseits die Möglichkeit eröffenet wurde, ungehend in den Staatsdienst einzutreten.

Anlage 1

Bücher und Musikalien:
    4 Hefte Schulorchestersammlung Tonger, Köln 1928
    Neubearbeitung des Schulmusikwerkes von Manderscheid für
    Höhere Katholische Privatschulen Düsseldorf 1934 (Schwann)
    "Erziehung zum Musikhören" Kistner und Siegel Leipzig 1935
    "Deutsche Art in der Musik" Max Zedler, Leipzig 1935
    "Kligendes Leben" Singebuch für Mädchen. Schwann, Düsseldorf 41
    "Die Spielschar" Instrumentalmusik für die Schule
                                      Schwann, Düsseldorf 41

Aufsätze:
    Musikliteratur-Referate in "Deutschen Philologenblatt"
        1929-33, Quelle und Meyer, Leipzig
    Jährliche Forschungsberichte für Musikwissenschaft in der
    "Zeitschrift für Deutsche Geisteswissenschaft" 1938-44
                        Eugen Diederichs, Jena
    Musikberichte in der "Frankfurter Zeitung" für Land Olden-
        burg seit 1938
    "Schulmusik und Erziehungswissenschaft" (Nachrichten der
                      Musikhochschule Köln" 1929
    "Sozialisierung der Musik" (Rheinische Volkswacht, Köln 1929)
    "Die Musikerziehung auf der Oberstufe" (Quelle Meyer, Leipz. 31)
    "Geistesgeschichtliche Aufgabe des Musikunterrichtes"
                      (Quelle und Meyer, Leipzig 31)
    "Die Schulmusik im Wandel der Gegenwart" (Kistner und Siegel
                      1933, Leipzig)
    "Karl Storck und die Schulmusik" Kölnische Volkszeitung 1933
    "Die Musik in der Erziehung" Kölnische Zeitung 1933
    "Unsere Stellung zum Rundfunk" Kölnische Kirchenzeitung 1934
    "Die Musikgeschichte in der Schule " (Litolff, Braunschw. 1935)
    "Neue Aufgaben des Musikunterrichtes" (Diesterweg, Frankf. 36)
"Was ist deutsch in der Musik" Kölnische Zeitung 1936
    "Die Biografie in der musikalischen Werkerklärung"
                      (Litolff, Braunschweig, 37)
 " Die Altgermanische Tonkunst im Unterricht"
                      (Diesterweg, Frankfurt 37)
"Die Gestaltung der Schulfeier" (Diesterweg, Frankfurt 38)

Anlage 2

Ich trat 1933 zum letzten Anmeldetermin in die Partei ein,weil ich von der Gauleitung Köln mit dem gesamten Vorstand des von mir 1929 begründeten und von mir bis zur "Gleichschaltung" geleiteten"Fachverbandes der Musikphilologen"dazu aufgefordert wurde,anderenfalls der Verband sofort aufgelöst werde.(Zeuge:Studienrat Theo Schmitz. Köln,Dreikönigengymnasium)

Mein Buch"Erziehung zum Musikhören"liess ich 1935 in einer Buchreihe des ehemaligen Sozialisten Prof.Dr.Schünemann erscheinen.Ich wurde deswegen mit diesem zusammen im Maiheft der Fachzeitschrift des Amt Rosenberg "Die Musik" in einem umfangreichen Aufsatz politisch angegriffen.

In den Aufsätzen:"Die Musik in der Deutschen Schule"(Duncker und Humblot,1939) und "Deutsches Schrifttum über Musikerziehung"(Duncker und Humblot,1939),die in der Sondernummer der"Internationalen Zeitschrift für Erziehung" erschienen ,habe ich die Leistung der politisch verfemten G.Schünemann,E.Preussner,K.Orgg,W.Kühn,J.Mass ihren Wert entsprechend so in den Vordergrund gestellt,dass ein heftiger Protest im Gutachten des Amtes Rosenberg ausgelöst wurde.(Dr.Th.Wilhelm, Oldenburg i.O.Gymnasium)

Als ständiger Musikreferent der als oppositionell geltenden "Zeitschrift für Deutsche Geisteswissenschaft" habe ich bei Nichtbeachtung der rühmigen nazistischen Veröffentlichungen auf musikalischen Gebiet über Judentum und Rassenlehre die(z.T.im Ausland erscheinenden)Bücher politisch verfolgter deutscher Wissenschaftler ,besprochen.u.a. Veröffentlichungen der jüdischen Wissenschaftler P.Gradenwitz(1939),des O.D.F.O.Loercke(1937),der ihrer Ämter enthobenen W.Georgii,W.Gurlitt,H.J.Moser u.a.

Schliesslich bitte ich,bei der Einstufung berücksichtigen zu wollen, dass durch meine 4jährige harte Kriegsgefangenschaft in Russland ein hoher Sühnebeitrag gefordert und geleistet wurde.

Dokument 34

Titel: Erklärung M. Alts

Ort, Datum: vermutlich Oldenburg, 1949

Vorlage: Original

<u>Nachtrag</u>

Ich trat 1933 zum letzten Anmeldetermin in die Partei ein, weil ich von der Gauleitung Köln mit dem gesamten Vorstand des von mir 1929 begründeten und bis zur "Gleichschaltung" geleiteten "Fachverbandes der Musikphilologen" dazu aufgefordert wurde, anderenfalls der Verband sofort aufgelöst werde. (Zeugen: Studienrat Theo Schmitz, Köln, Dreikönigengymnasium. Studienrat Hans Stocken, Bischöfliches Konvikt Gasdonk, Niederrhein)
Meine Ernennung zum Studienrat scheiterte ebenso wie die seit 1935 schwebende Berufung an eine Hochschule "wegen völliger Interesselosigkeit am Parteileben" mehrmals am Einspruch von Parteistellen. (Zeuge: Oberstudiendirektor Scheithauer, Staatliches Gymnasium, Linz am Rhein)
Nach Auflösung der Hochschulen für Lehrerbildung habe ich aus weltanschaulichen Gründen gebeten, mich nicht an einer Lehrerbildungsanstalt, sondern als Studienrat an einer Höheren Schule zu beschäftigen. (Vergl. Versetzungsurkunde nach Trier)
Schliesslich bitte ich, bei der Beurteilung meiner politischen Vergangenheit berücksichtigen zu wollen, dass durch meine vierjährige harte Kriegsgefangenschaft in Russland schon ein hoher Sühnebeitrag von mir gefordert und geleistet wurde.
In Anlage 2 Leumundszeugnisse über meine politische Haltung

Dr. Michael Alt

Dokument 35

Titel: Gutachten Prof. Rieckhoff

Ort, Datum: Oldenburg, 17.5.1949

Vorlage: Beglaubigte Abschrift

Beglaubigte Abschrift 58

Prof.Dr.Rieckhoff
Oberreg.-und Schulrat   Oldenburg,den 17.Mai
                                                1949

Herr Professor Alt ist mir aus zweijähriger gemeinsamer Tätigkeit an der Hochschule für Lehrerbildung in Oldenburg in den Jahren 1938/4o bekannt.

Herr Prof.Alt hatte einen Lehrauftrag für Musikerziehung inne,der ihm kaum Gelegenheit gab,politisch irgendwie wirksam zu werden.Als Mitglied des Lehrkörpers der Pädagogischen Hochschule war es selbstverständlich,dass auch Herr Prof.Alt Mitglied der N.S.D.A.P.war.Ich kann jedoch bestätigen,dass er nicht mehr als ein nominelles Parteimitglied gewesen ist.Ich kann mich nicht entsinnen,ihn jemals in Uniform gesehen zu haben.Dagegen weiss ich sicher,dass Herr Prof.Alt zu dem Kreis der Dozentenschaft gehörte,der seit Herbst 1938(Sudeteneinmarsch)mit grösser Sorge und unverhohlener Skepsis die weitere Entwicklung verfolgte.

Ich möchte wünschen,dass Herr Prof.Alt,der 4 harte Jahre russischer Kriegsgefangenschaft durchstehen musste,obwohl er auch als Soldat nur das Amt eines Zahlmeisters versehen hat,recht bald in einer angemessenen Stellung Verwendung findet.Es dürfte nur wenige Fachkollegen geben,die über ein so hervorragendes Wissen und Können verfügen,wie er.

Gez.Dr.Rieckhoff

Beglaubigt:gez.   Stempel:Der Niedersächsische
    Schopf   Minister für die Entnazifizie-
    Bürogehilfin   rung

Die Richtigkeit der Abschrift von beglaubigter Abschrift
bescheinigt: Oldenburg i.O.,den 21.6.49

Dokument 36

Titel: Entnazifizierungs-Entscheidung

Ort, Datum: Oldenburg, 18.5.1949

Vorlage: Original (2 Seiten)

Entnazifizierungs-Hauptausschuß
~~des Kreises~~ der Stadt Oldenburg

Oldenburg, den 18. Mai 1949
Fernsprecher:

Az.: VE 27 232/49   E/J

Rechtskräftig am: 25. MAI 49
Oldenburg, den
i. A. [Unterschrift]

Entnazifizierungs-Entscheidung im schriftlichen Verfahren

In dem Entnazifizierungsverfahren gegen
Name Prof. Dr. Alt   Vorname Michael
geboren am 15.2.1905   in Aachen
wohnhaft Oldenburg i. O., Beethovenstrasse 15
Beruf Studienrat
ergeht auf Antrag des öffentlichen Klägers vom 18.5.49
auf Grund der Verordnung über Rechtsgrundsätze der Entnazifizierung im Lande Niedersachsen vom 3. 7. 1948 und § 19 der Verordnung über das Verfahren zur Fortführung und zum Abschluß der Entnazifizierung im Lande Niedersachsen vom 30. 3. 1948 im schriftlichen Verfahren folgende Entscheidung:

1.

Der Antragsteller wird gemäss § 7 1)a) der Verordnung über Rechtsgrundsätze für Entnazifizierung in Lande Niedersachsen vom 3.7.1948 entlastet und in die Kat. V eingestuft.

2. Die Kosten des Verfahrens werden auf DM – – festgesetzt. Unter Anrechnung des Gebührenvorschusses in Höhe von DM – – hat der Betroffene DM – – zu zahlen.

Formblatt (8)   b. w.

Gründe:

Dem Antragsteller wird Entlastung erteilt.
Er ist der NSDAP am 1.5.1933 beigetreten, hat jedoch in der Partei nie ein Amt bekleidet.
Weiteren Gliederungen gehörte der Überprüfte nicht an.
Seine ferneren Mitgliedschaften an den angeschlossenen Verbänden waren nur nomineller Art.
Die angestellten Ermittlungen und das beigebrachte Leumundszeugnis des durch das nationalsozialistische Regime aus seinem Amt entfernten Universitäts-Prof. Friedrich Schneider, Salzburg, lassen erkennen, dass der Betroffene sich weder aktiv noch propagandistisch für den Nationalsozialismus eingesetzt hat.
Da der Antragsteller sich von 1945 bis zum 18.4.1949 in russ. Kriegsgefangenschaft befand, erschien es gerechtfertigt, ihn gemäss § 7 1)a) der VO. vom 7.7.1948 zu beurteilen und in die Kat. V einzustufen.

Rechtsmittelbelehrung:

Gegen diese Entscheidung kann der Betroffene innerhalb einer Frist von 2 Wochen nach Zustellung Antrag auf mündliche Verhandlung stellen, andernfalls ist die Rechtskraft auf der Geschäftsstelle des Entnazifizierungs-Hauptausschusses einzuholen. Der Antrag ist schriftlich beim Entnazifizierungs-Hauptausschuß einzureichen. Gegen die Gebührenfestsetzung steht ihm das Recht der Beschwerde innerhalb 14 Tagen nach Zustellung zu.

Oldenburg, den 18.5.1949

Stempel

Vorsitzender

Dem Betroffenen durch Postzustellungsurkunde am .... zugestellt.

Dokument 37

Titel: Ernennungsurkunde zum Studienrat

Ort, Datum: Essen, 16.11.1950

Vorlage: Original

STADT ESSEN

*

ERNENNUNGSURKUNDE

Herr Professor Dr. Michael Alt

wird unter Berufung in das Beamtenverhältnis auf Lebenszeit

zum Studienrat ernannt.

Diese Urkunde wird in der Erwartung vollzogen, daß der Ernannte seine Amtspflichten gewissenhaft erfüllt und das Vertrauen rechtfertigt, das ihm durch die Ernennung bewiesen wird.

Datum 16. November 1950

Im Auftrage des Rates der Gemeinde

Oberbürgermeister   Ratsherr

Dokument 38

Titel: Vertrag mit dem Verlag Schwann
("Musikkunde für die Oberstufe höherer Schulen")

Ort, Datum: Düsseldorf, 12.7.1955

Vorlage: Original (3 Seiten)

Verlagsvertrag

Zwischen
Herrn Prof. Dr. Michael Alt
in Essen - Margarethenhöhe   als Herausgeber

und der Firma
Pädagogischer Verlag und Druckerei Schwann GmbH
in Düsseldorf   als Verleger

wird folgender Vertrag geschlossen:

§ 1

Der Herausgeber erarbeitet im Auftrage des Verlegers eine

<u>Musikkunde für die Oberstufe
höherer Schulen</u>

die im Rahmen des Musikschulwerkes MUSICA erscheinen soll, und überträgt dem Verleger das alleinige und unbeschränkte Verlagsrecht für alle Auflagen und Ausgaben. Bei der Erarbeitung des druckfertigen Manuskriptes für die erste Auflage und etwaige weitere Auflagen werden Herr Oberstudienrat Dr. Joseph Eßer, Düsseldorf-Oberkassel und Frau Studienrätin Dr. Else Möllenhoff, Düsseldorf-Oberkassel zur beratenden Mitwirkung hinzugezogen. Durch diese beratende Mitwirkung wird kein besonderes Urheberrecht ausgelöst, so daß als alleiniger Urheberrechtsträger Herr Prof. Dr. Michael Alt (Herausgeber) zu gelten hat, der hiermit das übertragbare Urheberrecht an den Verleger überträgt.

Der Herausgeber steht dafür ein, daß er allein berechtigt ist, über das Urheberrecht an diesem Werk zu verfügen, und daß er dieses weder ganz noch teilweise anderweitig vergeben hat. Er verpflichtet sich, in keinem anderen Verlag ein Werk erscheinen zu lassen, das mit dem vorstehend genannten in Wettbewerb zu treten geeignet ist.

§ 2

Die Ausstattung des Buches, die Festsetzung des Erscheinungstermins, der Auflagenhöhe und des Ladenpreises (dessen pflichtgemässe Erhöhung oder Ermäßigung) sowie die Bezugsbedingungen sind Sache des Verlegers.

§ 3

Der Herausgeber übernimmt das Lesen der Korrektur- und Revisionsabzüge ohne besondere Vergütung. Für Manuskriptänderungen, die auf Wunsch des Herausgebers nachträglich am fertigen Stich und Satz vorgenommen werden, haftet der Verleger nur bis zu einem Betrage von 10 % der gesamten Stich- und Satzkosten. Etwaige Mehrkosten hat der Herausgeber zu tragen. Die vom Herausgeber erteilte Druckerlaubnis gilt als Genehmigung etwa erfolgter Manuskriptänderungen.

(Blatt 2)

§ 4

Als Honorar erhält der Herausgeber insgesamt 7 % (sieben Prozent) vom Ladenpreis jedes verkauften und tatsächlich bezahlten Exemplares. Die Honorierung der beratend Mitwirkenden ist Sache des Verlegers.

Etwaige Lizenzgebühren für den Abdruck urheberrechtlich geschützter Beiträge, die nach der Rechtslage gezahlt werden müssen, sind aus dem Honorar des Herausgebers zu bezahlen. Die vom Verleger abgegebenen Freiexemplare (Autoren-, Besprechungs-, Prüfungs-, Lehrerhand- und sonstige Werbeexemplare) sind honorarfrei.

§ 5

Der Herausgeber erhält von der ersten Auflage des Werkes lo Freiexemplare, von weiteren Auflagen, die nicht wesentlich verändert sind, je 3 Freiexemplare. Weitere Exemplare können mit Autorenrabatt bezogen werden. Ein Verkauf dieser Exemplare ist nicht statthaft.

§ 6

Der Herausgeber ist nicht zur Einsichtnahme in die Bücher des Verlegers befugt. Er kann aber verlangen, daß die Angaben des Verlegers durch Bescheinigung eines vereidigten Bücherrevisors glaubhaft gemacht werden. Die Kosten der Revision haben, wenn der Revisionsbericht die Behauptungen des Verlegers bestätigt, der Herausgeber zu tragen, sonst der Verleger.

§ 7

Von der Notwendigkeit einer neuen Auflage hat der Verleger dem Herausgeber so frühzeitig Mitteilung zu machen, daß dieser dem Verleger etwa erforderliche Änderungen rechtzeitig zur Verfügung stellen kann, was im Einvernehmen mit den beratend Mitwirkenden zu geschehen hat.

§ 8

Der Herausgeber verpflichtet sich, auf Verlangen des Verlegers bei gleichbleibendem Honorar das Werk auf dem jüngsten Stand pädagogischer Erkenntnisse und Erfahrungen zu halten.

Sollte der Herausgeber infolge Arbeitsunfähigkeit oder Tod nicht mehr in der Lage sein, das Werk zu betreuen bzw. bei Neuauflagen zu überarbeiten, so hat der Verleger das Recht, einen neuen Bearbeiter zu bestimmen. In diesem Fall verringert sich das Honorar des ausscheidenden Herausgebers um die an den Bearbeiter zu zahlende Summe. Grundsätzlich soll jedoch der Abzug 50 % (fünfzig Prozent) des anteiligen Honorars nicht überschreiten.

(Blatt 3)

Bei unveränderten Neuauflagen bleibt der Honoraranspruch des Herausgebers bzw. seiner Erben in voller Höhe bestehen. Ergibt sich aber die Notwendigkeit einer Bearbeitung der bisherigen Fassung durch einen Zweiten, so sinkt das Honorar wie angegeben und erlischt nach Ablauf von 10 (zehn) Jahren.

Sollte die Bearbeitung aber derart umfassend sein, daß sie dem neuen Bearbeiter zu maximal 50 % (fünfzig) des Honoraranteils aus Billigkeitsgründen nicht zugemutet werden kann, so erlischt dieser Vertrag mit dem ausscheidenden Herausgeber und wird durch neue Vereinbarungen zwischen dem ausscheidenden Herausgeber oder seiner Erben und dem Verleger ersetzt.

Falls einer Bearbeitung aus Gründen der schulischen Verwendbarkeit eine vollständige Neufassung vorgezogen werden muß, so erlöschen die Ansprüche des ausgeschiedenen Herausgebers oder seiner Erben an diesem Vertrag. Ob die Notwendigkeit einer vollständigen Neufassung vorliegt, ist eine Ermessensfrage, bei deren Beantwortung die Entscheidung des Verlegers ausschlaggebend ist.

§ 9

Der Verleger ist zur Übertragung der Rechte und Pflichten aus diesem Vertrag ohne Zustimmung des Herausgebers berechtigt. Bei Übertragung der Rechte des Verlegers aus diesem Vertrag haftet der Verleger dem Herausgeber für die Erfüllung der Verbindlichkeiten neben dem Rechtsnachfolger als Gesamtschuldner, jedoch nur für die bei der Übertragung laufende Auflage.

§ 10

Ergänzend für diesen Vertrag gelten die einschlägigen Bestimmungen des Urheber- und Verlagsrechts.
Erfüllungsort und Gerichtsstand ist Düsseldorf.

§ 11

Dieser Vertrag tritt an die Stelle aller bisherigen Vereinbarungen über das genannte Objekt. Insbesondere ist der Vertrag vom 8.12.1953 damit aufgehoben.

Dieser Vertrag ist in zwei gleichlautenden Niederschriften ausgefertigt und von beiden Vertragsschließenden unterschrieben worden, von denen jeder Vertragspartner eine Ausfertigung erhält.

Düsseldorf, den ..12..Juli.1955   Essen, den 6. April 1855

Pädagogischer Verlag und Druckerei
Schwann GmbH.

Dokument 39

Titel: Gutachten 1 über die „Musikkunde für die Oberstufe höherer Schulen"

Autor: unbekannt

Vorlage: Mitteilung des Berliner Senators für Volksbildung an den Pädagogischen Verlag Schwann vom 1.12.1955 (Abschrift)

Das für die Oberstufe höherer Lehranstalten unter Mitwirkung von Dr. Eßer und Dr. Möllenhoff von Prof. Dr. Alt zusammengestellte Werk umfaßt die Musikkunde von der Antike bis zur Gegenwart in Verbindung mit parallelen Ereignissen der Geistesgeschichte. Dieser an sich begrüßenswerte Gedanke wird freilich leider nur jeweils in trocknen tabellarischen Angaben und Aufzählungen flüchtig berührt, während die Verfasser ihr Augenmerk fast ausschließlich auf die Ordnung und Gliederung musikalischer Formen und Stilepochen richten, (wobei wenigstens dankenswerterweise beschreibende und erklärende Abschnitte aus dem Nachbarsektor des Schrifttums beigesteuert werden).

Das Ganze ist somit ein Produkt großer Arbeit und ordnenden Fleisses, es trägt aller (sic!) positiven Züge deutscher Gründlichkeit und Gewissenhaftigkeit. Dem lernbegierigen Schüler gibt es überreichlichen Stoff dadurch, daß „das abfragbare Wissen den einzelnen Abschnitten vorangestellt" wurde. Hier nun liegt - bei allem Respekt vor dem fleissig Geordneten - aber auch zugleich der Nachteil einer gewissen gelehrsamen Trockenheit, die auch durch die zahlreichen, oft glücklich gewählten Notenbeispiele nicht sonderlich behoben wird. Das an sich lobenswerte Buch eignet sich im Grunde daher mehr als eine Art Repitorium für die Hand eines Musikstudenten denn als Schulbuch.

Ein solches aber sollte weniger Gewicht auf stoffliche Fülle, als vielmehr auf sparsamste Herausarbeitung wesentlicher Grundzüge ausgerichtet sein, wobei dem rein optischen genug Berücksichtigung widerfahren müsste. (Ich denke dabei an vorzügliche Versuche auf diesem Gebeit z.B. in den „Wegen zur neuen Musik", Crüwell-Verlag, von Otto Daube). Die z.T. übergroßen Anforderungen, die heute von verschiedensten Wissensgebieten an junge Menschen gestellt werden, nehmen ihnen nur zu leicht den Mut, sich nun auch noch auf musischen Gebieten mit Lernstoff zu belasten. Ihrer letzten Bestimmung nach sollten gerade diese eine <u>Ent</u>lastung sein.

Ein Herausgeber braucht dabei nicht „unter sein Niveau" zu gehen, wenn er ein klein wenig dem entgegenkommt, was von der Musik den Jungen Menschen von heute noch „angeht" bzw. sogar brennend interessiert. Das Verhältnis zwischen der Ausführlichkeit (z.B. die Renaissance betreffend: eine ganze Seite über die Musik am Hofe Maximilians, Absätze über „wortgezeugte Motivik - homophone Glättung des Satzes" etc.), der Gründlichkeit, mit der verklungene Epochen behandelt werden und etwa der Kärglichkeit, mit der ein heute noch so naher Meister wie Chopin (in 6 Zeilen abgetan!) behandelt wird, zeigt, wie jugendfern fast alle Lehrbücher unserer Sprache noch immer sind. Es wäre da einiges von andern Ländern zu lernen...

Ausgangspunkt für Schulbücher sei und bleibe der Schüler selbst; es gehört zu einem pädagogischen Unternehmen (zumal in der Kunst) die Einfühlung in die Mentalität der Jugend, wenn nicht nur Wissen, sondern auch Verstehen und Liebe zu dem erweckt werden soll, das „höher ist als alle Weisheit und Philosophie". Was erfährt denn der junge Mensch heute als Musikgeschehen und -erlebnis? Angenommen, er hat ein Bachsches Klavierkonzert gehört. In der Aufzählung der Bachschen Werke sind sie nicht einmal erwähnt. Über Telemann kaum ein Wort. - Bei der Gegenwartsmusik vermißt man Probleme, die die Jungen naturgemäß besonders fesseln, wie Abschnitte über das Problem der Technik (Schallplatte, Film, Radio, elektronische Musik, über la musique concrète), sowie über den Jazz.

Dokument 40

Titel: Gutachten 2 über die „Musikkunde für die Oberstufe höherer Schulen"

Autor: unbekannt

Vorlage: Bayerisches Staatsministerium für Unterricht und Kultus
            30.1.1959 (Abschrift)

Die „Musikkunde" von Prof. Alt ist ein ausgezeichnetes, mit viel Sachkenntnis geschriebenes Buch, das bei aller Systematik des Aufbaus dem Lehrer genügend Spielraum zu einer persönlichen Gestaltung des Stoffes überläßt.

Besonders wertvoll ist das Aufzeigen von Querverbindungen der Musikgeschichte einerseits und der Geistes- und Kulturgeschichte andererseits. Der Schüler wird dadurch in geistige Bereiche eingeführt, die ihm auf Grund seiner geschichtlichen und literarischen Allgemeinbildung verständlich sein müssen. Dabei bleibt die Sprache der Altersstufe von Schülern der Oberstufe durchaus angemessen.

Die Gliederung des Stoffes in geschlossen behandelte Stilkreise ist sehr glücklich und erleichtert dem Schüler das Erfassen der Stilmerkmale einer Epoche.

Die Darstellung des Stoffes ist wissenschaftlich fundiert. Erfreulicherweise vermeidet sie überflüssiges Detail; sie beschränkt sich auf das unumgänglich Notwendige. Dabei erscheint es sehr zweckmäßig, daß das abfragbare Wissen jedem Kapitel vorangestellt ist.

Die Zahl der eingestreuten Notenbeispiele, so treffend sie auch sind, befriedigt allerdings nicht restlos - ein eigener Beispielband böte einer erschöpfenderen Lösung Raum - doch ist auch die beschränkte Auswahl so geschickt, daß es für alle Epochen möglich ist, die stilistischen Erkenntnisse vom erforderlichen klingenden Beispiel abzuleiten.

Wünschenswert wäre, anstelle der ans Ende des Buches gefügten und nur durch den Zeitraum 1900-1952 beschränkten Zeittafel, eine Übersicht über die <u>gesamte</u> Entwicklung der abendländischen Musik im Zusammenhang mit der Profan-, Kultur- und Geistesgeschichte zu bieten.

Zusammenfassend läßt sich sagen, daß das Buch vom stofflichen und methodischen Standpunkt aus eine höchst wünschenswerte Bereicherung des Vorhandenen darstellt, ja daß es eine fühlbare Lücke schließt und die Forderungen des Lehrplans voll und ganz erfüllt.

Dokument 41

Titel:	Gutachten 3 über die „Musikkunde für die Oberstufe höherer Schulen"
Autor:	unbekannt
Vorlage:	Bayerisches Staatsministerium für Unterricht und Kultus (Abschrift ohne Datierung)

Das Lehrbuch: Alt, Musikkunde für die Oberstufe höherer Schulen stellt an sich eine wünschenswerte Bereicherung für das Fach Musikerziehung dar. Es ist fachlich und methodisch einwandfrei. In der Anordnung des Stoffes erweist sich die Trennung in den eigentlichen Lernstoff einerseits und in stilkritische Betrachtungen und Eigenzeugnisse der Komponisten andererseits als sehr vorteilhaft. Gerade die beiden letzteren kommen dem Interesse der Schüler entgegen und ermöglichen eine Vertiefung.

Der Stoff ist in einer fast überreichen Fülle zusammen getragen. Für den Musiklehrer ergibt sich also die Notwendigkeit, hier eine Auswahl zu treffen und den Mut zum Weglassen zu haben.

Voraussetzungen für die volle Wirksamkeit des Buches sind einmal genügende theoretische Kenntnisse (Harmonielehre), ferner ein erlebnismäßiges Erarbeiten (singend oder spielend) von Werken der einzelnen Stilgattungen.

In seiner Gesamtanlage stellt das Buch eine Fortsetzung und Erweiterung der bereits genehmigten Musikkunde, erster Teil, herausgegeben vom Verband der Lehrer für Musik an den höheren Lehranstalten in Bayern, dar. Da eine Musikkunde für die Oberstufe noch nicht eingeführt ist, würde die Genehmigung des Buches eine Lücke schließen.

Für die „Deutschen Gymnasien", die Musik als Hauptfach haben, käme das Buch als „Lehrbuch" in Betracht. Für die höheren Lehranstalten insgesamt aber wäre die Benützung der Musikkunde mehr im Sinne eines „musikalischen" Lesebuches, das vielleicht in mehreren Exemplaren in der Schülerbibliothek steht, sehr zu empfehlen.

Dokument 42

Titel: Gutachten 4 über die „Musikkunde für die Oberstufe höherer Schulen"

Autor: unbekannt

Vorlage: Bayerisches Staatsministerium für Unterricht und Kultus (Abschrift ohne Datierung)

Im voraus darf bemerkt werden, daß ich genanntes Werk bereits kannte, da ich mir alle in außerbayerischen Bundesländern erscheinenden Musikkunden beschaffe. Was ich schon bisher festgestellt hatte, hat sich nach der im Auftrage des Staatsministeriums vorgenommenen eingehenden Prüfung voll bestätigt: Das Buch von Prof. Alt ist mit Abstand das beste aller mir bekannten Werke dieser Art.

Inhalt: Angefangen von einem kurzen Abschnitt über die Musik der Antike, enthält das Buch die Entwicklung der abendländischen Musik in einem lückenlosen Gang bis in die neueste Zeit. Die Forderungen des bayerischen Musiklehrplans für die Oberstufe werden voll erfüllt:
a) Die historische Entwicklung der abendländischen Musik wird dargestellt (Stoffplan für die 8. und 9. Klasse).
b) Der neuen Musik wird ein verhältnismäßig umfangreicher Abschnitt gewidmet (8. und 9. Klasse).
c) Neben dem rein Historischen werden die Formen jeder Stilepochen eingehend gewürdigt, insbesondere die für unsere heutige praktische Musikübung vorzugsweise in Frage kommenden Formen des Barock (S. 54 ff.) und der Klassik (S. 93 ff) (6. u. 7. Kl.)

Aufbau: Am Anfang jedes Zeit- bzw. Stilabschnitts bringt das Werk eine gedrängte Übersicht des „Lehrstoffes" in stichwortartiger Kürze; in den Kapiteln über die großen Meister wird zuerst das wichtigste Biographische zusammengestellt und dann ein Überblick über die bedeutendsten Werke gegeben. Diese kurzen Übersichten werden dann jeweils erweitert durch Aufsätze des Herausgebers und anderer (meist sehr namhafter) Autoren, durch Auszüge aus musikgeschichtlichen Werken, Abhandlungen von Musikern über Musik, bei den Meistern auch häufig durch autobiographische Äußerungen. Diese Aufsätze usw. geben in ihrer Vielfalt jeweils ein ganz ausgezeichnetes Bild der betr. Epoche oder des betr. Meisters, die gewissermaßen von allen Seiten beleuchtet werden. Die Forderung nach „ausgewählten Abschnitten aus dem neueren Schrifttum über Musik" ist hier weitgehend erfüllt, besonders reichhaltig und wertvoll in dem Abschnitt über neue Musik.

In allen Fällen erfolgt sodann eine Auswahl von Werken des betr. Zeitabschnittes oder Meisters; diese Werke sind immer sehr treffend und charakteristisch, selbst wenn man sich z.B. bei Mozart statt des zwar sehr bezeichnenden, aber ohnehin leicht zugänglichen „Veilchens" lieber eine charakteristische Arie aus einer seiner Opern (etwa aus der „Zauberflöte" zur Illustrierung der auf der vorhergehenden Seite 121 erörterten Idee der Humanität) gewünscht hätte.

Ganz besonders wertvoll aber erscheinen mir die bei den Abschnitten über große Stilepochen vorangestellten kurzen Übersichten über Geistesgeschichte, Dichtung, bildende Kunst und Musik (z.B. Barock S. 48, Klassik S. 84, das 19. Jahrh. S. 134 usw.). Wer der Ansicht beipflichtet, daß im Musikunterricht den Schülern nicht ein Fachwissen vermittelt werden soll, dass vielmehr im Sinne einer ganzheitlichen Erziehung, einer Zusammenschau das Wesentliche die Einordnung des Musikalischen in die großen Kultur- und Stilzusammenhänge sein muß, der wird diese Übersichten besonders dankbar begrüßen. Sie zeugen von einer umfassenden und ausgezeichnet fundierten Übersicht des Verfassers über alle geistigen Zusammenhänge, selbst wenn gelegentlich (wie z.B. bei der Zuordnung des Dresdner Zwingers von Pöppelmann zum Rokoko S. 84) seine Ansicht der allgemein üblichen (hier: Zugehörigkeit zum Barock) widerspricht.

<u>Die Frage einer evtl. Überlastung</u> der Schüler durch das vorliegende Lehrbuch kann weder eindeutig bejaht noch verneint werden. Es wird alles davon abhängen, in welcher Weise der Lehrer das Buch verwendet. Meines Erachtens kann es sich keinesfalls darum handeln, den in dem Buche gebotenen Stoff lernen zu lassen; das wird nicht einmal für die oben erwähnten Übersichten möglich und nötig sein. Das Buch hat keine eigentlich methodisch-didaktische Anlage, in der der Stoff fortlaufend dargeboten würde und gelernt werden könnte wie etwa in einem Geschichtslehrbuch; jeder der einzelnen Abschnitte ist vielmehr gleichsam in konzentrischen Kreisen angeordnet, die sich um das Gerüst der erwähnten Übersicht herum ausbreiten und nach Belieben mehr oder weniger ausführlich „behandelt" werden können. Das Buch soll für den Schüler weniger ein „Lernbuch" sein, sondern eine Stütze zur Festigung der im Unterricht erarbeiteten Erkenntnisse; es gibt ihm durch seine Reichhaltigkeit die Möglichkeit, diese Erkenntnisse je nach Reife und musikalischem Interesse noch zu vertiefen und abzurunden. Es gibt ihm ferner eine große Zahl musikalischer Beispiele an die Hand, die für den einzelnen sonst nur schwer erreichbar sind.

Die Gefahr einer evtl. Überlastung liegt also weniger in dem Buche selbst als vielmehr in einer ungeeigneten Verwendung, eine Gefahr, die wohl auch bei den meisten anderen Büchern gegeben wäre. Aus diesem Grunde möchte ich auch keine Streichung befürworten; man könnte nur bei den erweiternden Aufsätzen und Abhandlungen streichen, die aber gerade den belebenden Wert und die geistige Vielseitigkeit des Buches ausmachen.

<u>Die Sprache des Buches</u> ist der Altersstufe der Schüler (7.-9. Klasse) im allgemeinen durchaus angemesen. Es sind allerdings einzelne Aufsätze darin enthalten (z.B. S. 136 „Das 19. Jahrh. in der Musik" oder S. 193 „Subjektive und objektive Musik"), die in ihren Voraussetzungen an die Grenze dessen gehen, was bei einem Schüler der Oberklassen im Durchschnitt an musikalischer Einsicht und Übersicht erwartet werden kann. Doch erscheint dies kaum bedenklich; auch hier wird der Lehrer, der die (oft sehr unterschiedliche) Reifestufe der einzelnen Klassen kennt, die rechte Auswahl treffen, und die Schüler werden von selbst das, was über ihr augenblickliches Verständnis hinausgeht, beiseite lassen oder sich im Verein mit dem Lehrer um seine Erschließung bemühen.

<u>Zusammenfassend</u> darf festgestellt werden, daß das vorliegende Werk für den Unterrichtsgebrauch an den höheren Lehranstalten (Oberstufe) <u>uneingeschränkt und auf das wärmste befürwortet</u> werden kann. Der Berichterstatter würde es sogar sehr begrüßen und wünschen, wenn trotz einer evtl. Beschaffung im Rahmen der Lernmittelfreiheit die Schüler dafür gewonnen werden könnten, sich das Buch selbst zu kaufen, da es vortrefflich geeignet wäre, auch dem der Schule Entwachsenen für sein ganzes Leben ein zuverlässiger und geistig hochstehender Ratgeber in Fragen der Musik zu sein.

Dokument 43

Titel: Vertrag (Lehrtätigkeit Folkwangschule)

Ort, Datum: Essen, 8.1.1955

Vorlage: Original

STADT ESSEN

VERTRAG

Zwischen der Stadt Essen als Träger der Folkwangschule - Fachschule für Musik, Tanz und Sprechen - vertreten durch den Oberstadtdirektor

und

Herrn Prof. Dr. Michel Alt

wird nachfolgender Vertrag abgeschlossen:

1.) Herr Prof.Dr. Michel Alt übernimmt als nebenamtliche Lehrkraft an der Folkwangschule folgende Aufgaben:
   Musikerziehung: Einführung in Jugend- und Volksmusik.

2.) Für seine Tätigkeit erhält Herr Dr. Alt ein Honorar von lo.-- DM für jede erteilte Unterrichtsstunde. Die Auszahlung erfolgt monatlich nachher.

3.) Der Vertrag beginnt am 1. April 1955 und läuft bis zum 31. März 1956. Er kann von beiden Seiten mit 14-tägiger Frist zum Letzten eines jeden Monats gekündigt werden.

Essen, den 8.Januar 1955

(Beigeordneter)   (Direktor)

Dokument 44

Titel: Schreiben der Deutschen Grammophon Gesellschaft an M. Alt („Musikkunde in Beispielen")

Ort, Datum: Hannover, 23.1.1957

Vorlage: Original (2 Seiten)

Deutsche Grammophon Gesellschaft m b H

Herrn Professor
Dr. Michael Alt

E s s e n
Siepenstraße 6

HANNOVER, 23.1.1957
PODBIELSKISTRASSE
Gtz/Ko

Sehr geehrter Herr Professor!

Auf Grund Ihres Schreibens vom 1.12.1956 machen wir Ihnen folgenden Vorschlag:

1. In Zusammenarbeit zwischen Ihnen und uns soll eine Musikkunde auf Schallplatten veröffentlicht werden, und zwar auf zehn Langspielplatten 30 cm. Die Platten enthalten Musikbeispiele aus unseren Repertoires. Jeder Platte wird eine gedruckte Lehranweisung für den Unterrichtenden beigefügt.

2. Sie übernehmen hierbei die Zusammenstellung der Ausschnitte aus unseren Repertoires. Zu diesem Zweck werden wir Sie mit Musterplatten versorgen. Sie übernehmen ferner die Ausarbeitung der Lehranweisungen.

3. Sie erhalten von uns pro Platte inklusive Lehranweisung ein Honorar in Höhe von DM 300,--. Soweit Ihnen in Erfüllung dieser Vereinbarung durch Ihre Tätigkeit Urheberrechte oder sonstige Schutzrechte anwachsen, gehen sie mit der Bezahlung des Honorars auf uns über.

4. Außer dem Honorar erhalten Sie für die abzusprechenden Dienstreisen Reisespesen entsprechend den bei uns üblichen Sätzen. Die zur Erfüllung dieses Vertrages entstehenden Kosten für Ferngespräche werden Sie uns belasten.

5. Sie werden bis zur Veröffentlichung der letzten Platte und zwei Jahre danach keine ähnlichen Vorhaben mit irgendeiner anderen phonographischen Firma durchführen.

6. Bei den Musikzusammenstellungen bitten wir, davon auszugehen, daß eine Schallplattenseite 25 Minuten Musik enthält. Im Notfall können Sie bis zu 27 Minuten gehen.

Wir bitten Sie, davon Kenntnis zu nehmen, daß wir nicht mehr als zwölf Fragmente aus urheberrechtlich geschützten Werken auf einer Plattenseite bringen dürfen. Ungeschützte Werke dürfen zusätzlich auf derselben Plattenseite gebracht werden. Dabei muß darauf geachtet werden, daß kein Titel voll ausgespielt werden darf. Für eine oberflächliche Prüfung der Frage, was geschützt und was ungeschützt ist, genügt die Feststellung dessen, was in dem Kästchen links vom Mittelloch einge-

Deutsche Grammophon Gesellschaft

Blatt Nr. 2 zum Brief ... 23.1.1957

DEUTSCHE GRAMMOPHON Ges. mbH
31. JAN. 1957
HAMBURG

druckt ist. Der Eindruck 'DP' bedeutet 'Domaine Public' = ungeschützt. Alle anderen Eindrucke (meistens BIEM) bedeuten, daß das Werk geschützt ist. Ihre Zusammenstellung der Musikausschnitte muß aber auf jeden Fall von unserer Lizenzabteilung noch einmal überprüft werden, weil die Frage 'geschützt oder ungeschützt' nicht für alle Länder gleichmäßig zu beantworten ist.

Von voll ausgespielten, geschützten Werken dürfen nicht mehr als acht auf einer Plattenseite gebracht werden. Wird die Höchstzahl 'acht' eingehalten, so können eins oder mehrere von den acht Titeln auch Fragmente (Ausschnitte) sein.

Für unsere Lizenzverpflichtungen gegenüber der GEMA wäre es günstig, wenn geschützte und ungeschützte Werke nicht mehr als unbedingt notwendig auf einer Seite gekoppelt würden; denn sobald ein Titel auf einer Plattenseite geschützt ist, müssen wir die ganze Plattenseite lizenzieren. (Dieser Hinweis soll für Sie aber keine strikte Bindung bedeuten. Er soll nur die Einfügung eines geschützten Titels auf einer im übrigen ungeschützten Plattenseite vermeiden, wo dies ohne Schaden für die Sache geschehen kann.)

Wenn Sie durch diese urheberrechtlichen Beschränkungen in Schwierigkeiten geraten, bitten wir Sie, sich mit unserer Lizenzabteilung in Verbindung zu setzen, damit gemeinsam ein Ausweg, notfalls durch eine Sondergenehmigung der GEMA, gesucht wird.

Wenn Sie mit diesen Vorschlägen einverstanden sind, wären wir Ihnen dankbar, wenn Sie uns den beiliegenden Durchschlag dieses Briefes mit Ihrem Einverständnisvermerk zurückschicken würden.

Mit freundlichen Grüßen
DEUTSCHE GRAMMOPHON GESELLSCHAFT
m.b.H.

Einverstanden

(Prof.Dr. Alt)

(Roediger)   (Hein)

Dokument 45

Titel: Ernennungsurkunde zum Oberstudienrat

Ort, Datum: Essen, 30.10.1957

Vorlage: Original

Herr
Studienrat

Professor Dr. Michael Alt

wird hiermit

zum

Oberstudienrat

ernannt.

Essen, den 30. Oktober 1957

Im Auftrage des Rates der Stadt

Oberbürgermeister   Ratsherr

Dokument 46

Titel: Vertragsverlängerung
("Musikkunde in Beispielen")

Ort, Datum: Hamburg, 29.1.1958

Vorlage: Original (2 Seiten)

Deutsche Grammophon Gesellschaft mbH

Herrn
Prof. Dr. Michael Alt

E s s e n
Schulte-Pelkum-Str. 6

HAMBURG 13 29.1.1958
Harvestehuder Weg 1-4
Han/Jo

Sehr geehrter Herr Professor Alt!

Bezugnehmend auf die Verhandlungen am 13. Januar 1958 in Düsseldorf zwischen Ihnen, dem Schwann-Verlag und unserem Herrn Handke schlagen wir die Verlängerung unseres Vertrages vom 23.1.57 unter Abwandlung folgender Punkte um ein weiteres Jahr vor:

1.) In Zusammenarbeit zwischen Ihnen und uns soll die MUSIKKUNDE IN BEISPIELEN in den nächsten 12 Monaten um 8 Langspielplatten 30 cm Ø erweitert werden. Die Platten enthalten Musikbeispiele aus unseren Repertoires. Zu jeder Platte wird ein gedrucktes "Beiblatt für die Hand des Lehrers" hergestellt.

2.) Sie übernehmen hierbei die Zusammenstellung der Ausschnitte für die Platten. Für diese Arbeit werden wir Ihnen leihweise Musterplatten überlassen. Sie übernehmen ferner die Ausarbeitung der "Beiblätter" und der Kommentierungen für die Rückseiten der Plattentaschen.

Die Punkte 3.) bis 6.) unseres Vertrages vom 23.1.57 bleiben in vollem Umfang bestehen.

Hinsichtlich der geplanten Schallplattenreihe für Volksschulen machen wir folgende Vorschläge:

I.) In Zusammenarbeit zwischen Ihnen und uns werden 5 Langspielplatten 30 cm Ø (oder die entsprechende Anzahl von Platten mit 25 cm oder 17 cm Ø) im Herbst 1958 veröffentlicht. Die Platten enthalten Musikbeispiele aus unseren Repertoires und werden unter den nachstehend genannten Titeln herausgegeben:

    a) Kleine Werke großer Meister
    b) Volkstümliche Lieder und Balladen
    c) Instrumentenkunde
    d) HAYDN: Die Jahreszeiten (Auszug)
    e) LORTZING: Zar und Zimmermann (Auszug).

- 2 -

Deutsche Grammophon Gesellschaft

Blatt Nr. 2 zum Brief vom 29.1.1958 Han/Jo

Herrn Prof. Dr. Michael Alt, Essen

II.) Sie übernehmen hierbei die Zusammenstellung der Ausschnitte für die Platten. Für diese Arbeit werden wir Ihnen leihweise Musterplatten überlassen. Sie übernehmen ferner die Ausarbeitung der Kommentierungen für die Rückseiten der Plattentaschen. - Die Zusammenstellungen für die Platten der Volksschulreihe sind vor der Weitergabe an uns mit dem Schwann-Verlag abzustimmen und von Schwann zu akzeptieren. Falls es erforderlich sein sollte, weitere Mitarbeiter für diese Serie hinzuziehen und die Namen der Mitarbeiter auf Plattentaschen und Publikationsschriften zu nennen, erklären Sie sich damit einverstanden.

III.) Da für diese Volksschulreihe die "Beiblätter für die Hand des Lehrers" nicht in unserem Auftrag geschrieben und dementsprechend auch von uns nicht honoriert werden, schlagen wir folgende Honorare vor:

zu Ia) DM 250,--
zu Ib) DM 250,--
zu Ic) DM 150,-- (hierfür kann von der Platte LPEM 19 310 "Instrumentenkunde" mehr als die Hälfte ohne Veränderung übernommen werden.)
zu Id) DM 50,-- (hier können die entsprechenden Platten aus
zu Ie) DM 50,-- der MUSIKKUNDE IN BEISPIELEN ohne Veränderung übernommen werden.)

Die Punkte 4.) bis 6.) unseres Vertrages vom 23.1.57 bleiben auch hinsichtlich der Volksschulreihe in vollem Umfang bestehen.

Wenn Sie mit diesen Vorschlägen einverstanden sind, bitten wir Sie, uns den beiliegenden Durchschlag dieses Briefes mit Ihrem Einverständnisvermerk zurückzuschicken.

Mit freundlichen Grüßen!
DEUTSCHE GRAMMOPHON GESELLSCHAFT
M.B.H.

Einverstanden

(Prof. Dr. Alt)

Anlage

Dokument 47

Titel: Honorarerhöhung („Musikkunde in Beispielen")

Ort, Datum: Hamburg, 8.4.1959

Vorlage: Original

Deutsche Grammophon Gesellschaft mbH

Herrn
Prof.Dr. Michael Alt
<u>E s s e n</u>
Schulte-Pelkum-Straße 6

HAMBURG 13 8.4.59
Harvestehuder Weg 1-4

VI/han-ru.

Sehr geehrter Herr Professor Alt !

Wir bedanken uns für Ihren Brief vom 23.3.59. Aufgrund Ihrer Darstellung möchten wir Ihnen den Vorschlag machen, das Honorar für jede zukünftig zur Veröffentlichung kommende Platte der "MUSIKKUNDE IN BEISPIELEN" von DM 300.-- auf DM 400.-- zu erhöhen. Wir möchten Sie höflichst bitten, uns Ihr Einverständnis hierzu und gleichzeitig die Beantwortung unseres Briefes vom 2.2.59 zukommen zu lassen.

Hinsichtlich der zuletzt veröffentlichten drei Platten 19 316, 19 319 und 19 320 bitten wir Sie um Angabe der Ihnen im Zusammenhang mit der Arbeit an den Platten erwachsenen Spesen, damit wir die notwendigen Überweisungen mit dem Honorar zusammen vornehmen können.

Mit freundlichen Grüssen !
DEUTSCHE GRAMMOPHON GESELLSCHAFT MBH.

(Schiller) (Nitschke)

Dokument 48

Titel: Ernennungsurkunde zum Professor

Ort, Datum: Düsseldorf, 2.4.1959

Vorlage: Original

Herr Oberstudienrat

Dr. Michael A l t

wird hiermit

unter Berufung in das Beamtenverhältnis auf Lebenszeit

zum

P R O F E S S O R

ernannt

Düsseldorf, den 2. April 1959

Für die Landesregierung
des Landes Nordrhein-Westfalen

Der Kultusminister

Dokument 49

Titel: Gutachten über „Das musikalische Kunstwerk", Band II

Autor: unbekannt

Vorlage: Kopie (Nachlass, ohne Datum)

Michael Alt, Das Musikalische Kunstwerk
    Musikkunde in Beispielen
    Musikbuch II für die Oberstufe
Pädagogischer Verlag Schwann / Düsseldorf

Das vorliegende Werk ist in Anlehnung an die in vielen Schulen mit Erfolg verwendete Schallplattenreihe des Verlages „Musikkunde in Beispielen" verfaßt.

Die historischen Entwicklungsphasen sind klar abgegrenzt, Zitate aus der Fachliteratur entsprechen dem neuesten Stand. Stichworte zu Geistesleben, Kunst, Dichtung und Musik, die der eingehenden Darstellung des jeweiligen Zeitabschnitts vorangestellt werden, informieren den Schüler über die kulturellen Fakten. Diese Zusammenfassungen bieten gute Stützen für die Wiederholung des Unterrichtsstoffs.

Der Titel „Das musikalische Kunstwerk" deutet nicht auf den Charakter des Werks als einer Musikkunde hin, wenn dieser auch im Untertitel erwähnt wird. Dem Titel nach würde man keine Musikkunde, sondern ein ästhetisches Werk erwarten, in dem all das, was nicht unmittelbar das musikalische Kunstwerk betrifft (z.B. das Volkslied), keinen Platz hätte. Insofern ist der Titel irreführend.

Das Werk enthält keine Bemerkungen, die politisch bedenklich wären. Sein Wert für die politische Bildung liegt in der Tatsache begründet, daß die Musik vieler verschiedener Nationen mit gleichem Streben zu objektiver Sachlichkeit kritisch untersucht wird.

Der Verfasser hält sich meist an die historische Reihenfolge der Stilepochen, schließt sich der eingebürgerten Tradition an, der schon die Schallplattenreihe folgt. In Anbetracht der Fragwürdigkeit einer zeitlichen Übereinstimmung von Kunstepoche und Musikepoche gleichen Namens wäre zu überlegen, ob der von Nestler in seiner Geschichte der Musik (Bertelsmann Verlag Gütersloh 1962) durchgeführte Weg, anhand von örtlichen Musikzentren verschiedener Zeiten die Entwicklung aufzuweisen, nicht schon in der Schallplattenreihe pädagogisch fruchtbarer gewesen wäre.

Die im Musikunterricht der Oberstufe gut verwendbaren Musikbeispiele bieten aber auch im so vorliegenden Falle ein reichhaltiges Material, an dem sich die geistige Auseinandersetzung der Schüler mit dem musikalischen Kunstwerk entzünden kann. Es sind genügend Beispiele vorhanden, die auch die Eigentätigkeit der Schüler in Form von Singen und Spielen ermöglichen. Zudem läßt die Übereinstimmung von Notenbeispiel und Schallplattenwerk die jederzeitige klangliche Realisierung zu, die unterrichtspraktisch von großer Bedeutung ist.

Die sachlich einwandfreien Analysen tragen zur Klärung des Hörerlebnisses bei. Trotzdem ist die Methode problematisch, die Werkanalyse gleich dem Werk zuzugesellen, da diese in zweiter Linie für den Schüler, zuerst aber für den Lehrer bestimmt sind, der die dort dargelegten stilistischen Merkmale ja erst mit den Schülern gemeinsam erarbeiten soll. Der Musikunterricht soll vom Hören ausgehen und das Notenbild erst an zweiter Stelle heranziehen. Die Analysen an diesem Platz bieten dem Schüler das Ergebnis vorweg, das eigentlich im Verlauf der Unterrichtsstunde erarbeitet werden soll. Eine räumliche Trennung der Beispiele von den wesentliche Merkmale erfassenden Analysen wäre zu wünschen; vor allem, wenn man bedenkt, daß der Verlag noch ein Handbuch für die didaktische und methodische Verwendung der Schallplattenreihe und dieser Musikkunde plant.

Die dem Werk am Schluß angefügte Zeittafel reicht von 1910 bis 1957, wohl weil die Schallplattenreihe keine Werke jüngeren Datums aufweist. Man würde sich eine Fortführung bis zur Jetztzeit wünschen.

Im zeitgenössischen Panorama der Musik wird die amerikanische Entwicklung (etwa Varèse und Cage), die internationalen Einfluß hat, überhaupt nicht berücksichtigt, weil sie in der Schallplattenreihe des Verlages nicht vertreten ist.

Das gilt auch von Musical und Schlager, die in der Lebenswirklichkeit der Schüler eine Rolle spielen und die in einer Musikkunde nicht von der Auseinandersetzung ausgeschlossen werden dürfen.

Der Impressionismus wird nicht mit seinem Einfluß (Debussy, Jeux) auf das derzeitige Entwicklungsstadium der Musik gesehen.

Die Darstellung der jetzigen Phase in Deutschland läßt Klarheit vermissen. Die führende Bedeutung der Kölner Schule, die weltweite Impulse gibt, wird nicht deutlich. Der Grund hierfür liegt darin, daß in der Schallplattenreihe die Lücke mit einer Platte zu schließen wäre, die von Debussys „Jeux" aus Beziehungen zu den letztjährigen Werken der jungen Generation der Komponisten aufwies.

Insgesamt wird der soziologische Aspekt bei der Musikentwicklung wenig beachtet.

Mit dem vorliegenden Buch kann in Zusammenarbeit mit der Schallplattenreihe ein sinnvoller Musikunterricht in Übereinstimmung mit den Richtlinien erteilt werden, falls das Bild der jetzigen Lage der Musikentwicklung wesentlich ergänzt wird.

Dokument 50

Titel: Abschlussbrief der Deutschen Grammophon-Gesellschaft an M. Alt.

Ort, Datum: Hamburg, 20.12.1963

Vorlage: Original

Herrn
Prof. Dr. Michael A l t

<u>Dortmund-Gartenstadt</u>
<u>Max-Eyth-Str. 18</u>

HAMBURG
20. Dezember 1963
ZVE 31/jo/sdt

Sehr geehrter Herr Professor Alt !

Das Jahr 1963 neigt sich dem Ende zu und fast zum gleichen Zeitpunkt wurde unsere vor Jahren begonnene gemeinsame Schallplattenreihe "Musikkunde in Beispielen" zum Abschluß gebracht.

Heute möchten wir Ihnen, sehr geehrter Herr Professor Alt, für Ihre so wertvolle Mitarbeit danken und der Hoffnung Ausdruck geben, daß Ihrem neuen Musikbuch "Das musikalische Kunstwerk" ein ebenso großer Erfolg beschieden sein möge. Auch wir erwarten uns hiervon wiederum neue Impulse für die "Musikkunde in Beispielen".

Wir wünschen Ihnen ein geruhsames Weihnachtsfest und im Neuen Jahr alles Gute für Ihre Gesundheit.

Mit freundlichen Grüßen !
DEUTSCHE GRAMMOPHON GESELLSCHAFT MBH.
Zentralvertrieb Europa

Dokument 51

Titel: Vorschlag M. Alts zur Errichtung eines „Institutes für musikpädagogische Grundlagenforschung" an der Pädagogischen Hochschule Dortmund

Ort, Datum: Dortmund, 5.1.1965

Vorlage: Typoskript (10 Seiten)

PÄDAGOGISCHE HOCHSCHULE DORTMUND

Prof. Dr. Michael Alt   Dortmund, den 5.1.1965
Dozent für Musikerziehung

**Vorschlag zur Errichtung eines
„Institutes für musikpädagogische Grundlagenforschung"
an der Pädagogischen Hochschule Dortmund**

1) Vorbemerkung

Im Gegensatz zur benachbarten Kunsterziehung, die von ihren Anfängen an durch bedeutende Schulmänner und Pädagogen in die Allgemeine Pädagogik eingeführt und deren Bewußtseinsstand angenähert wurde, im Gegensatz auch zur neueren Leibeserziehung, die durch den Sport gefördert, im letzten Jahrzehnt die wissenschaftliche Grundlegung ihres Faches durch Tagungen und Veröffentlichungsreihen großzügig in Angriff nehmen konnten, hat sich die Musikerziehung immer abseits der pädagogischen Öffentlichkeit gehalten und sich einseitig fachlich orientiert. So kommt es, daß sie bis heute noch weitgehend dem Bereich der Fachtechnik und Fachmethodik verhaftet blieb und ihre erziehungswissenschaftliche Begründung verfehlte.

Um dieser Entwicklung zu wehren, wurde schon auf der ersten Reichsschulmusikwoche 1922 und später von Leo Kestenberg die Begründung eines musikpädagogischen Forschungsinstitutes angestrebt, an dem auch der Verfasser nach Abschluß seiner wissenschaftlichen Studien [Promotion in Erziehungswissenschaft (Fr. Schneider) Anthropologie (Scheler) Soziologie (Honigsheim) Experimentelle Psychologie (Lindworsky) Musikwissenschaft (Bücken)] mitarbeiten sollte. Dieser Plan scheiterte nach 1933 ebenso wie die Arbeit des Kreises um den Berliner Ordinarius Georg Schünemann, dessen „Handbücher der Musikerziehung" mit einer experimentell-musikpsychologischen Arbeit des Verf. vorzeitig abgeschlossen werden mußte. Auf der ersten Bundesschulmusikwoche in Mainz (1955) begründete dann der Verfasser einen „Arbeitskreis für musikpädagogische Grundlagenfroschung". Dieser Versuch kam, wie die weiteren, mangels eines organisatorischen Mittelpunktes und einer entsprechenden amtlichen Konstituierung nicht zum Tragen, obgleich ein großer Kreis von Musikerziehern sich zur Teamarbeit zusammengefunden hatte.

Im Zuge der Errichtung von wissenschaftlichen Forschungsinstituten an den Pädagogischen Hochschulen von Nordrhein-Westfalen könnte nun dieser seit langem anstehende Plan ermöglicht werden. Es wird deshalb - im Nachgang zur Eingabe beim Kultusministerium vom 27.3.64 und dem ergänzenden Schreiben vom 3.7.64 - der Antrag gestellt, an der Pädagogischen Hochschule Dortmund ein „Institut für musikpädagogische Grundlagenforschung" zu errichten. Weder im Rahmen einer Musikhochschule noch an musikwissenschaftlichen Instituten der Universität ist die Begründung eines solchen Institutes möglich, da es auf enge Kooperation der Disziplinen Philosophie, Allgemeine Pädagogik, Didaktik, Psychologie und Soziologie sowie der Heilpädagogik angewiesen und nur im engen Zusammenhang mit der Schulwirklichkeit zu entwickeln ist.

Hier bietet sich also für die Pädagogische Hochschule eine echte eigenständige Forschungsaufgabe an.

2) Entwurf eines Arbeitsplanes

Bei der notwendigen Bemühung um eine wissenschaftliche Grundlegung der Musikerziehung bietet sich als begrenzter und vordringlicher Ansatzpunkt der Ausbau einer Didaktik der Musik in partnerschaftlicher Zusammenarbeit mit der allgemeinen Didaktik an. Wenn diese sich auch für den aesthetischen Bereich durchaus offenhält, so ist doch zu beachten, daß sie vorwiegend von den Wissenschaftsfächern her entworfen wurde. Vor und mit dem Ausbau einer Musikdidaktik müssen darum die das Fach konstituierenden aesthetischen und kunsterzieherischen Prinzipien erarbeitet werden. Würde sie sich auf die Übernahme und Abwandlung der vorgegebenen Prinzipien der Allgemeinen Didaktik beschränken, käme es zu einer Verschiebung der Akzente, der Perspektiven, der didaktischen Felder und Wertsetzungen. Der Gefahr einer solchen Desintegration entgeht die Musikdidaktik nur, wenn sie nach vorangegangener eigenständiger Grundlegung bereichsgebundene Kategorien und Strukturen entwickelt. Das Wagnis einer solchen umfassenden Grundlagenforschung, welche die Bildungstheorie ebenso einbegreift wie die Nachbarwissenschaften Psychologie, Soziologie und Anthropologie und die den jeweiligen Bewußtseinsstand der Allgemeinen Didaktik zu wahren hat, kann dem einzelnen Musikdidaktiker nicht aufgebürdet werden. Ihre Erarbeitung in einem Forschungsinstitut wirkt sich also nicht als Einschränkung, vielmehr als Absicherung des facheigenen Lehr- und Forschungsauftrages aus.

Nach Einübung und Bewährung dieser Kooperation im didaktischen Feld sollen dann darüber hinaus Arbeitsbereiche in Angriff genommen werden, deren Erforschung eine eigenständige Entfaltung der Musikerziehung ebenso gewährleisten soll, wie deren fortschreitende Integration in die Kernbereiche der Pädagogik.

Die folgende Auswahl von Arbeitsansätzen beschränkt sich also nicht auf die Grundlegung der Fachdidaktik, sondern schließt auch die Themen und Themenkreise ein, die beim weiteren Ausbau der musikpädagogischen Grundlagenforschung Vorrang haben.

A) Bildungstheorie

In Zusammenarbeit mit der Allgemeinen Pädagogik und der Philosophie u.a.:
- Die spezifischen Erziehungswerte der Kunst, insbesondere der Musik.
- Wesensbestimmung des Künstlerischen und des Musischen sowie der aesthetischen und der musischen Bildung.
- Der Wandel des musikalischen Kunstwerkes im Zeitalter der mikrophonalen Musik und der unbeschränkten Reproduzierbarkeit sowie dessen Auswirkung auf die musikalische Bildung.
- Theorie der Bildungsgehalte im aesthetischen, vorab im ungegenständlich-musikalischen Bereich.
- Die Ambivalenz von „Form und Stofftrieb", der Einverleibung des Geistigen und der Vergeistigung des Körperlichen in der musikalischen Bildung.
- Der unverlierbare aesthetische Aspekt der Bildung.

B) Didaktik

In Zusammenarbeit mit der Allgemeinen Didaktik, der Pädagogik und der Philosophie u.a.:
- Die Frage nach der Gültigkeit der didaktischen Grundbegriffe und Auswahlprinzipien im aesthetischen und musikalischen Bereich.
- Das Verhältnis von künstlerischer Werkindividualität und Allgemeinheit in der Lehre vom Exemplarischen.
- Die Bedeutung des „Elementarischen" (Möller) für die Musikdidaktik.
- Stellenwert und Anwendungsbereich der überlieferten Bildungs- und Unterrichtsformen im Musikunterricht.
- Die Abhängigkeit der Unterrichtsgestaltung vom Medium Musik: Beschreibung und Deutung der dem Musikunterricht eigenen Bildungs- und Unterrichtsformen (Differenzierung der „einfachen aesthetischen Formen" (Jolles, Klafki) unter Zuhilfenahme der pädagogischen Tatsachenforschung und in Zusammenarbeit mit der Kunsterziehung.
- Die Polarität von „Ausüben" und „Verstehen" als Grundaxiom musikalischer Bildung.
- Der Prozeßcharakter der musikalischen Übung.
- Die zyklische Struktur des musikalischen Bildungsplanes.
- Prinzipien einer „Kunstlehre" des Musikunterrichtes.
- „Mehrdarbietung" und „Verfrühung" im Musikunterricht.
- Die Konzeptionen des Musikunterrichtes seit 1900.
- Die Einwirkung der Reformpädagogik auf die Musikerziehung.

Anmerkung:
Die Vielschichtigkeit des Musikunterrichtes verlangt nach einer Erweiterung der „Didaktik im engeren Sinne" durch Einbeziehung der dem Musikunterricht eigenen Bildungs- und Unterrichtsformen.

C) Nachbarwissenschaften

In Zusammenarbeit mit der Psychologie, der Soziologie und der Anthropologie u.a.:
- Der epochaltypische Einschlag im Musikerleben des heutigen Jugendlichen und des Laien.

- Der Wandel des soziomusikalischen Verhaltens des Jugendlichen und des Laien in der Gegenwart.
- Probleme der musikalischen Vergesellschaftung (Aufkommen, Haltbarkeit, Wandel musiksoziologischer Strukturen in Gruppen, Schichten, Institutionen u.a.). Vergl. hierzu die einschlägigen Ausführungen in des Verf. Abhandlung „Aufgaben der musikdidaktischen Forschung" in „Die Pädagogische Hochschule. Struktur und Aufgaben".
- Biogene und soziogene Faktoren in der Musikbegabung und in der musikalischen Entwicklung des Kindes und Jugendlichen.
- Bestimmung musikalischer „Erlebnis-Stufen" beim Kind und Jugendlichen.
- Musikhören, Musikverstehen und Musikwerten im Kindesalter (im Anschluß an des Verf. experimentelle Untersuchungen zur musikalischen Jugendkunde in „Erziehung zum Musikhören" 1935).
- Experimentelle Grundlegung einer musikalischen „Rezeptionskunde".
- Erarbeitung eines Musikalitäts-Tests.
- Der anthropologische Aspekt des musikalischen Bildungsprozesses als einer Auseinandersetzung früher und späterer Entwicklungsstufen (G.A. Allport).
- Anthropologische Grundlegung der musischen Bildung.

Hauptaufgabe der deutschen Musikpädagogik in diesem Aufgabenreis (C) wird sein, die zu ihrer Grundlegung notwendigen experimentellen Untersuchungen psychologischer und soziologischer Art, ohne sich der Steuerung durch die Bildungstheorie und die Didaktik zu begeben, soweit zu fördern, daß sie mit der hier stärker und differenzierter entwickelten ausländischen Wissenschaft in einen fruchtbaren wechselseitigen Austausch treten kann. (Das gilt insbesondere für den anglo-amerikanischen Bereich und die neuere experimentelle Musikaesthetik in Frankreich). Mit besonderem Nachdruck sind die Ansätze der pädagogischen <u>Anthropologie</u> auf ihre musikpädagogische Fruchtbarkeit hin laufend zu überprüfen, da sie den musikpädagogischen Sachverhalten besonders nahezukommen versprechen.

D) Vergleichende Erziehungswissenschaft - Heilpädagogik

Die <u>Vergleichende Erziehungswissenschaft</u> hat sich für die Musikpädagogik wegen der leichten Übertragbarkeit der ungegenständlichen Sachverhalte der Musik- und Musik-erziehung als besonders förderlich erwiesen. Nicht nur die Verbesserung der eigenen pädagogischen Einrichtungen, sondern vor allem eine vertiefte Einsicht in die Eigenart der deutschen Musikpädagogik sollen die einschlägigen Arbeiten bewirken, die durch den regen internationalen Austausch im musikpädagogischen Bereich nachhaltig gefördert werden können.

In Zusammenarbeit mit dem Institut für Heilpädagogik an der Pädagogischen Hochschule Dortmund sollen die verstreuten praktischen und theoretischen Ansätze zur heilpädagogischen und psychotherapeutischen Anwendung der Musik geprüft, aufgearbeitet und durch gezielte schulpraktische Versuche fortentwickelt werden.

Wieweit diese Aufgabenkreise über die vorrangige didaktische Grundlagenforschung hinaus nebeneinander oder nacheinander in Angriff genommen werden können, hängt nicht nur von der Anzahl der zur Verfügung stehenden Hilfskräfte ab, sondern auch von der Mitwirkung eines „Arbeitskreises" von wissenschaftlich engagierten Musikpädagogen, die mit dem Institut zusammenarbeiten.

3) Institut und musikpädagogische Öffentlichkeit

Da der Verfasser die Sektion „Musikpädagogische Forschung" im „Deutschen Musikrat" leitet, dem - neben einem musikpolitischen Führungskreis - alle musikpädagogischen, musikwissenschaftlichen und musikpflegerischen Institutionen und Verbände angehören, sollte deshalb um das Institut ein „Arbeitskreis" von interessierten Musikerziehern gesammelt werden, die sich einzelner Teilaufgaben annehmen und durch deren Mitarbeit gemeinsamen Vorhaben eine hohe Repräsentanz gesichert werden könnte. Infolge der Verbindung des „Deutschen Musikrates" mit der „ISME", der Internationalen Gesellschaft für Musikerziehung, ist über die alle zwei Jahre stattfindenden internationalen Tagungen auch eine enge Zusammenarbeit mit der musikpädagogischen Forschung des Auslandes gesichert. (Vergl. den Beitrag des Verf. zur Budapester Tagung 1964). Darum sollte das „Institut für musikpädagogische Grundlagenforschung" zu einem Forschungs- und Studienzentrum für den „Arbeitskreis" (s.o.) ausgebaut werden. Dabei fielen folgende Aufgaben an:

a) Koordination der Forschungsarbeiten und Forschungsschwerpunkte.
b) Erarbeitung von leicht übertragbaren und anwendbaren Modelltests und Modellumfragen für Gruppenuntersuchungen.
c) Jährliche Forschungsberichte über einschlägige in- und ausländische Veröffentlichungen und Erarbeitung einer Bibliografie, in Zusammenarbeit mit der „Pädagogischen Zentralbücherei Dortmund" und einer Fachzeitschrift.
d) Herausgabe einer Schriftenreihe zur Musikdidaktik und Wiederveröffentlichung nicht mehr greifbarer Standardwerke.
e) Einrichtung einer Fachbibliothek, in der vor allem auch die schwer erreichbaren Arbeiten für die wissenschaftliche Benutzung bereitgestellt werden.

   gez. Alt

Dokument 52

Titel: Empfehlung Prof. F. Schneider

Ort, Datum: München, 20.1.1965

Vorlage: Kopie des Originals

UNIVERSITÄT MÜNCHEN
PÄDAGOGISCHES SEMINAR

8 MÜNCHEN 23, DEN
LEOPOLDSTRASSE 23/I
TELEFON ...

Empfehlung

Herr Professor Dr. Michael Alt, Dozent für Musikerziehung an der Pädagogischen Hochschule in Dortmund, hat den Vorschlag zur Errichtung eines "Institutes für musikpädagogische Grundlagenforschung" an der Dortmunder Hochschule mit eingehender Begründung eingereicht.

Ich kann aus der Kenntnis dessen, was beabsichtigt ist, den Antrag aus vier Gründen nur warm befürworten.

1. Den Pädagogischen Hochschulen wird es nur dann gelingen, ihre Ebenbürtigkeit mit andern wissenschaftlichen Hochschulen zu erringen, wenn in ihnen außer der Lehrtätigkeit auch ernsthafte Forschung betrieben wird.

2. Der Antrag kann auf mehrere frühere Versuche auf diesem Forschungsgebiet hinweisen, die aber zu keinem dauernden Erfolge, vor allem zu keiner institutionellen Grundierung führten.

3. Im Antragsteller steht eine Persönlichkeit zur Verfügung, die infolge ihrer wissenschaftlichen und beruflichen Erfahrung für die Verwirklichung einer solchen Institution alle Vorbedingungen mitbringt.

4. Gerade der Problemkreis, dessen wissenschaftliche Bearbeitung die Aufgabe des zu gründenden Institutes sein soll, ist bisher an den Universitäten übersehen worden, und es besteht meines Erachtens auch gar nicht die Aussicht, daß die Universitäten sie usurpieren würden.

München, den 20. Jan. 1965

Friedrich Schneider

(Prof. Dr. Friedrich Schneider)

Dokument 53

Titel:	Gutachten Prof. K.G. Fellerer
Ort, Datum:	Köln, 4.2.1965
Vorlage:	Kopie des Originals

MUSIKWISSENSCHAFTLICHES INSTITUT DER UNIVERSITÄT KÖLN

5 KÖLN-LINDENTHAL, den 4. 2. 1965
ALBERTUS-MAGNUS-PLATZ
RUF: 2024/249

Die Begründung eines Instituts für musikpädagogische Grundlagenforschung erscheint als eine wichtige Aufgabe. Es wird seinen Standort am besten an einer Pädagogischen Hochschule haben und in seinen Arbeiten auch Verbindung zu den entsprechenden Instituten an den Universitäten pflegen. Der Entwurf von Herrn Prof. Dr. Michael Alt, an der Pädagogischen Hochschule Dortmund ein solches Institut zu errichten, ist sehr begrüßenswert. Die in der Denkschrift entwickelten Planungen, die in einzelnen noch spezifiziert werden können, erscheinen sehr sinnvoll. Die Taktik und Methodik des Musikunterrichts erfordern noch grundlegende Untersuchungen. Vorallem wird auch die Stellung der Musik in der Gesamterziehung und Bildung grundgelegt sein. Die Verbindung mit der Heilpädagogik erscheint notwendig. Vorallem könnte ein solches Institut auch die Kreise zusammenfassen, die sich mit solchen Fragen auf den verschiedenen Fachgebieten beschäftigen.

Herr Prof. Dr. Alt hat sich mit diesen Problemen seit langem beschäftigt und erscheint besonders geeignet, einen solchen Arbeitskreis zu entwickeln.

Prof.Dr.K.G.Fellerer

Dokument 54

Titel:	Auszug aus einem Protokoll des Hochschulrates der Pädagogischen Hochschule Ruhr
Ort, Datum:	Dortmund, 5.12.1966
Vorlage:	Abschrift, maschinenschr., 2 Seiten

Auszug aus dem Protokoll der 4. Sitzung des Hochschulrates der Pädagogischen Hochschule Ruhr vom 5. Dezember 1966:

Errichtung von Forschungsinstituten an den Pädagogischen Hochschulen

Der Wunsch der Pädagogischen Hochschulen, erziehungswissenschaftliche Forschungsvorhaben zu übernehmen und durchzuführen, ist durchaus berechtigt. Für die Verwirklichung solcher Vorhaben bieten sich im Hinblick auf die gegenwärtige Situation der Pädagogischen Hochschulen zunächst die folgenden Möglichkeiten an:

1.) Zeitlich begrenzte, personell gebundene Forschungsaufträge;
2.) der schwerpunktmäßige Ausbau der Seminare;
3.) die Einrichtung besonderer Arbeitsgemeinschaften;
4.) die Intensivierung der Zusammenarbeit zwischen den Pädagogischen Hochschulen und der Universität im erziehungswissenschaftlichen Bereich. Die Universität ist jederzeit zur kollegialen Mithilfe bereit, bekanntlich stehen ihre Einrichtungen den Kollegen der Pädagogischen Hochschulen und deren Studenten jederzeit zur Verfügung.

Dagegen wird von der Gründung eigener Forschungsinstitute an den Pädagogischen Hochschulen vorerst abgeraten. Es erscheint jetzt wenig sinnvoll, den inneren Aufbau der Pädagogischen Hochschulen mit der Errichtung voll leistungsfähiger Forschungsinstitute zu belasten, die ausgerüstet werden müßten mit Spezialbibliotheken, apparativen Ausstattungen, technischem Personal, Forschungsassistenten, Sonderräumen und ständigen Forschungsmitteln.

Der Hochschulrat empfiehlt dringend, bereits in den Haushalten der einzelnen Abteilungen für Institute ausgebrachte Mittel auf das nächste Rechnungsjahr zu übertragen und vordringlich zum Ausbau von Seminaren zu verwenden, damit auf diese Weise die dringend notwendigsten Erfordernisse für die Lehre und auch für die Forschung erfüllt werden könnten.

Ausführlich begründete Anträge auf Forschungsvorhaben werden vom Hochschulrat begutachtet, um eine sachgerechte Beurteilung der Gesuche zu gewährleisten. Die drei Hochschulräte des Landes informieren sich gegenseitig über die bei Ihnen eingereichten Anträge.

Der Vorsitzende wird diese Entschließung dem Herrn Kultusminister sowie den anderen Hochschulräten des Landes Nordrhein-Westfalen zur Kenntnis geben.

Alle Anträge auf Gründung von Instituten im Bereich der Hochschule Ruhr, die dem Hochschulrat vorliegen, sollen zusammen mit dieser Entschließung den Antragstellern zurückgesandt werden. Der Vorsitzende wird die Antragsteller in geeigneter Weise bitten, ihre Anträge entsprechend der vorliegenden Entschließung zu überprüfen.

Dokument 55

Titel: Ernennungsurkunde zum Ordentlichen Professor

Ort, Datum: Düsseldorf, 19.9.1967

Vorlage: Original

Herr

Ausserordentlicher Professor

Dr. Michael A l t

wird

zum

ORDENTLICHEN PROFESSOR

ernannt.

Düsseldorf, den 19. September 1967

Im Namen der Landesregierung
des Landes Nordrhein-Westfalen

Der Kultusminister

IB 3-53-53/1

Dokument 56

Titel:	Eigene Charakterisierung der „Didaktik der Musik"
Datum:	6.12.1967
Anlaß:	Die folgenden Texte waren als Information für die Verlagsvertreter und den Buchhandel vom Verlag Schwann erbeten worden.
Vorlage:	Maschinendurchschrift

Kurzcharakterisierung

Das Buch stellt den ersten Versuch dar, eine Didaktik der Musik zu entwerfen. Während die bisherigen fachlichen Darstellungen fast ausschließlich methodische Fragen erörterten, werden hier in einer grundsätzlichen Fachanalyse als Funktionsfelder der Musikpädagogik die Reproduktion, die Theorie, die Interpretation und die Information voneinander abgegrenzt und ihr didaktischer Beitrag zu einer „kunstwerklichen" Konzeption, einer durchgreifenden Orientierung des Musikunterrichtes am musikalischen Kunstwerk, bestimmt. Dabei wird insbesondere für die Werkinterpretation eine Auslegungslehre für Lehrer und Schüler breit entfaltet.

Ausführlichere Charakterisierung

Das Buch stellt den ersten Versuch dar, eine Didaktik der Musik zu entwerfen. Während die bisherigen fachlichen Darstellungen fast ausschließlich methodische Fragen erörterten, werden hier in einer grundsätzlichen Fachanalyse als Funktionsfelder der Musikpädagogik die Reproduktion, die Theorie, die Interpretation und die Information voneinander abgegrenzt und ihr didaktischer Beitrag zu einer „kunstwerklichen" Konzeption, einer durchgreifenden Orientierung des Musikunterrichtes am musikalischen Kunstwerk, bestimmt.

Das richtet sich gegen den bloß usuellen Umgang mit dem Lied, gegen die Flucht in die grundschichtige Musik, gegen die Aufweichung der künstlerischen Maßstäbe, aber auch gegen eine reservierte fachtechnische Belehrung. Vielmehr soll im Singen und Hören die geistige Auseinandersetzung mit dem Kunstwerk herausgefordert werden.

So rücken insbesondere die Fragen der Werkauslegung im Sinne der Erschließung von geistigen Dokumenten in den Mittelpunkt. Diesem Ziel ist der Hauptteil der Abhandlung gewidmet. Eine idealtypische Differenzierung der Musik gibt die Ansatzpunkte für die Interpretation; aus einer Durchleuchtung der Schichten des musikalischen Kunstwerks werden die Stufen seiner geistigen Erarbeitung gewonnen und schließlich die Methoden der Kunstwerk-Auslegung ebenso systematisch und ausführlich dargestellt und an Beispielen erläutert.

Dokument 57

Titel: Einladung zur Konstituierung der Lehrplankommission Grundschule

Ort, Datum: Düsseldorf, 12.12.1968

Vorlage: Original

Der Kultusminister
des Landes Nordrhein-Westfalen

I A 3. 36-20-23/0 - 1033/68

4 Düsseldorf, den 12. Dezember 1968
Karltor 7
Fernruf 1020
Postschließfach 1103

NEUE ANSCHRIFT ab 8. Januar 1969:
4 Düsseldorf
Völklinger Straße 49
Fernsprech-Sa.-Nr. 303 51
Durchwahl 3035 ...... 311 (Nahl)
Fernschreiber: 8582 967 kmnw d

Herrn
Professor Michael Alt
Pädagogische Hochschule Ruhr
Abteilung Dortmund

46 Dortmund
Rheinlanddamm 203

Betr.: Lehrplankommission Grundschule

Sehr geehrter Herr Professor Alt!

Heute möchte ich Sie zur Konstituierung der Lehrplankommission Grundschule einladen. Das Zusammentreffen wird unter persönlicher Teilnahme von Herrn Minister Holthoff am 20. 12. 1968 stattfinden.

Wir treffen uns um 10.30 Uhr im Bauministerium - neben dem Kultusministerium - Raum 627, Düsseldorf, Karltor 8.

Tagesordnung: 1. Begrüßung und Konstituierung der Kommission

2. Besprechung der Arbeitsweise

Ich würde mich freuen, Sie bei der Tagung begrüßen zu dürfen.

Mit besten Empfehlungen
gez. Nahl

Beglaubigt:

(Angestellte)

Dokument 58

Titel:	Auszug aus einem Besprechungsprotokoll (Ergänzungen zur „Musikkunde in Beispielen")
Ort, Datum:	Hamburg, 22.5.1969
Vorlage:	Original

- 2 -

Ergänzungen der Musikkunde-Serie

Bei dieser Gelegenheit wurde auch darüber diskutiert, die Reihe der "Musikkunde in Beispielen" durch Neuveröffentlichungen zu ergänzen. Dabei ist in erster Linie an die bereits erwähnte Platte "Entwicklung des Beat" gedacht und an eine weitere Platte mit musikalischer Völkerkunde sowie eine aktuellere Platte avantgardistischer Musik.

Bei der geplanten Werbung für die neue Serie sollte nach Möglichkeit auch auf die Serie "Musikkunde in Beispielen" hingewiesen werden.

Die neuen Richtlinien für die neue Grund- und ebenfalls für die neue Hauptschule stellen das Werk hören in den Mittelpunkt des neuen Musikunterrichts. Das ist aber nur durchführbar, wenn eine entsprechende Auswahl an Platten bzw. ein Lehrgang vorgelegt wird, der auch den beschränkt fachlichen Möglichkeiten der Musiklehrer an diesen Schulgattungen Rechnung trägt. Im Augenblick liegt kein Konkurrenzwerk dieser Art vor -. Auf der anderen Seite ist es dringend erforderlich, daß die Vorlagen dieser neuen Reihe sobald wie irgend möglich erfolgen, um mögliche Konkurrenzen auffangen zu können. Dem Verfasser dieser neuen Reihe untersteht die Entscheidung über die Neugestaltung der Lehrpläne im Sinne des vorrangigen Werkhörens für das Land Nordrhein Westfalen. Diese Richtlinien werden 1969 im gesamten Bundesgebiet veröffentlicht.

Außerdem plant der Verlag Schwann ein Schulmusikwerk für die neue Grundschule und für die neue Oberschule, das sich entsprechend den anderen Verlagswerken an das gesamte Bundesgebiet wendet und - wie bisher auch üblich - in einzelnen Kultusministerien der anderen Länder zur Genehmigung vorgelegt wird. Dadurch ist die rechte Wirkungsbreite dieser Reihe auch nach außen hin abgesichert.

Hamburg, den 22. Mai 1969

Henke

Teilnehmer-Verteiler: Herrn Professor Alt
Herrn Unnewehr (2x)
Herrn Holle
Herrn Petzold
Herrn Hensler
Herrn Künnecke

Hausverteiler: Herrn Siegling
Herrn Busch
Herrn von Garczynski
Frl. Koehler
Herrn Meller-Marcovicz
Herrn Panet-Raymond
Herrn Klee
Herrn Egetmeyer

Dokument 59

Titel:	Schreiben von M. Alt an Herrn Unnewehr (betr. „Musik für den Anfang").
Ort, Datum:	Dortmund, 10.10.1970
Vorlage:	Maschinendurchschrift

Prof.Dr.Michael Alt 46 Dortmund,den 10.10.70
Max-Eyth-Straße 18
Ruf: 413622

Sehr geehrter,lieber Herr Unnewehr,

nachdem ich im Mai das letztemal aus dem Schwann-Verlag über die Kassette "Musik für den Anfang" einen zwischenzeitlichen Bescheid erhielt,ich inzwischen aber nichts mehr davon hörte, wende ich mich diesmal an Sie persönlich mit der Bitte,mir mitzuteilen,wie die Dinge darum stehen.Denn bei den Konferenzen der Lehrplan-Kommission Grundschule bin ich seitdem immer wieder gefragt worden,wann mit dem Erscheinen dieser in den Richtlinien angegebenen Veröffentlichung zu rechnen sei.Da übernächste Woche die nächste Sitzung stattfindet,müßte ich diesmal einen verbindlichen Termin nennen können.Die Versuchs-Grund-Schulen führen in ihrem amtlichen Berichten energisch Klage darüber, daß dieser und andere Titel,von denen die Durchführung der Richtlinien abhängt,nach dem ersten Versuchsjahr noch nicht greifbar seien und fordern deshalb eine Verlängerung der Probefristen.

Ferner wurde bei den letzten Besprechungen mit der DGG in Hamburg und in Düsseldorf beschlossen,daß baldigst weitere Platten mit modernen Titeln in der "Musikkunde in Beispielen" erscheinen sollten. Bei einer Besprechung mit Herrn Dr.Derleth wurde ein Hinweis meinerseits,wie bisher, überhaupt nicht zur Kenntnis genommen und nicht in Gang gebracht. Die Folge: Herr Prof.Dr. R a u h e (Hamburg),den ich um Mitarbeit bei 1 - 2 der neuen Platten bat und festlagte,ist abgesprungen und baut nun beim Verlag Breitkopf und Härtel eine ähnliche Reihe auf.

Sie werden verstehen,daß ich immer weniger Antrieb spüre,weterzuplanen,wenn die Zuständigkeit für die Schallplattenreihe im Verlag nicht mehr von mir aus durchschaut werden kann und mir allmählich jede Möglichkeit zur Initiative genommen wird.

Mit freundlichen Grüßen

Ihr

Dokument 60

Titel:	Schreiben von M. Alt an Herrn Künnecke (DGG)
Ort, Datum:	Dortmund, 2.5.1971
Vorlage:	Maschinendurchschrift (3 Seiten)

Prof. Dr. Michael Alt 46 Dortmund, den 2. Mai 1971
Max-Eyth-Straße 18
Ruf: 413622

An die Deutsche Grammophon-Gesellschaft
    Herrn K ü n n e c k e
2 H a m b u r g 13
Harvestehuder Weg 1-4

Sehr geehrter Herr Künnecke,

Bei der Zusammenstellung der drei nächsten "Musikkunde"-Platten bin ich doch nachdenklich darüber geworden, ob man bei der Instrumentenkunde II/III die Beispiele nur deswegen beschneiden solle, um eine "Einstudierung" und die Auswahl und Behandlung des Instrumentariums der Moderne unterzubringen. Die typischen Ausschnitte aus der "klassischen" Literatur erfordern nämlich viel Raum. Mir scheint es, daß hier eine größere Anzahl von kurzen Ausschnitten aus kammermusikalischen Werken mit gemischten Instrumenten zu "Bestimmungsübungen" bereitgestellt werden sollte. Außerdem gäbe es für die Auswahl und Behandlung moderner Instrumente noch einen besseren Ort (s.u.).

Die Platte "Gesellschaftstänze" könnte ich aufgrund meines bisherigen Studiums der wissenschaftlichen Literatur selbst übernehmen. Müßte aber über die vorliegende Auswahl hinaus Neues eingefügt werden, dann möchte ich Sie bitten, den Münchener Orchesterleiter (-der Name fällt mir nicht ein -) für diese Platte zu gewinnen suchen. Es müßte dabei aber im Text auf die historische und folkloristische Herkunft und die typische Rhytythmik der Tänze eingegangen werden, um den Anschluß an die vorangegangenen Tanzplatten zu halten. Lassen Sie mir bitte die Platte schicken, ich werde mich dann noch äußern. –

Mir wurde inzwischen die Besprechung in der "Welt" zugesandt. Ich habe solche Angriffe erwartet und mehrmals bei unseren Besprechungen dieser Erwartung Ausdruck gegeben. Deswegen auch mein mehrmaliger Vorschlag, den Besprechungsexemplaren -wie im Buchwesen üblich- einen "Waschzettel" beizulegen, in dem die ergänzenden Folge-Platten -wie es dann ja auch für die Anzeigen beschlossen wurde - angezeigt werden

-2-

sollen. Wenn die Kassette unmittelbarer als bisher in die Unterrichtsgestaltung eingreift, muß man auch auf Angriffe jeglicher Art gefaßt sein. Die Angirffe der "Welt" hätten nicht mehr vorgebracht werden können, wenn der Kritiker gewußt hätte, daß noch weitere Platten, so "Musik und Gesellschaft", "Musik und Geschichte", "Außereuropäische Musik" [Musik d. Völker] und -wie ich nun zusätzlich in Vorschlag bringe - "Einführung in die Musik der Gegenwart" (o.ä.) in Aussicht stehen. Daß in der "Musikkunde" für "Pop-Musik" 2 Platten und 1 Platte für "Zeitgenössische Musik" inzwischen vorliegen, bleibt dem Kritiker ebenfalls wohl unbekannt. Auch die mögliche Ergänzung des Unterbaues "Musik für den Anfang" durch den Oberbau "Musikkunde in Beispielen" sollte aus dem Waschzettel deutlich hervorgehen.

Sie werden vielleicht fragen, warum ich das nicht dringender unterstrichen hätte bei den Besprechungen. Ich kenne meine Schulmusiker, vor allem die wenig fachlich oder gar nicht vorgebildeten Lehrer der Primar- und Sekundarstufe der Grund- und Hauptschulen. Außerdem den mir gestellten Auftrag, gleichzeitig ahch die Öffentlichkeit an diesen Platten zu interessieren. Die Lehrer wären verschreckt worden, wäre man ihnen über einen breit angelegten Grundlehrgang hinaus gleich zu Anfang mit "Fortsetzungs-Platten" gekommen. Außerdem sah ich ein, daß auch die DGG den Erfolg abwarten mußte vor witergehenden Bindungen. Deswegen mußte ich mit dem Gesamt-Plan zurückhalten.

Diese Angriffe kommen und werden kommen vor allem aus der Ecke der wenigen, aber sehr aktiven Parteigänger einer zeitgenössischen Musikerziehung, die sich aufgrund der neuesten Musik ganz neu etablieren soll. Gemeint ist der kleine Kreis um Ulrich Günther (Oldenburg), zu dem, als "Komponist", auch N.Linke gehört. Obgleich die Resonanz in der Schulmusikerschaft rapide verfällt, bleibt der Kreis aber wegen der perfekten Beherrschung agressiver Methoden gefährlich.

Wenn weitere Mißverständnisse vermieden werden sollen, so bitte ich heute darum, für die Versendung von Besprechungsexemplaren einen einfachen vervielfältigten Waschzettel herzustellen. Fürs erste genügt die beschlossene Angabe der 3 Musikkunde-Folgeplatten und ein Hinweis auf den Zusammenhang mit der Reihe "Musikkunde in Beispielen", sowie die zur Erwägung stehenden Folgeplatten des Unterbaus. Ich bin, wenn gewünscht gerne bereit, diesen Waschzettel in wenigen Sätzen zu entwerfen.

- 3 -

Noch im Laufe dieses Jahres lege ich ein Buch "Musikinterpretationen in Modellen" beim Schwann Verlag vor, das als praktisches Handbuch für Lehrer aller Schulgattungen angelegt ist und sich auf die Beispiele der "Musik für den Anfang" stützen soll. Es wäre darum zu fragen, ob die Folge von c 4 Platten ggf. auch in Form einer durchgehend angelegten Kassette für die Schule vorgelegt werden soll. In diesen weiteren Platten käme nach der ästhetisch-gattungsmäßigen Interpretation in der "Musik für den Anfang" die funktional-gesellschaftliche ("Musik und Gesellschaft"), die zeitgenössische "innovatorische" ("Einleitung in die zeitgenössische Musik") Interpretationsweise und die verschiedenen geschichtlichen ("Musik und Geschichte") und die "vergleichenden" ("Außereuropäische Musik") Interpretationsmethode an geeigneten Beispielen zur Darstellung. Diese Kassette sollte dann als unmittelbare Ergänzung von "Musik für den Anfang" vorwiegend für die Sekundarstufe aller Schulgattungen dienen. Dann wäre der Bedarf für die Primar- und Sekundarstufe gedeckt. -

Im übrige n leiten sich die weiteren einzelnen Einwendungen Linkes her von dem Mißverständnis, es handle sich bei diesem System um einander ausschließende generelle Begriffe; sie sind aber typologisch aufzufassen, daher die unscharfen Ränder in diesem System, das wissenschaftlich vielerorts belegt ist. Wie schade, daß der Musikgeist weht wie er will und sich in seiner Entfaltung nicht nach einem System richtet.

Ich werde Ihnen, wenn ich Ihre Meinung zu den 3 in der Arbeit vorangeschrittenen neuen "Musikkunde"-Platten weiß, entsprechende Vorschläge machen. Bis dahin verbleibe ich

        mit freundlichen Grüßen

          Ihr

Dokument 61

Titel: Vertrag mit dem Verlag Schwann
("Das musikalische Kunstwerk")

Ort, Datum: Düsseldorf, 26.7.1971
Dortmund, 10.8.1971

Vorlage: originale Vertragsausfertigung (3 Seiten)

Verlagsvertrag

Zwischen
Herrn Professor Dr. Michael Alt in Dortmund-Gartenstadt

<u>als Verfasser</u>

und
der Firma Pädagogischer Verlag und Druckerei Schwann GmbH.
in Düsseldorf

<u>als Verleger</u>

wird folgender Vertrag geschlossen:

§ 1

Der Verfasser hat eine Musikkunde für den Musikunterricht in Höheren Schulen und Realschulen geschaffen und unter dem Titel

"Das musikalische Kunstwerk"
Musikkunde in Beispielen

veröffentlicht. Das Werk umfaßt 3 Bände:

    a) Ausgabe für Gymnasien. Teil 1 (Unter- und Mittelstufe)
    b) Ausgabe für Gymnasien. Teil 2 (Oberstufe)
    c) Ausgabe für Realschulen

Der Verfasser überträgt hiermit das alleinige und unbeschränkte Verlagsrecht an diesen Bänden dem Verleger. Er steht dafür ein, daß er allein berechtigt ist, über das Urheberrecht an den originalen Bestandteilen der Bände zu verfügen und daß er dieses Recht weder ganz noch teilweise anderweitig vergeben hat.

Die in den Bänden enthaltenen Notenbeispiele wurden, soweit sie urheberrechtlich geschützt sind, auf Grund des § 46, 3 UrhG. aufgenommen.

§ 2

So weit für das Werk eine Verwertung von urheberrechtlichen Nebenrechten in Betracht kommt, beauftragt der Verfasser den Verleger mit der Wahrnehmung seiner Interessen und räumt diesem die Verfügung über seine damit verbundenen rechtlichen Ansprüche ein. Dies gilt insbesondere für

    a) die Übersetzung und Bearbeitung in andere Sprachen und Fassungen,
    b) den ganzen oder teilweisen Abdruck in fremden Verlagserzeugnissen,
    c) die ganze oder teilweise Wiedergabe in besonderen Verfahren, wie fotomechanischer Nachdruck, Fotokopie, Mikrokopie, sowie durch Bild- und Tonträger,
    d) die Vermietung durch öffentliche oder gewerbliche Büchereien,
    e) die öffentliche Wiedergabe des Werkes,
    f)

f) die Sendung des Werkes oder von Werkteilen im Rundfunk oder Fernsehen,

g) die Lizenzvergabe an andere, vor allem ausländische Verlage.

Der Verfasser tritt alle mit diesen Rechten zusammenhängenden Ansprüche auch insoweit dem Verleger ab, als diese erst durch eine Änderung des Urheberrechtsgesetzes geschaffen werden.

§ 3

Die Ausstattung der Bände, die Festsetzung der Auflagen, der Ladenpreise und der Bezugsbedingungen sind Sache des Verlegers.

§ 4

Der Verfasser hat das Recht und die Pflicht, die Fahnenkorrekturen und Umbruchrevisionen ohne besondere Vergütung zu lesen. Für Änderungen, die auf Wunsch des Verfassers nachträglich im Satz vorgenommen werden, haftet der Verleger nur bis zu einem Betrag von 10% (zehn Prozent) des gesamten Satzpreises. Etwaige Mehrkosten hat der Verfasser zu tragen.

§ 5

Der Verfasser erhält als Honorar anstelle der ursprünglich für einen Band vereinbarten und gezahlten Pauschalbeträge für jede Auflage eines Bandes nunmehr einheitlich für alle Bände ein Honorar von jedem verkauften Exemplar. Das Honorar beträgt 8% (acht Prozent) vom Ladenpreis jedes der drei Bände und wird nach Maßgabe des Absatzes halbjährlich im Januar und Juli abgerechnet und bezahlt.

Die vom Verleger aufgewendeten Freiexemplare (Autoren-, Dedikations-, Besprechungs-, Prüf- und Lehrerhandexemplare) werden nicht honoriert.

Soweit der Verfasser nach dem geltenden Umsatzsteuergesetz für die ihm bezogenen Honorare umsatzsteuerpflichtig ist, hat er die Steuerbeträge von den vom Verleger erhaltenen Bruttobeträgen selbst zu errechnen und zu zahlen. Unterliegt der Verfasser der Mehrwertsteuer oder hat er dafür optiert, so muß er diese Tatsache dem Verleger mitteilen, damit der in jeder Honorarzahlung enthaltene Steuerbetrag nach den gesetzlichen Vorschriften in den Honorarabrechnungen ausgewiesen wird.

§ 6

Außer dem Honorar erhält der Verfasser ungeachtet der bisherigen Praxis von jeder Auflage jedes Bandes 3 (drei) Belegexemplare kostenlos. Weitere Exemplare kann der Verfasser zum Autorenpreis (= Buchhandelsnettopreis) in beliebiger Zahl vom Verleger beziehen. Ein Weiterverkauf dieser Exemplare und der Freiexemplare ist nicht zulässig.

§ 7

Der Verfasser ist nicht zur Einsichtnahme in die Bücher des Verlegers befugt. Er kann aber verlangen, daß die Angaben des

Verlegers

Verlegers durch die Bescheinigung eines Wirtschaftsprüfers
glaubhaft gemacht werden. Die Kosten der Revision hat, wenn
der Revisionsbericht die Angaben des Verlegers bestätigt, der
Verfasser zu tragen, sonst der Verleger.

§ 8

Von der Notwendigkeit einer neuen Auflage hat der Verleger dem
Verfasser so frühzeitig Mitteilung zu machen, daß dieser dem
Verleger etwa erforderliche Änderungen oder Korrekturen recht-
zeitig für den Neudruck zur Verfügung stellen kann.

§ 9

Der Verleger ist zur Übertragung der Rechte und Pflichten aus
diesem Vertrag ohne Zustimmung des Verfassers berechtigt. Bei
Übertragung der Rechte des Verlegers aus diesem Vertrag haftet
der Verleger dem Verfasser für die Erfüllung der Verbindlichkeiten neben dem Rechtsnachfolger als Gesamtschuldner, jedoch
nur für die bei der Übertragung laufende Auflage.

§ 10

Für diesen Vertrag gelten ergänzend die einschlägigen Bestimmungen des Urheber- und des Verlagsrechts.

Erfüllungsort und Gerichtsstand ist der Sitz des Verlegers.

- - - - - - - - -

Dieser Vertrag ist in zwei gleichlautenden Exemplaren ausgefertigt und von den Vertragschließenden unterzeichnet worden.
Jeder der beiden Vertragspartner hat eine Ausfertigung erhalten.

Düsseldorf, den 26. Juli 1971   Dortmund-Gartenstadt, den 10.8.71
Me/Bo.

PÄDAGOGISCHER VERLAG UND DRUCKEREI
SCHWANN GMBH.

Dokument 62

Titel: Vertrag mit dem Verlag Schwann („Didaktik der Musik")

Ort, Datum: Düsseldorf, 26.7.1971

Vorlage: originale Vertragsausfertigung (3 Seiten)

<u>Verlagsvertrag</u>

Zwischen
Herrn Professor Dr. Michael Alt in Dortmund-Gartenstadt

<u>als Verfasser</u>

und
der Firma Pädagogischer Verlag und Druckerei Schwann GmbH.
in Düsseldorf

<u>als Verleger</u>

wird folgender Vertrag geschlossen:

§ 1

Der Verfasser überträgt dem Verleger das alleinige und unbeschränkte Verlagsrecht an dem von ihm geschaffenen Werk

"Didaktik der Musik"
Orientierung am Kunstwerk

für alle Auflagen und Ausgaben. Er steht dafür ein, daß er allein berechtigt ist, über das Urheberrecht an dieser Arbeit zu verfügen und daß er dieses Recht weder ganz noch teilweise anderweitig vergeben hat.

§ 2

Gleichzeitig räumt der Verfasser dem Verleger die Wahrnehmung seiner urheberrechtlichen Interessen durch Verwertung aller Nutzungsrechte ein, insbesondere das Recht

a) der Übersetzung, Übertragung, Bearbeitung in andere Sprachen und Fassungen,
b) des ganzen oder teilweisen Abdrucks in fremden Verlagserzeugnissen,
c) des Abdrucks in Sammlungen für den Kirchen-, Schul- und Unterrichtsgebrauch,
d) der ganzen oder teilweisen Wiedergabe in besonderen Verfahren, wie fotomechanischer Nachdruck, Fotokopie, Mikrokopie, sowie durch Bild- und Tonträger,
e) der Vermietung durch öffentliche und gewerbliche Büchereien,
f) der öffentlichen Wiedergabe des Werkes,
g) der Sendung des Werkes oder von Werkteilen in Rundfunk und Fernsehen,
h) der Lizenzvergabe an andere, vor allem ausländische Verlage.

Der Verfasser tritt alle mit diesen Rechten zusammenhängenden Ansprüche auch insoweit dem Verleger ab, als diese erst durch eine Änderung des Urheberrechtsgesetzes geschaffen werden.

§ 3

Die Ausstattung des Werkes, die Festsetzung der Auflagen, des Ladenpreises und der Bezugsbedingungen sind Sache des Verlegers.

§ 4

§ 4

Der Verfasser hat das Recht und die Pflicht, die Fahnenkorrekturen und Umbruchrevisionen ohne besondere Vergütung zu lesen. Für Änderungen, die auf Wunsch des Verfassers nachträglich im Satz vorgenommen werden, haftet der Verleger nur bis zu einem Betrag von 10% (zehn Prozent) des gesamten Satzpreises. Etwaige Mehrkosten hat der Verfasser zu tragen.

§ 5

Der Verfasser erhält vom Verleger als Honorar für jedes verkaufte Exemplar des Buches bis zu 3.300 Exemplaren 10% (zehn Prozent) vom Ladenpreis, darüber hinaus bis zu 5.500 Exemplare 11,5% (elfeinhalb Prozent) vom Ladenpreis, darüber hinaus unbegrenzt 12,5% (zwölfeinhalb Prozent) vom Ladenpreis.

Über den Verkauf rechnet der Verleger im Januar und Juli über das jeweils abgelaufene Kalenderhalbjahr ab.

Die vom Verleger aufgewendeten Freiexemplare (Autoren-, Dedikations-, Besprechungs-, Partie- und Werbeexemplare) sind von der Honorierung ausgenommen.

Soweit der Verfasser nach dem geltenden Umsatzsteuergesetz für die von ihm bezogenen Honorare umsatzsteuerpflichtig ist, hat er die Steuerbeträge von den vom Verleger erhaltenen Bruttobeträgen selbst zu errechnen und zu zahlen. Unterliegt der Verfasser der Mehrwertsteuer oder hat er dafür optiert, so muß er diese Tatsache dem Verleger mitteilen, damit der in jeder Honorarzahlung enthaltene Steuerbetrag nach den gesetzlichen Vorschriften in den Honorarabrechnungen ausgewiesen wird.

§ 6

Außer dem Honorar erhält der Verfasser von der ersten Auflage 15 (fünfzehn) Freiexemplare, von weiteren Auflagen je 5 (fünf) Freiexemplare. Darüber hinaus kann der Verfasser eine beliebige Zahl von Exemplaren vom Verleger zum Autorenpreis (= Buchhandelsnettopreis) beziehen. Ein Verkauf der Freiexemplare oder der zum Autorenpreis bezogenen Exemplare ist nicht zulässig.

§ 7

Der Verfasser ist nicht zur Einsichtnahme in die Bücher des Verlegers befugt. Er kann aber verlangen, daß die Angaben des Verlegers durch die Bescheinigung eines Wirtschaftsprüfers glaubhaft gemacht werden. Die Kosten der Revision hat, wenn der Revisionsbericht die Angaben des Verlegers bestätigt, der Verfasser zu tragen, sonst der Verleger.

§ 8

Von der Notwendigkeit einer neuen Auflage hat der Verleger dem Verfasser so frühzeitig Mitteilung zu machen, daß dieser dem Verleger etwa erforderliche Änderungen oder Korrekturen rechtzeitig für den Neudruck zur Verfügung stellen kann.

§ 9

- 2 -

§ 9

Der Verleger ist zur Übertragung der Rechte und Pflichten aus diesem Vertrag ohne Zustimmung des Verfassers berechtigt. Bei Übertragung der Rechte des Verlegers aus diesem Vertrag haftet der Verleger dem Verfasser für die Erfüllung der Verbindlichkeiten neben dem Rechtsnachfolger als Gesamtschuldner, jedoch nur für die bei der Übertragung laufende Auflage.

§ 10

Für diesen Vertrag gelten ergänzend die einschlägigen Bestimmungen des Urheber- und des Verlagsrechts.

Erfüllungsort und Gerichtsstand ist der Sitz des Verlegers.

- - - - - - - -

Dieser Vertrag ist in zwei gleichlautenden Exemplaren ausgefertigt und von den Vertragschließenden unterzeichnet worden. Jeder der beiden Vertragspartner hat eine Ausfertigung erhalten.

Düsseldorf, den 26. Juli 1971   Dortmund-Gartenstadt, den 10.8.71
Me/Bo.
PÄDAGOGISCHER VERLAG UND DRUCKEREI
         SCHWANN GMBH

Dokument 63

Titel: Entlassungsurkunde

Ort, Datum: Düsseldorf, 30.1.1973

Vorlage: Original

Herr
Ordentlicher Professor
Dr. Michael A l t

wird

nach Erreichen der Altersgrenze
mit Ablauf des Monats März 1973
von den amtlichen Verpflichtungen

entbunden.

Für seine treuen Dienste werden ihm
Dank und Anerkennung ausgesprochen.

Düsseldorf, den 30. Januar 1973
Im Namen der Landesregierung
des Landes Nordrhein-Westfalen
Der Minister
für Wissenschaft und Forschung

III B 3 53-53

(Johannes Rau)

2. Chronologisches Verzeichnis der Veröffentlichungen Michael Alts[1020]

1926

Alt, M.:   Musikdrama oder Arienoper, in: Beilage zur Rheinischen Volkswacht,
[= Alt 1926a]   15.7.1926, S. 6

Alt, M.:   Das erste Händelfest in Münster, in: Rheinische Volkswacht,
[= Alt 1926b]   14.12.1926, S. 5

1928

Alt, M.:   Sozialisierung der Musik, in: 42. Beilage zum Kölner Lokal-Anzeiger,
[= Alt 1928a]   23.2.1928, S. 8

Alt, M. (Hrsg.): Das Schulorchester, Köln (Tonger) 1928f.
[= Alt 1928b]

1929

Alt, M.:   Schulmusik und Pädagogik, in: Nachrichten der Staatlichen Hochschule
[= Alt 1929]   für Musik in Köln, 1929, Nr. 3, S. 59-63

1931

Alt, M.:   Die geistesgeschichtliche Aufgabe des Musikunterrichtes,
[= Alt 1931]   in: Die Musikpflege, 1931, H. 1, S. 4-11

1932

Alt, M.:   Die Stoffauswahl in der Oberstufe,
[= Alt 1932]   in: Die Musikpflege, 1932, H. 10, S. 452-466

1933

Alt, M.:   Die Musik in der Erziehung. Drohende Gefahren, in: Kölnische Zeitung, Nr.
[= Alt 1933a]   6.2.1933, Kulturspiegel (ohne Seitenangabe)

Alt, M.:   Wie hältst Du es mit dem Rundfunk? In: Kirchen-Zeitung St. Peter Köln-
[= Alt 1933b]   Ehrenfeld, 15. Jg., Nr. 7, 12.2.1933, S. 6

[1020] Ein systematisches Verzeichnis der Veröffentlichungen M. Alts liegt bereits vor: Vedder, Gregor: Bibliographie der Schriften von Michael Alt, in: Antholz, H./Gundlach, W. (Hg.): Musikpädagogik heute, Düsseldorf (Schwann) 1975, S. 255-259

Alt, M.: Messekonzert in der Messe. Jeder Verein tat sein Bestes. Ernste musikalische
[= Alt 1933c] Arbeit in Köln, in: Kölner Lokal-Anzeiger, Nr. 123 (20.3.1933), S. 4

Alt, M.: Literaturbericht Musik, I. Teil, in: Deutsches Philologen-Blatt, 41. Jg., Nr. 14,
[= Alt 1933d] 5.4.1933, S. 167-168

Alt, M.: Literaturbericht Musik, II. Teil, in: Deutsches Philologen-Blatt, 41. Jg., Nr.
[= Alt 1933e] 15/16, 12.4.1933, S. 183-184

Alt, M.: Karl Storck und die Schulmusik, in: Im Schritt der Zeit - Sonntagsbeilage der
[= Alt 1933f] Kölnischen Volkszeitung, Nr. 16, 23.4.1933, S. 2

Alt, M.: Die Schulmusik im Wandel der Gegenwart, in: Die Musikpflege, 4. Jg. H. 3,
[= Alt 1933g] Juni 1933, S. 84-86

1933/1934

Alt, M.: Die Musikgeschichte in der Schule, in: Völkische Musikerziehung,
1933/1934,
[= Alt 1933/34] H. 4, S. 217-221

1934

Alt, M.: Literaturbericht Musik, I. Teil, in: Deutsches Philologen-Blatt, 42. Jg., Nr. 32,
[= Alt 1934a] 8.8.1934, S. 352

Alt, M.: Literaturbericht Musik, II. Teil, in: Deutsches Philologen-Blatt, 42. Jg., Nr.
[= Alt 1934b] 33, 15.8.1934, S. 363-364

1935

Alt, M.: Die Erziehung zum Musikhören. Eine Darstellung der Typen des
[= Alt 1935] musikalischen Genießens und Wertens beim Jugendlichen und ihrer
pädagogischen Bedeutung, Leipzig (Kistner&Siegel) 1935; Reprint, hrsg. v.
R. Schmitt-Thomas, mit einer Einleitung von G. Distler-Brendel, Zentralstelle
für musikpädagogische Dokumentation im Didaktischen Zentrum der J.W.
Goethe-Universität Frankfurt a.M. [= MPZ Quellen-Schriften 11], Frankfurt
(MPZ) 1986

1936

Alt, M.: Deutsche Art in der Musik, Leipzig (Eichblatt) 1936
[= Alt 1936a]

Alt, M.: Vom neuen Musikunterricht, in: Rhein-Ruhr. Nationalsozialistische
[= Alt 1936b] Erzieherzeitung. Amtliches Organ für die Gaue Düsseldorf, Essen und

Alt, M.
[= Alt 1936c]
Koblenz des Nationalsozialistischen Lehrerbundes (Amt für Erzieher der NSDAP), 3. Jg., Nr. 11, 10.6.1936, S. 177-178

Alt, M.
[= Alt 1936c]
Neue Ziele des Musikunterrichts, in: Die deutsche Schule, 1936, H. 12, S. 298-306

Alt, M.:
1
[= Alt 1936d]
Was ist deutsch in der Musik?, in: Kölnische Zeitung, Nr. 620, 5.12.1936, S.

1937

Alt, M.:
[= Alt 1937a]
Die Biographie in der musikalischen Werkerklärung, Teil I, in: Völkische Musikerziehung, 3.Jg., H. 4, April 1937, S. 156-161

Alt, M.:
[= Alt 1937b]
Die Biographie in der musikalischen Werkerklärung, Teil II, in: Völkische Musikerziehung, 3. Jg., H. 5, Mai 1937, S. 209-218

Alt, M.:
[= Alt 1937c]
Die Behandlung der altgermanischen Tonkunst im Unterricht, in: Die Deutsche Höhere Schule, 4.Jg., H. 20, S. 678-685

Alt, M.:
[= Alt 1937d]
Noten in der Schülerbücherei, in: Völkische Musikerziehung, 3. Jg., H. 9, September 1937, S. 397

1938

Alt, M.:
[= Alt 1938a]
Die deutsche Musikbegabung, in: Zeitschrift für deutsche Geisteswissenschaften, 1. Jg., H. 1, S. 69-86

Alt, M.:
(= Alt 1938b]
Forschungsjahresbericht „Musikwissenschaft", in: Zeitschrift für deutsche Geisteswissenschaften, 1938, H. 1, S. 279-285

Alt, M.:
[= Alt 1938c]
Altklassische Polyphonie mit Instrumentalbegleitung, in: Die Kirchenmusik, Düsseldorf (Schwann) 1938, H. 1, S. 6-7

Alt, M.:
[= Alt 1938d]
Zur Gestaltung der Schulfeier, in: Die Deutsche Höhere Schule, 5. Jg., H. 3, S. 68-72

Alt, M.:
[= Alt 1938e]
Das musikalische Schrifttum im Musikunterricht, in: Völkische Musikerziehung, 4.Jg., H. 11, November 1938, S. 503-508

1939

Alt, M.:
[= Alt 1939a]
Die Musikerziehung in der deutschen Schule, in: Internationale Zeitschrift für Erziehung, 8. Jg., 1939, H. 5/6, S. 325-337

Alt, M.:
[= Alt 1939b]
Deutsches Schrifttum über Musikerziehung, in: Internationale Zeitschrift für Erziehung, 8. Jg., 1939, H. 5/6, S. 384-392

1939/1940

Alt, M.: Forschungsjahresbericht „Musikwissenschaft", in: Zeitschrift für deutsche
[= Alt 1939/40] Geisteswissenschaften, 1939/40, H. 1, S. 90-95

1940

Alt, M.: Schulmusik und Privatmusikunterricht, in: Der Musikerzieher, Mainz
(Schott),
[= Alt 1940a] 1940, H. 5, S. 63-65

Alt, M.: Peter Tschaikowsky. Zum hundertsten Geburtstag des Meisters am 6.Mai
[= Alt 1940b] 1940, in: Oldenburger Nachrichten, 74. Jg., Nr. 120, 5.5.1940, ohne
Seitenangabe

Alt, M.: Die Liebe der Donna Ines. Konzertkritik, in: Frankfurter Zeitung, 84. Jg., Nr.
[= Alt 1940c] 247, 17.5.1940, 2. Morgenblatt, S. 1

Alt, M.: Grundsätzliches zur Volksliedpflege, in: Die deutsche Höhere Schule, 7.Jg.,
H.
[= Alt 1940d] 11/12, Juni 1940, S. 192-197

Alt, M.: Das Liedgut in der Mädchenerziehung, in: Nationalsozialistische
[= Alt 1940e] Mädchenerziehung, 6. Jg., H. 6, Juni 1940, S. 90-91, auch in: Frau und
Kultur, 1940, H. 10

Alt, M.(Hg.): Die Spielschar. Instrumentalmusik für die Schule, H. 1: Spielmusik für
[= Alt 1940f] Melodieinstrumente von der Ein- bis zur Mehrstimmigkeit, Düsseldorf
(Schwann), o.J. (1940)

Alt, M.(Hg.): Die Spielschar. Instrumentalmusik für die Schule, H. 2: Kleine
Meistermusiken
[= Alt 1940g] für Fest und Feier auf verschiedenen Melodieinstrumenten, Düsseldorf
(Schwann), o.J. (1940)

1940/1941

Alt, M.: Forschungsjahresbericht „Musikwissenschaft", in: Zeitschrift für deutsche
[= Alt 1940/41] Geisteswissenschaften, 1940/41, H. 1, S. 73-80

1941

Alt, M.: Klingendes Leben. Singebuch für Mädchen an Oberschulen, Bd. 1-3,
[= Alt 1941a] Düsseldorf (Schwann) 1941

Alt, M. (Hg.): Von deutscher Musik; eine Auswahl aus dem neueren musikalischen
[= Alt 1941b] Schrifttum, Frankfurt a.M. (Diesterweg) 1941

1941/1942

Alt, M.: Forschungsjahresbericht „Musikwissenschaft", in: Zeitschrift für deutsche
[= Alt 1941/42] Geisteswissenschaften, 1941/1942, H. 1, S. 70-76

1942/1943

Alt, M.: Forschungsjahresbericht „Musikwissenschaft", in: Zeitschrift für deutsche
[= Alt 1942/43] Geisteswissenschaften, 1942/43, H. 1, S. 71-76

1943/1944

Alt, M.: Forschungsjahresbericht „Musikwissenschaft", in: Zeitschrift für deutsche
[= Alt 1943/44] Geisteswissenschaften, 1943/44, H. 3-4, S. 254-256

1949

Alt, M.: Ein Leben für die Musikerziehung. Zum Gedenken an E. Jos. Müller,.in: Die
[= Alt 1949] Neue Volksschule, Bonn (Dümmlers) 1949, S. 234-236

1950

Alt, M.: Musikalische Laienbildung im Privatunterricht, in: Musik im Unterricht
[= Alt 1950] 3/1950, S. 65-69

1953

Alt, M.(Hg.): Musica. Musikbuch für Realschulen (mit Josef Eßer), Düsseldorf (Schwann)
[= Alt 1953] 1953

1953/1954

Alt, M.: Vom Musischen in der Erziehung, in: Das Gespräch. Blätter der Freunde des
[= Alt 1953/54] Pädagogischen Verlages, Düsseldorf (Schwann), Ausgabe B, Folge 1, für
Realschulen, Winter 1953/54, S. 6-7

1954

Alt, M.(Hg.): Bildreihe zur Sinfonik und Kammermusik mit Werkinterpretationen,
München
[= Alt 1954] (Staatliches Institut für Film und Bild) 1954

1955

Alt, M. (Hg.): Musikkunde für die Oberstufe höherer Schulen, Düsseldorf (Schwann) 1955
[= Alt 1955a]

Alt, M.: Praktische Hinweise zum Thema Musikerziehung und Forschung, in: Musik im
[= Alt 1955b] Unterricht 1/1955, S. 4-6

Alt, M. : Musikpädagogische Grundlagenforschung, in: Zeitschrift für Musik 116 Jg.
[= Alt 1955c] (1955), H. 7, S. 416-417

1956

Alt, M. : Die Musik im geistigen Gefüge der höheren Schule, in: Kraus, Egon (Hg.):
[=Alt 1956] Musikerziehung in der Schule. Vorträge der ersten Bundesschulmusikwoche
Mainz 1955, Mainz (Schott) 1956, S. 180-192

1957

Alt, M.: Der geistige Beitrag des Musikunterrichts zum Gesamtplan der Oberstufe, in:
[= Alt 1957a] Die Höhere Schule. Zeitschrift des Deutschen Philologen-Verbandes,
Düsseldorf (Schwann) 5/1957, S. 106-109

Alt, M.: Mozart. Ein Lebensbild. Diareihe, 16 Bilder sw, mit Begleitheft, München
[= Alt 1957b] (Staatliches Institut für Film und Bild, FWU, Signatur: 10 00329) 1957

1957 - 1963

Alt, M (Hg.): Musikkunde in Beispielen. Schallplattenreihe, herausgegeben in
[= Alt 1957-63] Zusammenarbeit der Deutschen Grammophon Gesellschaft mit dem
Pädagogischen Verlag Schwann. LPEM 19301-19344

1958

Alt, M.: Die Interpretation des musikalischen Kunstwerks in der Schule.
Möglichkeiten
[= Alt 1958] und Grenzen, in: Kraus, E. (Hg.): Musik als Lebenshilfe. Vorträge der
zweiten Bundesschulmusikwoche Hamburg 1957, Hamburg (Sikorski) 1958,
S. 186-196

1959

Alt, M.: Musikkunde in Beispielen, in: fono-forum 6/1959, S. 26 - 27
[= Alt 1959a]

Alt, M.: Die Schallplatte im Musikunterricht. Anmerkungen zur „Musikkunde in
[= Alt 1959b] Beispielen", in: Musik-Erziehung, Wien (Österreichischer Bundesverlag)
1959,
S. 224-229

1962

Alt, M.: Vom Stoffplan zur Bildungseinheit, in: Musik im Unterricht 5/1962, S. 135 -
[= Alt 1962] 140

1963

Alt, M.: Die Musik in der kulturellen Lebensausrüstung des Volksschülers. Vom
[= Alt 1963a] Eigengeist der Musikerziehung in der Volksschule, in: Musik im Unterricht
5/1963, S. 141 -144

Alt, M.: Von der Eigenständigkeit der Musikerziehung in der Volksschule, in: Kraus,
[= Alt 1963b] E. (Hg.): Quantität und Qualität in der deutschen Musikerziehung. Vorträge
der fünften Bundesschulmusikwoche Stuttgart 1963, Mainz (Schott) 1963,
S. 158 - 166

Alt, M.: Igor Strawinskys „Psalmensinfonie", in: Musik im Unterricht 6/1963, S. 185 -
[= Alt 1963c] 191

1964

Alt, M.: Aufgaben der musikdidaktischen Forschung, in: Die pädagogische
[= Alt 1964] Hochschule. Struktur und Aufgaben, Ratingen (Henn) 1964, S. 396.
Vorabdruck in: Musik im Unterricht 6/1964, S. 177-184 und 7-8/1964, S.
238-242

1965

Alt, M. (Hg.): Das musikalische Kunstwerk, Musikkunde in Beispielen für Gymnasien,
Band
[= Alt 1965a] II, Düsseldorf (Schwann) 1965

Alt, M.: Zur wissenschaftlichen Grundlegung des Musikunterrichtes, in: Kraus, E.
[= Alt 1965b] (Hg.): Fortschritt und Rückbildung in der deutschen Musikerziehung.
Vorträge der sechsten Bundesschulmusikwoche Bonn 1965, Mainz (Schott)
1965, S. 64-80

Alt, M.: Grundfragen einer Didaktik der Musik, in: Musik im Unterricht 6/1965, S.
[= Alt 1965c] 188-192

Alt, M.: Um die Zukunft der deutschen Schulmusik, in: Musik im Unterricht 7-
8/1965,
[= Alt 1965d] S. 221-223

Alt, M.: Forschung in der Musikerziehung. Zur Gründung des gleichnamigen
[= Alt 1965e] Arbeitskreises, in: Kulturarbeit. Monatsschrift für Kultur und Heimatpflege,
Stuttgart (Kohlhammer) 11/1965, S. 206-207.

Alt, M.: Das Musische als integratives Moment der Erziehung, in: Grütters, F. (Hg.):
[= Alt 1965f] Dortmunder Hochschulreden, Ratingen (Henn) 1965, S. 11-20

1966

Alt, M.: Das musikalische Kunstwerk, Musikkunde in Beispielen für Gymnasien,
Band
[= Alt 1966a] I, Düsseldorf (Schwann) 1966

Alt, M.: Brennpunkte musikpädagogischer Forschung. Vom Kreislauf Praxis-Theorie-
[= Alt 1966b] Praxis, in: Musik im Unterricht 2/1966, S. 45 - 52

Alt, M.: Arbeitskreis „Forschung in der Musikerziehung", in: Deutscher Musikrat,
[= Alt 1966c] Referate/Informationen 4/1966, S. 7 f.

Alt, M./ Pape, W. / Noll, G.: 2. Tagung „Forschung in der Musikerziehung", in: Musik im
[= Alt 1966d] Unterricht 9/1966, S. 274 - 277

1967

Alt, M.: Die Musik im Bildungsplan der Schule, in: Derbolav, J. (Hg.): Grundfragen
[= Alt 1967a] der Musikdidaktik, Ratingen (Henn)1967, S. 97 - 109

Alt, M.: Igor Strawinskys „Klavierkonzert". Ein exemplarisches Werk des
[= Alt 1967b] Neoklassizismus, in: Musik im Unterricht 9/1967, S. 265 - 274

Alt, M.: Musiktheorie im Unterricht - Handhabungshilfe oder eigengesetzliches
[= Alt 1967c] Funktionsfeld? In: Musik im Unterricht 12/1967, S. 412 - 418

Alt, M.: Art. „Alt, M." in: Fellerer, Karl Gustav (Hg.): Rheinische Musiker, Köln
[= Alt 1967d] (Volk) 1967, S. 1

1968

Alt, M.: Didaktik der Musik. Orientierung am Kunstwerk, Düsseldorf (Schwann) 1968
[= Alt 1968a]

Alt, M. (Hg.): Das musikalische Kunstwerk, Ausgabe für Realschulen, Düsseldorf
(Schwann) [= Alt 1968b] 1968

Alt, M.:   Zur musikpädagogischen Ausbildung des Volksschullehrers, in: Kraus, Egon
[= Alt 1968c]   (Hg.): Organisation und Integration der schulischen Musikerziehung.
Referate und Resolutionen der Bundestagung des Verbandes Deutscher
Schulmusikerzieher Freiburg 1967, Mainz (Schott) 1968, S. 28 - 30,
abgedruckt auch in: Musik im Unterricht 2/1968, S. 41 - 43

Alt, M.:   Der Wandel des musikalischen Bewußtseins durch die technischen Medien,
in:
[= Alt 1968d]   Musik im Unterricht 6/1968, S. 201 - 206

1969

Alt, M.:   Aufgaben des Arbeitskreises „Forschung in der Musikerziehung", in:
[= Alt 1969a]   Forschung in der Musikerziehung. Beihelft der Zeitschrift Musik und Bildung,
1/1969, S. 1-3

Alt, M.:   Rezension: Helga Ettl: „Petruschka. Ein Modell zur Werkbetrachtung im
[= Alt 1969b]   Musikunterricht" (Stuttgart, Klett, 1968), in: Musik und Bildung 1/1969, S.
43 f.

Alt, M.:   Erste öffentliche Tagung des Arbeitskreises „Forschung in der
[= Alt 1969c]   Musikerziehung", in: Forschung in der Musikerziehung. Beihelft der
Zeitschrift

Musik und Bildung, 2/1969, S. 41 - 42

Alt, M.:   Die Funktionsfelder des Musikunterrichtes und ihre Integration, in: Musik
und
[= Alt 1969d]   Bildung, 3/1969, S. 109-111

Alt, M.:   Medienkultur und Musikpädagogik, in: FilmBildTon. Zeitschrift für audio-
[= Alt 1969e]   visuelle Mittel in der Pädagogik, 7/1969, S. 5-11

1970

Alt, M.:   Forschung in der Musikerziehung. Bestandsaufnahme und Zwischenbilanz,
in:
[= Alt 1970a]   Musik und Bildung 3/1970, S. 127 - 129

Alt, M.:   Die Öffentlichkeitsaufgaben der Musikpädagogik, in: Alt, M. (Hg.):
[= Alt 1970b]   Empirische Forschung in der Musikpädagogik, Mainz (Schott)1970, S. 3-6,
abgedruckt auch in: Forschung in der Musikerziehung. Beihelft der Zeitschrift
Musik und Bildung, 3-4/1970, S. 3-6

Alt, M.:   Zur Didaktik des Musikhörens und der Werkinterpretation in der
Hauptschule,
[= Alt 1970c]   in: Sydow, Kurt (Hg.): Musikhören und Werkbetrachtung in der Schule,
Musikpädagogisches Forum Giessen 1968, Wolfenbüttel (Möseler) 1970, S.
43 - 54

Alt, M.: Die Mitsprache der Pädagogik bei der Zielproblematik des Musikunterrichts,
[= Alt 1970d] in: Kraus, Egon (Hg.): Bildungsziele und Bildungsinhalte des Faches Musik. Vorträge der achten Bundesschulmusikwoche Saarbrücken 1970, Mainz (Schott) 1970, S. 39 - 54, abgedruckt auch in: Musik und Bildung 5/1971, S. 224-229

Alt, M. (Hg.): Musik für den Anfang. Ein Lehrgang des Werkhörens. Hamburg/Düsseldorf
[= Alt 1970e] (DGG/Schwann) 1970

Alt, M.: Didaktik der Musik, 2. unveränderte Auflage, Düsseldorf (Schwann)
[= Alt 1970f] ^{2}1970

1971

Alt, M.: Die neue pädagogische Literatur, in: Musik und Bildung 5/1971, S. 257 - 259
[= Alt 1971]

1973

Alt, M.: Didaktik der Musik, 3. und veränderte Auflage, Düsseldorf (Schwann) ^{3}1973
[= Alt 1973]

Alt, M. und Auswertung der Fragebogen im Fach Musik, in: Grundschulen in NRW
Darius, P.: im Schulversuch, Berichte und Auswertungen von Erhebungen, in: Die
[= Alt-Darius Schule in NRW, Nr. 41/1973, Band 2, S. 26 - 51
1973]

1977

Alt, M.: Didaktik der Musik, 4. unveränderte Auflage, Düsseldorf (Schwann) ^{4}1977
[= Alt 1977]

3. Verzeichnis der übrigen verwendeten Literatur

ABEL-STRUTH, SIGRID: Materialien zur Entwicklung der Musikpädagogik als Wissenschaft, Mainz (Schott) 1970

Grundriß der Musikpädagogik, Mainz (Schott) 1985

ANTHOLZ, HEINZ: Unterricht in Musik, Düsseldorf (Schwann) 1970

Zur (Musik-) Erziehung im Dritten Reich. Erinnerungen, Erfahrungen und Erkenntnisse eines Betroffenen [= Forum Musikpädagogik, Bd. 8], Augsburg (Wißner) 1993

BLANKERTZ, HERWIG: Die Geschichte der Pädagogik, Wetzlar (Büchse der Pandora) 1982

BRAUN, GERHARD: Die Schulmusikerziehung in Preussen, Kassel (Bärenreiter) 1957

BRENDT, NORBERT: Entwicklung der musikalischen Ausbildungsstätten im Raume Aachen seit dem 19. Jahrhundert, in: Münstermann, H.J. (Hg.): Beiträge zur Musikgeschichte der Stadt Aachen II, Köln (Volk) 1979

BRUGGER, WALTER: Art. „Geistiges Sein", in: ders. (Hg.): Philosophisches Wörterbuch, Freiburg (Herder) ^{19}1988

BÜCKEN, ERNST: Geist und Form im musikalischen Kunstwerk, Laaber 1979 [Original 1929]

Deutsche Musikkunde, Potsdam (Athenaion) 1935

COPEI, FRIEDRICH: Der fruchtbare Moment im Bildungsprozess, Heidelberg (Quelle & Meyer) ^{9}1959

DAUBE, OTTO: Vom Singen zum Hören. Das Lied als Grundlage des musikalischen Werkunterrichtes, Dortmund (Crüwell) 1957

DILTHEY, WILHELM: Der Aufbau der geschichtlichen Welt in den Geisteswissenschaften, hg. v. M. Riedel, Frankfurt/Main (Suhrkamp) 1981

DISTLER-BRENDEL, GISELA: Einleitung zu: Michael Alt: Die Erziehung zum Musikhören, Reprint, hg. v. R. Schmitt-Thomas, Frankfurt/Main (MPZ Zentralstelle für musikpädagogische Dokumentation) 1986

ECKART-BÄCKER, URSULA: Die „Schulmusik" und ihr Weg zur Professionalisierung - historisch-systematische Studie zur Entwicklung der Schulmusik im Zusammenhang mit der Hochschule für Musik in Köln, in: Noll, Günther (Hg.): Musikpädagogik im Rheinland. Beiträge zu ihrer Geschichte im 20. Jahrhundert, Kassel (Merseburger) 1996

EICKE, KURT-ERICH: 3. Tagung des Arbeitskreises „Forschung in der Musikerziehung", in: Musik im Unterricht 3/1967, S. 94

Arbeitskreis „Forschung in der Musikerziehung". Vierte Tagung in Bad Godesberg, in: Musik im Unterricht 9/1967, S. 292 f.

ERPF, HERMANN: Art. Analyse, in: MGG, Bd. 1, Kassel (Bärenreiter) 1949, Sp. 449 ff.

ETTL, HELGA: Petruschka. Ein Modell zur Werkbetrachtung im Musikunterricht, Stuttgart (Klett) 1968

FISCHER, HANS: Rezension „Musikkunde in Beispielen", in: fono-forum 6/1962, S. 19

FLITNER, WILHELM: Grund- und Zeitfragen der Erziehung, Stuttgart (Klett) 1954

Grundlegende Geistesbildung, Heidelberg (Quelle&Meyer) 1965

GIES, STEFAN: Der Anspruch der Musik als Faktor musikpädagogischer Zielbestimmung, Essen (Die Blaue Eule) 1990

GOEBBELS, JOSEPH: Rede v. 6.6.1937, Walhalla bei Regensburg, Aufstellung der Bruckner-Büste, in: Dümling, Albrecht (Hg.): Entartete Musik. Original-Tondokumente zur Ausstellung „Entartete Musik" Düsseldorf 1938, CD 2, Nr. 6, Pool Musikproduktion Berlin, 65023 AV

GOETHE, JOHANN WOLFGANG V: Wilhelm Meisters Wanderjahre, 2. Buch, 1. Kap, in: Geerk, Frank: Kongreß der Weltweisen. Ein Lesebuch des Humanismus, Solothurn und Düsseldorf (Benzinger) 1995, S. 340-347

GRUHN, WILFRIED: Geschichte der Musikerziehung, Hofheim (wolke) 1993

GRZESIK, JÜRGEN: Was kann und soll Erziehung bewirken? Möglichkeiten und Grenzen der erzieherischen Beeinflussung, Münster (Waxmann) 1998

GUNDLACH, WILLI: Lehrplan und Musikunterricht, in: Antholz, H./Gundlach, W. (Hg.): Musikpädagogik heute, Düsseldorf (Schwann) 1975, S. 165-173

GÜNTHER, ULRICH: Die Schulmusikerziehung von der Kestenberg-Reform bis zum Ende des Dritten Reiches, Neuwied (Luchterhand) 1967

Musikpädagogik und Forschung. Vom Arbeitskreis Forschung in der Musikerziehung zum Arbeitskreis Musikpädagogische Forschung, in: Antholz, H. / Gundlach, W. (Hg.): Musikpädagogik heute, Düsseldorf (Schwann) 1975, S. 41-50

Musikerziehung im Dritten Reich - Ursachen und Folgen, in: Schmidt, Hans-Christian (Hg.): Geschichte der Musikpädagogik [= Handbuch der Musikpädagogik, Bd. 1], Kassel (Bärenreiter) 1986, S. 85-173

Opportunisten? Zur Biographie führender Musikpädagogen in Zeiten politischer Umbrüche, in: Kaiser, Hermann J. (Hg.): Musikalische Erfahrung, Essen (Die Blaue Eule) 1992, S. 267-285, auch in: Musik in der Schule 4/1994, S. 187-192 u. S. 201

HAAS, ROBERT: Aufführungspraxis der Musik, Potsdam (Athenaion) 1931

HASSE, KARL: Von deutschen Meistern. Zur Neugestaltung unseres Musiklebens im neuen Deutschland, Bd. II, Regensburg (Bosse) 1934

HAMMEL, HEIDE: Die Schulmusik in der Weimarer Republik. Politische und gesellschaftliche Aspekte der Reformdiskussion in den 20er Jahren, Stuttgart (Metzler) 1990

HARTEN, HANS-CHRISTIAN: Kreativität, Utopie und Erziehung. Grundlagen einer erziehungswissenschaftlichen Theorie des sozialen Wandels, Opladen (Westdeutscher Verlag) 1997

HARTMANN, NICOLAI: Ästhetik, Berlin (Walter de Gruyter) ²1966

HAUSMANN, GEORG: Didaktik als Dramaturgie des Unterrichts, Heidelberg (Quelle & Meyer) 1959

HAUSSWALD, GÜNTER: Schallplatten im Dienste der Musikerziehung, in: musica schallplatte 4/1959, S. 80

HELMHOLZ, BRIGITTA: Musikdidaktische Konzeptionen nach 1945, in: Helms, S. / Schneider, R. / Weber, R. (Hg.): Kompendium der Musikpädagogik, Kassel (Bosse) 1995, S. 42-63

HELMS, SIEGMUND: Musikpädagogik zwischen den Weltkriegen. Edmund Joseph Müller, Wolfenbüttel (Möseler) 1988

HELMS, S., SCHNEIDER, R., WEBER, R. (HG.): Neues Lexikon der Musikpädagogik, Regensburg (Bosse) 1994

HERBST, KURT: „Die Erziehung zum Musikhören". Eine kritische Auseinandersetzung mit dem gleichnamigen Buch von Michael Alt, in: Die Musik, 28. Jg., H. 8, Mai 1936, S. 601 ff.

HITLER, ADOLF: Rede v. 6.3.1934, Leipzig. Grundsteinlegung zum Richard Wagner-Denkmal, in: Dümling, Albrecht (Hg.): Entartete Musik. Original-Tondokumente zur Ausstellung „Entartete Musik" Düsseldorf 1938, CD 2, Nr. 2, Pool Musikproduktion Berlin, 65023 AV

KAISER, HERMANN J.: Musiklernen - Musikpädagogische Terminologie als Indikator konzeptioneller Wandlungen, in: Nolte, Eckhard (Hg.): Zur Terminologie in der Musikpädagogik. Sitzungsbericht 1987 der Wissenschaftlichen Sozietät Musikpädagogik, Mainz (Schott) 1991, S. 92-118

KAISER, HERMANN J. / NOLTE, ECKHARD: Musikdidaktik, Mainz (Schott) 1989

KLAFKI,W.: Studien zur Bildungstheorie und Didaktik, Weinheim (Beltz) 1963

Neue Studien zur Bildungstheorie und Didaktik, Weinheim (Beltz) 1985

KÖLTZSCH, H.: Auch für Zaungäste der Musikerziehung: Musikunde in Beispielen, in: Hi-fi-Stereo-Phonie, 7/1964, S. 357

KOKEMOHR, ELISABETH: Dogmatismus als Problem der Schulbuchrezeption. Beispiel: Schulmusikbücher, Wolfenbüttel (Möseler) 1976

KRAUS, EGON: Kultusminister-Konferenz empfiehlt stärkere Förderung der Musikpflege und der Musikausbildung, in: Musik im Unterricht, H. 3/1967

Organisation und Integration der schulischen Musikerziehung, Mainz (Schott) 1967

KULTUSMINISTER NRW (HG.): Richtlinien und Lehrpläne für die Grundschule, Schulversuch in
Nordrhein-Westfalen, in: Die Schule in NRW, H. 40, Wuppertal-Ratingen-Düsseldorf (Henn) 1969

KULTUSMINISTER NRW (HG.): Richtlinien und Lehrpläne für die Grundschule in Nordrhein-Westfalen, in: Die Schule in NRW, H. 42, Wuppertal-Ratingen-Düsseldorf (Henn) 1973

LANGE, MARTIN: Rezension Musikkunde in Beispielen, in: musica schallplatte 1/1959, S. 18

LINKE, NORBERT:	Fragwürdige Auswahl musikalischer Beispiele. Eine Schallplatten-Kassette für die Schule, in: Die Welt v. 23.4.1971
LITT, THEODOR:	Führen oder Wachsenlassen, Stuttgart (Klett) 1965
LUGERT, WULF DIETER:	„Klassische" Musik - ein didaktisches Problem?, in: Musik und Bildung 6/1995
MANDERSCHEID, PAUL (HG.):	Musikbuch für höhere und mittlere Mädchenschulen, 1. Band, Düsseldorf (Schwann) o.J. (1934)
MARTIN, WOLFGANG:	Studien zur Musikpädagogik der Weimarer Republik, Mainz (Schott) 1982
MATHIEU, THOMAS:	Kunstauffassungen und Kulturpolitik im Nationalsozialismus, Saarbrücken (Pfau) 1997
MOLL, D.:	Richard Wagner - nationalsozialistisch gesehen, in: Die Musik 8/1936, S. 844 f.
MOSER, HANS JOACHIM:	Geistesgeschichte oder Kulturkunde? In: Die Musikpflege, Jg. 2, H. 5, August 1931, S. 205-208
NAUCK-BÖRNER, CHRISTA:	Logische Analyse von Hörertypologien und ihrer Anwendung in der Musikpädagogik [=Beiträge zur Systematischen Musikwissenschaft, hg. von Helga de la Motte-Haber, Bd. 5], Hamburg (Wagner) 1980
NIETZSCHE, FRIEDRICH:	Der Antichrist. Fluch auf das Christentum, in: Schlechta, Karl (Hg.): Friedrich Nietzsche, Werke in sechs Bänden, Bd. IV, München (Hanser) 1980
NOLL, GÜNTHER:	Arbeitstagung „Forschung in der Musikerziehung", in: Musik im Unterricht 2/1966, S. 53-58
NOLTE, ECKARD (HG.): in	Lehrpläne und Richtlinien für den schulischen Musikunterricht Deutschland vom Beginn des 19. Jahrhunderts bis in die Gegenwart, Mainz (Schott) 1975
PAPE, WINFRIED:	2. Tagung „Forschung in der Musikerziehung", II, in: Musik im Unterricht 9/1966, S. 275
PHLEBS, THOMAS:	„Es geht eine helle Flöte ..." Einiges zur Aufarbeitung der Vergangenheit in der Musikpädagogik heute, in: Musik und Bildung 6/1995, S. 64-74
PREUßNER, EBERHARD:	Allgemeine Pädagogik und Musikpädagogik, Leipzig 1929

RABSCH, EDGAR (HG.):	Musik. Ein Schulwerk für die Musikerziehung, Ausgabe C, Band III (Oberstufe), Frankfurt/Main (Diesterweg) 1953
REHBERG, KARL:	Erleben und Verstehen. Der pädagogisch-psychologische Gedankenkreis Eduard Sprangers und das Problem der musikalischen Werkbetrachtung. Eine Untersuchung zur Musikpädagogik in der Zeit der Weimarer Republik, posthum herausgegeben von Ursula Eckart-Bäcker, Köln (Zentralstelle für musikpädagogische Dokumentation der Hochschule für Musik Köln), o.J.
	Erziehung zum Musikhören. Zu einem Buch von Michael Alt: Die Erziehung zum Musikhören. Eine Darstellung der Typen des musikalischen Genießens und Wertens beim Jugendlichen und ihrer pädagogischen Bedeutung. Reprint [= MPZ Quellen-Schriften 11], Frankfurt/M. 1986
RUHLOFF, JÖRG:	Jean-Jacques Rousseau, in: Fischer, W.; Löwisch, D.J. (Hg.): Pädagogisches Denken von den Anfängen bis zur Gegenwart, Darmstadt (Wissenschaftliche Buchgesellschaft) 1982, S. 93-109
SCHEIBE, WOLFGANG:	Die Reformpädagogische Bewegung 1900-1932, Weinheim (Beltz) ^{10}1994
SCHERING, ARNOLD: (Heinrichshofen)	Aufführungspraxis alter Musik, Wilhelmshaven 1931
SCHILLER, FRIEDRICH:	Über die ästhetische Erziehung des Menschen in einer Reihe von Briefen, Stuttgart (Reclam) 1965
SCHINDLER, INGRID:	Die Umsetzung bildungstheoretischer Reformvorschläge in bildungspolitische Entscheidungen, Saarbrücken (Universitäts- und Schulbuchverlag) 1974
THIEL, JÖRN:	Die Lehrerschallplatte, in: musica schallplatte 1/1959, S. 23
	Instrumentenkunde auf Schallplatte, in: musica schallplatte 5/1961, S. 101
VEDDER, GREGOR:	Bibliographie der Schriften Michael Alts, in: Antholz, H./Gundlach, W. (Hg.): Musikpädagogik heute, Düsseldorf (Schwann) 1975, S. 255-259
VOGELSÄNGER, SIEGFRIED:	Art. Alt, in: Hopf, H./Heise, W./Helms, S. (Hg.): Lexikon der Musikpädagogik, Regensburg (Bosse) 1984, S. 16 f.
WELLEK, ALBERT:	Musikpsychologie und Musikästhetik, Frankfurt a.M., (Akademische Verlagsgesellschaft) 1963

	Michael Alt. Die Erziehung zum Musikhören, in: Zeitschrift für Psychologie, Bd. 138, H. 4/6
WENIGER, ERICH:	Die Theorie des Bildungsinhaltes und des Lehrplanes, Weinheim (Beltz) ²1956
WILHELM, THEODOR:	Theorie der Schule, Stuttgart (Metzler) 1967, ²1969
WULF, JOSEPH:	Musik im Dritten Reich [= Kultur im Dritten Reich, Bd. 5], Frankfurt/M. (Ullstein) 1989